Diego Barros Arana

Historia general de Chile

Tomo IV

Barcelona **2024**
Linkgua-ediciones.com

Créditos

Título original: Historia general de Chile.

© 2024, Red ediciones.

e-mail: info@linkgua.com

Diseño de cubierta: Michel Mallard.

ISBN tapa dura: 978-84-1126-592-8.
ISBN rústica: 978-84-9816-794-8.
ISBN ebook: 978-84-9897-652-6.

Cualquier forma de reproducción, distribución, comunicación pública o transformación de esta obra solo puede ser realizada con la autorización de sus titulares, salvo excepción prevista por la ley. Diríjase a CEDRO (Centro Español de Derechos Reprográficos, www.cedro.org) si necesita fotocopiar, escanear o hacer copias digitales de algún fragmento de esta obra.

Sumario

Créditos _____ 4

Brevísima presentación _____ 13
    La vida _____ 13

Parte IV. La Colonia de 1610 a 1700 _____ 15

Capítulo I. Gobiernos de Merlo de la Fuente y De la Jaraquemada. Se manda poner en ejecución la guerra defensiva (1610-1612) _____ 17
    1. Toma el gobierno interino el doctor Merlo de la Fuente: se prepara activamente para continuar la guerra contra los indios _____ 17
    2. Sofoca la insurrección de los indios de la costa y hace una campaña en el territorio de Purén _____ 20
    3. Llega a Chile el capitán Juan de la Jaraquemada nombrado gobernador por el virrey del Perú: sus trabajos administrativos _____ 24
    4. Sus campañas militares; la sublevación de los indios pone en peligro la línea fortificada de fronteras _____ 27
    5. Alarmas que produce en la Corte la prolongación de la guerra de Chile y los costos que ocasionaba _____ 30
    6. Los jesuitas y la supresión del servicio personal de los indígenas _____ 33
    7. El virrey del Perú propone que se plantee en Chile la guerra defensiva y envía a España al padre Luis de Valdivia a sostener este proyecto _____ 36
    8. Después de largas deliberaciones, el Consejo de Indias aprueba este plan, y el soberano autoriza al virrey del Perú para que lo ponga en ejecución ____ 38
    9. El virrey, después de nuevas consultas, decreta la guerra defensiva y manda a Chile al padre Valdivia _____ 47
    10. Desaprobación general que halla en Chile esta reforma _____ 50

Capítulo II. Segundo gobierno de Alonso de Ribera. Primeros resultados de la guerra defensiva (1612-1613) _____ 53
    1. Llegan a Chile Alonso de Ribera y el padre Luis de Valdivia: penetra éste en el territorio enemigo a ofrecer la paz a los indios, y corre peligro de ser asesinado ___ 53

2. Trabajos preparatorios del padre Valdivia para entrar en negociaciones con los indios _____ 59

3. Canjea algunos prisioneros con los indios y se confirma en las disposiciones pacíficas de éstos _____ 63

4. Celebra el padre Valdivia un aparatoso parlamento con los indios en Paicaví, y cree afianzada la paz _____ 66

5. Contra las representaciones de los capitanes españoles, envía tres padres jesuitas al territorio enemigo, y son inhumanamente asesinados _____ 70

6. Los indios continúan la guerra por varias partes _____ 77

7. El gobernador Ribera, autorizado por el padre Valdivia, emprende una compañía contra Purén _____ 80

8. Desprestigio en que cayó la guerra defensiva entre los pobladores de Chile: los cabildos envían procuradores al rey para pedirle la derogación de sus últimas ordenanzas _____ 82

9. El obispo de Santiago y las otras órdenes religiosas se pronuncian en contra del padre Valdivia y de la guerra defensiva _____ 88

Capítulo III. Segundo gobierno de Alonso de Ribera; continuación de la guerra defensiva. Los holandeses en el Pacífico (1613-1615) _____ 92

1. Desaparece la armonía entre el gobernador Ribera y el padre Valdivia _____ 92

2. Continuación de la guerra defensiva: frecuentes irrupciones de los indios _____ 95

3. El gobernador y el padre visitador sostienen ante el rey sus sistemas respectivos de guerra _____ 99

4. Felipe III manda que se lleve adelante la guerra defensiva _____ 104

5. Sale de Holanda una escuadrilla bajo el mando de Jorge van Spilberg para el Pacífico _____ 111

6. Aprestos que se hacen en Chile y el Perú para combatir a los holandeses _____ 113

    I. Personajes notables (1600 a 1655) _____ 114

7. Campaña de Van Spilberg en las costas de Chile _____ 115

8. Sus triunfos en las costas del Perú y fin de su expedición _____ 121

Capítulo IV. Fin del segundo gobierno de Ribera; interinato del licenciado Hernando Talaverano; gobierno de don Lope de Ulloa y Lemos (1615-1620) _____ 125

1. Continuación de la guerra defensiva: frecuentes correrías de los indios _____ 125

2. Llega a Chile la resolución del rey en que confirmaba la continuación de la guerra defensiva. Muerte del gobernador Ribera: último juicio de residencia _____ 130
3. Gobierno interino del licenciado Talaverano Gallegos _____ 138
4. Llega a Chile don Lope de Ulloa y Lemos y se somete a los planes del padre Valdivia_____ 142
5. El gobernador se traslada a Santiago a recibirse del gobierno: sus dificultades con la Real Audiencia. Intenta en vano suprimir el servicio personal de los indígenas 146
6. El gobernador y el padre Valdivia acuerdan hacer retroceder la línea de frontera. Este último regresa a España _____ 150
7. Tentativas del gobernador para hacer descubrimientos en la región austral del continente _____ 155
8. Desgracias ocurridas en los últimos meses del gobierno de Ulloa y Lemos; su muerte _____ 158
9. Expedición holandesa de Shouten y Le Maire: descubrimiento del cabo de Hornos y de un nuevo derrotero para el Pacífico _____ 161
10. Exploración de la misma región por los hermanos Nodal_____ 164

Capítulo V. Interinato del doctor don Cristóbal de la Cerda; gobierno de don Pedro Osores de Ulloa (1620-1624) _____ **169**

1. Toma el gobierno interino del reino el oidor don Cristóbal de la Cerda y Sotomayor 169
2. Los contrastes militares lo inducen a representar al rey contra la guerra defensiva 172
3. Publícase la ordenanza que suprime el servicio personal de los indígenas_____ 176
4. Fin del gobierno interino del oidor Cerda: el virrey del Perú envía a don Pedro Osores de Ulloa con el cargo de gobernador de Chile _____ 179
5. El gobernador se pronuncia resueltamente contra la guerra defensiva _____ 183
6. Sus primeros actos militares y administrativos: manda hacer una campaña en el territorio enemigo _____ 185
7. El padre Valdivia abandona en España la dirección de la guerra de Chile_____ 190
8. El maestre de campo don Íñigo de Ayala consigue organizar en la metrópoli un refuerzo de tropas_____ 192
9. Fin desastroso de esta expedición _____ 194
10. Campaña de la escuadra holandesa de Jacobo L'Hermite en el Pacífico_____ 197
11. Últimos actos administrativos del gobernador Osores de Ulloa; su muerte _____ 200

Capítulo VI. Gobiernos interinos de Alaba y Nurueña y de Fernández de Córdoba (1624-1629): fin de la guerra defensiva _____ **207**
    1. Gobierno interino de don Francisco de Alaba y Nurueña _____ 207
    2. Llega a Chile el gobernador don Luis Fernández de Córdoba y se recibe del mando en Concepción _____ 210
        II. Personajes notables (1600 a 1655) _____ 211
    3. Pasa a Santiago y proclama la cesación de la guerra defensiva _____ 212
    4. El derecho de reducir a la esclavitud a los indios tomados en la guerra excita la actividad militar de los españoles _____ 216
    5. Los indios, bajo el mando de Lientur, organizan ejércitos más considerables y emprenden operaciones más atrevidas _____ 220
    6. Desastres de las armas españolas: derrota de las Cangrejeras. Los historiadores de la guerra defensiva _____ 225

Capítulo VII. Estado administrativo y social en los primeros treinta años del siglo XVII _____ **233**
    1. El situado, su influencia en el progreso de la colonia _____ 233
    2. Incremento de la población de origen español: los extranjeros _____ 235
    3. Dificultades de la administración pública: los gobernadores y la Audiencia _____ 242
    4. Frecuentes controversias entre las autoridades eclesiástica y civil _____ 247
    5. Espíritu religioso de la colonia: número e influencia del clero _____ 255
    6. Nulidad de su acción para convertir a los indios y para mejorar las costumbres de los colonos _____ 262
    7. Desorganización administrativa: sus causas _____ 268
    8. Industria y comercio _____ 272
    9. Entradas y gastos fiscales _____ 282
    10. Instrucción pública: escuelas de los jesuitas y de los dominicanos _____ 288
    11. Progresos de la ciudad de Santiago: fiestas y lujo _____ 294

Capítulo VIII. Gobierno de don Francisco Lazo de la Vega; sus primeras campañas (1629-1632) _____ **298**
    1. Don Francisco Lazo de la Vega nombrado gobernador de Chile _____ 298
    2. Llega a Chile con un refuerzo de tropas organizado en el Perú _____ 300
    3. Primeros sucesos militares de su gobierno _____ 304

4. En Santiago se teme un levantamiento general de los indios _____309
5. El gobernador saca de Santiago, con grandes resistencias, un pequeño contingente de tropas _____312
6. Victoria de los españoles en la Albarrada: sus escasos resultados _____315
7. Largo litigio entre la Audiencia y el gobernador por querer éste obligar a los vecinos de Santiago a salir a la guerra _____319
   III. Personajes notables (1600 a 1655) _____323
8. Nueva campaña de Lazo de la Vega contra los indios _____325

Capítulo IX. Gobierno de Lazo de la Vega: sus últimas campañas y su muerte (1632-1639) _____ 330

1. Nuevas campañas de Lazo de la Vega en el territorio enemigo en 1633 y 1634 ___330
2. El gobernador ofrece al rey llevar a cabo la pacificación de Chile _____333
3. La angustiada situación del tesoro real no permite acometer esta empresa _____338
4. Nuevas leyes para abolir el servicio personal de los indígenas: sus nulos resultados _____340
5. El gobernador hace otras entradas en el territorio enemigo sin ventajas efectivas 343
6. Inútiles esfuerzos de Lazo de la Vega para procurarse refuerzos de tropas_____345
7. Se ve forzado a desistir del proyecto de repoblar a Valdivia _____348
8. Últimas campañas de Lazo de la Vega: repoblación de Angol_____350
9. Entrega el mando al marqués de Baides y se retira al Perú, donde muere. Historiadores del gobierno de Lazo de la Vega _____354

Capítulo X. Gobierno del marqués de Baides: las paces de Quillín (1639-1643) _ 358

1. El marqués de Baides toma posesión del gobierno de Chile _____358
2. Escasos recursos que le ofrecía el reino para continuar la guerra _____361
3. Primera entrada del marqués de Baides al territorio enemigo: su proyecto de hacer la paz con los indios _____364
4. Resistencias que encuentra este proyecto: el gobernador resuelve llevarlo a cabo 368
5. Las paces de Quillín _____371
6. El rey les presta su aprobación_____375
7. Insubsistencia de las paces: el gobernador hace una nueva campaña en el territorio enemigo _____379

Capítulo XI. Gobierno del marqués de Baldes; los holandeses en Valdivia; los españoles ocupan este puerto (1643-1646) **384**
    1. Expedición holandesa de Enrique Brouwer contra las costas de Chile 384
    2. Los holandeses en Chiloé: incendio y destrucción de la ciudad de Castro 387
    3. Muerte de Brouwer: los holandeses se trasladan a Valdivia 391
    4. Se ven forzados a desistir de sus proyectos, y se vuelven al Brasil. Historiadores de esta expedición 393
    5. Perturbación producida en Chile y el Perú por la expedición holandesa 399
    6. El virrey del Perú hace fortificar el puerto de Valdivia 404
    7. Fin del gobierno del marqués de Baides. Su muerte 409
        IV. Personajes notables (1600 a 1655) 417

Capítulo XII. Gobierno de don Martín de Mujica (1646-1648). El terremoto del 13 de mayo **418**
    1. Don Martín de Mujica toma el gobierno de Chile: sus primeros actos gubernativos 418
    2. Entra en tratos pacíficos con los indios, y despacha un emisario a proponerles una paz general 423
    3. Pasa a Santiago y acomete diversas reformas administrativas 426
    4. Segundo parlamento de Quillín: ineficacia de las paces celebradas con los indios 430
    5. Terremoto del 13 de mayo de 1647 y ruina total de Santiago 435
    6. Daños causados por el terremoto: primeros trabajos para la reconstrucción de la ciudad 441
    7. Después de muchas peticiones, el rey exime de tributos a la ciudad de Santiago durante seis años 446
    8. Otros arbitrios propuestos para remediar la situación: reducción de censos, supresión de la Real Audiencia 451
    9. Las causas del terremoto según los teólogos de la época 454

Capítulo XIII. Gobierno de don Martín de Mujica. Su muerte. Interinato de don Alonso de Figueroa. Principio del gobierno de Acuña y Cabrera (1648-1653) 457
    1. Nuevos trabajos del gobernador para adelantar la pacificación del territorio araucano 457
    2. Muerte de don Martín de Mujica 461
    3. Gobierno interino del maestre de campo don Alonso de Figueroa y Córdoba 463

4. Llega a Chile el gobernador don Antonio de Acuña y Cabrera y celebra nuevas paces con los indios en Boroa _____ 467

5. Los indios cuncos asesinan a los náufragos de un buque que llevaba el situado a Valdivia. Medidas tomadas para su castigo _____ 471

6. Vacilaciones de Acuña ante los consejos encontrados; recibe el título de gobernador propietario _____ 475

Capítulo XIV. Gobierno de Acuña y Cabrera. Alzamiento general de los indios. Deposición del gobernador (1654-1656) _____ **478**

1. Desastre de los españoles en el río Bueno _____ 478

2. Levantamiento general de los indígenas el 14 de febrero de 1655 _____ 481

3. Los españoles abandonan la mayor parte de los establecimientos que tenían en el distrito de Concepción para replegarse a esta ciudad. Desastre sufrido por uno de sus destacamentos _____ 483

4. Deposición del gobernador Acuña y Cabrera, y elección del veedor Francisco de la Fuente Villalobos _____ 487

5. Alarma producida en Santiago por el levantamiento de los indios; la Real Audiencia manda reponer en el mando al gobernador Acuña _____ 490

6. Reasume el gobierno don Antonio de Acuña, y el maestre de campo Fernández de Rebolledo toma el mando de las tropas para la defensa de Concepción _____ 494

7. Actitud resuelta de la Audiencia para restablecer la tranquilidad; el gobernador se traslada a Santiago _____ 498

8. El virrey del Perú llama a Lima al gobernador Acuña: niégase éste a obedecer esa orden _____ 500

9. Don Antonio de Acuña y Cabrera es enviado al Perú: su proceso _____ 504

Libros a la carta _____ **515**

Brevísima presentación

La vida

Diego Barros Arana (1830-1907). Chile.
Era hijo de Diego Antonio Barros Fernández de Leiva y Martina Arana Andonaegui, ambos de clase alta. Su madre murió cuando él tenía cuatro años, y fue educado por una tía paterna que le dio una formación muy religiosa.

Estudió en el Instituto Nacional latín, gramática, filosofía, historia santa y francés. Su interés por la historia se despertó tras sus lecturas del *Compendio de la historia civil, geográfica y natural* del Abate Molina, las *Memorias del general William Miller*, la *Historia de la revolución hispanoamericana* del español Mariano Torrente y la *Historia física y política de Chile* de Claudio Gay.

Su trabajo historiográfico se inició en 1850, tras la publicación de un artículo en el periódico *La Tribuna* sobre Tupac Amaru y de su primer libro, *Estudios históricos sobre Vicente Benavides y las campañas del sur*.

Barros Arana se decantó en política por el liberalismo y se enfrentó a los círculos católicos. Fue opositor encarnizado del gobierno de Manuel Montt, y su casa fue allanada en busca de armas (que en efecto se ocultaban allí). Tras este incidente tuvo que exiliarse en Argentina, donde hizo amistad con Bartolomé Mitre.

Regresó en 1863 y fue nombrado rector del Instituto Nacional, y ocupó el decanato de la Facultad de Filosofía y Humanidades de la Universidad de Chile, así como la rectoría.

Su paso por el instituto desencadenó una tormenta que quebró la alianza de gobierno conocida como Fusión Liberal-Conservadora.

En la etapa final de su vida se dedicó a su obra historiográfica y fue enviado a Argentina en una misión para definir los fronteras.

Parte IV. La Colonia de 1610 a 1700

Capítulo I. Gobiernos de Merlo de la Fuente y De la Jaraquemada. Se manda poner en ejecución la guerra defensiva (1610-1612)

1. Toma el gobierno interino el doctor Merlo de la Fuente: se prepara activamente para continuar la guerra contra los indios. 2. Sofoca la insurrección de los indios de la costa y hace una campaña en el territorio de Purén. 3. Llega a Chile el capitán Juan de la Jaraquemada nombrado gobernador por el virrey del Perú: sus trabajos administrativos. 4. Sus campañas militares; la sublevación de los indios pone en peligro la línea fortificada de fronteras. 5. Alarmas que produce en la Corte la prolongación de la guerra de Chile y los costos que ocasionaba. 6. Los jesuitas y la supresión del servicio personal de los indígenas. 7. El virrey del Perú propone que se plantee en Chile la guerra defensiva y envía a España al padre Luis de Valdivia a sostener este proyecto. 8. Después de largas deliberaciones, el Consejo de Indias aprueba este plan, y el soberano autoriza al virrey del Perú para que lo ponga en ejecución. 9. El virrey, después de nuevas consultas, decreta la guerra defensiva y manda a Chile al padre Valdivia. 10. Desaprobación general que halla en Chile esta reforma.

1. Toma el gobierno interino el doctor Merlo de la Fuente: se prepara activamente para continuar la guerra contra los indios

El doctor Luis Merlo de la Fuente, llamado al gobierno interino de Chile por designación de Alonso García Ramón, era un letrado anciano que contaba más de veintidós años de servicios en las Indias. Nombrado por Felipe II alcalde de Corte de la ciudad de Lima, había desempeñado, además, diversas comisiones en Chile, en Panamá, en Puerto Bello y en Cartagena, y al fin había merecido que se le diese el título de oidor decano de la nueva audiencia de Santiago con el encargo de plantearla. Dotado de cierta inteligencia y de una actividad mayor todavía, teníase conquistada la reputación de hombre adusto e intransigente en el cumplimiento de sus obligaciones. En el juicio de residencia de Alonso de Ribera había desplegado, como hemos dicho, una gran severidad, y anteriormente había sostenido en Lima algunos altercados no solo con sus colegas sino con el mismo virrey, porque encargado «de castigar los delitos y pecados públicos», no había vacilado en llevar la acción de la justicia hasta procesar y perseguir a hombres ventajosamente colocados por sus relaciones de familia y hasta a los servidores del mismo virrey. Acusado más tarde ante el soberano por su conducta funcionaria, Merlo de la Fuente fue severamente reprendido, porque, «aunque se muestra celoso de justicia, decía Felipe III, procede en ella inadvertidamente, se aviene mal con sus compañeros, es descortés con la gente del reino, de poco estilo y áspera condición».[1] Estas palabras hacen en cierto modo el retrato de este viejo magistrado.

---

[1] Real cédula de 12 de diciembre de 1608, dictada, como se ve, poco tiempo después que Merlo de la Fuente había sido nombrado oidor de la audiencia de Chile. Según este documento, parece que el virrey le había hecho entre otros cargos el de tener en Lima algunos parientes de su mujer a quienes favorecía. Merlo de la Fuente se defendió de esos cargos en una larga carta dirigida al rey desde Santiago el 30 de noviembre de 1609. Dice allí que el virrey marqués de Montes Claros estaba mal prevenido en contra suya por varios hechos que refiere con más o menos prolijidad. Merlo de la Fuente había instruido proceso a un maestre-sala del virrey porque tenía relaciones ilícitas con una monja enclaustrada, que era parienta del virrey; había prohibido los juegos de intereses en casa de otros dos servidores del virrey, y en sus relaciones con éste había mostrado siempre cierta independencia que ese elevado funcionario debía tomar por altanería y desacato. Por lo demás, Merlo de la Fuente, lejos de negar algunos de los cargos que se le hacían, los acepta como un título de honor. «Y en cuanto, dice, a ser descortés con la gente del reino y de poco estilo y de áspera condición, digo que tengo por santo y bueno el haber reprendido y afeado los vicios en el modo que yo lo he hecho. Vuestra Majestad no me puso por alcalde de corte para que fuese perro mudo, sino por celador contra los vicios y para que ladrase contra ellos, y corrigiese y castigase a todos los malhechores con el valor necesario hasta quebrantar su maldad, y no es ajeno al evangelio el haber Jesucristo Nuestro Señor reprendido a delincuentes y pecadores con palabras ásperas, a cuya imitación yo entiendo que hice bien en lo que reprendí... El ser yo descortés se puede atribuir a haber guardado con más puntualidad que otros el no visitar a nadie, ni dejarme acompañar de ninguno, ni recibir nada de nadie, cumpliendo lo mandado por Vuestra Majestad para mejor hacer justicia sin respetos humanos que de ella me pudiesen apartar, de lo cual se siguió que todo el tiempo que fui alcalde de corte todas las cuestiones graves que hubo en contra de personas poderosas y granadas de la ciudad, todas vinieron a mí; y yo, ejerciendo mi oficio como se debe, sustanciando las causas, les tomé sus confesiones a los reos, a los cuales en ellas los tenía en pie y descubiertos; y como otros alcaldes no lo han hecho así, formaron de mí grandes quejas.» Esta interesante carta, de que apenas extractamos unas cuantas líneas, deja ver la fisonomía moral de este adusto magistrado.

El padre Rosales ha hecho un lisonjero retrato de Merlo de la Fuente en el capítulo 46 del libro V de su *Historia general*. Recomienda su celo por el servicio público, su probidad, la entereza de su carácter y la rectitud con que sabía hacerse superior a los chismes e intrigas con que se suele apartar a los que gobiernan, de la línea del deber. El padre Ovalle habla en términos análogos en el capítulo 18 del libro VI de su *Histórica relación*, y refiere que este gobernador dejó una esclarecida descendencia «con que se honran hoy, dice, Chile y el Perú».

La noticia de la muerte de García Ramón llegó a Santiago en la noche del domingo 15 de agosto de 1610. En el mismo instante, Merlo de la Fuente asumió de hecho el gobierno del reino. Mandó que en todas las iglesias de la ciudad se dijeran misas y se hicieran preces por el alma del finado. Sin pérdida de tiempo comenzó a prepararse para marchar a Concepción a dirigir personalmente las operaciones de la guerra, temiendo que la muerte del gobernador fuera causa de perturbaciones y de trastornos. En efecto, el día siguiente, apenas reconocido por el Cabildo en su carácter de gobernador, hizo publicar diversos bandos. «Mandé, dice, que todos los soldados y ministros de guerra que con ocasión de la invernada han bajado a esta ciudad, se apresten y salgan conmigo so pena de la vida. Y otro (bando) en que mandé que todos los vecinos encomenderos que tienen repartimiento desde el río Cachapoal hasta el de Itaca se fuesen a los pueblos de sus repartimientos, a donde estuviesen hasta que por mi otra cosa les fuese ordenada, para por este medio prevenir algunas inquietudes que se podrían principiar. Y otro en que mandé que los vecinos de la Concepción, y San Bartolomé de Chillán y de las demás ciudades despobladas, subiesen conmigo a la ciudad de la Concepción, (bajo) pena a los unos y a los otros de privación de los indios.»[2] Con el mismo celo mandó hacer los sembrados en las

---

[2] Carta de Merlo de la Fuente a Felipe III, escrita en Santiago el 16 de agosto de 1610. El gobernador interino desplegó una gran energía para hacer cumplir estas disposiciones. Un soldado llamado don Diego Clavero, que por anticipo de sueldos debía a la Corona unos 300 pesos, quiso abandonar el servicio militar para no volver al sur, y al efecto se asiló en el convento de frailes agustinos de Santiago, declarando que quería tomar el hábito de religioso. El provincial de la orden, fray Miguel Romero, según la costumbre establecida, lo recibió; y, aunque lo reclamaron las autoridades militares, se negó a entregarlo. «Por no haber querido convenir en esto el dicho padre Romero, dice Merlo de la Fuente, fue en persona a su convento; y, aunque hice primero todas las instancias posibles por bien, no bastó razón a que me lo quisiesen dar y me lo quitaron con desenvoltura no religiosa de delante. Respecto de lo cual, habiéndome ido a mi casa, proveí un auto en el cual mandé se notificase al dicho fray Miguel Romero para que me entregase al dicho don Diego Clavero; donde no, que como a inobediente a los mandatos hechos en nombre de Vuestra Majestad le echaría del reino y daría cuenta a Vuestra Majestad de su proceder.» El provincial bajo esta formal conminación, desistió de sus pretensiones, y entregó al soldado prófugo; pero poco más tarde éste se huyó de nuevo y otra vez encontró asilo en el convento de agustinos. Merlo de la Fuente se hallaba entonces en campaña, y la corta duración de su gobierno no le permitió tomar medidas contra los que así desobedecían sus mandatos. El mismo ha dado cuenta de este hecho en dos cartas dirigidas al rey en 31 de octubre y en 18 de diciembre de 1610.

estancias del rey en el valle de Quillota, y tomó algunas medidas para asegurar la concordia y la armonía entre las diversas autoridades durante su ausencia.

Merlo de la Fuente quería salir a campaña con el mayor número posible de tropas. Para ello, intentó organizar en Santiago cuatro compañías de voluntarios bajo el mando de otros tantos capitanes.[3] No pudiendo apelar a los reclutamientos forzosos, que estaban prohibidos por las ordenanzas vigentes, el gobernador congregó el 20 de agosto al Cabildo y a los vecinos más respetables de la ciudad para demostrarles cuánto importaba al honor de éstos y al servicio del rey el acudir a la guerra en esas circunstancias; pero como estas amonestaciones no produjeran el efecto que se buscaba, apeló a otro arbitrio que consideraba más eficaz. Hasta entonces no se había dado cumplimiento a la real cédula de mayo de 1608, por la cual el rey había decretado la esclavitud de los indios que se tomasen con las armas en la mano. Merlo de la Fuente la mandó publicar por bando, creyendo así incitar la codicia de los vecinos encomenderos que quisiesen aumentar el número de sus servidores.[4] No parece, sin embargo, que este recurso produjo mejores resultados. El gobernador, al partir de Santiago, dejó encargado al capitán Castroverde Valiente que le llevase a Concepción los voluntarios que creía poder reunir; pero cuando esperaba contar con cien hombres de refuerzo, solo recibió dos. La Real Audiencia se había opuesto resueltamente a toda medida coercitiva para obligar a nadie a tomar servicio en el ejército.[5]

2. Sofoca la insurrección de los indios de la costa y hace una campaña en el territorio de Purén

Estos aprestos demoraron al gobernador en Santiago mucho más tiempo de lo que había pensado. Al fin, a mediados de septiembre se ponía en marcha y llegaba a Concepción el 6 de octubre. Su presencia en aquellos lugares había llegado a hacerse indispensable. Los indios de la región de la costa, que se fingían sometidos a la dominación española, al saber la muerte de García Ramón, se habían puesto en comunicación con los de Purén y preparaban un gran levantamiento que debía tener lugar al fin de esa Luna, esto es, el 17 de octubre. La guarnición del fuerte de Paicaví, sospechando estos aprestos, se había

---

3   Carta citada de Merlo de la Fuente de 16 de agosto.
4   Acuerdos del cabildo de Santiago de 20 y 28 de agosto de 1610.
5   Carta de Merlo de la Fuente al rey, fechada en Concepción el 31 de octubre de 1610.

retirado al fuerte de Lebu; y poco después los defensores de ambas plazas se replegaron más al norte para reconcentrarse en Arauco, todo lo cual parecía alentar los proyectos del enemigo.

Advertido de este peligro, Merlo de la Fuente salió sin tardanza de Concepción con las pocas tropas que pudo reunir, y sacando más fuerzas de la plaza de Arauco, fue a situarse en Lebu, donde debía estallar la rebelión. Los indios estaban todavía en la más perfecta quietud; pero el gobernador hizo apresar a los principales e inició la averiguación de sus proyectos. «Fue Dios servido, dice el mismo, que con la buena diligencia que puse dentro de nueve días de como salí de la Concepción, tuve averiguada la causa de modo que en sus confesiones todos los cinco caciques confesaron sus delitos, a los cuales hice dar garrote en el fuerte de Lebu. Y fui tan venturoso que exhortándoles lo que les convenía a su salvación, murieron todos cinco con agua de bautismo, cosa que no se había hecho otras veces. Y les hice quemar sus casas y sembrarlas de sal, y a sus mujeres e hijos los desterré para la ciudad de Santiago. Y con este castigo, entendida por todos la justificación de él, quedaron con ejemplo y temor que espero en la misericordia de Dios, ha de ser para muy grande quietud.»[6] Enseguida dispuso que el capitán Núñez de Pineda, comandante de todas las fuerzas de la región de la costa, volviese a ocupar la plaza de Paicaví y se preparase para hacer una nueva campaña en los campos de Angol y de Purén.

Merlo de la Fuente regresó a Concepción a reunir la gente y los recursos de que podía disponer para esas operaciones. Venciendo todo género de incon-

---

[6] Carta de Merlo de la Fuente, de 31 de octubre. El gobernador interino volvió a referir estos mismos hechos, aunque con menos accidentes, en otra carta escrita en Purén el 18 de diciembre del mismo año, y en el prolijo informe que acerca de su gobierno escribió para su sucesor en 1 de marzo de 1611 junto con las advertencias que creyó oportuno comunicarle. Esta última pieza, muy útil para conocer los sucesos de este tiempo, ha sido publicada por don Claudio Gay en las páginas 204-233 de su segundo tomo de *Documentos*, aunque con muchos errores de detalle, lo que nos obliga a usar con preferencia la copia manuscrita que conservamos en nuestra colección.

Los caciques mandados ahorcar por Merlo de la Fuente se llamaban Categuanhuelén, cacique principal de Lebu, Llanganao, Nahuelbode, Quilarquihue y Millacho. No tenemos más noticias acerca de su culpabilidad y del proceso que se les siguió, que las que consigna el mismo gobernador. La ejecución de esos infelices no debió preocupar mucho la atención de los españoles, acostumbrados como estaban a estos actos de crueldad tan comunes en aquella sangrienta guerra.

venientes, salía otra vez a campaña el 15 de noviembre y se dirigía a buscar al enemigo en el corazón de su territorio. Habiendo engrosado sus tropas con los soldados que pudo sacar de los fuertes vecinos al Biobío, hasta contar 544 hombres, se puso en marcha para las ciénagas de Purén. Según estaba convenido, allí se le juntó el maestre de campo Núñez de Pineda con las fuerzas que tenía a sus órdenes en la región de la costa. Reunidas ambas divisiones, el ejército expedicionario ascendía a 946 soldados españoles y 800 indios auxiliares, lo que les daba una superioridad tal sobre los indios, que éstos no se atrevieron a presentar batalla campal, limitándose, según su táctica de guerra, a retirarse a los bosques para esperar que el enemigo se cansase en inútiles correrías y poder hostilizarlo en la ocasión propicia. El gobernador interino se vio forzado a repetir los mismos actos de destrucción que en circunstancias análogas habían ejecutado sus predecesores. «En dieciocho días, dice el mismo, hice entrar en su ciénaga, tan temida, tres veces, que se les cortasen, como se les cortaron, todas sus comidas que tenían en tres islas que se hacen en ella, en que había muchas, y especialmente en la que llaman de Paillamachu, toda la cual estaba cubierta de sementeras. Y en estas entradas se mataron dos caciques, y se les tomaron cantidad de ganados de Castilla y de la tierra, y caballos que dentro de ellas había; y recobré una pieza de artillería que tenían medio hincada, como columna por trofeo, en principio de la dicha isla de Paillamachu, y fue de las que se perdieron en el fuerte de Curampe en tiempo del gobernador Loyola. Y se les quemaron todos los ranchos y casas, y se les tomaron otras piezas de indios e indias andando por diversas partes toda la ciénaga y alrededor y contorno, cortando en todos sus valles todos los dieciocho días todas las comidas de trigo y cebada, y arrancándoles en berza todos los maíces, papadas, frejoles, porotos, arvejas y otras legumbres, sin que se les dejase ninguna en todos los términos de Purén que no quedase asolada y destruida. Pasando hasta lo de Ainabilu y Anganamón, que es el valle de Pelauquén, tierra doblada y fuerte, que ha sido y es la corte donde se han fraguado todas las juntas y maldades que conciertan y hacen estos indios, tierra y partes donde ha muchos años que el poder de Vuestra Majestad no había sido poderoso de lo señorear ni aun mirar, ha sido Dios servido que les haya hecho hacer una tala tal cual aseguro a Vuestra Majestad en conciencia que según ha entendido, nunca se ha visto ni hecho en Chile... Y dejé colgados once caciques y capitanes principales, demás de otros seis que he traído cautivos, los cinco de ellos para rescate de otros tantos capitanes españoles.»[7]

El resultado de esta campaña, a pesar de todo, era más o menos el mismo que otros gobernadores habían obtenido después de análogas campeadas, sin que ellas permitiesen divisar el término posible de aquella guerra interminable. Ni siquiera la destrucción de los sembrados de los indígenas debía tener la influencia que se esperaba para privarlos de víveres y recursos. Poco más tarde, los españoles supieron que los indios, astutos y cavilosos, hacían dobles sementeras; y que destinando las de Angol y de Purén para dar entretenimiento a sus enemigos, que se ocupaban en destruirlas sin pasar más adelante, reservaban las del interior para la provisión de sus familias.[8] Merlo de la Fuente, queriendo afianzar la tranquilidad de aquella comarca, que había creído conseguir después de esa campaña, quiso perfeccionar la repoblación de Angol comenzada un año antes por su predecesor. Al efecto, en los últimos días de diciembre, la trasladó a un lugar vecino que creía más apropiado para este objeto, construyó un espacioso fuerte y dio a la ciudad el nombre de San Luis de Angol.

El gobernador interino habría querido continuar las operaciones militares y llegar hasta el territorio de la Imperial. El maestre de campo Núñez de Pineda obtuvo todavía en la región de la costa una señalada victoria en que tomó más de cien indios prisioneros que fueron marcados para ser vendidos por esclavos.[9] Pero no fue posible pasar más adelante. Los capitanes españoles sabían que el gobierno de Merlo de la Fuente no podía durar largo tiempo, y ponían poco empeño en obedecer sus órdenes y en secundar sus planes. Uno de ellos, llamado Guillén de Casanova, que mandaba en la plaza de Arauco, llevó su espíritu de insubordinación hasta impedir el paso a un mensajero del gobernador que conducía la orden de hacer entrar en campaña a una división.[10] Y una desobediencia de esta naturaleza, que pudo ser causa de un gran desastre, debía quedar impune por el cambio de mandatario que se operó muy poco después.

---

7 Carta de Merlo de la Fuente al rey, escrita en Angol el 18 de diciembre de 1610.
8 Carta al rey del gobernador Jaraquemada, de 1 de mayo de 1611.
9 El padre Rosales en el capítulo 46 del libro V, ha referido prolijamente este combate de que apenas se hace referencia en los documentos.
10 Avisos e instrucciones dejados por Merlo de la Fuente a su sucesor, § 13. Carta de Merlo de la Fuente al rey, escrita en Santiago el 25 de mayo de 1611.

3. Llega a Chile el capitán Juan de la Jaraquemada nombrado gobernador por el virrey del Perú: sus trabajos administrativos

A pesar de estas contrariedades, y, aunque Merlo de la Fuente no era militar, había dirigido la guerra con vigor, y evitado las sorpresas y desastres que sufrieron otros gobernadores. Las prolijas instrucciones que dejó a su sucesor al entregarle el mando, revelan que había estudiado bien la situación militar del reino y que comprendía la necesidad de introducir reformas trascendentales en la manera de hacer la guerra. Las observaciones que se permitió hacer al rey contra un cambio radical en el sistema de conquista, de que tendremos que hablar más adelante, dejaban ver también un juicio recto y seguro, así como un anhelo desinteresado por el servicio público. A juzgar por lo que dicen dos cronistas que pudieron recoger la tradición de los contemporáneos, debió creerse que si su gobierno se hubiera prolongado algunos años, el gobernador interino habría podido adelantar y tal vez terminar aquella fatigosa guerra.[11] Había en esto, sin duda alguna, una simple ilusión; pero es lo cierto, que por su entereza, por su integridad y por su rectitud, Merlo de la Fuente habría podido mejorar la organización militar de los españoles y corregir numerosos abusos.

Sin embargo, el gobierno de Merlo de la Fuente no podía ser de larga duración. El virrey del Perú, marqués de Montes Claros, había sido expresamente autorizado por el rey, en cédula de 25 de enero de 1609, para nombrar gobernador del reino de Chile, con la declaración textual de que la persona «nombrada por el dicho Alonso García Ramón o por la Audiencia, decía ese documento, sirva el cargo de gobernador y capitán general hasta que llegue la que nombrare el virrey». Conocidas las relaciones tirantes que existían entre este funcionario y el gobernador interino, no era de esperarse que lo confirmara en el mando. En efecto, el marqués de Montes Claros, al saber la muerte de García Ramón, expidió con fecha 20 y 27 de noviembre, dos provisiones por las cuales nombraba gobernador y presidente de la real audiencia de Chile al capitán Juan de la Jaraquemada.[12]

---

11   «Y si hubiera durado mucho en el gobierno, hubiera adelantado más las cosas de la guerra», dice el padre Ovalle en el capítulo 18 del libro VI de su historia citada. El padre Rosales es más explícito todavía. «Y si como Merlo de la Fuente gobernó seis meses hubiera gobernado seis años, no dudo sino que hubiera acabado esta guerra», libro V, capítulo 46.

12   Estos dos nombramientos han sido publicados por don Miguel Luis Amunátegui en las págs. 282-288 del tomo II de la *Cuestión de límites entre Chile y la República Arjentina*.

Era éste un militar originario de Canarias, de unos cincuenta años de edad, que desde su primera juventud había servido en el ejército español durante las prolongadas y penosas guerras de Flandes. Protegido por la familia del marqués de Montes Claros, había pasado con éste a América como empleado de su casa, y había merecido su confianza en el desempeño de varias comisiones que le confió en México y el Perú. «La persona (Jaraquemada), decía el virrey, es cuerda, prudente, de autoridad y canas, y de quien vi hacer al adelantado mayor de Castilla, mi tío, mucha estimación y confianza, que me obligó a encargarle, después que estoy en las Indias, cosas graves y de importancia, de que ha dado satisfacción.»[13] Para rodearlo de buenos consejeros que pudieran serle útiles en el gobierno, el virrey dio al coronel Pedro Cortés, que entonces se hallaba en Lima, el título de maestre de campo del ejército de Chile, y escribió a algunos militares de este país, y entre ellos al coronel Miguel de Silva, para que acompañase a Jaraquemada en los primeros trabajos de su gobierno.

Habíase organizado en Lima una columna de 200 hombres para socorrer el ejército de Chile. Con ellos zarpó del Callao el gobernador Jaraquemada el 4 de diciembre, y después de una navegación felicísima de veintisiete días, llegaba a Valparaíso el 1 de enero de 1611. La miseria de la población de este puerto le sorprendió sobremanera. No había allí más que una iglesia techada con paja y algunos galpones para depositar las mercaderías. Al arribo de cada buque, y durante el tiempo de la carga y descarga, se trasladaban de Santiago los oficiales o tesoreros reales para vigilar esta operación y percibir los impuestos debidos a la Corona, lo que daba lugar al contrabando por la falta de vigilancia constante en el puerto. Jaraquemada resolvió que fuese el centro de todo el distrito comarcano, dotándolo de un corregidor especial, y dio este cargo al capitán Pedro de Recalde, antiguo militar y encomendero de fortuna, que se ofreció a construir a sus expensas casas y bodegas para el servicio del comercio.[14] Al

---

13 Carta del virrey a Felipe III fechada en Lima a 21 de noviembre de 1610. En esta carta, escrita toda ella de puño y letra del virrey, pasa en revista a las diversas personas entre quienes pudo elegir al que debiera ser gobernador de Chile, recuerda sus méritos y antecedentes, y se justifica con las palabras que copiamos en el texto, de haber nombrado a Jaraquemada. En toda su carta, el virrey no nombra siquiera a Merlo de la Fuente. El adelantado mayor de Castilla, de que allí se habla, era don Martín de Padilla, conde de Santa Gadea, personaje muy importante en España.
14 Carta de Jaraquemada al rey, escrita en Santiago el 29 de enero de 1611.

trasladarse a Santiago, el gobernador se detuvo todavía en Melipilla para visitar el obraje de tejidos de lana que allí se mantenía por cuenta de la Corona.

Estos afanes retardaron su arribo a la capital. Al fin, el 15 de enero era recibido por el Cabildo, y el 17 por la Real Audiencia en el carácter de jefe superior del reino;[15] y desde entonces se contrajo con toda actividad al desempeño de su cargo. Jaraquemada se vio asediado de informes desfavorables a la administración de sus predecesores; y, aunque observó una conducta circunspecta y prudente, se convenció de que el sometimiento de una gran porción de los indios de guerra, de que García Ramón hablaba al rey con tanta confianza, era un simple engaño, y llegó a creer que la situación del reino era verdaderamente lastimosa. «Certifico a Vuestra Majestad, escribía con este motivo, que está esto en peor estado que jamás, y que ha sido engaño manifiesto todo lo que se ha asegurado de esta paz, y que quien lo hizo, se debió de ver tan perdido que quiso con esta cautela arrestarlo todo porque con el continuo ejercicio de estos indios y con las victorias que han obtenido, están alentados de manera que casi se vienen a meter por lo que ha quedado de paz.»

Bajo el peso de esta convicción, Jaraquemada dispuso que inmediatamente partiese al sur el coronel Pedro Cortés a hacerse cargo del mando del ejército y de la dirección de la guerra; y él se quedó en Santiago ocupado en el despacho de los más urgentes negocios administrativos. Llamó su atención la escasez de caballos para montar sus tropas. Los hacendados de Chile, viéndose frecuentemente despojados de sus caballos por vía de contribución de guerra, habían dedicado sus yeguadas a la crianza de mulas, que tenían muy buen expendio en el país para el transporte de mercaderías, y que llevaban también al Perú, en cuyos minerales eran compradas a buen precio. En cambio, habían comenzado a introducirse caballos de las provincias de Cuyo y de Tucumán, pero éstos eran pocos y malos. En 1608, García Ramón había dictado una ordenanza por la cual imponía penas a los que criasen mulas; y en febrero de 1611 Jaraquemada, recordando que era una vergüenza que los españoles careciesen de caballos mientras los indios los tenían en gran abundancia, repitió aquel mandato, reagravando las penas a los que lo desobedeciesen.[16] Esta ordenanza, característi-

---

15   El acta de recibimiento de Jara quemada ocupa las fojas 98 a 103 del libro 8.º del Cabildo y la foja I del protocolo en que la Audiencia asentaba el recibimiento de sus presidentes y oidores.

16   Ordenanza de 22 de enero de 1611, a fojas 105 y 106 del libro 8.º del Cabildo.

ca de las ideas económicas y administrativas de ese tiempo, era en realidad una amenaza a la propiedad de los ganaderos, que de un modo u otro debían seguir contribuyendo con sus caballadas para el equipo del ejército.

Pero entonces los ánimos de los encomenderos y propietarios de Chile estaban preocupados con otro peligro más grave todavía. Sabíase que el rey, bajo la acción de empeñosas diligencias, de que habremos de hablar más adelante, persistía en la supresión del servicio personal de los indígenas, lo que importaba para los agricultores de Chile la privación de brazos para la explotación de los campos. La alarma era general en todo el reino. En Santiago se celebraba en esos mismos días, el 7 de febrero, un solemne cabildo abierto en que se trató de este importante asunto, y se acordaba elevar nuevas súplicas al rey para obtener la permanencia del régimen existente. Aunque el cabildo de Santiago tenía acreditado en la Corte con este objetivo al religioso franciscano fray Francisco de Riberos, resolvió darle por compañero a fray Diego de Urbina, creyendo, sin duda, que el carácter sacerdotal de ambos tendría gran peso en las decisiones que tomase el piadoso Felipe III.[17] Jaraquemada, testigo de esta agitación, comenzó a comprender los peligros de las reformas que preparaba la Corte.

4. Sus campañas militares; la sublevación de los indios pone en peligro la línea fortificada de fronteras

A mediados de febrero, cuando se hubo desembarazado de estas primeras atenciones, el gobernador partía para Concepción. No encontró obstáculo alguno para recibirse del mando. Merlo de la Fuente parecía deseoso de dejar el gobierno que había desempeñado seis meses, y sin darse por agraviado con la resolución que el virrey había tomado nombrando a otro gobernador, se empeñó en dar a éste en un largo memorial todas las instrucciones que podían ponerlo al corriente de las necesidades de la guerra. Durante los meses de otoño, Jaraquemada visitó uno a uno todos los fuertes de la frontera, estudió prolijamente la situación militar, y de vuelta a Concepción, en 1 de mayo de 1611, pudo informar al rey acerca de aquel estado de cosas con bastante conocimiento de causa.[18] El gobernador estaba persuadido de que las llama-

---

17 Acuerdo del cabildo de Santiago de 7 de febrero de 1611, a fojas 107 del libro 8.º
18 Este informe de Jaraquemada, pieza muy útil para conocer el estado militar del país, ha sido publicado por don Claudio Gay en las págs. 234-244 de su segundo tomo de *Documentos*, pero con pequeñas omisiones y errores de copia.

das paces de los indios eran artificio que no debía engañar a nadie, y que era urgente prepararse para continuar la guerra. En consecuencia, pedía al rey que a la mayor brevedad le enviase socorros de tropas y de armas.

Los indios, hostigados con las persecuciones que habían sufrido en los meses anteriores, se mostraban tranquilos y pacíficos mientras hacían sus cosechas o se habían retirado más al interior. Por otra parte, las viruelas se habían desarrollado ese año en sus tierras haciendo numerosas víctimas y produciendo por todas partes el terror y el espanto. Solo en la primavera siguiente se hicieron sentir los síntomas de revuelta y de guerra que cada año dejaban ver la poca estabilidad de la conquista.

Jaraquemada permaneció todo el invierno en Concepción. En los primeros días de diciembre de 1611, cuando hubo reunido su ejército para entrar en campaña, se puso en marcha para Angol. Preparábase para expedicionar en el territorio de Purén, a fin de hacer al enemigo todo el daño posible, cuando supo que en la estancia de Hualqui, al norte del Biobío, habían sido asesinados dos españoles, y más tarde, que se preparaba un levantamiento general de los indios de Talcamávida y Catirai que se consideraban sometidos. El gobernador se vio forzado a hacer volver una parte de sus tropas para reprimir esta insurrección mandando ahorcar a algunos indios que se creían sus promotores. En Angol, además, se vio obligado a detenerse para castigar a algunos soldados españoles, que después de cometer delitos vergonzosos, preparaban su fuga al campo enemigo.[19]

El 19 de diciembre se le reunieron en Angol las tropas que a las órdenes de Núñez de Pineda estaban destacadas en la región de la costa. El gobernador pudo contar con cerca de 800 hombres, a cuya cabeza abrió la campaña con todas las precauciones imaginables. Más al sur, el cacique Ainavilu había

---

19 Carta de Jaraquemada al rey, de 28 de enero de 1612. Esos infelices, acusados del delito de sodomía, fueron condenados a ser quemados vivos, según los usos de la época. Parece que en los campamentos y en los fuertes españoles, donde los soldados estaban obligados a vivir encerrados y sin comunicación durante meses y a veces años enteros, se había desarrollado una repugnante inmoralidad, y que los vicios de esa naturaleza eran desgraciadamente frecuentes, a pesar del rigor con que eran castigados. Este mismo hecho está contado por el padre Rosales en el capítulo 48 del libro V con algunas variaciones. Refiere que el suceso tuvo lugar en el fuerte de Paicaví, y que fueron condenados a la hoguera trece soldados, y cuenta con este motivo el milagro de un gallo que quitó el rosario que tenía en las manos cierto reo acusado del mismo delito.

reconcentrado cerca de 6.000 guerreros entre los cuales había muchos venidos de las comarcas de la Imperial, Villarrica y Valdivia. Después de algunas escaramuzas, Jaraquemada sostuvo un reñido combate el 29 de diciembre, y consiguió desorganizar al enemigo sin poder, sin embargo, causarle más grandes daños.[20] El gobernador se demoró algunos días en Angol para trasladar de nuevo el fuerte al sitio en que lo había establecido anteriormente García Ramón. Pero en vez de pasar adelante, como había pensado hacerlo ese verano, se vio obligado a volver a las orillas del Biobío, donde la insurrección de los indios había tomado las más alarmantes proporciones.

En efecto, a mediados de febrero de 1612, los indios sorprendieron en una emboscada a doce o catorce soldados españoles del fuerte de Monterrey, y los mataron despiadadamente. Repartidas las cabezas de esos infelices en toda la comarca, el alzamiento de los indígenas comenzó a hacerse general, de tal modo que los defensores de los fuertes se vieron encerrados en ellos, sin poder comunicarse entre sí ni prestarse ningún auxilio. En poco tiempo se extendió la alarma por todas partes, y en Concepción, donde no había tropas disponibles para sofocar el levantamiento, el corregidor Diego Simón no halló otro arbitrio que tocar que el pedir auxilios a Santiago. Como debe suponerse, todo esto extendió la confusión y el sobresalto al ver seriamente amenazada la línea fortificada de frontera que hasta entonces había inspirado tanta confianza.

En Santiago se esperaba entonces el arribo de otro gobernador que por encargo del rey venía a plantear en Chile un nuevo sistema de guerra. Los auxilios que de aquí se mandasen, no podían dejar de ser tardíos para atajar el alzamiento. Pero el gobernador Jaraquemada, que también tuvo noticia de él, volvió apresuradamente de Angol con sus tropas y comenzó a hacer en esa comarca las campeadas de costumbre en persecución de los indios. Incapaces éstos de resistir en combate franco, se asilaban en los bosques y en las montañas, mientras sus chozas y sus sembrados eran destruidos inexorablemente. En estas operaciones que tan poco resultado daban para obtener la pacificación

---

20 Jaraquemada ha referido esta campaña en la carta citada: pero también la cuenta, aunque con diferencia de accidentes y descuido de fechas, el padre Rosales en el capítulo 47 del libro V de su *Historia general*. Nosotros omitimos particularidades del más escaso interés, y que en realidad no son más que la repetición monótona de lo que ocurría en cada una de estas expediciones sin fruto y sin resultados. El cronista Luis Tribaldos de Toledo, al referir estos sucesos en las págs. 87-91 de la *Vista general de las guerras de Chile*, no hace más que reproducir la carta de Jaraquemada.

de los indios, se pasaron los meses del otoño, hasta que Jaraquemada tuvo que entregar el mando a su sucesor.[21]

5. Alarmas que produce en la Corte la prolongación de la guerra de Chile y los costos que ocasionaba

Sin duda alguna, la situación del reino de Chile había cambiado considerablemente desde aquellos días aciagos que se siguieron a la muerte del gobernador Óñez de Loyola y a la destrucción de las ciudades. Los españoles habían perdido toda la porción del territorio en que se levantaban esas ciudades; pero, en cambio, habían aislado la formidable insurrección de los indígenas y afianzado la paz en todo el resto del país, que estuvo igualmente amenazada en aquellos años funestos. La confianza en la estabilidad de la conquista había renacido de nuevo. Por otra parte, la creación de un ejército permanente, suprimiendo el servicio militar obligatorio para todos los colonos, dejaba a mucha gente en libertad de consagrarse a los trabajos industriales; y el comercio, así como el cultivo de los campos, comenzaban a tomar desarrollo. La institución del situado real para pagar las tropas, que hasta entonces, habían servido sin remuneración alguna, introdujo en el país el dinero circulante, aumentó la riqueza pública y dio mayor vida al comercio. Pero estos progresos simplemente relativos, eran apenas perceptibles para los contemporáneos que solo comenzaban a gozar de los primeros beneficios de aquella nueva situación.

Más fácil que percibir estos progresos era palpar los inconvenientes y peligros de ese estado de cosas. Las rentas públicas eran todavía casi nulas, de manera que ni siquiera alcanzaban para atender a los gastos más premiosos de la administración civil. El cabildo de Santiago no pudo pagar el costo de las fiestas con que se celebró la instalación de la Real Audiencia y el solemne recibimiento del sello real. El situado de 212.000 ducados que por orden del rey entregaba cada año el tesoro del Perú, bastaba apenas para pagar el ejército y los otros gastos de guerra. Más aún, el soberano había acordado esa subvención con notable resistencia, y en la confianza de que antes de mucho tiempo sería innecesaria. García Ramón había prometido terminar la guerra en tres años. Este plazo había expirado ya, y la situación de Chile comenzaba a

---

21 Rosales, libro V, capítulo 47 y 48. Tribaldos de Toledo, pág. 124. Este último cronista tuvo conocimiento de las cartas en que la audiencia de Chile dio cuenta al rey de estos sucesos.

inspirar en la Corte las más serías desconfianzas, y a sugerir la idea de intentar un nuevo sistema de guerra que fuese más eficaz y, sobre todo, menos costoso.

Aunque García Ramón no había cesado de representar al rey las esperanzas que tenía de llevar a término la pacificación definitiva de Chile, los informes que llegaban a la Corte por otros conductos eran mucho menos tranquilizadores. Don Juan de Villela, oidor de la audiencia de Lima y nombrado presidente de la audiencia de Guadalajara, escribía al rey desde aquella ciudad con fecha de 3 de junio de 1607 para decirle «que después de haberse consumido en la guerra de Chile tan grande suma de gente y de dinero con el objeto de ver el fin de ella tan deseado y procurado, estaba tan a los principios, como si nunca se hubiera puesto mano en ella», y para aconsejarle un cambio radical en el sistema de conquista. El coronel Pedro Cortés, con el prestigio que le daban cuarenta años de buenos servicios en Chile, se dirigía al rey desde Santiago en 1605 y en 1608 para demostrarle que había sido engañado por los que dieron en la Corte informes contra Alonso de Ribera, porque este capitán era el que había comprendido mejor la manera de pacificar el país.

Otros informes eran todavía más desconsoladores y revelaban males y abusos de la mayor trascendencia. «Puedo certificar a Vuestra Majestad, escribía en febrero de 1610 el veedor general don Francisco Villaseñor y Acuña, que está esta tierra muy trabajosa y de manera que ahora parece que comienza la guerra después de tan copiosos socorros de gente y de dinero como a ella han venido de España y del Perú por mandado de Vuestra Majestad, pues está en balance de perderse todo; y para su reparo sería necesario ponerle de nuevo gobernador que sea soldado y entienda las cosas de guerra, porque, aunque el que al presente la gobierna lo es (García Ramón) no sé si su demasiada edad y poca salud o su mala fortuna son causa de tenerla en el trabajoso estado en que digo, pues al fin de cinco años que ha que la gobierna, se ha ido perdiendo. El día de hoy está tan sin fuerza para resistir al enemigo que el año que viene imposiblemente podrá hacer guerra si Vuestra Majestad no se sirve mandar de proveer de cantidad de gente y de dinero para poderla hacer; porque por no haber sabido conservar la que había, que era la cantidad que convenía para acabarla, ha venido a quedar tan imposibilitado como he dicho.»[22] Y pocos meses más

---

22 Carta del veedor Villaseñor y Acuña al rey, fechada en Santiago el 25 de febrero de 1610. En ella recomienda empeñosamente a Ribera como el hombre apropiado para desempeñar el gobierno.

tarde, dando cuenta al rey del fallecimiento de García Ramón, le decía lo que sigue: «Todo este reino pide al gobernador Alonso de Ribera. Yo de mi parte digo que es la persona más a propósito que se puede buscar para las cosas de esta tierra, así por su mucha experiencia y práctica de soldado como por tenerlas tomado el tiento para caminar con ellas. Desengaño a Vuestra Majestad que el que hubiere de venir a gobernar esta tierra conviene no sea hombre práctico ni baqueano del Perú, porque los que vienen de aquella provincia a ésta traen por escuela el interés, y en esto se ejercitan más que en otra cosa. Ultra de que se sigue otro daño y no menor, que como de allá traen obligaciones, atienden a la satisfacción de ellas y no a la de antiguos soldados que sirven en esta tierra, y como esto suele ser por tiempo prestado, llegan bisoños y salen bisoños sin que se saque más fruto que gasto de hacienda, y alargación de guerra. Y, aunque he entendido que al Consejo Real de Indias escriben algunos pareceres de que esta guerra es inacabable, digo que estos tales son los bisoños, y digo más que como el que las gobernase quisiese hacer lo que conviene, no hay guerra en Chile para cuatro años... También suplico a Vuestra Majestad con todo encarecimiento, mande al virrey del Perú que en adelante fuere no envíe criado, deudo ni allegado de su casa a servir a este reino, porque no sirven más que para llevarse lo mejor que hay en él sin que lo trabajen ni lo merezcan».[23]

Cualquiera que sea la pasión que se suponga en los autores de estos informes, es lo cierto que la institución del situado, que imponía a la Corona un gravamen tanto más serio cuanto que el estado de su tesoro era sumamente precario, había introducido los más deplorables abusos. Hemos hablado otras veces de la miseria y de los sufrimientos a que estaban reducidos los soldados del ejército español. Cuando llegó el caso de pagarles el sueldo decretado por el rey, los soldados fueron víctimas de una escandalosa explotación ejercida por algunos de los empleados superiores. Se les cargaba la comida y el vestuario a precios excesivos. «Da lástima, decía un testigo muy autorizado, de que en esta guerra se haya introducido una cosa tan reprobada cuanto digna de remedio, y es que los más que gobiernan en ella, capitanes y soldados, se han vuelto tratantes y pulperos, que el cuidado que habían de tener en mirar por los soldados y sus armas lo ponen en investigar modos y trazas para despojarlos de

---

23 Carta del veedor Villaseñor y Acuña al rey, fechada en Concepción el 10 de agosto de 1610.

sus sueldos, revendiéndoles los bastimentos a precios excesivos, porque de sus propias estancias y sementeras, que muchos de ellos las tienen, llevan a los fuertes los carneros, ovejas y demás bastimentos, o los compran para revenderlos por tres veces su valor... De esta manera, la mayor parte del situado, o por mejor decir, todo se viene a consumir entre recatores y tratantes, pues cuando llega de Lima, ya el miserable soldado debe más de lo que tiene ganado de sueldo... Ha podido tanto la codicia, que inventaron para pagar a muchos por libranzas adelantadas, y con la necesidad que se pasa no pagándoselas, les obligan a que las vendan por la mitad o al tercio, comprándoselas por terceros los que más obligación tienen de mirar por ellos. De esta forma, ni los soldados visten, ni calzan, ni comen, pasando miserablemente sin zapatos ni medias, y sobre sí solamente por vestido una manta o pellejo con que andan la mitad descubiertos: y así, no faltaron algunos que apretados por la necesidad se han pasado al enemigo.»[24]

Tales eran los informes que antes y después de haber tomado una resolución acerca de la guerra de Chile llegaban a los oídos del virrey del Perú y del rey de España. Contra todas las esperanzas que se habían concebido de ver terminada la pacificación en pocos años, mediante los sacrificios de dinero que se había impuesto la corona, la guerra se prolongaba indefinidamente, y el situado mismo se había convertido en un objeto de explotación y de comercio. No era extraño que ante una situación semejante se pensase en hallarle un remedio efectivo y radical.

6. Los jesuitas y la supresión del servicio personal de los indígenas

Tanto en la corte de los virreyes como en la corte del rey de España se había tratado en muchas ocasiones de este negocio. Desde tiempo atrás se había sostenido que las crueldades ejercidas por los españoles sobre los prisioneros y el mal tratamiento dado a los indios de encomienda, eran la causa de la prolongación de la guerra. Como se recordará, el rey había dictado y repetido las más terminantes ordenanzas para suprimir el servicio personal de los indígenas,

---

24 Informe dado por el oidor doctor don Gabriel de Celada en 6 de enero de 1610, después de su visita a los pueblos y fuertes del sur, y transmitido al rey como parecer de la Real Audiencia. Conviene advertir que estos tres últimos informes, escritos en Chile al mismo tiempo que en Madrid se acordaba el plan de guerra defensiva, no pudieron tener influencia en estas resoluciones. Los recordamos aquí como muestra del estado de la opinión.

y los tres últimos virreyes del Perú habían demostrado el mayor empeño en que se cumpliesen esas ordenanzas.

Se saben los motivos que se habían opuesto a la ejecución de esta reforma. Los encomenderos de Chile comprendían que la supresión del servicio personal de los indígenas iba a privarlos de brazos para la explotación de sus estancias, y que los escasos beneficios de sus industrias no les permitían comprar esclavos africanos ni tener trabajadores asalariados. En cambio, los padres jesuitas que habían adquirido gran influencia en el país, y que comenzaban a poseer por legados y donaciones extensas propiedades rurales, se habían declarado abiertos adversarios del servicio personal, predicaban contra él y pedían con la mayor instancia que se cumpliesen las órdenes del rey. Pero los padres jesuitas se hallaban en mejor situación que los encomenderos para proporcionarse trabajadores. En los primeros días de marzo de 1608 llegaba a Santiago el padre provincial Diego de Torres, y hacía celebrar en esta ciudad, con asistencia de diez religiosos, una congregación de la orden, en la cual se sancionaba entre otros el siguiente acuerdo: «Que se pida facultad al padre general para que el procurador de esta provincia negocie en la corte de España licencia de S.M.C. para comprar algunos negros esclavos, que labren los campos de nuestro colegio de Santiago de Chile, porque los indios yanaconas de este reino, de que hasta ahora se ha servido, están mandados eximir del servicio personal por cédula de Su Majestad, bien que hasta ahora no se ha ejecutado por razones que se han alegado a los ministros reales para que la suspendiesen hasta hacer al rey nuestro señor consulta».[25] De manera que, según la teología acomodaticia de los padres jesuitas, era un grave pecado tener indios de encomienda y de servicio, pero no lo era el tener esclavos negros, por más que éstos estuviesen, como se sabe, sometidos a un régimen legal mucho más riguroso que todas las ordenanzas dictadas sobre el trato de los indios.

Para reforzar sus predicaciones con el ejemplo práctico de su conducta, el padre Torres sancionó, con fecha de 28 de abril de 1608, un auto por el cual

---

25 Lozano, *Historia de la Compañía de Jesús de la provincia del Paraguai*, libro IV, capítulo 24, tomo I, pág. 744. Esta congregación, la primera que celebraron los jesuitas de esta provincia, se celebró en los días 12 a 19 de marzo de 1608. El acuerdo que copiamos en el texto es el 5.º de los que se tomaron en aquella asamblea. El padre Claudio Aquaviva, general de la orden, concedió en 14 de abril de 1609, el permiso para comprar esclavos. Parece que lo que los jesuitas solicitaban era que se alcanzase del rey que se les eximiese de los derechos que se pagaban por la introducción de esclavos en las colonias.

se suprimía el servicio personal de los indígenas en las estancias y casas de la Compañía «en cuanto se publiquen las cédulas del rey, que será presto», decía aquel documento. Mientras tanto, y hasta que llegase el caso de poner en ejecución los mandatos del rey, el padre provincial disponía que a los indios de sus estancias se les dieren ciertos auxilios para mejorar su condición y en pago de los servicios que prestaban. Aunque la concesión hecha en esta forma era absolutamente ilusoria, puesto que la libertad de los indios solo debía tener efecto el día en que todos los encomenderos estuviesen obligados a someterse a una ley de carácter general, produjo inmediatamente grandes beneficios a la Compañía. «Para que se conociese cuán agradable había sido a Nuestro Señor la disposición del padre provincial, dice el más prolijo historiador de la orden, el mismo día que dispuso la libertad de los indios, le envió Dios caudal con que el colegio pudiese pagarles sus salarios.»**26**

Pero los encomenderos que no recibían donaciones análogas para resarcirse de los perjuicios que debía causarles la supresión del servicio personal de los indígenas, continuaron oponiéndose a esta reforma con la más resuelta energía. Hemos contado que la misma Real Audiencia, que trajo a Chile el encargo de hacer cumplir las cédulas reales, tuvo que desistir de sus intentos y que dictar una medida conciliatoria que en realidad importaba el desobedecimiento de las órdenes del rey.**27** Más tarde, cuando volvió a tratarse del mismo negocio, renacieron las dificultades y resistencias, y los vecinos encomenderos de Chile desplegaron la misma energía en defensa de sus intereses.

---

26   Lozano, obra citada, libro V, capítulo 5, tomo II pág. 56. Cuenta, al efecto, que ese mismo día un mercader llamado Juan de Sigordia, natural de Navarra, hizo al colegio o convento de jesuitas una donación de 1.200 patacones, y que otro caballero que no nombra, firmó su testamento dejándole un legado de 6.000 pesos. Conviene advertir aquí que habiendo quedado sin efecto las cédulas relativas a la supresión del servicio personal, el auto dictado por el padre Torres en abril de 1608 no tuvo cumplimiento. Las estancias de los padres jesuitas conservaron sus indios de encomienda, lo mismo que las otras órdenes religiosas y que los particulares.

27   Véase el capítulo 22, § 6, de la parte III.

7. El virrey del Perú propone que se plantee en Chile la guerra defensiva y envía a España al padre Luis de Valdivia a sostener este proyecto

Mientras tanto, el padre Luis de Valdivia, el más decidido adversario del servicio personal de los indígenas, seguía trabajando empeñosamente en el Perú y en España para obtener su abrogación. Después de acompañar a García Ramón en los primeros meses de su gobierno, había vuelto al Perú en mayo de 1606[28] a dar cuenta al virrey del resultado de la comisión que le había confiado de estudiar la situación de Chile y de contribuir a plantear un nuevo orden en la conquista y pacificación. El padre Valdivia, que había visto por sí mismo la tenacidad incontrastable de los indios de guerra, y el ningún caso que hacían de las órdenes del rey y de la paz que en su nombre se les ofrecía, se mostraba, sin embargo, profundamente convencido de que la supresión del servicio personal de los indígenas, la suspensión de los rigores y crueldades de la guerra, y el empleo de las misiones religiosas habían de convertir a esos bárbaros en hombres mansos y dóciles, aptos para recibir una civilización y un orden de gobierno para los cuales no estaban preparados y que rechazaban con la más porfiada energía. Sus ilusiones a este respecto eran tales, que parecía creer que la paz aparente que García Ramón había impuesto a los indios de la costa de Arauco y Paicaví, era la obra de sus predicaciones y de sus esfuerzos.[29]

Cuando el padre Valdivia llegó a Lima, acababa de morir el conde de Monterrey, y el gobierno vacante del virreinato corría a cargo de la Real Audiencia. Teniendo que esperar allí el arribo del nuevo virrey, el padre Valdivia se ocupó en publicar su gramática y su vocabulario de la lengua chilena para la enseñanza de los misioneros que debían venir a este país.[30] Solo en diciembre

---

28   Véase el capítulo 21, § 9, de la parte III.
29   El padre Valdivia lo aseguraba así, y así también lo han escrito más tarde los cronistas de la Compañía. Puede verse a este respecto lo que escribe el padre Juan Eusebio Nieremberg en la reseña biográfica del padre Valdivia que publicó en las págs. 759-762 de su Honor del gran patriarca San Ignacio de Loyola, Madrid, 1645, que hemos citado otra vez.
30   *Arte y gramática general de la lengua que corre en todo el reino de Chile, con un vocabulario en la lengua de Chile*, Lima, impreso por Francisco del Canto, 1606, un volumen en 8.º, con la doctrina cristiana y las oraciones traducidas dos veces en lengua chilena, una según el dialecto del obispado de Santiago y otra en el de la Imperial, y con un confesonario o manual de confesores de los indios en lengua castellana y chilena.

de 1607 entraba a Lima el nuevo virrey marqués de Montes Claros, y pudo el padre Valdivia dar principio a sus trabajos.

Llegaba este funcionario perfectamente preparado para aceptar la reforma que se trataba de introducir en la dirección de la guerra de Chile. Venía de la Nueva España, que acababa de gobernar, y sabía que algunas tribus semicivilizadas de México habían depuesto las armas y dado la paz a los conquistadores españoles bajo la garantía de tratarlas benignamente. El marqués de Montes Claros creía que los indios de Chile se hallaban en una condición idéntica, y que un trato semejante debía producir iguales resultados. El padre Valdivia, que había residido largo tiempo en este país, y que conocía a sus habitantes, sus costumbres y su lengua, contribuyó con sus informes a afianzarlo en este error.

Sin embargo, el virrey no se atrevió por sí solo a tomar una determinación en tan grave asunto. Pidió parecer al gobernador de Chile Alonso García Ramón, exponiéndole el proyecto que tenía de cambiar radicalmente el sistema de guerra que se hacía a los indios, reduciéndola a puramente defensiva. García Ramón no era hombre que pudiera rebatir de una manera clara y convincente aquellos proyectos; pero conocía bastante el país, y pudo dar su opinión con la experiencia recogida en largos años de guerra y de gobierno. Según él, los indios de Chile no se someterían jamás por los medios pacíficos; y los tratos y convenciones que con ellos se hiciesen para llegar a este resultado, serían siempre absolutamente infructuosos, como lo habían sido hasta entonces, desde que por su barbarie, esos indios eran incapaces de darles cumplimiento ni de apreciar los beneficios de la paz. La designación de una línea divisoria más allá de la cual se dejase a los indios vivir en paz, sin hacerles guerra, y esperando que quisieran someterse, no haría más, a juicio del gobernador, que enorgullecerlos permitiéndoles comprender que los españoles no tenían fuerzas para continuar la conquista, y envalentonarlos para venir a atacar a estos últimos en sus tierras y en sus ciudades. García Ramón sostenía, además, que era inútil pensar en convertir esos indios al cristianismo, y que los esfuerzos que se hiciesen en este sentido, no darían fruto alguno. Todo hacía creer que, a pesar de estos informes, el virrey habría de decidirse por el sistema que recomendaba el padre Valdivia. Temiendo que así sucediera, García Ramón dispuso que su propio secretario, el capitán Lorenzo del Salto, partiese para España a sostener en la Corte, como apoderado del reino de Chile, el mantenimiento de la guerra enérgica y eficaz contra los indios.

El marqués de Montes Claros, en efecto, estaba resueltamente inclinado por el sistema opuesto. En su correspondencia al rey de España combatía con calor las opiniones del gobernador de Chile; pero como no se creyese autorizado para tomar por sí mismo una resolución definitiva en tan grave negocio, determinó enviar todos los antecedentes al rey de España, y hacer que el padre Valdivia y el capitán Lorenzo del Salto, que acababa de llegar a Lima, fuesen a defender en la Corte sus respectivos pareceres. «El padre Luis de Valdivia, escribía el virrey, tiene mucha inteligencia de todas aquellas provincias, por haber administrado en ellas la doctrina con mucha edificación y buen nombre; y porque me parece que esta causa pide relación más particular que la que se puede hacer por escrito, habiéndole comunicado mis motivos, le envío y suplico a Vuestra Majestad le oiga, y cuando la materia esté resuelta, le mande volver, porque será necesario para efectos importantes de su servicio. El gobernador de Chile envía por su parte al capitán Lorenzo del Salto, y como en la materia va tanto, es muy justo que todos sean admitidos y que Vuestra Majestad mande digan lo que sienten sobre ella.»[31] Ambos comisionados partieron del Callao el 30 de marzo de 1609.

8. Después de largas deliberaciones, el Consejo de Indias aprueba este plan, y el soberano autoriza al virrey del Perú para que lo ponga en ejecución

Después de seis meses de viaje, llegaban a Sevilla a fines de septiembre de 1609, y sin pérdida de tiempo se trasladaban a la Corte para dar principio a sus gestiones. Creían, sin duda, despacharse en corto plazo, vista la gravedad del negocio que los ocupaba y las premiosas recomendaciones de que iban acompañados. Pero el gobierno español tenía en ese momento entre manos un asunto que atraía toda su atención. Estaba empeñado en la expulsión de los moriscos de toda España, y esta medida absurda, que había de precipitar la ruina de la industria de la metrópoli, era estimulada por el fanatismo religioso, se la consideraba el más grande de los beneficios que el rey podía hacer a su

---

31 Carta del marqués de Montes Claros a Felipe III, fechada en el Callao el 30 de marzo de 1609. Esta carta ha sido insertada íntegra por el cronista Tribaldos de Toledo en las págs. 48-50 de su obra citada.

pueblo, y tenía preocupados a todos los espíritus. Los comisionados que iban de América a tratar de la guerra de Chile, pasaron algunos meses en la Corte sin hallar quien quisiera oírlos. Solo a principios de 1610 pudieron presentar sus memoriales a la Junta o Consejo de Guerra de Indias, encargada de dictaminar sobre este negocio.

El capitán Lorenzo del Salto tenía allí un protector decidido. Era éste don Alonso de Sotomayor, antiguo gobernador de Chile, amigo de García Ramón, y partidario resuelto de la guerra enérgica contra los indios.[32] En los consejos de gobierno se le reconocía una gran competencia en todo lo que se refería a los negocios de Indias y en especial de los de Chile. En 1607, apenas se había incorporado en la junta de guerra, su parecer había sido decisivo para decretar la esclavitud de los indios que se tomasen con las armas en la mano.[33] Ahora iba a sostener con la misma decisión que se continuasen las operaciones militares, y que para ello se socorriese al ejército de Chile, y a combatir los proyectos quiméricos de los que creían posible consumar la conquista definitiva de este país por los medios pacíficos. En las primeras deliberaciones de la junta de guerra, la opinión de Sotomayor fue oída con respeto, y se tomó nota de las razones que daba para que fuese rechazado el proyecto de sus adversarios.[34] Pero don Alonso falleció en los primeros días de mayo de 1610,[35] y desde

---

[32] Cuando Lorenzo del Salto llegó a Madrid en octubre de 1609, don Alonso de Sotomayor se hallaba fuera de la Corte desempeñando una importante comisión militar. El rey le había encargado la expulsión de los moriscos de la provincia de Toledo. Sin embargo, a principios de 1610 estaba de vuelta en Madrid y pudo dar su parecer acerca de los negocios de Chile.

[33] Véase el tomo III, pág. 370.

[34] En el Archivo de indias, en el legajo de documentos relativos a este asunto, existe un pliego con la fecha de Madrid a 21 de febrero de 1610, que por hallarse roto en muchas partes, y sobre todo en su encabezamiento, no se puede leer bien. Parece ser un acta de las deliberaciones de la junta de guerra, en que se han anotado las razones en pro y en contra de la continuación de las operaciones en la forma que entonces tenían. A juzgar por este documento, la junta no se había formado hasta entonces ninguna opinión fija sobre la materia y, aun, parece que se inclinaba por el sistema que defendía don Alonso de Sotomayor, cuya experiencia y cuyo celo se reconocen.

[35] Cabrera de Córdoba, Relaciones de las cosas sucedidas en la corte de España, pág. 405. En 1611 se publicó en Lima un opúsculo titulado *Compendio de algunas de las muchas y graves razones en que se funda la prudente resolución que se ha tomado de cortar la guerra de Chile y señalándole raya*, etc. Este escrito, autorizado por el virrey, marqués de Montes Claros, parece ser la obra del padre Valdivia. Allí se da como razón fundamental de esta medida la unanimidad de pareceres que a este respecto hubo en los consejos del

entonces la causa que sostenía Lorenzo del Salto perdió su más decidido y poderoso defensor.

El padre Valdivia, por su parte, tenía muchos y muy ardorosos protectores. Un hermano suyo llamado Alonso Núñez de Valdivia, era secretario del Consejo de Hacienda, y poseía en la Corte relaciones y parientes de influencia. Pero aparte de estas influencias de familia, el padre Valdivia tenía en su carácter sacerdotal, un elemento mucho más poderoso de prestigio y de poder. España, en plena decadencia, se hallaba entonces dirigida en todos sus negocios por clérigos y frailes que ejercían un predominio absoluto sobre el ánimo apocado de su inepto soberano, y sobre los consejos de gobierno. La Corte vivía en medio de fiestas religiosas, de viajes a las provincias para visitar un santuario, ganar un jubileo o inaugurar un nuevo monasterio. Cada día se contaba la historia de un nuevo milagro ocurrido en tal o cual ciudad, las profecías hechas por un monje sobre la suerte que estaba reservada a la monarquía o la presencia de los demonios en un convento de Valencia, donde se entretenían en mortificar a los frailes.[36] Los jesuitas, mantenidos a cierta distancia del poder bajo el anterior gobierno, habían cobrado gran valimiento en el reinado de Felipe III, se sobreponían artificiosamente a las otras órdenes, y tomaban una parte principal

---

rey de España, agregando que, aunque al principio la contradijo don Alonso de Sotomayor, luego cambió de opinión, vencido por las razones que se daban en contrario, y que al fin le prestó su apoyo. Nada nos autoriza a tomar por verdadera esta versión y, aun, tenemos sobrados motivos para creerla falsa. Don Alonso de Sotomayor, como decimos en el texto, falleció antes de que se tomara resolución sobre la materia. Aunque en los documentos de la época se habla de un informe suyo que a fines de 1610 se acordó remitir al virrey del Perú para que lo tuviese presente, ese informe que hemos visto, y que se dice escrito por Sotomayor poco antes de morir, se refiere a dar consejos e instrucciones militares sobre la manera de dirigir la guerra contra los indios.

El cronista Tribaldos de Toledo, en las págs. 105-111 del libro citado, y el padre Rosales en los capítulos 3 y 4 del libro VI de su *Historia general*, han reproducido más o menos textualmente el opúsculo de Lima a que nos referimos, repitiendo ambos la misma noticia acerca de don Alonso de Sotomayor, que nosotros consideramos inexacta por más que más tarde fuera repetida en otros documentos igualmente emanados de los jesuitas. En estos documentos hemos hallado otras veces aseveraciones de este mismo género, en que se atribuyen a ciertos individuos opiniones diversas a las que habían sostenido.

36   Las *Relaciones* antes citadas del cronista Cabrera de Córdoba, son a este respecto un arsenal preciosísimo de noticias para conocer el estado moral a que el fanatismo religioso había llevado a la España. Recorriendo esas notas, el lector queda maravillado de la rápida decadencia del antiguo espíritu español y, sobre todo, del abatimiento del criterio para aceptar las patrañas más absurdas y ridículas que se contaban cada día como milagros ocurridos en tal o cual convento.

en la dirección de los negocios públicos.**37** En sus hermanos de religión hallaba el padre Valdivia su más poderoso apoyo.

Pero, al mismo tiempo había otras consideraciones que favorecían su causa. Era un hecho incuestionable que después de más de medio siglo de constante batallar, y de sacrificios de vidas y de gastos considerables, la guerra de Chile, lejos de dar los resultados que se esperaban, había producido los más deplorables desastres, la ruina de varias ciudades, el abandono de una gran porción de territorio de que antes se habían enseñoreado los españoles, la humillación militar de éstos y la pujanza de sus bárbaros enemigos. El padre Valdivia defendía un nuevo plan de conquista que consideraba más humano, más práctico y menos costoso. Según él, se debía dejar a los indios en pacífica posesión de su territorio, no emplear el ejército sino para impedirles que ejecutaran correrías y depredaciones fuera de la línea que se fijase como frontera, y tratar de reducirlos a vivir en paz y a someterse al dominio español, por los medios de la suavidad y la persuasión, predicándoles la religión cristiana y haciéndoles conocer los beneficios de la vida civilizada. A juzgar por los escritos que nos ha dejado, el padre Valdivia no poseía una elocuencia muy persuasiva; pero en Madrid tenía una gran ventaja sobre los que pretendieran impugnar sus proyectos, y era la experiencia adquirida en cerca de diez años de residencia en Chile, el conocer personalmente a los indios que sostenían la guerra contra los españoles y el poder referir las conversiones que pretendía haber hecho entre esos bárbaros mediante la predicación religiosa. Apoyándose en esta experiencia, él sostenía que esos indios, feroces e intratables cuando se les atacaba a mano armada, eran mansos, humanos y dóciles ante los medios de suavidad y de persuasión. No debe extrañarse que los que no conocían las condiciones de los salvajes, su incapacidad moral para apreciar los beneficios de la paz, de la civilización y de una vida arreglada a un sistema regular de gobierno, creyesen las relaciones que hacía el padre Valdivia y aun tuviesen fe en los frutos que podían recogerse con el sistema de conquista que defendía.

---

37 El célebre doctor Benito Arias Montano, uno de los más famosos padres en el concilio de Trento, y revisor de la Biblia políglota impresa en Amberes por orden de Felipe II, había indicado a este soberano en su *Instrucción de príncipes* el peligro que envolvía la influencia creciente de la Compañía de Jesús. Felipe II, sin serle precisamente hostil y, aun, fomentándola en sus dominios, no le daba gran cabida en los consejos de gobierno. El escrito de Arias Montano que acabamos de citar es notable por más de un motivo.

Después de largas deliberaciones, la Junta de Guerra acordaba a fines de mayo de 1610 que se ensayara en Chile por tres o cuatro años el sistema de guerra defensiva que se proponía. El rey prestó su aprobación a este acuerdo, pero dando al virrey del Perú, como el funcionario encargado de ejecutarlo, la facultad de hacerlo reconsiderar en Lima por las personas más competentes en la materia, y mandar o no cumplirlo según pareciere más conveniente. Pasose entonces a tratar de los medios de llevar a cabo esta reforma. La Junta de Guerra propuso con fecha de 2 de junio, que el padre Valdivia volviese a Chile, como lo proponía el virrey del Perú, «por ser, decía aquella corporación, el instrumento principal para disponer los medios de la paz y doctrina de aquellos indios». Pero convenía revestirlo de un título y de un carácter que le diese autoridad y prestigio. En esa época el obispado de Concepción (o de la Imperial, como entonces se decía) estaba vacante por promoción de don fray Reginaldo Lizarraga a la sede del Paraguay. El rey, autorizado para ello por el papa, había encomendado el gobierno de aquella diócesis al obispo de Santiago don fray Juan Pérez de Espinoza. La Junta de Guerra creyó que convenía escribir a este obispo mandándole que confiase al padre Valdivia el gobierno espiritual de los pueblos que quedaban en pie en la diócesis de la Imperial. El rey, sin embargo, no aprobó este dictamen. A la consulta de la Junta de Guerra contestó «que lo que se hubiese de escribir al obispo de Santiago no fuese con orden precisa, sino diciéndole que aquello ha parecido a propósito, y así se lo hace saber para que si no hallare inconveniente lo haga o lo que más viere convenir». Fue inútil que la Junta insistiera en representación de 14 de agosto, con nuevas razones, en la necesidad de que el padre Valdivia volviese a Chile provisto de órdenes imperativas para que el obispo de Santiago no pudiera negarse a revestirlo de los poderes indispensables para ejercer el gobierno espiritual en la diócesis de Concepción. El rey puso por toda resolución al pie de esta nueva solicitud, las palabras textuales que siguen: «Hágase lo que tengo mandado, y la carta vaya muy apretada, pero conforme a lo resuelto».[38]

---

38 El Archivo de Indias depositado en Sevilla, guarda todos los documentos relativos a estas negociaciones, inclusos los borradores de los acuerdos. En nuestra narración nos hemos limitado a extractar esos documentos; pero hemos debido hacerlo con mucha prolijidad, y entrando en pormenores y accidentes que quizá parecerán innecesarios. Hemos querido así rectificar los numerosos errores de detalle que se hallan en las antiguas crónicas de la Compañía y que han repetido algunos historiadores modernos. Así, por ejemplo, el padre Lozano (obra citada, libro VII, capítulo 6, tomo 2.º, pág. 460) dice que Felipe III ofreció al

A pesar de esta negativa, el rey se mostró solícito por favorecer los aprestos para aquella empresa. El padre Valdivia había elegido en Madrid ocho religiosos jesuitas y dos hermanos coadjutores para que lo acompañasen en sus trabajos.[39] Aunque éstos debían hacer el viaje a expensas del Estado, el rey mandó entregarles 1.900 ducados para sus preparativos personales, y ordenó al virrey del Perú que en Lima les proporcionase lo que necesitaran para llegar a Chile. Felipe III solicitó, además, y obtuvo del papa Paulo V grandes indulgencias para los que, de un modo u otro, y hasta con sus oraciones, ayudasen a la pacificación de los indios de Chile por los medios de la suavidad y de la persuasión.[40] El piadoso monarca, a pesar de los desastres que por todas partes comenzaban a sufrir las armas españolas, siempre favorecidas por esta clase de gracias espirituales, persistía en creer que las indulgencias de los papas eran más eficaces que la mejor artillería.

El padre Valdivia, entretanto, hacía empeñosamente sus aprestos para el viaje. El padre Claudio Aquaviva, general de la Compañía de Jesús, había aprobado la empresa de la cual se esperaba gran gloria, y había revestido a aquél de latos poderes. Pero existía siempre una dificultad que mantenía perplejo al padre Valdivia, y era el temor de las resistencias que podía hallar en el gobernador de Chile y en el obispo de Santiago. En ese tiempo habían llegado nuevas comunicaciones del virrey del Perú en que, insistiendo en la conveniencia de plantear cuanto antes el nuevo sistema de guerra, recomendaba con mayor instancia que se proveyese al padre Valdivia de las más amplias facultades, y aconsejaba que se le diese el obispado vacante de Concepción.

La recomendación del virrey debía tener, según parecía, un gran peso en el ánimo del soberano. El padre Valdivia lo creyó así, y con fecha de 28 de noviem-

---

padre Valdivia el obispado de la Imperial, y que esta proposición «horrorizó la humildad» del padre, que la rechazó perentoriamente, todo lo cual ha sido contado más tarde por otros historiadores que tomaron por guía la obra de Lozano, muy apreciable bajo otros aspectos. Los documentos que vamos extractando, revelan que las cosas pasaron de muy distinta manera, y que fue el rey quien se negó resueltamente a hacer obispo al padre Valdivia. Según creo, fue el padre Ovalle, *Histórica relación*, pág. 268, el primero que contó este pretendido ofrecimiento del rey al padre Valdivia.

39 Fueron éstos los padres: Juan de Fuenzalida, Juan Bautista de Prada, Mateo Montes, Rodrigo Vázquez, Gaspar Sobrino, Agustín de Villaza, Vicente Modolell y Pedro Torrellas, y los hermanos Esteban de la Madrid y Blas Hernández.

40 El sumario de estas grandes indulgencias se publicó en Sevilla en 1611, y lo reprodujo el padre Miguel de Olivares en su *Historia de la Compañía de Jesús en Chile*, pág. 162.

bre de 1610 elevó una nueva representación al rey, y otra al presidente del Consejo de Indias. Manifestaba al primero que la empresa podía fracasar y perderse los gastos hechos, si él no era revestido de más amplios poderes, porque el obispo de Santiago, libre de hacer su voluntad, podía colocar en los pueblos de la diócesis de Concepción curas y misioneros extraños a la Compañía de Jesús, que no estuviesen animados del mismo espíritu, y que contrariasen sus trabajos imponiendo gravámenes y contribuciones a los indios recién convertidos. En su representación al presidente del Consejo de Indias, el padre Valdivia era todavía más franco y explícito. Referíale que por las comunicaciones que había recibido del provincial de los jesuitas de Chile, sabía que el obispo de Santiago era desfavorable a la Compañía, y que en una situación semejante, y ante las dificultades en que iba a verse envuelto en el desempeño de su misión, sería mejor que se la confiasen a los padres franciscanos, si él no había de tener la suma necesaria de poderes para obrar con cierta independencia y sin las trabas que pudieran suscitarle. A pesar de las influencias que en todo sentido debieron tocar los padres jesuitas, el rey y el Consejo de Indias, se mantuvieron inflexibles. En acuerdo de 9 de diciembre resolvió éste que no convenía dar al padre Valdivia el cargo de obispo, que este título debía serle embarazoso en el ejercicio de sus funciones, y que se cumpliera solo lo que estaba anteriormente acordado.[41] El rey, por su parte, dirigía al padre Valdivia con fecha de 8 de diciembre, una carta en que sin entrar en muchos pormenores sobre la latitud de sus poderes, le encargaba que se sometiera en el desempeño de su misión a las órdenes e instrucciones que le dieran el virrey del Perú y el obispo de Santiago, a quienes se había escrito sobre el particular.[42] Estas terminantes resoluciones pusieron término definitivo a las gestiones del padre Valdivia y de los suyos para obtener ampliación de facultades.

Según la determinación del soberano, era el virrey del Perú el que en último resultado debía decidir si se adoptaba o no el plan de guerra defensiva. Pero como éste era quien lo había propuesto, y como había mostrado tanto empeño

---

[41] Memorias del padre Valdivia, de 28 de noviembre de 1610, y acuerdo del Consejo de Indias de 9 de diciembre del mismo año. Como lo hemos dicho en una nota anterior, estamos obligados a entrar en todos estos pormenores para restablecer la verdad alterada por los cronistas de la Compañía.

[42] La carta del rey al padre Valdivia se halla publicada íntegra en la *Historia general del padre Rosales*, libro VI, capítulo 5, tomo II, pág. 531.

en que se llevase a cabo, casi no cabía lugar a duda acerca de su resolución. Felipe III, creyéndolo así, firmó una carta dirigida a los «caciques, capitanes, toquis e indios principales de las provincias de Chile». En ella les hacía saber la decisión que había tomado acerca de la guerra, su deseo de hacer cesar las hostilidades, su interés porque abrazasen el cristianismo para la salvación de sus almas, y la misión de paz que había confiado al padre Valdivia. «Os ruego y encargo, les decía, le oigáis muy atentamente y deis entero crédito a lo que dijere acerca de esto, que todo lo que él os tratare y ofreciere de mi parte tocante a vuestro buen tratamiento y alivio del servicio personal y de las demás vejaciones, se os guardará y cumplirá puntualmente, de manera que conozcáis cuan bien os está el vivir quietos y pacíficos en vuestras tierras, debajo de mi corona y protección real, como lo están los indios del Perú y otras partes, perdonándoos todas las culpas y delitos que en la prosecución de tantos años de rebelión habéis cometido, así a vosotros como a los mestizos, morenos, soldados españoles fugitivos y otras cualesquier personas que se han ido a vivir entre los que estáis de guerra.»[43] Esta carta, inspirada por el padre Valdivia, deja ver que cualquiera que pudiese ser la rectitud de sus intenciones, su criterio era muy poco seguro. Casi no se comprende que un hombre que había conocido personalmente a los indios de Chile, y que habría debido apreciar las condiciones de su estado moral e intelectual, pudiese creer la buena fe que las promesas y halagos del rey tendrían la menor influencia para inducirlos a la paz.

Desde que la Junta de Guerra se pronunció en Madrid por la guerra defensiva, se creyó que era necesario nombrar un nuevo gobernador para el reino de Chile. García Ramón, cuya muerte ocurría en Concepción en esa misma época (5 de agosto de 1610), estaba absolutamente desconceptuado. Se le acusaba de incapacidad para el gobierno, y se decía que su edad y sus achaques lo hacían enteramente inútil. El padre Valdivia, por su parte, se empeñaba en demostrar que a esos inconvenientes debía agregarse el que era enemigo decidido de la guerra defensiva, y que por esto mismo había de poner obstáculos a la reforma. El capitán Lorenzo del Salto hizo esfuerzos desesperados para defenderlo. Sostenía que García Ramón, aunque anciano, conservaba su energía y su actividad, y que había prestado buenos servicios y adelantado la

---

43 Carta del rey a los indios de Chile, de 8 de diciembre de 1610. Se halla publicada íntegra en la obra citada del padre Rosales, tomo II, pág. 533, y en la del padre Olivares, pág. 160.

conquista.**44** Todo lo que pudo conseguir fue que se le reconociese el derecho de seguir gozando el sueldo de gobernador hasta el fin de sus días.

Mientras tanto, las cartas que llegaban de Chile recomendaban con instancia a Alonso de Ribera, y el mismo padre Valdivia designaba a éste como un hombre prestigioso por sus antiguos servicios y muy adecuado para poner en planta el nuevo sistema de guerra. Durante su primer gobierno, Ribera, en efecto, había cultivado buenas relaciones con los jesuitas de Chile, y la circunstancia de que un hermano de su esposa fuese religioso de la Compañía, daba motivos para que se creyera generalmente que en todo caso sería deferente a esta institución.**45** Pero el padre Valdivia demostraba el más absoluto desconocimiento del corazón humano cuando creía que el impetuoso capitán había de secundar largo tiempo sus proyectos. En realidad, habría sido imposible hallar un hombre menos a propósito que Alonso de Ribera para someterse a la ejecución del plan de la llamada guerra defensiva; y la experiencia vino a demostrar en breve cuánto se había engañado en sus previsiones el candoroso jesuita. Los consejeros del rey, obedeciendo, sin duda, a otros motivos, creyendo quizá que no convenía reponer en el gobierno de Chile a un hombre que había sido destituido poco antes, y al cual se le hacían numerosas acusaciones, resistieron por algún tiempo a estas exigencias. Al fin, el 23 de febrero de 1611, el rey firmaba el nombramiento de gobernador de Chile en favor de Ribera. Junto con ese nombramiento, le dirigió una carta en que después de decirle que su elección era debida a las recomendaciones del padre Valdivia y de otros religiosos, le mandaba que cooperase por todos medios a ejecutar las órdenes del virrey del Perú para la planteación del nuevo sistema de guerra.**46**

---

44 El memorial presentado al Consejo de Indias sobre este punto por el capitán Lorenzo del Salto no tiene fecha, pero por su tenor inferimos que debe ser de noviembre de 1610. En él se pronuncia ardientemente contra Alonso de Ribera, cuyo nombramiento, dice, pondría a Chile en riesgo de perderse, «por la mala opinión con que Su Majestad le quitó aquel gobierno la vez pasada».

45 Véase sobre esto lo que escribía el mismo virrey del Perú en la carta que extraemos en la nota 3 del capítulo 20 de la parte III.

46 El nombramiento de Alonso de Ribera para gobernador de Chile fue seguido del de presidente de la Real audiencia, firmado por el rey el 14 de marzo del mismo año. Ambas piezas han sido publicadas por don Miguel Luis Amunátegui en *La cuestión de límites*, tomo II págs. 288-291. La carta a que nos referimos, de fecha de 6 de marzo, se halla igualmente publicada íntegra en la obra citada del padre Rosales, tomo II, pág. 547.

9. El virrey, después de nuevas consultas, decreta la guerra defensiva y manda a Chile al padre Valdivia

Terminados estos arreglos, el padre Valdivia y sus compañeros partían de España en los primeros días de abril de 1611 en la flota real que salía para las Indias.[47] Llegaron a Lima a mediados de noviembre, y sin tardanza dieron principio a sus trabajos. El virrey, lleno de fe y de confianza en los resultados que debía producir la guerra defensiva, mandó publicar las indulgencias que el papa había concedido a los que se interesasen en esta empresa. Él, sus consejeros y los vecinos más caracterizados de la ciudad, se confesaron y comulgaron para ganar aquellas gracias espirituales y tener al cielo propicio en los acuerdos que iban a tomarse. El 22 de noviembre, cuando se hubieron terminado estos preparativos, celebró la primera consulta. Concurrieron a ella los oidores de la Audiencia, los prelados de las órdenes religiosas, cuatro militares y otras personas graves y consideradas, hasta completar veinte individuos. La opinión de todos fue unánime en favor del nuevo sistema de guerra; y, aunque había que allanar diversas dificultades en los medios que debían escojitarse para la ejecución del proyecto, todo quedó definitivamente sancionado después de dos largas sesiones.

Aunque el virrey había abierto aquella junta haciendo leer los documentos que habían dado origen a esta reforma, es cierto que en ella no habían tenido representación las ciudades de Chile, ni los militares que hacían la guerra en este país, y que, en definitiva, eran los más competentes para dar su parecer sobre la materia. Pero en esas circunstancias llegaba de Chile fray Jerónimo de Hinojosa, religioso dominicano de gran prestigio, que había acompañado a García Ramón en sus campañas militares, y a quien éste recomendaba ante el rey como digno de ocupar el obispado vacante de Concepción. El padre Hinojosa llegaba a Lima como apoderado de las ciudades de Chile para representar los peligros que envolvía la guerra defensiva y la supresión del servicio

---

[47] Todas las negociaciones del padre Valdivia, que hemos referido quizá con recargo de pormenores, y apoyándonos en los documentos de más incontrovertible autenticidad, pasaron casi desapercibidas en España, donde la atención pública estaba preocupada con otros asuntos y en especial con la expulsión de los moriscos del reino que entonces se ponía en ejecución. Solo así se comprende que el cronista Cabrera de Córdoba en sus Relaciones, y Matías Novoa, ayuda de cámara del rey, en sus prolijas memorias (publicadas por primera vez en 1875 con el título de *Historia de Felipe III*, en los tomos 60 y 61 de la Colección de documentos inéditos para la historia de España), no mencionen para nada estos sucesos.

personal de los indígenas. El virrey, por un acto de deferencia a la persona de este religioso y para dar mayor prestigio a los acuerdos de aquella junta, la convocó nuevamente. El padre Hinojosa se encontró solo y aislado: sus argumentos buenos o malos, no pudieron convencer a nadie, y al fin tuvo que ceder ante la opinión de la mayoría o, más propiamente, de todos los miembros de la asamblea.[48]

Celebrados estos acuerdos, el virrey hizo publicar y circular un pequeño opúsculo en que estaban anotadas las razones en que se fundaba el nuevo sistema de guerra que había de plantearse en Chile. La primera y la que se creía la más fundamental, era la unanimidad de pareceres con que tanto en Madrid como en Lima se había aprobado la reforma; pero el padre Valdivia, que indudablemente fue el autor de ese escrito, cuidó de agrupar todos los argumentos que en favor de ese sistema se habían hecho valer en este largo debate. «Consta, decía al terminar, que se ha oído todo lo que dicen los de Chile; y todas cuantas personas hay en Lima venidas de Chile, capitanes, clérigos y religiosos, sienten por muy acertado lo que se hace, diciendo que no se ha entendido bien allá lo que se ha resuelto, y que en entendiéndolo, todos

---

[48] El virrey, marqués de Montes Claros, dando cuenta al rey de estos hechos en carta de 29 de abril de 1612, le dice lo que sigue: «Los motivos y razones (de la guerra defensiva) eran tan superiores que los mismos procuradores del intento contrario, deseando desvanecerlos, apenas hallaban qué poderles oponer». El opúsculo publicado en Lima en 1611, del que hemos hablado, es mucho más minucioso al referir este incidente, como se verá por un fragmento que vamos a copiar. Dice así: «Habiendo llegado después de esta resolución navío de Chile, y en él el padre fray Jerónimo de Hinojosa, de la orden de Santo Domingo, con poder del reino de Chile para contradecir la ejecución de lo que en materia de cortar la guerra hubiese traído el padre Luis de Valdivia de España, y sabiendo el dicho padre fray Jerónimo el estado de este negocio y el maduro consejo con que se había procedido, quiso no usar de su poder, y Su Excelencia (el virrey) no lo consintió (en que se ve el gran celo que tuvo en acertar) y antes convocó otra vez toda la Audiencia Real y personas referidas, en cuya presencia el padre fray Jerónimo propusiese vocalmente todo lo que en contra de la resolución tomada se le ofrecía, y diese por escrito las advertencias que traía de Chile. El cual informó vocalmente y dio un papel de las razones que la ciudad de Concepción le entregó firmado de su Cabildo y regimiento, el cual se leyó en la junta. Y todos los de ella no hallaron razón alguna que no estuviese vista en el real consejo y juntas antecedentes de Lima, y dada satisfacción suficiente, juzgando no deberse innovar cosa en la resolución tomada con tanto acuerdo y maduro examen. Y el dicho fray Jerónimo dijo prudentemente que si los de Chile se hallarán en aquella junta, se convencerían de la manera que se había convencido de tantas y tan eficaces razones».

alzaran las manos al cielo viendo cuán bien les está.»[49] Ya veremos que lejos de ser cierto el hecho aseverado, la guerra defensiva iba a ser condenada por todos en el reino de Chile.

El virrey expidió enseguida y en nombre de Felipe III que lo autorizaba para ello, una serie de ordenanzas y de decretos para hacer efectiva la reforma. Dio al padre Valdivia el título de visitador general de las provincias de Chile, y mandó que el gobernador y la Real Audiencia secundasen su acción en todo lo que se relacionaba con el desempeño de su encargo. Publicó el indulto incondicional y absoluto de todos los indios que en Chile hubiesen hecho armas contra el rey, cualesquiera que fueran sus crímenes y delitos. Dispuso que se fijase el río Biobío como límite fronterizo entre las posesiones de los españoles y de los indios, destruyendo los fuertes que se hubiesen fundado en el territorio de éstos y retirando sus guarniciones, si bien en la región de la costa podrían conservarse los de Arauco y Lebu para la defensa de los indios amigos de esa región. Dictó, además, diversas providencias para regularizar la administración militar y para impedir los negocios fraudulentos que se hacían en la provisión de los soldados. Por último, derogó la real cédula que declaraba esclavos a los indios prisioneros que se tomasen en la guerra, y mandó que los que se hallaban en Lima para ser vendidos como tales esclavos, fueran restituidos a la libertad.[50] El padre Valdivia pudo tomar algunos de esos indios para traerlos a Chile. En los primeros días de abril de 1612 estuvo todo pronto para la partida.

Aunque el virrey se había mostrado deferente al padre Valdivia en todos estos aprestos, se suscitaron entre ellos dificultades que pudieron tener graves resultados. Sin duda, este último reclamaba en Lima la concesión de algunas atribuciones que el virrey no creyó conveniente acordarle «por no ser conformes a su profesión ni al fin espiritual a que era enviado». Con fecha de 1 de marzo, el padre Valdivia pedía en un memorial que se le exonerase de la comisión que le había confiado el rey, y que «la encargue, decía, a otra persona que con más proporción y menos defectos pueda acudir a ella». El virrey debió sentirse

---

49 El opúsculo a que nos referimos ha llegado a hacerse excesivamente raro, a tal punto que es casi imposible hallar un ejemplar fuera de los que se conservan en los viejos archivos: pero como dijimos en la nota 35 del presente capítulo, está reproducido más o menos íntegramente en las obras de Tribaldos de Toledo y del padre Rosales.

50 Todos estos decretos y ordenanzas fueron firmados en los últimos días de marzo de 1612. Le padre Rosales los ha reproducido en los capítulos 4, 5, 6 y 7 del libro VI de su *Historia general*.

molesto con esta renuncia. La retuvo en su poder veintiocho días sin proveerla; y, aunque entonces, al firmar el nombramiento de visitador, se la devolvió en términos lisonjeros, dejándose traslucir en todo esto algún desabrimiento en sus relaciones con el padre Valdivia.

10. Desaprobación general que halla en Chile esta reforma

Mientras tanto, en Chile reinaba la mayor alarma y la mayor consternación. Al paso que los encomenderos, como hemos contado más atrás, se inquietaban por la supresión del servicio personal de los indígenas que iba a privarlos de trabajadores para sus campos, los capitanes del ejército y los encargados del gobierno veían en la guerra defensiva una humillación indeleble para las armas españolas, y el origen de una situación sembrada de peligros de todo orden. García Ramón no había cesado de representar al rey los inconvenientes del proyecto del virrey del Perú, y sus sucesores fueron más explícitos todavía desde que conocieron la verdadera situación del país.

El doctor Merlo de la Fuente, en todas las cartas que escribió al rey durante su gobierno de seis meses, se había pronunciado enérgicamente contra la guerra defensiva; y en 1611, cuando dejó el mando y cuando pedía al soberano que le concediera su retiro para pasar en paz los últimos años de su vida, refundía sus opiniones sobre la materia en los términos siguientes: «Por todas las cartas que he escrito a Vuestra Majestad, habiendo antes tenido noticia cómo a petición y solicitud del padre Luis de Valdivia, de la Compañía de Jesús, Vuestra Majestad se había servido mandar que la guerra de este reino se atajase por la ribera del Biobío, considerando los evidentes daños que de esto se esperan y con el celo que siempre he tenido del mayor servicio de Vuestra Majestad, he suplicado y suplico por ésta se sirva tener por cierto que haciéndose el dicho tajo no servirá de más que de perdimiento de hacienda de Vuestra Majestad y de las vidas y honras de los estantes en estas provincias, porque el río Biobío, aunque caudaloso, el más tiempo del año tiene vados abiertos y se pasa sin riesgo en mil partes; y no haciéndose de nuestra parte guerra a los indios, nos la harán ellos tan cruel como se verá, y los demás indios que ahora tenemos por amigos, no haciendo nosotros guerra a los rebeldes mientras ellos nos la hacen, se pasarán todos con ellos. Demás de esto, en desamparar los fuertes que tenemos al otro lado de ese río, se pierde mucha reputación. Tengo por cosa de sueño imaginar que estos indios tan rebeldes y traidores, hayan virtud y abracen nuestra ley. Y el ejemplo de esto está en la mano, por la cruda guerra que nos han hecho, y procuran hacer y, sin embargo, de ser muchos de ellos cristianos, han hecho tantas abominaciones y sacrilegios que no se pueden referir sin notable sentimiento y desconsuelo, y no hay en ellos más memoria de cristiandad que si nunca la hubieran abrazado y tenido, ni fueran cristianos bautizados. Para que estos rebeldes vengan a gozar de este bien de ser cristianos, ha de ser por fuerza de armas».[51]

El gobernador Juan de la Jaraquemada, hechura del virrey del Perú, y que, sin duda, tenía al llegar a Chile las mismas ideas de este alto funcionario acerca de la guerra, acabó por comprender que aquel proyecto era no solo irrealizable sino que su ensayo podría producir los mayores males. Al terminar el año en que desempeñó el gobierno, escribía al rey las palabras que siguen: «Hartas voces he dado a Vuestra Majestad y al virrey del Perú sobre esta causa, y ahora vuelvo a referir y digo que cuando no hubiese hecho otro servicio en este reino a Vuestra Majestad más de haber desentrañado este pensamiento del padre Valdivia, es y se puede tener por muy señalado y particular, por ser uno de los mayores engaños que se pueden pensar, y el más cierto camino para acabarlo de destruir y arruinar todo... No ha llegado (el padre Valdivia), agrega, que lo deseo para darle a entender que le hubiera estado más a cuenta estarse en su celda que meterse a arbitrar cosas de guerra y el error en que está, lo cual sienten todos los de este reino, sin que haya un parecer en contrario. Y yo, por la experiencia que tengo de sus cosas, me conformo con él. Con lo cual y con haber hecho yo las diligencias que Vuestra Majestad entenderá sobre este particular, y dicho lo que he sentido, me parece que he cumplido bastantemente con la obligación que tengo de su criado. Por lo que debo a tal, no me excusaré de hallarme presente con el nuevo gobernador en las juntas que se hicieren sobre el caso, procurando como es justo que se desmenuce hasta la quinta esencia, que yo tengo por tan gran soldado a Alonso de Ribera y tan entendido en las cosas de esta guerra, que verá lo que conviene al servicio de Vuestra Majestad y como lo dicen todos, y se desoirá de semejantes abusos como los del padre Valdivia».[52]

---

51 Carta de Merlo de la Fuente al rey, escrita en Santiago el 25 de mayo de 1611.
52 Carta de Jaraquemada al rey, de 28 de enero de 1612.

A no caber duda, Jaraquemada tenía plena razón en algunas de sus apreciaciones. Era cierto que la guerra defensiva estaba fundada en un engaño intencional o de ilusión, que todos los pobladores de Chile, por un motivo o por otro, estaban contra ella, y que Alonso de Ribera era el llamado a impedir y a reparar los daños que ella podía traer.

Capítulo II. Segundo gobierno de Alonso de Ribera. Primeros resultados de la guerra defensiva (1612-1613)

1. Llegan a Chile Alonso de Ribera y el padre Luis de Valdivia: penetra éste en el territorio enemigo a ofrecer la paz a los indios, y corre peligro de ser asesinado. 2. Trabajos preparatorios del padre Valdivia para entrar en negociaciones con los indios. 3. Canjea algunos prisioneros con los indios y se confirma en las disposiciones pacíficas de éstos. 4. Celebra el padre Valdivia un aparatoso parlamento con los indios en Paicaví, y cree afianzada la paz. 5. Contra las representaciones de los capitanes españoles, envía tres padres jesuitas al territorio enemigo, y son inhumanamente asesinados. 6. Los indios continúan la guerra por varias partes. 7. El gobernador Ribera, autorizado por el padre Valdivia, emprende una campaña contra Purén. 8. Desprestigio en que cayó la guerra defensiva entre los pobladores de Chile: los cabildos envían procuradores al rey para pedirle la derogación de sus últimas ordenanzas. 9. El obispo de Santiago y las otras órdenes religiosas se pronuncian en contra del padre Valdivia y de la guerra defensiva.

1. Llegan a Chile Alonso de Ribera y el padre Luis de Valdivia: penetra éste en el territorio enemigo a ofrecer la paz a los indios, y corre peligro de ser asesinado

A principios de 1612 toda la población española del reino de Chile esperaba con la más viva inquietud el arribo de los dos altos funcionarios encargados de plantear la guerra defensiva; del gobernador Alonso de Ribera, que debía llegar de Tucumán, y del padre Luis de Valdivia, que se hallaba en el Perú. En esas circunstancias ocurrió, en el mes de febrero, el levantamiento de los indios de la línea del Biobío que, según contamos, produjo la muerte de algunos soldados españoles, puso en peligro los fuertes, y alarmó seriamente a todas las poblaciones inmediatas. El gobernador Jaraquemada, que estaba preparándose para entregar el mando a su sucesor, tuvo que concurrir a esos lugares, y que emplear los últimos días de su administración en reprimir el levantamiento.

Alonso de Ribera, en efecto, había recibido en la provincia de Tucumán la cédula por la cual el rey volvía a confiarle el gobierno de Chile, junto con el encargo de trasladarse prontamente a este país. Pero se hallaba sufriendo de una molesta enfermedad que le impedía montar a caballo,[53] y le fue forzoso hacerse transportar en una litera, lo que prolongó de tal manera el viaje que en vez de llegar a Santiago en enero, como se creía, solo hizo su entrada el 27 de marzo. El día siguiente prestó el juramento de estilo ante el Cabildo, y el 2 de abril ante la Real Audiencia.[54] Sea por el estado de su salud o porque creyera que aquí debía reunírsele el padre Valdivia para ponerse de acuerdo en sus trabajos, Ribera permaneció en Santiago hasta fines de mayo. Desde esta ciudad expidió sus primeras órdenes para la seguridad militar de la frontera y para atender a la provisión e incremento de sus tropas.

El padre Valdivia, entretanto, salió del Callao a principios de abril en las naves que traían el situado para el ejército de Chile. Durante la navegación, se separaron esos buques, y el padre Valdivia arribó a Concepción el 13 de mayo, pocos días después que sus compañeros. Inmediatamente pudo comprender que la empresa que traía entre manos había de hallar muchas resistencias. Jaraquemada y algunos otros capitanes y vecinos de esa ciudad, impugnaban la guerra defensiva como funesta para el país; pero, aunque sobre esto tuvieron largas discusiones, se mostraron todos resueltos a obedecer las órdenes del rey. El padre Valdivia, por su parte, asumió la dirección de los trabajos manifestando la más absoluta confianza en el resultado que esperaba obtener. Comunicó su arribo a Ribera, le envió las instrucciones que para él le había

---

[53] «Alonso de Ribera está muy enfermo e impedido de unas fístulas entre las dos vías, y para traerle tienen hechas unas andas por no poder venir de otra manera», escribía Jaraquemada en su carta al rey, de 28 de enero de 1612. Sufrió este enfermedad todo el resto de su vida, de tal suerte que durante su segundo gobierno, montaba a caballo con dificultad y con no pocos inconvenientes: pero en sus cartas al rey se abstenía de hablar de su mala salud calculando, sin duda, que esto podría ser causa de que se le diese un sucesor.

Sin embargo, no faltaban quienes, por un motivo o por otro, dieran al soberano informes sobre todo esto. Así, el capitán don Diego Flores de León escribía al rey desde Concepción el 30 de octubre de 1613 lo que sigue: «La vejez y enfermedades del señor Alonso de Ribera son tan grandes que lo han hecho otro de lo que era, y trocado de suerte que apenas puede salir a caballo, y de ninguna manera levantar los brazos ni ceñir espada; y cuando esto tuviera, como tuvo en grado aventajado, siento plenamente que le falta y va faltando el vigor con las pesadumbres que en el gobierno de Tucumán mantuvo, con que se halla sin fuerzas para sufrir los trabajos de la guerra, aunque su ánimo y deseo de servir a Vuestra Majestad es bueno».

[54] Libro 8.º de cabildo de Santiago, foj. 170. Libro de recibimientos de la Real Audiencia, foj. 2.

dado el virrey del Perú, y dio orden a los capitanes que mandaban en los fuertes vecinos para que suspendiesen todo acto de hostilidad contra el enemigo. Enseguida, el 19 de mayo, se puso en viaje para Arauco acompañado solo de unos cuantos soldados y de cinco de los indios chilenos que había traído del Perú para restituirlos al goce de su libertad.

Los caminos que conducían de Concepción al fuerte de Arauco estaban entonces libres de enemigos. Sin embargo, de esta última plaza salieron destacamentos considerables para escoltar al padre Valdivia durante su marcha y para resguardar los pasos en que los indios podían tener emboscadas, de tal manera que aquél llegó al término de su viaje sin inconveniente alguno.[55] Las tropas españolas que allí estaban estacionadas, reconocieron su autoridad y se mostraron solícitas en cumplir sus órdenes. Sin pérdida de tiempo, el padre visitador despachó, el 24 de mayo, los cinco indios que llevaba consigo, y otros que reunió en Arauco, para que fueran a anunciar a las tribus enemigas la determinación que el rey había tomado de cortar la guerra y de dejarlas en tranquila posesión de su territorio. Al cabo de veinte días comenzaron a volver esos mensajeros, y con ellos otros indios que se decían dispuestos a aceptar la paz que se les ofrecía. El padre Valdivia los recibía lleno de satisfacción, aceptando con gozo manifiesto sus protestas de amistad; pero los capitanes más experimentados en aquella larga guerra, que habían visto tantas veces declaraciones semejantes, y que tantas veces también las habían visto violadas por esos bárbaros, no disimulaban su desconfianza. Así, cuando persuadido del buen éxito de estos primeros trabajos, quiso el padre visitador penetrar en el territorio de Catirai, cuyos pobladores estaban todavía con las armas en la mano, trataron aquellos capitanes de disuadirlo por todos medios de dar un paso que podía costar la vida a él y a sus compañeros.

El padre Valdivia no se intimidó, sin embargo, por tales representaciones. «Como persona que ha cuarenta años que sirvo a Su Majestad en esta guerra,

---

55 El padre Valdivia en sus relaciones, la carta anua del padre provincial Diego de Torres y los cronistas posteriores de la Compañía, han exagerado los peligros de este viaje, refiriendo que después de la insurrección de febrero anterior toda la tierra estaba alzada al otro lado del Biobío. Los documentos de esa época demuestran, por el contrario, que el levantamiento de Catirai se extendió principalmente a la región de los fuertes que cerraban la entrada del valle central y que la región de la costa se mantuvo más o menos en paz. El gobernador Alonso de Ribera insiste mucho en este hecho en algunas de sus comunicaciones.

y que tengo tanta experiencia de las cosas de ella y de las costumbres de los indios, refiere el capitán Luis de Góngora Marmolejo, intérprete general del reino, yo le dije que su paternidad no se metiese con aquella gente por el presente porque era gente que no sabe conocer el bien, ni jamás trató verdad, y que así convenía que se estuviese hasta ver cómo se iban poniendo las cosas. Pero de allí a cuatro o cinco días llegaron cuatro indios de guerra a caballo de la otra parte del río de Arauco diciendo a voces que querían hablar con el padre Luis de Valdivia. El cual luego se fue y habló con ellos. Los cuales quedaron con él de que fuese a Catirai, y que bien podría ir seguro de que no le harían mal, pero todo esto con cautela y traición. Y luego el padre me pidió que le diese algunos indios principales de los que estaban de paz para que le acompañasen y fuesen con él a Catirai, lo cual yo lo hice porque lo vi muy resuelto y determinado de ir con los indios de guerra que le vinieron a hablar. Y así le di caciques de respeto para que fuesen con él, y por medio de ellos no se atreviesen a desmandarse con él, encomendando a los dichos caciques la guardia del dicho padre Valdivia. Y con esto se fueron, aunque los caciques no iban con mucha voluntad porque dijeron que los indios de guerra eran muy cautelosos, y que temían los matasen.»[56] «Yo les volví a rogar mucho que fuesen con el dicho padre, y así lo hicieron. Habiendo llegado a Catirai en tiempo que los indios de guerra estaban en una borrachera, trataron éstos y procuraron con los caciques

---

[56] El mismo padre Valdivia abrigaba serios temores por la seguridad de su persona al emprender este viaje: «Ordené, dice, que el día siguiente estuviese descubierto el Santísimo Sacramento en la capilla de Arauco, y repartidas las compañías para que le asistiesen y acompañasen encomendando a Nuestro Señor la jornada, y me ofrecieron todos los soldados españoles estar muchas horas en oración por mí».
Entre los compañeros que llevó consigo en esta jornada fue uno el capitán Juan Bautista Pinto, chileno de nacimiento que hablaba perfectamente la lengua de los indios, y que debía servirle de intérprete. «Aunque yo sé la lengua, dice el padre Valdivia, fue voluntad del señor virrey que hablase también por intérprete.» La verdad es que, aunque había compuesto una gramática y un vocabulario de la lengua chilena, aprovechándose, sin duda, del manuscrito que dejó otro jesuita, el padre Gabriel de la Vega, que falleció en Santiago en 1605, el padre visitador la hablaba con suma dificultad y necesitaba de intérprete. Mientras tanto, los cronistas de la Compañía, tan aficionados a contar prodigios, nos han referido que aprendió esa lengua como por milagro. El padre Ovalle dice a este respecto lo que sigue: «El padre Luis de Valdivia se aplicó tan de veras al cuidado de los indios, y era hombre de tan gran talento, que a los trece días que comenzó a aprender su lengua, comenzó a confesarlos en ella, y a los veintiocho a predicar, que es cosa rara por ser la lengua de los indios de Chile tan distinta de la española y latina», *Histórica relación*, pág. 338.

que iban con el padre Valdivia, les diesen la mano y suelta para matarle a él y al capitán Juan Bautista Pinto, que llevaba por lengua (intérprete) y otro soldado español que iba con ellos. Y los dichos caciques que iban con ellos les pidieron que no los matasen porque no era razón, pues habían ido debajo de su seguro, y que mirasen que el padre Valdivia no era más que un hombre con cuya muerte iba poco; y que pues éste les había prometido que despoblaría el fuerte de San Jerónimo de Catirai y les haría devolver diez o doce prisioneros que les había cogido el capitán Suazo, que mejor era esto que matar al padre, y que mediante esto no lo mataron. Así me lo contaron los dichos caciques después que volvieron.»[57]

Salvado por fortuna de una muerte que parecía inevitable, el padre Valdivia pudo regresar a Concepción escoltado por los compañeros con quienes había salido de Arauco. Según había ofrecido a los indios de Catirai, al pasar por los fuertes de Talcamávida y de Jesús, hizo poner en libertad a los prisioneros que los españoles habían tomado en el último levantamiento de esta comarca. Las escenas que acababa de ver debieron producir una profunda impresión en su espíritu y hacerle comprender cuán poca confianza se debía tener en las paces que se ajustaban con esos bárbaros. Pero sea por amor propio o por un efecto de alucinación, no perdió su confianza en los resultados de la guerra defensiva. No queriendo desalentar a nadie ni desprestigiar la obra en que estaba empeñado, dio cuenta de todos estos hechos al padre provincial Diego de Torres en los términos mejor calculados para no producir alarma, haciendo comprender que su primera entrada en el territorio enemigo había sido una gran victoria alcanzada por los medios de suavidad y persuasión. Le explicaba su entrevista con los indios rebeldes como un lucido parlamento en que se debatieron las bases de la paz con gran solemnidad, y en que los indios se mostraron deseosos de aceptarla, si bien pedían ciertas condiciones que el padre Valdivia creyó al fin conveniente acordarles. En su relación no ocultaba precisamente el peligro que había corrido ni tampoco que bajo la presión de las amenazas de los bárba-

---

57   Declaración prestada ante la real audiencia de Santiago por el capitán Luis de Góngora Marmolejo el 20 de marzo de 1614. Este capitán, de edad de cincuenta y siete años y hombre considerado por su carácter y sus servicios, era chileno de nacimiento e hijo del honrado y discreto cronista Alonso Góngora Marmolejo, primer historiador de la conquista. El capitán Luis de Góngora, que hablaba perfectamente la lengua chilena, tenía el cargo de intérprete general del ejército.

ros hubiese ofrecido la despoblación del fuerte de Catirai y la libertad de los prisioneros, pero refería todo esto en términos artificiosos, dando a entender que había sido en cierto modo un acto de condescendencia de su parte que debía producir buenos resultados. «La confianza que de mí se hacía, dice con este motivo, era toda para paz y quietud; y de lo contrario, perdiéndome el respeto, se siguiera daño más universal.»[58] En Santiago, a donde llegó la noticia de estos

---

[58] La carta del padre Valdivia al provincial de la orden fue escrita en Concepción el 2 de julio de 1612, y se halla publicada íntegra en la obra citada del padre Lozano, libro VII, capítulo 6; pero por un error de copia o de imprenta se le da la fecha de 2 de junio. El padre Diego de Torres, como superior de la provincia de Chile, estaba obligado a escribir al padre general una carta anua, o relación de los sucesos de cada año. La que se refiere a estos hechos es sumamente extensa y tiene la fecha de Santiago el 12 de febrero de 1613. Se conserva original en la rica biblioteca de la Academia de la Historia de Madrid, de donde saqué la copia que conservo en mi colección. Allí consagra un capítulo a esta primera entrada del padre Valdivia al territorio enemigo, y omitiendo cuidadosamente todo lo que no favorecía a los sostenedores de la guerra defensiva, y hasta lo mismo que cuenta el padre Valdivia, la presenta como un gran triunfo de su causa. Los cronistas de la Compañía escribieron sus prolijas relaciones de estos sucesos sobre las relaciones emanadas de los jesuitas, sin tomar en cuenta ni siquiera conocer los documentos de otro origen que solo han podido estudiarse en los últimos años; y los historiadores subsiguientes los han seguido fielmente y, por lo tanto, sin oír más que a una sola parte. Al terminar los capítulos que dedicamos a la guerra defensiva, haremos un reseña bibliográfica de estos trabajos que puede ser útil a los historiadores futuros.

La historia de la primera entrada del padre Valdivia al territorio enemigo está contada en muchos documentos, y todos ellos guardan conformidad con la relación de Góngora Marmolejo que reproducimos en el texto. El gobernador Alonso de Ribera la ha referido en dos ocasiones en la misma forma: pero existen, además, otros testimonios que conviene dar a conocer en esta nota.

El viejo capitán Antonio Recio de Soto escribía al rey una extensa carta sobre los sucesos de la guerra en abril de 1614, y le refería este hecho en la forma siguiente: «El padre Luis de Valdivia dio promesa que con sola su palabra pondría de paz a los indios rebelados; y cuando llegó Alonso de Ribera a la Concepción, había entrado en Arauco y salido por San Jerónimo de Catirai, donde si no fuera por dieciséis personas, hijos, parientes y mujeres, que estaban cautivas en Talcamávida, sin duda alguna lo mataran a él y a un soldado que traía de lengua. Donde le dijeron al padre Valdivia que era mentira todo lo que traía, pues no les quitaba aquel fuerte de San Jerónimo; y así les prometió de se los quitar en viéndose con el gobernador, y en llegando al fuerte de Talcamávida entregarle al cacique los cautivos, como lo hizo y trajo otro ante el gobernador. Y le dijo el padre Valdivia al cacique que dijese a los indios que la promesa que había hecho a los indios había sido por escapar la vida, y que andando el tiempo se los quitaría».

Pero es más curiosa y detallada todavía la relación hecha por uno de los testigos y actores de aquella escena, el capitán Juan Bautista Pinto, que había servido de intérprete del padre Valdivia. Dice así: «Cuando llegó el padre Valdivia con las órdenes que trajo de Su Majestad para cortar la guerra, entró luego en Catirai a hablar a los indios que en aquella ocasión

sucesos transmitida por la carta del padre Valdivia, y donde solo se hizo conocer lo que favorecía a los partidarios de la guerra defensiva, se les dio el aire de un triunfo mucho más grande y completo. El obispo Pérez de Espinoza mandó repicar las campanas de todas las iglesias, se hizo una suntuosa procesión de la catedral a la Compañía en acción de gracias, se celebró una misa solemne con asistencia de las corporaciones civiles y eclesiásticas, y se predicó un sermón en honor de los que así preparaban la pacificación del reino. A pesar de todo este aparato, y de muchas otras precauciones de que habremos de hablar más adelante, antes de mucho la verdad de lo ocurrido era conocida en todo Chile.

2. Trabajos preparatorios del padre Valdivia para entrar en negociaciones con los indios

El padre Valdivia volvió a Concepción el 1 de julio. Halló allí al gobernador Alonso de Ribera, que lo esperaba en la mayor inquietud. Recibiolo éste afectuosamente, agradeciéndole con cordialidad las diligencias que había hecho en la Corte para restituirlo al gobierno de Chile. Cualesquiera que fuesen sus opiniones acerca de la manera de hacer la guerra a los indios, el gobernador se mostró sinceramente resuelto a facilitar la ejecución de los planes del padre Valdivia. Ribera, como todos los funcionarios del reino, quería obedecer y dar el más puntual cumplimiento a las órdenes del soberano.

Los temores que el padre visitador había abrigado en España, de no hallar la conveniente cooperación de parte del obispo de Santiago, quedaron desvanecidos antes de mucho tiempo. El adusto Pérez de Espinoza, cumpliendo el encargo del rey, le envió el título de gobernador del obispado de Concepción. Pudo entonces el padre Valdivia entrar, desde principios de agosto, en el ejercicio de sus funciones, nombrar por curas a algunos de los jesuitas que lo acompañaban

---

estaban levantados. Oí entre los dichos indios que nos querían matar al padre y a los que íbamos con él, y advertí al padre disimuladamente de ello, porque lo entendí como hombre que sabía la lengua e iba allí para interpretar lo que los indios decían y lo que se les había de decir a ellos de parte del padre Luis de Valdivia. Al cual le dije que convenía conceder con todo lo que los indios pidiesen porque estábamos en gran riesgo. Y por esta causa el padre les concedió y dijo que despoblaría el fuerte de San Jerónimo de Catirai. Nos vimos en muy gran peligro; y me dijo el dicho padre que no dijese nada acerca de la aspereza de los indios y de lo mal que nos habían recibido, y me hizo grandes promesas por que no lo dijese». Declaración prestada por el capitán Juan Bautista Pinto en la estancia de Buena Esperanza el 27 de febrero de 1614.

y administrar el gobierno eclesiástico sin otro contrapeso que la presencia de un provisor con quien tuvo luego que sostener algunos choques.

La estación de invierno no era muy favorable para dar impulso a sus trabajos. Sin embargo, despachó emisarios indígenas a todas partes para anunciar hasta las tribus más lejanas los beneficios acordados por el rey, y la cesación de la guerra. En efecto, algunos indios que tenían parientes cautivos entre los españoles, se acercaron a Concepción con el pretexto de dar la paz, pero con el propósito de reclamar la libertad de los suyos. Eran recibidos en la ciudad «con grandes regocijos y repiques de campanas y otras demostraciones de alegría que mandaba hacer el padre Valdivia». Las autoridades de la ciudad no solo les concedían lo que pedían sino que les daban «paños, sombreros y otras cosas de que ellos (los indios) son codiciosos, prometiéndoles todas las demás piezas (cautivos) que tenían los vecinos y moradores de estas ciudades y cumpliéndola con puntualidad, dándole el gobernador al dicho padre el favor que para ello pedía, sin ponerle embargo ni impedimento en cosa alguna».[59]

Estas gestiones de apariencias pacíficas de algunos indios o de algunas tribus, eran hechos aislados que no debían tener la menor influencia en la terminación de la guerra. Mientras tanto, otras tribus, sobre todo las de más al sur, no solo se mantenían armadas sino que inquietaban constantemente a los indios que vivían en paz en las inmediaciones de los fuertes españoles, les robaban sus ganados, les tomaban algunos cautivos, les quemaban sus chozas y los excitaban a la revuelta. Las guarniciones de los fuertes tenían orden de permanecer impasibles; pero esta actitud era para los bárbaros una prueba de la impotencia a que estaban reducidos los españoles. En esas circunstancias, un caudillo muy prestigioso de Purén llamado Tureulipe, mozo turbulento y atrevido, y diestrísimo jinete, hizo una correría en los campos vecinos de Arauco, y fue a atacar a los defensores de esta plaza, persuadido de que no podrían oponerle una seria resistencia. Un destacamento español, mandado por el capitán don

---

59 Representación del cabildo de Concepción al rey de 3 de abril de 1613. «Ninguna cosa quedó por hacer, dice otro documento, de cuanto él (Valdivia) imaginó; y por eso se dejaron ir muchos indios e indias que estaban esclavos; y a los que venían a tratar de paz se les hacían muchos regalos y buena acogida, dándoles botijas de vino y harina, capotillos y sombreros y otras cosas y las piezas (los cautivos) que pedían de sus parcialidades, que estaban acá en prisión. Y en todos los fuertes tenían trato y contrato abierto, y llegaban sin que se les ofendiese, y en muchos días no se entró en sus tierras ni se les hizo ningún daño», Exposición hecha en Concepción por Alonso de Ribera en 16 de agosto de 1616.

Íñigo de Ayala, que salió a su encuentro, dispersó fácilmente a los indios, les quitó cuarenta caballos y apresó al caudillo Tureulipe. Sin tardanza, éste fue enviado a Concepción, donde Ribera, conociendo la importancia de semejante prisionero, se empeñó en retenerlo cautivo.

La repetición de estas correrías de los indios no hacía más que confirmar en su opinión a los que creían que la llamada guerra defensiva había de aumentar los peligros y la intranquilidad sin ningún provecho. Por todas partes se comentaban las noticias de estas ocurrencias, explicándolas como precursoras de grandes desastres; y los militares y hasta los religiosos de las otras órdenes hacían la crítica de las medidas administrativas que tendían a mantener y fortificar aquel estado de cosas. El padre Valdivia, sin embargo, desplegó una obstinación incontrastable. Numerosos documentos e informes de esa época refieren que se irritaba sobremanera contra los que trataban de sostener una opinión diversa, y hasta contra los que le comunicaban cualquiera noticia desfavorable a sus planes. Alarmado por estas murmuraciones, el padre Valdivia creyó ponerles atajo por medio de medidas represivas. El gobernador, siempre deferente a sus exigencias, «viendo que no bastaban las represiones y autos de la Audiencia notificados a los superiores de las órdenes religiosas, mandó pregonar en Santiago que nadie fuese osado a hablar contra las órdenes de Su Majestad en razón de la guerra defensiva, so pena de tantos ducados y de servir un año en el fuerte que se te señalare».[60] Los parciales del padre Valdivia llegaron a sostener que algunos vecinos de Santiago, empeñados en que fracasase la empresa que aquél había acometido, escribían cartas a los indios de guerra para que no aceptasen la paz que se les ofrecía. A requisición de los jesuitas, la Audiencia comenzó una información privada, tomando al efecto

---

60 Copio estas palabras textuales de un memorial presentado al rey en 1613 por el padre Francisco de Figueroa como representante y apoderado en Madrid del padre Luis de Valdivia. El padre Rosales ha referido el mismo hecho en el capítulo 12, del libro VI de su *Historia general*, pero manifiesta que todo ello sirvió de poco, porque Dios había «dado licencia a los demonios para estorbar por sus ocultos juicios y por nuestros pecados o los de los indios, su conversión, porque viendo que por estos medios les habían de quitar tantas almas y hacerles cruda guerra, se armaron todas las furias infernales para estorbar los pasos y la conversión de los infieles». La filosofía histórica del padre Rosales, como la del mayor número de historiadores españoles de su siglo, incluso don Antonio de Solís, que es el más elegante y académico de todos ellos, es de esta misma fuerza.

declaración a los testigos que se le presentaban; pero comprendiendo que aquella acusación carecía de fundamento, mandó suspender el proceso.[61]

Sin duda alguna, aquellas providencias no podían ser muy eficaces para impedir las murmuraciones y las críticas de la guerra defensiva. Pero el padre Valdivia tenía que temer otro género de hostilidades que podía dañarlo mucho más. Se sabe que era práctica constante el que los hombres de alguna posición en las colonias escribieran directamente al rey para quejarse de la conducta de los gobernadores y para darle cuenta de los asuntos de interés público o para pedirle gracias y premios en remuneraciones de sus servicios. El padre Valdivia creyó que por este medio podía ser objeto de acusaciones que desacreditasen sus trabajos y que produjesen su desprestigio. Para contrarrestarlas, hizo levantar en la misma ciudad de Concepción, a mediados de septiembre, una información de testigos acerca de todo lo que había hecho en Chile en los cuatro últimos meses. El mes siguiente, el hermano Francisco Arévalo, de la Compañía de Jesús, en el carácter de apoderado del padre Valdivia, hacía levantar otra información en Santiago, para probar los servicios que éste había prestado a la predicación del evangelio y a la pacificación del reino desde la primera entrada de los jesuitas. Estas informaciones en que los interrogatorios estaban artificiosamente dispuestos, y en que se llamaba a declarar a los que estaban inclinados a absolverlos satisfactoriamente, era un recurso muy usado en esa época y, sin duda, se le daba gran importancia en los consejos de gobierno. El

---

[61] Certificado dado por la audiencia de Santiago en 29 de marzo de 1613 a petición del procurador de ciudad para enviarlo a España como justificativo contra aquella acusación. Entre los mismos jesuitas de Chile hubo algunos que consideraron quiméricos los proyectos del padre Valdivia; pero se vieron obligados a guardar silencio por la actitud decidida que tomó el provincial Diego de Torres. El capitán Diego de Mercado, en un extenso memorial que dirigió al rey en 19 de abril de 1613, le dice «que el padre Francisco Gómez de la dicha Compañía, de muy cristiana y ejemplar vida», que había misionado largo tiempo entre los indios, y que creía que éstos eran irreductibles por los medios pacíficos, sostuvo esta opinión con alguna entereza, pero que se le dio la orden de partir a Tucumán y tuvo que cumplirla en virtud de la ley de santa obediencia. Seguramente por la misma causa se atrajo las persecuciones de sus superiores el padre Manuel Fonseca, al cual se le mandó partir para Lima; pero poniéndose bajo el amparo del obispo de Santiago, don fray Juan Pérez de Espinoza, abandonó la Compañía y se quedó en Chile burlando las órdenes del padre provincial, que parecía singularmente encarnizado en contra suya. El padre Lozano, que ha contado este hecho extensamente en el capítulo 15 del libro VII de su obra citada, no es bastante explícito para dar a conocer la causa que motivó la persecución del padre Fonseca.

padre Valdivia creyó que ellas bastaban para justificarlo, pero quiso, además, tener en la Corte un apoderado que tomase la defensa de su conducta. Confió este encargo el padre Juan de Fuenzalida, uno de los jesuitas que con él habían venido de España, y que desplegó gran celo en el desempeño de su misión.[62]

3. Canjea algunos prisioneros con los indios y se confirma en las disposiciones pacíficas de éstos

Los mensajeros que el padre Valdivia había enviado hasta entonces para ofrecer la paz al enemigo eran todos indios. Las respuestas que traían los que volvieron, eran generalmente contradictorias, pero el padre visitador las interpretaba todas como favorables, recibiendo con agrado a los que les comunicaban que las tribus del interior estaban dispuestas a deponer las armas, y reprendiendo como embusteros a los que le traían noticias contrarias.[63] Tales agentes no podían inspirar una confianza seria; y el gobernador quería emplear uno a cuya palabra se pudiera dar más crédito.

No era fácil hallar un español que quisiera arriesgar la vida en el desempeño de esa comisión. Pero después de la captura de Tureulipe los peligros eran mucho menores. Debía creerse que los indios no se atreverían a matar el emisario que entrase a sus tierras, desde que quedaba prisionero entre los españoles uno de sus más prestigiosos caudillos, y desde que la vida de éste respondería por la del emisario que fuese asesinado. En esas circunstancias, en efecto, se ofreció a desempeñar aquella comisión un sargento llamado Pedro Meléndez, natural de la provincia de Asturias en España, pero establecido en Chile hacía

---

62 El padre Lozano dice en el libro VII, capítulo 8 que no ha podido conocer los trabajos de este emisario, y que probablemente murió a poco de haber llegado a España.
El padre Valdivia tenía, además, en la Corte otro apoderado, el padre Francisco de Figueroa que en 1613 presentó al rey dos memoriales sobre las cosas de Chile y en defensa del nuevo sistema de guerra, que se conservan en el Archivo de Indias. En 1615 el padre Valdivia dirigía a éste extensas noticias de lo que pasaba en este país para que sirvieran en las gestiones que se hacían en Madrid.

63 «He visto muchas veces como lengua (intérprete) del padre Valdivia, que andaba siempre a su lado, que a todos los indios que venían de tierra de guerra y decían que los enemigos querían aceptar la paz, los acariciaba y regalaba y les daba de lo que tenía; y a los que decían que era trato doble el que trataban, los maltrataba y ultrajaba de palabra.» Declaración del capitán Juan B. Pinto dada en 27 de febrero de 1614. Como es fácil comprender, con un procedimiento semejante, los mensajeros indios habían necesariamente de dar noticias favorables a la paz.

largo tiempo, por lo que conocía bastante bien las costumbres y vida de los indios. Habiéndose aceptado su ofrecimiento, Meléndez se puso en viaje para el interior del territorio enemigo el 18 de septiembre de 1612.

Sus previsiones resultaron fundadas. Aunque recibido con desconfianza y aspereza por los indios, el sargento Meléndez supo darse trazas para hacer respetar su vida. Se comunicó con algunos de los españoles que estaban cautivos, e hizo conocer a varios caciques las disposiciones pacíficas del gobernador Ribera y del padre Valdivia. Los indios recibieron estos mensajes con gran altanería. Su natural suspicacia les hacía sospechar que si sus enemigos pensaban seriamente en suspender la guerra era por absoluta impotencia para proseguirla; pero siempre astutos y cavilosos, quisieron aprovechar aquella situación en favor de sus intereses. Así, mientras unos creían que ése era el momento oportuno para emprender operaciones decisivas que los libertasen para siempre de sus antiguos opresores, otros pensaban que por el disimulo y el engaño podrían sacar mayores ventajas. De estos últimos era Anganamón, uno de los caciques de la vecindad de Angol, enemigo implacable de los españoles y muy acreditado como guerrero entre los suyos. Pariente inmediato de Tureulipe, creyó que debía fingir que aceptaba la paz para obtener la libertad de éste.[64] No le fue difícil entrar en tratos con el padre Valdivia por medio de mensajeros ni hacer creer a éste que las tribus de Purén estaban determinadas a deponer las armas.

---

[64] Los documentos contemporáneos dan dos versiones enteramente opuestas de estos sucesos. Las relaciones del padre Valdivia y de los otros jesuitas dicen que los indios ofrecían sinceramente la paz. Las que provienen de los militares refieren que solo pensaron en engañar a los españoles. El mismo sargento Meléndez cuenta las cosas diversamente en dos declaraciones que prestó, diciendo en la última que el padre Valdivia, obstinado en hacer creer en las disposiciones pacíficas de los indios, había alterado lo que él le refirió al salir del territorio enemigo. En vista de este embrollo de contradicciones de los documentos y relaciones, nosotros hemos seguido la versión que nos ha parecido más autorizada. Es ésta la de fray Juan Falcón, religioso lego dominicano, que cayó prisionero de los indios en la toma y ruina de la ciudad de Valdivia en noviembre de 1599 y que solo fue rescatado en 1614. En 18 de abril de este año prestaba ante el cabildo de Santiago una prolija declaración de cuanto había visto durante su cautiverio. Hablando perfectamente la lengua chilena y viviendo entre los indios en la época a que nos referimos, él fue testigo de todo lo que pasó durante la misión del sargento Meléndez, y lo ha referido con el aire de la más absoluta sinceridad. Su declaración es muy curiosa por los datos que contiene acerca de la vida de los indios y de la condición de los prisioneros.

La credulidad del padre Valdivia rayaba en lo maravilloso. En Concepción había conferenciado con Tureulipe para hacerlo adherirse a la obra de la pacificación del reino; y este indio inquieto y turbulento, enemigo constante y encarnizado de los españoles, a trueque de recobrar su libertad, había protestado que nada deseaba tanto como volver a su tierra para cooperar a la paz, demostrando a los suyos las ventajas que les resultarían de aprovecharse de los propósitos generosos del rey de España. Fue inútil que Ribera y otros capitanes representasen al padre Valdivia el peligro que había en abrir las puertas de la prisión a un indio de esas condiciones. El padre visitador insistió en su parecer, hizo valer los poderes que le había conferido el virrey del Perú; y a fines de octubre salió de Concepción, llevando consigo a Tureulipe, para ir a negociar con el cacique Anganamón. Los tratos debían celebrarse en Paicaví, que era el fuerte más austral que los españoles tenían en la región de la costa. Allí los esperaba el sargento Meléndez, mediador en estas negociaciones.

El fuerte de Paicaví estaba situado en la orilla norte del río del mismo nombre y a corta distancia del mar. El 10 de noviembre se presentaron en la orilla opuesta. Anganamón y muchos otros indios de las tribus de Purén. A pesar de las representaciones de algunos capitanes que le manifestaban el peligro de fiarse en las promesas de esos bárbaros, el padre Valdivia pasó el río en una barca, seguido por unos cuantos hombres de su séquito. Allí se efectuó el canje de los prisioneros. Los indios entregaron al alférez don Alonso de Quesada y al soldado Juan de Torres, y recibieron al caudillo Tureulipe, que no cesaba de expresar sus deseos de ver establecida la paz, y al hijo de un cacique enemigo apresado hacía poco tiempo. El padre Valdivia aprovechó esta ocasión para conferenciar con los indios acerca de la terminación de la guerra y para hacerles conocer las disposiciones que a este respecto acababa de dictar el rey. Los indios se mostraron dispuestos a dejar las armas; pero expusieron que les era necesario ponerse de acuerdo con las tribus de la Imperial y de Villarrica para arribar a la pacificación del país. Ellos mismos se ofrecían a ir a entablar esas negociaciones, y a volver en poco tiempo más a Paicaví a perfeccionar la paz. El padre Valdivia expresó su deseo de que llevasen en su compañía a dos jesuitas para que éstos comenzasen la predicación religiosa y preparasen los ánimos de aquellas tribus en favor de los arreglos pacíficos; pero Anganamón y sus

65

compañeros contestaron que sería mejor aplazar la entrada de los padres para cuando ellos volvieran a terminar el pacto que habían iniciado.

Durante estas negociaciones, el padre Valdivia tuvo motivos para desconfiar de la sinceridad de los indios. Con Anganamón había llegado a Paicaví un mestizo apellidado Cebes. Establecido hacía años en el territorio enemigo, había vendido una hija suya de pocos años a un cacique de Purén llamado Mancalicán, no por necesidad, sino para que éste pudiera canjearla por uno de los suyos que estaba en poder de los españoles, y venía en compañía de esa niña para recomendar que la llevasen a Santiago al lado de sus parientes. Cebes estaba resuelto a volver al territorio enemigo para sacar dos mujeres españolas que vivían bajo su protección; pero tuvo cuidado de informar al padre Valdivia que las declaraciones pacíficas de los indios eran un simple engaño, contra el cual era necesario estar prevenido. Bajo la impresión de sus ilusiones, el padre visitador trató de embustero a ese infeliz mestizo y lo despidió con la mayor aspereza sin querer prestar crédito a sus avisos y consejos.[65] Al dar la vuelta al norte para reunirse con el gobernador, el padre Valdivia parecía profundamente convencido de que la pacificación definitiva de todo el país no podía tardar mucho tiempo.

4. Celebra el padre Valdivia un aparatoso parlamento con los indios en Paicaví, y cree afianzada la paz

Ribera, entretanto, había salido de Concepción y trasladádose a la plaza de Arauco para dar cumplimiento a las órdenes del virrey del Perú respecto de la línea de fronteras que se le mandaba fijar y del abandono de los fuertes que debían demolerse. Aunque en junio anterior el padre Valdivia, bajo las amenazas de los indios de Catirai, había prometido a éstos despoblar el fuerte de San Jerónimo, situado sobre las orillas del Biobío, era cosa resuelta dejarlo en pie.[66]

---

65 Declaración citada del capitán Juan B. Pinto, intérprete del ejército español.
66 El virrey del Perú quería que se conservase en pie este fuerte para defensa de la frontera, pero eran tan sinceros sus deseos de realizar la pacificación de Chile, que cuando supo que el padre Valdivia había ofrecido a los indios despoblarlo, encargó que se cumpliera esta promesa. En carta escrita a Ribera en 20 de febrero de 1613 le decía lo que sigue: «Cuidado me ha dado tratar de desamparar el fuerte de San Jerónimo, porque el intento de resistir las fronteras de Catirai y Guadaba era considerable: pero será forzoso el hacerlo supuesto que el padre Valdivia lo ofreció a los indios; y por excusar semejantes ocasiones y apretura, es bien no entrarse muy adentro el padre Valdivia en esta demanda, como tengo

Pero se creía necesario tomar una determinación acerca de los otros que el virrey mandaba destruir.

El 22 de noviembre celebró el gobernador una junta de guerra. Concurrieron a ella el padre Valdivia y los capitanes más caracterizados del ejército.[67] Esos viejos soldados que sabían por una larga y dolorosa experiencia cuanta desconfianza debían inspirar las paces que ofrecían los indios, teniendo que aconsejar alguna determinación, se hallaban perplejos entre los dictados de su conciencia y las órdenes terminantes del virrey. Hubo, por lo tanto, gran divergencia de pareceres, pero la opinión de la mayoría fue que se despoblase el fuerte de Angol, situado en el valle central a mucha distancia de los otros fuertes del Biobío, y que se hacía innecesario si se había de renunciar al pensamiento de seguir avanzando la conquista del territorio enemigo. Por lo que toca al fuerte de Paicaví, que también mandaba destruir el virrey del Perú, se resolvió que se demorase su despoblación hasta no conocer el resultado de las negociaciones de paz entabladas por el padre Valdivia. Aprobado este acuerdo, el gobernador, el padre visitador y muchos de esos capitanes se trasladaron a Paicaví el 26 de noviembre con la mayor parte del ejército, para asistir a la junta que debían celebrar con los indios de guerra.

En el camino recibieron noticias diversas y contradictorias acerca de las disposiciones del enemigo. Mientras algunos mensajeros anunciaban que las tribus del interior querían la paz, otros referían que tales o cuales caciques hacían aprestos bélicos. No era difícil percibir que reinaba gran inquietud entre los indios; pero si los capitanes creían descubrir en ella un indicio de traición, el padre Valdivia, por su parte, parecía persuadirse más y más de que sus trabajos comenzaban a dar los frutos que esperaba. Durante la marcha, se apersonó a Ribera un indio mensajero de Anganamón. Refería en nombre de éste que

---

advertido». Cuando esta carta llegó a Chile, habían cambiado mucho las condiciones de la guerra, y el padre Valdivia había desistido definitivamente de entrar a la tierra enemiga a tratar con los indios.

67 Eran éstos, además del gobernador y del padre visitador, los maestres de campo: Álvaro Núñez de Pineda y Alonso Cid Maldonado y el capitán Francisco Galdames de la Vega, a quienes el virrey había nombrado consejeros en los asuntos de guerra, y el maestre de campo Jerónimo Peraza, los castellanos de Paicaví y de Arauco Guillén Asmes de Casanova y Juan de Ugalde, y los capitanes Francisco Gil de Negrete, don Pedro Ramírez de Velasco, Hércules de la Vega, don Antonio Buitrón Mujica, Juan Domínguez y Juan Cortés, hijo este último del coronel Pedro Cortés. El acta de esta junta de guerra se conserva en el Archivo de Indias de donde tomamos la copia que tenemos a la vista.

mientras andaba en tratos para celebrar la paz con los españoles, se habían fugado de su casa dos de sus mujeres, una de ellas española y la otra india, llevándose cada cual una hija, y que habían ido a asilarse al fuerte de Paicaví. Anganamón reclamaba que se le entregasen las dos niñas y la india, pero «no pedía a la española, refiere el mismo Ribera, porque no le parecía justo que se la diesen». El gobernador le hizo contestar que dijera a Anganamón «que viniese a tratar de la paz y a darla como tenía prometido, y que toda la comodidad que pudiese se le haría».**68**

Habiendo llegado a Paicaví, los expedicionarios asentaron su campo para tratar de las paces. Se pasaron, sin embargo, algunos días sin que se presentara un solo indio. Mientras tanto, las mujeres de Anganamón y otras personas que poco antes habían salido del territorio enemigo, no cesaban de repetir que por más pacíficas que fuesen las protestas de las tribus del interior, no debía abrigarse ninguna confianza en ellas. Por fin, el viernes 7 de diciembre, como a las tres de la tarde, se avistaron en la orilla opuesta del río setenta indios de a pie que marchaban ordenadamente, precedidos por otros tres de a caballo que tenían en sus manos grandes ramas de canelo, drimys chilensis, en señal de paz. Los que se llamaban jefes entre ellos, llevaban «bonetes redondos en las cabezas, y encima de las camisetas unas yerbas de la mar que llaman cochayuyos colgando muchas por delante y por detrás a manera de borlas y dalmáticas, las cuales son insignias que solamente usan en tiempo de paz y quietud».**69** Todos los indios pasaron el río en las embarcaciones que tenían los españoles y penetraron en el fuerte ceremoniosamente y en son de amigos.

Desde luego debió llamar la atención de los españoles un hecho bastante significativo. Aunque se anunciaba que entre esos indios venían numerosos caciques y jefes de tribus, no se presentaba uno solo de los que habían adquirido algún renombre en la guerra, como Pelantaró, Ainaviló, Anganamón y Tureulipe. Sin duda, esta circunstancia hizo nacer fuertes sospechas en el ánimo de muchos de los capitanes; pero el padre Valdivia se mantuvo incontrastable en sus ilusiones, y el gobernador tuvo que ceder a sus exigencias. En la misma tarde se dio principio a un aparatoso parlamento. Ribera comenzó por abrazar

---

68   Carta de Alonso de Ribera al rey, escrita en Concepción el 17 de abril de 1613.
69   *Relación* escrita por el padre Valdivia en diciembre de 1612. Fue publicada en Lima el año siguiente, y se halla reimpresa por don Claudio Gay en las págs. 281-294 del segundo tomo de *Documentos*.

uno a uno a todos los indios que se hallaban reunidos; y cuando éstos hubieron tomado de nuevo sus asientos, un cacique viejo llamado Utablame comenzó uno de esos largos y fatigosos discursos a que eran tan aficionados esos bárbaros. Después de protestar difusamente los propósitos pacíficos de las tribus que representaba, Utablame pidió la despoblación del fuerte de Paicaví, y ofreció llevar al interior a los padres jesuitas que se confiasen a su cuidado para que hicieran conocer las disposiciones dictadas por el rey de España. Después de las contestaciones del gobernador y del padre Valdivia, destinadas ambas a confirmar a los indios en aquellos propósitos, dieron éstos por terminada aquella primera conferencia, y se separaron ceremoniosamente también, entonando un canto de paz que nadie pudo entender.

Aquella noche debió ser de gran inquietud en el campo español. Sin duda alguna, los capitanes que sabían por una larga experiencia lo que importaban las paces que ofrecían los indios, se resistían a acceder a lo que éstos pedían. El padre Valdivia, por su parte, pasó algunas horas de la noche en oración para que Dios le inspirase la resolución que había de tomar. Al amanecer del día siguiente, se manifestó mucho más determinado. En la conferencia que celebró ese día (8 de diciembre) anunció a los indios que estaba resuelta la demolición inmediata del fuerte de Paicaví; que se les entregarían dos padres para que fuesen a predicar la paz y que podían anunciar a Anganamón que en cuanto fuera posible se atendería su reclamación respecto a la devolución de sus mujeres. Siguiéronse todas las ceremonias de estilo para la celebración de la paz. Los indios quedaron todo el día en aquel sitio en medio de las fiestas con que se festejaba el pacto. El padre Valdivia mandó que se les repartiesen abundantes provisiones y algunos otros obsequios. Para demostrarles la sinceridad de los ofrecimientos que se les habían hecho, en esa misma tarde se dio principio a la demolición del fuerte de Paicaví.**[70]**

---

[70] En 1614, el padre Gaspar Sobrino, como apoderado del padre Valdivia en Madrid, presentaba al rey dos extensos memoriales en defensa de éste. Entonces estas negociaciones habían dado ya el resultado que veremos más adelante, y era urgente descargar al padre visitador de una parte al menos de la responsabilidad que le cabía en estos sucesos. Entre otras aseveraciones inexactas del padre Sobrino, se halla una respecto a la despoblación del fuerte de Paicaví. Dice allí que el padre Valdivia quiso demorarla hasta no conocer el desenlace de estos tratados; pero de todos los documentos aparece diametralmente lo contrario.

Mientras tanto, sobraban motivos para desconfiar de la utilidad y de la eficacia de aquellos tratados. Aun, suponiendo que los indios que habían acudido a Paicaví tuvieran un propósito serio de hacer la paz, su acción no podía ejercer una influencia medianamente decisiva en la terminación de la guerra. Como lo hemos dicho tantas veces, aquellas tribus no tenían cohesión de nacionalidad ni un centro de autoridad que fuera medianamente respetado por todas ellas. Así, pues, la paz que ofrecieran algunos caciques, aparte de que podía ser como tantas veces un simple engaño para que se les dejara hacer sus cosechas, no obligaba a las otras tribus ni ponía suspensión a sus hostilidades. En efecto, en esa misma noche del 8 de diciembre, recibió Ribera comunicaciones que le anunciaban que en Catirai los indios de guerra seguían haciendo las correrías de costumbre, y que había sido necesario reprimirlos enérgicamente. Por eso el gobernador y sus capitanes, que conocían las condiciones y el estado social de los indios mucho mejor que el rey de España, que el virrey del Perú y que los padres jesuitas, no tenían fe alguna en aquellas paces; pero estaban obligados a obedecer las órdenes superiores que habían recibido. «Aunque yo veía que todo era engaño, dice el mismo Ribera, no pude dejar de hacerlo porque generalmente decía todo el campo (el ejército) que si no despoblaba el fuerte habían de decir que aquello había sido la causa para que los enemigos no dieran la paz.»[71] El padre Valdivia estaba revestido de tan amplios poderes, tenía tanta injerencia en los negocios de guerra y de gobierno, que no era posible dejar de respetar sus determinaciones.

5. Contra las representaciones de los capitanes españoles, envía tres padres jesuitas al territorio enemigo, y son inhumanamente asesinados

En la mañana del 9 de diciembre volvieron a sus tierras los indios que habían acudido al parlamento de Paicaví. El padre Valdivia había resuelto que con ellos partieran dos jesuitas, y su elección había recaído en los padres Martín Aranda y Horacio Vechi, que gozaban entre los suyos de gran reputación de virtud y de celo particular por la conversión de los indios, y que hablaban, además, el idioma de éstos.[72] Debía acompañarlos también un hermano coadjutor llamado

---

71   Carta de Ribera al virrey del Perú, de 28 de abril de 1613.
72   El padre Martín Aranda era chileno de nacimiento. Había nacido en Osorno, y en esa época contaba cincuenta y tres años de edad. Fue su padre el capitán Pedro de Aranda Valdivia,

Diego de Montalván. Esta resolución hija de la más temeraria ceguera, fue combatida ardorosamente por el gobernador y por todos sus capitanes. «La entrada de los padres fue contra la voluntad de todo el campo, dice Ribera, y no hubo hombre que no les tuviese lástima. El haber enviado a esos padres, es negocio

---

sobrino de la mujer de Pedro de Valdivia, con la cual llegó a Chile en 1554. Por esta relación, el padre Aranda se trataba de pariente con el padre Valdivia, que también se decía emparentado con el conquistador de Chile. Martín Aranda, siendo muy joven, pasó al Perú, y los servicios militares de su padre le atrajeron la protección del virrey conde del Villar, que lo hizo corregidor de Riobamba. En 1592 abandonó el servicio, entró en la Compañía de Jesús como hermano coadjutor, y luego profesó. La circunstancia de hablar desde su niñez la lengua de los indios de Chile, fue causa de que se le hiciera volver a este país y de que se le destinara a la predicación en los fuertes de la frontera de guerra.

El padre Horacio Vechi era natural de la ciudad de Siena, en Toscana, y tenía treinta y cuatro años de edad. Muy joven entró a la Compañía de Jesús, y en 1602 pasó al Perú, donde terminó sus estudios teológicos, y de donde vino a Chile cuatro años después en compañía del padre Diego de Torres, ocupándose también en los fuertes de la frontera, lo que le permitió aprender el idioma de los indios. Era hombre de mala salud; pero sus hermanos de religión alaban mucho su humildad, su celo por la conversión de los fieles y sus virtudes privadas. Algunas cartas suyas que han llegado hasta nosotros, revelan el más ferviente misticismo.

El hermano Diego de Montalván era un soldado oscuro, mexicano según unos, quiteño según otros, que había llegado a Chile en uno de los refuerzos de tropas que venían en auxilio del ejército español. En octubre de 1612 el padre Valdivia le permitió abandonar el servicio militar para que entrase a la Compañía como hermano coadjutor.

El padre Diego de Torres, en la carta anua que hemos citado, da algunas noticias bibliográficas acerca de estos tres padres, pero los cronistas posteriores de la Compañía las han ampliado considerablemente con algunos otros datos, con gran redundancia de los elogios más o menos vulgares de que están recargadas esas obras y con no pocos milagros. El padre Vechi, además, pariente según se dice del papa Alejandro VII, fue objeto de un poema latino publicado en París en 1656 con el título de *Imago vechiana* por el padre Gabriel Conart, erudito francés y miembro de la misma Compañía. El lector puede hallar refundidas esas noticias, con todos los elogios y milagros, en los capítulos 12 y 13 del libro VII de la obra citada del padre Lozano. El padre Juan de Velasco, en su *Historia del reino de Quito*, tomo III, págs. 91-92, cuenta también un incidente ocurrido en Riobamba mientras fue corregidor Martín Aranda. Ese incidente es relativo a un protestante que en la iglesia destrozó una hostia consagrada. Los circunstantes, y el corregidor Aranda entre ellos, se precipitaron sobre el protestante y le dieron muerte en la misma iglesia; verificándose el milagro de que su sangre no manchase el suelo. Al referir este suceso, que también cuenta el padre Lozano con diversidad de detalles, Velasco lo supone ocurrió en 1620, en vez de 1592, que era cuando Aranda desempeñó el cargo de corregidor.

El gobernador García Ramón, en carta al rey de 28 de octubre de 1609, ensalza la castidad de los padres Aranda y Vechi, refiriendo al efecto el hecho siguiente. Cuando éstos daban misiones en la frontera, los indios les llevaron dos muchachas indígenas bien parecidas a pretexto de que les sirvieran en sus menesteres domésticos. Los padres comprendieron el lazo que se les tendía, y se negaron a admitirlas en sus casas.

que corre solo por cuenta del padre Valdivia, como Vuestra Excelencia lo verá por las copias de sus cartas que envío, donde claramente dice que obedece a impulsos del Espíritu Santo, y a las órdenes de su provincial. Y si yo me opusiera a esto, dijera el padre Luis de Valdivia que yo impedía la paz y que solo quería seguir mi opinión. Se le dieron todas las razones, sin lo que él vio por sus ojos y oyó a los indios y a las mujeres de Anganamón, y todo no fue parte para que dejara de enviar los padres, fundado en las razones que Vuestra Excelencia verá en sus cartas.»[73] El padre Valdivia, en efecto, estaba persuadido de que obedecía a un mandato del cielo, y usaba, además, de las amplias facultades que le dio el virrey. Un pobre indio llamado Carampangue, que venía del territorio enemigo, se acercó al padre visitador y delante de muchas otras personas le dijo que entrando los padres en ese territorio los habían de matar los indios, porque tal era su determinación. Pero, el padre Valdivia, lejos de darle crédito, lo trató con la mayor aspereza y lo amenazó con la pena de horca. «Padre, contestó Carampangue, aquí me tienes, ponme en prisión, y si entrando los padres en tierra de enemigos no los mataren luego, córtame la cabeza.»[74] Nada pudo disuadir de su propósito al iluso jesuita. «El día 9 de diciembre, dedicado a la

---

[73] Carta citada de Ribera al virrey del Perú. El padre Valdivia y los otros jesuitas se empeñaron más tarde en sostener que aquellos padres entraron al territorio enemigo con la aprobación del gobernador, y los cronistas de la Compañía han escrito lo mismo con la más particular insistencia para eximir a aquél en parte siquiera de la responsabilidad enorme que pesaba sobre él por este enorme desacierto. Alonso de Ribera, por su parte, negó siempre con la más resuelta franqueza y con una energía incontrastable, el haber aprobado tal medida. Según él, la combatió cuanto le fue dable, pero por las razones que da al virrey, no debió impedir con la fuerza la entrada de los padres. Así, pues, se limitó solo a no poner obstáculos materiales a la ejecución de un desacierto que conocía, pero que no podía resistir por falta de atribuciones para ello.
Más tarde, algunos cronistas de la Compañía de Jesús fueron mucho más lejos todavía para justificar al padre Valdivia. Desentendiéndose de lo que este mismo escribe en sus carlas y relaciones, y de lo que dice el padre Torres en su citada carta anua, el padre Felipe Alegambe dice que el padre Valdivia, sospechando la perfidia de los indios, no quería consentir en la entrada de aquellos religiosos al territorio enemigo, pero que le fue forzoso someterse al dictamen del gobernador de Chile y del padre provincial, y que con gran sentimiento suyo tuvo que acceder contra su opinión a las órdenes superiores. Véase Ph. Alegambre, *Montes Ilustres et gesta eorum de Societate Jesu qui in odium fidei, pietatis & confecti sunt*, Roma, 1657, parte II, págs. 270-271.

[74] Este incidente está contado por Alonso de Ribera en su carta al rey de 17 de abril de 1613, pero se halla consignado en muchos otros documentos, y sobre todo en las declaraciones prestadas más tarde por los tres intérpretes del ejército, los capitanes: Luis de Góngora, Juan B. Pinto y Francisco Frío.

gloriosa virgen Santa Leocadia, dice él mismo, ordené en el nombre del señor a los padres arriba nombrados, se partiesen con Utablame y los demás caciques. Tomaron esta obediencia con un gozo grande interior y exterior, y habiendo dicho misa se partieron. Mi gozo era mezclado de dolor de no acompañarles a tal jornada, y de apartarme de ellos y de quedar solo, y de que las cosas universales de este reino me tuviesen tan impedido a la obra más propia mía, y de mí más deseada. Pero consolome de que tales hijos de la Compañía de Jesús fuesen los primeros granos de la semilla que sembraba en Purén para obtener de ellos el fruto que se espera. Acompañolos el señor presidente con lo más de la caballería de este ejército hasta el vado del río, donde se quedó mirándolos hasta que desaparecieron, habiéndoles tomado a encargar mucho a los caciques, y mandado que la infantería disparase dos cargas para festejar y honrar a los caciques a la despedida. Y yo pasé el río de la otra parte de ellos, y queriendo comenzar a encargárselos mucho a los caciques, me atajó Utablame diciéndome: "No me digas nada, padre mío, que me avergüenzas. Ya sé lo que quieres decirme. Estos padres llevo en mi corazón y son mi corazón en serlo tuyo. No te dé cuidado que yo me encargo de ellos y te los volveré a Lebu o a la Concepción como van, que ya no hay quién los ofenda a donde van". Con esto los abracé muy apretadamente y recibí de ellos su bendición.»[75]

    Pero el padre Valdivia no es el único responsable de esta absurda determinación. Había sido aconsejada desde Santiago por el provincial de la Compañía, y acogida con entusiasmo por los mismos padres que iban a exponer sus vidas en la empresa más inútil e infructuosa que pudieran acometer. Todos ellos parecían persuadidos de que aquella resolución era inspirada por el mismo Dios; y en corroboración de este concepto, señalaban ciertas coincidencias naturales en las cuales pretendían hallar una indicación evidente de la Providencia. «Hay en esto, escribía dos meses después el padre provincial Diego de Torres, una cosa maravillosa, y es que al mismo tiempo que Nuestro Señor movió con tanta eficacia al padre Valdivia para que enviase los padres que he dicho, en este mismo me he sentido movido interiormente a lo mismo, y que fuesen los mismos

---

[75] *Relación* de lo que sucedió en la jornada que hicimos a concluir las paces, etc., publicada en Lima en 1613, y reimpresa, como hemos dicho, por don Claudio Gay sobre el ejemplar que existe en el Archivo de Indias. Ribera, según contamos, rectificó y desmintió en muchas ocasiones diversos pasajes de las relaciones del padre Valdivia, y la presente por cuanto allí se dice que la entrada de los padres se hizo con su aprobación.

padres que él tenía señalados; y encomendándolo a Nuestro Señor, se lo escribí y las razones que me movían para ello que eran las mismas que le movieron al padre...[76] Éste me contestó estas palabras: "La orden de Vuestra Reverencia está obedecida antes de mandada, porque la voz de Vuestra Reverencia, como que es de Dios, llega a mis oídos antes que salga de su boca, que parece que nos oímos y entendemos como ángeles, por los corazones en todo...". Es verdaderamente de gran admiración que el mismo día 9 de diciembre que en Paicaví determinó el padre Valdivia que entrasen los padres, yo junté a los padres y hermanos de este colegio de Santiago y les traté de la mucha necesidad que había de encomendar a Nuestro Señor muy de veras el negocio de las paces con los indios... Y, aunque con mucho fervor por los fines dichos habían ofrecido a Nuestro Señor 102 misas, 500 disciplinas, 270 días de cilicio, muchos rosarios, ayunos y horas de oración, de nuevo, por la necesidad presente se ofrecieron muchas ofertas.»[77] Este hábito de ver y de esperar en todo la intervención de un poder sobrenatural, había perturbado el criterio de esos hombres, e iba a producir las más funestas consecuencias.

Después de la partida de los padres, Ribera quedó con su ejército tres días en Paicaví ocupado en la demolición del fuerte. Los españoles tenían allí dos embarcaciones para el paso del río. Debiendo abandonar esos lugares, quisieron sacar aquellos barcos y llevarlos a la isla de Santa María, pero no fue posible ejecutar esa operación. Tratábase de entregarlos a las llamas; pero por indicación del padre Valdivia se resolvió, en una junta de guerra, dejarlos a los indios, dando el más grande de ellos a Utablame, «para que se entienda que se hace más confianza de la paz que han dado».[78] Después de esto, el gobernador se retiró con la mayor parte de sus tropas a la plaza de Arauco. El padre Valdivia se quedó en el fuerte de Lebu, que después de la destrucción del de Paicaví pasaba a ser el más avanzado en la nueva línea de frontera. Su primer cuidado fue escribir allí una prolija relación de todos los sucesos que acabamos de refe-

---

76   Esta coincidencia en la elección de los padres que debían entrar al territorio enemigo, era el hecho más sencillo y natural. Los padres Aranda y Vechi se hallaban entonces en los fuertes del sur, conocían mucho las costumbres de los indios, se les suponía muy queridos por éstos, y hablaban la lengua chilena, sobre todo el primero, que había nacido y criádose en Osorno. Seguramente no había entonces en Chile otros jesuitas en quienes se reuniesen las mismas condiciones.
77   Carta anua del padre Torres, de 12 de febrero 1613.
78   Acta de la junta de guerra celebrada en Pacaví el 10 de diciembre de 1612.

rir, para que en Concepción, en Santiago, en Lima y en España se conociesen las grandes ventajas alcanzadas por sus esfuerzos para llegar a la completa pacificación del reino.[79]

Mientras tanto, los indios de Utablame se habían dirigido a la comarca de Elicura, en las faldas occidentales de la cordillera de la Costa. Durante los primeros días de marcha todo se pasó en la mayor tranquilidad. Los padres jesuitas que iban con los indios, pudieron escribir a Lebu llenos de satisfacción por el buen recibimiento que se les hacía y por el arribo de otros indios que se decían mensajeros de las tribus vecinas, y que parecían dispuestos a dar la paz. «El contento que todos tienen de vernos en su tierra, escribían los padres, es increíble, y no lo saben explicar. Un espía que aquí hay, nos dice que toda la tierra está buena, que ya no hay persona de consideración que contradiga esta paz y asiento de la tierra, porque ya están todos desengañados que no hay fraude ninguno de nuestra parte, que es lo que se temían. Mañana acabarán de mandar mensajeros a toda la tierra. Todos están conjurados a perder las vidas en nuestra ayuda hasta ponernos en donde les dijéramos. Todo va hasta ahora muy bien, y esperamos en Nuestro Señor dará muy buenos fines.»[80]

Aquel contento de los bárbaros, aquel ir y venir de mensajeros, que los padres creían un signo de paz, eran, por el contrario, los aprestos para ejecutar un acto de la más feroz perfidia. En la tarde del 14 de diciembre, habiéndose reunido ya bastante gente, los indios hicieron alto cerca de las orillas del lago de Lanalhue, y pasaron la noche seguramente en una de esas fiestas a que eran tan aficionados. En la mañana siguiente (15 de diciembre)[81] llegaron al campamento muchos indios de Purén, y entre ellos los arrogantes caudillos Anganamón, Tureulipe y Ainavilu. No se hizo esperar largo tiempo la consumación del crimen que aquellos salvajes tenían preparado. Los tres padres jesuitas

---

79 Esta relación es la misma que fue publicada en Lima en 1613. Fue concluida y firmada el día 15 de diciembre, el mismo día en que a pocas leguas de distancia ocurría la catástrofe que vino a desprestigiar todos los planes del padre Valdivia.

80 Carta de los padres Aranda y Vechi al gobernador Alonso de Ribera, escrita en el valle de Elicura el 10 de diciembre de 1612.

81 La carta anua del padre Torres que hemos citado, da la fecha del 14 de diciembre; pero el documento capital y primero sobre estos hechos, es la carta que el padre Valdivia escribió a Ribera desde el fuerte de Lebu con fecha de 16 de diciembre de 1612, y allí fija el suceso que vamos a referir como ocurrido «ayer de mañana a las nueve», es decir, el 15 de diciembre.

fueron despojados de sus vestidos y llevados a un sitio abierto y despejado dando los piqueros pudieran esgrimir cómodamente sus armas. Allí fueron alanceados inhumanamente. El padre Aranda recibió, además, un macanazo en la cabeza que, sin duda, acabó de quitarle la vida. Sus cuerpos, desnudos y cubiertos de heridas, fueron dejados en el campo. Después de esta matanza tan pérfida como brutal, los indios se dispersaron en todas direcciones para sustraerse a la persecución de los españoles que debían creer inevitable.

La historia no puede consignar más pormenores acerca de la manera como se ejecutó este inicuo asesinato. No fue presenciado por ninguna persona que tuviera deseo o interés de referir la verdad. Los cronistas de la Compañía de Jesús han contado la muerte de aquellos desgraciados religiosos con accidentes diversos que no puede aceptar el más grosero sentido común. Han referido que los padres desplegaron un valor heroico, que acribillados de golpes y de heridas predicaban a sus verdugos las verdades del evangelio; y que después de que los indios les arrancaron los corazones para comérselos a bocados, ellos siguieron «todavía predicándoles el evangelio por espacio de un cuarto de hora».[82] Según los informes que las autoridades españolas recogieron, las cosas habían pasado de muy distinta manera. Los padres «rogaron con muchas veras y lágrimas que no los matasen, representando a los indios la poca gloria que ganaban en dar muerte a tres hombres rendidos y desarmados, y que por bien de ellos habían ido a ponerse en sus manos».[83]

---

[82] Lozano, obra citada, libro XII, capítulo II, tomo II, pág. 523. Ovalle, *Histórica relación*, pág. 288.

[83] Carta escrita al rey por el doctor Luis Merlo de la Fuente desde Lima el 19 de abril de 1620. Este antiguo magistrado, que como se recordará fundó la real audiencia de Chile y gobernó interinamente en este país durante seis meses, escribió desde Lima tres extensos informes sobre estos sucesos, que son documentos del mayor interés, y que como tales hemos utilizado y seguiremos utilizando. El de 19 de abril de 1620 existe original en el Archivo de Indias, de donde saqué la copia que tengo a la vista. Don Claudio Gay, en las págs. 297-316 del segundo tomo de *Documentos*, ha publicado la mayor parte de este informe con numerosos y graves errores de copia o de impresión y, lo que es más grave que todo eso, le da la fecha de 1621 y le pone por firma de autor la del oidor doctor don Cristóbal de la Cerda. Bastaría haber fijado la atención en las referencias que allí se hacen al tiempo en que el autor fue gobernador, para descubrir que éste fue el doctor Merlo de la Fuente; pero el examen del documento original hace innecesaria cualquier deducción.

6. Los indios continúan la guerra por varias partes

El padre Valdivia permanecía entretanto en el fuerte de Lebu. Desde allí había enviado a un indio llamado Cayumari a llevar una carta para los padres Aranda y Vechi. El 16 de diciembre a mediodía, ese emisario estaba de vuelta en Lebu y refería la tragedia que el día anterior había tenido lugar en Elicura. Había hallado los cadáveres de los padres, desnudos y cubiertos de heridas, y contaba que por dos indios «supo cómo ayer de mañana, a las nueve (15 de diciembre), vino una gran junta de enemigos a dar en Elicura, y mataron a nuestros tres padres y otros caciques de Elicura, llevándoles sus mujeres y chusmas y que pelearon con los de Purén a la vuelta. Y los de Purén despojaron a muchos de ellos quitándoles las armas y vestidos. Y han sentido mucho los de Purén esta maldad, y que están a punto de estar de parte de los españoles, y que entrando el campo nuestro en Purén ayudaran con toda su gente. Y que Ainavilu, Tureulipe y Anganamón habían traído esta junta, y para ello habían engañado a los de Elicura».[84] Esta relación de Cayumari estaba artificiosamente dispuesta para justificar no solo a los indios de Elicura sino, también, a los de Purén, y para incitar a los españoles a penetrar en los valles del interior donde se les decía que hallarían por auxiliares a sus más obstinados enemigos. El padre Valdivia, sin embargo, dio entero crédito a estas falaces explicaciones. Inmediatamente las comunicó a Ribera, pidiéndole que sin tardanza saliera con sus tropas a expedicionar al territorio enemigo. «Vamos, decía, por estos santos cuerpos por el modo que más convenga, porque agradado Nuestro Señor del sacrificio que estos santos padres han hecho a su divina majestad, los ha de castigar con su poderosa mano o ha de mudar los ánimos de estos bárbaros... Mucho conviene, le decía al concluir su carta, que entre Vuestra Señoría luego a ganar de su parte a Elicura antes que los enemigos lo ganen para sí; y si fuere tiempo para hacer un fuerte, hágase donde mejor pareciere.»[85]

---

84   Carta del padre Valdivia a Alonso Ribera de 16 de diciembre de 1612.
85   El doctor Merlo de la Fuente, en el informe citado, refiere al rey que el padre Valdivia pidió en esas circunstancias al gobernador que entrase con su ejército a Elicura, que castigase a los indios y que fundase allí un fuerte. Pero su aseveración había sido puesta en duda, alegándose que el padre visitador insistió siempre en mantener la guerra defensiva. La carta del mismo padre que extractamos en el texto, y los otros documentos que nos sirven para hacer la relación de los hechos que siguen, no dejan el menor lugar a duda acerca de la veracidad del informe del doctor Merlo de la Fuente.

Alonso de Ribera se hallaba entonces, como sabemos, en la plaza de Arauco. Él y sus capitanes estaban muy recelosos sobre la actitud de los indios, porque sobraban motivos para esperar un levantamiento general, aun en las provincias que estaban de paz. Después de la celebración del parlamento de Paicaví, habían huido muchos indios amigos, de tal suerte que los españoles habían tenido grandes dificultades para transportar sus bagajes a la vuelta. Cada día llegaba a su campo alguna noticia alarmante, robos de caballos, muerte de algunos sirvientes, o correrías y depredaciones ejercidas en las cercanías. En esa situación, llegó a Arauco, en la tarde del mismo día 16 de diciembre, la carta del padre Valdivia. Las graves noticias que ella comunicaba, vinieron a confirmar los recelos del gobernador y de sus compañeros.

El siguiente día, 17 de diciembre, se celebró una junta de guerra. Ribera leyó a sus capitanes la carta del padre Valdivia y les pidió que dieran sus pareceres sobre lo que debería hacerse. «Se ha declarado y echado de ver, dijo el maestre de campo Núñez de Pineda, que todo lo que los indios han tratado ha sido debajo de fraude, cautelas y traiciones, y se presume que lo serán las que de aquí en adelante trataren; y no es necesario particularizar las muchas que han hecho en treinta años que ha que los conozco, además de lo que la experiencia enseña.» Su opinión era que el gobernador debía tomar todas las precauciones militares para la defensa de los fuertes y de los indios de paz. La entrada del gobernador a Elicura, en esas circunstancias, y sin haber reunido más tropas para la guarnición de Arauco y de Lebu, daría origen al levantamiento de los indios de estos lugares, y a una conflagración general. El parecer de los otros capitanes, fundado en razones análogas, fue también contrario a la expedición que pedía el padre Valdivia.[86] En consecuencia, el gobernador quedó con su ejército en Arauco; pero impartió las órdenes convenientes para reforzar las guarniciones de los fuertes y para mantener la más estricta vigilancia. El padre Valdivia, por su parte, pagando valiosos premios a algunos indios amigos, hizo recoger por ellos los cadáveres de los jesuitas asesinados en Elicura, y los sepultó en Lebu en medio de las más pomposas ceremonias que fue posible organizar. Más tarde fueron trasladados a Concepción, y conservados como reliquias de santos en la iglesia de la Compañía de esa ciudad.

---

86 En el Archivo de Indias encontré el acta de esta Junta de Guerra celebrada en Arauco el 17 de diciembre, y los pareceres dados por los capitanes que allí se reunieron, documentos que me han servido para referir estos hechos.

Pero, por más resuelto que estuviese el gobernador a mantenerse a la defensiva, la actitud de los indios de guerra, sus audaces provocaciones y las correrías que comenzaron a hacer inmediatamente, debían obligarlo a entrar de nuevo en campaña. El mismo padre Valdivia, a pesar de su fe inquebrantable en las ventajas del sistema de guerra que defendía, y de sus ilusiones en los beneficios alcanzados en favor de la pacificación, ha consignado los hechos que revelan la inutilidad de sus trabajos y de sus esfuerzos. «Convocaron luego los enemigos, dice, una gran junta para venir a hacer mal a los indios de Catirai y de Arauco porque nos habían dado la paz. La junta que vino de toda la tierra de guerra se dividió en dos tropas. La una de 700 indios vino a dar en Arauco; pero quiso Nuestro Señor que a la sazón que ellos habían de dar en Longonaval, se situó nuestro campo allí, sin saber unos de otros, y al amanecer, cuando acometieron, salió nuestro campo y los desbarató, y les mató cincuenta gandules y les quitó cincuenta caballos ensillados y enfrenados, y les quitó más de cien piezas (personas) de indios y de indias que se llevaban, si bien es verdad que antes que nuestro campo acometiera habían ya muerto quince indios amigos que estaban descuidados, y se llevaron otras piezas de mujeres y muchachos, que por todos, muertos y vivos, fueron noventa y seis, y nosotros les cogimos seis vivos, de quien tuvimos lengua de todo lo que convino saber. Este caso pasó en mi presencia.[87] La otra tropa dio en el fuerte de los Lobos (del lado de Catirai) y se llevó cuatro indios y doce caballos, en la cual refriega no hubo muerte de español alguno. Pocos días antes de esta junta, y después, han venido algunas tropas pequeñas de treinta indios, y de a doce, y dado por seis veces en diversas partes y llevádose dos o cuatro o seis indias, que hallaron en sus sementeras, de las cuales se han vuelto algunas; y algunos ladrones que entran con sutileza a hurtarnos nuestros caballos.»[88] Así, pues, la guerra defensiva, y las aparatosas proposiciones de paz, no habían producido otro fruto que envalentonar a los indios y hacer más difícil y precaria la situación de la frontera.

---

87 Según los otros documentos que tenemos a la vista, este combate tuvo lugar el 23 de enero de 1613. Las tropas españolas estaban mandadas por el maestre de campo Núñez de Pineda.

88 Carta del padre Luis de Valdivia al rey, escrita en el fuerte de Buena Esperanza el 20 de febrero de 1613. Es verdaderamente incomprensible cómo un hombre que era testigo de estos hechos y daba cuenta de ellos al rey, se proponía en esa misma carta demostrar las ventajas que se estaban consiguiendo con la guerra defensiva.

7. El gobernador Ribera, autorizado por el padre Valdivia, emprende una compañía contra Purén

Ribera, entretanto, dejando a su maestre de campo Núñez de Pineda el cuidado de defender los fuertes de Arauco y de Lebu, se había trasladado a Concepción para atender al resguardo de la frontera del Biobío amagada también por la guerra. Los clamores incesantes de los indios de paz le inquietaban sobremanera. En efecto, los bárbaros de Purén atacaban sin descanso a las tribus indígenas que vivían tranquilas cerca de los fuertes, les quemaban sus chozas, les destruían sus sembrados, les robaban sus mujeres y sus hijos y creaban una situación que hacía imposible el conservar algún orden. El mismo padre Valdivia, penetrado del peligro que corría la conservación de la paz entre esas tribus, pasó también al norte del Biobío para conferenciar con el gobernador, y buscar algún remedio contra aquel estado de cosas.

Celebrose con este motivo el 14 de febrero de 1613 una junta de guerra en la estancia del rey que con el nombre de Buena Esperanza tenían planteada los españoles en el distrito de Huilquilemu, un poco al sur de Yumbel. El gobernador, acompañado por el padre Valdivia, recordó a sus capitanes las órdenes terminantes del virrey del Perú para poner término a las hostilidades contra los indios y reducir la guerra a puramente defensiva; pero les pidió sus pareceres acerca de cómo se debían aplicar esas reglas en aquellas circunstancias. «En caso que los indios de guerra, decían las providencias del virrey, hicieren algún acometimiento y entraren con mano armada en la tierra de paz, tan solamente se les ha de ofender y seguir hasta echarlos de aquellas fronteras y reducciones, y luego cese el alcance por mayores que sean los daños recibidos, porque el volver a la guerra ofensiva no ha de haber lugar ni poder alguno que la haga comience ni intente sin licencia de Su Majestad o nuestra en su nombre.» Esta disposición prohibía, pues, terminantemente expedicionar el territorio enemigo. Pero en la junta de guerra, con el acuerdo de todos los capitanes, y con la aprobación del padre Valdivia, se resolvió autorizar a los indios amigos a entrar en campaña contra los bárbaros de Purén, debiendo acompañarlos el ejército español como auxiliar, «lo cual juzgaron todos, dice el acuerdo, ser meramente guerra defensiva, y que no se hace por otro fin sino por la defensa y conservación de los dichos indios amigos, conforme a la voluntad de Su Majestad. Pareció a todos se tome este medio por esta vez, y que se defiendan estos indios, y que esta entrada se puede hacer hasta toda la aillaregua de Purén, que son las primeras fronteras del enemigo; y que si el enemigo viniera a Lebu, se le pueda seguir hasta Tirúa, que es una jornada larga».[89]

Autorizada así por el padre Valdivia, y mediante este curioso expediente, la expedición contra el territorio enemigo, el gobernador Ribera terminó rápidamente los aspectos para una campaña semejante a las que se hacían antes de decretarse la guerra defensiva. Veamos cómo la cuenta el mismo gobernador. «A 23 de febrero (1613), dice, pasé el río de Biobío con el campo (ejército) de Vuestra Majestad para entrar en Purén y su provincia, donde hice los mayores daños al enemigo; y fueran mayores, mediante Dios, si salieran a pelear como lo han hecho los años pasados. Quitóseles mucha comida, y matáronse algunos indios, aunque pocos, y se prendieron cincuenta niños y mujeres, y se les tomaron algunos caballos y quemáronse muchos ranchos. De nuestra parte se perdió un español que sin mi orden se fue a comer uvas a las viñas de Angol, donde acertaron a estar unos indios emboscados y lo mataron. Fue esta jornada de gran consideración para animar a nuestra gente que estaba muy acobardada, y desanimar los enemigos y darles a entender que tiene Vuestra Majestad fuerza para castigar sus excesos, porque tenían muy creído que por

---

[89] Acta de la Junta de Guerra celebrada en Buena Esperanza el 14 de febrero de 1613. He querido copiar con sus propias palabras una parte de ese acuerdo con que, pretendiendo cumplir las órdenes del virrey, el mismo padre Valdivia autorizaba la abolición de la guerra defensiva mediante un artificio de simples palabras.
Queriendo el padre Valdivia justificar ante el rey este procedimiento, le escribe lo que sigue: «Lo que en estos ocho meses se ha experimentado es que la guerra defensiva que Vuestra Majestad ordenó se ejecutase es la que conviene si se hace con toda la latitud que pide la defensa, como es extendiéndose no solamente a castigarlos cuando vienen a buscarnos a nuestras tierras y actualmente entran en ellas, sino a estorbarles e impedirles cuando tratan de hacer alguna junta para entrar. La cual junta hacen siempre en Purén, que es el centro de todas las provincias de guerra y su plaza de armas. Y quedando esta provincia dentro de la raya y poniendo un fuerte en ella y otro por la costa que corresponda al de Paicaví que se despobló, quedan enfrentadas todas sus fuerzas. Y tengo por cosa cierta que fundando un fuerte en Purén y otro en la costa donde estaba Paicaví, todos los indios que quieren quietud, se nos llegarán al amparo de estos fuertes.» Carta del padre Valdivia a Felipe III de 20 de febrero de 1613.
Esta carta en que, creyendo defender el sistema de la guerra defensiva, el padre Valdivia sostiene la necesidad de las expediciones militares en el territorio enemigo, y la fundación de nuevos fuertes para adelantar la frontera, como lo habían entendido los antiguos directores de la guerra, deja ver que ya había perdido su confianza en el efecto maravilloso que atribuía a la predicación religiosa y a los ofrecimientos de paz, y que daba más importancia al poder de las tropas.

falta de ellas se les ofrecían los medios que trajo el padre Luis de Valdivia. Y no solamente entendían esto los enemigos, sino los amigos también; y cuando se juntaron los de Arauco para hacer esta entrada, que estaban determinados a hacerla sin nuestra ayuda, dijo un cacique llamado Ipangui a los demás, que no pedían ayuda a los españoles porque nos sentían muy llenos de miedo; y de todo esto se han desengañado, y cada día lo estarán más.»[90]

Pero esta corta campaña no mejoraba considerablemente la situación creada por la guerra defensiva. «Se sabe por experiencia en este reino, decía Ribera en esa misma carta, trazando el cuadro de aquel estado de cosas, que donde no hay población de españoles, no hay paz, y que todo lo que se ha despoblado está de guerra y de lo que se ha sustentado con poblaciones y fuertes, tiene paz. Y esto se ha echado muy bien de ver el año pasado por la despoblación de Paicaví, que luego que se quitó, los pocos indios que estaban en la provincia de Tucapel se han aunado con el enemigo para hurtarnos lo que han podido; y los de Elicura, que también estaban medio de paz, están también de guerra, y las aillareguas vecinas hasta Tirúa, que también nos daban la paz mediante aquel fuerte, después que se quitó y como no se entra en su tierra, nos han venido a maloquear los indios amigos; y no es mucho que se hayan levantado habiéndoles quitado dicho fuerte, porque no pueden sustentar la paz, aunque ellos quieran, quedando desamparados de nuestras fuerzas y sujetas a las del enemigo, y necesitados a unirse con ellos, además que todos son unos y nos tienen una propia voluntad.» Así, pues, el nuevo sistema de guerra, sin propender a la pacificación del país, y antes por el contrario estimulando las hostilidades de los indios, no había conseguido otra cosa que hacer retroceder algunas leguas la línea de frontera.

8. Desprestigio en que cayó la guerra defensiva entre los pobladores de Chile: los cabildos envían procuradores al rey para pedirle la derogación de sus últimas ordenanzas

Un año escaso llevaba de planteada la guerra defensiva, y ya había caído en el mayor desprestigio. Acogidas con desconfianza y hasta con resistencia por casi todos los pobladores de Chile, las órdenes del rey habían sido, sin embargo, cumplidas con mucha puntualidad en la forma en que las comprendía

---

[90] Carta de Ribera al rey de 17 de abril de 1613.

el padre Valdivia. Nadie se había atrevido a desobedecer los mandatos de éste, hasta el punto que el impetuoso gobernador Ribera, y los capitanes que servían a sus órdenes, aun conociendo los errores que se cometían y que ellos no podían impedir, se habían convertido, por espíritu de obediencia al soberano, en ejecutores de un sistema que desaprobaban. Pero los primeros resultados de este ensayo eran de tal manera desastrosos, que por todas partes se hicieron oír las más violentas quejas, y las más ardorosas acusaciones contra los sostenedores de aquella reforma inconsulta.

El padre Valdivia estaba obligado a justificar su conducta ante el rey, y a explicar las causas del mal resultado de sus trabajos y de la guerra defensiva. En sus comunicaciones, y en las cartas que escribían los otros jesuitas, atribuían el origen de todos los contratiempos a la fuga de las mujeres de Anganamón. Este caudillo, se decía, estaba dispuesto a dar la paz; pero después de ese accidente, se había enfurecido, y volviendo sobre sus pasos, se convirtió en el más encarnizado enemigo de los españoles y en el jefe de la resistencia. Los cronistas de la Compañía, repitiendo estas mismas explicaciones, han hecho de Anganamón, que no era más que uno de los tantos caciques rebeldes, un soberano revestido de una gran autoridad entre los suyos, y el árbitro de la paz y de la guerra.[91] El gobernador Ribera, mirando las cosas con ojos menos

---

[91] Anganamón, en efecto, ha adquirido en la historia tradicional de Chile una reputación extraordinaria. Los cronistas de la Compañía, que hasta el hallazgo casi reciente de los documentos depositados en los archivos, han sido el único guía de los cronistas e historiadores subsiguientes, le han atribuido un poder y una autoridad que no solo no tuvo sino que jamás poseyeron los más prestigiosos jefes de los indios. A este respecto, nada es más curioso que la lámina en que está representada la muerte de los tres padres jesuitas en la *Histórica relación* del padre jesuita Alonso de Ovalle, publicada en Roma en 1646. Anganamón, vestido con un traje romano, con corona real en la cabeza y con el cetro en la mano derecha, está sentado sobre un alto trono, desde el cual manda en latín que maten a los padres.

El padre Diego de Rosales, que ha escrito la historia de estos sucesos en el mismo sentido, y con el mismo criterio de los otros cronistas de la Compañía, dice que «Dios dio licencia a los demonios para perseguir al padre Valdivia, y estorbar por sus ocultos juicios a la conversión de los indios, porque viendo que por estos medios les habían de quitar tantas almas y hacerles cruda guerra, se armaron todas las furias infernales para estorbar las paces y la conversión de los infieles y tomaron una traza diabólica que fue revolver en torpes amores a un español, cuyo nombre callo, con una mujer de Anganamón, española cautiva, con la cual trató con el tiempo que se ajustaban las paces, y persuadida de él a que se huyese del poder de Anganamón, se huyó y se vino tras él, deseosa de su libertad». *Historia general*, libro VI, capítulo 12.

preocupados, y juzgando aquellos negocios con su criterio seguro y con el conocimiento exacto que tenía de los indios, los explicaba de muy distinta manera. «Podrá ser que hayan informado a Vuestra Majestad, escribía con este motivo, que el no haber querido entregar las mujeres de Anganamón fue parte para que los indios matasen a los padres y no diesen la paz. Como dije a Vuestra Majestad, las mujeres de Anganamón, que son una española y una india, se le huyeron y vinieron al fuerte de Paicaví, donde las hallé... Después de esto, algunos días, entraron los padres y los mataron, y es cosa llana que si dependiera solamente de Anganamón su muerte, que hiciera paz para cobrar a sus mujeres en trueque de ellos. Pero como era trato general de toda la tierra el matarlos, no pudiera Anganamón hacer menos de venir en ello. Ni tampoco es Anganamón parte para que los demás den la paz, porque hay muchos caciques que mandan tanto como él, y más, que son más ricos y poderosos; demás de que consta con evidencia no haber sido éste el inconveniente de no dar la paz, pues se sabe que tenían tratado los indios de guerra de procurar coger allá los padres para matarlos antes que las mujeres se viniesen.»[92] Tal era también la opinión que acerca del desenvolvimiento de estos sucesos se habían formado todos los capitanes del ejército.

Esta historia debió circular con mucho crédito en el tiempo en que escribía el padre Rosales. Don Francisco Núñez de Pineda y Bascuñán, que escribía en la misma época su *Cautiverio feliz*, ha contado que hallándose preso entre los indios en 1629, tuvo una larga conversación con Anganamón, en que éste le refirió este suceso, contándole que el raptor de sus mujeres había sido el mismo Pedro Meléndez, el emisario que el padre Valdivia había enviado al territorio enemigo a ofrecer la paz. Añade Bascuñán que habiendo recobrado su libertad, recogió entre los españoles detalles que completaban o que rectificaban aquella historia. *Cautiverio feliz*, disc. II, caps. 11 y 12. Todo me hace creer que el autor de este libro no ha hecho más que dar forma a una simple tradición más o menos verídica, y que la historia de su conferencia con Anganamón es un recurso literario con que ha pretendido dar interés a su relación. Baste decir que el español que indujo a las mujeres de Anganamón a tomar la fuga, no fue Pedro Meléndez, sino el sargento Torres, rescatado, como dijimos en Paicaví. El padre Valdivia, que es el testigo más autorizado de estos sucesos, refiere este incidente en la forma que sigue: «Sucedió que cuando el sargento Torres pasó por casa de Anganamón para ser rescatado, se aficionó y quiso casarse con una española cautiva que era mujer de Anganamón, en quien tenía una hija de nueve años, y la persuadió a que se huyese. Hízolo ella después, cuando Anganamón estaba arriba (en la Imperial) tratando de la quietud, y trajo consigo su hija y dos mujeres de Anganamón, infieles». Copio estas palabras de un extenso y curioso memorial que el padre Valdivia presentó al rey en 1621, y que hizo publicar en Madrid en un reducido número de ejemplares, para sostener el sistema de guerra defensiva.

92   Carta de Ribera al rey, de 17 de abril de 1613.

La muerte de los tres padres jesuitas había causado una profunda impresión en todo el reino. Se acusaba al padre Valdivia de haberlos sacrificado temerariamente por no querer oír los consejos de los hombres más experimentados, y por seguir solo las inspiraciones de su propia obstinación. Mientras tanto, el mismo padre Valdivia y los otros jesuitas querían revestir la muerte de esos padres de un carácter sobrenatural, presentándola como un glorioso martirio sufrido por la causa de la fe. Contábase al efecto que el padre Horacio Vechi había dicho muchas veces «que no se convertirían aquellos gentiles hasta que se regase aquella tierra con sangre de mártires, y que él deseaba ser el primero, y que el padre Aranda había profetizado su muerte».[93] Referíase que el día en que fueron asesinados, se vieron tres soles en Elicura, «que significaron sus tres almas gloriosas».[94] El sacrificio de esos tres religiosos había sido revelado por una visión maravillosa, a la misma hora a que tuvo lugar, a un padre jesuita del colegio de Córdoba de Tucumán.[95] Decíase, como hemos referido, que a pesar de que los bárbaros les arrancaron el corazón, los padres Aranda y Vechi habían seguido predicando por un cuarto de hora.[96] Después de su muerte, los ángeles del cielo habían bajado a la tierra para velar por sus cadáveres, y al efecto los cubrieron de ramas de árboles.[97] Esos cadáveres, se decía, habían sido preservados milagrosamente de la voracidad de las aves de rapiña y hasta de las picaduras de los tábanos y de las moscas.[98] Por último, contábase que poco después de su muerte, los padres «se aparecieron gloriosos en Chile al venerable padre Agustín de Villaza, vestidos de la preciosa púrpura de su sangre en el trono de Dios la primera vez, y la segunda sus almas bañadas de gloria

---

93 Carta anual citada del padre Diego de Torres. Padre Rosales, libro VI, capítulo 15.
94 Padre Olivares, *Historia de los jesuitas en Chile*, pág. 182.
95 Padre Rosales, libro VI, capítulo 14. Padre Lozano, libro VII, capítulo 11.
96 La primera constancia escrita de este prodigio se halla en una carta escrita en el Perú en 1615 por el padre Luis Bertonio, jesuita italiano, célebre por sus, trabajos gramaticales sobre la lengua aimará, pero para que no se crea que es invención suya, añade que se lo han contado «como verdad». Según el padre Bertonio, el que habló después de habérsele arrancado el corazón fue el padre Vechi; pero el padre Ovalle, libro VII, capítulo 6, hace extensivo el milagro al padre Aranda, lo que ha repetido el padre Lozano, en el libro VII, capítulo 11.
97 El padre Ovalle, declarando expresamente que no es «amigo de hacer milagro lo que no lo es», cuenta este prodigio, probando con larga discusión lo servicios que en casos semejantes suelen prestar los ángeles. Véase el libro VI, capítulo 15.
98 Padres Ovalle y Rosales en los lugares citados, y padre Lozano, libro VII, capítulo 11.

inexplicable».[99] No era posible revestir con circunstancias más extraordinarias y maravillosas aquel desgraciado acontecimiento.

La población de origen español que entonces había en Chile, estaba perfectamente preparada para dejarse dominar por este género de piadosas invenciones. Sin embargo, en esta ocasión, aunque sintiendo vivamente la muerte de aquellos religiosos, de que, como ya dijimos, se hacía responsable al padre Valdivia, todos recibieron con desconfianza y hasta con burla aquellos pretendidos milagros. El padre provincial Diego de Torres, empleando el estilo peculiar, y la aparente y artificiosa resignación que se usaba en los documentos de esa clase, refiere que sabiendo el demonio que los jesuitas eran sus más poderosos enemigos, se armó «contra los que lo querían echar de su antigua posesión, tomando todos los medios que pudo para hacerse fuerte, y desacreditando a los que él tiene por tan contrarios. Decir, añade, todo lo que ha pasado, sería materia de una larga razón, y sacaría cosas que a nuestra modestia está bien callarlas. Pero dejar de decir algo no lo tengo por conveniente. Y así digo en suma que Nuestro Señor nos ha hecho merced desde el principio, y más particularmente de diez meses a esta parte, de ponernos por blanco de todos, como lo hemos sido de cuantas conversaciones, corrillos y juntas se han hecho, diciendo en ellas que nos habían de echar de este reino como de Venecia, y mostrando a las veces su sentimiento al pasar algunos de nosotros por la plaza y calles. Creció esto tanto que no paró hasta los púlpitos, tocando en particular en el padre Valdivia».[100] En efecto, a pesar de las penas decretadas por el gobernador contra los que se atrevieran a censurar las medidas que tomaba el padre visitador para organizar la guerra defensiva, el descontento

---

99 Padre Lozano, obra citada, libro VII, capítulo 11, tomo II, pág. 524. El padre Rosales refiere que el padre provincial Diego de Torres dirigió una consulta a uno de los más insignes teólogos que entonces tenía la Compañía de Jesús, al célebre padre Francisco Suárez, que en esos años estaba en el auge de su gloria y de su prestigio, sobre el concepto en que se debía tener a los jesuitas asesinados en Elicura. El padre Rosales agrega que aquella «lumbrera de la Iglesia y mar de sabiduría, respondió que no tenía duda sino que eran mártires y dignos de proponerse a la sede apostólica para que los declarase por tales». Creo, sin embargo, que las cosas quedaron allí; y que al poco tiempo después no se volvió a hablar de la canonización de aquellas desgraciadas víctimas de la ferocidad natural de los salvajes.

100 Carta anua citada del padre Torres. El padre Lozano, muy amplio y difuso en toda esta parte, ha destinado el capítulo 14 del libro VII de su historia a referir estas hostilidades de que se hizo objeto en esas circunstancias a la Compañía de Jesús.

público se hacía sentir por todas partes sin que nada pudiera contener sus manifestaciones.

Pero estas alarmas y esta general inquietud, no eran producidas solamente por los malos efectos de la guerra defensiva. Había en ellas algo mucho menos elevado que el interés público. Se trataba entonces también de dar cumplimiento a las reales cédulas que suprimían el servicio personal de los indígenas, medida que como sabemos, habían resistido siempre con gran ardor los encomenderos, persuadidos de que, dejándolos sin trabajadores para sus campos, iba a traerles la ruina de sus fortunas. Antes de esa época habían conseguido aplazar la ejecución de aquellas disposiciones; pero ahora parecía mucho más difícil dejar de darles cumplimiento. En virtud de las órdenes del rey y de las instrucciones del virrey del Perú, el padre Valdivia en el obispado de Concepción, y el licenciado Hernando de Machado, fiscal de la Real Audiencia, en el de Santiago, habían visitado las encomiendas y los pueblos de indios para preparar la planteación más o menos inmediata de esta reforma. Estos primeros trabajos produjeron una gran excitación entre todos los que temían verse próximos a la pérdida de su posición y de sus bienes.

En esas circunstancias se creyó que era necesario recurrir al rey para darle cuenta de lo que pasaba, para pedirle la cesación de la guerra defensiva y la suspensión o modificación de las ordenanzas relativas al servicio personal de los indígenas. Muchos capitanes, funcionarios o vecinos de prestigio, escribieron extensos memoriales para representar a la Corte los inconvenientes que se seguían de la adopción de ese sistema de guerra.**101** Los cabildos de Santiago, de La Serena y de Concepción formularon también extensas exposiciones de los hechos ocurridos en el último año, y acordaron que, con el carácter de apoderado suyo, fuera a Madrid a presentárselas al rey un religioso de mucho prestigio, fray Pedro de Sosa, guardián del convento de San Francisco de Santiago. Debía éste, además, solicitar del soberano el envío de un socorro de tropas con que establecer el prestigio de las armas reales en Chile, y pedir que se siguiera

---

101 Estas cartas o memoriales de los capitanes del ejército de Chile y de otros funcionarios, algunos de las cuales hemos citado en las páginas anteriores, se conservan en el Archivo de Indias. Entre todas ellas no hallé más que una escrita por el capitán don Diego Flores de León en 30 de octubre de 1613, que sea favorable al padre Valdivia.

pagando el situado hasta la completa pacificación del país.[102] Se quería también que con el padre Sosa fuese a España un militar que pudiera dar informes cabales acerca del estado y de las condiciones de la guerra y, aun, estuvo designado para ello el capitán don Pedro Lisperguer, que siendo hombre de gran fortuna, podía emprender el viaje a su costa. Pero luego, por indicación, sin duda, del gobernador Ribera, se cambió de dictamen y se confió este encargo al coronel Pedro Cortés. Era éste el militar de más experiencia de la guerra de Chile; y por la rectitud de su carácter y la importancia de sus servicios, gozaba de un alto prestigio en el país. Todo hacía creer que en la Corte sería recibido con estimación, y que su testimonio sería decisivo en las resoluciones que tomase el gobierno del rey. Pedro Cortés, en efecto, contaba entonces ochenta años de edad y había militado cincuenta y seis de ellos en Chile recorriendo todos los grados de la milicia, y asistiendo a 119 combates. Aquellos dos comisionados, el padre Sosa y el coronel Cortés, se embarcaron en Valparaíso a fines de abril de 1613 para ir a gestionar en España por la derogación de las ordenanzas y cédulas que tenían alarmados a los pobladores de Chile.

9. El obispo de Santiago y las otras órdenes religiosas se pronuncian en contra del padre Valdivia y de la guerra defensiva

El aparatoso y frustrado parlamento de Paicaví y los asesinatos de Elicura, como se ve, habían echado un desprestigio profundo e irreparable sobre los trabajos del padre Valdivia y sobre el sistema de la guerra defensiva. En esas circunstancias, los jesuitas habrían debido contar al menos con el apoyo del obispo de Santiago, que había aprobado ese sistema, y con las simpatías del

---

102 El poder dado por el Cabildo de la ciudad de Santiago a fray Pedro de Sosa con fecha de 12 de abril de 1613, ha sido publicado por don Miguel Luis Amunátegui en las páginas 301-306 del tomo II de *La cuestión de límites*; pero existen, además, en el Archivo de Indias dos cartas dirigidas al rey con las fechas de 13 y 15 de abril. No he podido descubrir los poderes dados al mismo religioso por los cabildos de La Serena y de Concepción, pero sí encontré en el mismo archivo una carta al rey del primero de esos cabildos de 4 de abril y otra del segundo de 3 del mismo mes, en las cuales se recomienda empeñosamente a fray Pedro de Sosa. Todos estos documentos contienen una reseña más o menos noticiosa de los sucesos ocurridos desde que llegó el padre Valdivia a plantear la guerra defensiva, y todos ellos se pronuncian ardorosamente contra este sistemas. Entonces había en Chile cuatro ciudades (sin contar con las que estaban sometidas a su jurisdicción al otro lado de los Andes), pero la de Chillán no dio poder ni se hizo representar en esta gestión. Por lo demás, esta ciudad apenas era entonces un fuerte y casi podría decirse un campamento.

clero y de las otras órdenes religiosas. Pero, como vamos a verlo, en estos días de prueba tuvieron también por adversarios a los que parecían ser sus aliados naturales.

Los padres jesuitas habían cometido una grave imprudencia. Siguiendo una práctica que habían usado en otras partes,[103] desde que llegaron a Chile parecieron empeñados en desacreditar al clero secular y regular que hallaron en el país. Contaban, al efecto, que existía en este reino la más deplorable relajación de costumbres, que faltaban las prácticas piadosas, que la religión solo se conocía en el nombre, y que no había sacerdotes que predicasen a los españoles ni a los indios. La conversión de éstos no había avanzado, según ellos escribían, por la falta de operarios evangélicos. En cambio, desde que ellos entraron al reino, todo comenzaba a tomar otro aspecto. Se establecían cofradías, se aumentaban las procesiones, y la piedad religiosa se robustecía con la abundancia de milagros que se operaban cada día, y con las numerosas conversiones de infieles. Los padres, proclamándose los más formidables enemigos del demonio, hacían llegar estas noticias a Europa, y sus cronistas las propagaban en sus libros. El padre Valdivia, que se daba por testigo y por actor de esas conversiones, lo había repetido así en el Perú y en España.

Cuando estas noticias repercutieron en Chile, se produjo en el clero un sentimiento de indignación. Las otras comunidades religiosas no disimularon sus sentimientos hostiles hacia los jesuitas. El cabildo de Santiago se creyó en el deber de salir a la defensa de aquéllas. «Vuestra Majestad ha sido mal informado, escribía al rey, de que la palabra de Dios no ha sido predicada en este reino a los naturales de él, porque en la primera conquista hubo muy particulares frailes de San Francisco que con mucho cuidado y fervor les predicaban, y de Santo Domingo; y las ciudades asoladas tuvieron todos los indios sujetos así con doctrinas más de cuarenta años, en que estaban frailes y clérigos muy

---

103 El doctor Benito Arias Montano, casi medio siglo antes, en la Instrucción de príncipes, que hemos citado más atrás, decía a Felipe II lo que sigue: «El primer medio que hallaron los jesuitas para engrandecer la Compañía, fue poner las demás religiones en mala opinión con los príncipes y después con cuantos han podido, descubriendo sus imperfecciones; y con destreza y buen modo de la opresión y caída de otros, procurar su propia grandeza: así se han señoreado de muchas abadías y gruesas rentas, quitándolas con sus relaciones a otras religiones que las tenían primero». El lector puede encontrar esta importante memoria publicada como apéndice de la *Historia de los judíos en España* por don Adolfo de Castro, Cádiz, 1847.

ejemplares, como consta de las probanzas que enviamos... No ha sido falta de las religiones el no haber vuelto a sus tierras sino prudencia, como lo publican con su muerte los padres de la Compañía que iban a darles a entender las mercedes que Vuestra Majestad les hacía. La conquista ha de ser por armas; y para la predicación no ha menester Vuestra Majestad gastos nuevos, que las religiones de San Francisco, Santo Domingo, San Agustín y la Merced están llenas de teólogos nacidos en este reino, más idóneos por tener la lengua por materna, y son más amados de los indios, porque ha habido muchos cautivos y no los han muerto.»[104]

El obispo de Santiago, don fray Juan Pérez de Espinoza, religioso franciscano, ofendido también por esta conducta de los padres jesuitas, y viendo el mal éxito que tenía la llamada guerra defensiva, no vaciló en dar al rey los informes más francos y resueltos contra el padre Valdivia. «Una (cédula) de Vuestra Majestad recibí, escribía el 1 de enero de 1613, en que me manda que dé el gobierno del obispado de la Imperial al padre Luis de Valdivia, de la Compañía de Jesús, y luego lo puse por obra puntualmente, encargándole la administración del dicho obispado. Solo resta que tenga el efecto que se desea, y que los indios de guerra vengan de paz, lo que dudo que suceda como el padre Luis de Valdivia lo prometió a Vuestra Majestad. Antes, por el contrario, se han visto y se van viendo cada día los efectos contrarios. Débenlos de causar mis pecados. En este reino gasta Vuestra Majestad cada año 200.000 ducados cada año, y desde la venida del padre Valdivia gasta 12.000 ducados cada año con el padre Valdivia y sus compañeros sin efecto ninguno.»[105]

Mes y medio más tarde volvía a hablarle del mismo asunto en un tono descomedido y sarcástico para el padre Valdivia, que casi parece inconcebible en una comunicación dirigida al soberano. Pérez de Espinoza, después de recordar al rey que había servido treinta y ocho años en Nueva España y Guatemala, y trece en el obispado de Santiago de Chile, hace la renuncia de este cargo en los términos siguientes: «Suplico a Vuestra Majestad que atento lo referido, me haga merced de aceptarme esta renunciación que hago de este obispado, proveer en quien Vuestra Majestad fuere servido, pues hay tantos pretensores para él; y el padre Valdivia lo merece por haber traído a costa de Vuestra Majestad

---

104 Carta del cabildo de Santiago al rey, de 13 de abril de 1613.
105 Carta del obispo Pérez de Espinoza al rey, de 1 de enero de 1613.

doce religiosos de la Compañía a este reino sin qué ni para qué, y por haber engañado al virrey del Perú, diciendo y prometiéndole que traería todo el reino de paz, en lo que ha gastado mucha hacienda de la real caja, dando a entender que las demás religiones, clérigos y obispos hemos comido el pan de balde, y que solo ellos (los jesuitas) son los apóstoles del santo evangelio. Siendo esto verdad, muy bien merece que Vuestra Majestad le haga merced de este obispado, y a mí me libre de sus persecuciones».[106]

Pero si los jesuitas habían perdido tanto el concepto de los pobladores españoles de Chile, conservaban en la Corte poderosos sostenedores, y, como lo veremos más adelante, pudieron resistir a esta tempestad.

---

[106] Carta del mismo obispo, de 20 de febrero de 1613.

Capítulo III. Segundo gobierno de Alonso de Ribera; continuación de la guerra defensiva. Los holandeses en el Pacífico (1613-1615)

1. Desaparece la armonía entre el gobernador Ribera y el padre Valdivia. 2. Continuación de la guerra defensiva: frecuentes irrupciones de los indios. 3. El gobernador y el padre visitador sostienen ante el rey sus sistemas respectivos de guerra. 4. Felipe III manda que se lleve adelante la guerra defensiva. 5. Sale de Holanda una escuadrilla bajo el mando de Jorge van Spilberg para el Pacífico. 6. Aprestos que se hacen en Chile y el Perú para combatir a los holandeses. 7. Campaña de Van Spilberg en las costas de Chile. 8. Sus triunfos en las costas del Perú y fin de su expedición.

1. Desaparece la armonía entre el gobernador Ribera y el padre Valdivia

Durante cerca de un año entero fueron más o menos cordiales las relaciones entre Alonso de Ribera y el padre Luis de Valdivia. Por más que el primero no aprobara muchas de las medidas dictadas por el padre visitador, las había hecho cumplir puntualmente en virtud de las órdenes que le había dado el virrey del Perú. Pero esta armonía no debía durar muy largo tiempo. La responsabilidad que directa o indirectamente pesaba sobre Ribera por aquellos actos, era de tal manera grave que éste no podía dejar de protestar y de producir, en definitiva, un estruendoso rompimiento.

En efecto, a fines de febrero de 1613 llegaron a Lima dos capitanes del ejército de Chile que llevaban al virrey las cartas en que Ribera contaba lo ocurrido en el parlamento de Paicaví, y la muerte de los padres jesuitas. El virrey no pudo disimular su descontento, y en una carta concebida con el más visible mal humor y escrita en un tono duro y áspero, echaba a Alonso de Ribera la culpa de esos desastres, atribuyéndolos no a error de concepto sino a un plan premeditado de desprestigiar el sistema de guerra defensiva. «Si los de Chile, decía, hubieran querido echar a perder los frutos de la pretensión que se tiene, comprando con la vida de estos padres la venganza y satisfacción de los que han sido de parecer contrario de atajar la guerra, no se podría tomar mejor medio ni adelantar más buscándola en parte que no pudiese faltar... Si el padre Valdivia no aguardaba a que el beato Ignacio de Loyola o un ángel se lo bajase a decir de parte de Dios, no sé por qué quiso aventurar sus compañeros ni cómo vuestra merced, que tiene mayor obligación de estar más prevenido en estos ardides, lo permitió si no fuese pasando en paciencia que por experiencia de yerros ajenos se diese más fuerza a la opinión que vuestra merced ha tenido de que no conviene continuar la guerra defensiva, cosa que temí desde el principio, y que, aunque la he disimulado hasta aquí, no puedo callarlo ahora cumpliendo la obligación en que Su Majestad me ha puesto.»[107] El virrey persistía en creer que el nuevo sistema de guerra era el único que podía producir la pacificación de Chile, pero estaba convencido de que los hombres encargados de ponerlo en planta tenían interés en cometer esos errores para desprestigiarlo.

Alonso de Ribera rechazó esos cargos con la más digna entereza. Recordó la amplitud de poderes de que estaba revestido el padre Valdivia, y cómo éste, contra las observaciones de los jefes de ejército y procediendo en todo por su propia autoridad, había comenzado sus tratos con los indios y había dispuesto la entrada de los tres jesuitas al territorio enemigo.[108] Pero esta áspera reconvención del virrey indujo al gobernador a cambiar de conducta. Hasta entonces solo había hecho sentir su autoridad para mandar cumplir las resoluciones del padre visitador; y aun cuando tuvo con éste algunas discusiones sobre la oportunidad de ciertas medidas, Ribera había cuidado con gran circunspección de hacer ver en todo momento que, debiendo obedecer las órdenes del rey sin discutirlas, estaba obligado a prestar todo su apoyo a la guerra defensiva. En adelante, no solo cuidó de expresar franca y resueltamente su opinión sino que hizo intervenir su autoridad en todo lo que de él dependía para evitar la repetición de iguales errores. Así, después de recordar al rey las faltas cometidas por la credulidad y la inexperiencia del padre Valdivia, Ribera se mostraba resuelto a observar otra conducta. «He tomado la mano que me toca en lo que Vuestra Majestad me tiene encargado, escribía con este motivo, y no la daré al padre de aquí adelante si no fuere en lo que convenga al servicio de Vuestra Majestad y de manera que pueda yo dar buena cuenta de lo que tengo a cargo.»[109] Esta actitud del gobernador, que coartaba la acción del padre Valdivia, no podía

---

107 Carta del virrey, marqués de Montes Claros, al gobernador de Chile, Lima 25 de febrero de 1613.
108 Carta de Ribera al virrey del Perú de 28 de abril de 1613.
109 Carta de Ribera al rey, de 30 de octubre de 1613.

dejar de inquietar a este último, de provocar sus quejas y sus acusaciones, y de hacer desaparecer la paz y la concordia entre ambos.

A principios de 1614 la ruptura era completa. Las relaciones, tan corteses y cordiales durante algunos meses, habían ido haciéndose más y más tirantes. Se veían pocas veces, y trataban sus negocios por medio de cartas. Habiéndole reprochado el padre Valdivia que consintiera o autorizara que en algunas correrías las tropas españolas pasaran en la persecución de los indios más allá de la raya convenida, atribuyendo a estos hechos el causar el retardo de la pacificación del reino, el gobernador justificó su conducta en términos duros y perentorios. «Tenga vuestra paternidad por cierto, le decía en una de sus cartas, que si los medios que trajo no hubieran venido acá, estuviera la tierra en mucho mejor paraje, y pudiera ser que estuviese toda de paz. Estos medios (la guerra defensiva) son los que tienen la tierra en mal estado. Y mientras no se mudare el modo de guerrear, no lo tendrá mejor, sino cada día peor. Y no es posible que esto no lo vean todos los hombres que lo miraren sin pasión. Así, suplico a vuestra paternidad que la que tiene la procure echar de sí, que le hará mucho al caso; y que no busque vuestra paternidad tan pequeñas ocasiones y flacos fundamentos para echarme la carga después que ve desbaratados sus intentos.»[110] No era posible hablar con más franqueza; y estas solas palabras habrían debido hacer comprender al padre Valdivia la actitud resuelta del gobernador para mantener firmemente en sus manos el poder que correspondía a su cargo, si los hechos mismos no se hubieran encargado de demostrarlo.

Pero el padre visitador vio, además, aminoradas sus facultades eclesiásticas por la intervención del obispo de Santiago don fray Juan Pérez de Espinoza. Habiendo prestado protección a un padre de la Compañía a quien sus superiores querían castigar con gran severidad, el obispo estaba en lucha abierta con los jesuitas.[111] Enredado también en cuestiones mucho más ruidosas todavía

---

110 Carta de Alonso de Ribera al padre Valdivia, de 6 de febrero de 1614, reproducida por el padre Gaspar Sobrino en uno de los memoriales que el año siguiente presentó al rey en Madrid.

111 El padre Lozano, en el libro VII, capítulo 15 de la obra citada, ha dado cuenta de este hecho; pero, aunque su relación es muy amplia y difusa, deja ver que no ha querido o no ha podido dar luz completa sobre las causas y el desenlace de esta competencia entre el obispo y el provincial. Por lo demás, ese cronista se pone decididamente de parte del superior de los jesuitas, demostrando mucha pasión contra el obispo, lo que hace sospechosa su relación, inclinando al historiador a no pronunciar su juicio por deficiencia de pruebas.

con la Real Audiencia, el obispo había partido para el Perú en 1613 dejando al Cabildo Eclesiástico por gobernador de los dos obispados que estaban a su cargo, extendiendo hasta Concepción la jurisdicción del provisor y vicario general de la ciudad de Santiago, y nombrando para aquella diócesis un visitador sin declarar qué facultades dejaba al padre Valdivia. Viendo éste limitada su autoridad, prefirió renunciar a todo el poder eclesiástico de que había estado revestido durante algunos meses.[112]

2. Continuación de la guerra defensiva: frecuentes irrupciones de los indios

El virrey del Perú, entretanto, al paso que recomendaba que se procediese con la mayor circunspección sin exponerse a nuevos contratiempos por mostrar confianza en la palabra de los indios, había mandado que se continuasen cumpliendo con la mayor escrupulosidad sus órdenes anteriores sobre la guerra defensiva. Las tropas españolas, en efecto, se abstuvieron de intentar empresa alguna militar. Ni siquiera se volvió a pensar en enviar mensajes de paz a los indios enemigos, «ni hay quien se atreva a llevarlo, escribía Ribera, porque tie-

---

Por otra parte, el asunto es de muy poca importancia. El lector puede hallar las páginas del padre Lozano que a él se refieren, reproducidas por don Miguel L. Amunátegui en *Los precursores de la independencia*, tomo II, capítulo 4, § 13.

112 El padre Valdivia dio cuenta prolija al virrey de los diversos motivos que había tenido para renunciar a toda injerencia en el gobierno eclesiástico del obispado de Concepción; pero no he podido conocer ese documento. En cambio, he visto dos cartas del mismo padre al rey, escritas en los primeros días de septiembre, en las cuales, «por no cansar a Su Majestad» le informa solo de una de las razones de su renuncia en los términos siguientes: «Sin haber llegado bula de Su Santidad ni cédula de Su Majestad para que se deshaga esta catedral (la de Concepción) que aquí está entablada y que cesen dos canónigos que aquí había, y poder gozar el obispo de la renta de ambos obispados, ha deshecho esta catedral y desposeído dos canónigos que en ella había sirviéndola, y ha declarado ser todo un obispado, y (al marcharse al Perú) dejó nombrado al cabildo eclesiástico de Santiago por gobernador del obispado junto con el otro, y extendida la jurisdicción del provisor y vicario general de la ciudad de Santiago a todo él, y nombrado un visitador para Concepción sin declarar qué jurisdicción es la que me deja. Habiendo yo visitado este obispado he hallado gran desventura y miseria. Los indios, aun los más infelices, y aun los que están bautizados, viven casados con cuatro y cinco mujeres, sin iglesias, ni ornamentos. Los clérigos tan tasados que siendo incapaces por no saber latín, ni tener una Suma de casos de conciencia, ni saber qué cosa es, si para remedio importa mudar alguno, no hay con quien suplillo». El padre Valdivia agrega que, no teniendo poder suficiente para remediar este estado de cosas, ha preferido renunciar las limitadas facultades que le dejaba el obispo. Carta del padre Valdivia al rey, escrita en Concepción el 1 de septiembre de 1613.

nen cerrada la puerta con orden en toda su tierra que cualquiera que entrare a tratar de paz muera por ello». Era tal la animosidad que en esas circunstancias desplegaron los bárbaros, que habiéndose fugado del campo español uno de los indios que trajo del Perú el padre Valdivia, y vuéltose a vivir entre los suyos, éstos lo descuartizaron por creerlo emisario encargado de proponer la paz.

Los españoles conservaban en pie catorce fuertes, en su mayor parte defendidos por simples palizadas. En cada uno de ellos mantenían una guarnición más o menos considerable, sometida a privaciones y fatigas tales que, a pesar de la más estricta vigilancia, no eran raras las deserciones. Los indios que tenían su residencia cerca de los fuertes, eran tenidos por amigos de los españoles y, en efecto, vivían aparentemente en paz con éstos; pero tenían que sufrir las hostilidades incesantes de las tribus del interior, y seguramente muchos de ellos se unían a estos últimos para hacer correrías militares y para robar los caballos y los ganados que estaban cerca de los fuertes.

En efecto, estas correrías de los indios de guerra eran incesantes. Agrupados en partidas ligeras, caían de sorpresa, ya sobre un punto, ya sobre otro, destruían lo que encontraban a su paso, robaban los animales que pillaban, y obligaban a los españoles a vivir en continua alarma. En solo el año de 1613, hicieron veinticuatro entradas de esa naturaleza, y más adelante se repitieron con mayor vigor. En una de ellas, estuvieron a punto de llevarse dos padres jesuitas en las inmediaciones de uno de los fuertes del Biobío; pero sabiendo éstos la suerte desastrosa que se les esperaba si caían en poder de los indios, buscaron apresuradamente su salvación en la fuga.[113] Los españoles limitaban su acción a mantenerse a la defensiva, o a perseguir al enemigo hasta corta distancia para rescatar el ganado que se llevaba, o los indios amigos que había apresado. Pero esta actitud daba mayores alientos a los enemigos; y dirigidos o estimulados por Pelantaru, Ainavilu, Tureulipe y Anganamón, o por otros caciques, repetían sus excursiones con la misma o mayor arrogancia.

---

113 Ribera cuenta este hecho en su carta al rey, de 15 de noviembre de 1614, como ocurrido el 19 de mayo de ese mismo año. Probablemente es el mismo que refiere el padre Rosales en el capítulo 16 del libro VI diciendo que estuvo a punto de caer en manos de los indios el padre Vicente Modollel, que gozaba de gran reputación de predicador. Por lo demás, lances de esa naturaleza debían ser frecuentes en aquella guerra en que se repetían unos tras otros esos ataques con caracteres y rasgos tan semejantes, que pretender referirlos con los pormenores que hallamos en los documentos, sería fatigar al lector corriendo el riesgo de contar las mismas operaciones como ocurridas en diversos días.

Hubo momentos en que los partidarios de aquel sistema de guerra debieron persuadirse de que en poco tiempo más podría llegarse a la pacificación del país. «De la costa vinieron dos mensajeros a tratar de la paz de parte de la ciénaga de Purén y de las comarcas vecinas hasta Tirúa, escribía Ribera. Dijeron grandes cosas acerca de que todos querían la paz hasta la Imperial, dejando fuera a Ainavilu y a Anganamón. En Concepción estuvieron con el padre Valdivia y conmigo, donde se les hizo buen agasajo a los unos y a los otros. Se les dio respuesta conforme a su embajada en conformidad de lo que Vuestra Majestad manda. Y estando aquí dando la suya, dieron otros con una junta muy gruesa sobre la reducción de Lebu, y mataron doce indios e hirieron otros tantos, y prendieron cuatro y entre ellos al cacique Cayomari, principal de Molvilla, el cual se escapó la noche siguiente, y volvió con dos heridas al fuerte y después a esta ciudad, donde dio entera noticia del suceso, y de la gente que vino en la junta. Dice que la hizo el cacique Huichalicán, que es el que trataba de la paz; y éste envió a su hermano en nombre de mensajero para conocer la tierra. Y así mismo dice que la gente de la junta eran 140 de Elicura, y los demás de Purén y 40 de Arauco, y algunos de ellos de los que están de paz al presente y otros que de nuevo se han poblado de la tierra que desocupó el fuerte de Paicaví por su despoblación.»[114] Esta insurrección de los indios de las cercanías del fuerte de Arauco estuvo a punto de tomar grandes proporciones, pero la atajaron las medidas activas y enérgicas que emplearon los españoles en esos lugares.

El gobernador Ribera tenía, pues, sobrados motivos para no dar crédito a estas protestas de paz de los indios y para vivir prevenido contra sus constantes asechanzas. En los fuertes de la línea del Biobío, las correrías de los indios eran también incesantes. En una de ellas, los indios amigos se apoderaron de un caudillo llamado Pailahuala, cacique de uno de los valles vecinos a la gran cordillera, así como de varios individuos de su familia y de su tribu, todos ellos hombres inquietos y constantes enemigos de los españoles. Llevados presos al fuerte de Nacimiento, comenzaron a ofrecer la paz para recobrar su libertad. Ribera, sin embargo, pudo descubrir sus verdaderos propósitos y alargó artificiosamente las negociaciones para mantener quietos a los indios de esa tribu. Canjeó uno de los prisioneros por un cautivo español; pero habiendo intentado los indios un ataque sobre la plaza de Nacimiento en febrero de 1614 para

---

114 Carta de Ribera al rey, de Concepción, 30 de octubre de 1613.

libertar a Pailahuala que desde su prisión estaba dirigiendo estas operaciones de los suyos, el gobernador lo hizo ahorcar después de un juicio sumario en que quedó probada la duplicidad de ese caudillo.[115]

Estos ataques de los indios siguieron repitiéndose por un lado o por otro con la más obstinada persistencia. Sin obtener ventajas positivas sobre los españoles, los cansaban obligándolos a vivir en la más constante vigilancia, les robaban sus caballos y producían una situación llena de peligros y de zozobras.[116] La actitud que observaban los defensores de los fuertes, lejos de contribuir a tranquilizar a los indios, parecía aumentar su audacia y estimularlos a nuevas y más riesgosas empresas. En marzo de 1615 pasaron el Biobío en número considerable e intentaron una sorpresa sobre la plaza de Yumbel; pero el gobernador, advertido a tiempo, acudió con algunas fuerzas, y los enemigos se dispersaron para evitarse una derrota.[117] A pesar de sus propósitos de mantenerse a la defensiva, y de las órdenes que para ello había recibido del virrey del Perú, Alonso de Ribera se creyó en la necesidad de disponer algunas veces la persecución de los indios hasta más allá de la raya establecida. Esas correrías, ejecutadas por los indios amigos con el auxilio de destacamentos españoles, se hacían rápidamente para retirarse otra vez a los campamentos y a los fuertes.

---

115 Carta de Ribera al rey, de la estancia de Buena Esperanza, a 22 de marzo de 1614. Esta carta, llena de noticias sobre estos repetidos ataques de los indios, fue escrita en su mayor parte el 1 de enero, pero completada con la relación de los sucesos siguientes en 15 de febrero y 22 de marzo. El indio canjeado fue Licanlebo, padre de Pailahuala. Los indios entregaron por él a fray Juan Falcón, lego dominicano que había caído prisionero en Valdivia en 1599, y que después de quince años de duro cautiverio, pudo suministrar noticias muy interesantes de lo que ocurría entre los enemigos.

116 El gobernador Ribera en su correspondencia al rey, da cuenta particular de cada uno de estos ataques señalando la fecha del día en que se verificaban, los daños que causaba el enemigo y los caballos que se llevaba. A su juicio, aquel estado de cosas demostraba que no se había avanzado nada en la pacificación del país por medio del sistema de guerra patrocinado por el padre Valdivia. Este último, por su parte, lleno de ilusiones sobre los benéficos resultados de ese sistema, sostenía que, a pesar de las contrariedades que experimentaba, la paz era ya un hecho. En carta al rey de 7 de septiembre de 1615 le decía a este respecto lo que sigue: «El enemigo no nos puede ofender por parte alguna, y no entrándole a ofender, se ha de ir experimentando la quietud como ya se ha visto. Los que piden se torne a la guerra ofensiva no tienen más motivos que haber habido algunos ladrones que vienen a hurtar, o tropillas de salteadores, las cuales siempre han quedado en los fines de las guerras por largos años. Pero como éstas no han dado de ordinario sino en los indios de Arauco, no son de consideración».

117 Carta de Ribera al rey, de Concepción a 13 de abril de 1615.

3. El gobernador y el padre visitador sostienen ante el rey sus sistemas respectivos de guerra

Desde que el padre Valdivia vio coartada, por la intervención de Ribera, la autoridad de que había usado sin contrapeso en sus primeros trabajos, se sintió profundamente contrariado. Parecía conservar toda su fe en los resultados de la guerra defensiva, y creer que éstos debían hacerse sentir en poco tiempo más, pero acusaba al gobernador de desprestigiar con sus palabras aquel sistema de guerra y de retardar con sus actos la pacificación definitiva del país. «Este negocio, escribía al rey, pide que el ejecutor lo sienta, quiera y pueda ejecutarlo y esto bastará. Pero si siente lo contrario y manifiesta su opinión a los demás ejecutores y personas que puedan ayudar o dañar, y que tienen librada su comodidad y granjería en el situado, no podrá ser de eficacia la voluntad de ejecutarlo. En mí es al contrario, que siento y quiero, pero no puedo porque me ha dejado el gobernador sin mano ni autoridad (de la mucha que Vuestra Majestad me mandó dar y se me dio), ni yo pensé fuera menester usar de ella trayéndole tan obligado por la merced que Vuestra Merced le hizo a mi suplicación de enviarle a este gobierno para solo ejecutar este negocio, sin aguardar la residencia de los que antes tuvo.»[118] El padre Valdivia agregaba que el gobernador Ribera, tan dócil cooperador de sus proyectos en los principios, había cambiado completamente de actitud después de los deplorables asesinatos de Elicura y, en efecto, como se recordará, fueron esos sucesos los que determinaron a éste a tomar injerencia eficaz en la dirección de las operaciones.

Las quejas del padre Valdivia contra la conducta de Ribera, fueron haciéndose más violentas y apasionadas cada día. Evitaba cuanto le era posible el verse con el gobernador;[119] pero continuó enviando sus informes al rey de España

---

118 Carta del padre Valdivia al rey de 7 de septiembre de 1613.
119 Contestando Alonso de Ribera en 16 de agosto de 1616 los cargos que el padre Valdivia y sus agentes le hacían cerca del virrey del Perú, decía lo que sigue: «Yo no le he quitado mano (autoridad) ninguna, antes este verano pasado le envié a llamar por mis cartas muchas veces, diciéndole que saliese conmigo a la campaña para que teniendo las cosas presentes tratásemos de ellas como más conviniese al servicio de Su Majestad y siempre se excusó y no quiso ir, y ha muchos días que no trata de nada, sino solamente de escribir lo que le parece y contra quién le parece, muy fiado en la elocuencia de sus cartas y relaciones, porque entiende que con ellas ha de hacer creer lo que él quiere aunque no sea así».

y al virrey del Perú para demostrarles que la pacificación de Chile no avanzaba más aprisa por la conducta de este funcionario y de sus allegados. El padre visitador no se limitaba a acusarlo de contrariar la guerra defensiva, sino de proceder así obedeciendo a los móviles más indignos, como el de negociar con la venta de los prisioneros tomados al enemigo. A principios de 1614 envió al Perú al padre Melchor Venegas y a España al padre Gaspar Sobrino con el encargo de dar cuenta de los sucesos de Chile, de hacer la defensa del nuevo sistema de guerra y de reforzar los cargos y acusaciones que se hacían al gobernador.

Durante algún tiempo, Ribera guardó cierta moderada templanza en su actitud respecto al padre Valdivia; pero cuando supo que era objeto de las acusaciones que éste enviaba al rey, creyó que debía emprender su defensa con mayor resolución. «Las cosas del padre Valdivia, escribía al rey en 8 de mayo de 1614, han llegado a términos que no me puedo excusar de dar cuenta a Vuestra Majestad de ellas clara y abiertamente, porque él envía grandes máquinas para acreditarlas, y es muy en daño de su real servicio y bien de este reino, y en particular de la hacienda de Vuestra Majestad, porque aunque dure la guerra cien años de la manera que pretende, no ahorrará Vuestra Majestad nada, antes ha de añadir gastos... Entienda Vuestra Majestad, decía más adelante, cómo este hombre siempre ha ido con alguna quimera, atendiendo solo a su negocio y no al bien general, lo que se ha echado de ver muy patentemente por acá, que como están las ocasiones presentes se han manifestado sus intentos más claros, y con cuántas fuerzas ha procurado impedir lo poco que se ha hecho con los medios que trajo, porque no ha hecho nada ni es posible hacerse; y si hay algunos indios que están de paz, la verdad que quien lo ha hecho son las armas y gente de guerra que aquí tiene Vuestra Majestad.» Para reforzar su exposición, Ribera enviaba al rey las relaciones dadas por los intérpretes que habían acompañado al padre Valdivia a Catirai y a Paicaví, las cartas de algunos capitanes, nuevos informes de los cabildos y todos los documentos que creía conducentes a la defensa de su persona y del sistema de guerra que recomendaba.[120]

---

[120] El padre Valdivia, por su parte, enviaba a España todos los documentos que hacían a la defensa de su causa. En 1613, como contamos, hizo levantar dos informaciones para probar los servicios que había prestado a la pacificación de Chile, y encontró testigos que corroboraran sus asertos; pero después del parlamento de Paicaví, y sobre todo después de los asesinatos de Elicura, se levantó una opinión tan adversa que ya casi no pudo contar

El gobernador estaba profundamente convencido de que no había nada que esperar de las negociaciones pacíficas con los indios y, en este sentido, no hizo caso de los tratos que según las comunicaciones que le enviaban de Chiloé, podían entablarse con los indígenas de Osorno y sus inmediaciones. Su plan era el mismo que había tratado de llevar a cabo en su primer gobierno. Consistía en ir avanzando gradualmente la línea de frontera, por medio de fuertes bien

---

más que con el apoyo de los religiosos de su orden. Así, en los voluminosos legajos de correspondencia de los militares y funcionarios que entonces había en Chile, solo hemos hallado, según dijimos, una carta del capitán don Diego Flores de León que sea favorable al padre Valdivia y, en cierta manera, contraria al gobernador Ribera, de quien dice que estaba viejo y poco apto para el servicio militar. Cuando el padre visitador se convenció de que no podía levantar informaciones ni hallar testigos que abonasen su conducta, como había hallado en 1612, escribía al rey estas palabras: «Bien sé que se hacen informaciones y se piden cartas a cabildos pidiendo se torne a la guerra ofensiva. Yo soy un religioso solo que no puedo hacer informaciones ni las he menester, porque lo que digo es la verdad». Carta al rey, de 7 de septiembre de 1615.

Ribera, por su parte, informaba al rey que el padre visitador no perdonaba arbitrios para procurarse testimonios que abonaran su conducta, que pedía empeñosamente a sus parciales, y entre otros al capitán Flores de León, que escribiesen en contra del gobernador, y que para acreditar su sistema ante el soberano no retrocedía ante ningún medio por velado que fuese. En carta de 25 de octubre de 1613 contaba que el padre Valdivia había hecho que algunos capitanes firmasen una relación de los sucesos de la guerra sin permitirles que la leyeran, y diciéndoles que el gobernador mandaba que pusieran sus firmas. Y en 2 de febrero de 1616 le decía lo que sigue: «Convendrá que Vuestra Majestad mande que se mire mucho en esto (en los informes del padre Valdivia y de sus agentes) porque estos padres andan recogiendo papeles de gentes ignorantes y de pocas obligaciones y de cuantos topan por los tambos solo a fin de sustentar su opinión. En esta ciudad (Concepción) he averiguado cómo el padre Valdivia envió una carta a nombre de un alférez don Diego de Sanhueza al virrey, y escribió en ella lo que le pareció, y conforme a esto se debe recelar habrá enviado otras muchas en nombre de otras personas que no lo habrán imaginado; y acá no se sabe que ningún hombre de consideración sea de su opinión».

Algunos años más tarde, el capitán Flores de León hacía levantar una voluminosa información de sus servicios, cuyo resumen se publicó en un opúsculo de 11 hojas en folio, impreso, sin duda, en muy pocos ejemplares. En los que fueron presentados al Consejo de Indias, el interesado puso una nota manuscrita en que dice que él fue el verdadero autor de la guerra defensiva, por más que en ello aparezca antes que todo el nombre del padre Valdivia; pero, agrega, por «los inconvenientes y que se han mudado los tiempos y no se muda la inclinación bélica de los enemigos, ha mudado de parecer y pidió se haga la guerra a fuego y sangre, y se den por esclavos los cautivos, y que se pueble Valdivia y las demás ciudades que se perdieron con la muerte que dieron los indios al gobernador Martín García de Loyola». Por lo demás, la información de servicios de Flores de León, como los otros documentos de esta especie, está recargada de exageraciones para probar la importancia del interesado. Así se comprende que éste se pretenda autor del proyecto de guerra defensiva.

defendidos, y sin dejar enemigos a su espalda, o dejando a los que, sometidos a las autoridades españolas, pudieran ser convenientemente vigilados. Persuadido de que más tarde o más temprano habría de adoptarse este sistema como el único que podía producir la pacificación del país, no cesaba de pedir al rey que enviara de España nuevos socorros de tropas, haciéndole, al efecto, un cuadro muy poco lisonjero de la situación militar. Según sus cálculos, la población viril de todo el reino, desde Coquimbo hasta Chiloé, no llegaba a 2.500 hombres, «y de éstos, agregaba, serán los 1.000 casados»,[121] de manera que los restantes apenas alcanzaban para la guarnición y para atender los trabajos agrícolas e industriales de los lugares ocupados. El ejército permanente, dividido en dos grandes cuerpos que tenían sus cuarteles centrales uno en Arauco y otro en Yumbel, sufría bajas constantes, aun, durante la guerra defensiva, por las enfermedades y por la deserción.[122] Más de una vez temió Ribera un levantamiento de los indios sometidos, y creía que en este caso no habrían bastado las fuerzas de su mando para reprimirlo eficazmente. Había, además, que temer la reaparición de los corsarios ingleses u holandeses de que entonces se hablaba fundadamente con particular insistencia. En Chile, por otra parte, eran escasas las armas; y no habiendo medios de fabricarlas en el país, era preciso hacerlas venir de fuera. Mientras tanto, aunque el gobernador había pedido constantemente auxilios al virrey del Perú, solo había recibido unos 200 hombres escasos, de malas condiciones militares y pésimamente armados. De aquí provenía el que sin cesar reclamase del rey que se le enviasen esos socorros.

En sus cartas al soberano, Ribera exponía este sistema de guerra y estas necesidades del reino con más o menos claridad, pero con convicción absoluta y con toda persistencia. «Son estos indios, le decía en octubre de 1613, de condición que nunca dejan las armas de su voluntad sino sujetándolos; y en viéndose poderosos, nos darán un todo sin perdonar ninguna ocasión de las que hallaren, porque son nuestros enemigos mortales los de paz y los de guerra, y siempre se comunican para nuestro daño, sin atender a otra cosa; y solo

---

121 Carta de Ribera al rey, de 30 de octubre de 1613.
122 La correspondencia de Ribera al rey habla algunas veces de estas deserciones. En 17 de abril de 1613 dice que del fuerte de Arauco se habían huido el mes anterior seis soldados en un buque que fue a dejar trigo a la plaza. En 13 de abril de 1615 dice que en esos mismos días se habían fugado otros de Yumbel. En otras cartas refiere que algunas de las correrías de los indios de guerra eran capitaneadas por desertores del ejército español.

lo impide el temor del castigo. Los de paz, jamás han visto blanco descubierto para hacernos traición que no lo hayan hecho o intentado. Y así me parece que conviene que Vuestra Majestad, les haga la guerra y les pueble la tierra con fuertes hasta sujetarlos. Con los socorros que Vuestra Majestad envía, se va poblando la tierra más aprisa, porque se casan muchos en ella por el buen aparejo que hay de labranza y crianza y otras muchas granjerías de minas de oro y cobre y de maderas, y buenos puertos en la costa para sacarla fuera y para hacer navíos, que en Francia ni Alemania no hay mejores comodidades para este efecto, ni tiene Vuestra Majestad en todos sus reinos ninguno más fértil que éste, y es muy grande; y, aunque ahora sea de algún costo, después de pacificado y poblado, será de mucho fruto, además que tiene otras grandes utilidades y provechos para resguardo de los reinos del Perú. Por estas razones conviene mucho que Vuestra Majestad acabe esta guerra y los sujete del todo; y cosa llana es que cuando a más gente y dinero hubiese para esto, se hará con más facilidad y brevedad. Pero en caso que Vuestra Majestad no quiera hacer más gasto del que ahora hace, es bastante para sujetarlo en el estado en que está, metiéndole los 2.000 hombres que se pueden pagar con el situado. Y con cumplirse a la gente que va dando la paz lo que Vuestra Majestad manda, como se hace, se puede muy bien pasar adelante hasta poblar a Purén y a Paicaví, y la Imperial y Villarrica, y está la guerra acabada porque todo lo que queda adelante hasta Chiloé es de poca consideración por la poca gente que hay; y de no hacerlo así se seguirán muchos inconvenientes porque siempre quedará la guerra abierta para que éstos la hagan cuando quisieren.»[123] Profundamente convencido de que con un ejército permanente de 2.000 hombres bien armados y equipados, podría llevar a cabo aquella empresa y, además, estimular con el aumento de la población el desarrollo industrial de Chile, Ribera no cesaba en sus cartas de exponer y de defender su sistema de guerra, y de pedir los refuerzos de tropas que necesitaba. Esas cartas, escritas con el desaliño natural en un soldado que había pasado toda su vida en la guerra, y que, aunque no desprovisto de cierta ilustración, no se había ejercitado en los trabajos literarios, no tuvieron por entonces, como vamos a verlo, en las resoluciones de la Corte, la influencia que él esperaba.

---

123 Carta citada de Alonso de Ribera al rey, de 30 de octubre de 1613.

4. Felipe III manda que se lleve adelante la guerra defensiva

En definitiva, era el rey quien debía resolver acerca del sistema de guerra que había de seguirse. A principios de 1614 se hallaban en Madrid el padre franciscano fray Pedro de Sosa, apoderado de las ciudades de Chile, y el coronel Pedro Cortés, representante del gobernador y del ejército español, que sostenía la guerra en este país. Con toda actividad iniciaron inmediatamente la gestión de los negocios que se les habían encomendado.

El padre Sosa, que gozaba de la reputación de predicador de gran saber y de mucha literatura, escribió y presentó al soberano dos extensos memoriales. Haciendo abstracción de consideraciones militares, que declaraba no entender, y mirando este negocio a la luz de la teología, se pronunciaba en ellos abiertamente contra la guerra defensiva. Empleando un estilo gerundiano, cuyo sentido cuesta a veces trabajo comprender, recargado de referencias históricas y de citas de los teólogos que entonces gozaban de más fama, el padre Sosa se proponía demostrar que los indios de Chile estaban fuera de la ley de los beligerantes ordinarios, y debían ser tratados como súbditos rebeldes que se han sublevado contra el bondadoso soberano a quien habían jurado sumisión y obediencia. «Usar de clemencia con los rebeldes, decía el padre Sosa, ha sido siempre eternizar la guerra.» Según él, Chile se hallaba en el estado más lastimoso, próximo a perderse y, por tanto, debía volverse resueltamente al sistema antiguo, robusteciendo el poder del ejército, para que arrollando toda resistencia, diese pronta cima a la pacificación del país.[124]

Por su parte, el coronel Pedro Cortés tomó en sus gestiones un camino diferente. En su primer memorial dirigido al rey, hacía valer su edad avanzada de ochenta años y sus cincuenta y seis de servicios en la guerra de Chile para acreditar su experiencia; recordaba enseguida los desastres que este país había experimentado después de la muerte de Óñez de Loyola, y el estado lastimoso en que se hallaba el reino, y terminaba por proponer el remedio que debía aplicarse a esa situación. «El remedio, señor, de todo esto, decía, consiste en reedificar y poblar ocho ciudades, las cinco en los sitios de las que se despoblaron, como son: Angol, la Imperial, Valdivia, Villarrica y Osorno; y las que se han de poblar de nuevo son una ciudad en Paicaví, otra en el valle del Purén y la otra

---

[124] El padre Sosa publicó en Madrid en 1616 la segunda de esas piezas con el título de *Memorial del peligroso estado espiritual y temporal del reino de Chile*. Es excesivamente raro, pero casi no tiene interés histórico alguno.

de la otra parte de la cordillera nevada, a las espaldas de Villarrica, 30 leguas de ella. Y con estas poblaciones quedará abarcada toda la tierra de guerra del enemigo, porque ninguna cosa le sujeta más que las poblaciones cercanas a ellos. Y todo lo que en contra de ello se hiciere, es hacer guerra eterna, y que los enemigos tomen ánimo y avilantez... Para remedio de todo esto, y tener buen suceso, agregaba más adelante, son menester 3.000 hombres armados en esta manera; 1.000 picas con coseletes o cotas de malla fuertes; 1.000 arcabuceros; 1.000 mosqueteros, todos con cotas, que son las armas defensivas más importantes para la guerra de aquel reino. Y con esto 500 hachas vizcaínas, 1.000 azadones y 1.000 palas; y con 1.300 soldados militares que él dejó en Chile, podrá el gobernador, en los cinco años que tiene dichos, fortificar los pueblos que así se dicen. Y acabada la guerra cesarán los grandes gastos. Y en estos cinco años convendrá se amplíe más el situado conforme a la gente militar que anduviese en el dicho reino.»[125] Por auto de 18 de mayo de 1614, el rey hizo pasar este memorial a la Junta de Guerra del Consejo de Indias, que debía informar sobre la materia.

El plan de Pedro Cortés era impracticable en aquellos momentos. El tesoro español, cada día más angustiado, no se hallaba en situación de enviar a Chile los 3.000 hombres que se le pedían ni de aumentar la subvención anual que el rey hacía pagar para los gastos de la guerra. Desde 1609 el rey había determinado que se enviase a Chile un socorro considerable de gente de España; pero esta resolución quedó escrita en el papel sin que se le pudiera dar cumplimiento. En diciembre del año siguiente, cuando el rey acordó la guerra defensiva, había dispuesto igualmente que se enviasen a Chile 300 hombres, y que cada año se enviasen otros 150 para llenar las bajas que hubiera en el ejército, pero esta resolución quedó también sin cumplimiento. Por último, en 5 de junio de 1613 la Junta de Guerra del Consejo de Indias, en vista de las exigencias premiosas del gobernador de Chile, Alonso de Ribera, había acordado representar al rey la urgencia que había en enviarle un socorro de gente, de armas y de pertrechos, señalando el itinerario que debían seguir para que el viaje fuese

---

125 Memorial de Pedro Cortés presentado al rey en mayo de 1614. El viejo militar dice allí que, a pesar de sus ochenta años, ha emprendido el viaje a España «con celo de la honra de Dios Nuestro Señor y del servicio de Su Majestad», y llevando consigo a su hijo don Juan Cortés Monroy, capitán de infantería del ejército de Chile, para que en caso de que muriese en el desempeño de su misión, este hijo diera los informes convenientes sobre la materia.

más rápido, más seguro y menos costoso. Cuando un año más tarde iniciaban sus gestiones en Madrid los representantes de Chile, no se había hecho nada todavía para satisfacer esta necesidad. Júzguese por estos antecedentes, si el gobierno metropolitano se hallaba en condición de hacer los esfuerzos y sacrificios que exigía el proyecto de Cortés.

Sin embargo, los informes que los representantes de Chile comunicaban acerca de la situación en que había quedado este país, y las cartas del gobernador Ribera en que daba cuenta de la arrogancia que habían cobrado los indios con la guerra defensiva y del peligro que amenazaba a los españoles de este país, estimularon a la Junta a recomendar al rey en 2 de septiembre de 1614 que se organizase rápidamente un refuerzo de 1.000 hombres. El rey, después de recibir muchos otros informes, aprobó este acuerdo en 14 de mayo del año siguiente y, en efecto, se mandaron hacer los reclutamientos, resolviéndose, por fin, que ese contingente se acantonase en Andalucía para seguir de allí su viaje directamente al Río de la Plata, sin tocar en el Brasil. Pedro Cortés debía volver a Chile con esas tropas.[126]

El rey, entretanto, había resuelto que se continuase en Chile la guerra defensiva. Más que los memoriales de Cortés y del padre Sosa, y que las cartas y representaciones del gobernador y de los cabildos de Chile, había influido en su ánimo un informe del virrey del Perú. En efecto, el marqués de Montes Claros, inconmovible en su antigua opinión acerca de aquellos negocios, escribía al rey con fecha de 8 de marzo de 1614 para pedirle que enviase a Chile un refuerzo de 650 soldados; pero le advertía que en este país no había ocurrido «mudanza considerable para variar la determinación tomada en la guerra defensiva, y que convenía oír con recelo las relaciones que de allá se enviasen mayormente las de los interesados en la continuación de la guerra». Este informe debía ser decisivo, tanto más cuanto que él venía a secundar los propósitos del rey, cuyo tesoro no le permitía sufragar los gastos que había de ocasionarle la ejecución de los proyectos militares que proponía Pedro Cortés.

---

[126] Para reunir y condensar estas noticias precisas acerca de aquellos aprestos, me ha sido forzoso examinar voluminosos expedientes de acuerdos y de informes de la Junta de Guerra del Consejo de Indias, y muchas comunicaciones emanadas de ese cuerpo o dirigidas a él. Ya veremos el resultado práctico de tantas y tan laboriosas tramitaciones.

Felipe III acababa de nombrar un nuevo virrey para el Perú. Era éste don Francisco de Borja y Aragón, caballero de alta alcurnia y poeta celebrado.[127] Estando para partir a hacerse cargo de su destino, el rey le hizo entregar una cédula en que le trazaba la línea de conducta que debía seguir en los negocios de Chile. «Habiéndose visto todo por mi Junta de Guerra de Indias, decía el soberano, y que por ahora no se puede, como se quisiera, enviar el socorro que de allá se pide, me ha parecido encargaros, como efectivamente lo hago, el cumplimiento de las órdenes que sobre esto se dieron al marqués de Montes Claros, vuestro antecesor, y el acudir al reparo de las necesidades de aquel reino que, mediante vuestro mucho y continuo cuidado, espero en Nuestro Señor que aquellas cosas tomarán mejor estado. Y en lo que toca a aquella resolución del dicho gobernador y padre Luis de Valdivia sobre que entrando el enemigo en tierra de los indios amigos y de paz a hacerles daño, pueden seguir el alcance con los soldados españoles que los amparasen, hasta quitarles los presos, saliendo de la raya, ha parecido que esto no exceda de los límites de la guerra defensiva conforme al sentimiento que acá se tuvo en la orden que aquí se dio al dicho marqués de Montes Claros; y ordenaréis que se guarde inviolablemente lo que tengo mandado acerca del servicio personal de los dichos indios, y lo que el dicho virrey marqués de Montes Claros ordenó en aquella conformidad.»[128]

---

[127] Don Francisco de Borja y Aragón, príncipe de Esquilache (o de Squilacce), conde de Simari y de Mayalde, comendador de Aruega, caballero de la orden de Santiago y más tarde de la del Toisón de Oro, gentilhombre de la cámara del rey, era de la familia de los Borgia de Roma, descendiente del papa Alejandro VI, y nieto de san Francisco de Borja. Fue nombrado virrey del Perú en febrero de 1614; pero dilató su viaje hasta la flota del año siguiente para que llegase al marqués de Montes Claros la noticia de su nombramiento, y dar tiempo a éste a fin de que hiciera sus aprestos para la entrega del mando. Es autor de numerosas poesías líricas, de un mal poema épico titulado Nápoles recuperada, y de varias otras obras en prosa y verso. Se hallan muestras más o menos extensas de sus poesías en casi todas las compilaciones de poetas castellanos; pero existen, además, ediciones especiales, entre las cuales la más completa y la más buscada, pero también la más rara, es la de Amberes de 1663, seguramente mandada hacer por sus herederos (el príncipe había muerto en 1658), cuyo frontispicio es un grabado hecho por un dibujo del célebre pintor Rubens, muerto más de veinte años antes. El retrato del príncipe de Esquilache, grabado en cobre, fue publicado por López de Sedano en el tomo IX de su *Parnaso Español*, Madrid, 1778.

[128] Real cédula expedida en Madrid a 4 de marzo de 1615. Esta real cédula ha sido publicada íntegra por don Miguel L. Amunátegui en las págs. 306-309 del tomo II de *La cuestión de límites* tantas veces citada por la considerable cantidad de documentos que ha dado a luz.

La continuación de la guerra defensiva quedaba, pues, terminantemente resuelta. Sin embargo, fray Pedro de Sosa y Pedro Cortés quedaron en la Corte gestionando con todo el empeño que les era posible emplear para obtener que se volviese al sistema antiguo, a fin de reducir por la fuerza a los indios de Chile. En estos trabajos tenían que luchar contra la influencia poderosa de los jesuitas. Uno de éstos, el padre Francisco de Figueroa, en representación del padre Valdivia, repitió sus memoriales en defensa de éste y de la guerra defensiva. Pero a principios de ese mismo año de 1615, llegó a Madrid un adversario mucho más formidable de las pretensiones que sostenían en la Corte aquellos dos apoderados del ejército y de las ciudades de Chile. Era éste el padre Gaspar Sobrino, jesuita inteligente y de una rara actividad, que había salido de Chile en abril del año anterior con amplios poderes del padre Valdivia, y provisto de todos los documentos y antecedentes que podían hacer a la defensa de éste y del sistema de guerra que patrocinaba.

Sin pérdida de tiempo comenzó sus trabajos el padre Sobrino presentando al rey extensos memoriales en que se proponía refutar cuanto habían dicho Cortés y el padre Sosa en contra de la guerra defensiva. En ellos hacía valer todos los argumentos que antes se habían dado en defensa de ese sistema; y los ratificaba intentando demostrar que los sucesos habían venido a confirmar las esperanzas que había hecho concebir. Según él, la pacificación de Chile estaba muy avanzada y quedaría concluida en poco tiempo más; y se habían conseguido también grandes ventajas, entre las cuales enumeraba el rescate de siete españoles que estaban cautivos entre los indios,[129] y la conversión de más de 700 indios a los cuales había bautizado el padre Valdivia, casando, además, ante la Iglesia a más de 300, lo cual no se había visto nunca antes en tan corto tiempo. Por lo demás, él no escaseaba los cargos y las acusaciones contra el gobernador Ribera y contra todos los que, por intereses particulares, contrariaban los trabajos del padre Valdivia. Pedro Cortés, que se encargó de contestar esos memoriales, habría podido rectificar muchos de los hechos alegados por

---

[129] Según los documentos de esa época, debían hallarse unos 500 españoles, hombres y mujeres, cautivos entre los indios. Eran los prisioneros tomados en las ciudades destruidas y en algunos de los combates subsiguientes. Sin embargo, muchos de ellos habían sido rescatados, algunos otros habían huido del poder de los indios; y el número de los que quedaban en cautiverio era enteramente desconocido, pero se le exageraba antojadizamente. En 1619 se formó una lista nominal tan completa como era posible de los prisioneros españoles que no habían vuelto del cautiverio, y solo se pudieron 103 personas.

sus adversarios, reducir a su verdadero significado las pretendidas conversiones de los indios y rechazar los cargos que se hacían a los que no aprobaban la guerra defensiva; pero por templanza de su carácter y por el respeto que le inspiraba el carácter sacerdotal de sus contendores, guardó la más esmerada moderación. «Las consideraciones que exponen los padres Valdivia y Sobrino, decía, las creo fundadas en buena intención y celo de acertar en todo lo que tratan, y la reverencia y devoción que tengo a semejantes religiosos, me alejan de cuestiones y disputas, ajenas a la templanza de mi condición; pero no puedo excusar ni encubrir las advertencias adquiridas en sesenta años de carrera de soldado, de capitán, sargento mayor, coronel y maestre de campo general de aquella guerra, habiendo venido con ochenta años de edad a postrar mis canas a los reales pies de Vuestra Majestad y a ofrecer a su real servicio el desengaño de los grandes inconvenientes que se siguen de la novedad de haberse alterado la orden militar de la dicha guerra.»[130] El viejo soldado pasaba enseguida a demostrar de una manera confusa y con poco arte, que los indios de Chile eran irreductibles por otros medios que las armas y la fundación de fuertes y de ciudades dentro de su territorio.

Pero la causa que éste defendía con tanta convicción estaba perdida por entonces. El tesoro del rey no se hallaba en estado de sufragar los gastos que demandaba esta empresa que, por otra parte, contaba con muy poderosos contradictores. El marqués de Montes Claros, al separarse del gobierno del Perú, sostenía su opinión inconmovible en favor de la guerra defensiva en los términos siguientes: «Las cosas de Chile se están en el mismo estado, según las desayudan los que las administran. Queriendo necesitar (hacer necesaria) la continuación de la guerra con ocasión de la nueva de enemigos y con voz (pretexto) de tomar lengua, hizo el gobernador (Ribera) una entrada la tierra dentro, de donde sacó algunas piezas (prisioneros). Todo es pedir gente y contradecir los medios de paz. Yo les he enviado este año más de 300 hombres. Mientras ha corrido el cuidado por mi cuenta, artificiosamente he ido templando los

---

130 En el Archivo de Indias se conservan los memoriales presentados por Pedro Cortés y el padre Sobrino, y otros escritos por el padre Francisco de Figueroa en representación del padre Valdivia. Las razones alegadas por una y otra parte son casi siempre las mismas que se habían alegado antes; pero estos documentos contienen, además, algunas noticias que hemos aprovechado en las páginas anteriores. El padre Rosales ha insertado uno de los memoriales del padre Sobrino en el capítulo 17 del libro VI de su *Historia*; pero es de los menos interesantes. Sin duda no conoció los otros.

socorros para que ni la cortedad causase riesgo ni la sobra ocasionase mucho aliento a continuar la empresa por medio de sangre y rigor. Queda ya esto en otras manos, y yo con solo la obligación de hablar en materia tan peligrosa y controvertida. Ratifícome, pues, en todo lo que sobre ella tengo escrito, y vivo en mi opinión de que cuando dificultosamente esforcemos la justicia de esta guerra, el útil, la necesidad y la prudencia piden que no haya más armas que las precisas a conservar la paz de lo que se está poseyendo».[131]

Favorecido por estos informes, el padre Gaspar Sobrino ganó por completo la cuestión que lo había llevado a Madrid. El rey, firme en su propósito de mantener la guerra defensiva, le entregó, junto con una real cédula de que hablaremos más adelante, una carta autógrafa para el padre Valdivia. «Todo, le decía en ella, va proveído como lo pedís, en los despachos que lleva el padre Gaspar Sobrino, a quien enviasteis a estos reinos a la solicitud de estos puestos. Yo os encargo y mando que de mi parte vayáis ayudando esta resolución, teniendo la conformidad y buena correspondencia con el mi gobernador, a quien ordeno y mando la tenga con vos, y a mi virrey del Perú y Audiencia de ese reino que os amparen en lo que está a vuestro cargo para que mejor podáis ayudar a las cosas de mi servicio, como yo de vos lo fío.»[132] El padre Sobrino partió para Chile en marzo de 1616 con las importantes comunicaciones en que constaba el feliz resultado de su misión.

Pedro Cortés quedó todavía en España. Ya que no había podido conseguir que el rey aboliese las ordenanzas que establecían la guerra defensiva en Chile, creyó que al menos podría traer a Ribera el contingente de tropas que éste reclamaba con tanta insistencia. Sus esperanzas fueron también burladas. En septiembre de 1615 se habían reunido en Andalucía las fuerzas reclutadas para marchar a este destino el mes siguiente. Cuando se buscaban las naves que debían transportarlas al Río de la Plata, llegaron órdenes de la Corte para reunirlas a otro contingente que se quería enviar a las islas Filipinas, donde los españoles estaban obligados a mantener tropas para defender las posesiones que tenían en esos mares contra los ataques de los holandeses. Esta expedición

---

131 Carta del virrey del Perú a Felipe III, del Callao a 30 de abril de 1615.
132 Carta de Felipe III al padre Valdivia, escrita en Madrid el 3 de enero de 1616. Esta carta ha sido insertada por el padre Rosales en el capítulo 17 del libro VI de su *Historia*, con ligeras incorrecciones de copia. Se halla igualmente publicada en la página 186 de la *Historia de los jesuitas en Chile* del padre Miguel de Olivares.

quedó también sin efecto; y entonces se dispuso que la gente reunida fuese destinada al servicio de la flota real. Pedro Cortés renovó con este motivo sus gestiones para que esas tropas fueran enviadas a Chile; pero no pudo conseguirlo. Ese socorro demandaba gastos considerables, que el tesoro real no habría podido hacer sino desatendiendo otras necesidades que se consideraban más premiosas.

El rey, sin embargo, hizo guardar al viejo soldado de las guerras de Chile las consideraciones personales a que lo hacían acreedor sus dilatados servicios, la rectitud de su carácter y su avanzada edad. En una real cédula expedida en su favor, Felipe III reconocía que Pedro Cortés había peleado como valiente y como leal en 119 combates, y mandaba que los tesoreros de Chile le pagaran 2.000 pesos anuales por el resto de sus días. Este premio acordado a un hombre que entonces contaba ochenta y cuatro años, no podía imponer grandes sacrificios al soberano. En efecto, Pedro Cortés falleció pocos meses más tarde en Panamá, cuando regresaba a Chile.[133]

5. Sale de Holanda una escuadrilla bajo el mando de Jorge van Spilberg para el Pacífico

Mientras en España se gestionaban estos negocios, las costas occidentales de América habían sido visitadas otra vez por los corsarios holandeses, y Chile y el Perú pasaron por días de la mayor inquietud.

La pequeña república de Holanda, en medio de la guerra crudísima que había tenido que sostener durante cuarenta y dos años para conquistar su independencia, había hecho progresos incalculables y desarrollado un gran poder militar. El rey de España no podía continuar esa lucha; pero en vez de reconocer franca y explícitamente la independencia de la Holanda, se limitó a celebrar el 9 de abril de 1609 un tratado de tregua. «La dicha tregua, decía aquel pacto, será buena, fiel, firme, leal, inviolable, y por el tiempo de doce años; durante los cuales habrá cesación de todos actos de hostilidad de cualquiera manera que sean entre los dichos señores, rey, Archiduque y estados generales, tanto por mar y otras aguas como por tierra, en todos sus reinos, países y señoríos, y por todos sus sujetos y habitantes, de cualquiera calidad y condición que sean, sin

---
[133] Estos últimos accidentes de la vida de Pedro Cortés, constan de un expediente promovido en 1699 por una de sus descendientes, doña Josefa Cortés, para que se le diera un repartimiento de tierras y de indios que había quedado vacante en el Huasco bajo.

excepción de lugares ni personas.» Este tratado permitía, además, a todos los súbditos de cada estado contratante viajar y comerciar en los territorios del otro mientras durase la tregua; pero, obedeciendo al sistema que la España había adoptado de no permitir extranjeros en sus dominios coloniales, Felipe III puso la siguiente limitación a esta parte del convenio. «El dicho señor rey entiende ser distrito y limitado en los reinos, países, tierras y señoríos que tiene y posee en la Europa y otros lugares y mares donde los sujetos de los reyes y príncipes que son sus amigos y aliados, tienen la dicha tráfica de bueno a bueno; y por el respeto de los lugares, villas, puertos y obras que tiene fuera de los límites susodichos, que los dichos señores estados (la Holanda) y sus sujetos no puedan ejercitar tráfica alguna sin expreso consentimiento del dicho señor rey (de España).»[134]

Esa limitación fue causa de que ese pacto, ejecutado con más o menos fidelidad en Europa, no tuviera cumplimiento en las posesiones de ultramar. Los holandeses, como hemos dicho, a causa del estado de guerra con España, se habían visto forzados a ir a buscar con las armas en la mano a los mares de Asia, las mercaderías que los españoles les impedían procurarse de otra manera. En esa empresa desarrollaron un gran poder naval y militar, y al cabo de pocos años tenían factorías en varias partes, y los intereses comerciales tomaron un vuelo incalculable. Así, a pesar de las cláusulas de la tregua, continuaron negociando en aquellos mares, y el estado de guerra se mantuvo allí como si no hubiera nada pactado entre ambos gobiernos. España y Holanda, en paz durante doce años en Europa, siguieron siendo enemigos en las Molucas y en los archipiélagos vecinos. Cada cual engrosaba sus escuadras y sus tropas en Asia con toda resolución y casi sin disimulo.

En 1613 la Compañía Holandesa de las Indias Orientales resolvió enviar a las Molucas por la vía del estrecho de Magallanes, una escuadrilla de seis naves, bien provista de armas y municiones, y con una abundante tripulación. Dio el mando de ella, con el título de almirante, a Joris van Spilberghen (Jorge de Spilberg), marino inteligente y experimentado que se había hecho famoso por una feliz expedición a los mares de Asia durante los años de 1601-1604, y que a

---

[134] El tratado de tregua de 1609 entre Holanda y España ha sido publicado muchas veces en varios idiomas. Las Memorias de Matías Novoa, dadas a luz con el título de *Historia de Felipe III* en los tomos 60 y 61 de la *Colección de documentos inéditos para la historia de España*, lo ha insertado íntegro. Véase el primero de ellos, págs. 390-400.

pesar de su edad avanzada, conservaba la energía física y moral requerida para tal empresa. Terminados los aprestos, la escuadrilla salió de Texel el 8 de agosto de 1614. Después de algunas peripecias, un conato de sublevación en uno de los buques, y algunos combates con los portugueses y los indios en las costas del sur del Brasil, donde los holandeses recalaron para tomar víveres frescos, se hallaron el 8 de marzo del año siguiente (1615) en la boca oriental del estrecho de Magallanes. Las primeras tentativas para penetrar en él los demoraron algunos días. Como la estación parecía algo avanzada para continuar el viaje por aquellos canales, se hicieron sentir murmuraciones y quejas entre los navegantes, algunos de los cuales creían que no era posible pasar el estrecho con los grandes buques. Proponíanse diversos arbitrios: invernar en uno de los puertos de la Patagonia o dirigirse a la India oriental por el cabo de Buena Esperanza. Spilberg, sin embargo, se mantuvo incontrastable. A los oficiales que fueron a preguntarle cuáles eran sus propósitos, contestó con la más resuelta firmeza: «Tenemos orden de pasar por el estrecho de Magallanes; y yo no tengo otro camino que indicaros. Haced cuanto os sea posible para que nuestras naves no se separen». En consecuencia, la escuadrilla penetró en el estrecho antes de fines de marzo; y después de vencer diestramente las dificultades que ofrecía la navegación de aquellos canales, se halló reunida el 16 de abril en la bahía de Cordes. Una sola de las naves, en que se habían hecho sentir diversas revueltas, se había apartado poco antes de la flota aprovechándose de la oscuridad de una noche, y dado la vuelta a Europa.

6. Aprestos que se hacen en Chile y el Perú para combatir a los holandeses

En Chile y en el Perú se tenían por entonces noticias de la expedición de los holandeses. Los espías que el rey de España mantenía en Holanda, habían comunicado a la Corte los aprestos que se hacían en Amsterdam para la partida de esa escuadra, y de Madrid se transmitió el aviso a las colonias de América. Como era natural, en todas éstas se produjo una gran alarma, y comenzaron a hacerse rápidos preparativos para rechazar a los enemigos. El virrey del Perú, que tenía a su disposición algunas naves, las armó y equipó prontamente. En Chile, Ribera, desprovisto de otros medios de defensa, se limitó a recomendar la más estricta vigilancia en la costa para saber a qué punto se acercaban los holandeses y para acudir a combatirlos si intentaban desembarcar. Estos preparativos dieron origen a constantes inquietudes y a falsas alarmas que debían producir una gran consternación en todo el reino. En septiembre de 1614, un indio de Cayocupil, tomado prisionero en el fuerte de Lebu, declaró que pocos días antes habían fondeado en el puerto de Valdivia cuatro grandes buques, que había desembarcado mucha gente y que ésta parecía prepararse para establecerse definitivamente allí. Aunque Ribera no daba entero crédito a esta noticia, se apresuró a comunicarla a la real audiencia de Santiago para que hiciera llegar el aviso al Perú; mandó hacer una entrada por la costa en el territorio enemigo a fin de recoger informes más seguros y despachó un buque al sur con encargo de avanzar hasta Chiloé para descubrir el paradero del enemigo.[135] Los emisarios del gobernador volvieron antes de mucho tiempo asegurando que por ninguna parte habían hallado el menor vestigio de los buques holandeses. En efecto, el aviso dado por ese indio era absolutamente falso. Como se recordará, en esos momentos la escuadrilla de Spilberg venía cruzando tranquilamente el océano Atlántico.

En el Perú fue mayor todavía la alarma producida por aquel falso aviso de los indios de Chile. El virrey dispuso inmediatamente que saliese del Callao en busca de los corsarios una división de la flota que tenía organizada. Alistáronse, en efecto, dos hermosas carabelas, de veinticuatro cañones la una y de 14 la otra, y un ligero patache que debía servir de aviso, y se pusieron a su bordo, junto con una abundante provisión de municiones, 513 hombres. Tomó el mando de esa división el jefe mismo de toda la flota, el general don Rodrigo de Mendoza, sobrino del virrey y hombre valiente y empeñoso por el buen servicio, pero de poca experiencia militar. Aquella división salió del Callao a fines de diciembre de 1614, conduciendo, además, para Chile un pequeño refuerzo de tropas y el dinero del situado.

I. Personajes notables (1600 a 1655)
1. Alonso García Ramón. 2. Alonso de Ribera. 3. Padre Diego de Torres. 4. Padre Luis de Valdivia. 5. Doctor Luis Merlo de la Fuente. 6. Don Francisco de Quiñones. 7. Jerónimo Morales de Albornoz.

---

135 Carta de Ribera a la real audiencia de Santiago, fechada en Concepción el 25 de septiembre de 1614. Carta de la misma Real Audiencia al virrey del Perú de 3 de octubre de ese año. Carta de Ribera al rey de 20 de febrero de 1615.

Todo aquello fue trabajo perdido. Don Rodrigo de Mendoza llegó a Concepción el 21 de febrero de 1615. Desembarcó allí el dinero y los soldados que traía para el gobernador Ribera, y enseguida se hizo de nuevo a la vela para los mares del sur. Reconoció toda la costa, entró al puerto de Valdivia, pero en ninguna parte halló noticias del enemigo que buscaba. De vuelta a Concepción, permaneció allí algunos días, hasta que, persuadido de que, por entonces, no había nada que temer y obedeciendo las instrucciones del virrey, el 6 de abril se hizo de nuevo a la vela para el Perú. «No se ha sabido hasta hoy, escribía Ribera pocos días más tarde, que hayan pasado a este mar ningunos navíos de corsarios, y presumo que no vendrán este verano; pero por lo que puede suceder se estará siempre con el cuidado y prevención que impone el servicio de Vuestra Majestad.»[136]

7. Campaña de Van Spilberg en las costas de Chile

Contra las previsiones de Ribera, el enemigo se hallaba entonces en el estrecho de Magallanes preparándose para entrar inmediatamente en campaña. Como dijimos más atrás, el 16 de abril se encontraron reunidos los cinco buques holandeses en la bahía de Cordes. «Fue un favor muy particular de Dios, dice el cronista de la expedición, que naves tan grandes, contrariadas por los vientos, retardadas por el mal tiempo, teniendo que atravesar canales tan estrechos, que experimentar vientos tan diversos, y que sufrir tantas marejadas y corrientes que variaban, se encontrasen precisamente un mismo día en el lugar de la cita después de haberse apartado los unos de los otros y de haber hecho la primera parte de su camino con tiempos tan diversos.»[137] Los luteranos holandeses tenían tanta fe en la protección del cielo para llevar a cabo aquella

---

136 Carta de Ribera al rey, de 13 de abril de 1615.
137 La relación del viaje de la escuadrilla de Spilberg fue publicada en holandés en la ciudad de Leide en 1619, traducida el mismo año al latín, y en 1621 se dio a luz en Amsterdam, con las mismas láminas y mapas de la edición original, la traducción francesa junto con la relación del viaje de Le Maire, que tendremos que referir más adelante. Para conocer las numerosas ediciones que se han hecho de esta obra, conviene consultar a Camus, *Mémoire sur les grands et petits voyages*, París, 1802, págs. 147-153, y más particularmente a F.P.A. Tiele, *Mémoire bibliographique sur les journaux des navigateurs néerlandais*, Amsterdam, 1867 págs. 62-73. Nosotros nos servimos de la edición hecha en el tomo VIII del *Recueil des voyages de la compagnie des Indes orientales*, Rouen, 1735.
Se atribuye la redacción del importante viaje de Spilberg a Jan Comeliszoon May, marino experimentado que había hecho un viaje a los mares de la India oriental en los años de

empresa como los católicos españoles para defenderse con buena fortuna y destruir a sus enemigos.

Allí se detuvieron los holandeses ocho días en limpiar sus buques, renovar su provisión de leña y de agua, y en coger moluscos de que hallaron gran abundancia, y algunos de los cuales les parecieron mejores que las ostras. El 24 de abril se hicieron nuevamente a la vela; pero no les fue posible avanzar con rapidez, y tuvieron, además, que experimentar las hostilidades de los indígenas, en cuyas manos murieron dos marineros que imprudentemente bajaron a tierra. Por fin, el 6 de mayo entraron en el océano Pacífico después de una travesía que, dadas las condiciones de la navegación de esos tiempos, podía considerarse felicísima.

Los holandeses llegaban a esos parajes a entradas del invierno, cuando los vientos del norte, frecuentes en esta estación, levantan tempestades constantes y peligrosas. Aquellos hábiles marinos, sin embargo, vencieron todas las dificultades, y el 25 de mayo fondeaban en frente de la isla de la Mocha. En la mañana siguiente, Spilberg bajó a tierra con un buen destacamento de tropas, entró en tratos con los indios que poblaban la isla, y en cambio de las mercaderías que les ofrecía, obtuvo una abundante provisión de víveres. «A mediodía, dice la relación holandesa, el almirante volvió a bordo con los refrescos y con el soberano (cacique) de la isla y su hijo. Después de haber sido éstos regalados, visitaron la nave; y mostrándoles los cañones, se les hizo entender que el objeto de este viaje era combatir a los españoles, por lo cual los indios demostraron su alegría.» El día siguiente, cuando se les envió a tierra, continuaron las negociaciones. «Cambiamos hachas, cuentas de vidrio y otras mercaderías por

---

1598-1600, que había dirigido una expedición naval al norte de América, y que servía ahora en la escuadrilla cuya campaña vamos refiriendo.

En efecto, en el curso de la relación, hablando de las islas Molucas, y del mapa que acompaña la descripción, dice así: «He aquí la carta de estas islas de Botton, que yo Juan Cornelio Moye (May), he dibujado con toda la exactitud posible, etc., etc.». Esta indicación revela, además, que May es el autor de los mapas que acompañan la relación del viaje de Spilberg. El del estrecho de Magallanes, en el cual ha dibujado palmeras como árboles de aquellas regiones es, sin embargo, un valioso documento geográfico, superior a todas las cartas de este estrecho que se conocían hasta entonces, y que solo fue sobrepujado muchos años más tarde.

El comandante Burney ha hecho un excelente resumen de este viaje en el capítulo 18 del tomo II de su *Chronological history of the voyages and discoveries in the South sea*, Londres, 1806.

corderos. Obteníamos dos de estos animales por una hacha pequeña. Tuvimos así más de cien ovejas o corderos grandes y gordos y de lana blanca, como los de nuestro país, y muchas gallinas y otras naves, por hachas, cuchillos, camisas, sombreros, etc.»**138** Después de esto, los mismos indios les pidieron que se alejasen de su isla.

Pero Spilberg no quería tampoco prolongar su residencia en la Mocha. En la mañana del 28 de mayo, favorecido por un viento fresco del sur, se hizo a la vela, y el 29, poco después de mediodía, fue a fondear cerca de la isla de Santa María. Inmediatamente hizo bajar a tierra un destacamento de tropas a cargo de Cristián Stulinck, fiscal de la expedición, para proponer cambios de mercaderías a los habitantes de la isla. El corregidor español Juan de Hinojosa, que allí mandaba, los recibió con demostraciones amistosas, y dejando en rehenes en tierra a un sargento holandés, consintió en trasladarse él mismo a bordo, donde pasó la noche muy bien atendido por los holandeses. Pero estas buenas relaciones no podían durar largo tiempo. El 30 de mayo el corregidor invitó al almirante holandés y a algunos de sus capitanes a bajar a tierra a comer en su compañía. Cuando desembarcaban los holandeses, se les comunicó que allí cerca había un destacamento de tropas sobre las armas; y creyéndose traicionados, se volvieron apresuradamente a sus buques llevándose consigo a un español llamado José Cornejo y a un cacique que estaba cerca.**139** Por éste supieron que en

---

138 *Relación* citada, págs. 43 y 44. Los holandeses, acogidos favorablemente por los indios de la Mocha, pintan a éstos como hombres mansos, tratables, sobrios, relativamente aseados y casi tan civilizados como los cristianos. Sin embargo, pocos años antes, como hemos contado en otra parte, recibieron de muy distinta manera a los soldados holandeses de la expedición de Cordes. El autor de la relación describe el guanaco, del cual dice que servía a los isleños para labrar los campos en vez de asnos y de caballos, hecho referido también por otros viajeros, pero negado por algunos historiadores españoles, entre otros por el padre Rosales.

139 La relación holandesa está en toda esta parte casi perfectamente conforme con la que hizo el gobernador Alonso de Ribera en su carta al rey, de 2 de febrero de 1616. Ribera, sin embargo, no dice expresamente que en la isla se hubiese preparado una emboscada contra los holandeses, pero sí cuenta que el corregidor estaba cumpliendo en todo las instrucciones que él mismo le había dado. Poco más adelante refiere que los holandeses desembarcaron en la isla en son de guerra el domingo 30 de mayo, en lo cual hay un error evidente porque el domingo fue el 31, fecha verdadera de ese ataque, según la relación holandesa. Ésta, por su parte, estropea algunos nombres propios, y llama José Cornelio al español Cornejo que fue tomado prisionero.

Esta comparación de las dos relaciones es necesaria para formarse una idea cabal de los hechos. Así, la holandesa no contiene ninguna indicación sobre el poder de su escuadra

Chile y en el Perú se tenían noticias ciertas de su próximo arribo a estos mares, que se hacían aprestos para combatirlos y que una división de la escuadra del virrey acababa de estar en aquellos mares. Estos informes debían producir la ruptura definitiva de aquellos primeros tratos en que indudablemente cada bando había creído engañar a sus adversarios.

Al amanecer del domingo 31 de mayo, Spilberg desembarcó resueltamente en la isla con tres compañías de soldados y algunos marineros. Los españoles, impotentes para oponer una resistencia formal, pegaron fuego a la iglesia y a las rancherías que les servían de almacenes de depósito, y tomaron la fuga. Las tropas holandesas avanzaron en su persecución. En esas pequeñas escaramuzas tuvieron dos hombres heridos, pero mataron cuatro españoles, mientras los demás se salvaban apresuradamente favorecidos por sus caballos. Libre de enemigos, Spilberg saqueó todas las casas que halló en su camino, que eran simples chozas cubiertas de paja, les puso fuego, y en la tarde volvió a sus buques con 500 ovejas y muchos otros víveres.[140] Después de esto, se hicieron a la vela para el norte; y el 3 de junio se presentaron en la bahía de Concepción, bastante lejos de tierra.

Ribera, entretanto, estaba sobre las armas en esta ciudad. Al saber que los holandeses se hallaban en la isla de Santa María, despachó un buque a llevar el aviso al Perú, y comunicó por mar y por tierra sus órdenes a Santiago para organizar la defensa de Valparaíso y de los otros puertos del norte. «Hecho esto, dice él mismo, comencé a fortificar la ciudad (Concepción) lo más aprisa que fue posible, con trincheras y parapetos en la estacada y entrada encubierta, y

---

ni el número de sus tripulantes. La carta de Ribera dice a este respecto: «La capitana y almiranta eran de 600 toneladas para arriba, las otras dos de 300, y el otro era un patache de 100, en los cuales traían siete lanchas grandes y pequeñas en que echar la gente en tierra con gran presteza. Venían 720 hombres entre marineros, soldados y gente de servicio». Puede suceder que estas cifras no sean precisamente exactas, pero indudablemente no se alejan mucho de la verdad, y ellas dan una idea de la importancia de la expedición.

140 Así está contado el desembarco en la relación citada págs. 46 y 47. Ribera lo refiere con pequeñas divergencias, en la forma siguiente: «Domingo a 30 de mayo (ya hemos dicho que el domingo fue 31) saltaron los enemigos en tierra con golpe de gente, y cuando los nuestros vieron que venían, pegaron fuego a las rancherías y al almacén que esta allí de Vuestra Majestad donde había cantidad de trigo para el sustento de la gente de Arauco. Y un cacique que hizo rostro y hirió a un inglés (textual) le mataron de un mosquetazo. Tomaron allí 500 cabezas de ganado ovejuno poco más o menos, y el trigo, maíz y otras cosas que quisieron, y se volvieron a embarcar».

otras prevenciones que creí necesarias, y junté la más gente que pude así de españoles como de indios amigos, y con ella iba haciendo las obras que digo; y cuando el enemigo llegó a la boca de este puerto, que fue a 3 de junio, a hora de las dos después de mediodía, estaba todo tan bien dispuesto que tengo por seguro que si saltara en tierra, hiciéramos un gran servicio a Vuestra Majestad y bien a este reino, porque fuera tan descalabrado que no quedara para hacer los daños que hizo en el Perú. Y hizo harto en escaparse, porque yo me hallaba con 900 españoles, incluso los vecinos y moradores, estantes y habitantes de esta ciudad y su contorno, y con 300 indios amigos de Talcamávida, Arauco y otros de la ribera del Itata, todos los cuales mostraron muy buen ánimo de servir a Vuestra Majestad y se me venían a ofrecer con palabras en que lo daban a entender.» El gobernador, sin embargo, creyó descubrir más tarde que esos indios estaban dispuestos a plegarse a los holandeses si los españoles hubiesen sufrido el menor contraste.

Spilberg no pensaba en desembarcar en Concepción. Aunque creía que los españoles tenían allí solo unos 200 hombres, no intentó exponer su gente a las contingencias de un combate. El día siguiente (4 de junio) «a las cuatro de la tarde, añade Ribera, los holandeses se hicieron a la mar sin hacer ningún daño en este lugar con artillería ni de otra manera, porque no pudieron entrar dentro del puerto respecto de un desgarrón de puelche (viento de tierra, llamado así por los indios de Chile) grande que se lo impidió».[141] Navegando a corta distancia de la costa y, aun, desembarcando en ciertos lugares que les parecían amenos y que estaban desiertos, los holandeses estuvieron en Valparaíso el 11 de junio, de donde pasaron el siguiente día a la playa de Concón, en que se hallaba el buque San Agustín que poco antes había despachado Ribera de Concepción.

---

141 Carta citada de Alonso de Ribera. La relación holandesa dice, sin duda por error tipográfico, que Spilberg salió de la bahía de Concepción el 11 de junio. Ignoro qué ha podido inducir al almirante Burney a cometer el error de escribir estas palabras: «En Concepción, los holandeses bajaron a tierra y quemaron algunas casas» (tomo II, pág. 337), cuando de todos los documentos consta que no intentaron siquiera aquel desembarco.

El padre Rosales, que ha referido estos hechos sumariamente, pero con regular exactitud, en libro VI, capítulo 19 de su *Historia general*, cuenta que Spilberg supo que el gobernador de Chile era Alonso de Ribera, y que entonces «dijo que el Monsieur Ribera era gran soldado, muy conocido en Flandes y temido en toda la Francia, y que no quería con él nada». Es probable que entonces circulasen en Chile estas versiones y, aun, no es posible que el almirante holandés hubiese conocido de nombre a Ribera: pero los documentos que he podido consultar no hacen la menor referencia a este incidente.

En virtud del aviso del gobernador, los españoles estaban allí sobre las armas. El capitán Juan Pérez de Urasandi había reunido 700 hombres, en su mayor parte de caballería, enviados de Santiago para resguardar la costa. No habiendo alcanzado a hacer salir el navío San Agustín, le hizo prender fuego cuando los enemigos se dirigían a tomarlo, perdiéndose 800 fanegas de trigo, 150 quintales de bizcocho y 64 de cuerda de arcabuz que tenía a su bordo para abastecer el ejército del sur. Spilberg, que no había conseguido apoderarse de ese buque, bajó a tierra con 200 hombres y una pieza de artillería. «Encontraron también las casas incendiadas, dice la relación holandesa, y los españoles tanto jinetes como infantes, en orden de batalla, sin atreverse, sin embargo, a acercársenos a causa de nuestro cañón que hacía fuego sin cesar. Al contrario, a medida que avanzábamos, ellos retrocedían. Al fin, habiendo sobrevenido la bruma, el almirante se reembarcó con sus tropas, y haciendo levantar las anclas nos dirigimos al norte a toda vela.»

A pesar de las precauciones que los holandeses tomaban para no equivocarse en su itinerario, en la mañana del 13 de junio se encontraron en el puerto de Papudo, creyendo que se hallaban en Quintero.[142] Allí desembarcaron con todas las precauciones requeridas por su situación. Divisaron a lo lejos muchos caballos salvajes que acudían a beber a un arroyo, y cerca de éste establecieron su campamento en forma de medialuna para hacer su provisión de agua, de que los buques estaban escasos. «Encontramos, además, dice la relación holandesa, otro riachuelo en que cogimos mucho pescado. Hicimos cómodamente nuestra provisión de leña, y se puede tomar allí cuanta se quiera. Es el lugar del mundo más aparente para refrescar las tripulaciones y hacer abundantes provisiones.» Spilberg dio allí libertad al indio que había apresado en la isla de Santa María, y a dos portugueses, uno de ellos capitán de buque, que traía como prisioneros desde las costas del Brasil. En ese puerto se le huyeron también dos soldados, un holandés y un alemán, que dieron a los españoles importantes noticias sobre

---

142 El error de los holandeses se explica por la relación de Ribera que dice expresamente que desembarcaron en Papudo. Por otra parte, la misma relación holandesa, que asienta que estuvieron en Quintero, fija la latitud de este puerto en 32° 15', la cual si no es precisamente la de Papudo (que está a 32° 30') se acerca mucho más que a la de Quintero que está 18 minutos más al sur. El error de los holandeses no tiene nada de raro, y era producido por la gran imperfección de las cartas geográficas que usaban en sus viajes los navegantes de ese siglo.

el objetivo del viaje.**143** Por fin, el 17 de junio, los holandeses se hicieron a la vela para el norte, tocando solo de paso en otros puntos de la costa de Chile, y llevando la resolución de ir a buscar a otra parte aventuras más peligrosas todavía que las que acababan de correr.

8. Sus triunfos en las costas del Perú y fin de su expedición

Otros hombres de menos resolución que Spilberg y sus valientes compañeros se habrían alejado allí mismo de las costas de América para dirigirse a los mares de Asia, que eran el objetivo y el término de su viaje. Sabían que el Perú era el centro del poder y de los recursos de España en las costas del Pacífico, y se les había informado, además, que el virrey tenía a sus órdenes una escuadra relativamente formidable con la cual les sería forzoso batirse. A pesar de todo, resolvieron ir a provocarla a combate y, en efecto, tomaron el rumbo del norte sin alejarse mucho de la costa y, aun, acercándose para reconocerla y para apoderarse de las pequeñas embarcaciones que hallaban a su paso.

El virrey, marqués de Montes Claros, advertido de la proximidad de los corsarios, dispuso la salida de su flota, contra el parecer de los que creían que era preferible artillar el Callao y mantenerse a la defensiva. Componíase de cinco buenos buques de guerra, armados de cañones y bien tripulados, y de tres buques mercantes que no llevaban artillería, pero que tenían a su bordo destacamentos de arcabuceros. El 11 de julio salió del Callao bajo el mando del general don Rodrigo de Mendoza, que lleno de arrogancia había prometido alcanzar una espléndida victoria.

Las dos escuadras se avistaron a la altura de Cañete en la tarde del 17 de julio. Los holandeses, a pesar de su inferioridad, siguieron avanzando hacia el enemigo, sin pretender entrar en combate que, según las apariencias, debía serles desastroso; pero la caída de la noche parecía aplazarlo hasta el día siguiente. Sin embargo, a eso de las diez, y en medio de una oscuridad completa, el general español, despreciando los consejos de los más caracterizados de sus oficiales, se adelantó con su nave y trabó la pelea rompiendo primero el fuego de arcabuz y enseguida el de cañón. El combate se hizo luego general, en medio de la confusión consiguiente a las circunstancias en que se había empe-

---

143 La relación holandesa no menciona este incidente; pero el hecho no puede ponerse en duda. En su carta de 2 de febrero de 1616, lo cuenta Ribera y, además, envía al rey las declaraciones que habían dado en Santiago esos dos desertores.

ñado, y que aumentaba el redoble de los tambores, el sonido de las trompetas y los gritos y provocaciones de los combatientes. Los holandeses se defendieron con tanta habilidad como audacia, y obligaron a los españoles a retirarse con pérdida de uno de sus buques menores, que fue echado a pique a cañonazos.

En la mañana siguiente (18 de julio) Spilberg, aprovechándose de la dispersión en que se hallaban los buques españoles, se adelantó resueltamente, y empeñó de nuevo el combate, que duró casi todo el día. La habilidad de los holandeses y la energía con que se batieron, les dio la victoria. Después de muchos incidentes que no tenemos para qué contar, echaron a pique otros dos buques enemigos, uno de los cuales era el que montaba el general español, tomaron numerosos prisioneros y pusieron a los otros en precipitada fuga. «Tal fue, exclama la relación holandesa, el resultado de este combate en que plugo a Dios protegernos extraordinariamente. ¡Gracias le sean siempre dadas por su infinita misericordia!»

Aquella victoria, que costaba a los holandeses pérdidas casi insignificantes, los estimuló a continuar su campaña en las costas del Pacífico. El 20 de julio, Spilberg se presentó en la bahía del Callao. Había allí trece a catorce pequeños buques mercantes, pero estaban tan cerca de tierra que los holandeses no pudieron, por falta de fondo, llevar hasta ellos sus naves mayores. El patache, que se adelantó algo más, recibió un cañonazo que atravesó su casco y que lo puso en peligro de irse a pique. Como Spilberg creyese que el puerto estaba bien defendido por la artillería, y que el virrey contaba con fuerzas considerables, se mantuvo prudentemente a la distancia, haciendo varias tentativas para apoderarse de algunos de los buques españoles, que no se alejaban de la costa; y al fin, el 26 de julio, se hizo a la vela para el norte.[144]

---

[144] La relación holandesa del viaje de Spilberg da por muy bien defendido el puerto del Callao en esas circunstancias. Cuenta, al efecto, que contaba con buenas baterías y que el virrey tenía a sus órdenes 4.000 españoles y ocho compañías de jinetes. Hay, sin duda, en esto una gran exageración; pero ciertos documentos españoles han exagerado mucho más todavía la falta de medios de defensa. El príncipe de Esquilache, que llegó a Lima pocos meses más tarde, dice que en el Callao no había más que un solo cañón. «El año de 1615, agrega, si el enemigo se resuelve a echar 500 hombres en tierra o algunos menos, es, sin duda, que se saquee la ciudad de los Reyes; y el señor marqués de Montes Claros me confesó que había dudado si hallaría cien hombres que se atreviesen a morir con él, habiendo precedido para este recelo la falta de gente que tuvo para enviar a la ocasión de Cañete». Es verdad que escribió estas palabras en el § 88 de la *Relación* que al expirar su gobierno dejó a su sucesor el marqués de Guadalcázar, en la cual el príncipe de Esquilache

Spilberg recorrió todavía las costas septentrionales del virreinato del Perú, desembarcando en algunos puntos, haciendo presas más o menos valiosas, e infundiendo el terror en las poblaciones. Visitó, enseguida, las costas de Nueva España con idénticos propósitos, y allí también hizo temible el nombre holandés. Por fin, sin perder ninguno de sus buques, se dirigió a los mares de Asia, donde tuvo que sostener nuevos combates antes de volver a Europa. En toda ocasión, el almirante holandés desplegó la entereza de carácter y la inteligencia de marino que lo colocan en el rango de uno de los más intrépidos y de los más hábiles navegantes de su siglo. A su regreso a Holanda, en julio de 1617 por la vía del cabo de Buena Esperanza, fue recibido por sus compatriotas con las muestras de aplauso a que se había hecho merecedor.

En efecto, si el viaje alrededor del mundo de Jorge Spilberg no había dado origen al descubrimiento de nuevas tierras, y si por lo tanto no había contribuido a los progresos de la geografía, las circunstancias todas de esa navegación, la prudencia con que había sido dirigida, el valor desplegado en los combates y la buena fortuna con que la empresa había sido llevada a cabo, realzaban el

---

se empeña en demostrar los grandes trabajos ejecutados por él para poner el virreinato en estado de defensa, empleando en esta demostración una arrogancia que por otra parte no es rara en esa clase de documentos.

Aunque las relaciones españolas contemporáneas describen el combate naval de Cañete como una victoria de la escuadra holandesa, tratando de explicar la derrota con diversas razones, un escritor español del siglo siguiente ha referido los hechos de una manera diversa para satisfacer la vanidad nacional. Es éste don Dionisio de Alcedo y Herrera, presidente que había sido de Quito. En su *Aviso historico, politico, jeografico*, etc., publicado en Madrid en 1740, se ha propuesto contar las expediciones de los corsarios en América; y allí en el § XV, consagrado al gobierno del marqués de Montes Claros, escribe lo siguiente: «El año 1615, que fue el último de su gobierno, entró por el estrecho de Magallanes Jorge Spilberg, de nación inglés (textual), con seis navíos, haciendo diferentes daños en las costas de Chile. Su presidente participó de ello al virrey, y con la noticia armó prontamente tres bajeles de guerra que partieron luego en su busca, y le encontraron 50 leguas del Callao, sobre la playa que llaman de Cañete, donde tuvieron un recio combate en que entre ambas armadas quedaron muy maltratadas: la del enemigo, escarmentada con este encuentro, hizo derrota para las islas Filipinas, donde encontró con otra mandada por el comandante don Juan Antonio Ronquillo, que lo acabó de derrotar y echar a pique». El fragmento que dejamos copiado contiene tantos errores como líneas. Por lo demás, el libro titulado Aviso histórico, abunda en errores semejantes casi en cada página. Y, sin embargo, ha merecido ser reimpreso con cierto lujo, junto con otros escritos del mismo autor, en un hermoso volumen dado a luz en Madrid en 1883 con el título de *Piraterías y agresiones de los ingleses y de otros pueblos de Europa en la América española*.

poder y la gloria de Holanda y comprobaban, además, que había comenzado para España la época de la decadencia naval y militar.

Capítulo IV. Fin del segundo gobierno de Ribera; interinato del licenciado Hernando Talaverano; gobierno de don Lope de Ulloa y Lemos (1615-1620)

1. Continuación de la guerra defensiva: frecuentes correrías de los indios. 2. Llega a Chile la resolución del rey en que confirmaba la continuación de la guerra defensiva. Muerte del gobernador Ribera: último de residencia. 3. Gobierno interino del licenciado Talaverano Gallegos. 4. Llega a Chile don Lope de Ulloa y Lemos y se somete a los planes del padre Valdivia. 5. El gobernador se traslada a Santiago a recibirse del gobierno: sus dificultades con la Real Audiencia. Intenta en vano suprimir el servicio personal de los indígenas. 6. El gobernador y el padre Valdivia acuerdan hacer retroceder la línea de la frontera. Este último regresa a España. 7. Tentativas del gobernador para hacer descubrimientos en la región austral del continente. 8. Desgracias ocurridas en los últimos meses del gobierno de Ulloa y Lemos; su muerte. 9. Expedición holandesa de Shouten y Le Maire: descubrimiento del cabo de Hornos y de un nuevo derrotero para el Pacífico. 10. Exploración de la misma región por los hermanos Nodales.

1. Continuación de la guerra defensiva: frecuentes correrías de los indios

La campaña de los corsarios holandeses en las costas del Pacífico produjo en Chile mucho menos perturbación y menores estragos que en el Perú. Por las declaraciones tomadas a los dos desertores de la escuadra de Spilberg, se supo que ésta se dirigía a las Molucas y, por lo tanto, se creyó que no volvería a reaparecer en las costas de Chile. El gobernador Alonso de Ribera, sin embargo, tomó pie de este hecho para pedir nuevamente al rey refuerzos de tropas y para recomendar la conveniencia de seguir la guerra contra los indios a fin de impedir que los corsarios que viniesen de Europa, encontrasen en éstos auxiliares que les permitieran fundar establecimientos en nuestras costas. A su juicio, convenía despoblar las islas de la Mocha y de Santa María, y repoblar a Valdivia, pero esto último no debería hacerse sino cuando, habiendo adelantado la pacificación, fuese posible comunicarse por tierra con las otras ciudades que había en el territorio. Los pobladores de Chile, en vista de las agresiones frecuentes de los corsarios y de la impunidad en que se les dejaba, habían comenzado a tener menos confianza en el poder de España, y temían, no sin fundamento, que los holandeses ocupasen Valdivia y sobre todo Chiloé. «Si el enemigo lo toma, decía Ribera, será muy malo de cobrar.»[145]

Pero alejado el peligro inmediato, casi no volvió a pensarse en él, y la intención de los gobernantes y de los gobernados se contrajo de nuevo exclusivamente a los negocios de la guerra interior. En efecto, el estado de ésta debía inspirar los más vivos recelos. La vigilancia constante ejercida en los fuertes que formaban la línea de frontera, habían afianzado en cierta manera la paz al norte del Biobío, donde se fundaban nuevas estancias de españoles y donde la crianza de ganados y el cultivo de los campos comenzaban a tomar un desarrollo considerable. Sin embargo, allí mismo vivían las autoridades españolas en continua alarma por los frecuentes avisos de proyectadas insurrecciones que era menester desarmar.

Los indios llamados de paz, que vivían cerca de los fuertes o en la comarca que éstos podían dominar al sur de la línea de frontera, se mantenían igualmente tranquilos más por el temor que por convencimiento; pero con frecuencia ocurrían movimientos o conatos de insurrección que era necesario reprimir con toda energía y, a veces, con los más severos castigos. Esos indios, además, eran las primeras víctimas de las frecuentes irrupciones de las tribus de guerra que caían sobre ellos para incitarlos a la rebelión o para pasar hasta las inmediaciones de los fuertes españoles a ejercer los robos de animales y demás hostilidades que solían hacer. Las tribus guerreras practicaban estas correrías saqueando cuanto encontraban, matando a los indios que hallaban a su paso y llevándose como cautivos a las mujeres y los niños.

Con motivo de la presencia de los holandeses en aquellas costas, Ribera se había visto en la necesidad de disminuir la guarnición de los fuertes del interior para reforzar la defensa de los puertos. Los indios de guerra redoblaron desde entonces sus ataques, que en ocasiones eran ejecutados por cuerpos considerables. Tureulipe, aquel indio que había sido prisionero de los españoles y a quien dio libertad el padre Valdivia, creyendo candorosamente convertirlo en agente de su plan de pacificación, era el más obstinado caudillo de aquellas excursiones.

El gobernador Ribera, hastiado por estas hostilidades incesantes, se creyó en el deber de ordenar algunas correrías en persecución del enemigo hasta las

---

145 Carta de Ribera, de 2 de febrero de 1616.

tierras de éste y, por lo tanto, más allá de la raya establecida. Para simular que con estas expediciones no se violaban las órdenes del rey acerca de la guerra defensiva, hacíanse en nombre de los indios de paz, y las tropas españolas iban con el carácter de auxiliares. La más considerable de esas expediciones partió de la plaza de Arauco el 18 de noviembre de 1615 para castigar a los indios de Purén. Componíase de 700 indios amigos, 150 yanaconas, o indios de servicio, y de «500 españoles de resguardo», mandados por el maestre de campo Ginés de Lillo; pero no dio el resultado que se esperaba. Los indios enemigos habían huido a los montes, de manera que los españoles se limitaron a destruirles sus sembrados y sus ranchos, y a tomarles sus ganados y unos cuantos prisioneros. «Aunque no se ha hecho más daño que éste, escribía Ribera, ha sido de mucha importancia esta entrada y las demás que se han hecho, porque con ellas se animan los amigos, y se enriquecen con el despojo, porque, aunque es todo miseria, para ellos es caudal. Y los enemigos se empobrecen y aniquilan y acobardan y quebrantan, y se les quita el posible para venir a hacernos guerra con la fuerza que lo hicieran si no se les hicieran estas entradas, con que quedan destruidos y obligados a buscar de comer por los montes, yerbas y raíces de que ellos usan en semejantes ocasiones.»[146]

A pesar de todo, los indios de Purén se rehicieron bien pronto de este quebranto; y en número de cerca de 1.200 guerreros de a pie y de a caballo, mandados por el formidable Pelantaro, el famoso caudillo de la gran insurrección de 1598, aparecieron en la noche del 11 de diciembre en las cercanías de la plaza de Arauco. El maestre de campo Ginés de Lillo, que se hallaba de vuelta de su última expedición, les salió al encuentro y, aunque perdió seis hombres, logró dispersar al enemigo, matando algunos indios y tomando veinticinco prisioneros. Pelantaro fue de este número, y como se conocía su valer y su prestigio entre los bárbaros, el gobernador mandó que se le retuviera perpetuamente vigilado. Los enemigos canjearon algunos de los suyos por los españoles que tenían cautivos, pero Pelantaro no recobró su libertad sino mucho tiempo después, cuando ya había muerto el gobernador Ribera.

En el valle central, se repetían con frecuencias las hostilidades de esta clase. El 10 de enero de 1616 llegó una partida enemiga hasta las cercanías de Chillán, dio muerte a algunos indios amigos, y se llevaba prisioneros a muchos

---

146 Carta citada de Ribera.

otros cuando fue alcanzada y puesta en fuga por el corregidor de la ciudad y un destacamento de tropas españolas. Este estado de guerra imponía a los soldados de los fuertes una fatiga incesante que hacía mucho más penosa su vida llena de miserias y de privaciones. Resultaba de aquí que muchos de ellos tomaban la fuga, ya para incorporarse al enemigo, donde esperaban gozar de más comodidades, ya con la esperanza de irse al Perú en alguno de los buques, o de trasmontar las cordilleras de los Andes. Toda aquella situación era verdaderamente aflictiva; y sin la entereza de Ribera y de algunos de sus capitanes, habría cundido mucho más el desaliento.

En sus comunicaciones al soberano y al virrey del Perú, el gobernador no cesaba de representar estos peligros y de pedir refuerzos de soldados y de armas.[147] Reclamaba con toda insistencia que se pusiera término a la guerra defensiva, que a su juicio era el origen de todos los males y desgracias que se experimentaban. Ribera no se hacía ilusión alguna sobre los resultados que pudieran esperarse de las negociaciones pacíficas con los indios; y, aun, estaba profundamente convencido de que cuando éstos hacían ofrecimientos de paz, estaban preparando alguna traición. Durante algún tiempo se había estado tratando de arreglos pacíficos con los indios australes, y se había dicho que éstos pedían la repoblación de la ciudad de Valdivia, a cuyo sostenimiento se ofrecía a contribuir durante dos años un cacique llamado Huentemayu. Ribera hizo recoger prolijos informes sobre esos ofrecimientos, y acabó por creer que todo era un engaño artificioso de los indios para dar un golpe sobre los españoles que se resolvieran a establecerse en aquellos lugares. «Las paces que ofrecieron los

---

[147] En sus cartas al rey, Ribera insiste sobre todo en que se envíen refuerzos de tropa de España, no solo porque los que le llegaban del Perú eran muy escasos y compuestos de soldados de mala calidad sino porque en estos momentos no podía socorrerlo el virrey ni aun con auxiliares de esta clase. La presencia de los corsarios holandeses en el Pacífico hacía indispensable el aumentar las guarniciones de Lima y del Callao. En las provincias del Alto Perú, se había desarrollado una gran epidemia de viruela que hacía grandes estragos en la población, de tal suerte que no habría sido posible levantar allí la bandera de enganche.

En esas circunstancias, en que había tanta escasez de armas y de municiones, se experimentó un lamentable contratiempo. El 26 de mayo de 1616 ocurrió en Valparaíso un violento temporal de viento norte que arrojó a la playa al navío San Francisco en que había llegado la segunda remesa del situado de ese año. Se salvó el dinero, y el vestuario que venía para la tropa, aunque mojado, pero se perdió la pólvora, que quedó inutilizada y que hacía gran falta.

indios de los términos de Valdivia y Osorno, escribía el gobernador a principios de 1616, han parecido ser falsas y cautelosas, como siempre se imaginó, porque a 16 de enero de este año llegó a este puerto (Concepción) un navío de Chiloé en que vino el maestre de campo Juan Peraza de Polanco, a cuyo cargo estuvo aquella provincia, y trajo la información cuya copia va con ésta. Antes de esto había muchas premisas de ello, porque cuando se cogió a Pelantaro y a los demás prisioneros y españoles (rescatados del cautiverio) se supo el origen que tenían estas paces, como también se podrá ver por las declaraciones que envío. Tenga Vuestra Majestad por cierto que estos indios son grandísimos traidores, y que no han de dar paz sino por fuerza, ni la han de sustentar sin ella.»**148**

El padre Valdivia, por su parte, a pesar del espectáculo que tenía a la vista, parecía firmemente convencido de que la guerra defensiva seguía produciendo los más favorables resultados. «Al presente queda este reino en muy buen estado, escribía en 20 de octubre de 1616; y los buenos efectos de la guerra defensiva que primero se alcanzaron (se vieron) con el discurso, ya se ven con los ojos... Las veces que han intentado los (indios) inquietos llegar y entrar a nuestra raya, han sido castigados estos dos (últimos) años y presos muchos de ellos, y muertos más de 200 en la raya, sin pérdida nuestra, de que se han seguido dos bienes, el primero que a trueque de dichos prisioneros se han rescatado en dichos cuatro años casi cincuenta personas españolas cautivas, y el segundo que han escarmentado y minorádose tanto los inquietos que ya no asoman sino ladroncillos tal o cual a hurtar caballos.» Pero el padre Valdivia, que rebajaba tanto los estragos y las inquietudes de aquella guerra incesante, había dejado de ser testigo presencial de lo que ocurría en los fuertes. Desde 1613 había desistido de su primer propósito de vivir en los campamentos, y de seguir a las tropas españolas en sus operaciones militares, y vivía en Concepción o en

---

148 Las informaciones a que se refiere el gobernador se conservan en el Archivo de Indias. Son compuestas de los pareceres dados por muchos capitanes y de las declaraciones tomadas a los indios prisioneros o a los españoles que salían del cautiverio. Todos estos testimonios están más o menos conformes en creer que aquellos indios no pensaban seriamente en dar la paz, y que debía desconfiarse de sus ofrecimientos porque éstos envolvían, según todas las probabilidades, una gran traición. Los informantes aseguraban, además, que aun suponiendo sinceros los ofrecimientos de esos indios, no habrían de poder servir en nada a la nueva ciudad por causa de la miseria espantosa en que vivían; y que por otra parte las tribus de guerra de la Imperial, Villarrica y los otros lugares, no les permitirían persistir en sus propósitos de vivir en paz con los españoles.

Chillán ocupado principalmente en dirigir la fábrica de las iglesias o conventos de su orden y en preparar fiestas religiosas, o residía más ordinariamente en una estancia de campo que los jesuitas habían establecido en las juntas de los ríos Ñuble e Itata. Allí atendía los trabajos industriales, la crianza de cabras, ovejas, vacas y caballos, las sementeras y la fábrica de un molino. «Ha estado en esta estancia, decía Ribera, sin faltar de ella ocho días continuos desde el mes de marzo pasado hasta últimos de diciembre de 1615 que vino a Concepción.» Los jesuitas habían comenzado a desplegar la gran actividad industrial que en poco tiempo más los hizo enormemente ricos y que les granjeó la fama de habilísimos negociantes. Por entonces ya tenían en Chile varias estancias que trabajaban con el mayor esmero, y que luego habían de incrementar prodigiosamente.

2. Llega a Chile la resolución del rey en que confirmaba la continuación de la guerra defensiva. Muerte del gobernador Ribera: último juicio de residencia

El rey, que recibía estos informes contradictorios, había resuelto ya esas diferencias, como contamos en el capítulo anterior, pronunciándose abiertamente en favor del padre Valdivia y del sistema que patrocinaba. A principios de 1616 llegó a Chile la cédula que el rey había expedido en marzo anterior. Por ella, como se recordará, mandaba el soberano que se siguiesen cumpliendo puntualmente las ordenanzas anteriores acerca de la guerra defensiva, y que no volvieran a hacerse correrías militares en el territorio enemigo. Un año más tarde llegaban a Chile otras órdenes del rey más terminantes todavía. Eran las mismas que Felipe III había entregado en Madrid al padre Gaspar Sobrino y por las cuales aprobaba en todas sus partes los procedimientos del padre Valdivia, y reforzaba considerablemente su autoridad.

En efecto, por cédula de 3 de enero de 1616, el rey había querido deslindar las atribuciones que correspondían al gobernador y las que debía ejercer el padre Valdivia para mantener la guerra defensiva. Felipe III mandaba expresamente que se siguiese ésta sin límite de tiempo, y que bajo pretexto alguno, ni, aun, con el carácter de auxiliares de los indios amigos, hicieran los españoles entradas en el territorio enemigo, si no fuera en los casos en que persiguiendo a los indios que habían pasado la raya, se hiciera indispensable el penetrar al otro lado. Disponía que el virrey despachase un visitador que vigilase el cumplimiento de las órdenes reales. Al padre Valdivia correspondería el tratar con los indios de guerra, sin que el gobernador pudiera mezclarse en ello como, asimismo, nombrar los intérpretes que debían servir en estas negociaciones, para asegurarse de su fidelidad, y a los cuales el gobernador estaba obligado a darles su título y a pagarles su salario. El padre Valdivia quedaba autorizado, además, para hacer a los indios las concesiones que creyere convenientes en los tratos que celebrare con ellos, fundar establecimientos de misiones donde lo creyese necesario sin consultarlo con el gobernador, enviar misioneros al territorio enemigo sin que nadie pudiera ponerle obstáculo y disponer en todo de la suerte de los indios de guerra que se hubiesen tomado anteriormente o que se tomaren en adelante. En resumen, al gobernador le correspondía «defender la raya y gobernar el reino; y al padre Valdivia y religiosos de la Compañía el tratar con los indios de guerra y declararles siempre la voluntad del rey e interceder que se les cumpla». El visitador, nombrado por el virrey del Perú, debía impedir que el gobernador, celebrando acuerdos con sus capitanes, resolviese por mayoría cosa alguna que contrariase en lo menor las disposiciones tan terminantes de esta cédula.[149] Como es fácil ver, el padre Valdivia había ganado en todas sus partes el litigio que desde cuatro años antes sostenía con el gobernador de Chile.

Aquella soberana resolución venía, además, reforzada por las órdenes del virrey del Perú. En diciembre de 1615 había tomado el gobierno de este virreinato el príncipe de Esquilache; y como el soberano le encargase estudiar los negocios de Chile, y le dejase cierta latitud de atribuciones para resolver estos asuntos, había consultado en Lima el parecer de personas que creía preparadas para aconsejarlo. El príncipe de Esquilache que profesaba a los jesuitas una veneración que podría llamarse hereditaria y de familia, no quería oír los informes que les eran desfavorables, y acabó por pronunciarse resueltamente por el plan del padre Valdivia, y por prestarle una decidida cooperación. Así, pues,

---

[149] El padre Rosales ha hecho en el capítulo 22 del libro VI de su *Historia* un extracto más extenso de esta real cédula, sin fijar, sin embargo, su fecha de 3 de enero de 1616. Hallándose estropeado su manuscrito en esta parte, hay algunos pasajes que no se comprenden bien. Pero el padre Oliveros, que indudablemente conoció a lo menos una porción de ese manuscrito, copió ese extracto, sin decir de dónde lo tomaba y solo poniéndole comillas. Véase su *Historia de la Compañía de Jesus en Chile*, págs. 187 y 188.

había impartido las órdenes más premiosas para que las cédulas del rey fuesen cumplidas con la más estricta puntualidad.[150]

Se ha contado que Alonso de Ribera no pudo soportar este rudo golpe que lo abatía y humillaba ante sus adversarios y ante todos los pobladores de Chile; y que la decisión del soberano aceleró su muerte. En efecto, la coincidencia de fechas lo haría creer así; pero el gobernador no alcanzó a tener conocimiento de la real resolución.[151] Alonso de Ribera se hallaba enfermo desde algunos

---

[150] El virrey príncipe de Esquilache tenía en Lima su caracterizado consejero sobre los negocios de Chile en el doctor Luis Merlo de la Fuente, magistrado probo y experimentado, que había residido en este país como oidor de la Real Audiencia, y que lo había gobernado interinamente. He aquí como éste relata el ningún caso que el virrey hizo de sus consejos. «Muchas veces hice instancia con el virrey para que, pues la causa era de tan grande importancia y el daño de la hacienda perdida de Vuestra Majestad tan grande y de los naturales y vecinos mayor, que hiciese hacer una junta, y que para ella llamase al padre Gaspar Sobrino y a todos los que él quisiese por mayores factores de su intento, para que en presencia de todos se apurasen verdades, y se viniese al medio más conveniente. Y, aunque el virrey muchas veces me dijo que sí haría, y que habiéndose despachado de la ocupación de la residencia del marqués (de Montes Claros) lo haría luego, nunca llegó el día, aunque le acordé muchas veces. La causa principal de no haber querido dar el príncipe (de Esquilache) lugar a esta junta, fue por la mucha mano (influencia) que con él tienen (los jesuitas) por la memoria del padre Francisco de Borja, y por ser materia la de éste su intento no buena para ser disputada ante quien lo entienda sino para rincones y partes a donde con personas ignorantes de la tierra y gente y daños presentes hagan su herida y suerte a su salvo. Y así las últimas veces que hablé al virrey de esta materia me dijo que no me cansase porque él no había de alterar ni contravenir a lo que Vuestra Majestad ordenaba por los nuevos recaudos que traía el dicho padre Gaspar Sobrino, y que yo diese cuenta a Vuestra Majestad de lo que entendiese convenir más a su real servicio, y por ser tan grande y convenir tanto, di aviso de ello a Vuestra Majestad y al Consejo en los años de 17 y 18.» Carta de Merlo de la Fuente al rey, escrita el 19 de abril de 1620, en la ciudad de Lima, donde desempeñaba el cargo de oidor de la Real Audiencia. Ya hemos dicho que don Claudio Gay ha publicado en su segundo tomo de *Documentos* la mayor parte de esta carta con muchos errores de copia, y atribuyéndola antojadizamente al doctor don Cristóbal de la Cerda, oidor de la audiencia de Chile.
El padre del príncipe de Esquilache fue don Juan de Borja, hijo tercero del duque de Gandia, don Francisco de Borja, que tomó el hábito de la Compañía, fue su tercer general (1567-72) y fue canonizado por la Iglesia en 1671. Merlo de la Fuente alude a estas relaciones de familia para explicar el predominio que los jesuitas ejercían sobre el virrey.

[151] El padre Rosales dice expresamente en el capítulo 22 del libro VI de su *Historia*, que Ribera había muerto cuando llegó a Chile la última resolución del rey, hecho que también asienta el padre Olivares en las págs. 186 y 190 de su obra citada. En efecto, el padre Sobrino que traía la cédula real, llegó a Lima en los últimos meses de 1616; pero el virrey lo detuvo allí para darle algunas otras instrucciones, y no pudo seguir su viaje a Chile hasta febrero de 1617. Como veremos más adelante, los documentos confirman estas noticias.

años atrás; y por más que él quisiera sobreponerse a sus achaques, la decadencia física era evidente y la percibían muy bien todos los que lo habían conocido durante su primer gobierno. En 1612, como contamos, había costado un gran trabajo transportarlo de Tucumán. Sin ser precisamente viejo, puesto que apenas frisaba en los sesenta años, Alonso de Ribera se sentía quebrantado por la vida penosa que había llevado en los campamentos de Flandes, durmiendo meses enteros bajo un cielo inclemente, y sufriendo con frecuencia al descubierto la nieve y la lluvia en los penosos asedios de las plazas fuertes. Su cuerpo, por otra parte, estaba acribillado de heridas probablemente mal curadas, y que debían ocasionarle muchas molestias. Se recordará que en Chile, durante su primer gobierno, pasaba cada año a invernar a Santiago, y que en estos viajes, así como en las campañas militares que dirigía personalmente, desplegaba un vigor extraordinario, y se señalaba, sobre todo, por la rapidez con que hacía esos viajes y esas expediciones. Bajo el segundo período de su mando, casi no se había movido de Concepción, jamás vino a la capital, y apenas salía de aquella ciudad para atender las necesidades más premiosas de la guerra. Montaba a caballo pocas veces, y haciendo un esfuerzo visible; pero se obstinaba en no dejar ver sus enfermedades, y, sobre todo, en no hablar de ellas al rey. Se recordará que sus adversarios tuvieron cuidado de informar a la Corte acerca del estado de decadencia de su salud.

En el invierno de 1616 sus males arreciaron considerablemente. Fuertes y pertinaces dolores reumáticos le impidieron el uso del brazo derecho, de tal suerte que no pudiendo firmar por su mano, fue necesario fabricar una estampilla para sellar sus provisiones. En ese estado, sin embargo, seguía entendiendo en todos los negocios administrativos. El 1 de marzo de 1617 dictó en Concepción una extensa carta para el rey en que le daba cuenta de los sucesos ocurridos en todo el año anterior. Entonces, por primera vez, le habló del estado desastroso de su salud. «Sírvase Vuestra Majestad, le decía con este motivo, proveer persona de agilidad que pueda sobrellevar los trabajos de la guerra,

---

El padre Miguel de Olivares en su *Historia civil*, libro V, capítulo 30, refiere que lo que mató a Ribera fue la inacción a que lo condenaba la guerra defensiva. «Como al hierro no usado lo come el orín, dice con este motivo, así al gobernador que era de genio marcial, y estaba acostumbrado a las fatigas de la campaña, lo fue consumiendo lentamente la inacción en que estaba forcejeando su obediencia contra su inclinación.» En el texto creemos exponer las verdaderas causas de la muerte de Ribera.

porque mi edad y la poca salud con que me hallo de ocho meses a esta parte, de que he dado aviso al real consejo, me tienen impedido de poder acudir a ella por mi persona y al ejercicio de estos cargos. Y suplico a Vuestra Majestad que en consideración de tantos y tan calificados servicios como he hecho a su real corona y en ocasiones de tanta gravedad e importancia como consta en el real consejo, se me haga la merced que hubiere lugar para que conforme a mi calidad pueda pasar lo que me resta de vida con algún descanso y dejárselo a mi mujer e hijos, de que estoy confiadísimo mediante la justificación de mi causa y el cristianismo y piadoso celo de Vuestra Majestad.» El achacoso capitán no pudo poner su firma al pie de esa carta.

Hasta ese momento el gobernador no tenía la menor noticia de las últimas resoluciones que el rey había tomado acerca de la guerra. En aquella carta, que podría llamarse su testamento de soldado, vuelve a hablar de estos asuntos con la convicción profunda de que el sistema planteado por el padre Valdivia conducía a la ruina del país. «Por las obligaciones que me corren de cristiano y leal vasallo de Vuestra Majestad, decía, y por el descargo de mi conciencia, digo que lo que conviene es que Vuestra Majestad concluya con esta guerra mandando que se prosiga y acabe de una vez, porque todo lo demás es engaño, y no se ha de sacar otro fruto que gastar hacienda, gente y tiempo; y suplico a Vuestra Majestad humildemente que en lo que toca a estas materias, dé crédito a las personas que le han servido y le sirven tan bien como yo, y tienen la experiencia y conocimiento de ellas... No conviene sino que se haga guerra ofensiva, porque esta gente es de la calidad que he dicho, y jamás harán cosa que aproveche por blandura y suavidad.»[152]

Después de escrita esta carta, las dolencias de Ribera se agravaron extraordinariamente. Desde su lecho, siguió entendiendo en todos los negocios de gobierno y, aun, en los momentos de delirio daba órdenes militares. Conociendo que se acercaba su fin, el 9 de marzo dictó el nombramiento del licenciado Fernando Talaverano Gallegos para que le sucediera interinamente en el gobierno de Chile. Dispuso, además, él mismo que se entregara a los religiosos de San Juan de Dios, que había hecho venir del Perú, la administración de los hospitales de Concepción y Santiago, quedando, sin embargo, los cabildos de

---

[152] Carta sin firmar de Alonso de Ribera, de 1 de marzo de 1617, certificada por su secretario Domingo Hernández Durán.

ambas ciudades por patronos de esos establecimientos.[153] Pocas horas después, Alonso de Ribera fallecía en medio de las lágrimas de sus deudos y de sus capitanes (9 de marzo de 1617).

La muerte del gobernador Ribera produjo un sentimiento general en todo el reino. Cualesquiera que fuesen sus defectos y la impetuosidad de carácter de que había dado tantas pruebas durante su primer gobierno, se le reconocían grandes dotes administrativas, un notable desprendimiento y distinguidos talentos militares. Sus adversarios mismos mostraron sentir su muerte, y los historiadores jesuitas no le han escaseado los elogios que indudablemente merecía. «Era este gran capitán, dice el padre Alonso de Ovalle, grande en todo, en su sangre, en su valentía, en su nombre adquirido con tan grandes hazañas en las guerras de Europa antes de pasar a las de Chile, y en la buena traza y disposición de su acertado gobierno.»[154] Sin embargo, los contemporáneos no supieron apreciar en todo su valor el mérito militar de Ribera ni la importancia del plan de conquista que se propuso seguir mediante el avance gradual y progresivo de la línea de fronteras, que era el único sistema razonable de asentar la dominación española en aquellos territorios. Al referir la historia de su primer gobierno, creemos haber explicado claramente su plan.

Ribera, después de haber empleado su vida entera en el servicio del rey y de haberse distinguido por altos hechos militares en Europa y en América, moría pobre y dejaba a su familia en una situación vecina a la miseria. Su viuda, doña Inés Córdoba y Aguilera, recurrió al rey para obtener en premio de los servicios de Ribera, los socorros que necesitaba para ella y para sus hijos.[155] No halla-

---

153 Los padres de San Juan de Dios se recibieron del hospital de Santiago el 19 de abril de 1617, como consta en el acuerdo del Cabildo de ese día, libro 8.°, fojas 420-424.

154 Padre Alonso de Ovalle, *Histórica relación*, libro VII, capítulo 7, pág. 296. El padre Rosales no es menos explícito en el elogio que hace de Ribera, «alabando todos, dice, su prudencia, afabilidad, entereza, magnanimidad, justicia y clemencia, que de todas virtudes dio claros testimonios».

155 Tenemos a la vista una de las solicitudes de la viuda de Ribera. Dice así: «Señor: Luego que falleció Alonso de Ribera di cuenta a Vuestra Majestad de su muerte y las obligaciones con que me dejó, pues a dos hijas y un hijo que tengo libró el remedio en sus servicios, y en mí como su madre el procurarle. Suplico a Vuestra Majestad como a rey tan cristiano, mire con los ojos de su piedad, las necesidades en que podrá hallarse una mujer sola, pobre y tan lejos de su real presencia. Y pues, Alonso de Ribera sirvió a Vuestra Majestad hasta perder la vida, bien puedo pedir como tal el remedio de los trabajos que causó su muerte. Y así pido a Vuestra Majestad con el encarecimiento que puede una madre que quiere bien a sus hijos, se sirva dar a don Jorge de Ribera el hábito de que tenía hecha merced a su

mos constancia de que obtuviera más que una de las mercedes que pedía. El rey había concedido al gobernador de Chile el hábito de la orden de Santiago. Ribera acababa de morir cuando llegó a Chile la cédula en que se le dispensaba esa gracia, pero por favor especial del soberano, fue transferida a su hijo, don Jorge de Ribera, que entró luego a servir en el ejército de Chile, y adquirió más tarde la fama de buen capitán y de cumplido caballero.

Mientras tanto, su viuda se halló envuelta en pleitos y dificultades por los cargos a que había dado lugar la administración de la colonia. A pretexto de fiscalizar la conducta de los funcionarios públicos, y en cumplimiento de leyes buenas en principio, pero ineficaces en la práctica y de ordinario desobedecidas o burladas, la administración española había introducido en sus colonias los juicios de residencia de que hemos hablado en otras ocasiones, y las visitas de ciertos magistrados superiores encargados de llamar a cuentas a los depositarios del poder o a los administradores del tesoro real. Pocos de esos visitadores cumplían leal y cuerdamente con su deber. Al paso que unos se dejaban ganar por los halagos o por medios más vituperables todavía y quedaban impunes las más graves faltas, otros se complacían en amontonar cargos que daban origen a largos expedientes sin conducir al fin a ningún resultado definitivo. Los hijos de Alonso de Ribera tuvieron que soportar un juez de esta naturaleza, viéndose amenazados de tener que efectuar pagos relativamente considerables por los cargos que se hacían a su padre, y que seguramente no habrían podido

---

padre con renta que a él pueda ser sustento y a mí alivio, con que quedará gratificado y yo consolada, y Vuestra Majestad usará de su acostumbrada clemencia, cuya real persona guarde la divina con el aumento que la cristiandad ha menester. La Concepción de Chile, 11 de abril de 1617. Doña Inés de Córdoba Aguilera».

La viuda de Ribera se trasladó poco después a Santiago, y más tarde se hizo monja del monasterio de Agustinas de esta ciudad, y sobrevivió muchos años. Una de sus hijas entró también al mismo convento, y allí murió en la segunda mitad del siglo XVII.

El hijo, don Jorge de Ribera, obtuvo del rey el hábito de la orden de Santiago que se había dado a su padre, y vivía en 1646 sirviendo en el rango de capitán en el ejército de Chile. El cronista Córdoba y Figueroa dice equivocadamente (libro IV, capítulo 7) que don Jorge de Figueroa murió en Concepción en edad juvenil y sin dejar sucesión.

La otra hija se casó con el doctor Juan de Canseco y Quiñonez, visitador judicial y de la real hacienda, y con él pasó al Perú y luego a México, donde murió. En la nota siguiente se hallarán más noticias sobre el licenciado Canseco.

sufragar; y al fin toda aquella tempestad se disipó en las apelaciones y recursos posteriores.[156]

---

[156] El juez encargado de esta nueva residencia de Alonso de Ribera fue el doctor Juan de Canseco y Quiñonez, alcalde del crimen de la real audiencia de Lima, y enviado a Chile en 1619 por el virrey del Perú con el título de juez visitador de la real hacienda de Su Majestad, ministros de ella y de la guerra. El doctor Canseco levantó en pocos meses unos sesenta procesos contra Alonso García Ramón, Alonso de Ribera, los oficiales reales o administradores del tesoro, muchos capitanes, comisarios, cirujanos y capellanes del ejército, formando sobre cada uno de ellos un expediente, algunos de los cuales constan de 400 y 600 fojas. Hemos tenido cuidado de recorrer la porción más importante de esos expedientes enviados al Consejo de Indias, tomando extractos de cada uno de ellos. A ser cierto lo que allí aparece, reinaba en toda la administración de la colonia la más espantosa desmoralización. Muchos funcionarios rentados por la Corona, y entre ellos un cirujano y un capellán de ejército, no asistían al cumplimiento de sus obligaciones. El gobernador, los maestres de campo, los capitanes, los comisarios y demás funcionarios militares, y hasta un capellán de ejército, negociaban fraudulentamente con los soldados, vendiéndoles a precios subidos los alimentos y el vestuario.

El expediente relativo a Alonso de Ribera consta solo de 73 fojas. En él se le hacía cargo de negociar con la venta de víveres a los soldados, de servirse de los buques del rey para llevar a Arauco y a Lebu artículos que eran de su negocio particular, y de utilizar en su provecho los productos de las estancias del rey. El juez visitador, absolviéndolo de algunos de esos cargos, y poniéndole pena por otros, condenó a sus herederos a pagar 3.400 pesos. Interpuesta la apelación de ese fallo, el pago no se hizo efectivo. Ya hemos dicho que este juez visitador que se mostró tan severo en la residencia de Ribera, cultivó luego estrecha amistad con la familia de éste, y al fin se casó en Chile con una de las hijas del finado gobernador.

El doctor Canseco, el severo pesquisador de la conducta de Ribera y de los demás funcionarios de Chile, dio lugar más tarde a las más tremendas acusaciones, lo que revela que la corrupción administrativa en las colonias españolas había echado las más profundas raíces. En 24 de diciembre de 1620 el doctor don Cristóbal de la Cerda y Sotomayor, oidor de la audiencia de Santiago, escribía al rey lo que sigue: «Como parece por la carta de esta Audiencia que va con ésta, se avisa a Vuestra Majestad cómo el doctor Juan de Canseco, alcalde de corte de Lima, vino por visitador de este reino, el cual acabó su visita en esta ciudad de Santiago, y según es público y notorio no sirvió de otra cosa que de llevarse más de 16000 patacones de salarios suyos y de sus oficiales, que para tierra tan pobre como ésta es, se ha sentido por todos: y según estoy informado, consintió que Juan de Espinaredo, fiscal y alguacil de su comisión, tratase y contratase en esta ciudad y con los soldados en la guerra, de que ha habido harto escándalo y murmuración por ver que un juez que venía a averiguar los tratos y contratos que ha habido entre los soldados, consintiese que los oficiales que traía consigo los tuviesen como las personas a quien venía a visitar y residenciar». Según el oidor Cerda, el doctor Canseco había traído a Chile en cabeza de otras personas una gran cantidad de fardos de ropa para negociar.

En 30 de abril de 1621 el mismo oidor Cerda, que desempeñaba interinamente el gobierno de Chile, escribía al virrey del Perú que siendo prohibido a los funcionarios judiciales el comerciar, había embargado un cargamento de madera que el doctor Canseco pretendía

3. Gobierno interino del licenciado Talaverano Gallegos

Al morir, Ribera había querido evitar una acefalía en el gobierno y, al efecto, había designado, como ya dijimos, al licenciado Talaverano Gallegos para que le sucediese interinamente. Creíase autorizado para ello por una real cédula expedida por Felipe III en El Escorial el 2 de septiembre de 1607 en que facultó a Alonso García Ramón para nombrar su sucesor. Pero esta autorización era personal y se refería a un caso determinado. La audiencia de Santiago, sin embargo, confirmó el nombramiento hecho por Ribera, y Talaverano Gallegos fue recibido en el gobierno del reino después de prestar el 16 de marzo el juramento de estilo ante el Cabildo. A pesar de su edad avanzada y de sus achaques, este magistrado se ponía pocos días después en viaje para el sur a recibirse del mando militar.

El nuevo gobernador era un letrado viejo que contaba trece años de residencia en Chile. Había desempeñado el cargo de teniente gobernador del reino, y desde 1609 el de oidor de la Real Audiencia. Reemplazando a los gobernadores en la administración civil mientras éstos andaban en campaña, había sostenido enojosas cuestiones y competencias con el pendenciero obispo de Santiago Pérez de Espinoza; pero su espíritu comenzaba a doblegarse por efecto de los años, y sobre todo parecía comprender que en esa época era peligroso comprometerse en dificultades de ese orden visto el poder inmenso que el clero

---

llevar al Perú, disimulando el negocio por medio de otras personas, una de las cuales era su mayordomo y otra su propio hermano, fray Cristóbal de Canseco, fraile dominicano, que había venido del Perú con este objetivo.
Se creería tal vez que estas acusaciones eran calumniosas e hijas de malas pasiones, pero las encuentro confirmadas en documentos posteriores. En 1 de febrero de 1627 el gobernador de Chile don Luis Fernández de Córdoba y Arce escribía al rey lo que sigue: «Las cajas y demás ministros de este reino han menester una visita general, que, aunque en años pasados vino aquí a tomarla especialmente a los oficiales reales y del suelo de esta ciudad el doctor Juan de Canseco llevó un navío cargado de madera y otras cosas, y que solo miró a casarse, como lo hizo, con una hija del gobernador Alonso de Ribera, a quien particularmente venía a visitar. Por estos efectos podrá Vuestra Majestad servirse de conocer los demás remedios del dicho doctor».
A pesar de estas acusaciones, el doctor Canseco siguió prosperando en la carrera judicial, y murió de presidente del distrito de la real audiencia de Guadalajara en Nueva España. Estas noticias servirán para dar a conocer no solo la desmoralización administrativa de las colonias españolas sino la ineficacia de las leyes que disponían la residencia de los altos funcionarios.

había tomado bajo el gobierno del piadoso Felipe III. Durante los diez meses que ejerció el mando interino del reino, no solo se abstuvo de provocar cuestiones, sino que, sometiéndose en todo a las órdenes terminantes del rey, se constituyó en ejecutor sumiso de las providencias que dictaba el padre Valdivia.

En efecto, después de haberse detenido algunos días en Chillán para atender a los negocios administrativos, Talaverano Gallegos se presentaba en Concepción a fines de abril. Allí encontró al padre Valdivia que acababa de recibir de la Corte las cédulas reales de ratificación y ampliación de sus poderes. Cualesquiera que fuesen sus opiniones individuales acerca de la guerra defensiva, Talaverano Gallegos creyó que su deber era someterse rigurosamente a las órdenes del rey, y mandar cumplir en consecuencia todo lo que dispusiese el padre Valdivia. En compañía de éste, salió a principios de mayo a visitar los fuertes, y a ejecutar los planes quiméricos de pacificación de los indios.

Una vez en el pleno y absoluto goce de sus atribuciones, el padre Valdivia recomenzó su obra, libre de toda contradicción. En cada fuerte que visitaba, ponía en libertad a los indios que los españoles retenían prisioneros, bautizaba a muchos de ellos, les obsequiaba sombreros y vestuario, y los estimulaba a todos a que volvieran a sus tierras como mensajeros de paz. El formidable Pelantaro, que el gobernador Ribera no había querido soltar, pudo volver a sus tierras, dejando en rehenes a dos de sus deudos. Los indios así libertados, hacían llegar a noticia del padre visitador el aviso de los grandes progresos que en el interior hacía la obra de pacificación por aquellos medios, y contaban que en las juntas celebradas con este objetivo, los partidarios de la paz eran cada día más numerosos, y que solo Anganamón, Tureulipe, y unos pocos indios persistían en sus propósitos hostiles y eran los promotores de las resistencias y de las correrías que amenazaban constantemente a los campamentos y a los fuertes de los españoles. Estas burdas invenciones de los indios, con que no habrían podido engañar a los militares experimentados, eran, sin embargo, creídas candorosamente por el padre Valdivia, o a lo menos él cuidaba de presentarlas como otras tantas pruebas de los beneficios alcanzados por su sistema de pacificación.[157]

---

[157] Antes de esa época, los indios habían recurrido a la misma estratagema, y los capitanes españoles sabían a qué atenerse. El maestre de campo González de Nájera escribe a este respecto lo que sigue: «En muchas de las paces que los indios dan, dejan de industria sin comprender entre los reducidos un capitán valentón, el mayor corsario que se halla entre ellos, pintándolo a los nuestros como el mas indómito de su tierra, y que anda solo por

A la sombra de aquel estado de cosas, y mientras el padre Valdivia recibía casi cada día las noticias de paz que le comunicaban sus mensajeros, los indios no cesaban de hacer sus correrías en las inmediaciones de los fuertes españoles, y de robarse los caballos y ganados. Las tropas estaban obligadas a mantener la más continua vigilancia; pero permanecían estrictamente a la defensiva, porque se les había prohibido de la manera más terminante el entrar bajo pretexto alguno en el territorio enemigo. Aquella situación debía parecer muy alarmante a todos los que tenían experiencia de aquellas guerras, y debía naturalmente dar lugar a las quejas y murmuraciones de los que comprendían sus peligros.

El mismo gobernador interino, a pesar de su docilidad para hacer cumplir todo lo que disponía el padre Valdivia, se había creído en el deber de informar al virrey del Perú de los recelos y desconfianzas que inspiraba aquel estado de cosas, y del disgusto que habían producido en Chile las últimas resoluciones del

---

los montes sin quererse sujetar a la paz, y exagerando su obstinación en no querer condescender con lo que hacen todos los demás indios de su tierra. Y cuando les dicen los nuestros que por qué no lo prenden y matan, responden (aunque come y bebe cada día en sus borracheras) que lo andan buscando, pero que no le pueden dar alcance. Al cual daré por nombre Pailamacho, así por darme más bien a entender, como por haber conocido en mi tiempo uno de este nombre, que en cierta paz que dieron los indios, hacía la figura que he dicho. Habiendo, pues, dado algunas parcialidades de indios la paz, como en confianza de ella comienzan nuestros soldados a descuidarse, dejando los caballos en los vecinos prados y vegas, comienzan los indios a hurtarlos, llevándose de cuatro en cuatro y de seis en seis y en mayor número; y culpando los nuestros a los indios, es de notar cómo se justifican y muestran inocentes con semblantes disimulados, dando a entender que tienen pesar de ello, y finalmente echan la culpa al Pailamacho que no dio la paz, diciéndole mil injurias. Pero no dejan por ello de proceder en sus hurtos hasta que nos han robado más caballos y mejores que los que ellos trajeron», González de Nájera, *Desengaño y reparo de la guerra de Chile*, págs. 233-234. Agrega éste, enseguida, que esas paces no duraban más que el tiempo que necesitaban los indios para negociar la libertad de sus parientes y amigos que se hallaban prisioneros entre los españoles, o hasta haber conseguido los regalos de ropa que éstos solían hacerles.

Esto fue lo que sucedió en 1617. Los indios excusaban sus correrías y los frecuentes robos de caballos que hacían a los españoles explicando que los que se obstinaban en hacer la guerra eran Anganamón y Tureulipe, y contaban, al efecto, que fuera de algunos centenares de guerreros que los acompañaban en esas empresas, todos los demás estaban resueltos por la paz; pero que éstos no podían doblegar a aquéllos ni tampoco vencerlos y destruirlos. Y el padre Valdivia, que parecía creer candorosamente estas invenciones, escribía al rey y a sus superiores para contarles los progresos de la pacificación. Los cronistas de la Compañía de Jesús, Rosales y Olivares, han repetido las mismas noticias consignadas en la correspondencia del padre Valdivia.

rey. La respuesta de aquel alto funcionario no se hizo esperar mucho tiempo. El altivo y autoritario príncipe de Esquilache, perfectamente resuelto a sostener la guerra defensiva, contestó en estos términos: «He llegado a entender que algunos hablan mal de las disposiciones del soberano; y me admira que Vuestra Señoría lo tolere, y no castigue severamente a quien no respeta y venera los mandatos de su rey. Que si no hay enmienda, tomaré en mí todo el gobierno, y proveeré y despacharé todos los empleos de guerra en sujetos que asienten y apoyen lo que Su Majestad ordena con tanta prudencia y después de un maduro examen. El rey vuelve a dar al padre Luis de Valdivia plena potestad para tratar las paces y apoyar y llevar delante la guerra defensiva y cuanto en este punto tenía determinado. De orden del rey, nombro por visitador general al licenciado Hernando de Machado, fiscal de la Real Audiencia, para que sostenga las disposiciones del padre Valdivia. No se canse Vuestra Señoría en escribir ni en enviar informaciones en contra de la paz y de la guerra defensiva, ni menos en representar en contra de lo que el padre Luis ordena en razón de esto. Los procuradores fray Pedro de Sosa y el coronel Pedro Cortés, enviados por Alonso de Ribera, antecesor de Vuestra Señoría, regresan sin contestación sobre las proposiciones que hicieron; y las del padre Luis vienen determinadas y aprobadas a consulta del real y supremo Consejo de las Indias». No podían darse órdenes más terminantes e imperativas.

En cumplimiento de ellas, el fiscal Machado puso en libertad a los indios que algunos vecinos de Concepción tenían a su servicio. Cuando el Cabildo de la ciudad reclamó contra esta medida, el fiscal amenazó a sus miembros con la pena de prisión, lo que originó una ruidosa controversia. Los adversarios de la guerra defensiva, alarmados por la constante intranquilidad que ésta producía y por los peligros que los amenazaban, se convencieron al fin de que no tenían nada que esperar ni de los gobernantes de Chile ni del virrey del Perú, pero no desesperaron de conseguir que el monarca volviese sobre sus determinaciones. En esos momentos el obispo de Santiago se preparaba para ir a España. El cabildo de Concepción resolvió constituirlo en su apoderado ante la Corte, y con ese motivo dirigió al rey una nueva petición. «Viendo el estado que tiene esta tierra, decía en ella, y el calamitoso que se le espera en lo venidero con los medios que el padre Luis de Valdivia ha formado, y que los vasallos de Vuestra Majestad no tienen modo para contradecirlos por haber buscado caminos tras ordinarios, cerrándoles la puerta de su recurso y que no puedan decir a Vuestra Majestad, como tan interesado, la verdad de la cosa, y contrastando con un contrario tan poderoso como es la Compañía de Jesús, se ha querido valer esta república (este Cabildo) del obispo de Santiago, persona del consejo de Vuestra Majestad y celoso de su real servicio, y se le ha pedido que condoliéndose de esta tierra vaya a ésa a besar a Vuestra Majestad los pies y a desengañarle, pues tan bien entendida lleva la materia de que se trata así por tradiciones de los tiempos pasados como por experiencia de los presentes. Suplicamos a Vuestra Majestad sea servido de oírle en esta razón y los memoriales e instrucciones que de nuestra parte presentare, que de la prudencia y cristiandad del dicho obispo hemos confiado el servicio de Dios y de Vuestra Majestad con confianza de que como tan cristiano rey y señor mirará por el pro y bien de sus vasallos.»[158] Todos los antecedentes de este negocio debían, sin embargo, hacer presumir a los capitulares de Concepción que esta última tentativa había de ser estéril.

4. Llega a Chile don Lope de Ulloa y Lemos y se somete a los planes del padre Valdivia

Entonces el virrey del Perú tenía resuelto el enviar a Chile un nuevo gobernador. A poco de haber sabido la muerte de Ribera y el nombramiento del licenciado Talaverano, había elegido para desempeñar este cargo a uno de los capitanes que estaban a su servicio, pero queriendo enviarlo con un destacamento de tropas y con algunos otros recursos, demoró su nombramiento hasta el 23 de noviembre de 1617.[159] El designado fue don Lope de Ulloa y Lemos, caballero noble de Galicia, que se decía pariente cercano del famoso conde de Lemos, ministro de Felipe III, y que por su enlace con una señora principal de Lima había entrado en posesión de una gran fortuna. Contaba entonces cuarenta y cinco años de edad. En su primera juventud había servido en Filipinas, y más tarde en Nueva España; pero en 1604 pasó al Perú en el séquito del conde

---

158 Carta del cabildo de Concepción a Felipe III, de 4 de diciembre de 1617.
159 El nombramiento de don Lope de Ulloa y Lemos hecho por el virrey del Perú, príncipe de Esquilache, ha sido publicado íntegro por don Miguel L. Amunátegui en *La cuestión de límites*, tomo II, págs. 319-323. Ese nombramiento tiene la fecha de 23 de noviembre de 1617; pero en mayo de ese mismo año Ulloa y Lemos escribía a Felipe III para darle cuenta de la elección que el virrey había hecho en su persona, y para pedirle que lo confirmara en el cargo.

de Monterrey, y poco después desempeñó en este país los cargos de capitán de la Compañía de Gentiles Hombres de la guardia del virrey, de general de la caballería y de miembro de la junta de guerra. En Lima era, además, prefecto de una congregación de seglares de la Compañía de Jesús, lo que aseguraba su absoluta adhesión a la persona del padre Valdivia y de la orden de que éste formaba parte. En noviembre de 1610, pasando en revista las personas a quienes podía encomendar el gobierno de Chile, el virrey marqués de Montes Claros decía de don Lope de Ulloa lo que sigue: «De este mozo he tenido y tengo buenas esperanzas, si depusiese algo de la dureza que tiene en seguir y contentarse de su parecer: en otro cualquier gobierno de menos riesgo podría comenzar, y creo daría buena cuenta».[160] Pero esta cualidad que se le atribuía, más que una verdadera entereza de carácter, era cierta arrogancia fundada en su orgullo nobiliario y en la posesión de la fortuna, que se reflejaba en la ostentación de su casa y de su persona, y en creerse merecedor a más altos puestos. Para venir a Chile se rodearon él y su esposa de un lujo de joyas, ropas y muebles desconocido en este país, y que había de formar un gran contraste con la vida mucho más modesta que llevaban sus habitantes. Al mismo tiempo que representaba al rey que el sueldo que se le pagaba era insuficiente para «vivir con la limpieza y rectitud» que profesaba, y que pedía que se le aumentara «como lo merecía su persona y servicios», no disimulaba que había aceptado el gobierno de Chile como un escalón para llegar a más elevados puestos. «Desde el punto que el príncipe me proveyó a estos cargos, decía con este motivo, los acepté con mucho amor y voluntad por el deseo que tengo de acudir al real servicio de Vuestra Majestad, como lo he ejecutado toda mi vida, fiado que conforme al celo de príncipe tan cristiano como Vuestra Majestad, he de tener por éste y los demás (servicios) que he hecho, el premio que merecen, acrecentándome Vuestra Majestad en puestos superiores donde mejor pueda mostrar mi deseo.»[161] Aunque era corriente hacer en las comunicaciones oficiales de esta época análogas peticiones de ascensos y de aumento de sueldos, creemos que los servicios anteriores de don Lope de Ulloa no justificaban esta pretensión, porque, según los documentos que conocemos, esos servicios eran de escasa

---

160 Carta del marqués de Montes Claros al rey, de 21 de noviembre de 1610.
161 Carta de Ulloa y Lemos al rey, escrita en Concepción el 5 de febrero de 1618.

importancia, y en todo caso inferiores a los que antes de tomar el mando habían prestado casi todos los gobernadores de Chile.

A pesar de todos sus esfuerzos y del apoyo que le prestó el virrey, Ulloa y Lemos solo alcanzó a organizar en Lima dos compañías de infantes con 160 hombres. «Advierto a Vuestra Majestad escribía al rey, que los socorros de gente que pueden salir del Perú son pocos y muy costosos, y la gente de poco servicio, porque la más de ella es de pocas obligaciones, criada en ociosidad y a cualquier trabajo se rinden.» Con este pequeño contingente embarcado en dos navíos, partió del Callao el 9 de diciembre, y el 12 de enero de 1618 desembarcaba en Concepción. El licenciado Talaverano Gallegos, que había gobernado el reino durante diez meses, le entregó el mando ante el Cabildo de la ciudad el 14 de enero, y enseguida regresó a Santiago para reasumir su cargo de oidor de la Real Audiencia.[162]

La primera impresión que acerca del estado del reino recibió el gobernador, fue sumamente desfavorable. En esos mismos días llegaba a Concepción la noticia de que una junta considerable de indios preparaba un ataque contra el campamento central de Yumbel, y se hizo indispensable el enviar un destacamento de tropas para atender a su defensa. Este solo hecho demostraba la inseguridad de la frontera a pesar de los anunciados progresos de la pacificación. El ejército que entonces había en Chile, ascendía a 1.415 hombres, distribuido en los dos

---

[162] El licenciado Talaverano escribió solo dos cartas al rey, y ambas están fechadas en Santiago, la primera en marzo de 1617 para darle cuenta en unas pocas líneas de que había tomado el gobierno del reino, y la segunda en 1 de marzo de 1618 para referirle en dos páginas de los sucesos de su gobierno o, más propiamente, para contarle que se había limitado a hacer cumplir las ordenanzas concernientes a la guerra defensiva. Termina esta carta con las palabras siguientes que pintan su situación: «Al cabo de los diez meses me volví a Santiago con intento de ir en persona a dar cuenta a Vuestra Majestad de las cosas y estado de este reino, pues por haber estado en él catorce años, y servido en puestos de teniente general, de oidor y de gobernador, podré mejor que otros darla, y también porque yo estoy muy viejo y cargado de cuatro hijas ya mujeres y sin posibles para darles estado en las Indias, y no quisiera dejarla sin remedio en ellas. Por estas razones he suplicado a Vuestra Majestad se sirva darme licencia para que con plaza o sin plaza pueda ir y llevarlas a España, y nunca he merecido siquiera respuesta. Y así, estoy resuelto, fiado en la clemencia de Vuestra Majestad y méritos y servicios, de irme el año que viene a sus reales pies, pues éste no pude alcanzar la armadilla con comodidad». Talaverano Gallegos no alcanzó a realizar este viaje. Murió en Santiago el mismo año de 1618. Una de sus hijas contrajo un ventajoso matrimonio con el general don Juan de Vega Bazan, que después de largos servicios en la armada real, fue nombrado en 1643 presidente del distrito de la audiencia de Panamá.

acuartelamientos de Yumbel y de Arauco y en la guarnición de los fuertes. Don Lope de Ulloa juzgó que esas fuerzas eran del todo insuficientes para la defensa del reino, y desde el primer momento se dirigió al soberano para pedirle que «con la mayor brevedad y presteza que fuere posible, enviase 1.000 soldados bien armados. De esta manera, decía, están expuestos (estos lugares) a que suceda en cualquiera parte una desgracia por las fuerzas que me certifican trae el enemigo cuando se determina a venir a nuestras tierras».[163] Y poco más tarde, cuando ya conocía algo más el país, repetía el mismo pedido, insistiendo más aún en la necesidad de tropas que se experimentaba para contener a los indios. «He hallado, decía, muy desencuadernadas las cosas de la milicia; y lo que puedo certificar a Vuestra Majestad es que todo está harto necesitado y menesteroso de fuerzas, y que la falta de gente que he hallado es mayor de lo que pensé supuesto lo mucho que hay que guardar.»[164]

Se creería que el nuevo gobernador, vistos los resultados negativos de la guerra defensiva y el estado de intranquilidad de la frontera, habría asumido la actitud enérgica y resuelta de Alonso de Ribera para impugnar ante el rey ese sistema. Pero, por el contrario. Ulloa y Lemos visitó los fuertes en compañía del padre Valdivia, y puso todo su empeño en reforzar la autoridad de éste, en hacer cumplir sus órdenes y en recomendar al rey los trabajos ejecutados para la pacificación. «Las paces que ofrecen los indios, decía, he hallado en muy buen estado; y me he holgado mucho de haber comunicado al padre Luis de Valdivia sobre estas materias. Lo que puedo asegurar a Vuestra Majestad es que el celo con que acude a las cosas que están a su cargo y su talento es muy grande, y que las trata con mucho amor y cristiandad, trabajando en esto extraordinariamente, y así mismo que de mi parte le asistiré con la puntualidad que es justo con deseo que en todo se consiga el fin que se pretende de parte de Vuestra Majestad. Pero, agregaba, de la inconstancia y poca fe de estos enemigos no se puede fiar mucho, y así es bien que ahora mejor que en otro tiempo se viva con el recato posible, como yo lo haré.»

---

163 Carta de don Lope de Ulloa y Lemos al rey, de 5 de febrero de 1618.
164 Carta del mismo, escrita en Santiago el 20 de mayo de 1618.

5. El gobernador se traslada a Santiago a recibirse del gobierno: sus dificultades con la Real Audiencia. Intenta en vano suprimir el servicio personal de los indígenas

Desligado de estas primeras atenciones, el gobernador se puso en viaje para Santiago. Quería recibirse del mando civil del reino y, además, pensaba establecer la abolición del servicio personal de los indígenas para dar cumplimiento a las repetidas cédulas que el rey había dictado sobre el particular. El Cabildo se había preparado anticipadamente para recibirlo con las aparatosas ceremonias que se acostumbraban en tales casos.[165] Pero el arrogante don Lope de Ulloa exigía que se le rindiesen honores que en las colonias españolas se hacían solo a los virreyes. El Cabildo, después de laboriosas discusiones, obedeció las órdenes del gobernador, y le recibió el juramento el 18 de abril. La Real Audiencia, que debía reconocerlo en su carácter de presidente titular, opuso mayores dificultades. Más de un mes se perdió en estas pueriles competencias que debían tener muy preocupadas a todas las autoridades y a todos los habitantes de la ciudad. Cuando se le objetaba recordándole la práctica establecida en el recibimiento de los otros gobernadores, el altanero don Lope de Ulloa contestó que éstos habían sido soldados de diferente calidad y nobleza que la suya. Por fin se arribó a un arreglo; y el gobernador prestó el juramento el 25 de mayo. No fue recibido por la Audiencia bajo de palio, como lo pretendía; pero juró sentado, con sombrero puesto y con la espalda vuelta al público, mientras los oidores, con la cabeza descubierta y sin capa, se mantenían de pie. El rey, a quien se dio

---

[165] El recibimiento de don Lope de Ulloa dio origen a la creación de un impuesto conocido con el nombre de balanza. El 1 de septiembre de 1617, el cabildo de Santiago, que sabía que el virrey del Perú iba a enviar un nuevo gobernador a Chile, trató de lo que debía hacerse para recibirlo, pero halló que su caja estaba vacía y que le faltaban los fondos para comprar el caballo, la silla y el dosel que la corporación acostumbraba costear en tales casos. Se pensó en pedir un donativo al vecindario; pero creyendo, sin duda, que por este medio no se recogería la cantidad necesaria, el procurador de ciudad propuso otro arbitrio. El comercio se quejaba de los fraudes que los bodegueros de Valparaíso cometían en el peso de las mercaderías que entraban al país o que salían para el Perú. El procurador propuso que la ciudad tuviese una balanza en ese puerto, y que allí se pesasen obligatoriamente todas las mercaderías, debiendo pagar sus dueños medio real de plata por cada seis arrobas. El impuesto fue acordado allí, y confirmado el 30 de agosto de 1619 modificando su tasa. Más tarde se hicieron otras variaciones, pero el impuesto se mantuvo hasta los últimos años de la dominación española, en que producía la suma de 25.000 pesos al año.

cuenta de todo lo ocurrido, desaprobó la conducta del gobernador, y mandó que en adelante se respetasen las prácticas establecidas.[166]

Esta cuestión de simple etiqueta, indispuso al gobernador con la Real Audiencia. Su orgullo lo llevó a ejecutar ciertos hechos que casi importaban un desacato contra la autoridad real. En marzo de 1619, Ulloa y Lemos recibió de Madrid la confirmación de su título de gobernador de Chile firmada por el rey. Su deber era exhibir ese nombramiento, y presentarse a repetir el juramento, como lo habían hecho los otros gobernadores que se encontraron en igualdad de circunstancias. Sin embargo, queriendo evitar que se renovasen esas cuestiones, Ulloa y Lemos se guardó de dar cuenta a nadie de las reales cédulas que acababa de recibir, y se eximió así de esta segunda recepción, que por estar fundada en un título emanado del mismo rey, debía ser más trascendental.[167] Por lo demás, pasó todo su gobierno en dificultades y complicaciones con la Real Audiencia. Abocándose al conocimiento de algunas de las causas en que ésta entendía, para lo cual las declaraba negocios administrativos, dejaba sin cumplir las penas que el tribunal imponía a algunos individuos, y toleraba que quedasen impunes algunos desacatos contra la autoridad de los oidores.[168]

---

166 Escribiendo al rey en 20 de mayo de 1618, Ulloa y Lemos le dice que las ocupaciones que ha tenido para suprimir el servicio personal de los indígenas, no le han dejado tiempo para recibirse en el cargo de presidente de la Real Audiencia. El gobernador no quería contar al soberano la verdad acerca de las cuestiones que respecto de su recibimiento había suscitado a ese tribunal. Pero el gobierno de Felipe III fue informado de todo lo ocurrido, y por real cédula de 25 de julio de 1620, que llegó a Chile cuando el gobernador había muerto, desaprobó su conducta, mandándoles, además, que en los negocios graves tratase de marchar en todo de acuerdo con la Audiencia.

167 La real cédula por la cual Felipe III, a petición del virrey del Perú, confirmó a don Lope de Ulloa y Lemos en el rango de gobernador de Chile, tiene fecha de 24 de abril de 1618. Llegó a manos del interesado el 12 de marzo del año siguiente, como se ve por su carta al rey de 25 del mismo mes, en que le da las gracias por este nombramiento; pero Ulloa y Lemos dejó pasar todo su segundo gobierno sin prestar el juramento que se hacía en tales ocasiones.

168 El padre Rosales ha dado una ligera noticia de estos altercados entre el gobernador y la Audiencia en el capítulo 25 del libro VI de su *Historia*. Pero existe una carta o memorial del oidor doctor don Cristóbal de la Cerda y Sotomayor dirigido al rey con fecha de 14 de abril de 1620, en que detalla todas las violencias del gobernador contra la autoridad del supremo tribunal. De los numerosos hechos que contiene ese memorial, señalaremos solo dos que dan idea de las costumbres de la época y de la desmoralización que esas competencias debían producir.

Queriendo los agentes de la justicia prender a un negro que acababa de cometer un asesinato, el provincial de los agustinos de Santiago y algunos frailes de su orden, lo impidieron

Con el propósito, sin duda, de tenerla más sometida bajo su inmediata vigilancia, el gobernador solicitó del rey que la Audiencia fuese trasladada a Concepción.

Don Lope de Ulloa había llegado a Santiago firmemente resuelto a suprimir para siempre el servicio personal de los indígenas. A pesar de las reiteradas ordenanzas del rey, de las recomendaciones de los últimos virreyes del Perú, y de la misión especial que por ello trajo el padre Valdivia, no se había hecho cosa alguna sobre este particular. El arrogante gobernador había creído que nada podía resistirse a su decisión y a su voluntad; pero antes de mucho tiempo comenzó a comprender las dificultades de la empresa. «Voy entendiendo en este particular, escribía al rey en 20 de mayo de 1618, y acomodando las cosas por los más suaves medios que me son posibles, aunque, como es materia odiosa para los habitadores de esta tierra en general, he hallado grandes contradicciones y dificultades sobre el medio que se ha de asentar. No hay ocho personas en todo el reino que me ayuden a ello; pero no obstante esto, espero en Dios que para mediados del mes que viene lo he de haber concluido, porque los vasallos que Vuestra Majestad tiene aquí son tan leales y obedientes que en cualquier acontecimiento se han de ajustar con su real voluntad, y yo he de atropellar con los inconvenientes y ejecutar inviolablemente lo que Vuestra Majestad manda.»

---

empleando la fuerza material. La Audiencia mandó que esos frailes saliesen del reino; pero el gobernador, declarando que éste era asunto de gobierno, revocó aquella orden, y el atentado contra la justicia quedó impune.

Como los curas cobraran entonces derechos exorbitantes y antojadizos por la administración de sacramentos, la Audiencia, de acuerdo con el provisor del obispado de Santiago, fijó un arancel en el cual se habían elevado esos derechos al quíntuplo de lo que se pagaba en Castilla según el arancel de Toledo. Pero el provisor del obispado de Concepción no quiso someterse a este arreglo, y desconoció la autoridad de la Audiencia con todo descomedimiento. El supremo tribunal envió a aquella ciudad un emisario suyo con el título de juez, y armado con la vara de la justicia real, a notificar sus providencias al provisor; pero éste excomulgó a ese juez, y como este último pretendiera respetuosamente apelar de esta condenación, «le dieron unos clérigos de mojicones y puñetazos de manera que le quebraron la vara y le hirieron en el rostro; y debiendo hacer sobre esto el gobernador una gran demostración, no hizo cosa alguna, antes se ha tenido en el Audiencia por cosa cierta que hizo información contra el juez para enviarla al Arzobispo de la ciudad de los Reyes». Estos incidentes producían dificultades y complicaciones en la administración y daban origen a expedientes e informaciones que se remitían al rey de España para obtener una resolución.

Se engañaba grandemente el gobernador cuando creía que él podría llevar a cabo esta reforma. Es cierto que la lealtad de los pobladores de Chile hacia su rey era incontrastable, pero era mayor todavía la resistencia que oponían a la supresión del servicio personal de los indios, que iba a privarlos de trabajadores para sus campos. Al saberse en Santiago que el gobernador Ulloa y Lemos traía tales propósitos, el Cabildo celebró dos acuerdos para representar los inconvenientes de esta medida.**169** Y cuando en junio dictó el gobernador la ordenanza por la cual convertía el impuesto de trabajo en una contribución en dinero que los indios encomendados debían pagar a sus encomenderos, se alzó una protesta general, se celebró un cabildo abierto, y el gobernador tuvo que aplazar el cumplimiento de su reforma, concediendo la apelación de su resolución ante el virrey del Perú y ante el rey de España.**170** El mismo gobernador tuvo que convencerse de su impotencia y que explicar al rey las causas de su derrota. «En conformidad de la real cédula de Vuestra Majestad, decía, proveí auto en que quité generalmente el servicio personal, y tasé lo que debían pagar los dichos naturales. Hase suspendido la ejecución de esto por haber ocurrido en grado de apelación ante el virrey, donde se está en este litigio. Lo que puedo certificar a Vuestra Majestad es que lo que dispuse sobre esta razón ha sido habiéndolo mirado primero con mucha atención, atendiendo al servicio de Dios y de Vuestra Majestad y bien general de la tierra, y que importa mucho se lleve adelante en resolviendo el virrey.»**171** Don Lope de Ulloa llegó a comprender que el servicio personal de los indígenas era un mal doloroso, pero irremediable, si por otro camino no se proveía al reino de trabajadores para el cultivo de los campos. Esperando salvar esta dificultad para establecer aquella reforma, dos años más tarde pedía al rey que por cuenta de la Corona enviáse a Chile 1.000 negros para que por su cuenta fuesen vendidos al costo.**172** El gobernador creía, como los jesuitas, que era inhumano el someter a los indios a un trabajo obligatorio, pero que era lícito el robar negros en las costas de África y someterlos en las colonias a la más dura esclavitud.

Mientras tanto, el rey y sus consejeros no podían apreciar las condiciones industriales de Chile, y las circunstancias que parecían hacer indispensable la

---

169 Acuerdos de 23 y 25 de abril de 1618.
170 Acuerdos del cabildo de Santiago de 8 y de 28 de agosto de 1618.
171 Carta del gobernador Ulloa y Lemos al rey, escrita en Concepción a 25 de marzo de 1619.
172 Carta del mismo, de 3 de abril de 1620.

subsistencia del servicio personal de los indios. Se les había hecho comprender que este régimen era la causa de la prolongación de la guerra de Chile, y de los gastos considerables que ésta imponía a la Corona. Estaban profundamente convencidos de que la supresión del servicio personal de los indígenas, y su reemplazo por un impuesto en dinero, debían producir como por encanto la más perfecta paz e iban a importar para el tesoro una economía de 200.000 ducados por año. Así, pues, obedeciendo a esta convicción, más que por un sentimiento de humanidad que, sin embargo, se hacía valer como un pretexto, reprobaron duramente la conducta de don Lope de Ulloa cuando supieron que no daba riguroso cumplimiento a las ordenanzas que habían intentado abolirlo. «He sido informado, le escribió el rey con fecha de 25 de julio de 1620, que habiendo llevado orden de mi virrey del Perú para quitar el servicio personal a los indios y entablar la tasa (el impuesto en dinero) no lo habéis puesto hasta ahora en ejecución; y porque ésta es la cosa más sustancial de vuestro gobierno, y que tanto importa para la pacificación de esas provincias y que los indios de ellas estén sujetos, os mando que ejecutéis lo que está ordenado precisa y puntualmente.» Por otra real cédula dictada el mismo día en términos igualmente perentorios, Felipe III prohibía la transferencia y ventas de encomiendas de indios, mandando que a los que hiciesen tales negocios se les castigase con todo rigor.[173] Estas órdenes, que eran simplemente la repetición de otras muchas anteriores dictadas como ellas con el mismo propósito, iban a quedar igualmente sin cumplimiento alguno.

6. El gobernador y el padre Valdivia acuerdan hacer retroceder la línea de frontera. Este último regresa a España

El gobernador estaba en Santiago entendiendo en el despacho de los negocios civiles, cuando los asuntos de la guerra vinieron a llamar de nuevo su atención. A pesar de las seguridades que el padre Valdivia le había dado de los progresos de la pacificación, y que el mismo don Lope de Ulloa repetía al rey,

---

[173] Don Miguel Luis Amunátegui ha publicado estas dos reales cédulas en las págs. 171-173 del tomo II de *Los precursores de la Independencia*. El mismo día 25 de julio de 1620 firmó el rey otra cédula que, como las anteriores, era una áspera reconvención dirigida al gobernador de Chile. Era aquélla de que hemos hecho mérito, al contar las contradicciones suscitadas por don Lope de Ulloa con motivo de su recibimiento. Ya hemos dicho que éste había muerto cuando llegaron a Chile aquellas cédulas.

las correrías de los indios se sucedían con frecuencia. Una de ellas, que tuvo lugar en mayo de 1618 en los campos de Colcura, había producido gran alarma, y no había podido ser castigada. En vista de este estado de cosas, el gobernador partió para el sur a mediados de agosto, cuando la reaparición de la primavera comenzaba a hacer practicables los caminos; pero llegado a Concepción, se limitó a recomendar mayor vigilancia en la defensa de los fuertes, lo que no impedía, sin embargo, que los indios renovasen sus expediciones cada vez que creían poder hacerlo con ventaja.

En esta situación, el padre Valdivia, inspirador y consejero de aquel sistema de guerra, creyó que se podían impedir estas incesantes hostilidades de los indios, retirando los fuertes que los españoles tenían al sur del Biobío, y estableciéndolos en lugares ventajosos de la banda opuesta. En realidad, esto no importaba otra cosa que hacer retroceder la línea de frontera, trayendo la guerra más al norte del territorio en que se hallaba. Pero era tanto el empecinamiento del padre Valdivia para no ver las consecuencias de la llamada guerra defensiva o, más bien, para persistir en aquella empresa, a pesar de los deplorables resultados que producía, que esta medida comenzó a ponerse en ejecución. El fuerte de San Jerónimo de Catirai fue despoblado en aquella primavera, y quedó resuelto con el gobernador que en la siguiente se despoblarían otros. Como debe comprenderse, estas resoluciones no hacían más que alentar a los indios de guerra, dejándoles comprender que los españoles no tenían medios para defender la posesión de aquellos lugares.

Las incursiones de los indios continuaron repitiéndose. Fiados en la impunidad, puesto que los españoles no entraban a castigarlos en sus tierras, aparecían por uno o por otro lado, y después de robarse los caballos y ganados, se retiraban al interior cuando veían que el enemigo se disponía a atacarlos. En una de ellas, un destacamento español mandado por el capitán Jiménez de Lorca, sorprendió cerca del paso de Negrete, sobre el Biobío, una partida de indios que mandaba en persona el infatigable Tureulipe, y dando por razón que éste no había querido rendirse, lo pasó a cuchillo junto con otros de sus compañeros.[174] Pero la muerte de este jefe no puso término a las correrías de los suyos.

---

174 La muerte de Tureulipe, de que no hallo mención en la correspondencia del gobernador don Lope de Ulloa, ha sido referida por el padre Rosales en el capítulo 25, libro VI de su *Historia*. Podría dudarse de la exactitud del hecho, pero a él se hace referencia en el Memorial que el padre Valdivia publicó en Madrid en 1621. Refiere allí que en 1618 hizo

Por más que el padre Valdivia explicara estos hechos como la obra de algunos ladroncillos que hacían excursiones aisladas sin alcanzar a poner en peligro a las guarniciones españolas, era lo cierto que reinaba una gran intranquilidad en toda la frontera, que ésta había retrocedido bajo el régimen de la guerra defensiva, y que todo hacía temer que más tarde se la retiraría más al norte todavía.

El padre Valdivia manifestó en esa ocasión vivos deseos de ir a España a dar cuenta al rey de los progresos de la pacificación de Chile y a reclamar el envío de los socorros de tropas que se estaban pidiendo desde tanto tiempo atrás. Este viaje, en los momentos en que el padre visitador estaba en el goce de sus plenos poderes, y en que su sistema estaba definitivamente planteado, aunque sin dar los frutos que había prometido, tenía algo de inmotivado y de verdaderamente inexplicable. Sin embargo, ese proyecto obtuvo la aprobación del virrey del Perú y del gobernador de Chile. Cuando todo estuvo pronto para la partida, don Lope de Ulloa y el padre Valdivia ajustaron en Concepción el 27 de noviembre de 1619 un convenio escrito en que estipulaban lo que cada uno debía hacer, el primero en el gobierno de Chile y el segundo en el desempeño de la misión que llevaba a España. Ofrecíase aquél a quitar el servicio personal de los indígenas, a mantener la guerra defensiva, a impedir la esclavitud de los indios que se tomaran prisioneros, a cumplir las reglas establecidas para perseguir a los indios de guerra que vinieran a inquietar el territorio dominado por los fuertes y a cambiar algunos de éstos, y entre ellos los de Lebu y de Arauco, haciendo, por tanto, retroceder la línea de frontera, si el rey aprobaba esta medida. El padre Valdivia, por su parte, debía pedir en la Corte el envío de 800 soldados, y de ocho padres jesuitas para el obispado de Concepción; que se facultara al gobernador para nombrar en caso de muerte un sucesor interino; que se trasladara la Audiencia a Concepción y, por último, una resolución real que fijara lo que debería hacerse para la administración de sacramentos en los casos en que la autoridad eclesiástica pusiese en entredicho una ciudad.[175]

---

una de esas correrías un indio llamado Calumanque, que cayó prisionero, «y ahora, agrega, es gran cristiano, que se llama don Lope, y por él se degolló a Tureulipe, general de los indios, con los cuales se cogieron muchas piezas y quedaron amendrentados».

175 El convenio de 27 de noviembre de 1619 celebrado entre el gobernador de Chile y el padre Valdivia era, según parece, un documento de carácter privado entre ambos, y como tal no se comunicó al rey. A la muerte de don Lope de Ulloa se halló entre sus papeles el instrumento con este título: *Los puntos en que convinimos el padre Luis de Valdivia y yo por mayor y en particular son los siguientes*. En la Biblioteca Nacional de Madrid hallé una

Estando resuelto su viaje, el padre Valdivia delegó sus poderes en el padre Gaspar Sobrino, para que éste desempeñara sus funciones en Chile durante su ausencia. Queriendo, además, demostrar al rey con un testigo caracterizado las ventajas alcanzadas por la guerra defensiva, resolvió llevar en su compañía al capitán don Íñigo de Ayala, hombre de toda su confianza y a quien había hecho dar pocos días antes el título de maestre de campo. El gobernador suministró a éste una suma de dinero para que levantase tropas en la metrópoli.

A fines de noviembre, el padre Valdivia se ponía en viaje para España. Llevaba consigo una carta en que el gobernador de Chile hacía al rey los más ardientes elogios de los grandes servicios que el padre jesuita había prestado a la supuesta pacificación de Chile, y le pedía, con todo empeño, que le diese «para todo muy grata audiencia y el crédito que se debe a su persona».[176] A su paso por el Perú, recibió iguales manifestaciones de aprecio del virrey príncipe de Esquilache. Este alto funcionario se hallaba entonces ocupado en entender en la apelación que el cabildo de Santiago había entablado contra los decretos relativos a la supresión del servicio personal de los indígenas. Queriendo solucionar definitivamente esta cuestión, y en cumplimiento del encargo especial que para ello le había dado Felipe III, el virrey estaba trabajando una prolija ordenanza que al paso que suprimiera para siempre aquel impuesto de trabajo, lo reemplazara por una contribución en dinero en favor del encomendero o de la Corona, y reglamentase todos los derechos y garantías que se acordaban a los indios. Para llevar a cabo este trabajo, detuvo en Lima al padre Valdivia, utilizó todos los informes que éste pudo suministrarle, y entre ambos redactaron un verdadero código de setenta y tres largos artículos sobre el régimen de las encomiendas en el reino de Chile.[177] En mayo de 1620 partía del Callao el padre

---

copia de este documento hecha en Concepción en marzo de 1621 y autorizada por dos escribanos.

176 La carta del gobernador de Chile en recomendación del padre Valdivia, fue insertada por el padre Rosales en el capítulo 26 del libro VI de su *Historia*. Pero, sin duda, por un error de copia le puso la fecha de 27 de octubre de 1619, siendo que fue escrita el 27 de noviembre de ese año, el mismo día en que se firmó el convenio de que se habla en la nota anterior. El original de dicha carta se conserva en el Archivo de Indias, donde tomé la copia en que apoyo esta rectificación.

177 La ordenanza redactada por el príncipe de Esquilache y por el padre Valdivia fue sancionada por Felipe IV en 17 de julio de 1622. Ha sido publicada íntegra, pero con algunos errores tipográficos, por don Claudio Gay en las págs. 317-346 de su segundo tomo de *Documentos*.

Valdivia llevando consigo aquella ordenanza para que recibiese la sanción real, y las más entusiastas y ardorosas recomendaciones del virrey del Perú. Todo hacía presumir a ambos que aquel viaje iba a dar por resultado la glorificación de sus nombres y de sus trabajos.

Pero junto con esas recomendaciones fueron también a España en aquella ocasión informes de un carácter muy diferente, y que no podían dejar de ejercer una gran influencia en el ánimo del rey y de sus consejeros. Un antiguo magistrado, tan respetable por la rectitud y seriedad de su carácter como por sus buenos y leales servicios, se encargó de demostrar al rey el verdadero estado de las cosas de Chile, tal como él lo comprendía, para neutralizar los informes de los promotores y sostenedores de la guerra defensiva. Era éste el doctor Luis Merlo de la Fuente, oidor de la audiencia de Lima, antiguo gobernador de Chile y muy conocedor de cuanto se relacionaba con este país. En una larga carta escrita al rey en esas circunstancias, y fechada en Lima el 19 de abril de 1620, hacía una relación histórica de todos los sucesos ocurridos en los ocho años que llevaba de existencia la guerra defensiva, y se empeñaba en probar al rey los desastres que ella había producido. Recomendaba empeñosamente que no diera crédito a los informes que pudiese dar don Íñigo de Ayala, militar de poca importancia, hechura e instrumento dócil del padre Valdivia y, por tanto, interesado en dar una idea falsa de las cosas. Hablando del viaje de este último, Merlo de la Fuente, con el lenguaje de la más absoluta franqueza, explica sus causas de la manera siguiente: «El padre Valdivia ha querido ser el mensajero y procurador de sus intentos; y así va a ellos en esta armada, y lo que no se tiene por menos cierto es que como deja aquello (la guerra de Chile) en el último trance, no quiere correr el común trabajo en que deja a todos sino sacar gloria de cualquier desastre y que se diga que si él estuviera presente no sucedería. Y para entablar mejor sus cosas, va encargado de las del príncipe de Esquilache; y éste ha hecho por el padre Valdivia todo lo que pudiera hacer por su padre, acreditando sus acciones en el modo que por la creencia y despachos parecerá».[178]

Sin aguardar la confirmación del rey, y en virtud de los amplios poderes de que estaba investido, el virrey mandó que fuera publicada y obedecida en Chile, según contaremos en el capítulo siguiente.

178 Carta del doctor Merlo de la Fuente al rey, fechada en Lima el 19 de abril de 1620.

El inflexible doctor Merlo de la Fuente no se limitó a esto solo. Un mes después escribía nuevamente al rey sobre los negocios de Chile. «El padre Luis de Valdivia, de la Compañía de Jesús, le decía, no contento con los grandes daños que ha causado en aquel reino, casi consumido ya con los desmanes que se han seguido por su primer arbitrio de la afrentosa introducción de la guerra defensiva, trata de otro segundo y nuevo martirio con que se pierda todo, pretendiendo que la planta de la Audiencia que con tanto acuerdo y buen acierto me mandó Vuestra Majestad que fundase en la ciudad de Santiago, cabeza principal de aquella gobernación y corazón y medianía de todo aquel reino, se mude y pase a la ciudad de la Concepción, a donde dirá que tuvo asiento la primera audiencia que hubo en aquel reino.»[179] De allí pasaba a demostrar con poco método, pero con una ardiente convicción, el error que se cometería si se sacase la Audiencia de la capital. Se comprende que estos informes, emanados de un personaje que ocupaba tan alta posición, y al cual no se podía acusar fundadamente de obedecer a móviles interesados, debía ejercer una gran influencia en el ánimo de los consejeros del soberano. Más adelante habremos de ver el resultado de estas gestiones.

7. Tentativas del gobernador para hacer descubrimientos en la región austral del continente

El gobernador don Lope de Ulloa quedó en Chile entendiendo en los negocios de la guerra. Las correrías de los indios se repetían con más o menos frecuencia y, aunque de ordinario eran éstos rechazados, la intranquilidad de la frontera mantenía la alarma en las guarniciones. El gobernador, además, conociendo el peligro que había corrido en 1615 la ciudad de Concepción de un desembarco de los corsarios holandeses, estaba empeñado en fortificarla. Cooperando a este pensamiento, el príncipe de Esquilache le había enviado del Perú seis piezas de artillería, cuatro de ellas de bronce y dos de hierro,

---

179 Carta de Merlo de la Fuente al rey, escrita en Lima el 20 de mayo de 1620. Temiendo, sin duda, que su carta sufriera extravío o que no fuera leída, Merlo de la Fuente la repitió en 4 de abril y en 1 de noviembre de 1621, y en 11 de mayo de 1622. Las cuatro son exactamente iguales. Una de ellas se conserva original en la Biblioteca Nacional de Madrid, en un tomo de manuscritos rotulado C. c. 46.

y un operario que se proponía fundir cañones en Chile.[180] Pero estas obras, emprendidas en medio de otros afanes, tenían que marchar con mucha lentitud.

Desde tiempo atrás se había hablado de la conveniencia de fundar una nueva ciudad al otro lado de la cordillera de los Andes, y a espaldas de donde estuvo poblada Villarrica, como un medio de aislar a los indios de guerra cerrándoles el paso para las regiones orientales. Pedro Cortés, durante su permanencia en Madrid, había pedido al rey que autorizase esta empresa. El gobernador de Buenos Aires, Hernando Arias de Saavedra, que en años atrás había hecho una atrevida expedición al sur de esa provincia, recomendaba también este proyecto, al cual estaba, además, vinculada la esperanza de hacer un curioso descubrimiento. Se hablaba entonces mucho de la existencia de una ciudad o colonia establecida en la región del continente vecina al estrecho de Magallanes. En los primeros tiempos de la conquista, se había contado que era una población indígena, medianamente civilizada, y establecida en un país fértil en que, además, abundaban los metales preciosos, y al cual por el nombre de un soldado español a quien se atribuía el haber dado las primeras noticias, se la llamaba Lo de César.[181] Aunque las diversas expediciones emprendidas no habían dado resultado alguno, se continuaba hablando de la existencia de una ciudad misteriosa que denominaban de los Césares, habitada, se decía ahora, por los descendientes de los españoles que naufragaban en el estrecho en 1540 cuando la desgraciada expedición de Camargo, y de los que poblaron las ciudades fundadas en el mismo estrecho por Sarmiento de Gamboa en 1584.[182]

---

180 Carta de don Lope de Ulloa al rey, de 25 de marzo de 1619.
181 Véase lo que a este respecto hemos dicho en el capítulo 10 § 7 de la segunda parte de esta historia, al referir el viaje de Francisco de Villagrán en 1552.
182 La creencia en que existían en la región del sur esas poblaciones de españoles, aunque destituida de todo fundamento serio, era firme e inconmovible. El capitán don Diego Flores de León, en una carta dirigida al rey desde Concepción a 28 de febrero de 1621, le da cuenta de una de las tentativas hechas poco antes para descubrir esas ciudades, y le pide que a pesar del ningún éxito de esas empresas, mande continuar los reconocimientos. Allí expone los fundamentos de su propósito en los términos siguientes: «Treinta y un año ha he oído decir por cosa cierta en este reino que los españoles que se perdieron en el estrecho de Magallanes (de la expedición) del obispo de Placencia y los que se perdieron con el general Sarmiento de Gamboa habitan en una ciudad en cierta parte hacia la del sur, por tradición de indios recibida de esta y de la otra parte de la gran cordillera nevada. Y, aunque los gobernadores de este reino y de Buenos Aires han deseado saber la verdad, no se han atrevido a hacer el descubrimiento sin licencia de Vuestra Majestad por hallarse faltos de gente para este descubrimiento y otros de que se tiene por cierto que hay infinidad de

El gobernador don Lope de Ulloa, dando crédito a estas fabulosas leyendas, y deseando, además, reconocer el sitio en que pudiera fundarse la nueva ciudad, preparó a la vez dos expediciones, una por mar y otra por tierra.

En marzo de 1620 don Lope de Ulloa confió el cargo de corregidor de la provincia de Cuyo al capitán don Pedro de Escobar Ibacache. Diole la comisión de penetrar la tierra adentro por la región del sur, y de llegar si era posible a los lugares que se suponían poblados por españoles.[183] Fácil es imaginarse el desenlace de esa expedición. El diligente capitán Escobar no podía descubrir una ciudad que solo existía en la imaginación de sus contemporáneos. Sin embargo, ese mismo resultado, y probablemente los informes vagos e inconexos que daban los indios, estimularon dos expediciones subsiguientes, una de ellas emprendida por mar, de orden del gobernador de Chile, y otra por tierra, auxiliada por las autoridades españolas de Tucumán.

A consecuencia, sin duda, del ningún resultado de esa tentativa, preparó el gobernador a fines del mismo año una nueva expedición por las costas del Pacífico; pero eran tan escasos los recursos de que disponía, que casi no era posible esperar que ella produjese el más pequeño descubrimiento. En la ciudad de Castro, en Chiloé, se prepararon tres piraguas de indios, formadas «de tres tablas cosidas con hilo y cargadas de bastimentos», y embarcáronse en ellas cinco soldados españoles, llevando por cabo o jefe a Juan García Tao, piloto práctico, experimentado en la navegación de los canales del archipiélago, pero desprovisto de los conocimientos necesarios para fijar la posición geográfica de los lugares que visitara. Los expedicionarios salieron de Castro el 6 de octubre de 1620, y venciendo grandes dificultades, llegaron a las islas de Chonos. Allí se les juntaron algunos indios con otras dos piraguas, y siguieron su viaje hacia el sur. Durante dos meses, García Tao visitó las islas y costas vecinas, se internó en las tierras y llegó probablemente hasta el golfo que forma por su costado noreste la península de Taitao. Hostilizado por las familias de salvajes que halló

---

gente y riqueza... Será de grandísima importancia que Vuestra Majestad, como tan católico monarca, socorra a esos sus vasallos, y haga este descubrimiento de propósito para su remedio y para el de este reino, que se tiene por cierto se han multiplicado mucho esos españoles y están emparentados con los naturales de la tierra».

183 Esta expedición, que, como debe suponerse, no dio resultado alguno, fue denunciada al rey por el oidor don Cristóbal de la Cerda en carta de 14 de abril de 1620 como una violación de las leyes que prohibían hacer nuevos descubrimientos y conquistas sin autorización especial del soberano.

en aquellos lugares, traicionado por algunos de los indios que lo acompañaban, escaso de víveres, y víctima de otras contrariedades, se resolvió a dar la vuelta el 10 de diciembre. Traía consigo algunos indios de las islas más apartadas que visitó, para que sirviesen de guías en una nueva expedición, y volvía profundamente convencido de la existencia de las pretendidas ciudades españolas, a las cuales, decía, no había podido llegar por la escasez de sus recursos.[184] Pero cuando llegó a Chiloé, el gobernador Ulloa y Lemos acababa de morir, y sus inmediatos sucesores no miraron con igual interés este proyecto.

8. Desgracias ocurridas en los últimos meses del gobierno de Ulloa y Lemos; su muerte

Los últimos meses del gobierno de don Lope de Ulloa fueron señalados por calamidades de diversos géneros. «Este año (1620) ha sido muy trabajoso en este reino, decía el oidor decano de la Real Audiencia, por haber habido en él una peste general de sarampión y viruela así en españoles como en indios de que ha muerto gran suma de los dichos españoles, y entre ellos gente de cuenta, y gran cantidad de indios y mucha suma de ganados, porque hasta

---

184 Conservo en mis colecciones de documentos inéditos uno original y con la firma autógrafa de Juan García Tao, que tiene este título: «Ésta es la relación y viaje que hizo Juan García Tao hacia el estrecho de Magallanes en busca de la gente española que se decía estaba poblada hacia allá». Consta de tres grandes páginas de letra apretada; pero, aunque cuenta las aventuras y riesgos de la expedición, carece casi por completo de interés geográfico. Por lo demás, García Tao se manifiesta profundamente convencido de la existencia de las ciudades españolas, acerca de las cuales recogió, según refiere, algunas noticias de los indios. El capitán don Diego Flores de León, en la carta al rey antes citada, le da cuenta de este viaje y manifiesta la misma convicción. El gobernador don Pedro y Osores de Ulloa, dirigiéndose al soberano en una carta de 20 de abril de 1622, que ha sido publicada por don Miguel Luis Amunátegui en las págs. 416-419 del tomo II de *La cuestión de límites*, dice que según los informes que acababa de recoger, García Tao había navegado 80 leguas hasta estar «en la salida de los estrechos y canales a esta parte», pero que no halló más que salvajes. Sin embargo, agrega que se proponía enviarlo otra vez «con algún marinero de razón, que entienda de altura, con los instrumentos necesarios para tomarla, y que pueda marcar la tierra y saber dónde se halla». Osores de Ulloa no alcanzó a realizar este proyecto.
El padre Rosales, que escribía cerca de medio siglo después su *Historia general*, conoció, sin duda, una antigua relación de este viaje, y la ha contado en el libro I, capítulo 17, pág. 103 y siguientes, incurriendo, sin embargo, en algunas equivocaciones, como la de suponer que tuvo lugar en 1619.

los animales morían de peste.[185] Y después de esto fueron las aguas de este invierno pasado tan grandes que por cinco veces salió de madre el río de esta ciudad (Santiago) y la bañó toda, y estuvo a pique de no quedar casa en pie, porque fue tanta el agua que había por las calles que no se podía pasar si no era nadando por algunas, y las piedras mayores que un hombre las llevaba la corriente que iba por las calles. Y fue en tanto extremo que obligó a salir a las monjas de Santa Clara y San Agustín de sus conventos y llevarlas las Claras a la iglesia de San Francisco y las Agustinas a la catedral, por ser iglesia de piedra de cantería, a donde el provisor y algunos religiosos y yo con gente principal del pueblo las pasamos con harto trabajo y riesgo de las vidas. Aunque se cayeron muchas casas, se tiene por cierto que no quedara ninguna si no fuera por las grandes y extraordinarias diligencias que hice en hacer tajamar en el dicho río en ocho días, de madera y piedra, acudiendo por mi persona y las de mis criados, y otras del pueblo, que ayudaron a traer los bueyes, carretas y piedras con harto trabajo, porque ordinariamente estaba lloviendo, y todos los días me obligaba el mal tiempo a mudar vestidos tres o cuatro veces; y fue Dios servido que mi trabajo luciese, porque, aunque hablo en causa propia, es cosa cierta que el tajamar que hice hacer, fue parte para que la ciudad quedase en pie con esta defensa. Y seguro de que el río no saldría más, se volvieron las monjas a sus conventos. Por haber en este tiempo llevado un río muy caudaloso llamado Maipo la puente que tenía, por la cual se pasaba para las fronteras de la guerra, por no haber otro paso seguro para ir a ellas, y se acarreaba a esta ciudad para sustento muchos ganados y comidas, mediante así mismo mi buena diligencia y cuidado, hice que esta puente se volviese a hacer; la cual se hizo la mejor y más fuerte que en muchos años se ha hecho, y por no haberla se ahogaban muchas personas y ganados. Así, en lo referido como en el gobierno de esta república (ciudad) que por razón de mi oficio me ha tocado, y en el hacer que

---

185 Esta epidemia de viruela, que según el cronista Jerónimo de Quiroga, hizo 50.000 víctimas, lo que debe estimarse como una antojadiza exageración, comenzó en el otoño de 1619. A petición del cabildo secular, se hicieron solemnes rogativas religiosas a fines de abril de ese año, que según las ideas de ese tiempo eran el mejor medio de atajar el mal. La epidemia, sin embargo, siguió su curso natural y tomó, luego, proporciones mucho mayores. Hiciéronse nuevas rogativas a fines de julio, en los momentos en que la viruela comenzaba a decaer, coincidencia que debió ser explicada como el resultado de aquella fiesta religiosa. Sin embargo, la epidemia hizo su reaparición en el otoño siguiente, según refiere el documento que copiamos en el texto.

se reedifiquen y hagan las casas del Audiencia y cárcel de corte y vivienda en que viva el presidente, y por su ausencia el oidor más antiguo, como lo manda Vuestra Majestad y a muy poca costa he hecho y hago lo que un fiel ministro debe y es obligado en el servicio de Vuestra Majestad.»[186] Este documento traza en lenguaje desaliñado el cuadro completo de las penalidades y fatigas de aquellos días.

Mientras tanto, el gobernador Ulloa y Lemos se hallaba en Concepción seriamente enfermo. Aunque solo contaba cuarenta y ocho años, su mala salud le había impedido tomar personalmente parte en los trabajos de la guerra. A fines de 1620, sus males se agravaron sobremanera. Lo asistía un médico que según la ciencia española de la época, pronosticaba el desenlace de las enfermedades por las fases de la Luna; y este mismo médico pudo conocer que la muerte del gobernador era inevitable. El 24 de noviembre, conociendo que se acercaba el término de sus días, Ulloa y Lemos mandó extender el nombramiento de gobernador interino en favor del doctor don Cristóbal de la Cerda y Sotomayor, oidor decano de la Audiencia, con quien había sostenido largas y enojosas competencias. En medio de los dolores producidos por su enfermedad, don Lope de Ulloa pasó los últimos días de su vida en los actos y manifestaciones de la más acendrada devoción, y falleció en la mañana del 8 de diciembre de 1620. Su cadáver, sepultado ostentosamente en la iglesia de San Francisco de la ciudad de Concepción, como lo habían sido otros de sus predecesores, fue llevado más tarde al Perú por encargo de su viuda.[187] Los cronistas han hecho de su

---

186 Carta del oidor don Cristóbal de la Cerda al rey, Santiago, diciembre 4 de 1620.
187 El padre Rosales que ha contado extensamente la muerte de don Lope de Ulloa, se limita a decir, por única indicación acerca de su enfermedad, que sufrió muchos dolores y martirios, y se dilata en referir los actos de devoción de sus últimos días y los votos que hizo para el caso de sobrevivir a aquella dolencia, agregando que un año después de la muerte su cadáver estaba incorrupto y sin mal olor.
Es sensible que no nos hayan quedado noticias de otro orden para poder apreciar las causas de su enfermedad y de su muerte, y juzgar así del fundamento o inconsistencia de los rumores que circularon entonces, atribuyéndose el fin del gobernador a la acción de un veneno. Aunque más tarde tendremos que hablar del proceso a que esos rumores dieron lugar, debemos dejar aquí constancia de dos circunstancias que dejan ver que la salud de Ulloa y Lemos estaba en muy mal estado desde algunos meses atrás. En abril de 1620 el doctor Merlo de la Fuente escribía al rey desde Lima, que el gobernador de Chile «está ahora con poca salud y muy impedido para el buen uso de aquella guerra». En esos mismos días el maestre de campo don Íñigo de Ayala, que acababa de llegar de Chile, anunciaba en Lima que don Lope de Ulloa no podía vivir mucho tiempo más.

carácter los mismos pomposos elogios que prodigan a la mayor parte de los gobernadores; pero, cualesquiera que fuesen sus defectos, parece que estuvo adornado de una virtud que a juzgar por las frecuentes acusaciones que hallamos en los documentos, no debía ser común entre los mandatarios, capitanes y demás funcionarios de esa época, esto es, de la más escrupulosa y esmerada probidad. «Una cosa entre otras, dice el padre Alonso de Ovalle, he oído alabar en este gran caballero, muy digna de memoria, para ejemplo y enseñanza de los que manejan y traen entre las manos la real hacienda, y es la gran limpieza de las suyas, y la gran cristiandad con que hacía distribuir el real situado y socorro que se reparte todos los años a los soldados, sin consentir que ninguno de ellos fuese agraviado en defraudarle nada de su sueldo.»[188] Su empeño en impedir las especulaciones fraudulentas en la provisión y vestuario de las tropas fue causa de que los soldados gozasen bajo su gobierno de una condición mejor, y de que el situado alcanzase para satisfacer todas las necesidades públicas.

9. Expedición holandesa de Shouten y Le Maire: descubrimiento del cabo de Hornos y de un nuevo derrotero para el Pacífico

El período histórico de que hemos dado cuenta en el presente capítulo fue señalado por dos expediciones partidas de Europa que si no tuvieron influencia directa en las costas de Chile, adelantaron el conocimiento de la geografía de esta parte de nuestro continente.

A poco de haber partido de Holanda la expedición de Spilberg, que hemos referido en el capítulo anterior, se preparó allí mismo otra que debía alcanzar más alto renombre. Los privilegios concedidos a la Compañía de las Indias Orientales, para asegurar a ésta el monopolio del comercio, prohibían a todos los holandeses que no estuvieran al servicio de ella, el doblar el cabo de Buena

---

En una carta escrita al rey, a 28 de febrero de 1621, el capitán don Diego Flores de León, le da cuenta de la muerte del gobernador, y agrega: «Quiso dejarme a mí gobernando en su lugar, fiado de mi mucha plática y experiencia, valiéndose de una cédula real de Vuestra Majestad despachada para Alonso García Ramón, y porque no se acabó de determinar si sus sucesos lo pueden hacer, no lo hizo. Y porque el oidor don Cristóbal de la Cerda le escribió su derecho, alegando su antigüedad y consecuencia de los gobernadores García Ramón y Alonso de Ribera, que nombraron los oidores más antiguos, y por excusar pleitos y diferencias, le nombró gobernador y capitán general». Flores de León pide enseguida al rey que dé una resolución definitiva sobre la materia.

188 Ovalle, *Histórica relación*, libro VII, capítulo 7, pág. 297.

Esperanza o el llegar a las Indias pasando por el estrecho de Magallanes. Algunos comerciantes a cuya cabeza estaba Isaac le Maire, capitalista emprendedor y amigo de las expediciones lejanas, organizaron otra asociación a que dieron el nombre de Compañía Austral, y obtuvieron en marzo de 1614 la patente que la autorizaba para emprender viajes bajo la protección de la bandera holandesa.

La nueva compañía equipó dos naves que tripuló con gente animosa y resuelta, y que proveyó convenientemente. La más grande de ellas era de 360 toneladas, y la otra de solo 110. El mando de la expedición fue confiado a Jacob le Maire (hijo de Isaac), pero se puso a su lado un piloto de gran experiencia llamado Wilhelm Cornelisz (Guillermo Cornelio) Shouten. Terminados sus aprestos, zarparon del puerto de Texel el 14 de junio de 1615. El plan del viaje era conocido solo de los dos jefes de la expedición; pero cuando el 25 de octubre, después de atravesar la línea equinoccial, anunciaron a sus compañeros que iban a buscar un nuevo paso para los mares del sur a fin de llegar a la India, las tripulaciones se llenaron de contento soñando en los beneficios que podían reportar de aquella empresa.

En nuestro tiempo nos parece tan sencilla la ejecución del proyecto de los marinos holandeses que casi no acertamos a creer que hubiera ofrecido dificultades de ningún género. Algunos de los exploradores anteriores habían recogido los datos suficientes para pensar que al sur de la Tierra del Fuego se extendía un mar abierto. Magallanes había creído que las tierras que se levantaban al sur del estrecho eran una isla. Otros navegantes posteriores, y entre ellos Francisco Drake, habían tenido motivos más fundados todavía para confirmarse en esta opinión. Uno de los pilotos de la expedición de Cordes, Dirick Gherritz, como contamos en otra parte,[189] había navegado ese mar en 1599 y llegado hasta la latitud austral de 64°. Pero esas exploraciones eran imperfectamente conocidas o desconocidas del todo. Los geógrafos continuaban representando la Tierra del Fuego como parte de un vasto continente austral que se extendía hasta el polo, y que no ofrecía paso alguno entre los dos grandes océanos. Le Maire y Shouten intentaron buscar ese camino, y la fortuna recompensó su perseverancia y sus esfuerzos.

---

189 Véase el capítulo 16, § 5 de la tercera parte de esta historia.

No tenemos para qué referir aquí todas las peripecias de este viaje. Los holandeses perdieron el menor de sus buques por un incendio que se produjo en él cuando lo carenaban el 19 de diciembre en el puerto Deseado; pero esta desgracia no los desanimó en sus propósitos. El 13 de enero de 1616, cuando hubieron renovado su provisión de agua y recogido todo lo que fue posible salvar del buque incendiado, se hicieron nuevamente a la vela. Siguiendo la prolongación de la costa oriental de la Tierra del Fuego, se encontraron el 24 de enero a la entrada de un canal que parecía medir 8 leguas de ancho. La corriente les hizo comprender que había allí un paso para el otro mar. A la izquierda la tierra estaba cubierta de yerbas verdes, y recibió de los holandeses el nombre de los Estados, en honor de la república o estados de las provincias unidas de Holanda, y formaba la isla que hasta ahora conserva esa denominación. A la derecha no se veían más que rocas cubiertas de nieve, país triste al cual llamaron Mauricio de Nassau, en memoria del jefe de la república, denominación que no ha conservado aquella parte de la Tierra del Fuego. Favorecidos por el viento norte, los exploradores penetraron al día siguiente por ese canal, y continuando su navegación hacia el suroeste, se hallaron el 29 de enero delante de un cabo formado por dos montañas puntiagudas. En honor de la ciudad holandesa de Horn, donde se había organizado la expedición, los exploradores dieron a ese promontorio, que parecía ser el término austral de América, el nombre de cabo de Horn. Habiéndolo doblado con toda felicidad, se encontraron por fin en el océano Pacífico. En consejo de los capitanes y pilotos de la expedición, celebrado el 12 de febrero de 1616, se acordó que el estrecho que les había dado paso, se llamara de Le Maire, para honrar así al jefe que los había guiado por ese camino.

Shouten y Le Maire no tocaron en ningún punto de la costa continental de Chile. El 1 de marzo estuvieron delante de las islas de Juan Fernández, pero no les fue posible desembarcar. Enseguida dirigieron su rumbo a los mares de Asia donde les esperaban nuevas aventuras, y la confiscación de su nave por orden de las autoridades holandesas. Al fin, en diciembre de 1616 se embarcaron en la escuadrilla de Spilberg para regresar a Holanda. Le Maire falleció a los pocos días (31 de diciembre); pero Shouten y sus compañeros, con la sola pérdida de cuatro hombres, muertos en el curso de la navegación, llegaron a la patria el 1 de julio de 1617 después de un viaje de dos años en que habían dado una vuelta al mundo, explorando muchas islas desconocidas en los mares orientales, y hallado un camino nuevo para pasar al océano Pacífico, que no ofrecía los peligros y dilaciones del estrecho de Magallanes. Ese descubrimiento fue saludado en todas partes como un suceso que honraba a la marina naciente de Holanda, que importaba un gran progreso de las ciencias geográficas y que abría un paso más fácil y expedito al comercio del mundo.[190]

10. Exploración de la misma región por los hermanos Nodal

La noticia de este descubrimiento produjo en España más impresión que las depredaciones que en los años anteriores habían ejecutado los holandeses en las costas del Pacífico. El nuevo camino que acababa de hallarse, si bien podía facilitar el comercio de la metrópoli con sus más apartadas colonias, abría a la navegación de todas las banderas la entrada de los mares en que España quería dominar sola y sin competidores.

Deseando certificarse de la verdad del descubrimiento, y recoger informes seguros sobre ese nuevo camino, el Consejo de Indias resolvió el mismo año de 1617 que sin tardanza se despachara una expedición española para aquellos lugares. Aprobada esta determinación por el rey, se mandó que a toda prisa se

---

[190] Nada demuestra mejor la impresión que produjo en Europa este descubrimiento que las numerosas ediciones y traducciones que entonces se hicieron de las relaciones de ese viaje memorable. En pocos años circulaban en holandés, en latín, en francés, en alemán, en inglés y hasta en español. Pero, aunque Shouten había firmado el acta en que se dio el nombre de Le Maire al estrecho recién descubierto, él y sus amigos pretendían que la gloria de la empresa era suya, y de allí provino que esas relaciones, de acuerdo con los hechos, no lo estén en algunas apreciaciones, y que ofrezcan diferencias. La indicación bibliográfica de esas diversas obras o ediciones, no puede hacerse por esto mismo sino con alguna prolijidad, y nos obligaría a llenar muchas páginas de interés subalterno en nuestro libro. Por otra parte, este análisis se halla en las obras citadas del comandante Burney (tomo II, págs. 357-361), de Camus (pág. 147 y siguientes), y de una manera más completa todavía en el libro de Tiele, *Mémoire bibliographique*, Amsterdam, 1867, págs. 40-63.

En nuestra historia no nos era posible entrar en más pormenores acerca de este viaje; y por eso nos hemos limitado a señalar el descubrimiento del nuevo camino al Pacífico por el cabo de Horri o de Hornos. Sin embargo, no hemos querido escribir estas páginas sin tener a la vista los documentos primitivos, y para ello nos hemos guiado por dos de esas relaciones, la una titulada *Journal et miroir de la navigation australe* etc., publicada en Amsterdam en 1622; y la otra más abundante en pormenores, que se halla inserta en el tomo VII del *Recueil des voyages de la compagnie des Indes*. A ninguna de ellas es posible señalar autor determinado; pero ambas dejan ver que fueron formadas sobre los diarios de navegación, agregándoles los incidentes que recordaban algunos de los expedicionarios.

construyeran en Lisboa dos carabelas, embarcaciones pequeñas de ochenta toneladas cada una, pero dispuestas para un viaje rápido. Confiose el mando de ellas a dos diestros pilotos de Pontevedra en Galicia, los hermanos Bartolomé García de Nodal y Gonzalo de Nodal, que servían en la armada del rey, y que se habían distinguido en la navegación y en la guerra marítima.

Antes de ocho meses estuvo todo listo para el viaje. Las dos carabelas, bien provistas de víveres, fueron armadas con cuatro piezas de artillería, cuatro pedreros y algunos arcabuces y mosquetes. Diose a cada una la tripulación de cuarenta hombres, en su mayor parte portugueses enganchados por fuerza en los arsenales de Lisboa, y a los cuales, sin embargo, se les pagó el sueldo adelantado de diez meses; y se buscaron, entre los marinos que afluían a ese puerto, a algunos pilotos flamencos, tanta era la reputación que éstos habían adquirido como navegantes. El cargo de jefe de ellos, o de piloto mayor, fue confiado a don Diego Ramírez Arellano, cosmógrafo español de cierta reputación. Los marinos españoles, además, alcanzaron a proveerse de los diarios del viaje de Shouten y Le Maire que acababan de publicarse en Holanda, con la indicación de su derrotero y con mapas que, dado el estado de la cartografía en esa época, pueden considerarse excelentes. El rey, por otra parte, había encargado a sus gobernadores del Brasil, de Buenos Aires, del Perú y de Chile que prestasen a los exploradores españoles todos los socorros y las indicaciones que pudieran necesitar, de manera que éstos emprendían el viaje bajo los auspicios más favorables.

Las dos carabelas partieron de Lisboa el 27 de septiembre de 1618. El 15 de noviembre entraban en la bahía de Río de Janeiro para reparar algunas averías y renovar sus provisiones. Los capitanes españoles hicieron encerrar a sus marineros en la cárcel de la ciudad para evitar la deserción; y eficazmente ayudados por el gobernador, terminaron en breve sus trabajos y pudieron continuar su viaje el 1 de diciembre. A pesar de que navegaban por un mar bastante conocido, los exploradores españoles no descuidaron ninguna precaución, practicaban frecuentes sondajes y hacían todas las observaciones convenientes. Así, pues, pasando sin ninguna novedad a mediados de enero de 1619 por enfrente de la embocadura oriental del estrecho de Magallanes, se hallaron el 22 de ese mismo mes a la entrada del canal que iban a buscar. En honor de san Vicente mártir, cuya fiesta celebra la Iglesia ese día, los hermanos Nodal dieron al estrecho de Le Maire el nombre de ese santo, cuya denominación, aunque consignada en algunas cartas geográficas de la época, ha quedado solo a un cabo de la costa vecina de la Tierra del Fuego. Siguiendo el rumbo trazado por los holandeses, el 6 de febrero se hallaron en frente del cabo de Hornos, al cual dieron el nombre de San Ildefonso, que tampoco ha prevalecido;[191] pero bajando un poco más al sur, hasta una latitud que estimaron en 56° 40', los exploradores españoles descubrieron un grupo de islas, a las cuales llamaron islas de Diego Ramírez en honor del cosmógrafo de la expedición. Hasta siglo y medio más tarde, esas islas eran representadas en las cartas geográficas como las tierras más australes entonces conocidas.

Los Nodal cambiaron allí su rumbo hacia el noroeste. Todo parecía favorecer la suerte de esta expedición. El 25 de febrero se hallaban las dos carabelas en la boca occidental del estrecho de Magallanes, sin haber experimentado otros inconvenientes que las lluvias y granizo que en aquellas latitudes caen en todos los meses del año. Penetrando en él con rara fortuna, continuaron sin mayores contrariedades la navegación de esos canales en que otros exploradores habían tenido tanto que sufrir. En ellos renovaron una parte de sus víveres, haciendo provisiones de mariscos y de pingüinos o pájaros niños; y el 13 de marzo llegaron con toda felicidad a la boca oriental del estrecho. En la continuación de su viaje, tocaron en algunos puntos de la costa del Brasil y entraban el 9 de julio de 1619 en el puerto de Sanlúcar de Barrameda. «Fue Dios servido, dice la relación oficial de este viaje, que con pasar tanta diversidad de temples, variedades de cielos, mudanzas e inclemencias de sus movimientos por tan varias regiones, ya frías, ya cálidas, ya con excesivas destemplanzas, no solo no murió ninguno, pero los que iban enfermos volvieron sanos.»[192] Las gentes que oían referir

---

191 Estas exploraciones distaban mucho de ser tan prolijas como se necesitaba para conocer las complicadas ondulaciones de aquellas costas. Según los itinerarios de Shouten y Le Maire, y según el de los Nodal, el cabo de Hornos era el promontorio austral de la isla de la Tierra del Fuego; y así se encuentra dibujado en sus cartas respectivas. La expedición holandesa mandada por el almirante L' Hermite adelantó considerablemente en 1624 la exploración de esos archipiélagos.

192 Aunque la expedición de los hermanos Nodal ha sido referida en varias ocasiones con bastante exactitud, y, aunque en nuestro libro no nos es posible entrar en más amplios pormenores, hemos tomado por guía al escribir estas páginas el mismo diario de la navegación de aquellos capitanes. Se publicó éste en Madrid, en 1621, en un pequeño volumen en 4º que lleva este título: *Relación del viaje que por orden de Su Majestad y acuerdo del real consejo de Indias hicieron los capitanes Bartolomé García de Nodal y Gonzalo de Nodal hermanos,*

las ocurrencias de este viaje no podían persuadirse de que en menos de diez meses las dos carabelas que mandaban los hermanos Nodal hubieran hecho una exploración tan lejana.

Felipe III se hallaba entonces en Lisboa viviendo en medio de las aparatosas fiestas que constituían la ocupación habitual de su reinado. Allí recibió a los Nodal y al cosmógrafo Diego Ramírez, y oyó de sus labios la relación de todos los incidentes del viaje. Presentaron éstos al soberano muchas pieles de lobos marinos cogidos en la extremidad austral de América, algunas aves vivas y las armas y adornos que habían obtenido de los salvajes de la Tierra del Fuego en retorno de las mercaderías europeas que les dieron. El piadoso monarca debió experimentar una grata satisfacción al oír contar que los capellanes de la expedición enseñaron a algunos de esos salvajes «los esclarecidos nombres

---

naturales de Pontevedra, al descubrimiento del estrecho de San Vicente y reconocimiento del de Magallanes, con una carta geográfica de la región explorada. Habiéndose hecho sumamente raro este libro, se hizo una segunda edición en Cádiz en 1766, que también ha llegado a ser muy escasa.

En 1622 se publicó en Amsterdam, como apéndice del viaje de Shouten y Le Maire que hemos citado más atrás, una relación del viaje de dos carabelas que salieron de Lisboa en octubre de 1618 y volvieron a Sevilla en agosto de 1619 bajo el mando del capitán don Juan de More a reconocer el estrecho de Le Maire. Esta relación coincide en casi todos sus accidentes con la de los hermanos Nodal, aunque es mucho más corta, y no deja lugar a duda de que ambas se refieren a la misma expedición.

¿Quién era don Juan de More? Se ha supuesto que debía ser uno de los pilotos flamencos embarcados en la escuadrilla de los Nodales, pero, aunque éstos no los nombran, se sabe por otros documentos que eran tres, y que se llamaban Juan de Witte, Valentín Jansz y Pedro Miguel de Catdoule. Todo nos induce a creer que la relación publicada en Holanda fue escrita por alguien que tenía noticias muy incompletas del viaje de los Nodal, y que escribiendo sobre esos datos, incurrió en algunos errores de detalle, uno de los cuales sería el nombre de pura invención dado al jefe de la expedición.

Sin embargo, don Dionisio de Alcedo, en su Aviso histórico, § XVI, que hemos citado en el capítulo anterior, y del cual hemos dicho que es un libro lleno de errores, acepta la historia del viaje de Juan de More, llama a éste «Juan Morel, inteligente náutico», y refiere que hizo su expedición en 1617 y que a su vuelta fue despachado, con el mismo destino, Bartolomé García Nodal. Todo esto es absolutamente antojadizo, está en contradicción con los documentos y deja ver que Alcedo no conocía ni la relación española ni la holandesa del viaje de que se trata.

El error de Alcedo ha sido exagerado por otros escritores posteriores. Así, dejándose engañar por la redacción anfibológica de una biografía del príncipe de Esquilache publicada en el tomo IX del *Parnaso español* de López de Sedano, el editor de la reimpresión de la obra de Alcedo refiere que el supuesto Juan Morel salió del Perú a reconocer el estrecho descubierto por Shouten y Le Maire.

de Jesús y María, y otras oraciones que repetían con facilidad y con expedita lengua».**193** En el primer momento se pensó en aprovechar el camino recién explorado para el envío de flotas a las Filipinas y para el comercio de la metrópoli con sus colonias del Pacífico, y se habló de equipar una escuadra para que hiciera ese viaje; pero luego se olvidaron esos proyectos; y como veremos más adelante, pasó todavía cerca de siglo y medio para que el comercio español utilizara esa ruta.

---

193 Matías Novoa, ayuda de cámara de Felipe III, que entonces debía hallarse en Lisboa, ha dado cuenta minuciosa del recibimiento que se hizo en la Corte a los hermanos Nodal, haciendo a la vez un resumen de su viaje, en el segundo tomo de sus Memorias, publicadas como hemos dicho con el título de *Historia de Felipe III*. Véase el tomo 61 de la Colección de documentos inéditos para la historia de España, pág. 231 y siguientes. El viaje de los Nodal se halla, además, contado con bastante exactitud en las obras citadas del padre Rosales, *Historia general del reino de Chile*, libro I, capítulo 12; de De Brosses, *Histoire des navigations*, tomo I, págs. 421-425; de Juan de Laet, *Description des Indes occidentales*, libro XIII, capítulo 12; de Vargas Ponce, *Relación del último viaje*, etc., págs. 259-64 y del almirante Burney, *Chronological history*, tomo II, capítulo 21.

Capítulo V. Interinato del doctor don Cristóbal de la Cerda; gobierno de don Pedro Osores de Ulloa (1620-1624)

1. Toma el gobierno interino del reino el oidor don Cristóbal de la Cerda y Sotomayor. 2. Los contrastes militares lo inducen a representar al rey contra la guerra defensiva. 3. Publícase la ordenanza que suprime el servicio personal de los indígenas. 4. Fin del gobierno interino del oidor Cerda: el virrey del Perú envía a don Pedro Osores de Ulloa con el cargo de gobernador de Chile. 5. El gobernador se pronuncia resueltamente contra la guerra defensiva. 6. Sus primeros actos militares y administrativos: manda hacer una campaña en el territorio enemigo. 7. El padre Valdivia abandona en España la dirección de la guerra de Chile. 8. El maestre de campo don Íñigo de Ayala consigue organizar en la metrópoli un refuerzo de tropas. 9. Fin desastroso de esta expedición. 10. Campaña de la escuadra holandesa de Jacobo L' Hermite en el Pacífico. 11. Últimos actos administrativos del gobernador Osores de Ulloa; su muerte.

1. Toma el gobierno interino del reino el oidor don Cristóbal de la Cerda y Sotomayor

En la noche del 12 de diciembre de 1620 llegaba a Santiago la noticia de haber fallecido cuatro días antes en la ciudad de Concepción el gobernador don Lope de Ulloa y Lemos. El mensajero que la comunicaba traía consigo dos documentos de gran importancia, la designación que el finado había hecho en la persona del doctor don Cristóbal de la Cerda para que lo reemplazase en el mando, y la certificación oficial de que don Lope de Ulloa había dejado de existir, firmada por el escribano y secretario de gobierno Pedro de Ugarte de la Hermosa.

Ese nombramiento, como el que Ribera había hecho tres años antes, estaba fundado en una real cédula de 1607 por la cual Felipe III había autorizado a Alonso García Ramón para nombrar su sucesor. Pero, como esa autorización era personal y circunscrita a un caso determinado, necesitaba ser revisada y confirmada por la Real Audiencia. En esos momentos, este alto tribunal no constaba más que de un solo miembro. Los otros oidores habían muerto hacía poco, y el fiscal se hallaba en Lima en desempeño de una comisión que le había confiado el rey.[194] El único sobreviviente era el doctor don Cristóbal de

---

[194] Entre 1618 y los primeros días de 1619 fallecieron en Santiago los oidores licenciados Pedro Álvarez de Solórzano, Juan Cajal y Hernando Talaverano Gallegos. El fiscal licenciado

la Cerda, el mismo en cuyo favor había hecho su nombramiento el gobernador finado. Esto no impidió la tramitación ni el pronto despacho de este negocio. El día siguiente, domingo 13 de diciembre, el oidor Cerda, usando del sello real de la Audiencia y del nombre y representación del rey, como acostumbraba hacerlo el supremo tribunal, confirmó su propio nombramiento. En la tarde del mismo día, el cabildo de Santiago, reunido expresamente para ello, le recibió el juramento de estilo y, sin poner problema alguno, lo reconoció en el carácter de gobernador interino de Chile.[195]

El doctor don Cristóbal de la Cerda y Sotomayor, aunque solo contaba treinta y cinco años de edad, tenía más de diez de servicios en la magistratura y gozaba por sus antecedentes de cierto prestigio. Era mexicano de nacimiento, y se enorgullecía recordando que sus antepasados habían sido del número de los primeros conquistadores de la Nueva España. Después de terminar sus estudios de jurisprudencia civil y canónica en la célebre Universidad de Salamanca, y de obtener el título de doctor en ambos derechos, había servido en diversos cargos judiciales. Fue alcalde de sala y fiscal suplente de la Audiencia de Sevilla; y en 1610 desempeñó las funciones de comisario de la expulsión de los

---

Hernando Machado se hallaba entonces en Lima encargado de residenciar a dos altos funcionarios.

El poder que la Audiencia se atribuía para revisar el nombramiento del sucesor del gobernador, y que había usado en 1617, parecía desprenderse de la misma real cédula de 1607. El rey había autorizado por ella a García Ramón para que nombrase a su sucesor, pero declaraba que si éste hubiera muerto sin haberlo hecho, lo hiciera la Real Audiencia que había mandado establecer en Chile.

[195] Los documentos que se refieren al nombramiento del doctor don Cristóbal de la Cerda, han sido publicados por don Miguel L. Amunátegui en las págs. 380-384 del tomo II de *La cuestión de límites*. El oidor Cerda, dando cuenta de estas ocurrencias al rey y al virrey del Perú en marzo de 1621, dice que para confirmar su propio nombramiento, y por no haber otro oidor en la Audiencia, se acompañó de tres abogados de Santiago, Francisco Pastene, Francisco de Escobar y el doctor Molina; pero la firma de éstos no aparece en la resolución dada en nombre del supremo tribunal.

Uno de los primeros actos administrativos del oidor Cerda fue anular un nombramiento hecho por su predecesor. Postrado en su lecho y próximo a morir, don Lope de Ulloa había nombrado corregidor de Santiago al contador Juan Bautista de Ureta, con quien lo ligaba desde veinticinco años atrás una estrecha amistad contraída en México. Por provisión de 24 de diciembre de 1620, el gobernador Cerda declaró que ese nombramiento era nulo por cuanto recaía en un individuo muy allegado del que lo firmaba; y en ejercicio de la autoridad de que estaba investido, confió ese cargo a don Fernando de Irarrázabal y Andía, caballero de la orden de Alcántara, chileno de nacimiento acreditado por algunos servicios al rey.

moriscos de Andalucía. Poco más tarde fue trasladado a América con el título de oidor de la real audiencia de Santo Domingo, y en 1617 recibió la orden de trasladarse a Chile a desempeñar el mismo cargo en la audiencia de Santiago. Este último viaje había sido para él origen de las más penosas aventuras. El buque en que salió de Santo Domingo fue apresado por unos piratas ingleses que ejercían sus depredaciones en el mar de las Antillas. El doctor Cerda y su familia fueron despojados de cuanto llevaban, y por fin abandonados en la playa de Puertobello, donde tuvieron que sufrir grandes penalidades y miserias antes de llegar al Perú. Aunque socorrido allí generosamente por el arzobispo de Lima, sufrió una enfermedad de un año de que salvó al fin, pero que le costó la pérdida de la nariz.[196]

Al llegar a Chile en marzo de 1619, don Cristóbal de la Cerda, encontró que la Real Audiencia había cesado de funcionar por muerte de todos los oidores. Acompañándose del fiscal y de algunos de los abogados que halló en Santiago, reinstaló el tribunal, según lo dispuesto en las ordenanzas reales para casos semejantes. Por lo demás, eran tan pocos los litigios que entonces se ventilaban ante ese tribunal, que en su primera comunicación al rey le pidió que lo suprimiera o que dilatara su jurisdicción comprendiendo en su distrito las gobernaciones de Tucumán y de Paraguay. En su correspondencia con el

---

[196] Todos estos antecedentes biográficos acerca del doctor don Cristóbal de la Cerda están tomados de sus cartas al rey en que hace y repite la enumeración de sus servicios para pedir que se le premien con una renta vitalicia o con un destino productivo. Cuenta allí que los piratas le robaron más de 30.000 ducados, dejándolos a él y los suyos en camisa, que sabiendo que había sido oidor en Santo Domingo, el capitán inglés quiso ahorcarlo; «y lo dejó de hacer, agrega, por las lágrimas y ruegos de doña Sebastiana de Avendaño, mi mujer, la que estando en vísperas de parir, padeció muy grandes trabajos, y muy malos tratamientos, teniéndonos más de catorce días cautivos, dejándonos en suma pobreza, pues fue necesario pedir limosna, no hallando, como no hallé, en Puertobello lugar donde pariese la dicha mi mujer, que desembarcó descalza y en la mayor miseria del mundo, y vino a parir a la puerta de un pulpero, el cual de compasión la vino a recoger buscando limosna para que se vistiese, y para que ella y yo, que del mal tratamiento venía muy enfermo, y toda la gente de mi casa pudiésemos comer». Carta de 4 de abril de 1623. «De estos trabajos, dice en otra carta, me sobrevino una grave enfermedad, que si de limosna vuestro arzobispo de los Reyes no me socorriera, pereciera a causa de que como escribían que me estaba muriendo y robado, no hallaba a crédito ni de otra manera quién me socorriese con ninguna plata, y estuve un año curándome en Lima ya desahuciado de los médicos, de la cual enfermedad vine a perder las narices. Por cuya causa me empeñé en muchos ducados, de manera que en muchos años no podré salir de este empeño.» Carta de 10 de mayo de 1621.

rey, el oidor Cerda ha contado un incidente característico de las costumbres y de la administración de esa época. «Luego que llegué a esta ciudad (Santiago), dice, por bando público mandé apregonar, y se apregonó, debajo de graves penas que puse, que ningunas personas que tuviesen pretensiones, se valiesen para ellas de ningún criado mío, esclavos ni allegados de mi casa por vía de promesas, ni de otra manera directa ni indirectamente, con apercibimiento que además de las penas pecuniarias que impuse, quedarían inhábiles las tales personas para no recibir merced en nombre de Vuestra Majestad, y serían castigadas, y los dichos mis criados con rigor y pública demostración.»[197] Por hallarse el gobernador don Lope de Ulloa ocupado en los afanes de la guerra, el oidor Cerda asumió el gobierno civil. En este doble carácter tuvo que sostener complicadas competencias, que hemos recordado antes, con las autoridades eclesiásticas y con el mismo gobernador. En ellas desplegó un carácter resuelto, y si se quiere inclinado a las rencillas, pero también manifestó gran actividad en el servicio público durante las avenidas de que fue víctima la ciudad en 1620, y en la construcción de algunas obras públicas, género de trabajos a que era muy inclinado. Desempeñando interinamente el gobierno del reino, iba a señalarse por las mismas propensiones, así como por su ambición de conservar el mando en propiedad o por adquirir otro puesto lucrativo.

2. Los contrastes militares lo inducen a representar al rey contra la guerra defensiva

A los pocos días de haberse recibido del gobierno, llegaron a Santiago las noticias más alarmantes de la frontera de guerra. Un indio llamado Lientur, que había dado la paz a los españoles, y que vivió entre ellos como auxiliar, se había fugado hacía poco al enemigo y preparado audacísimas expediciones contra los fuertes. Los capitanes que en ellos mandaban, pedían que el gobernador marchase pronto al sur a tomar el mando de las tropas, y que llevase todos los socorros que le fuese posible reunir. Aunque ajeno al ejercicio de las armas, el doctor Cerda no vaciló en salir a campaña y, al efecto, reunió una columna de 130 hombres para auxiliar a las guarniciones del sur. Poniendo en juego toda su actividad, despachó aceleradamente los asuntos más premiosos que se tramitaban ante la Audiencia, y cerró este tribunal por el tiempo que debía hallarse en

---

[197] Carta citada del gobernador Cerda al rey, de 10 de marzo de 1621.

campaña, dejando al licenciado Francisco Pastene el título de juez de provincia, y el encargo de tramitar en primera instancia las causas que se presentaran.[198] Terminados estos arreglos, el 15 de enero de 1621 se ponía en marcha para el sur acompañado de las tropas que había reunido y de algunos militares de importancia que debían servirle de consejeros en los negocios de guerra.

En su marcha recibió otras noticias que le confirmaban la gravedad de los sucesos del sur. Reducciones enteras de indios que se decían de paz, se habían sublevado. Los indios, en número de 1.600, habían pasado el Biobío y acercádose a los cuarteles de Yumbel, donde se robaron algunos caballos, sin que los españoles, escasos de tropas, se atrevieran a perseguirlos. Estas correrías del enemigo siguieron repitiéndose todo ese verano, y en algunas ocasiones alcanzó éste señaladas ventajas sobre los destacamentos españoles, entre otras la toma de un fortín situado al norte del Biobío en que perecieron diez soldados y muchos indios auxiliares, sin que fuera posible castigar a los agresores (25 de marzo de 1621). En vista de esta situación, el gobernador había consultado el parecer de los capitanes del ejército. Reunidos algunos de éstos en Concepción el 15 de marzo, contestaron uno a uno los diversos puntos sobre los cuales se les pedía su opinión, y en esas respuestas no solo se oponían a la despoblación de otros fuertes sino que se pronunciaban resueltamente contra la guerra defensiva, a que atribuían la crítica situación del reino.[199] El goberna-

---

[198] Carta del gobernador Cerda al rey, de 10 de marzo de 1621. Ídem al virrey del Perú, de 14 del mismo mes y año. Acuerdo del cabildo de Santiago de 15 de enero de 1621, a fojas 144 del libro 9.

[199] El acta del acuerdo celebrado por los capitanes en Concepción el 15 de marzo de 1621, contiene la contestación a veintiún puntos diferentes sobre los cuales les había pedido informe el gobernador. Casi todos ellos envuelven una censura contra el sistema de guerra defensiva o contra lo que el padre Valdivia debía pedir al rey en virtud del convenio hecho con don Lope de Ulloa y Lemos. Así, los capitanes encontraban perjudicial al interés público la proyectada traslación de la Real Audiencia a la ciudad de Concepción. Contestando si debían cumplirse a los indios de guerra las promesas que se les habían hecho de despoblar algunos fuertes, los capitanes respondieron lo que sigue: «14. En lo que toca a que se cumpla con los indios lo que se les ha mandado ofrecer, hánseles dado muchos prisioneros sin rescate y mucho vestuario a costa de Su Majestad y cuanto se les ha ofrecido en su real nombre se ha cumplido; y de su parte no han cumplido palabra por ser gente de behetría, ni tener rey ni superior a quien respetar, y nos han hecho una guerra muy grande, sorda, en cuadrillas a descabalgarnos y llevarse los caballos, que es nuestra fuerza; y al descubierto han venido muchas veces como arriba se refiere, con fuerza de gente sobre nuestras fronteras. El reparo es que Su Majestad socorra a este reino con gente, de suerte

dor interino creyó de su deber el dar al rey una opinión franca y resuelta sobre los resultados que producía la llamada guerra defensiva. «No deja de causarme admiración, le decía, que estando este reino en la mayor contingencia que ha tenido de perderse después que se descubrió, hayan ido al Consejo informaciones de que está todo de paz, y que si no es unos ladroncillos, no hay otros que nos den pesadumbres. Lo contrario consta por lo que aviso en esta carta, y por las informaciones que van con ella, y estoy informado de que muy de ordinario estos indios se nos han desvergonzado, no guardando cosa que hayan quedado de cumplir por no conocer el bien y merced grande que Vuestra Majestad les ha hecho... Es cosa cierta que (los que han dado aquellos informes) engañan a Vuestra Majestad; y bien sé que será dificultoso de persuadirlo estando lo contrario tan válido y autorizado; pero yo cumplo con las leyes de vasallo, criado y ministro de Vuestra Majestad de avisarlo como lo aviso.»

Antes de mucho, nuevos acontecimientos vinieron a confirmar al gobernador interino en su convicción acerca de la situación creada por la guerra defensiva. «Estando de vuelta en el fuerte de Yumbel (de visitar los fuertes de la frontera), escribe el mismo gobernador, el viernes santo (9 de abril) como a las ocho de la noche, un indio amigo de la reducción de Niculhueme llamado Catillanga, pegó fuego al dicho fuerte de Yumbel, y en menos de media hora se quemaron más de sesenta casas de paja que en él había, y 1.000 fanegas de comida y mucha ropa de los soldados, y a mí la tienda y los toldos y cuanto en ella tenía, y me escapé, a Dios misericordia, y todas las demás personas, armas, municiones y caballos, que fue muy gran ventura, por haber sido el fuego un rayo, por correr un viento sur muy deshecho, y haberse puesto el fuego en el primer rancho de la parte de donde venía el viento. Este indio se nos fue al enemigo con otros veintitrés de su reducción, y estaban convocados para hacer lo propio todos los de las reducciones de Santa Fe y la Magdalena, que a no haber prevenido el enviar a prender algunos de ellos con el sargento mayor de este reino tan en tiempo, se hubieran ido todos.» El gobernador, de acuerdo con sus capitanes, hizo trasladar esas reducciones al norte del río de la Laja; pero estas precauciones no podían dejar de ser ineficaces. En esos mismos días llegaban a los fuertes algunos españoles que venían huyendo del cautiverio de los indios, y

---

que si los indios se desvengozasen como lo hacen ahora, se puedan castigar como el rigor de sus atrevimientos lo merece, pues no quieren abrazar la paz por su mala naturaleza».

contaban que éstos, instigados por Lientur, estaban sobre las armas, preparándose para hacer nuevas y más formidables correrías, «que en ninguna manera han admitido jamás la paz sino con cautela, y que el haberla ofrecido (los españoles) lo atribuyen a que Su Majestad tiene pocas fuerzas para hacerles la guerra». Al referir estos sucesos al virrey del Perú, don Cristóbal de la Cerda no vacilaba en hablarle con la más ruda franqueza sobre el estado de Chile. «Está este reino, le decía, en grandísima contingencia de que nos suceda una muy gran ruina por nuestras pocas fuerzas y grande osadía que cada día va cobrando el enemigo, y mayores fuerzas con la guerra defensiva, de manera que se juzga comúnmente por todas las personas ancianas y de experiencia en las cosas de la guerra estar este reino en la era presente en peor estado que ha tenido de muchos años a esta parte.»[200]

Pero el virrey príncipe de Esquilache estaba resuelto a no dejarse convencer por éstas ni por ninguna otra razón. Se le había persuadido de que la guerra defensiva estaba produciendo en Chile los más admirables resultados, y así llegó a creer que estando muy avanzada la pacificación, podían disminuirse considerablemente los gastos que hacía la Corona. Con este objetivo, suprimió algunos sueldos y decretó economías que le permitieron rebajar a 152.000 ducados el situado de 212.000 que el tesoro del Perú entregaba cada año por cuenta del rey para los gastos de la guerra de Chile. Fue inútil que el gobernador interino representase las razones que se oponían a esa reducción, demostrando que el real situado, aunque se pagase íntegro, bastaba apenas para satisfacer las más premiosas necesidades del ejército.[201] El virrey persistió en su determinación; y el año siguiente, al dejar el gobierno del Perú, recomendaba a su sucesor el mantenimiento de esta medida. «Estoy cierto, decía, que han de representar a Vuestra Excelencia grandes miedos y peligros nacidos de esta reformación, y tengo por cierto que proceden más del sentimiento de que vaya este dinero menos que de tener subsistencia ni fundamento cuanto dijeren.»[202] A pesar de todo, el situado fue restablecido en breve en la forma que había acordado el rey.

---

[200] Carta del gobernador don Cristóbal de la Cerda al virrey del Perú, Concepción, abril 30 de 1621.
[201] Carta citada de 30 de abril de 1620.
[202] *Relación* que el príncipe de Esquilache hace al señor marqués de Guadalcázar sobre el estado en que deja las provincias del Perú, § 39. Aunque esta *Relación* ha sido publicada en el tomo I de la *Colección de memorias de los virreyes del Perú*, nosotros usamos nuestra

3. Publícase la ordenanza que suprime el servicio personal de los indígenas

En medio de los afanes de la guerra, y viéndose envuelto en altercados y en un ruidoso proceso que inició para esclarecer la muerte de su antecesor, y de que tendremos que hablar más adelante, el doctor don Cristóbal de la Cerda desplegó una gran actividad administrativa, creyendo así adquirir títulos para que se le diera la propiedad del gobierno. Continuó las reformas que había iniciado desde la Audiencia para reglamentar los aranceles judiciales y eclesiásticos, y poner atajo a los abusos introducidos por la cobranza de derechos antojadizos y exorbitantes. A pesar de que contaba con muy escasos recursos, adelantó la construcción que había emprendido en Santiago de casas para el Cabildo y para la Audiencia, y de una cárcel de la ciudad, y comenzó también la construcción de un tajamar permanente de piedra sobre el río Mapocho, para reemplazar el provisorio que había hecho durante las inundaciones del año anterior. En Concepción construyó un puente sobre el río Andalién, cuyo paso se hacía muy peligroso en el invierno. Mejoró las defensas de algunos fuertes y fortificó más esmeradamente a Chillán, que comenzaba a tener alguna población, rodeándola de parapetos y construyendo un fuerte que dotó con cuatro cañones llevados de Concepción.[203]

---

copia manuscrita que nos parece más rigurosamente exacta, y que está dividida en parágrafos que facilitan su consulta.

[203] El gobernador interino habla con mucha insistencia de estos trabajos en sus cartas al rey; y en términos tales que harían creer que esas construcciones eran grandes obras si no se supiese que el estado de pobreza del país no podía permitirlas. Recordando el tajamar de Santiago, dice así: «He hecho un tajamar de piedra de dos varas y media de ancho, siendo el edificio mayor y más fuerte y de más poca costa que se ha hecho en todas las Indias, pues hay piedras en él que pesan cien quintales; con lo cual he dado a Vuestra Majestad no menos que toda esta ciudad, pues por otro tajamar que hice de madera el año de 1620 no se arruinó con sus grandes avenidas, trabajando en él de día y de noche, poniendo mi vida muchas veces en conocido riesgo de ahogarme, porque eran sus calles un río caudalosísimo, y por ser la inundación mayor que jamás se ha visto en este reino». Carta de 8 de febrero de 1622.

Otro de los afanes del gobernador Cerda merece mención como característico de las instituciones coloniales, por más que acerca de él haya dejado pocas noticias en su correspondencia. El rey de España, como se sabe, no permitía que residiesen extranjeros en sus posesiones de América; y cuando por accidente se encontraba alguno, se le expulsaba, a menos que pudiendo probar propósitos pacíficos, se compusiera con la Corona, esto es, pagara una suma de dinero más o menos considerable según la fortuna de los interesados.

Pero el acto más trascendental de su gobierno fue la promulgación de la ordenanza que abolía el servicio personal de los indígenas. Al llegar a Concepción en febrero de 1621, y al imponerse allí de los papeles y correspondencia de gobierno que había dejado al morir su predecesor don Lope de Ulloa, encontró el gobernador interino los pliegos remitidos poco antes por el virrey del Perú. Entre ellos estaba la ordenanza que, según dijimos en el capítulo anterior, habían preparado ese alto funcionario y el padre Valdivia para convertir en una contribución en dinero el impuesto de trabajo que hasta entonces había pesado sobre los indios de Chile. El príncipe de Esquilache la había enviado a España para que obtuviera la sanción del rey; pero como estaba autorizado para legislar sobre la materia, mandaba terminantemente al gobernador de Chile que la hiciera publicar. El doctor don Cristóbal de la Cerda conocía los inconvenientes y peligros de la nueva ordenanza, las resistencias que iba a hallar su cumplimiento y la perturbación que debía producir en los trabajos industriales; pero eran tan perentorias las órdenes del virrey que no era posible dejar de obedecerlas. En efecto, el 14 de febrero las hizo pregonar solemnemente en Concepción, y mandó que los corregidores las publicaran en las otras ciudades.[204]

Aquella ordenanza era, como dijimos, un verdadero código de setenta y tres largos artículos en que con la más escrupulosa minuciosidad se había pretendido reglamentar todas las relaciones entre encomenderos y encomendados. En nombre de la humanidad, se echaba sobre éstos una contribución pecuniaria que no habían de poder pagar, que había de dar origen a toda clase de abusos y que en definitiva había de hacer ilusoria la supresión del servicio personal. Por ella, los indios de la gobernación de Chile se dividían en tres jerarquías, según la abundancia y los recursos de los lugares en que vivían. Los que habitaban la porción más poblada y próspera de Chile, esto es, desde los confines del Perú hasta la frontera del territorio de guerra, establecida, como sabemos, en el Biobío, debían pagar cada año 8 pesos y medio, de a 8 reales en peso, de los

---

En las penurias del tesoro real, el gobierno de Felipe III creyó ver en este expediente un ramo de entradas, y mandó que los gobernadores de Indias hicieran componerse a todos los extranjeros que residían en ellas, todo lo cual dio lugar a grandes competencias.

Más adelante habremos de dar más amplias noticias acerca de la permanencia de extranjeros en Chile

204 Según los acuerdos del cabildo de Santiago, las ordenanzas fueron recibidas aquí el 21 de febrero, y pregonadas el 4 de marzo de 1621.

cuales 6 serían para el encomendero, uno y medio para el cura, medio para el corregidor del distrito y el otro medio para el protector de indígenas. Los indios de la provincia de Cuyo, ya sea que se hallasen en sus tierras o que hubieran pasado a servir a este lado de las cordilleras, pagarían 8 pesos, de los cuales 5 y medio correspondían al encomendero y los restantes se distribuirían en la misma forma que los anteriores. Por último, los indios de Chiloé, que eran los más miserables, pagarían 7 pesos 2 reales; 5 y medio para el encomendero, uno para el cura, medio para el corregidor y 2 reales para el protector de indígenas. La ordenanza reglamentaba el trabajo pagado a que era permitido someter a los indios, en caso de que éstos no pudieren cubrir el impuesto, y establecía muchas otras reglas con que se pensaba mejorar su condición, pero que en la práctica debían ser ilusorias.

La promulgación de estas ordenanzas produjo en todas partes un notable descontento. Los encomenderos, que formaban la parte más importante y caracterizada de la población del reino, se creían despojados de sus bienes de fortuna por cuanto sin el trabajo de los indios sus propiedades iban a ser improductivas. Ese trabajo representaba para ellos una renta mucho más considerable que lo que podía producirles el impuesto con que se gravaba a los indios, por pesado que éste fuera. Los encomenderos sabían que la conquista de este suelo y la reducción de sus habitantes, eran la obra exclusiva de sus padres, sin que éstos hubiesen recibido el menor socorro de la Corona; y por incalculable que fuese su acatamiento a las órdenes emanadas del rey y de sus representantes, debían dudar del derecho que éstos tenían para poner trabas al goce de lo que ellos creían una propiedad adquirida por el esfuerzo de sus mayores.

Su descontento se manifestó pocos días más tarde dentro del terreno legal. El 10 de marzo, el cabildo de Santiago recibió cartas del gobernador en que pedía premiosamente que los vecinos acudieran a la frontera amenazada por las hostilidades incesantes de los indios. Los capitulares sostuvieron que la falta de guarnición de los fuertes y la disminución del ejército eran debidas al abuso de los gobernadores de dar licencia a los soldados para alejarse temporalmente del servicio; y acordaron dirigirse nuevamente al rey para pedirle que ratificase e hiciese cumplir las cédulas anteriores que eximían a los vecinos de Santiago y a sus criados de asistir a la guerra. El Cabildo creía, además, que esta ciudad, que según sus cálculos contaba solo 250 vecinos o propietarios arraigados en ella, poco más o menos, no podía hacer mayores sacrificios que los que había hecho hasta entonces.[205] Un mes más tarde llegaba a la ciudad el capitán Hércules de la Villa con cartas más premiosas del gobernador. Daba cuenta en ellas de los últimos sucesos de la frontera, la pérdida de un fortín tomado por los indios y el peligro de mayores males, y recomendaba que se le dejara levantar bandera de enganche.[206] Pero esta nueva diligencia no produjo mejores resultados. Los vecinos de Santiago parecían convencidos de que la abolición del servicio personal los eximía de prestar su cooperación en los trabajos de la guerra. Esta resistencia debía ser causa de que los gobernadores tuvieran que contemporizar con los encomenderos, y que tolerar con más o menos franqueza el no cumplimiento de aquellas ordenanzas.

Por otra parte, el impuesto pecuniario echado sobre los indios, o la tasa del tributo, como entonces se decía, por módico que parezca en nuestros días, era demasiado gravoso para que pudieran pagarlo esos infelices que vivían en la mayor miseria, y que pasaban en la ociosidad y disipación cuando no se les obligaba a trabajar. Resultaba de aquí que no pudiendo pagarlo en plata, se les obligaba a pagarlo en trabajo mediante una pequeña remuneración. Por más que la ordenanza del virrey pretendiera haberlo reglamentado todo, ella misma daba lugar a estos abusos. En la práctica, aquella reforma no fue de provecho alguno para los infelices indios, como no tardó en reconocerse.

4. Fin del gobierno interino del oidor Cerda: el virrey del Perú envía a don Pedro Osores de Ulloa con el cargo de gobernador de Chile

El gobernador Cerda pasó los últimos meses del otoño de 1621 contraído a los trabajos de la guerra. Los indios, cada vez más arrogantes después del incendio de Yumbel, parecían dispuestos a no dar a los españoles un solo día de descanso. El maestre de campo Núñez de Pineda, que mandaba las fuerzas de Arauco, acosado por las constantes hostilidades, se vio a fines de mayo en la necesidad de perseguir al enemigo más allá de la raya fijada como límite de las operaciones militares. Llegando hasta el valle de Purén, quitó a los indios las provisiones que ya tenían recogidas, destruyó las rancherías que

---
205 Acuerdo del Cabildo, de 10 de marzo de 1621, libro 9, foja 167.
206 Acuerdo del 7 de abril (miércoles santo) de 1621, a fojas 172-174 del mismo libro.

encontró en su camino y, barriendo con los ganados y con cuantas personas pudo hallar a mano, escarmentó rudamente a aquéllos para que no volvieran a intentar ataques por ese lado. Mientras tanto, el gobernador recogía los indios que todavía quedaban sometidos en las orillas del Biobío, y cerca del paso de Torpellanca, sobre el río de la Laja, y fundaba el fuerte de San Cristóbal de la Paz. Los cuarteles y defensas del campamento de Yumbel fueron reconstruidos 3 leguas al norte del lugar que ocupaban antes del incendio, creyendo hallar allí un sitio desde el cual era más fácil resistir a los ataques del enemigo. Cuando hubo adelantado estos trabajos, el gobernador se trasladó a Santiago donde lo llamaban las atenciones de la administración civil. Desde aquí envió dos cargamentos de víveres para la manutención del ejército, que se hallaba bien necesitado de ese socorro.

Había esperado que se le confiara en propiedad el gobierno de Chile. Aquel interinato había excitado sobremanera la ambición de don Cristóbal de la Cerda, y lo había llevado a hacer gestiones que casi parecen inconciliables con la dignidad de un hombre que aspira a tan altos puestos. Así, al paso que pedía al virrey del Perú que le confirmara el cargo de gobernador, escribía al rey de España recordándole sus servicios para que se le diera ese puesto, y le representaba los inconvenientes de que el virrey pudiera nombrar gobernador interino. «Ordinariamente, decía con este motivo, con las muertes de gobernadores hay en este reino novedades y alteraciones entre los indios y grandes desconsuelos entre muchas personas más de las que militan en la guerra, porque al tiempo que han de recibir algún premio por sus servicios, mueren los gobernadores que se lo han de dar, y después que ha gobernado ocho meses el gobernador nombrado por el difunto, envía el virrey del Perú otro nuevo gobernador, el cual no solamente no tiene tiempo de premiar a los beneméritos, pero lo poco que tiene de que hacer merced en nombre de Vuestra Merced, lo da a los criados y allegados que trae consigo del Perú, y dentro de otro año adelante envía Vuestra Majestad otro gobernador, de manera que en dos años, poco más o menos, se conocen cuatro gobernadores, de que nacen los inconvenientes arriba dichos, y otros muy grandes en perjuicio de la Real Audiencia.» A instigación, sin duda, del mismo don Cristóbal de la Cerda, los cabildos eclesiásticos y civiles de Santiago, de Concepción y de Chillán, muchos de los jefes del ejército y los prelados de las órdenes religiosas, pidieron al virrey del Perú y al rey de España, si no propiamente la confirmación de aquél en el puesto de gobernador, que se evitaran estos repetidos interinatos y mudanzas de gobernadores.[207]

Todas éstas fueron diligencias inútiles. El virrey del Perú supo en enero de 1621 la muerte del gobernador de Chile don Lope de Ulloa, y la designación que éste había hecho en el oidor Cerda para que le sucediera en el mando. En el primer momento no pensó, según parece, en hacer innovación alguna; pero cuando el virrey percibió por las primeras comunicaciones del gobernador interino, y más claramente por los informes de los jesuitas de Chile, que éste no era favorable a la guerra defensiva, determinó enviarle un reemplazante. En efecto, con fecha de 25 y 28 de abril, el príncipe de Esquilache firmaba el nombramiento de gobernador en favor de don Pedro Osores de Ulloa.[208]

Era éste un anciano octogenario, pero fuerte y animoso todavía, que habitaba el Perú desde más de cincuenta años atrás, y que había desempeñado, ordinariamente fuera de Lima, diversos cargos administrativos de alguna importancia.

---

207 El acuerdo tomado sobre este asunto por el cabildo de Santiago, tiene fecha de 24 de diciembre de 1620. Se resolvió allí exponer al soberano los inconvenientes de estas mudanzas de gobernadores que originaban gastos y otros daños.
Por lo demás, el doctor don Cristóbal de la Cerda era un infatigable solicitante de puestos, de honores y de rentas; de tal suerte que, aunque según se ve por las comunicaciones al rey, este desenfado era una enfermedad general, las suyas son todavía más empeñosas. Apenas recibido del gobierno interino de Chile, pide al rey que dé una encomienda de indios a don Juan de la Cerda, su hijo mayor, que debía ser un niño de diez años, «con que, dice, será ayuda para que se pueda sustentar y servir a Vuestra Majestad, como lo han hecho mis pasados y yo he hecho y hago». Carta de 10 de marzo de 1621. El año siguiente, cuando perdió la esperanza de ser confirmado en el gobierno de Chile, representa de nuevo sus servicios al rey para hacerle enseguida todas estas peticiones: «Suplico a Vuestra Majestad que por todo lo referido, se sirva de hacerme merced de 4.000 ducados de renta en los primeros indios vacos del Perú o de este reino, y del oficio en propiedad de escribano del consulado de Lima, renunciable pudiendo nombrar teniente, que valdrá este oficio 6.000 ducados, y del oficio de protector de los naturales de esta ciudad de Santiago, y de la de Coquimbo y de la de Concepción y sus términos y jurisdicción, en propiedad renunciable, pudiendo nombrar tenientes con los salarios que estos oficios tienen, que aún no son 1.000 ducados. Suplico a Vuestra Majestad se sirva con su grandeza hacerme merced de todo esto, con lo cual quedarán mis servicios gratificados y con nuevos bríos de hacerlos mayores en cuantas ocasiones se ofrecieren».
El favoritismo que dominaba en la corte de España, la prodigalidad con que el rey repartía pensiones a sus favoritos y a los protegidos de éstos, daban origen a las peticiones de este orden, de que están atestados los archivos españoles del siglo XVII.

208 Los nombramientos de Osores de Ulloa, que como se acostumbraba entonces, eran dos, uno de gobernador y otro de presidente de la Real Audiencia, han sido publicados íntegros por don Miguel L. Amunátegui en *La cuestión de límites*, tomo II, págs. 401-405.

En 1587 era corregidor de Arica, y después de desempeñar el mismo destino en otros distritos y de ejercer las funciones de maestre de campo del ejército del Perú, servía en 1620 el gobierno de Huancavelica que había llegado a ser muy importante por la explotación de las minas de mercurio. Osores de Ulloa poseía una fortuna considerable, y llevaba en su pecho la cruz de la orden de Calatrava. Pero sea por la independencia de su carácter adusto y poco cortesano, o por cualquiera otra causa, nunca gozó el favor especial de los virreyes. Pasando en revista las personas a quienes podía confiarse el gobierno de Chile, el marqués de Montes Claros escribía acerca de él en 1610 las palabras siguientes: «Los virreyes mis antecesores, han tenido por conveniente desviar de sí este sujeto (don Pedro Osores de Ulloa); y algunas veces que han sido contra este dictamen, les ha costado cuidado. Y ahora que yo me aseguro y fío más de él, todavía le tengo por demasiadamente alentado para entregarle un ejército de 2.000 hombres tan desviado de mano superior. La edad y la salud lo desayudan, que es la excusa pública que se da a los que lo proponen; y la primera (el carácter) es bien sea solo para Vuestra Majestad y consejo».[209]

Por más empeño que el virrey tuviera en que Osores de Ulloa se hiciera cuanto antes cargo del gobierno de Chile, no pudo éste partir de Lima sino cinco meses más tarde. Empleó este tiempo en procurarse los auxilios de armas y de ropa que creía indispensables para el ejército. Ayudado por algunos capitanes que habían servido en Chile y que a su lado querían volver a este país, levantó bandera de enganche, y venciendo no pocas dificultades, consiguió

---

209 Carta del marqués de Montes Claros al rey, Lima, 21 de noviembre de 1610. Esta carta, esencialmente confidencial y escrita toda ella de letra del mismo virrey, debió guardarse con interés en la secretaría del soberano. En enero de 1622, cuando ya había muerto Felipe III, la junta de guerra del Consejo de Indias, atendiendo las recomendaciones del virrey del Perú, propuso que se diera a Osores de Ulloa la propiedad del gobierno de Chile. Felipe IV puso la siguiente providencia a esa propuesta: «Inclínome a proveer el cargo de Chile en don Pedro Osores de Ulloa que viene propuesto por el Consejo y la junta de guerra; pero reparo en las relaciones que hay de su mucha edad. Mírese en esto y avíseseme luego lo que finalmente pareciere. (Hay una rúbrica). En El Pardo, a 15 de enero de 1622. Al Consejo de Indias». El consejo informó que ha examinado la cuestión, y que, aunque es cierto que Osores de Ulloa «tiene edad, se dice también que está ágil y para poder servir, que la salud es bastante para aquel ministerio, mediante lo cual el príncipe de Esquilache le tuvo ocupado en gobiernos más trabajosos y eligió su persona sacándole de ellos para lo de Chile». Después de leer este segundo informe, el rey no opuso dificultad ninguna, y el 17 de febrero de 1622 firmó las cédulas por las cuales nombraba a Osores de Ulloa gobernador propietario de Chile.

reclutar 311 hombres regularmente equipados. Con ellos zarpaba del Callao en tres buques el 1 de octubre de 1621. Como aquélla era la estación de los grandes vientos del sur y, por tanto, la menos propicia para tal viaje, el gobernador experimentó tiempos desfavorables, y su escuadrilla se dispersó; pero al fin llegó a Concepción el 4 de noviembre, casi al mismo tiempo que los otros buques que lo acompañaban.

5. El gobernador se pronuncia resueltamente contra la guerra defensiva

El siguiente día (5 de noviembre) se recibió del gobierno ante el cabildo de la ciudad. La primera impresión que Osores de Ulloa recibió del estado de Chile no podía ser más desfavorable. «Estaba esta tierra, escribía al virrey del Perú, por la falta de bastimentos, llena de aflicción, trabajos y desnudez de los soldados, por lo que fue necesario quitar por fuerza las haciendas, comidas y bastimentos de los mercaderes de esta ciudad y de otras partes para sustentarlos, aunque la gente que había aquí y en los campos era poca, y muchos impedidos, descontentos, llenos de agravios, y lo peor de todo acorralados y olvidados de la milicia, con la suspensión de las armas de nueve años que habían estado en la guerra defensiva y sin obediencia ninguna. Los enemigos muchos y victoriosos, cargados de despojos nuestros, intentando con notable atrevimiento cada día mayores daños y robos. Estaba perdida la reputación de nuestra gente, y era presunción cierta de los que aquí habitan y saben de estas materias que si el río de Biobío no lo hubiera estorbado con mayor avenida que otros años, hubieran intentado el asolar esta ciudad y sus términos, con que lo demás fuera fácil.»

El examen de las cosas de la guerra lo hizo pronunciarse inmediatamente en contra del sistema implantado por el padre Valdivia. «Aunque el autor que dio este medio y le ha sustentado, dice con este motivo, sería espiritual y bueno, y aunque por la bondad de Dios no me falta fe para creer que con un mosquito o sin él puede su divina majestad conquistar esta gente (los indios) y atraerla a su gremio ablandando tan duros y rebeldes corazones, llenos de temerarias herejías y supersticiones... no se puede esperar ningún bien de ellos, ni parece justo pedir milagros a Nuestro Señor, particularmente en favor de enemigos que tan ofendido le tienen.» Según él, la guerra defensiva no solo había impedido la repoblación de las ciudades destruidas sino que había sido la causa de la lamentable retrogradación de la frontera, mediante la despoblación de la mayor parte de los fuertes que existían al sur del Biobío, «con cuyo desamparo, decía, se ha retirado mucho la guerra, con lo que el enemigo ha quedado y está notablemente victorioso, creciendo en atrevimiento, robos y daños. En este tiempo es patente que grandes y pequeñas, con mayor o menor número, han hecho (los indios) 187 entradas desde el año de 1613 hasta esta parte, y llevado más de 1.500 indios amigos, y más de 2.500 caballos con que se han enriquecido y encabalgado, sin otros 200 indios que con su chusma de mujeres e hijos se han ido a vivir entre ellos por huir de los robos y muertes que a sus vecinos han hecho, y han muerto 400 españoles. Y lo peor es que en este tiempo pasan de cuarenta y seis soldados los que se han ido al enemigo para vivir entre ellos; y se puede temer serán cada día más, porque no los matan como solían, y que juntos con los mestizos que han nacido de las mujeres que tomaron en las ciudades destruidas, y se van acrecentando, vienen cada día a las fronteras y se muestran con muy buenos bríos en los asaltos y malocas».

Los sostenedores de la guerra defensiva contaban que mediante este sistema había sido posible bautizar y convertir al cristianismo millares de indios, reduciéndolos a vivir bajo un régimen regular. El gobernador Osores de Ulloa no vaciló en desmentir perentoriamente esos informes. «He deseado saber la verdad, decía, acerca del número de indios que se certificaba habían bautizado y de los pueblos que habían dado la paz y se habían reducido. En lo primero no hallo sino mayor daño, pues muchos de los bautizados ha sido teniendo cinco y seis mujeres, casándose con la una casi paliadamente y, aun, algunos de éstos vienen a hacerlo por dádivas y regalos; y en lo segundo que de ninguna manera hay pueblo, parcialidad, ni una sola choza de los indios de guerra que haya dado nuevamente la paz.» El gobernador recordaba que los indios que vivían desde treinta y más años atrás entre los españoles, y que les servían en sus propias casas, «tienen solo el nombre de cristianos, porque su felicidad y riqueza está en beber y tener muchas mujeres sin conocer sujeción». El espectáculo que tenía a la vista parecía haber convencido a Osores de Ulloa de que era una simple ilusión el creer posible transformar por el bautismo o por otros medios análogos, en hombres civilizados a aquellos rudos y groseros salvajes.

No podía ocultarse al gobernador que un informe de esta clase habría de desagradar al monarca español y al virrey del Perú, partidarios decididos, como sabemos, del sistema patrocinado por el padre Luis de Valdivia; pero creyó que un deber de honradez y de lealtad lo obligaba indeclinablemente a hablar con la mayor franqueza. «La reputación que he ganado en vuestro real servicio, escribía al rey, me obliga a hablar con esta claridad, y a asegurar que si no pareciere justa mi proposición, se envíe otro que sustente la contraria, pues de menos daño será arruinarme que conocidamente perderse en mis manos un reino tan rico e importante a vuestra real corona. Y si el marqués de Montes Claros pudiera haber visto con desengaño el estado presente de esta guerra, fío de su gran celo en acrecentar vuestro real patrimonio no hubiera dado principio a semejantes determinaciones. Del haberlas continuado el príncipe de Esquilache no me espanto mucho, porque le ocultaron las relaciones que le enviaron de aquí, porque por las unas y las otras he pasado los ojos.»[210]

6. Sus primeros actos militares y administrativos: manda hacer una campaña en el territorio enemigo

En la situación en que se hallaba el ejército de Chile, el refuerzo de tropas que traía del Perú don Pedro Osores de Ulloa, aunque compuesto de solo 311 soldados, fue recibido con gran contento. Pocos días antes, los indios de guerra, usando sus arterías acostumbradas, habían hecho dos entradas a los campos vecinos a Arauco y a Lebu, y habían robado un número considerable de caballos. El nuevo gobernador comenzó a ejercer sus funciones con una entereza que no parecía armonizarse con su avanzada edad. Condenó a muerte e hizo ejecutar a unos cuantos desertores españoles y mestizos que cayeron en su poder, removió del mando a los oficiales que no le merecían plena confianza, y enseguida reunió en junta de guerra a los jefes y capitanes para acordar con ellos las medidas más urgentes que conviniese tomar. «Resolvieron unánimes y conformes, dice él mismo, se hiciese luego una expedición como cosa importantísima, aunque no fuese más que a hollar las tierras de estos bárbaros,

---
[210] Carta de Osores de Ulloa al rey. Esta carta, indudablemente la primera que escribió este gobernador al soberano, se conserva en el Archivo de Indias en una copia sin fecha que él mismo remitió poco más tarde con otra comunicación, como solía hacerse, temiendo el extravío de la correspondencia. El tenor de ella, y las noticias que contiene, dejan ver que fue escrita en los primeros meses de 1622, y probablemente en marzo.

buscándolos en ellas por restaurar en algo la reputación perdida el año pasado en diferentes ocasiones que vinieron a nuestras plazas de armas.» Se acordó allí que el gobernador, a causa de su edad, quedase en Concepción, y que el maestre de campo Núñez de Pineda, como hombre de tanta experiencia en aquella guerra, tomase la dirección de la campaña.

Según el plan convenido, las tropas españolas partieron cautelosamente en dos cuerpos de los acantonamientos de Yumbel y de Arauco, distribuyendo de antemano sus marchas para caer un día dado, y por distintos caminos sobre la ciénaga de Purén, que era el centro de la resistencia del enemigo. Esta operación fue ejecutada con todo tino; y, en efecto, el domingo 26 de diciembre aparecieron las dos divisiones, una por el norte y otra por occidente, cercando la temible guarida de los indios. Pero éstos habían sido advertidos por sus espías de la marcha de los españoles, y abandonaron precipitadamente la ciénaga, retirándose más al interior de sus tierras, donde siguieron juntándose en número mucho más considerable. El maestre de campo Núñez de Pineda, no hallando enemigos a quienes combatir, se limitó a destruir las casas y sembrados, y a hacer todos los daños que en estas campañas se inferían a los indios. Temiendo que éstos se aprovecharan de la ocasión para dar un rodeo y caer sobre los fuertes españoles que habían quedado mal guarnecidos, Núñez de Pineda no pudo permanecer mucho tiempo en Purén, y dispuso la vuelta de las dos divisiones a sus acantonamientos respectivos. La que volvía a Yumbel bajo las órdenes del sargento mayor Juan Fernández de Rebolledo, fue atacada por los indios; pero ese jefe logró desbaratarlos y llegar a sus cuarteles sin más pérdida que la de dos indígenas auxiliares.[211]

Si aquella campaña no produjo resultados más decisivos, hizo al menos comprender a los indios que no eran el miedo o la escasez de recursos lo que había paralizado por tanto tiempo la acción de los españoles. Así, después de ésta y de otras excursiones de menor importancia, el gobernador consiguió alentar a sus tropas e imponer algún respeto al enemigo, y pudo, además, contraerse a otro orden de trabajos. Al estudiar la situación del reino, no le fue difícil convencerse de que la ordenanza del virrey del Perú que mandaba abolir el servicio personal de los indígenas, había creado una gran perturbación sin

---

211 En la relación de estos sucesos sigo la carta citada de Osores de Ulloa. El padre Rosales que los ha contado en el capítulo 30 del libro VI, no ha dado una idea clara de ellos.

conseguir los beneficios que se esperaban de ella. Al paso que los encomenderos, considerándose heridos en sus intereses, resistían esa reforma y pedían su derogación, los indios, que no podían pagar el impuesto en dinero con que se les gravaba, la habían recibido como un mal mayor que la contribución de trabajo a que estaban obligados bajo el régimen anterior. Los indios reducidos de las inmediaciones de la frontera, que servían en la guerra como auxiliares de los españoles, eran los que más se quejaban del nuevo estado de cosas. Don Pedro Osores de Ulloa, sin desconocer la responsabilidad de este acto de desobediencia, se atrevió a suspender en parte los efectos de aquella ordenanza. «El ser tan miserable esta tierra, dice el mismo, y ver los caciques y principales de todas las fronteras con notable demostración de sentimiento sobre el entablarles la tasa (el impuesto en dinero) y aun libertándose (avanzándose) a dar a entender se habían de pasar al enemigo, con la disimulación posible ordené que en estos distritos de la frontera se suspendiese hasta que en mejor ocasión se ejecutase.» Aunque esta medida no debía regir más que en aquellos lugares, ella no podía menos de relajar el cumplimiento de la ordenanza en las otras partes del territorio. En efecto, las disposiciones dictadas por el virrey del Perú comenzaron a ser obedecidas con mucha flojedad.

 El anciano gobernador, a pesar de sus ochenta años, había visitado a caballo algunos de los fuertes de la frontera sin arredrarse por las fatigas que tales trabajos debían producirle. El 1 de abril de 1622, cuando creyó regularmente asegurada la tranquilidad, se puso en viaje para Santiago, también a caballo, acompañado por algunos capitanes mucho más jóvenes y vigorosos. Recibido a las orillas del Maipo por una diputación enviada por el cabildo de la ciudad, el gobernador hizo su entrada solemne en ella el 22 de abril, y prestó el juramento de estilo en tales circunstancias. Cinco días después era reconocido por la Real Audiencia su carácter de presidente titular.[212]

---

[212] Acta del cabildo de Santiago de 22 de abril de 1622, a foj. 241-246 del libro 9. Protocolo de los recibimientos de presidentes y oidores de la Real Audiencia, a foj. 9.
El cabildo de Santiago, en acuerdo de 19 de noviembre de 1621, al saber el arribo a Concepción del nuevo gobernador, había acordado enviar a uno de sus alcaldes ordinarios, el capitán don Diego González Montero, a darle la bienvenida y a hacerle ciertas peticiones entre las cuales figuraba, sin duda, la de derogar la ordenanza que suprimía el servicio personal de los indígenas.
Existe una carta de Osores de Ulloa al rey referente a algunos asuntos públicos de escasa importancia, que tiene la fecha de Concepción a 20 de abril de 1622. Ha sido publicada

Ni la edad del gobernador, ni la resuelta entereza de su carácter, pudieron sustraerlo de las dificultades administrativas, altercados y competencias, que tantas molestias habían causado a algunos de sus predecesores. Osores de Ulloa se vio hostilizado por algunos funcionarios de Lima que pedían la disminución del situado de Chile, y que ponían dificultades a su entrega total, todo lo que lo obligaba a hacer largas y fatigosas gestiones. Dentro del mismo país, la Audiencia trabó más de una vez su acción, instigada probablemente por su oidor decano, el doctor don Cristóbal de la Cerda, con quien el gobernador tuvo un estrepitoso rompimiento a poco de haber llegado a Chile.[213] Ese alto

---

íntegra por don Miguel L. Amunátegui en *La cuestión de límites*, tomo II, págs. 416-419. Esa fecha debió ser escrita con muchos días de anticipación, y calculando la época en que partiría el buque que debía llevar la carta. De los documentos aparece, como decimos en el texto, que el gobernador salió de Concepción el 1 de abril, y que hizo su entrada solemne en Santiago el 22 del mismo mes.

213 El carácter de este rompimiento, y más que todo la falta de datos completos para descubrir la verdad con toda evidencia, nos inducen a relegar a esta nota las noticias que acerca de él hemos podido recoger en los documentos del Archivo de Indias.

A poco de haberse sabido el fallecimiento del gobernador don Lope de Ulloa y Lemos, circuló en Santiago el rumor de que había muerto envenenado. El licenciado Andrés de Toro, que hacía de fiscal interino de la Audiencia, pidió a este tribunal que mandara esclarecer este negocio. En ese momento, la Audiencia no tenía más que un oidor, y éste era el doctor don Cristóbal de la Cerda, que acababa de hacerse cargo del gobierno interino del reino, y que despachaba los negocios judiciales más urgentes, en compañía de otros dos abogados de Santiago. El mismo oidor Cerda recibió la comisión de instruir el correspondiente proceso en la ciudad de Concepción, a donde iba en esos días (enero de 1621) llamado por las atenciones del gobierno.

No conocemos los procedimientos que el oidor Cerda empleó en la investigación; pero después de examinar varios testigos, creyó hallar algunos indicios de que el gobernador había sido envenenado por su propia esposa doña Francisca de la Coba y Lucero, en confabulación con el maestre de campo don Íñigo de Ayala. El fundamento principal de esta sospecha era que este último, al pasar por Lima en viaje para España a principios de 1620, había anunciado que don Lope de Ulloa moriría antes de mucho tiempo, pronóstico que seguramente no tenía nada de malicioso, puesto que según sabemos por otros testimonios (véase la nota número 43 del capítulo anterior), el referido don Lope estaba seriamente enfermo desde tiempo atrás. Sin embargo, el oidor Cerda, fundándose en aquellos indicios, desplegó una gran energía, puso a doña Francisca reclusa en una casa de Concepción y envió presos al castillo de Arauco a algunos individuos a quienes acusaba de complicidad en el crimen. En sus cartas posteriores al rey, el oidor se muestra profundamente convencido de que don Lope había muerto envenenado, y que sus asesinos eran las mismas personas a quienes había comenzado a procesar.

¿Había realmente un crimen en la muerte del gobernador? No es posible decirlo porque faltan las pruebas claras y evidentes, y no conocemos otro testimonio que las cartas del oidor Cerda, cartas que carecen de datos para poder juzgar con acierto, y que, por otra

tribunal, reintegrado con los nuevos oidores enviados de España, acusó al gobernador de haber suspendido la abolición absoluta del servicio personal, y más de una vez puso problemas al cumplimiento de sus órdenes gubernativas. Don Pedro Osores de Ulloa desplegó en esa lucha una firmeza de carácter de

parte, dejan ver la excitación de su espíritu, producida por la marcha posterior de este negocio. El celo mismo desplegado por el oidor, y conocido el carácter ambicioso de éste, da lugar a la sospecha de que queriendo a todo trance obtener la propiedad del cargo de gobernador, agitó este proceso por un motivo bien indigno, para presentar como culpable a don Íñigo de Ayala que a la sazón se hallaba en Madrid, y que seguramente había de pedir al rey el mismo cargo. Esta sospecha se corrobora en cierta manera recordando el hecho de que don Íñigo había partido de Chile un año antes de la muerte del gobernador Ulloa y Lemos, de tal modo que si se le podía acusar de instigador y consejero del crimen, no podía llamársele ejecutor.

Si todo aquel proceso fue una intriga urdida por el oidor Cerda, ella no podía surtir efecto tratándose de personas de alta calidad. Doña Francisca, dueña de una fortuna de 300.000 ducados, tenía padres vivos, y éstos gozaban en Lima de muy buena posición. Ambos se trasladaron a Chile a defender y amparar a su hija. El virrey del Perú, príncipe de Esquilache, condenó resueltamente la conducta del oidor Cerda. «Siendo caso de justicia, escribe este último, por negociación y diligencia que hicieron las partes, el virrey despachó una inhibitoria para que en el estado en que estuviese la causa sobreseyese en ella, empleando palabras tan indignas de mi oficio, calidad y persona, y señalando juez al modo de las partes como Vuestra Merced verá por el tanto (copia) de la provisión inhibitoria que envío.» Pocos meses más tarde (en noviembre) llegaba a Concepción don Pedro Osores de Ulloa a hacerse cargo del gobierno de Chile. En su compañía venía del Perú la madre de doña Francisca de la Coba. Sin imponerse de los autos que se hallaban en Santiago en poder del oidor Cerda, el nuevo gobernador suspendió la reclusión de doña Francisca y mandó poner en libertad a sus llamados cómplices que estaban detenidos en el castillo de Arauco (Carta del oidor Cerda al rey, 8 de febrero de 1622).

El proceso, según parece, quedó definitivamente paralizado. Un alcalde de corte de la audiencia de Lima, el doctor Juan de la Cerda, que fue encargado de seguir el juicio, no llegó nunca a Chile. El oidor Cerda, después de pasar por estas vejaciones de parte de los jefes de la administración pública, tuvo que sufrir los ultrajes personales que le infirieron dos de los capitanes más prestigiosos del ejército, don Diego González Montero, que más tarde fue gobernador interino de Chile, y don Diego Flores de León, que en aquel proceso había sido acusado de haber dado una falsa declaración. Ambos capitanes se habían constituido en defensores de la honra de doña Francisca de la Coba. Aunque el oidor Cerda pidió que ambos capitanes fuesen castigados por los insultos que aquéllos le habían dirigido en público, el gobernador Osores de Ulloa no solo no los castigó sino que siguió dispensándoles su confianza y les dio puestos honrosos e importantes (Carta del oidor Cerda al rey de 4 de abril de 1623).

Doña Francisca de la Coba contrajo en Chile segundo matrimonio, y según refiere el padre Ovalle, vivía por los años de 1640 con una noble descendencia, cuyo apellido paterno no se indica. *Histórica relación*, libro VII, capítulo 7.

que no se le habría creído capaz, y cuando temió que el rey no apoyase su autoridad, expresó sus deseos de que se le nombrase un sucesor.

7. El padre Valdivia abandona en España la dirección de la guerra de Chile

Mientras tanto en España seguían debatiéndose los negocios de Chile, y el sistema de la guerra defensiva se acercaba a un desenlace definitivo. El padre Valdivia había llegado a Madrid a fines de 1620, y obtuvo una favorable acogida en la Corte. Los informes enviados por los jesuitas de Chile y por el virrey del Perú neutralizaban todas las quejas que se formulaban contra la guerra defensiva. Para desvanecer los numerosos cargos que se le habían hecho, el padre Valdivia escribió un extenso memorial que fue presentado al rey. Comenzaba por referir sus trabajos en la conversión de los indios de Chile desde veintinueve años atrás, los viajes que había hecho y las comisiones que había desempeñado. Enseguida entraba en sostener la permanencia de la guerra defensiva, apoyándose en los informes del gobernador de Chile don Lope de Ulloa y del virrey del Perú, en todas las razones que podía discurrir su dialéctica, y en un cúmulo de hechos presentados con cierto artificio para hacerlos servir a su causa. Terminaba pidiendo empeñosamente al rey que enviase a Chile 800 hombres para acabar de plantear ese sistema, y terminar definitivamente la pacificación del país.[214]

Comenzaba apenas a ocuparse en estas gestiones cuando un acontecimiento inesperado vino a preocupar a toda la Corte y a suspender por algún tiempo la marcha ordinaria de la administración. El 31 de marzo de 1621 falleció Felipe III a la edad de cuarenta y tres años. Su hijo y sucesor, al asumir el gobierno, llevó a su lado nuevos favoritos y consejeros que interrumpían las tradiciones administrativas del reinado anterior, por más que las tendencias políticas fuesen siempre las mismas. El padre Valdivia debió encontrarse sin apoyo en los consejos del nuevo soberano. Sin duda, entre los hombres que éste acababa

---

[214] El memorial del padre Valdivia fue, según dijimos, impreso en Madrid para ser distribuido a los consejeros de Indias y a las personas que tenían intervención en estos negocios. La edición debió ser muy reducida y, por tanto, los ejemplares de este memorial son sumamente raros. He tenido a la vista uno de ellos, y las noticias que contiene me han sido de no poca utilidad al escribir los capítulos anteriores, según habrá podido verse por algunas notas.

de elevar al poder había algunos que, en vista de los informes que llegaban de Chile y del Perú, comenzaban a comprender que la guerra defensiva, después de un ensayo de nueve años, no había producido los resultados que se prometían. Aunque al partir de Chile el padre Valdivia había prometido volver a este país tan pronto como obtuviese los socorros que iba a pedir a España y, aunque a pesar de sus sesenta años conservaba una salud fuerte y vigorosa, conoció indudablemente que no hallaría por largo tiempo el apoyo de la Corona. Quiso entonces buscar el descanso entre sus hermanos de religión de la provincia de Castilla. Le dieron éstos el cargo de prefecto de estudios del Colegio de Valladolid, y allí pasó los últimos veinte años de su vida consagrado a las tareas de ese cargo y ocupado en escribir diversos fragmentos de la historia de la Compañía, y apuntes biográficos acerca de algunos religiosos de su orden. En esa ciudad falleció el 5 de noviembre de 1642, a la avanzada edad de ochenta y un años.[215]

El padre Luis de Valdivia alcanzó a ver desde su retiro el desmoronamiento de la obra a que había consagrado toda su actividad y toda su inteligencia durante cerca de veinte años. Por incontrastable que en los principios fuera su fe en los beneficios que esperaba de aquel sistema, parece indudable que el desenvolvimiento de los sucesos apagó su entusiasmo haciéndole comprender cuánto había de quimérico en aquella empresa. La guerra defensiva, proclama-

---

[215] Los cronistas de la Compañía refieren que el rey ofreció con instancias el cargo de consejero de Indias al padre Valdivia, y que éste no quiso aceptarlo. Nos parece que ésta es invención análoga a la del ofrecimiento del obispado de la Imperial que le habría hecho Felipe III en 1610. El padre Pedro Pimentel, que escribió la biografía del padre Valdivia para la compilación biográfica del padre Nieremberg, ha contado estos dos ofrecimientos, pero esa biografía contiene, junto con las vulgares alabanzas que abundan en esa clase de obras, numerosos errores que revelan el descuido con que se escribían, a la vez que el propósito de exagerar todo lo que se creía que redundaría en honor de la Compañía. Así, por ejemplo, refiere que al comenzar el padre Valdivia el desempeño de su misión, el rey le ofreció el arzobispado de Chile (pág. 760), arzobispado que no existía; y más adelante cuenta, sin duda por un error de pluma, que el padre Valdivia falleció el año 1624.

El padre Alonso de Ovalle, que lo visitó en Valladolid a principios de 1642, ha dado algunas noticias acerca de la vida que llevaba en su retiro el padre Valdivia, del interés con que recibía las noticias de Chile y del deseo que tenía de volver a este país. *Relación histórica*, libro VIII, capítulo 24.

Ya hemos referido en otra parte (capítulo 21, nota 2, parte III) que el padre Nieremberg incluyó en la obra que hemos citado más arriba, unas treinta biografías de jesuitas escritas por el padre Valdivia y que ellas forman un tejido de milagros y de visiones sobrenaturales con pocos datos de un verdadero valor histórico.

da en nombre de un sentimiento generoso y humanitario, se había desprestigiado por completo; y su principal promotor, cansado de luchas y contradicciones, y en vista de los deplorables resultados obtenidos, se veía forzado a abandonar su dirección, sin conseguir, sin embargo, salvar su nombre de la responsabilidad moral que se le atribuía. Así veremos que al paso que sus hermanos de religión continuaban exaltando sus servicios, los militares y los letrados proseguían achacándole el ser la causa de los desastres que hemos contado en los capítulos anteriores.

8. El maestre de campo don Íñigo de Ayala consigue organizar en la metrópoli un refuerzo de tropas

En Madrid quedó agitando los negocios del reino de Chile el maestre de campo don Íñigo de Ayala. Conociendo el estado de pobreza a que estaba reducido el tesoro real, el gobernador don Lope de Ulloa le había entregado 30.000 pesos del dinero del situado para que con ellos ayudara a los gastos que debía ocasionar el enganche de los 800 hombres que se pedían a España y su traslación a Chile. Esa suma, absolutamente insuficiente para tal objetivo, había sufrido, además, una disminución de 3.000 pesos por los costos del viaje y por el transporte del dinero. Don Íñigo de Ayala había esperado que el soberano le prestaría los auxilios pecuniarios indispensables para desempeñar su comisión; pero antes de mucho vio que si el rey estaba dispuesto a decretar el envío del socorro, las escaseces de su erario le impedían dar el dinero que se le pedía. En estas infructuosas diligencias, se perdió casi todo el año de 1621.

A fines de ese año llegaban a la Corte noticias más alarmantes de Chile. Se supo entonces la muerte del gobernador don Lope de Ulloa, y se recibieron informes poco tranquilizadores acerca del estado de la guerra. Don Íñigo de Ayala, sin embargo, creyó que aquella situación favorecía sus ambiciones personales, y presentó al rey un extenso memorial en que hacía la relación documentada de sus servicios, y pedía que se le diera la plaza vacante. Esta solicitud fue desechada. El rey, estimando en mucho más las recomendaciones del virrey del Perú y la presentación del Consejo de Indias, firmaba el 17 de febrero de 1622 las cédulas por las cuales confirmaba a don Pedro Osores de Ulloa en el cargo de gobernador de Chile. Pocos meses más tarde, el 17 de julio del mismo año, Felipe IV sancionaba la ordenanza preparada por el virrey del Perú para suprimir definitivamente el servicio personal de los indígenas. Hasta entonces el soberano no había tomado determinación alguna contra la subsistencia de la guerra defensiva.

Aquellas noticias estimularon los aprestos que se hacían en la metrópoli para socorrer a Chile. No habiendo fondos de que disponer, el Consejo de Indias discurrió un arbitrio que merece recordarse. Se acordó que los 27.000 pesos que había llevado don Íñigo de Ayala se invirtiesen en cobre, y que ese cobre fuese acuñado en moneda de vellón en la casa de moneda de la ciudad de Granada; y se obtuvo así, después de muchos afanes, una utilidad tal que el capital quedó doblado. Aun con este beneficio, la suma era insuficiente porque por más que el enganche de gente no podía ocasionar gastos considerables, desde que según una orden real debía hacerse por requisición forzosa, era necesario adquirir armas y contratar buques para el transporte de la expedición. Pero en estas circunstancias se trataba de completar el reconocimiento del estrecho de Le Maire, o de San Vicente, como seguían llamándolo los españoles, y se había confiado esta exploración al capitán Gonzalo Nodal, que como segundo de su hermano, había hecho el viaje de 1618. La Corona tuvo que contribuir con unos pocos fondos para el equipo de tres naves que mediante infinitas diligencias fue posible alistar.

Si nos sobraran las pruebas para conocer hasta qué punto había llegado la miseria del tesoro de España en esa época, y cuánto había decaído ya su poder militar, bastaría recorrer los voluminosos expedientes de las comunicaciones que para preparar esta pequeña expedición se cambiaron entre el Consejo de Indias, las secretarías de gobierno, la casa de contratación de Sevilla, la casa de moneda de Granada y los guardianes de las maestranzas y depósitos de Cádiz. En todas ellas no se habla más que de la escasez de recursos y de las dificultades de proporcionárselos a crédito, vista la tardanza que el gobierno ponía para cubrir sus compromisos.[216] Por fin, se halló un contratista llamado Francisco de

---

216 Los legajos de estas comunicaciones, conservados en el Archivo de Indias, constan de un centenar de piezas, casi todas las cuales revelan el estado de pobreza a que se hallaba reducida la real hacienda. Así, por ejemplo, cuando la casa de moneda de Granada tuvo listos algunos fondos para el socorro de Chile, el consejo de hacienda se echó sobre una parte de ellos, y costó un gran trabajo obtener su reintegro.
No pudiendo encontrarse los recursos para costear la expedición y su equipo, se hizo un contrato con un armador de Sevilla llamado Francisco de Mandujano, el cual se comprometió por una escritura de quince artículos a equipar tres naves con víveres para siete

Mandujano, que se ofreció a equipar tres naves y a adelantar algunos fondos para el transporte de las tropas, a condición de que se le pagaran en el Perú las sumas que no pudieran cubrírsele en España. El reclutamiento de tropa no costó menores dificultades. Los capitanes encargados de recoger gente en las provincias de Andalucía consiguieron reunir cerca de 500 hombres; pero se vieron obligados a mantener la más estricta vigilancia hasta dejarlos embarcados, y aun así lograron desertarse muchos de éstos. Después de los más fatigosos afanes, la escuadrilla estuvo lista en San Lúcar, con algunos oficiales, 412 soldados y una regular provisión de armas y municiones, y pudo hacerse a la vela a principios de octubre de 1622. Para premiar los servicios que había prestado don Íñigo de Ayala, preparando esta expedición, el rey le dio dos cédulas firmadas de su mano, por las cuales ordenaba que en Chile se le concediera un repartimiento de indios y en el Perú el cargo de corregidor de una provincia.[217]

9. Fin desastroso de esta expedición

El gobernador Osores de Ulloa se hallaba en Santiago en junio de 1622 cuando llegó a Chile la noticia de la muerte de Felipe III. Celebráronse en su honor pomposas exequias; y el 13 de junio fue proclamado y jurado el nuevo soberano,[218] de quien se esperaban grandes beneficios para toda la monar-

---

     meses, a suministrar ciertas piezas de ropa para los soldados y a transportarlos a Chile por el estrecho de Magallanes o el de Le Maire, bajo las condiciones siguientes: Se obligaba a pagar a la tropa cuatro meses de sueldo, pero con descuento de las armas que se le habían dado, a alimentarla y medicinarla durante el viaje, y a tener a bordo carpinteros y calafates para cualesquiera reparaciones que fuese necesario hacer. Por el cumplimiento de este contrato, se le pagarían, en tres plazos y antes de partir de España, 68.000 ducados que estaban reunidos para costear la expedición, y se le daría cédula para que el virrey del Perú y los oficiales reales de Lima le pagasen otros 20.000 ducados por cuenta del situado de Chile, cuando Mandujano hubiese desempeñado su comisión. El rey, además, haría que el Consejo de Portugal escribiese a los gobernadores del Brasil para que socorrieran a los expedicionarios en caso que al pasar por allí necesitaran víveres u otros auxilios. Mandujano se ofrecía a hacer todo empeño para que la expedición saliese de Cádiz a fines de agosto y llegase a los puertos de Chile en marzo de 1623. Por cuenta de la Corona se entregaron a Mandujano veinticinco cañones de hierro, para armar sus buques, comprometiéndose a pagar su valor un año más tarde.

217 Constan todos estos hechos, con una multitud de incidentes que no tenemos para qué recordar, de la numerosa correspondencia de don Íñigo de Ayala, de Francisco de Mandujano y de la casa de contratación de Sevilla con el Consejo de Indias.

218 Acuerdo del cabildo de Santiago de 13 de junio de 1622, que inserta los documentos del caso, a fojas 253 vuelta del libro 9.

quía. Tales fueron, sin duda, las ilusiones de los vecinos de Santiago; pero luego debieron convencerse de que no había mucho que esperar del estado de pobreza a que se hallaba reducido el gobierno español. Junto con las cédulas en que anunciaba su exaltación al trono, Felipe IV pedía, por otra, a los habitantes de Chile, como a los demás vasallos de sus dilatados dominios, un donativo voluntario en dinero, recordando, al efecto, la situación angustiosa de la real hacienda, apremiada por compromisos y obligaciones que no podía satisfacer. Aunque aquella situación, fruto de los errores económicos y del derroche inconsiderado de la Corte, afectaba también a los súbditos, en todas partes se hicieron sacrificios incalculables para socorrer al rey. En Chile, donde la industria no podía tomar vuelo por la despoblación del país y por el régimen comercial implantado por la administración española, y donde el estado de guerra aumentaba la pobreza general, se recogieron, sin embargo, algunas erogaciones para contribuir al lujo insensato y desordenado de la Corte, a la repartición de gracias y pensiones a los favoritos del rey y al sostenimiento de las guerras europeas en que imprudentemente se hallaba envuelta España.[219]

La guerra de Arauco había dejado de ser tan inquietante después de la actitud resuelta que el gobernador había asumido disponiendo entradas en el territorio del enemigo para escarmentarlo. Sin embargo, a mediados de octubre de 1622, Osores de Ulloa se trasladó a Concepción, y desde allí comenzó a atender a la seguridad de sus tropas y de la frontera, persuadido de que no podrían acometerse empresas de mayor consideración sino cuando se hiciera cesar el régimen de la guerra defensiva y cuando el ejército de Chile hubiera recibido los refuerzos necesarios. Por entonces solo se esperaba el socorro que había

---

219 No hallamos en los documentos una noticia segura de la cantidad a que ascendió el donativo de Chile en aquella ocasión. Don Pedro Osores de Ulloa, en carta dirigida al rey desde Concepción con fecha de 10 de abril de 1623, le refiere que seguía persuadiendo a los habitantes del reino, así funcionarios públicos como simples vecinos a contribuir a este donativo. y le dice que él ha dado 4.000 pesos y 500 cada uno de los oidores. El rey les dio las gracias por una real cédula expedida en Madrid el 30 de marzo de 1627.
En esos momentos, el rey no cesaba de hacer presentes las premiosas angustias del tesoro, y de apelar a todo género de expedientes para procurarse recursos. «Las necesidades, y aprietos de hacienda con que me hallo son tan grandes y precisas, decía al gobernador de Chile en cédula de 14 de junio de 1621, que forzosamente obligan a buscar todos los medios posibles para aplicarles algún remedio». Con ese motivo recomendaba que se cobrase inflexiblemente a los extranjeros el derecho mediante el cual podían vivir en sus colonias.

sacado de España el maestre de campo don Íñigo de Ayala. En efecto, en marzo de 1623, se anunciaba en Chile que este capitán había llegado dos meses antes a Buenos Aires con toda felicidad, que había continuado su navegación y que de un día a otro debía llegar a Concepción.[220] El gobernador y los habitantes de Chile iban a sufrir el más doloroso desengaño.

La escuadrilla de tres naves que había organizado en España Francisco de Mandujano para transportar el socorro de Chile, salió, como dijimos, a fines de octubre de 1622 del puerto de Sanlúcar de Barrameda. La navegación fue en sus principios enteramente feliz, y tan rápida como era posible en esa época. Dos meses más tarde llegaba a Río de Janeiro donde pudo renovar una parte de sus provisiones y enrolar en la expedición a algunos soldados portugueses; y el 16 de enero de 1623 se hallaba en la embocadura del Río de la Plata preparándose para seguir su viaje. Por un momento se trató allí de marchar a Chile por los caminos de tierra; pero el maestre de campo Ayala y el capitán Nodal tenían tanta confianza en las ventajas del itinerario que se habían trazado que, contra las indicaciones y consejos de las autoridades de tierra, se lanzaron nuevamente al mar. Su propósito era penetrar al Pacífico por el estrecho de Le Maire y el cabo de Hornos, como lo habían hecho los holandeses y los españoles en las últimas expediciones.

A la altura del estrecho de Magallanes una violenta tempestad dispersó la escuadrilla. Nunca se supo la suerte que habían corrido dos de las naves. Indudablemente fueron víctimas de un desastroso naufragio de que no logró escapar un solo hombre. En ellas perecieron don Íñigo de Ayala, Gonzalo de Nodal y más de 250 soldados. Un año más tarde, no pudiendo explicarse la desaparición de esos dos buques, se creía como probable que hubieran sido apresados por los holandeses, de cuya presencia en aquellos mares se tenían en aquella época vagas noticias en Chile y el Perú.

Solo el buque almirante, que mandaba en persona Francisco de Mandujano, salvó de aquella catástrofe, pero no podía dar noticia de sus compañeros, de

---

220 Felipe IV, por cédula de 21 de octubre de 1622, anunció al gobernador de Chile el envío de los socorros que traía don Íñigo de Ayala; pero su comunicación no llegó a Chile sino un año más tarde. El mismo Ayala había avisado su arribo a Río de Janeiro en diciembre de ese año, y el 16 de enero de 1623 comunicaba desde Buenos Aires el haber arribado a este puerto, y su próxima partida para los mares del sur con la confianza de llegar a las costas de Chile en el mes de marzo. Anunciaba, también, que se preparaba una nueva expedición holandesa contra las posesiones españolas del Pacífico.

quienes lo había apartado la tempestad. Combatida por vientos contrarios del sur, esa nave tuvo que retroceder hasta Buenos Aires a fines de marzo. Llevaba a su bordo algunos oficiales, 144 soldados y una parte de los bagajes de la expedición. El capitán don Miguel de Sessé, que mandaba esa gente, la desembarcó allí, y venciendo no pocas dificultades, y gracias a los recursos que pudo suministrarle el gobierno de Buenos Aires, se puso en marcha para Chile por los caminos de tierra en los últimos días de septiembre de 1623. Durante la travesía de la pampa se desertaron de sus filas cerca de sesenta soldados con la esperanza de ir a buscar fortuna en los minerales de Potosí, cuya portentosa riqueza les había dado una gran celebridad en América y en Europa. En los primeros días de 1624 entraba por fin a Chile don Miguel de Sessé con ochenta y cinco hombres, apenas vestidos y casi desarmados, únicos restos que se salvaron de aquella columna reunida en España con tanta dificultad y con tantos sacrificios.[221] El resultado desastroso de esta expedición contribuyó en gran manera a que el gobierno metropolitano no pensara por entonces en utilizar el camino del cabo de Hornos, que, sin embargo, quedaba franco y expedito para los enemigos de España.

10. Campaña de la escuadra holandesa de Jacobo L'Hermite en el Pacífico

En efecto, ese mismo año de 1624 penetraba en el Pacífico una poderosa escuadra holandesa que debía causar una gran perturbación en las colonias españolas. El advenimiento de Felipe IV al trono en 1621 coincidió con la expiración de la tregua de doce años que su padre había celebrado con Holanda. Sin querer reconocer como un hecho consumado la independencia de esta república, el mal aconsejado monarca precipitó a España en una nueva guerra en que, después de algunos triunfos, había de declararse vencido.

---

221 Carta de Osores de Ulloa al rey, Concepción, 10 de abril de 1624. Ovalle, *Histórica relación*, libro II, capítulo 5. Mi ilustrado amigo don Manuel Ricardo Trelles, en un erudito escrito que me hizo el honor de dedicarme, ha contado bajo el título de *Francisco de Mandujano. Un socorro para Chile y episodio de los anales de Buenos Aires*, una parte de la historia de esta expedición, con el auxilio de los mejores documentos, y sobre todo lo que se refiere a los socorros que el gobierno de Buenos Aires suministró a los expedicionarios para seguir su viaje a Chile. El escrito del señor Trelles está publicado en la *Revista del archivo general de Buenos Aires*, tomo IV, 1872, págs. 3-23.

En esa época, Holanda había desarrollado, bajo el régimen de la libertad política, un gran poder naval, y contaba, a la vez, con importantes recursos, con marinos tan intrépidos como inteligentes. El príncipe Mauricio de Nassau que la gobernaba, creyendo que la ruina de España sería inevitable si ésta perdía alguna de sus más ricas colonias de América, o al menos si se conseguía privarla de los tesoros que ellas producían a la metrópoli, concibió el atrevido proyecto de despachar expediciones militares que vinieran a traer la guerra a estas apartadas regiones. Casi al mismo tiempo que se preparaba una contra el Brasil, se disponía otra contra el virreinato del Perú. Al paso que la pequeña república de Holanda se hallaba en situación de hacer desahogadamente los gastos y los esfuerzos que demandaban esas empresas, España, dominadora de medio mundo, pero encorvada bajo el peso de la monarquía absoluta, y sometida a un sistema político y económico que la llevaba a su ruina, no podía prestar a sus colonias más que socorros casi insignificantes.

A principios de 1623, Holanda tuvo lista la escuadra que destinaba al Pacífico. Componíase de once naves, algunas de ellas de gran porte, armadas de 294 cañones, con 1.039 hombres de tripulación y 600 soldados. Diose el mando de ella con el título de almirante a Jacobo L'Hermite, marino inteligente y experimentado que en 1605 había hecho como subalterno un viaje a las Indias orientales, había residido algunos años en esos países desempeñando puestos importantes y había escrito una memoria notable sobre su comercio. El cargo de vicealmirante fue dado a Hugo Shapenham, que debía llevar a término la expedición. Entre los hombres especiales que se habían buscado para tomar parte en sus trabajos, figuraba Valentín Tansz, piloto distinguido que en 1618 hizo el viaje al cabo de Hornos en la escuadrilla española de los hermanos Nodales.

La escuadra holandesa partió de Gorea (Goeree) el 29 de abril de 1623. Demorada por varios accidentes en el océano Atlántico, solo el 2 de febrero del año siguiente penetraba en el estrecho de Le Maire para pasar al Pacífico. Durante un mes entero, en que los vientos contrarios no les permitían avanzar, esos inteligentes marinos exploraron con mucho cuidado las costas australes de la Tierra del Fuego y los archipiélagos vecinos, levantaron cartas hidrográficas verdaderamente notables de toda esa región y recogieron muchas noticias acerca de las costumbres de los salvajes que la pueblan. Cuando a principios de marzo tuvieron vientos favorables, dirigieron su rumbo al norte y, avistando apenas las costas de Chile, fueron a recalar a las islas de Juan Fernández el 4 de abril para dirigirse enseguida al Callao que se proponían atacar resueltamente.

En Chile nadie había percibido la presencia de la escuadra enemiga en la proximidad de nuestras costas, tan escasa era en ellas el movimiento de naves. Pero desde el año anterior se había recibido aviso de los aprestos de los holandeses y, aun, en marzo de 1623 circuló la noticia de haberse visto en las costas vecinas a Santiago quince buques que navegaban en conserva, con velas negras y con muchas precauciones para ocultar su rumbo.[222] En el Perú se habían recibido estos avisos, y se tomaban todas las medidas necesarias para le defensa. Desde julio de 1622 gobernaba este país don Diego Fernández de Córdoba, marqués de Guadalcázar, antiguo virrey de Nueva España, y había contraído su atención a la defensa de las costas contra los enemigos exteriores. El puerto del Callao, fortificado por su antecesor el príncipe de Esquilache, se hallaba en estado de resistir cualquier ataque; pero el nuevo virrey había reunido, además, tropas suficientes para el servicio de los fuertes y para rechazar todo intento de desembarco.

Los holandeses estuvieron enfrente del Callao el 8 de mayo de 1624, y desde el día siguiente iniciaron sus vigorosos ataques contra la plaza. Rechazados por fuerzas mucho más considerables en las tentativas que hicieron de bajar a tierra, se limitaron a mantener el puerto en un estrecho bloqueo; y a disponer expediciones a los puertos vecinos para apresar todas las naves que hallaran y para efectuar diversos desembarcos en varios lugares. El almirante L'Hermite, enfermo desde tiempo atrás, falleció el 2 de junio, y fue sepultado con grandes honores militares en la isla de San Lorenzo, que estaba en poder de los holandeses. Hugo Shapenham tomó entonces el mando de la escuadra. Durante tres meses mantuvo el bloqueo del Callao, mientras algunas de sus naves recorrían las costas inmediatas esparciendo por todas partes la confusión, y desplegando un desapiadado rigor con los prisioneros. El 9 de septiembre, cuando el jefe holandés se convenció de que le era imposible el llevar a cabo un ataque serio sobre esa parte del virreinato, levó sus anclas y se dirigió con toda su escuadra a las costas occidentales de Nueva España donde esperaba hacer presas valiosas. Creía Shapenham que de vuelta de esta campaña, podría caer sobre las costas de Chile, efectuar un desembarco formal en un punto apropiado,

---

222   Carta de Osores de Ulloa al rey, de 10 de abril de 1623.

y después de batir a los españoles, fundar un establecimiento en nombre de Holanda. Esta empresa, que a la distancia parecía muy asequible, ofrecía en la práctica, como debe comprenderse, las mayores dificultades, e indudablemente los holandeses habrían sufrido un espantoso desastre. Pero ni siquiera persistió Shapenham en este propósito. La campaña le costaba la pérdida de cerca de 400 hombres, muertos unos por los salvajes de la Tierra del Fuego o por los españoles que defendían las costas del Perú, víctimas otros de las enfermedades desarrolladas a bordo por tan larga navegación. Sus municiones estaban casi agotadas, y en todos estos mares no había dónde procurárselas. Así, pues, en lugar de dirigirse a Chile, como lo tenían proyectado, a mediados de diciembre los holandeses partieron de Acapulco con rumbo a los archipiélagos de Asia, donde poseían establecimientos en que procurarse los socorros que necesitaban. Si en esta penosa expedición no habían conseguido ninguno de esos grandes triunfos en que soñaban al partir de Holanda, debían retirarse de las costas de América satisfechos con los daños causados al comercio español y con haber producido una gran perturbación en estas colonias.[223]

11. Últimos actos administrativos del gobernador Osores de Ulloa; su muerte

Las costas de Chile se salvaron esta vez, como acabamos de verlo, de los estragos y destrucciones que habían sufrido en otras campañas de los holandeses. En cambio, la situación interior distaba mucho de ser tranquilizadora. El

---

[223] Como se comprenderá fácilmente, no tenemos para qué entrar aquí en más amplios pormenores acerca de esta memorable expedición que propiamente apenas se relaciona con la historia de Chile, pero que, sin embargo, conviene recordar en sus rasgos principales.
Las primeras relaciones que se publicaron en Europa sobre la expedición de L'Hermite, eran de origen español, y estaban formadas por las noticias transmitidas del Perú. A pesar de todo, en ellas se descubre la perturbación que en estas colonias había producido la presencia de los holandeses. Pero en 1626 se publicó en Amsterdam el diario de la navegación con numerosas láminas y mapas, que luego fue reimpreso con importantes agregaciones. Se cree que el autor de esta relación, redactada con cuidado y con inteligencia, fue Juan van Weelbeeek, el matemático que levantaba las cartas de los lugares explorados. La traducción alemana, publicada en Estrasburgo en 1629, contiene todavía mayores agregaciones, que se atribuyen a Adolfo Decker, que servía en la flota. En nuestra relación, hemos seguido la traducción francesa publicada en el tomo IX del *Recueil des voyages de la compagnie des Indes orientales*, Rouen, 1735. Para más amplias informaciones bibliográficas, puede consultarse Camus, *Mémoire*, págs. 171, 176 y 277, y Tiele, *Mémoire bibliográphique*, págs. 73-81.

gobernador Osores de Ulloa, violando las instrucciones referentes a la guerra defensiva, no se había limitado a rechazar a los indios cada vez que pasaban la raya de frontera, sino que dispuso repetidas entradas en el territorio enemigo para hacerles comprender que no era la debilidad lo que había detenido la acción de los españoles. «Por la bondad de Dios, escribía al rey, he tenido buenos sucesos en los castigos que he intentado para reprimir la arrogancia, y victorias con que hallé a estos rebeldes, que el medio más conveniente es buscarlos y hollarles sus tierras, sin que me hayan muerto ni llevado por la divina misericordia, en catorce facciones que con ellos he tenido, más que un tambor que se desmandó y dos indios amigos.»[224] Al dar cuenta de estos sucesos, el gobernador insistía de nuevo en la necesidad de abandonar el sistema de la guerra defensiva, demostrando que la esperanza de llegar a una paz estable con esos bárbaros era una simple ilusión, desde que no reconociendo un centro de poder ni organización de nacionalidad, no había con quién tratar, y cada tribu quedaba libre para volver a las armas cuando lo creyese oportuno. «Lo que conviene, decía en una ocasión, es restaurar lo perdido, que estuviera hecho si por nuestros pecados no se hubiera cortado el paso al gobernador Alonso de Ribera, que mostró como tan gran soldado el camino que se ha de seguir para la restauración y quietud de este reino, haciendo fuertes y poblaciones, que es lo más importante.»[225] En esta época comenzaba a hacerse entera justicia al plan de Ribera para reducir el territorio enemigo mediante el avance gradual de la línea de frontera.

El gobernador, sin embargo, si bien había conseguido imponer respeto a los indios de guerra y contenerlos en sus excursiones, no podía acometer empresas más trascendentales ni repoblar los puestos abandonados por sus predecesores. No solo le estaba terminantemente prohibido el hacer esto, sino que los recursos de que podía disponer no bastaban para ello. Osores de Ulloa tenía bajo sus órdenes cerca de 1.900 hombres, entre oficiales, soldados y marineros de dos pequeñas embarcaciones que le servían principalmente para el transporte de víveres. El mantenimiento de este ejército exigía que el situado fuese servido puntual e íntegramente; y, sin embargo, los oficiales reales de Lima hacían en él considerables rebajas, descontando los costos de la artillería

---

224 Carta de Osores de Ulloa al rey, de 20 de abril de 1624.
225 Carta de Osores de Ulloa, de 10 de abril de 1623.

y de otros socorros que se habían enviado del Perú. Por estas reducciones del situado, el gobernador se vio forzado a suprimir algunos cargos, a reducir los sueldos de otros y, con frecuencia, a demorar los pagos de la tropa. Para subvenir al mantenimiento de ésta, ya que no le era posible comprar todos los víveres que necesitaba, tuvo que consumir y, a veces, hasta vender el ganado que desde el gobierno de Ribera se había tratado de reunir y de incrementar en las estancias del rey.[226]

Pero esa situación producía otros males mayores todavía. Los soldados, que llevaban una vida miserable, que recibían con retardo e incompletas sus pagas, servían de mala voluntad y aprovechaban cualquier coyuntura para desertar. La fama que entonces habían adquirido los ricos minerales de Potosí, estimulaba esos proyectos de fuga haciendo creer a los desertores que las penalidades del viaje para llegar hasta allá serían compensadas con los tesoros que iban a recoger. Osores de Ulloa era inflexible con los que intentaban desertar. «Suplico a Vuestra Majestad, escribía al rey representándole la situación aflictiva a que estaba reducido por la escasez de recursos, que provea del remedio conveniente, porque no viniendo en breve, no sé lo que va a ser de mí según los repiquetes que tengo cada día de malas voluntades de estas gentes, intentadas con fugas a los enemigos y a otras partes por mar y tierra, que para atajarlas y muchos malos pensamientos, estoy hecho un verdugo, haciendo ahorcar de cuatro en cuatro y mayor cantidad. Y muchos hombres de experiencia temen más por esta razón a nuestra propia gente que a los indios de guerra y a los holandeses que se esperan, y solo tengo ayuda de los maestres de campo y capitanes vivos y reformados.»[227]

---

226 Osores de Ulloa ha referido estas circunstancias en su correspondencia con el rey, explicando en ella las causas que lo obligaban a vender esos ganados y a demorar el pago de la tropa. Parece, sin embargo, que sus contemporáneos lo juzgaban con gran dureza por estos hechos. Pedro Ugarte de la Hermosa, que había sido secretario del gobernador don Lope de Ulloa, y que escribió una crónica de los sucesos de su tiempo, que no ha llegado hasta nosotros, lo condena ásperamente por ambas cosas, según se ve en un pasaje de la *Historia de Chile* de Córdoba y Figueroa, libro IV, capítulos 11 y 12 y en la *Historia civil*, libro VI, capítulo 7 del padre Miguel de Olivares. En cambio, el padre Ovalle, que siempre tiene palabras de elogio para los gobernadores, dice en el capítulo 6 del libro VII que Osores de Ulloa era muy limosnero, lo que también repite el padre Rosales en el capítulo 21 del libro VI.

227 Carta citada de Osores de Ulloa, de 20 de abril de 1624.

A pesar de esta escasez de recursos, se pensó entonces en repoblar el puerto de Valdivia. La audiencia de Lima, que gobernó interinamente el virreinato del Perú durante los siete primeros meses de 1622, y enseguida el marqués de Guadalcázar, que se hizo cargo del gobierno a fines de julio de ese año, habían querido ocupar y fortificar ese puerto para impedir que los holandeses pretendieran establecerse en él. Desde algunos años atrás, el padre Valdivia y sus parciales se empeñaban en demostrar que esa empresa no ofrecía la menor dificultad, y que los indios de las cercanías de Valdivia estaban dispuestos a dar la paz y hasta que pedían la repoblación de la ciudad. Pero una dolorosa experiencia había venido a demostrar que todo aquello no pasaba de ser una ilusión. A fines de 1623, cuando se esperaba ver reaparecer de un día a otro a los holandeses en el Pacífico, el virrey del Perú despachó dos pequeñas embarcaciones a cargo del alférez don Pedro de Bustamante a recoger noticias del enemigo en los mares del sur. Al acercarse al puerto de Valdivia, los indios salieron a recibirlo en son de amigos, llevando levantada una cruz como símbolo de paz. Bustamante cometió la imprudencia de desembarcar; pero tan luego como hubo bajado a tierra, los indios cayeron sobre él y lo mataron como también a diez españoles que lo acompañaban, apoderándose, además, de la barca en que habían bajado de su buque. «Ésta es la guerra defensiva», decía el gobernador Osores de Ulloa, refiriendo este desgraciado incidente para demostrar que no podía tenerse confianza en las paces que ofrecieran los indios.

Este mismo contraste confirmaba la urgencia que había en repoblar esa ciudad. Pero Osores de Ulloa comprendía perfectamente que con los medios que estaban a su disposición no podría llevar a cabo esta empresa. En los informes que dio al virrey del Perú y al rey de España, recomendaba la utilidad de repoblar Valdivia; pero pedía que esto se hiciera con fuerzas enviadas directamente de la metrópoli. El gobernador conocía los inconvenientes del sistema comercial planteado en estos países por la política española, sistema de exclusivismo y de restricciones, y proponía también que se adoptase otro más liberal. «Uno de los medios más eficaces y convenientes (para repoblar Valdivia y la región vecina), decía, es a mi pobre parecer dar permisión para que entren navíos de arribada que sirvieran para meter gente, como ha sucedido en el río y puerto de Buenos Aires en tan gran cantidad que se han poblado todas aquellas provincias, y para meter esclavos para cultivar la tierra, con que cesará la carestía y falta de bastimentos, y serán muchos los pláticos de esta entrada por el estrecho que tanto lo están los enemigos (los holandeses), pues todos los años siguen este viaje sin pérdidas considerables.» Pero estos consejos, que dejan ver en el anciano gobernador una inteligencia superior a la del mayor número de los administradores españoles de su tiempo, fueron enteramente desatendidos por la Corte.

Hasta los últimos días de su gobierno tuvo que sostener Osores de Ulloa complicadas y enojosas cuestiones con la Real Audiencia, sea por las licencias que ésta daba a algunos oficiales, sea por los estorbos que bajo fórmulas legales oponía a la libre acción administrativa. Así, declaró que los militares en servicio activo no pudiesen ser alcaldes ni regidores de los cabildos. En el seno mismo del tribunal se suscitaban entre los oidores ardientes choques que producían el escándalo en la ciudad. El gobernador, con acuerdo, según parece del virrey del Perú, había suspendido provisoriamente de las funciones de su cargo al oidor don Cristóbal de la Cerda, que era considerado el promotor de estas discordias. Aunque esta medida debía regir solo hasta que el gobernador volviese a Santiago a imponerse de los antecedentes de este negocio, lo que no pudo realizar, había producido la paz dentro del tribunal; pero las dificultades y resistencias opuestas a la administración militar siguieron repitiéndose con frecuencia. Osores de Ulloa, que, sin duda, no comprendía la administración pública sino bajo un sistema militar y autoritario, libre de estorbos y de resistencias, se quejaba de ellas al rey pidiéndole el remedio que creía más eficaz. «He suplicado a Vuestra Majestad con la fidelidad y reverencia que debo, escribía con este motivo, que se sirva entender el gran estorbo que hace vuestra Real Audiencia a las cosas de la guerra, metiéndose en dar licencias a los soldados y otras cosas, como echar bandos contra ellos de que resulta notable sentimiento y desautoriza mucho el oficio de capitán general. No ha bastado el advertirlo y suplicarlo que, aunque (los oidores) conocen la razón que hay para no hacerlo, luego se olvidan llevados del deseo que tienen de que todo el mundo entienda que son dueños principales de la paz y de la guerra... Lo más importante, a mi pobre parecer, es quitarla (la Audiencia) como lo hizo su santo abuelo de Vuestra Majestad habiendo siete ciudades más que se han perdido, y ahorrar el gasto de 28.000 pesos, pues cualquier teniente general o un alcalde basta para todo lo que hay de justicia en el reino, y en los casos de apelaciones que puede haber bien pocos, concurrirían, como solían, a la audiencia de Lima, que no está lejos ni es dificultoso el viaje.»[228] Por motivos análogos, su predecesor, don Lope de Ulloa, había propuesto, como se recordará, otro remedio, esto es, que la Audiencia fuese trasladada a Concepción, para que estuviese sometida a la vigilancia más inmediata del gobernador, que por causa de las atenciones de la guerra, estaba obligado a residir en esa ciudad. El rey, oyendo otros informes, se negó resueltamente a tomar ninguna de estas dos medidas.

A la edad de ochenta y cuatro años, don Pedro Osores de Ulloa conservaba la entereza de su carácter y, además, la suficiente claridad de inteligencia para imponerse de todos los asuntos administrativos; pero su vigor físico decaía visiblemente. Después del viaje que hizo a Santiago en 1622 no había vuelto a salir de Concepción. El año siguiente, cuando recibió la cédula por la cual el rey lo confirmaba en el cargo de gobernador de Chile, Osores de Ulloa se limitó a transmitirla al cabildo de Santiago para que se le reconociese en ese rango; pero no pudo hacer el viaje a renovar el juramento que había prestado como gobernador interino. En el invierno de 1624 sus achaques se agravaron notablemente. El 17 de septiembre, conociendo él y los que lo rodeaban que su enfermedad no tenía remedio y que su fin estaba próximo, designó al maestre de campo don Francisco de Alaba y Nurueña para que le sucediese interinamente en el gobierno de Chile, y firmó el nombramiento de éste con las solemnidades de estilo. En la tarde del siguiente día, miércoles 18 de septiembre de 1624, don Pedro Osores de Ulloa falleció en Concepción después de tres años escasos de gobierno en que, rodeado de complicaciones y dificultades, había desplegado una energía que no parecía avenirse con la edad avanzada en que le había tocado gobernar. Su cadáver fue sepultado con gran pompa en la iglesia de San Francisco de la ciudad de Concepción, donde yacían los restos mortales de algunos de sus predecesores.

Pocos meses antes se había hecho sentir una violenta erupción del volcán Antuco. «Vomitaba envueltas en fuego, dice un cronista de ese siglo, espesas nubes de ceniza y avenidas de piedra, azufre y piedra pómez sin algunos peñascos que vomitó su cruda indigestión, durante más de ocho días este prodigio, avisando a todos que temiesen la divina indignación que por estas bocas del infierno amenaza tragarse a los malos. Suelen ser estas reventazones anuncios

---
228 Carta citada de 20 de abril de 1624.

de algún mal suceso, y sin duda lo fue de la muerte del gobernador.»[229] ¡Tal era la superstición de los españoles de esa época!

---

229 Rosales, *Historia general*, libro VI, capítulo 31.

Capítulo VI. Gobiernos interinos de Alaba y Nurueña y de Fernández de Córdoba (1624-1629): fin de la guerra defensiva

1. Gobierno interino de don Francisco de Alaba y Nurueña. 2. Llega a Chile el gobernador don Luis Fernández de Córdoba y se recibe del mando en Concepción. 3. Pasa a Santiago y proclama la cesación de la guerra defensiva. 4. El derecho de reducir a la esclavitud a los indios tomados en la guerra excita la actividad militar de los españoles. 5. Los indios, bajo el mando de Lientur, organizan ejércitos más considerables y emprenden operaciones más atrevidas. 6. Desastres de las armas españolas: derrota de las Cangrejeras. Los historiadores de la guerra defensiva (nota).

1. Gobierno interino de don Francisco de Alaba y Nurueña

Don Francisco de Alaba y Nurueña debía su elevación al gobierno interino de Chile no a su propio mérito, o al renombre conquistado con grandes servicios, sino al nepotismo franco y desembozado que contra las leyes más imperiosas y precisas habían introducido los gobernantes españoles en las colonias de América. Aunque contaba cerca de sesenta años de edad, no se había ilustrado por servicios particulares que lo hicieran merecedor de este ascenso. En su juventud había servido en la escuadrilla que organizaron los virreyes del Perú, y a fines de 1603 vino a Chile, bajo el primer gobierno de Alonso de Ribera, en el rango de capitán de una compañía de tropas auxiliares. Su nombre, sin embargo, pasa casi desapercibido entre los de aquellos soldados que adquirieron fama en la guerra de Arauco.

Había regresado hacía tiempo al Perú, donde gozaba, según parece, de algunas comodidades; y probablemente no pensaba en volver más a Chile. Pero Alaba y Nurueña era cuñado de don Pedro Osores de Ulloa; y en 1621, cuando éste fue nombrado gobernador, se decidió a acompañarlo con la esperanza, sin duda, de adelantar rápidamente en su carrera. En efecto, a poco de haber desembarcado en Concepción, fue ascendido al rango de maestre de campo.

Por fin, tres años más tarde, Osores de Ulloa próximo a expirar, le legaba el gobierno interino del reino. Los capitanes de más experiencia, y que se habían conquistado en la guerra un renombre prestigioso, debieron sentirse lastimados con esta designación que realmente era una ofensa a la justicia. A pesar de esto, y de que era muy cuestionable la facultad de Osores de Ulloa para designar su sucesor, nadie se atrevió a objetar ese nombramiento. Alaba y Nurueña fue recibido el 19 de septiembre de 1624 por el cabildo de Concepción en el carácter de gobernador interino; y no pudiendo, a causa de las atenciones de la guerra, pasar a Santiago a prestar el juramento de estilo, lo hizo en su representación el licenciado Andrés de Toro Mazote el 2 de noviembre siguiente.[230] Al dar cuenta al rey en esos mismos días de que había asumido el gobierno interino de Chile, Alaba de Nurueña recordaba sumariamente sus dilatados servicios, y pedía que se le confirmara en ese cargo. «Hasta hoy, decía, no he sido en todo ni en parte premiado ni remunerado; por lo cual, y para que en el resto de vida que me queda pueda sustentarme conforme a mi calidad y obligaciones, descargando Vuestra Majestad su real conciencia, le suplico con entera reverencia se me haga y remita la confirmación de estos oficios como y en la forma que los tenía mi antecesor, en que procuraré acertar y dar la cuenta que debo.»[231] Esta súplica debía ser desatendida por el soberano y por el virrey del Perú.

El gobierno interino de don Francisco de Alaba y Nurueña, que duró solo ocho meses, no fue señalado por ningún hecho importante. Dispuso algunas entradas en el territorio enemigo, porque, como su antecesor, creía que el mantener a las tropas estrictamente a la defensiva, no hacía más que alentar a los indios y estimularlos a repetir sus ataques y depredaciones. Pero el asunto que entonces preocupaba a todos era la presencia de los holandeses en las costas de América. Cuando Alaba y Nurueña se recibió del mando, se sabía en Chile que la escuadra holandesa había llegado al puerto del Callao el 8 de mayo, que después de algunos ataques, lo mantenía bloqueado, y que algunas de sus naves recorrían impunemente las costas vecinas, ejecutando desembarcos y apresando o destruyendo las naves españolas que encontraban a su paso. A principios de noviembre llegó a Santiago la noticia de que otra escuadra holandesa destinada a operar en las costas del Brasil, había atacado la ciudad de Bahía el 8 de mayo de 1624, el mismo día precisamente en que la flota del Pacífico se presentaba delante del Callao. El poder naval que en esas circunstancias desplegaba Holanda, y hasta la coincidencia de esos ataques simultáneos en las costas opuestas del continente, debía producir una gran

---

230 El nombramiento de Alaba y Nurueña y las actas de su recibimiento en el carácter de gobernador, han sido publicados por don Miguel L. Amunátegui en las págs. 441-445 del tomo II de *La cuestión de límites entre Chile y la República Argentina*.
231 Carta de don Francisco de Alaba y Nurueña al rey, de 22 de septiembre de 1624.

consternación en las colonias españoles. El gobernador de Chile, temiendo fundadamente que este país fuese amenazado por las naves enemigas, contrajo toda su atención a la defensa de los puertos, y en especial del de Concepción, que era el más importante de todos. «En orden a esto, escribía Alaba y Nurueña, he fortificado esta ciudad (Concepción) y playas lo más que he podido, que para donde no hay recursos no ha sido poco, con tres plataformas de a cinco piezas de artillería en diferentes puestos, y del primero al último seguidos de muy segura trinchera por la lengua del agua, de suerte que no pueda saltar una mosca en tierra sin que sea sentida. Y si como este enemigo (los holandeses) corre los puertos de abajo, tocara en éste lo estimara para que mis servicios lucieran en esta ocasión en el real de Vuestra Majestad.»[232] A pesar de esta arrogante confianza, las fortificaciones provisorias de Concepción no habrían podido oponer una sólida resistencia si hubieran sido vigorosamente atacadas por la poderosa escuadra del enemigo.

En medio de la escasez de sus recursos, el gobernador tuvo que despachar algunas embarcaciones a los puertos del sur para saber si los holandeses habían llegado a Valdivia o a Chiloé. En ninguna parte hallaron vestigios de esos enemigos; pero desembarcados los exploradores un poco al sur de Valdivia para recoger noticias, se vieron atacados por un número considerable de indios, y tuvieron que sostener un reñido combate en febrero de 1625. Los españoles se consideraron vencedores porque consiguieron dispersar a los bárbaros matando a muchos de ellos, pero dejaron en el campo cinco soldados muertos y seis indios auxiliares, «todo lo cual, decía el gobernador, se ha tenido por una de las buenas suertes que se han ofrecido en este reino». Solo algunos meses más tarde desaparecieron en parte los temores que había infundido en toda la costa la presencia de los holandeses.

Aunque Alaba y Nurueña, como contamos, había pedido al rey que lo confirmara en el puesto de gobernador, nunca tuvo confianza, según parece, en alcanzar esta gracia. Él quiso, sin embargo, aprovechar su interinato para favorecer a sus antiguos compañeros de armas. En efecto, dio numerosas licencias a oficiales y soldados, creó muchos capitanes y reformó a otros, concediéndoles

---

[232] Carta de Alaba y Nurueña al rey, de 21 fe febrero fe 1625.

su separación con el goce de sueldo.²³³ Estas medidas que gravaban al tesoro real, debían ser un problema para su sucesor.

2. Llega a Chile el gobernador don Luis Fernández de Córdoba y se recibe del mando en Concepción

La noticia del fallecimiento de don Pedro Osores de Ulloa, gobernador de Chile, llegó a Lima en diciembre de 1624. El marqués de Guadalcázar, que gobernaba el virreinato, resolvió inmediatamente nombrarle un sucesor. Su elección recayó en el general don Luis Fernández de Córdoba y Arce, caballero de ilustre nacimiento y sobrino carnal del virrey, pero cuyos servicios anteriores dejaban ver que su elevación no era la obra exclusiva del favor.

Miembro de una de las familias más aristocráticas de Andalucía, don Luis había servido a su rey «desde que tuvo uso de razón», según sus propias palabras, y poseía en España por herencia de su padre, el título de veinticuatro, esto es, de regidor perpetuo de Córdoba, su ciudad natal. En 1611, su tío, el marqués de Guadalcázar, pasaba a América con el cargo de virrey de Nueva España. Fernández de Córdoba partió en su compañía, y durante nueve años desempeñó en ese virreinato numerosas comisiones y destinos de importancia. Fue comandante de los fuertes de San Juan de Ulúa, gobernador de la provincia de Tlascala y general de la flota del virrey que mantenía el comercio con las islas Filipinas. En este servicio tuvo que tomar parte en la guerra contra los holandeses, que hostilizaban a los españoles en aquellos mares. Habiendo pasado al Perú en 1622 al lado siempre del marqués de Guadalcázar, recibió el título de teniente capitán general del Callao. En el desempeño de ese cargo se ilustró en la defensa del puerto en 1624 contra la escuadra holandesa, y rechazó las diversas tentativas de desembarco que hizo el enemigo. Reconociendo sus servicios, el rey lo había recomendado para que se le hicieran merced.

Pero el nombramiento de Fernández de Córdoba para el puesto de gobernador de Chile encontraba una dificultad. El rey tenía mandado, y acababa de confirmarlo por cédula de 12 de diciembre de 1619, que los virreyes y gobernadores no pudieran dar cargos a sus familiares y parientes dentro de cuarto

---

233 Carta del gobernador don Luis Fernández de Córdoba al rey de 4 de enero de 1626. Rosales, *Historia general*, libro VI, capítulo 32. Según Fernández de Córdoba, en los pocos meses que duró el gobierno interino de Alaba y Nurueña, éste dio más de 300 licencias, y creó 53 capitanes reformados sobre otros cincuenta que había en Chile.

grado, a menos que los servicios propios de éstos fueran probados y notorios. Para salvar este inconveniente, fue necesario levantar una información ante la Real Audiencia. Uno de los oidores, encargado de esta investigación, informó que «por ser tales los servicios hechos por el dicho general (Fernández de Córdoba), le parece está hábil para que Su Excelencia le haga merced conforme a ellos». Al dar este parecer se tuvo también en cuenta que Fernández de Córdoba estaba casado con doña Juana de Arce y Tordoya, dama principal, señora por los títulos de sus mayores de la villa del Carpio en España, y bisnieta del licenciado Cepeda, presidente de Chuquisaca y uno de los personajes distinguidos de la conquista y de las primeras guerras civiles del Perú.[234]

II. Personajes notables (1600 a 1655)
1. Marcos Chávarri Almonacid. 2. Marqués de Montes Claros. 3. Marcos de Vega. 4. Pedro Cortés. 5. Don Luis Jufré. 6. Álvaro Núñez de Pineda. 7. Jerónimo de Molina.

Allanado de esta manera el inconveniente legal que se oponía al nombramiento de Fernández de Córdoba, el virrey pudo firmar el 4 de enero de 1625 en favor de éste los títulos de gobernador interino de Chile y presidente de su Real Audiencia. Pero teniendo que proveerse de vestuario y de otros artículos para el ejército, el nuevo gobernador no pudo partir del Callao hasta el 24 de abril. Por fin, el 28 de mayo desembarcaba felizmente en Concepción. El día siguiente,

---
234 Don Luis Fernández de Córdoba, como era costumbre corriente en esa época, había levantado información de los servicios suyos y de sus mayores y de los ascendientes de su esposa, y al ser nombrado gobernador interino de Chile remitió esa información al rey para que lo confirmara en la propiedad de ese cargo o en otro análogo. En esas peticiones, varias veces repetidas, no se quedaba corto, como va a verse por el fragmento siguiente de una de sus cartas: "Suplico a Vuestra Majestad con toda humildad, se sirva hacerme merced del hábito de Santiago con alguna encomienda de esta orden, o que sea de indios en el Perú. Y si Vuestra Majestad favorece mis deseos, en que hago todo cuanto puedo sin perdonar cuidado ni trabajo, se sirva de confirmarme en estos cargos, o habiendo lugar hacerme merced de la presidencia del Nuevo Reino de Granada o de Chuquisaca, y título de marqués o conde de mi casa, pues en esto descargará Vuestra Merced su real conciencia premiando los buenos servicios que mis antepasados y yo habemos hecho a Vuestra Merced». Carta de Fernández de Córdoba escrita en Santiago el 4 de enero de 1626. Tengo a la vista la copia de otra información de servicios de Fernández de Córdoba levantada en Madrid en octubre de 1639, de donde tomo los datos biográficos consignados en el texto.

en que se celebraba ese año la fiesta de Corpus Christi, se recibió del mando ante el Cabildo de la ciudad.

En esos momentos la guerra virtualmente había dejado de ser defensiva, pero estaban todavía vigentes las ordenanzas reales que la habían establecido. El gobernador, impuesto de los fatales resultados que había producido el sistema planteado por el padre Valdivia, venía predispuesto en contra de él, y determinado a no dejarse engañar por las ilusiones de arribar a tratados de paz con los indios. Así, pues, aunque la estación de invierno era la menos favorable para esta clase de excursiones, visitó los fuertes de la frontera, y a pesar de que recibió mensajes pacíficos de algunas tribus enemigas, desdeñó tales ofrecimientos y en todas partes recomendó que se mantuviera la vigilancia y la disciplina con el mayor cuidado. Aprovechó, además, esta visita para introducir algunas economías en la administración militar. Como casi todas las compañías de tropa tenían incompleta la dotación de sus soldados, las reformó refundiendo varias de ellas para que cada una tuviera el número correspondiente, lo que le permitió suprimir algunas plazas de oficiales. Asistió personalmente a la distribución del situado, para imponerse de los abusos que se cometían en el pago de la tropa, operación a que por su avanzada edad no había podido asistir el gobernador don Pedro Osores de Ulloa. «Por la mala cuenta que un mozo llamado Pedro de Unzueta dio en el oficio que ejercía de oficial mayor del veedor general, dice el mismo Fernández de Córdoba, habiéndole probado suposiciones de plazas, cohechos, falsedades y otros malos modos de vivir, le hice cortar dos dedos de la mano derecha, y que fuera a servir a Chiloé por algunos años, privándole de la honra que había conseguido por favores y malos medios. Estaba mal querido de los soldados, y ha sido de importancia para muchos efectos su castigo.»[235] La severidad desplegada con ese infeliz, no podía, sin embargo, remediar por completo un mal que parecía haberse hecho endémico en el ejército de la frontera.

3. Pasa a Santiago y proclama la cesación de la guerra defensiva

Cuando hubo terminado estos arreglos, el gobernador se dispuso a pasar a Santiago. Quería recibirse oficialmente del gobierno civil del reino y poner atajo a las dificultades que suscitaba la Real Audiencia y, sobre todo, a las contradicciones y pendencias entre los mismos oidores que habían llegado a

---

235 Carta citada de 4 de enero de 1626.

producir escándalo en la ciudad. Con este objetivo partió de Concepción en los primeros días de diciembre. El cabildo de Santiago estaba preparado para recibirlo con la mayor solemnidad. Despachó una comisión de su seno a saludarlo en Rancagua, construyó una suntuosa portada en la calle del rey (hoy Estado) por donde debía entrar el gobernador, y mandó que los vecinos que tenían sus casas en ella, pusiesen colgaduras y otros adornos. Fernández de Córdoba entró a la ciudad al 21 de diciembre de 1625, y, previo al juramento de estilo ante el Cabildo, fue reconocido en su carácter de gobernador.[236] El siguiente día fue recibido por la Audiencia como su presidente titular.

El doctor don Cristóbal de la Cerda, oidor decano de la Audiencia, era el causante de las dificultades dentro del mismo tribunal. El gobernador Osores de Ulloa, como contamos más atrás, había suspendido provisoriamente en enero de 1624 al doctor Cerda de su puesto de oidor. Aunque esa suspensión debía regir solo hasta que el gobernador volviese a Santiago a imponerse de las causas de aquellas perturbaciones, se sabe que ese alto funcionario no pudo emprender este viaje y que siete meses después moría en Concepción. El oidor Cerda volvió entonces al tribunal, e inmediatamente se renovaron las dificultades y rencillas que luego tomaron un carácter alarmante. «Llegado que fui a esta ciudad (Santiago), escribe Fernández de Córdoba, y enteráondome de todo, hallo gravísimos inconvenientes en que dicho don Cristóbal concurra en la Audiencia, porque a mí me ha dicho diversas veces que tiene por imposible que él sea buen oidor con sus compañeros, ni ellos con él; en cuya consideración, y habiéndolo consultado de palabra antes de mi partida a este reino con el marqués de Guadalcázar, virrey del Perú, fui de parecer, después de haber entendido muy largamente los disgustos referidos, que dicho don Cristóbal se abstuviese de concurrir en la Audiencia con los demás oidores y que gozase del salario hasta que Vuestra Majestad se sirviese de mandar otra cosa, por las necesidades que hay en tierras tan extrañas para él y su familia.»

Pero la Audiencia, además, había suscitado numerosas dificultades. Aprovechándose de la ausencia casi constante de los gobernadores que estaban obligados a residir en Concepción, se arrogaba facultades y prerro-

---

236 El acta del recibimiento de Fernández de Córdoba, con sus títulos de gobernador y presidente de la Real Audiencia, ha sido publicada íntegra por don Miguel L. Amunátegui en las págs. 449-456 del tomo II de *La cuestión de límites*.

gativas que no le correspondían.²³⁷ Aunque estaba nombrado corregidor de Santiago el maestre de campo don Diego González Montero, no se le permitía desempeñar sus funciones porque, invocando ciertas antiguas disposiciones, se sostenía que no podía haber corregidores en las ciudades en que residía una Real Audiencia. El gobernador, citando en su apoyo otras disposiciones, y la práctica establecida en las ciudades de México, de Quito y de Chuquisaca, tomó resueltamente una determinación contraria. «Es muy forzoso al servicio de Vuestra Majestad, policía y buen gobierno de esta ciudad, escribía al rey, tener corregidor, el cual es también teniente de capitán general, que por estar a 80 leguas de la Concepción, importa mucho lo haya para la ejecución de cosas de la guerra, pues teniendo estos dos cargos, los hará con más autoridad. He hecho recibir a dicho maestre de campo don Diego González Montero, en consideración de que no tiene gasto por esta razón la hacienda de Vuestra Majestad, que es por lo que se había prohibido no lo hubiese en las audiencias.» Fernández de Córdoba parecía resuelto a hacer respetar su voluntad en materias administrativas para consolidar el prestigio un tanto decaído del poder de los gobernadores.

Hemos dicho que la ciudad de Santiago recibió con particular distinción al nuevo gobernador. La razón de estas manifestaciones era principalmente el saberse que Fernández de Córdoba era contrario a la guerra defensiva, y que quería restablecer las cosas militares al estado que tenían antes de la venida del padre Valdivia. Sabíase, además, que el gobernador había recibido cartas del virrey del Perú en que éste le anunciaba que Felipe IV mandaba suspender la guerra defensiva y restablecer la esclavitud de los indios tomados con las armas en las manos. En efecto, el 24 de enero de 1626 recibió Fernández de Córdoba una real cédula firmada en Madrid el 13 de abril del año anterior. Tomando en cuenta la obstinada persistencia de los indios para mantenerse en el estado de guerra, las atrocidades que habían cometido y la inutilidad de los esfuerzos

---

237 Fernández de Córdoba, en la carta citada, refiere a este respecto el hecho siguiente, que es característico de las costumbres de la época: «Algunas veces que en fiestas y toros u otros regocijos, se halla esta Audiencia, y pasan compañías de infantería por delante, como si aquel lugar fuese el de los estrados o acuerdos, se hace abatir las banderas sin estar delante el capitán general, en gran perjuicio de la estimación que en la guerra se observa de que solo se abata a la persona de Vuestra Majestad, o inmediatamente a la de los capitanes generales. Vuestra Majestad se servirá de mandar en esto lo que más fuere servido, porque es cosa que no he visto en otras partes donde he sido soldado y hay audiencias».

pacíficos con que se había pensado reducirlos, el rey mandaba que en adelante se les hiciera guerra activa y eficaz, y que se les sometiera a esclavitud con arreglo a lo mandado en la real cédula de 26 de mayo de 1608.[238] El virrey del Perú, marqués de Guadalcázar, cuyas opiniones respecto de la guerra de Chile eran opuestas a las de sus predecesores, mandaba también que inmediatamente se pusiera en práctica la real resolución. En efecto, el domingo 25 de enero se pregonó en Santiago con toda la solemnidad posible, el restablecimiento de la guerra ofensiva. Para los vecinos encomenderos de la capital fue aquél un día de grandes regocijos, porque veían desaparecer un sistema a que atribuían todas las desgracias del reino y contra el cual habían protestado constantemente durante catorce años. Creían ellos que solo la guerra enérgica podía producir la pacificación del país, y esperaban, además, que la nueva declaración de la esclavitud de los indios había de permitirles aumentar a poca costa el número de sus vasallos y servidores.

Para que la resolución del rey produjera efectos eficaces, habría sido necesario que el gobernador de Chile hubiese tenido a su disposición recursos y tropas mucho más considerables para someter a los indios y ocupar su territorio. Pero Felipe IV y sus consejeros abrigaban tal confianza en el prestigio de su poder, y tanto desconocimiento del carácter y de las condiciones de los indios que sostenían la guerra en Chile, que llegaron a creer que esta sola declaración podría determinarlos a deponer las armas. En esta persuasión, mandaban que se hiciera a los indios un formal requerimiento para invitarlos a la paz; pero que si pasados dos meses persistieran aún en su rebelión, se les hiciese una guerra implacable. Fernández de Córdoba debía saber que esta conminación no había

---

[238] Entre los informes que más debieron influir en el ánimo de Felipe IV, es preciso contar los que desde Lima daba el doctor Luis Merlo de la Fuente que por haber gobernado Chile durante algunos meses, y por haber sido oidor decano de su Real Audiencia, conocía muy bien las cosas de este país. Sus informes extensos y prolijos daban mucha luz sobre la cuestión. Como si ellos no bastasen para contradecir las representaciones del padre Valdivia, Merlo de la Fuente envió a España a su hijo don Juan a dar cuenta al rey del estado de Chile y pedirle su remedio, que para él era el restablecimiento de la guerra ofensiva. Don Juan Merlo de la Fuente pereció tristemente en un naufragio en que se perdieron tres galeones de la flota en el mar de las Antillas. Sin desconcertarse por esta desgracia, el oidor despachó de Lima en abril de 1623 a otro hijo suyo, el presbítero don Alonso Merlo de la Fuente, para que llevase al rey otro memorial en que con mayores instancias todavía solicitaba que se pusiera término a la guerra defensiva en el reino de Chile.

de producir resultado alguno; pero quiso someterse fielmente a las disposiciones del monarca.

Aunque el gobernador era llamado a Concepción por las atenciones de la guerra, tuvo que demorarse en Santiago para entender en otros asuntos. La ordenanza redactada por el padre Valdivia y el príncipe de Esquilache, virrey del Perú, y sancionada por el rey en 1622, para reformar el servicio personal de los indígenas reemplazándolo por una contribución en dinero, había resultado impracticable. Al paso que los indios no podían pagar ese impuesto, los encomenderos se quejaban de la reforma por el perjuicio que sufrían en sus intereses. «Conocí, dice el gobernador que (la ordenanza) era mal recibida así por parte de los unos como de los otros, y que es imposible que con tantas condiciones como tiene, puedan cumplir los dichos indios, y que habiéndose dispuesto para su mayor alivio y conservación no se sigue la utilidad que en esto se pretendió... Tomé diferentes pareceres, agrega, hice juntas con el obispo de la ciudad, algunos prebendados de su iglesia y todo los prelados de las religiones y otras personas doctas y antiguas en este reino, que con noticia de la materia estando enterados de su entidad, pudieren tratar de ella, y respondieron que debía suspender la ejecución de dicha tasa hasta dar cuenta a Vuestra Majestad para que mejor enterado de lo que más importa a la conservación de este reino, se sirva mandar lo que en esto se haga en vista de los papeles que en razón de ello se han hecho.»[239] Así, pues, aquella ordenanza con que se había creído mejorar la condición de los indios, no sirvió de nada, y ni siquiera se ensayó el darle un cabal cumplimiento.

4. El derecho de reducir a la esclavitud a los indios tomados en la guerra excita la actividad militar de los españoles

El 27 de febrero (1626), desocupado de estas atenciones, Fernández de Córdoba se puso en marcha para el sur. Llevaba la resolución de dar impulso a las operaciones militares. Conociendo que las tropas del ejército de la frontera no bastaban para hacer una guerra eficaz a los indios, había pedido empeñosamente al rey que le enviase un socorro de 1.000 hombres, y otro de 400 al virrey

---

[239] Carta de Fernández de Córdoba al rey, de 1 de febrero de 1627. Esta carta, que es la segunda que este gobernador escribió al rey desde Chile, es quizá la menos importante de su correspondencia oficial. Sin embargo, es la única que se ha publicado. Puede verse en las págs. 347-352 del II tomo de *Documentos* de la obra de don Claudio Gay.

del Perú. Se hacía la ilusión de que con esos esfuerzos podría reconquistar en poco tiempo más los territorios que los españoles habían perdido después de la destrucción de las ciudades.

Mientras tanto, sus tropas habían alcanzado algunas ventajas sobre el enemigo; pero, al mismo tiempo, ocurrieron otros hechos que dejaban ver la inutilidad de todos los esfuerzos, hechos para alcanzar la paz. Muchos indios que parecían sometidos, que habían aceptado el bautismo y que se daban por aliados de los españoles, se habían fugado al territorio enemigo. El gobernador, que no esperaba nada de las negociaciones pacíficas, hizo, sin embargo, anunciar a los indios de guerra las últimas disposiciones del rey; y cuando vio que ellas no producían cambio ninguno en la actitud de esos bárbaros, o producían solo ofrecimientos de paz a que no era posible dar crédito, dispuso algunas entradas más allá del Biobío, contando con un refuerzo de 184 hombres enviados por el virrey del Perú. Estas operaciones, como debía esperarse, no produjeron resultados de mediana importancia. En el corazón mismo del invierno de 1626, repitió Fernández de Córdoba estas expediciones y consiguió apresar muchos indios que, con arreglo a la resolución del rey, fueron sometidos a la esclavitud.

Este resultado, y sobre todo el beneficio que producía la venta de esclavos, estimulaba a los españoles a acometer nuevas empresas de ese género. A principios de 1627 el gobernador dio mayor impulso a las operaciones. Dispuso diversas expediciones, que confiaba a algunos de sus oficiales, y él mismo salió a campaña penetrando en el territorio enemigo por el valle central. Hallándose en la plaza de Nacimiento, consiguió rescatar a algunos cautivos españoles que vivían desde muchos años atrás entre los indios. Uno de ellos fue el capitán Marcos Chavarri, uno de los más heroicos defensores de la ciudad de Villarrica, en 1602, y que contaba, por tanto, veinticinco años de cautiverio.

«La guerra de este reino, escribía Fernández de Córdoba, he seguido y sigo de invierno y verano por apurar al enemigo rebelde, que ha sentido se haya abierto y se le hagan los castigos que ha recibido en diferentes provincias y ocasiones. El año pasado (1627) entré a la de la Imperial y otras sus circunvecinas, donde españoles no habían puesto los pies desde el alzamiento ahora veintiocho años, con tan buenos efectos que le quemé muchas casas y más de 14 o 15.000 fanegas de comida de todas semillas, y 4 o 5.000 cabezas de ganado que se le mataron y desbarrancaron y algunos caballos. Y demás de que se degollaron muchos enemigos, se cautivaron más de 250 personas; y sin perder un hombre me retiré por haber apuntado ya el invierno. Después de haber descansado algo la gente, se han hecho algunas entradas por este tercio de San Felipe (Yumbel) y asimismo por el del estado de Arauco otras con muy buenos sucesos; y aunque se ha peleado en estas últimas por la grande obstinación que este enemigo tiene, no me han muerto sino treinta españoles y algunos cien amigos naturales, y le cuesta al enemigo cautivos y muertos más de 2.500 personas, sin los ganados y casas quemadas en estas ocasiones, que todo ha sido mucho; y prometo a Vuestra Majestad que he puesto y pongo en seguir esta guerra y conservarla con reputación mucho trabajo, cuidado, gasto de mi hacienda y riesgo de la vida.»[240]

Los indios apresados en la guerra pasaban a ser propiedad de los soldados que los tomaban y, por tanto, tenían éstos derecho para venderlos como esclavos. Pero este negocio dio en breve origen a los más escandalosos abusos. Según las ideas del tiempo, los dueños de esclavos estaban autorizados para marcarlos con hierros candentes. Todos los indios tomados en la guerra eran sometidos a esta cruel operación; pero como la marca constituía el distintivo de los esclavos, y la constancia de que un indio podía ser vendido como tal, algunos soldados dieron en marcar a los indios que querían vender, por más que no hubiesen sido apresados en acción de guerra, y, aun, ejecutaban estos tratamientos en niños de corta edad, que la cédula del rey eximía de la pena de esclavitud. Muchos de esos infelices eran enviados al Perú, para ser vendidos a un precio más alto que el que se pagaba en Chile.[241] Fernández de Córdoba,

---

240 Carta de Fernández de Córdoba al rey, escrita en Yumbel el 10 de enero de 1628.
241 Un documento contemporáneo de estos horrores, los refiere en la forma siguiente: «Los indios que (los soldados) cogen en la guerra, chicos y grandes, hierran en el rostro, y pasan como esclavos de unas manos a otras, vendidos, y la mayor parte han sacado a vender al Perú, y ha habido una (india) entre muchas que viéndose herrar, daba voces diciendo: "no me hierres que soy hija de cristiana española de las cautivas que tienen los indios". Y soy informado que habiéndola herrado, la enviaron a las hijas del virrey marqués de Guadalcázar. Cáusame compasión ver una crueldad tan grande; y he sabido que ningunos malos tratamientos que los españoles de esta tierra han hecho a los indios, han irritado tanto a los de guerra como éste; y han propuesto en sus juntas herrar con herraduras en el rostro a los españoles y españolas que cautivasen.» Carta del obispo de Santiago don Francisco de Salcedo al rey, de 20 de enero de 1630.
Estos horrores siguieron repitiéndose hasta que el temor a las represalias de los indios vino a corregirlos.

queriendo poner atajo a estos abusos, hizo publicar en todo el reino, al son de cajas y trompetas, un solemne bando en que fijaba las reglas para herrar a los indios. Todo indio mayor que hubiese caído prisionero en acción de guerra, podía ser herrado como esclavo; pero para ello era necesario que dentro de los tres primeros meses fuese presentado por su aprehensor e inscrito en el registro de esclavos que se llevaba en la secretaría de gobierno. Fernández de Córdoba puso severas penas, además de la pérdida de los esclavos, a los que no se sometiesen a estas reglas, a los que enviasen a estos últimos al Perú, y a los barberos que se prestasen a herrar indios que no fuesen realmente esclavos, porque eran los barberos los encargados de ejecutar esta inhumana operación.

Conocidas las costumbres de la época y el régimen brutal a que estaban sometidos los esclavos, la ordenanza dictada por el gobernador de Chile debía ser considerada como un rasgo de benignidad. En efecto, nadie ponía en duda el derecho que tenían los amos de herrar a sus esclavos; pero entonces comenzó a discutirse entre los hombres más ilustrados de estas colonias si debía marcárseles en la cara o en otra parte del cuerpo. Algunos eclesiásticos de gran prestigio, citando en su apoyo la opinión de teólogos eminentes, sostenían «que habiendo hecho Dios al hombre a su imagen y semejanza, y siendo la cara la principal semejanza y donde consiste la hermosura, por lo cual somos semejantes a la hermosura de Dios, era contra derecho natural y divino afear la hermosura y semejanza de Dios».[242] En virtud de esta declaración teológica, que permitía marcar a los indios en cualquier parte del cuerpo que no fuera la cara, siguiose herrándoles en los brazos o en las piernas, hasta que el temor a las represalias terribles que los indios comenzaron a tomar con sus cautivos, dio principio a corregir esa bárbara costumbre.

A pesar de estas restricciones, la guerra contra los indios comenzaba a ser una especulación provechosa para los militares que la hacían. Uno de los capitanes españoles más considerados por el gobernador, don Pedro de Páez de Castillejo, había recibido encargo de organizar en Chiloé una expedición para atacar por mar a los indios de Valdivia, y halló en aquel archipiélago gente que quisiera acompañarlo en tan peligrosa empresa. Aquellos bárbaros estaban

---

[242] El padre Rosales, en los capítulos 5 y 6 del libro VII de su *Historia general* ha hecho una exposición noticiosa, aunque desordenada e incompleta de estos incidentes y de las discusiones a que dio lugar la cuestión de saberse si se debía herrar a los indios en el rostro.

sobre aviso y bien dispuestos para defenderse. Páez de Castillejo no pudo desembarcar en Valdivia; y teniendo que dar la vuelta al sur, su buque se hizo pedazos en los arrecifes de la costa, ocasionando la muerte de veinticinco españoles y de cerca de 300 indios amigos. Muy pocos de sus compañeros lograron llegar a Chiloé, «donde, según cuenta un antiguo cronista, fue grandísimo el llanto por la muerte de tanta gente y por la ruina de aquella provincia».

Con el mismo propósito de hacer esclavos, se pensó también en expedicionar a la isla de la Mocha. Contábase que vivían allí unos 5.000 indios; y se quería arrancarlos de sus hogares para venderlos a los estancieros de Santiago y de Coquimbo. Aunque el gobernador aprovechaba este proyecto, no se atrevió a ponerlo en ejecución por su sola autoridad y quiso oír el parecer de teólogos y letrados, sin duda para que decidiesen si era lícito hacer la guerra a esos isleños; pero como no se armonizasen las opiniones, Fernández de Córdoba aplazó la empresa hasta tener autorización del rey.[243]

5. Los indios, bajo el mando de Lientur, organizan ejércitos más considerables y emprenden operaciones más atrevidas

La renovación de la guerra ofensiva exigía que el ejército que mandaba el gobernador de Chile hubiese sido considerablemente reforzado; pero los socorros de tropas que enviaba el virrey del Perú eran del todo insuficientes, y de España no llegaba ni un solo soldado. Por otra parte, la dirección impresa a las operaciones militares no podía conducir a ningún resultado positivo. En vez de adoptar el plan propuesto por Alonso de Ribera que, como hemos dicho, consistía en evitar las expediciones lejanas y en ir ganando terreno sobre el país enemigo por medio del avance gradual de la línea de frontera, Fernández de Córdoba había vuelto al antiguo sistema de guerra, haciendo y renovando excursiones al interior que, si bien permitían sacar algunas decenas de indios para convertirlos en esclavos, no bastaban para afianzar la dominación española en la región que recorrían sus soldados.

Por otra parte, este género de hostilidades enfureció a los indios, que se veían despojados de sus mujeres, de sus hijos y de cuantos individuos encontraban los españoles en su camino, sin que el prestigio militar de éstos se

---

243 Carta de Fernández de Córdoba al rey, de 10 de enero de 1628. Rosales, libro VII, capítulo 7.

consolidase mucho, desde que se les veía retirarse apresuradamente después de cada una de sus excursiones. Un indio llamado Lientur, que había estado sometido a los españoles y que se fugó de su campo para juntarse a las tribus rebeldes del interior, había ido a excitar la resistencia de éstas. A su voz, los indios de la Imperial y de la comarca vecina se pusieron sobre las armas con la arrogancia que les inspiraba el recuerdo de sus pasadas victorias.

A fines de 1627 había penetrado hasta la Imperial una división de 300 españoles y de 400 indios auxiliares bajo el mando del sargento mayor Juan Fernández de Rebolledo. Apresó un número considerable de enemigos, recogió algunos españoles cautivos que encontró en su camino y destruyó muchas habitaciones y sembrados de los indios. Todo anunciaba un feliz desenlace de la expedición; pero una noche en que los españoles habían descuidado confiadamente la vigilancia de su campo, cayó sobre ellos un numeroso ejército de indios capitaneados por Lientur, sostuvo una reñida pelea y los obligó a retroceder con pérdida de veintiocho soldados. Los indios que Fernández de Rebolledo había apresado en los primeros días de la campaña, recobraron su libertad en medio de la confusión del combate y fueron a engrosar las filas enemigas. La retirada de los españoles después de esta jornada, teniendo que batirse frecuentemente con sus perseguidores, hacía ver que el levantamiento de los bárbaros se había hecho mucho más enérgico y vigoroso.

En efecto, aquella victoria había alentado sobremanera a los bárbaros. Las cabezas de los españoles muertos en el combate fueron llevadas a diversos puntos por los vencedores para alentar la sublevación. Algunas partidas de indios, penetrando por los caminos de la cordillera, cayeron sobre los campos vecinos a Chillán, y ejecutaron en ellos las depredaciones y robos de animales que debían mantener a los españoles en continua alarma. Mientras tanto, Lientur, pensando, sin duda, que podría expulsar al enemigo para siempre de toda aquella región arrebatándole los fuertes en que se defendía, preparaba un atrevido golpe de mano. El 6 de febrero de 1628, tres horas antes de amanecer, un ejército numeroso de indios caía de improviso sobre la plaza de Nacimiento, la atacaba con un ímpetu al parecer irresistible, y ponía fuego en los galpones y palizadas de los españoles. El capitán Pablo de Junco, que la guarnecía con cuarenta soldados, desplegó un valor heroico en la defensa. Las llamas del incendio, desarrolladas fácilmente por el material combustible de los techos, lo obligaron a abandonar el fuerte, pero replegándose con la mayor parte de sus municiones y con su gente a un cubo aislado, organizó allí la resistencia, determinado a pelear hasta el último trance. A pesar de que muchos de sus soldados estaban heridos por las flechas de los indios, el capitán Junco sostuvo el combate hasta las diez de la mañana, y logró rechazar los repetidos ataques. Pero el desastre hubiera sido inevitable sin un auxilio casi inesperado. El gobernador, que se hallaba con un cuerpo de tropas a pocas leguas de distancia, fue advertido por un indio amigo del peligro que corría la plaza de Nacimiento, y marchando en su auxilio, llegó a tiempo de salvarla de una ruina completa. Las hordas de Lientur, impotentes para sostener un nuevo combate contra los socorros que acababan de llegar, se dispersaron llevándose consigo dos pequeños cañones de bronce y todas las armas, ropas y demás objetos que pudieron recoger entre los escombros del incendio. En cambio, la jornada costaba a los naturales la pérdida de cerca de 200 indios muertos por los arcabuces y mosquetes de los defensores del cubo. Entre esos muertos se encontró el cadáver de «un español llamado Francisco Martín, que ahora dieciocho años, dice el gobernador, se huyó siendo soldado al enemigo, y fue el mayor que hemos tenido, el cual mataron de un arcabuzazo, y yo le vi entre los demás muertos».[244] El gobernador, después de felicitar a los defensores de Nacimiento por su heroica conducta, y de distribuirles algunos premios, dio principio a la reconstrucción del fuerte, dándole el nombre de Resurrección, que no se conservó largo tiempo.

 Aunque en ese combate los españoles habían conseguido rechazar al enemigo, la destrucción del fuerte que alentaba la arrogancia de los indios, era un verdadero desastre. En efecto, pocos días después los indios de Catirai y Talcamávida, que se daban por amigos y aliados de los españoles, tenían preparado un levantamiento que debía estallar el viernes 18 de febrero. Impuesto de todo por el denuncio de un cacique llamado Tarpellanca, el gobernador se trasladó a esos lugares dos días antes de que se hiciese sentir la insurrección. «Prendí los más culpados, dice él mismo, con mucha brevedad; y, aunque cuantos había en dichas provincias eran cómplices en este delito, dentro de siete días que acabé de prender y sosegar toda la tierra y convocarla a Talcamávida,

---

[244] Carta de Fernández de Córdoba al rey, de 1 de febrero de 1629. La relación que hace de este combate el padre Rosales en el capítulo 8 del libro VII de su *Historia*, no se aparta en su fondo de la que contiene la carta del gobernador, pero consigna más pormenores.

donde me hallaba, hice dar garrote a siete caciques, uno de quien había salido el intento, de más de cien años, y otros que habían de ser los capitanes y caudillos. Y para el día de esta justicia, a que se hallaron presentes todos los naturales, traje la caballería del cuartel de San Felipe (Yumbel) para que se hiciese con más fuerza por lo que se pudiese ofrecer. Estando juntos al palo (la horca) todos se volvieron cristianos bautizándose; y a los demás hablé después y sosegué, y hoy están muy buenos amigos.»[245]

Pero mientras el gobernador estaba ocupado en estos afanes, Lientur ejecutaba una campaña tan atrevida como inesperada sobre los campos que rodean a Chillán. «Buscando caminos nuevos y nunca conocidos, por detrás de la cordillera nevada, dice el gobernador, entraron 400 caballos enemigos y corrieron la provincia de Chillán, y se llevaron dos mozos españoles y algunos indios e indias de los amigos; y por la prisa con que hicieron esto, solo quemaron la casa de una estancia, y pudieran quemar muchas si no fuera por retirarse con tanta brevedad.» Fernández de Córdoba, al tener noticia de esta imprevista invasión del enemigo, acudió inmediatamente con un cuerpo de tropas al boquete de la cordillera en que nace el río de la Laja, esperando cerrarle el paso cuando regresara de su expedición. Los indios supieron evitar este peligro volviendo a su territorio por uno de los boquetes de más al sur. El sargento mayor Fernández de Rebolledo, que salió de Chillán con 300 jinetes, se internó resueltamente en las espaciosas selvas de la cordillera vecina y pasó hasta la región oriental; pero no pudiendo dar alcance a los guerreros de Lientur, se limitó a castigar severamente a los indios de esa región que habían dado paso y auxiliado a ese caudillo en aquella atrevida empresa.

Todo el verano se pasó en medio de estas constantes alarmas. El gobernador comprendía las dificultades de su situación, y el peligro en que lo ponía la arrogancia de los indios y la debilidad de sus tropas, para las cuales no llegaban los refuerzos que había pedido con tanta instancia a España y al Perú. En realidad, lo que estaba pasando era el resultado natural del plan seguido por el gobernador en la dirección de las operaciones militares, de comprometer sus fuerzas en correrías distantes y desparramadas, atacando al enemigo por diversas partes

---

245 Fernández de Córdoba ha referido estos hechos en la carta citada; y el padre Rosales los cuenta también con bastante exactitud en el lugar que recordamos en la nota anterior. El sitio llamado entonces Talcamávida es, como hemos dicho en otra parte, el lugar en que hoy existe Santa Juana, esto es, en la ribera sur del Biobío.

y, al parecer, sin otro propósito que el de hacer esclavos. Así, en vez de pensar en adelantar gradualmente la frontera, sometiendo poco a poco a los indios y sin dejar enemigos a su espalda, como había comenzado a hacerlo Alonso de Ribera veinte años antes, Fernández de Córdoba había ido a hostilizar las tribus del interior, que le habría convenido dejar en paz por el momento, y no había obtenido otro fruto que el de excitarlas a la guerra y el de aumentar el número de sus enemigos.

El gobernador, a pesar de la escasez de sus tropas, habría querido repetir sus esfuerzos esperando intimidar a los indios; pero no le faltaron consejeros que reprimiesen su ardor. El obispo de Concepción, don fray Luis Jerónimo de Oré, y algunos religiosos fueron de ese número. Por indicación de éstos, el gobernador se abstuvo de salir contra una considerable junta de indios de guerra que, a las órdenes del infatigable Lientur, avanzaba del interior sobre la frontera del Biobío. En cambio, ordenó que se hiciesen «rogativas para que Dios le alumbrase en sus acciones y que reprimiese la furia de la junta de Lientur que por horas se esperaba. Clamó el obispo a Dios, y los predicadores al pueblo, continúa el cronista de quien tomamos estas palabras, predicando que no era Lientur quien nos castigaba, sino la mano de Dios que le regía, que él (Lientur) era el instrumento que Dios tomaba, que cesasen los pecados y cesaría Dios el castigo... Y así sucedió que, mediante el hacer penitencia y rogativas a Dios, su divina majestad dio trazas de cómo, habiendo llegado la junta en su vigor hasta los llanos de Angol, se dividiesen las cabezas que las rejían, y sobre competencias y varios pareceres se disgustasen, con que se volvieron a sus tierras y se deshizo la junta, y solo 200 caballos pasaron el río de la Laja con Lientur; y avisando nuestros espías cómo pasaba a Biobío, salió el gobernador con deseos de pelear y cogerlos dentro de nuestras tierras, y se emboscó en un paraje donde no podían escapar los indios. Mas el enemigo tomó lengua y revolvió con ligereza a sus tierras temiendo el peligro».[246] Pero si las discordias de los indios, que los supersticiosos españoles atribuían a obra de milagro, habían desorganizado el ejército de Lientur, ellas no impidieron las expediciones aisladas que siguieron manteniendo la intranquilidad y la alarma en todas las cercanías de la frontera.

---

246 Rosales, *Historia general*, libro VII, capítulo 8.

6. Desastres de las armas españolas: derrota de las Cangrejeras. Los historiadores de la guerra defensiva

Por mucha que fuera la confianza de Fernández de Córdoba en las rogativas y en los milagros, no quería omitir diligencia alguna para engrosar su ejército. Cuando las lluvias del invierno de 1628 hubieron dado tregua a las operaciones militares, se puso apresuradamente en viaje para Santiago esperando sacar de aquí algunos socorros y refuerzos de tropas, ya que no le llegaban los que con tantas instancias tenía pedidos a España y al Perú. «Pareciome, dice él mismo, que convenía al servicio de Vuestra Majestad y bien de este ejército, ir a Santiago, que es 80 leguas de ésta (Concepción) a buscar a mi crédito vacas para el sustento del dicho ejército y municiones, y asimismo conducir algunos soldados, que por no haber venido el situado ni ningunos (soldados) del Perú el año pasado por las nuevas de enemigos de Europa (los holandeses), se pasaba gran necesidad. Y sin reparar en las muchas aguas y ríos fui a dicho Santiago, donde en un mes que estuve en él conseguí todos los intentos referidos.»

En efecto, no solo allanó algunas dificultades que tenía pendientes con la Real Audiencia sino que encontró una favorable acogida a sus pretensiones en el vecindario y en las autoridades locales. Fernández de Córdoba organizó una compañía de ochenta soldados voluntarios, obtuvo que algunas personas principales lo acompañaran a la guerra, y consiguió comprar a crédito víveres y municiones y 400 caballos. Con este pequeño refuerzo partió apresuradamente para Concepción a fines de agosto.

Los anuncios repetidos que llegaban a Chile de una nueva expedición holandesa a las costas del Pacífico, mantenían la alarma en estos países y hacían más angustiosa la situación del reino, distrayendo una parte de las tropas en la guarnición de la costa. Esos avisos habían sido causa de que el virrey del Perú, temiendo que los dineros del situado real pudiesen caer en manos del enemigo, no los hubiera enviado a principios de ese año como era costumbre hacerlo. Mientras tanto, las tropas de Chile, que no recibían su paga, soportaban las mayores privaciones. En octubre estuvo a punto de estallar un motín en la plaza de Arauco. El gobernador se vio forzado a disimular ese delito y a tranquilizar a sus soldados por los medios de la persuasión. En diciembre siguiente, cuando llegó el situado, desaparecieron por completo estos gérmenes de insurrección; pero la situación militar de los españoles no mejoró considerablemente.

Fernández de Córdoba, en sus cartas y por medio de dos emisarios especiales, había exigido del virrey del Perú nuevos refuerzos de tropas. En lugar de los 400 hombres que pedía, solo llegaba una compañía de noventa soldados, socorro insignificante que no mejoraba el estado de su ejército.

Sin embargo, aunque en esa misma ocasión supo el gobernador que luego sería reemplazado en el mando del reino por un militar que venía de España, se hallaba en la necesidad de organizar la resistencia contra los redoblados ataques del infatigable Lientur. Los tres primeros meses de 1629 se pasaron en constantes correrías que no daban a los españoles un momento de descanso. Los indios atacaban por diversos puntos; y, aunque frecuentemente rechazados, conseguían matar algunos soldados, llevarse numerosos caballos y, sobre todo, fatigar al enemigo manteniéndolo en continuo movimiento y en incesante alarma. En Hualqui y en Talcamávida, los indios llamados de paz, que el gobernador creía escarmentados con los castigos del año anterior, trataron nuevamente de levantarse, muchos de ellos alcanzaron a tomar la fuga, y otros fueron castigados con el mayor rigor.

En los primeros días de abril, acometió Lientur una empresa más audaz y de mayor importancia. Poniéndose a la cabeza de algunos centenares de indios, pasó resueltamente los ríos Biobío y de la Laja, y corriéndose por las faldas occidentales de la cordillera para no llamar la atención de las tropas españolas acuarteladas en Yumbel, fue a caer el 10 de abril sobre los campos vecinos a Chillán. El capitán Gregorio Sánchez Osorio, que desempeñaba el cargo de corregidor de esta ciudad, salió de ella al frente de un destacamento de buenas tropas en busca de los indios. Obligado a buscarlos en la fragosa montaña que se levantaba al oriente de ese pueblo, Sánchez Osorio tuvo gran dificultad para darles alcance, y cuando llegó a avistarlos el 14 de abril, sus soldados estaban desparramados y sus caballos rendidos de cansancio. En esas circunstancias tuvo que aceptar el combate para sufrir un lastimoso desastre. El corregidor de Chillán, un hijo suyo, un yerno y cinco o seis soldados perecieron en la jornada; y mientras sus compañeros regresaban a la ciudad a comunicar el desastre, Lientur se volvía al sur por los senderos de la cordillera llevando consigo los despojos de la victoria y las cabezas de los españoles muertos para excitar con ellas la rebelión de sus compatriotas.

La noticia de la reaparición de Lientur en las cercanías de Chillán circuló con gran rapidez en los fuertes y establecimientos de la frontera y produjo, como debe suponerse, una gran alarma en todas partes. Mientras el obispo de Concepción hacía nuevas rogativas para alejar el peligro que amenazaba a los españoles, el sargento mayor Juan Fernández de Rebolledo, que mandaba las tropas acuarteladas en Yumbel, salía con 150 soldados e iba a colocarse a las orillas del río de la Laja donde esperaba cortar el paso a los indios de Lientur cuando volviesen a sus tierras. Pero este caudillo, demasiado astuto para dejarse sorprender, evitó hábilmente todo combate, y durante un mes entero mantuvo en constante alarma a la división de Fernández de Rebolledo. Cuando hubo engrosado sus tropas con diversas partidas de indios hasta contar unos 800 guerreros, Lientur, burlando la vigilancia del enemigo por medio de un rodeo, fue a colocarse en las orillas del estero de Yumbel, a una legua al norte de la plaza de este nombre. En la mañana siguiente, Fernández de Rebolledo, al saber la posición que habían tomado los indios, determinó atacarlos sin pérdida de tiempo.

Lientur ocupaba con sus tropas el sitio denominado las Cangrejeras, donde los españoles de Yumbel solían surtirse de paja para cubrir los galpones de sus cuarteles. La mañana era lluviosa, el viento norte soplaba con fuerzas y el suelo empantanado hacía embarazosa la marcha de las tropas, impidiendo llevar en ella un orden regular. Los soldados de Fernández de Rebolledo comenzaban apenas a organizar su línea cuando se vieron atacados por todo el ejército de Lientur formado en medialuna, con la infantería al centro y los nutridos pelotones de jinetes en sus extremos. El viento, que echaba el humo sobre la cara de los españoles, y la lluvia, que apagaba las cuerdas de los arcabuces, hacían casi inútiles las armas de fuego. La batalla se sostuvo, sin embargo, durante hora y media, pero el desastre de los españoles era inevitable. Su caballería se dispersó y pudo salvarse en la fuga; mientras los infantes, envueltos por todos lados, eran implacablemente rotos y destrozados. Setenta de ellos quedaron muertos en el campo, y treinta y seis cayeron prisioneros (15 de mayo de 1629). De este número fue el capitán don Francisco Núñez de Pineda y Bascuñán que ha contado estos sucesos en la historia que escribió de su cautiverio.**247** Después

---

247 Bascuñán ha referido en los capítulos 3, 4 y 5 del discurso I del *Cautiverio feliz la muerte del corregidor de Chillán* y la batalla de las Cangrejeras en que él mismo quedó prisionero. Pero su relación, recargada de pedantescas digresiones y de referencias a la historia sagrada y a

de su victoria, Lientur saqueó algunas estancias de los alrededores, y sin dar tiempo a que se reunieran tropas suficientes para cerrarle el camino, volvió a sus tierras llevando consigo un copioso botín de armas, ropas y víveres.

Aquel desastre produjo una gran consternación en toda la colonia; y habría sido mayor todavía si el invierno hubiera permitido a los indios repetir sus expediciones. Pocos días más tarde, una nueva desgracia venía a aumentar la aflicción. Un buque que salió de Concepción para tomar su carga en Valparaíso y seguir viaje al Perú a pedir socorros, naufragó el 3 de junio a pocas leguas del primero de esos puertos, y de los sesenta y siete hombres que iban en él, solo se salvaron dos. El gobernador, agobiado por el peso de estos desastres, pasó los meses de invierno en Concepción esperando que llegase su sucesor para entregarle el mando. Aquella serie de contratiempos había minado su prestigio; además de que no era posible esperar que con los escasos recursos que tenía a su disposición acometiese empresa alguna en los pocos días que le quedaban de gobierno. Fernández de Córdoba, sin embargo, conservó el mando hasta diciembre de ese año, y en los meses de primavera se vio obligado a dirigir todavía las operaciones de la guerra. Pero los ataques de los indios fueron en esta ocasión mucho menos vigorosos, y pudieron ser rechazados sin grandes dificultades. Los partidarios de la guerra ofensiva debieron creer que aquellos desastres con que se habían iniciado las hostilidades, eran males pasajeros, y que bajo el mando de un militar más experimentado se había de conseguir la pacificación del reino.[248]

---

las obras de los santos padres o de algunos escritores antiguos, es de tal manera fatigosa que cuesta trabajo seguir el hilo de los sucesos. Conviene recordar que el Cautiverio feliz de Bascuñán se halla publicado en el tomo II de la *Colección de historiadores de Chile* con una biografía del autor.
Más adelante tendremos que hablar de ese libro.

248 El gobierno interino de don Luis Fernández de Córdoba pone término al período histórico en que se ensayó el sistema que patrocinaba el padre Luis de Valdivia para reducir a los indios de Chile. Ese ensayo de conquista pacífica, en que se mandó suspender la guerra efectiva, y en que se creyó poder asentar la dominación del rey de España, por medio de la predicación religiosa, merecía ser estudiado prolijamente. Ocupó sobremanera a los contemporáneos de esos sucesos, y envuelve para la posteridad una gran enseñanza por cuanto deja ver lo que puede esperarse de esos medios para la civilización de los bárbaros. Pero ese estudio es más difícil de lo que parece. Sobran, es verdad, los documentos; pero ellos mismos complican la verdadera inteligencia de los sucesos. Desde los primeros días en que se trató de poner en planta este sistema, estuvieron divididas las opiniones acerca de sus ventajas e inconvenientes, se suscitaron contradicciones apasionadas y violentas, y

nacieron intereses opuestos. Tanto los sostenedores como los adversarios de ese sistema nos han dejado en sus escritos copiosas noticias; pero el historiador no puede descubrir en ellos la verdad sino después de un examen atento y comparativo de los documentos emanados de las dos partes.

En el curso de los capítulos destinados a referir estos sucesos, hemos creído explicar los intereses y las doctrinas opuestas que originaron esta discusión y las resistencias que halló entre los mismos españoles el sistema de conquista pacífica. Haciendo aquí abstracción de los propósitos de engrandecimiento de su orden que guiaban a los jesuitas en la defensa de ese sistema, y de la codicia de los encomenderos que querían tener indios para su servicio y para sus trabajos industriales, en esas ardientes discusiones estaban en lucha dos ideas opuestas que importa conocer.

Sostenían los primeros que la resistencia de los indios a aceptar la dominación española era producida por el mal trato que se les daba, que como todos los hombres, éstos eran susceptibles de reducirse por los medios de la persuasión, y que la enseñanza de la religión cristiana debía aplacar sus instintos feroces y convertirlos en seres pacíficos, laboriosos y civilizados. En este concepto entraba por mucho la creencia religiosa en la intervención de un poder sobrenatural que transformaba radical y esencialmente a los indios haciéndoles modificar sus ideas y sus hábitos con solo echar sobre sus cabezas el agua del bautismo. Los militares y los letrados que impugnaban ese sistema, aunque profundamente religiosos, eran mucho más prácticos y positivos. Ellos creían que los indios, por la inferioridad de su civilización, no estaban preparados para experimentar una transformación de esa naturaleza, y sostenían que todos los esfuerzos que se hicieran para reducirlos por los medios pacíficos, para hacerles abandonar sus supersticiones y sus costumbres y para inclinarlos a tomar hábitos de orden y de trabajos, habían de ser ineficaces. Ellos veían que la conversión de esos indios al cristianismo o, más bien dicho, que el bautismo que recibían inconscientemente, era una ceremonia estéril que no modificaba en nada sus creencias ni su manera de ser. Los indios, decían ellos, no pueden reducirse sino por el rigor, sometiéndolos a la obediencia por la fuerza.

Tanto los jesuitas como los militares y los letrados apoyaban sus sistemas respectivos en los hechos que consignaban en sus relaciones, presentando estos hechos como comprobantes de los principios que defendían. De aquí nacen las divergencias que hallamos en los antiguos documentos, no solo en la apreciación de los sucesos sino en los accidentes de que están revestidos. Los jesuitas, contando con el crédito que les daban las ideas religiosas de la época, con hombres más diestros en el arte de defender sus opiniones por escrito y con mayores medios de influencia, consiguieron hacer aceptar su sistema por la Corte y por sus más caracterizados representantes, y durante mucho tiempo lograron imponerlo en la historia presentándolo como el más ventajoso, y exaltando los pretendidos beneficios alcanzados por él.

Durante el curso de esta contienda, los jesuitas publicaron tres opúsculos debidos a la pluma del padre Valdivia. Dos de ellos, como hemos referido en nuestras notas, fueron dados a la luz en Lima en 1611 y 1613, y el tercero en Madrid en 1621. Al mismo tiempo, las cartas anuas o relaciones, que el padre provincial de la Compañía de Chile escribía al general de la orden sobre los sucesos de cada año, llevaban las noticias de estos hechos presentados de la manera más favorable a la causa que defendían. Esos documentos fueron la base de las historias que acerca de estos sucesos escribieron entonces los cronistas de la Compañía. El padre Alonso de Ovalle, que publicaba en Roma en 1646 su *Histórica relación del reino de Chile*, los utilizó ampliamente en los capítulos del libro VII que destinó a referir compendiosamente los sucesos de este período.

Pero en esta misma época referían estos sucesos dos jesuitas que desempeñaron un papel importante entre los religiosos de su orden, el padre Diego de Rosales y el padre Juan Pastor. El primero de ellos escribía su *Historia general del reino de Chile*, y consagraba todo el libro VI a los trabajos del padre Valdivia y a los acontecimientos de la guerra defensiva. En posesión de los archivos de su orden, y conociendo, además, otras relaciones, le fue fácil reunir un vasto caudal de noticias que, sin embargo, expuso con poco método, sin arte, sin relieve y sin colorido, de manera que si su obra puede ser utilizada por el historiador, ofrece una lectura demasiado monótona y fatigosa. Por lo demás, ese libro que permaneció inédito hasta el año de 1877, no ha podido ser utilizado sino en nuestros días.

El padre Juan Pastor escribió una extensa historia de los jesuitas del Paraguay en que hizo entrar todos los sucesos de la guerra defensiva de Chile, que conocía por los documentos y por el trato con muchos de los jesuitas que habían intervenido en ellos. Ese religioso falleció en 1658: su libro quedó inédito, y ahora parece perdido para siempre. Pero su manuscrito fue conocido por otros historiadores de la Compañía que lo utilizaron ampliamente. Uno de ellos fue el padre Pedro Lozano, jesuita español, natural de Madrid, que habiendo vivido largos años en América, compuso, entre otras obras justamente estimadas, una *Historia de la provincia del Paraguay de la Compañía de Jesús*, de que solo alcanzó a dar a luz dos gruesos volúmenes en 4.º mayor de cerca de 800 páginas cada uno, en Madrid, 1755. Disponiendo de todos los documentos guardados en los archivos de los jesuitas y de numerosas relaciones así impresas como inéditas, el padre Lozano escribió una crónica que, aunque concebida con el propósito de hacer la defensa sistemática de su orden, puede considerarse un monumento histórico por su extensión, por el acopio de los datos, por la claridad en la exposición, a pesar de la difusión del estilo, y por el esmero con que ha recogido y ordenado todo lo que hallaba en los documentos, reproduciendo muchos de éstos íntegros o por extensos fragmentos. Inspirada por el espíritu de secta, recargada de los elogios más ardorosos a todo lo que se relaciona con la Compañía, llena de milagros y de prodigios que pudieron ser creídos en otros tiempos, pero que parecen indignos de un libro serio publicado en la mitad del siglo XVIII, la obra del padre Lozano, aunque solo es la historia desde el punto de vista exclusivamente jesuístico es, sin embargo, la relación más minuciosa, más completa y más ordenada que se hubiera hecho de aquellos sucesos. Pero el autor dejó suspendida su obra en los acontecimientos de 1615, de manera que no alcanzó a referir el desenlace final y definitivo de la empresa a que dio su nombre el padre Valdivia.

Otro cronista de la Compañía, que escribía en Chile por los años de 1730, el padre Miguel de Olivares, conoció estos sucesos mucho más imperfectamente; y queriendo contarlos en su *Historia de la Compañía de Jesús*, consagró una extensa porción del capítulo IV a la relación clara, pero compendiada de cuanto se relaciona con los trabajos del padre Valdivia. Si ese capítulo no es propiamente fundamental en la materia, el historiador no puede dejar de consultarlo porque allí hallará algunos accidentes que lo ayudan a conocer esos sucesos.

Los cronistas posteriores del reino de Chile, don Pedro de Córdoba y Figueroa, don José Pérez García y don Vicente Carvallo y Goyeneche, no conocieron más fuente de información que las relaciones emanadas de los jesuitas, y no les fue posible dar una luz segura sobre esos hechos, no solo porque carecieron de documentos en que apoyarse sino porque el respeto religioso que les inspiraban los jesuitas les impedía ser más explícitos. La porción de sus obras que se refiere a la guerra defensiva es sumamente superficial, y adolece, además, de todo género de errores. El abate don Juan Ignacio Molina, en las pocas páginas que destina a estos sucesos en su *Compendio*, y los redactores de esta parte de la historia que lleva el nombre de don Claudio Gay, no han hecho más que repetir las noticias consignadas por los cronistas que pudieron conocer, sin adelantar la investigación. Lo mismo debe decirse de la *Memoria sobre el servicio personal de los indígenas y su abolición* escrita por don José Hipólito Salas, más tarde obispo de Concepción, y publicada en Santiago en 1848, en un opúsculo de 108 págs. en 4.º. El autor tuvo a la vista las obras citadas de Ovalle, de Olivares y de Lozano; y apoyándose en ellas y en los documentos que contienen, escribió una disertación, más bien que una memoria histórica, en que los hechos no están referidos con la conveniente extensión ni en la forma a propósito para dar una idea clara de ese período de nuestra historia.

Las obras de los escritores jesuitas que hemos citado más arriba, por útiles que sean para el historiador, eran deficientes para llegar al conocimiento cabal y definitivo de aquellos hechos. En este proceso histórico no se conocían más que los alegatos de una parte. El testimonio de los adversarios de los jesuitas no había sido oído, y no era posible dar un fallo acertado, ni siquiera hacer la exposición razonada y verdadera de los sucesos, sin conocer los informes que acerca de ellos daban los militares en documentos más o menos extensos, guardados escrupulosamente en los archivos del rey y sustraídos al conocimiento de los cronistas e historiadores.

Pero, además de los documentos de esta clase, existieron extensas relaciones históricas, perdidas unas, desconocidas otras, que habría importado estudiar. En 1625, Felipe IV nombraba cronista de Indias a un literato español llamado Luis Tribaldos de Toledo. En esos momentos, el rey abandonaba el quimérico pensamiento de reducir a los indios de Chile por medio de misiones y de la guerra defensiva. Sea por encargo de la Corte o por inspiración propia, Tribaldos de Toledo se propuso contar la historia de la tentativa del padre Valdivia, y acometió la formación de una obra a que dio por título *Vista general de las continuadas guerras y difícil conquista del gran reino de Chile*. Mal preparado para trabajos de ese orden, con escasos conocimientos de la historia y de la geografía de este país, se limitó a copiar o extractar los documentos que pudo consultar en los archivos, ligándolos entre sí por medio de generalidades escritas con aparato literario, pero de escaso valor histórico. Es posible, sin embargo, que continuando su trabajo, Tribaldos de Toledo hubiera podido utilizar mejor sus materiales y dejar un libro más bien ordenado y dispuesto; pero solo alcanzó a trazar un cuadro rudimentario, una especie de borrador preparatorio, que, además, no comprende más que los hechos que determinaron el establecimiento de la guerra defensiva. Aun en esa forma, su manuscrito es útil para los que se proponen hacer un estudio detenido de estos sucesos; y por esa razón lo insertamos en el tomo IV de la *Colección de historiadores de Chile* con una reseña bibliográfica del autor.

En esa misma época, dos capitanes de la guerra de Chile escribieron otros libros de un carácter histórico en que impugnaban el sistema patrocinado por el padre Valdivia. Uno de ellos llamado Domingo Sotelo de Romai, al cual hemos hecho referencia en algunas notas anteriores, formó una historia de Chile en que, según parece, la relación de los sucesos de su tiempo tenía un alto valor; pero ese libro desgraciadamente no ha llegado hasta nosotros, si bien fue conocido y utilizado por el padre Diego de Rosales, que probablemente debió a ese manuscrito el haber podido dar a esta parte de su historia la exactitud material de los hechos. El otro cronista a que nos referimos es don Melchor Jufré de Águila, autor de un poema narrativo publicado en Lima en 1630 con el título de *Compendio historial del descubrimiento, conquista y guerras del reino de Chile*. Ese libro, que seguramente llamó poco la atención de los contemporáneos, debió ser objeto de una destrucción tenaz y sistemática hasta el punto de llegar a ser casi absolutamente desconocido para la posteridad. Más adelante, en un capítulo especial que destinamos al movimiento literario en el siglo XVII, hallará el lector más amplias noticias acerca de estos dos escritores y de sus obras.

Hemos dicho que la historia verdadera de estos sucesos no podía escribirse sin oír a las dos partes y que hasta hace poco solo se conocían los libros que hacían la defensa de los jesuitas. Mientras tanto, los archivos estaban repletos de documentos y relaciones de otro orden que era indispensable estudiar. Los informes de los militares y de los letrados y las piezas que los acompañaban, debían dar nueva luz sobre los hechos y esclarecer al historiador para que pronuncie su juicio. Don Claudio Gay, que visitó el Archivo de Indias después de publicada toda la parte de su *Historia relativa a la Conquista y a la Colonia*, tomó copia de algunas piezas referentes a la guerra defensiva, que dio a luz en 1852 en el II tomo de *Documentos*. Aunque por error de copia o por descuido de impresión, se publicaron esos documentos imperfectamente, ellos contienen importantes revelaciones históricas de que han podido aprovecharse los historiadores subsiguientes. Don Miguel Luis Amunátegui, con el auxilio de esas piezas y con un conocimiento entero y cabal de los escritos que nos legaron los historiadores de la Compañía, ha trazado un notable capítulo (el 4.º del tomo II) de Los precursores de la Independencia de Chile en que los sucesos de la llamada guerra defensiva están expuestos en sus rasgos principales con tanta claridad como solidez. En el plan de su libro no entraba el hacer la historia prolija y completa de ese período, pero el capítulo citado hasta para conocerlo en su conjunto y en algunos de sus pormenores y para indicar el juicio definitivo de la historia.

Creyendo que convenía dar a conocer este ensayo de conquista pacífica en todos sus complicados accidentes, nosotros recogimos pacientemente documentos de cualquier origen que se refieren a estos sucesos. En el Archivo de las Indias hallamos la principal parte de ellos, pero también sacamos copia de muchos otros en la Biblioteca Nacional de Madrid y en las ricas colecciones de manuscritos de la Academia de la Historia de la misma ciudad. Estas diligencias nos han permitido contar todo lo que se refiere a la guerra defensiva con una gran amplitud de pormenores. El deseo de dejar suficientemente esclarecida esta parte de la historia nacional, nos ha arrastrado a consagrarle cinco extensos capítulos y a emplear una prolijidad que habrá de parecer fatigosa a muchos de nuestros lectores. De todas maneras, las noticias que hemos reunido en ellos pueden ser utilizadas por los historiadores futuros, descartando los detalles que parecieren de interés secundario, pero que siempre sirven para dejar bien caracterizados los acontecimientos.

Capítulo VII. Estado administrativo y social en los primeros treinta años del siglo XVII

1. El situado, su influencia en el progreso de la colonia. 2. Incremento de la población de origen español: los extranjeros. 3. Dificultades de la administración pública: los gobernadores y la Audiencia. 4. Frecuentes controversias entre las autoridades eclesiástica y civil. 5. Espíritu religioso de la colonia: número e influencia del clero. 6. Nulidad de su acción para convertir a los indios y para mejorar las costumbres de los colonos. 7. Desorganización administrativa: sus causas. 8. Industria y comercio. 9. Entradas y gastos fiscales. 10. Instrucción pública: escuelas de los jesuitas y de los dominicanos. 11. Progresos de la ciudad de Santiago: fiestas y lujo.

1. El situado, su influencia en el progreso de la colonia

En medio de las inquietudes y quebrantos producidos por la guerra que los españoles sostenían en el sur de Chile y por las expediciones marítimas de los holandeses, la colonia había progresado considerablemente en los primeros treinta años del siglo XVII. El formidable levantamiento de los araucanos de 1599, que había destruido seis ciudades y causados tantos y tan grandes daños, puso por un momento la dominación española al borde de su ruina; pero sobreponiéndose a tantos desastres bajo el primer gobierno de Alonso de Ribera, logró mantenerse y consolidarse. Pocos años después de pasados aquellos desastres, la población y la riqueza de la colonia se habían desarrollado notablemente, y hasta en la industria y la cultura se percibía cierto progreso.

Como hemos tenido ocasión de decirlo, se debían, sobre todo, estos beneficios al establecimiento del situado. Las entradas propias del reino de Chile eran exiguas, y no bastaban para satisfacer los ingentes gastos que demandaba la guerra de Arauco. Felipe III dispuso en 1600 que la Corona suministrara al gobernador de Chile la suma de 60.000 ducados. Esa suma, según se recordará, había sido elevada más tarde a 120.000 ducados, cuando en 1603 el rey dispuso la creación de un ejército permanente pagado por la Corona; y por último, ascendida a 212.000 ducados, que equivalían a 293.279 pesos fuertes. Se pensaba entonces que la pacificación de Chile, contando con este subsidio, no podría tardar muchos años; y, en consecuencia, el rey lo concedió con el carácter de provisorio. Pero la guerra, que se había creído de corta duración, se alargó y llegó a hacerse fija y constante, y fue necesario mantener el situado como una erogación permanente. A consecuencia de las penurias del erario real, el soberano pensó más de una vez en suprimirlo o en limitarlo. Las incesantes reclamaciones de los gobernadores de Chile aseguraron su subsistencia.

El tesoro fiscal del Perú, ricamente provisto, particularmente por los impuestos que gravaban la producción de las minas, podía hacer frente a todos los gastos del virreinato y enviar, además, cada año a la metrópoli una remesa considerable de dinero. El situado anual con que el rey se dignaba socorrer al reino de Chile, era pagado por la tesorería fiscal de Lima. Esa subvención estaba destinada a satisfacer las necesidades de la guerra. Enviábase una parte de él en vestuario, armas y municiones y el resto en dinero para pago de los sueldos militares. La compra de aquellos objetos daba lugar en Lima a todo orden de especulaciones, y en Chile la distribución de los sueldos era el origen de numerosos fraudes. Negociantes poco escrupulosos, ordinariamente los militares de cierto rango o los empleados de la administración militar, explotaban a los soldados vendiéndoles las provisiones, por altos precios y a crédito, para pagarse el día de la llegada del situado.

De todas maneras, el establecimiento del situado, incorporando cada año en el comercio y en la circulación una suma relativamente considerable de dinero, había venido a dar vida al movimiento comercial e industrial de la colonia. La moneda acuñada, casi absolutamente desconocida en Chile durante los primeros sesenta años de la dominación española, comenzó a ser gradualmente, desde 1601, el instrumento ordinario de los cambios.[249] Muchos de los productos nacionales subieron de valor con el aumento natural de compradores, y el comercio, que comenzaba a enriquecerse, pudo también dar mayor impulso a los negocios.

---

249 Así lo dice expresamente el oidor decano de la real audiencia de Santiago doctor Luis Merlo de la Fuente en carta escrita al rey desde Lima, en 20 de mayo de 1620. El oidor doctor Gabriel de Celada en el informe fechado en 6 de enero de 1610 acerca del estado de Chile, da cuenta de la pobreza general del país, y añade: «Así no corre en él moneda». Pero esta indicación no debe tomarse literalmente, porque consta de todos los documentos que desde diez años antes se comenzó a pagar en moneda sellada una parte del sueldo de las tropas. Sin duda, en 1610 era todavía muy escasa la moneda en Chile, no circulaba más que en algunos puntos del reino, y, además, era recogida empeñosamente por los comerciantes para hacer sus compras en el Perú.

Pero el establecimiento del situado produjo otros beneficios. Hasta fines del siglo XVI todos los colonos estaban obligados a marchar a la guerra con sus armas y caballos. Los cuerpos de tropas formados de esa manera, tenían escasa disciplina y prestaban un servicio intermitente e irregular. Salían a campaña en octubre o noviembre, y volvían a sus hogares a entradas de invierno, es decir, servían durante los meses de guerra activa, lo que obligaba a la mayor parte de los colonos a desatender las cosechas y los trabajos más importantes de los campos. Instituido el situado para sostener un ejército permanente y asalariado, no solo se consiguió mejorar su condición y su disciplina sino que los vecinos que no eran militares, pudieron consagrarse más libremente a atender las faenas agrícolas. Esta reforma contribuyó notablemente a aumentar la producción y el comercio de exportación al Perú.

2. Incremento de la población de origen español: los extranjeros

Desde que el servicio militar dejó de ser obligatorio a todos los habitantes del reino, comenzaron a establecerse en él algunos individuos que querían labrarse una fortuna en las ocupaciones tranquilas del comercio y de la industria. De esta manera, la población de origen europeo, incrementada, además, con los refuerzos de tropa que llegaban de España y del Perú, recibió esos años un aumento que puede llamarse notable. Los antiguos documentos no contienen datos precisos para apreciar en su justo valor este aumento de la población, pero no es difícil recoger en ellos algunas indicaciones que pueden darlo a conocer aproximativamente.[250]

---

250 Véase lo que hemos dicho en el capítulo 12, § 1 de la parte III acerca de la población de Chile al terminar el siglo XVI, para que pueda apreciarse este progreso. Hemos dicho en el texto que los documentos de la época no contienen noticias precisas acerca del número de la población. En efecto, los trabajos estadísticos de esta clase, no existían aún en las naciones más adelantadas de Europa, que carecían de un censo medianamente regular, y estaban más descuidados aún en las colonias españolas. Sin embargo, en una carta de Alonso de Ribera al rey, escrita en Rere en febrero de 1603, hallamos las palabras siguientes: «Se anda haciendo una visita general de los indios que hay, a los cuales mando tomar por nombre y a sus hijos y mujeres, y de qué encomienda son, y los que son yanaconas y los que están en poder del clérigo y frailes. Y estoy haciendo lista general de todos los vecinos y moradores, estantes y habitantes de este reino con sus nombres y de sus hijos y mujeres y de qué tierra son y edad y de qué vive cada uno, y de los clérigos y frailes y ordenantes que hay en él, y de las encomiendas a quién las posee y de la calidad y cantidad que son, para enviar a Vuestra Majestad luego que la visita se acabe, porque vaya todo junto. Y será lo más breve que yo pudiese. Y aunque ha muchos días que pensaba hacer

Según esas indicaciones, la población de puro origen español que tenía el reino de Chile al terminar el tercer decenio del siglo XVII no podía bajar de 8 a 9.000 habitantes.[251] Esta suma puede descomponerse en: 1.700 militares o soldados en servicio activo o retirados, 800 eclesiásticos, clérigos y frailes, 150 o 200 monjas, y el resto: agricultores, comerciantes, funcionarios públicos y artesanos.

---

esto, las ocupaciones de la guerra u otras muchas no me han dado lugar». Ribera, como se ve, había concebido el proyecto de hacer un censo en regla del reino de Chile; pero no encontramos el menor vestigio de que esta obra se hubiera ejecutado en parte siquiera.

[251] Según el informe otras veces citado del doctor Celada, en 1610 Santiago tenía 200 casas, Concepción, 73, de las cuales 36 eran construidas de empalizadas cubiertas con paja; Chillán, 52, solo ocho cubiertas con tejas; La Serena, 46, pero solo once de tejas; Castro, en Chiloé, 12 casas, todas de paja. Las ciudades que los conquistadores de Chile habían fundado al otro lado de los Andes eran más miserables todavía. Mendoza tenía 32 casas, pero solo dos estaban cubiertas con teja; San Juan tenía 23 y San Luis 8, pero en uno y otro pueblo no había una sola cubierta con teja.

El maestre de campo González de Nájera, que salió de Chile en 1607, y que en 1614 escribía en Italia su *Desengaño y reparo de la guerra de Chile*, apelando a sus recuerdos, daba a las ciudades de Chile un número mayor de casas y, por tanto, de pobladores. Según él, La Serena tenía 150, Santiago, 300; Concepción, 150; Chillán, menos de 100; Castro, más de 100; Mendoza, 100; San Juan, menos de 100 y San Luis, 50.

El obispo de Santiago don Francisco de Salcedo, en carta dirigida al rey, en 10 de febrero de 1632, decía que Santiago tenía menos de 300 vecinos o jefes de familia; Concepción no llegaba a 100, Chillán tenía 35 o 40 y La Serena poco más de 30.

Ninguno de estos datos descansa en una cuenta exacta, y no se pueden tomar sino como meramente aproximativos. Tan lejos se estaba entonces de haber algo parecido a estadística, que el cabildo de Santiago apreciaba la población de esta ciudad de 250 vecinos «más o menos». En 1634 el secretario del gobernador Lazo de la Vega le daba 500 casas.

Estos datos contradictorios no permiten hacer un cómputo medianamente seguro. Sin embargo, tomándolos a todos ellos en consideración, y recordando que entonces ya vivían en los campos muchas familias de origen español, puede comprenderse que la cifra que damos en el texto no debe alejarse mucho de la verdad.

Sin embargo, existe otro dato que, aunque nos parece muy exagerado, debemos recordar. En 1633 el obispo de Santiago pedía empeñosamente al rey que suprimiese la Real Audiencia, y para ello le hablaba de la despoblación de Chile en los términos que siguen: «Esta Audiencia es excusada (innecesaria), que las causas son pocas y de ninguna sustancia; y si hay algunos pleitos es porque hay Audiencia; y aun cuando el reino estuviera de paz también la hallará excusable porque no se compone todo él de 4.000 españoles con el ejército que Vuestra Majestad tiene en él; y hay en España muchas villas y lugares de más gente que todo este reino, y los gobierna un corregidor y un teniente». Carta del obispo Salcedo al rey, de 15 de febrero de 1633. Todo nos hace creer que el obispo, deseando probar la inutilidad de la Audiencia, ha rebajado la población española a la mitad de su número.

Pero al lado de la población de pura sangre española, se formaba en los rangos inferiores de la escala social una población criolla más abundante todavía. Los trabajos excesivos que se imponían a los indios de servicio y las guerras a que se les obligaba a asistir como auxiliares de los españoles, además de las frecuentes epidemias de viruelas, habían reducido considerablemente la población viril de la raza indígena. Muchos de esos indios huían lejos para libertarse de la servidumbre. Las mujeres, en cambio, quedaban en las ciudades y en los campos al servicio de los españoles; y en medio de la relajación de costumbres, resultaban con suma frecuencia uniones clandestinas. «Las indias que han quedado, escribía el obispo de Santiago dando cuenta de estos hechos, están en esta ciudad o en las estancias repartidas, las más asentadas por carta (contrato de servicio) o a su albedrío, de forma que no se casan (con los indios), porque las que son mozas viven mal con mestizos y españoles, y perseveran en su pecado con ellos, de que tienen muchos hijos, que hoy hay en este reino más mestizos habitados de esta manera que españoles.»[252] Así se formaba la masa del pueblo que iba reemplazando gradualmente a la raza indígena y ocupando el vacío que ésta dejaba en el cultivo de los campos, en los trabajos industriales y en el servicio doméstico.

La población de origen europeo no estaba reconcentrada en las ciudades, como lo había estado largo tiempo después de la Conquista. En toda la región del norte y centro de Chile hasta las orillas del río Maule, los agricultores y ganaderos comenzaban a habitar sus estancias. Había algunos distritos de campo particularmente poblados. En 1626, el gobernador don Luis Fernández de Córdoba tenía resuelto fundar dos villas, una en el valle de Colchagua y otra en el de Quillota, con el fin de reunir a los moradores que en ellos habitaban; pero cuando se preparaba para ejecutar este proyecto, llegó a Chile una cédula firmada por Felipe IV en que disponía que no se fundase «ninguna ciudad ni villa sin la expresa orden de su real persona».[253] Solo un siglo más tarde pudieron llevarse a cabo esas fundaciones.

Los dominios americanos del rey de España habrían podido poblarse con mucha mayor rapidez, y su riqueza habría debido desarrollarse en gran escala, sin las trabas y prohibiciones que las leyes vigentes oponían a la inmigración.

---

252 Carta del obispo de Santiago don Francisco de Salcedo al rey, de 20 de enero de 1630.
253 Carta de Fernández de Córdoba al rey, de 1 de febrero de 1627.

Los españoles, como dijimos en otra parte, no podían venir a América sino con un permiso del rey, que no era fácil obtener. Aun los que lo alcanzaban debían embarcarse en Sevilla, lo que, dadas las dificultades de los viajes terrestres en la metrópoli y la incomunicación de sus provincias, casi equivalía a cerrar la puerta de la emigración al nuevo mundo a los súbditos españoles que habitaban los distritos más apartados de Andalucía. Las colonias americanas no podían tampoco esperar el aumento de su población por el arribo de extranjeros, porque a éstos les estaba prohibido llegar a ellas, a menos de haber obtenido una licencia real que no se daba sino con numerosas restricciones. La legislación que regía esta materia se aparta tanto del espíritu cosmopolita de nuestro tiempo que merece ser analizada para que se comprenda aquel estado de cosas.

La ley prohibía a todo extranjero el pasar a las Indias o el comerciar en ellas bajo pena de confiscación de sus mercaderías y de sus demás bienes, que debían repartirse por iguales partes entre el denunciador, el juez de la causa y el fisco.[254] Los colonos de cualquier rango que cometieran el delito de negociar con los extranjeros, incurrían en las penas de muerte y de confiscación de todos sus bienes, pesando la pena de destitución sobre los gobernadores y demás funcionarios de la Corona que hubiesen autorizado ese comercio.[255] Aun en los casos en que un extranjero obtuviera permiso para comerciar en alguna de las colonias, le era prohibido pasar más adentro de los puertos de su destino; y los gobernadores mismos estaban privados de la facultad de permitir que el extranjero se internara en las provincias de su mando.[256] El permiso concedido en algunas ocasiones a los extranjeros para comerciar en las Indias, no se extendía a todas sus producciones. Había algunos artículos como: el oro, la plata y la cochinilla, que les era prohibido adquirir y exportar.[257]

Se creería que los permisos acordados por el rey de que hablan estas leyes, eran más o menos frecuentes y no difíciles de obtener; pero las condiciones exigidas para ello, dejan ver que no debían ser muchos los que llegaban a alcanzarlos. «Para que un extranjero pudiera obtener carta de naturaleza que lo pusiera en aptitud de ser admitido a tratar en las Indias, era preciso: 1.º que hubiera vivido en España o América por espacio de veinte años continuos; 2.º

---

254 Ley 1.ª título 27, libro IX de la *Recopilación de las leyes de Indias*.
255 Ley 7.ª del mismo título y libro.
256 Leyes 4 y 5 del mismo título y libro.
257 Leyes 3 y 6 del libro y título citado.

que fuese propietario diez años antes, de casa y bienes raíces que representasen un capital propio de 4.000 ducados; 3.º que estuviese casado con nacional o hija de extranjero nacida en España o América; 4.º que el Consejo de Indias hubiese declarado que podía gozar de este privilegio después de una prolija información que debía rendirse ante la Audiencia, estando todavía el pretendiente sujeto a otros trámites y diligencias.»[258]

Estas prescripciones, hijas de las ideas de esos tiempos, debían parecer entonces mucho menos chocantes desde que la legislación de todos los países era generalmente restrictiva respecto de los extranjeros. La corte de España, implantándolas en su organización colonial, no hacía más que obedecer a las preocupaciones corrientes que casi consideraban enemigo a todo extranjero, si bien exageró extraordinariamente esas restricciones y las mantuvo en vigencia hasta un tiempo en que aquellas ideas se modificaban en los pueblos más civilizados. Pero esas prescripciones, que impidieron el desarrollo de la población en las colonias españolas y el aumento de su riqueza, daban, además, lugar a muchos abusos. Así, pues, por grandes que fueran las precauciones que en España y en América se tomaran para impedir en estos países la entrada de los extranjeros, siempre se pasaban algunos, ordinariamente hombres de humilde estado; y no era raro que en las colonias alcanzasen éstos una situación mucho más ventajosa. Cuando las angustias del tesoro real pusieron al soberano a punto de no poder sufragar los gastos más premiosos de palacio, creyó hallar en la violación de esas disposiciones un ramo seguro de entradas. En efecto, Felipe III, después de haber hecho levantar con el mayor secreto por medio de los gobernadores una especie de censo de los extranjeros que se hallaban en cada provincia, con especificación de su nacionalidad, estado civil y demás circunstancias, firmó en 10 de diciembre de 1618 una real cédula que merece recordarse. «Como quiera, decía, que por ser éste un caso de tan dañosa consecuencia, pudiera mandar proceder contra ellos, y que se ejecutaran en sus personas y bienes las penas en que han incurrido, todavía por hacerles bien y merced, y por otras justas causas que a ello me han movido, usando de benigni-

---

258 Amunátegui, *Los precursores de la Independencia de Chile*, tomo I, capítulo 7. Las palabras citadas son un resumen de las leyes 31, 32, 33 y 34 del título 27, libro IX de la *Recopilación de Indias*. Por lo demás, el capítulo citado del libro del señor Amunátegui trata con toda extensión y con lato conocimiento de causa, de la condición de los extranjeros en América durante la dominación española.

dad y clemencia por esta vez, con acuerdo y parecer de los de mi Consejo de las Indias, he tenido por bien que sirviéndome cada uno de los dichos extranjeros con la cantidad que fuese justo, y os pareciere, se les permita que puedan estar, vivir y residir en las dichas mis Indias, y tratar y contratar en ellas... Y si se hallare algún extranjero tan pobre que no pueda componer en cantidad que sea considerable, reservaréis el hacerlo para mejor tiempo y ocasión en que haya adquirido más hacienda, y enviaréis razón muy particular y distinta de las personas que se fueren componiendo, y cantidad con que cada uno me sirviere, y los motivos y causas que hubiere para admitirles a composición, y de qué nación es, qué ocupaciones han tenido y tienen, y a qué se aplican, y si es gente pacífica o de quien se puede tener alguna sospecha, para que habiéndose visto por los del dicho mi Consejo, se os ordene lo que pareciere convenir.» El rey mandaba, además, que cada gobernador llevase un libro de matrícula de los extranjeros residentes en su distrito, en que se anotasen todas estas circunstancias.

Sin duda, en las otras colonias del rey de España, que gozaban de tranquilidad interior a la vez que de una gran reputación de riqueza, debían residir muchos extranjeros, y el impuesto de composición podía producir sumas considerables. Pero en Chile casi no se hallaban más que algunos portugueses que, aunque súbditos de Felipe III, no tenían facultad para establecerse en los países conquistados por los españoles. El doctor don Cristóbal de la Cerda, que gobernaba interinamente este país cuando llegó la cédula del rey, tuvo que darle cumplimiento. «En conformidad de la cédula de Vuestra Majestad en que manda que se compongan los extranjeros que hubiere en este reino, escribía con este motivo, la Audiencia me dio comisión para que en esta ciudad (Concepción) y términos hiciese las diligencias y averiguaciones necesarias en orden a saber los extranjeros que hay en este distrito que hayan pasado a estas partes sin licencia de Vuestra Majestad y haciendas que tuvieren, para que sabido y averiguado se ejecute y cumpla lo contenido en dicha cédula, en que pondré la diligencia y cuidado posible para que Vuestra Majestad sea servido; y, aunque es verdad que hay algunos extranjeros, los más son soldados muy pobres.»[259]

Pero los órdenes del rey se hicieron en breve más francas y premiosas. Felipe IV, al subir al trono, halló el tesoro real tan falto de fondos, que no tuvo inconveniente en firmar el 14 de junio de 1621 una cédula en que se encuentran

---

[259] Carta de don Cristóbal de la Cerda al rey, de 10 de marzo de 1621.

estas palabras: «Las necesidades y aprietos de hacienda en que me hallo, son tan grandes y precisas que forzosamente obligan a buscar todos los medios posibles para aplicarles algún remedio. Y porque parece se podría sacar alguna cantidad de hacienda de la composición de extranjeros que han pasado a esas partes sin licencia de los reyes, tratando y contratando, y teniendo otras granjerías con que algunos de ellos han fundado grandes caudales, y los demás viven con descanso y comodidad, como quiera que pudiera mandarlos echar de la tierra por haber contravenido a las cédulas que sobre esto disponen, por hacerles bien y que me sirvan en esta ocasión, os mando deis orden en que se haga una lista de los extranjeros de todas naciones que hubiere en el distrito de esa Audiencia, y les obliguéis a que contribuya cada uno según o conforme a la hacienda que tuviere, entendiéndose que esto no ha de ser acto voluntario sino preciso, dándoles a entender el beneficio que se les hace y cuán grande es para ellos dejarlos en sosiego y quietud, haciendo vos el repartimiento conforme al caudal de cada uno». En esa misma cédula, el rey reprobaba la moderación con que habían procedido algunos gobernadores aceptando composiciones por precios que consideraba bajos.

    El ejecutor de esta ordenanza en Chile fue el gobernador don Pedro Osores de Ulloa. Desplegando, sin duda, los medios de rigor, consiguió reunir la suma de 18.000 pesos por el derecho de composición, y creía que habría reunido una cantidad más considerable si hubiera contado con el apoyo de la Real Audiencia. Pero este alto tribunal, movido por el doctor don Cristóbal de la Cerda, le opuso toda clase de dificultades, acogiendo las apelaciones de los extranjeros y suscitando otro orden de cuestiones.[260] Cuando el rey tuvo noticia de estas contradicciones, resolvió «que en cuanto a composiciones, no es materia que toca a la Audiencia, ni que admite recurso por ningún camino a ella, porque el gobernador es el que lo ha de efectuar y tratar, y tampoco es materia que admite recusaciones».[261] En adelante, los gobernadores quedaron autorizados para fijar sin contrapeso la suma que debían pagar los extranjeros por derecho de composición.

---

260 Carta de Osores de Ulloa al rey, de 10 de abril de 1623. Estas competencias, que se refieren largamente en algunos documentos de la época, decidieron al fin a suspender de sus funciones al oidor Cerda en enero de 1624, según hemos contado en otra parte.
261 Real cédula expedida en Madrid el 30 de marzo de 1627.

3. Dificultades de la administración pública: los gobernadores y la Audiencia

Estas frecuentes competencias de autoridades, de que hemos tenido que hablar en tantas ocasiones y de que tendremos que ocuparnos más adelante, producían una gran perturbación en la marcha administrativa pero contribuían al mismo resultado otras causas. Los gobernadores estaban obligados a pasar largas temporadas, a veces años enteros, en Concepción y en los fuertes de la frontera, confiando el gobierno de la capital y la administración civil de la colonia al corregidor de Santiago. Aun, durante cierto tiempo, como ya dijimos, se había sostenido que no podía subsistir este funcionario en las ciudades en que había Audiencia, y era este tribunal el que hacía las veces del gobernador. Se recordará que don Luis Fernández de Córdoba puso término a esta práctica en 1625 haciendo respetar la autoridad del corregidor que había nombrado.

Al fundar la audiencia de Santiago, el rey había querido instituir no solo un tribunal encargado de la administración de justicia sino un consejo que sirviese a los gobernadores para facilitar la acción administrativa. Pero el soberano, que quería también que aquellos dos poderes, el gobernador y la Audiencia, ejercieran uno sobre el otro una vigilancia recíproca, había confundido en muchos detalles las atribuciones de ambos, y creado una situación que debía dar lugar a dificultades de todo orden, a menos que uno y otro estuvieran animados del más tranquilo espíritu de conciliación. Así habría debido suceder si el gobernador y los oidores se hubieran mantenido dentro de sus atribuciones respectivas y, sobre todo, en los límites de la prudencia. Pero a poco de instalado ese tribunal, nacieron dificultades y contradicciones que fueron haciéndose más y más graves. Originadas unas por disputas de jurisdicción, pretendiendo el gobernador sustraer de la competencia del tribunal el conocimiento de ciertos negocios que juzgaba exclusivamente militares o administrativos, provocadas otras por la arrogancia o el espíritu pendenciero de alguno de los oidores, esas cuestiones, según hemos contado, dieron origen a verdaderos escándalos y entorpecieron la acción gubernativa. Estas ruidosas competencias habían estimulado a algunos de los gobernadores a proponer al rey los remedios que creían más eficaces para evitarlas. Dos de ellos, don Lope de Ulloa y Lemos y don Luis Fernández de Córdoba, habían propuesto que la Audiencia fuese trasladada a Concepción, para tenerla más cerca y bajo una vigilancia más inmediata. Don Pedro Osores de Ulloa pedía un remedio más enérgico todavía, la supresión absoluta de la Real Audiencia.[262] El rey, como sabemos, se negó a adoptar cualquiera de estos dos arbitrios, limitándose a dictar medidas subalternas para evitar la repetición de esas dificultades. Según el sistema administrativo adoptado por la Corte, la Audiencia era un contrapeso de las atribuciones de los gobernadores, debía vigilar los actos de éstos y fortificar el poder real haciendo que se cumplieran todos sus mandatos.

Entre otros fundamentos que algunos funcionarios habían tenido para pedir la supresión de la Real Audiencia, era el más serio la insignificancia de los litigios civiles que se ventilaban ante ella, y que habría podido resolver un solo juez como sucedía antes de la creación de ese tribunal. «Heme certificado de uno de los de la Audiencia de mayor experiencia en ella, escribía con este motivo el obispo de Santiago, que todos los pleitos que en ella se han acabado desde su fundación no importan los salarios que llevan los ministros y oficiales de ella, porque los más pleitos son por un indio o por un pedazo de tierra para sembrar o criar ganados, o porque apelan del obispo y se presentan por vía de fuerza; y después de retenidos los pleitos algunas veces dos meses, debiéndose declarar sobre tabla, los suelen detener, y si son para pedir auxilio, lo relatan en audien-

---

[262] La correspondencia de los gobernadores con el rey, contiene muchos pormenores acerca de estas frecuentes competencias, y su versión se halla a veces contradicha en las cartas de los oidores que a su vez se quejan de los gobernadores. La luz que arrojan esos documentos es de ordinario insuficiente para descubrir de parte de quién estaba la culpa. En los capítulos anteriores hemos recordado algunos de estos hechos, y en el 5.º, § 11, hemos dado a conocer las palabras con que Osores de Ulloa pedía la supresión de la Real Audiencia. No siéndonos posible el consignar aquí la historia de todos estos altercados, en algunos de los cuales fue necesario emplear la fuerza pública, vamos solo a reproducir un fragmento de carta del gobernador que acabamos de nombrar. Dice así: «Habiendo echado muchos bandos en estos campos y en la ciudad de Santiago que ningún soldado saliese sin licencia bajo pena de la vida, viendo el desorden que, sin embargo de esto pasaba, envié a los ayudantes y al preboste para que prendiesen cuantos hallasen. Entre otros muchos que se retrajeron a sus compañías, me trajeron cinco y entre ellos hallé dos sin disculpa ni razón de ella, confesando se habían huido de sus banderas, sin licencia. Condenéles a muerte para ejemplo, y después ordené se rifasen. Cayó la suerte en un vizcaíno que se ejecutó. Sobre lo que el fiscal doctor Jacobo de Adaro y San Martín me amenazó pública y secretamente por decir que era hombre noble y que tenía deudos honrados. Pidió un tanto de la causa, que no se lo quise dar. Enviola al Real Consejo y Junta de Guerra de Vuestra Majestad para excusar esta calumnia y las siniestras relaciones; y si yo hubiere hecho mal pueda ser castigado». Carta de Osores de Ulloa al rey, escrita en Concepción el 10 de abril de 1623.

cia pública, por donde siendo criminales tienen las partes noticia de quién(es) son los testigos, y los hacen retractar antes de dar el auxilio.»[263]

Sin duda alguna, esas frecuentes reyertas entre los gobernadores y la Audiencia debían menoscabar el prestigio de la administración de justicia y hacer menos respetables las personas de los oidores. Pero hechos de otro orden contribuían más poderosamente a este resultado. El rey había querido hacer de esos funcionarios jueces verdaderamente incorruptibles, asignándoles un sueldo que asegurase su independencia, y aislándolos legalmente en medio de la sociedad en que vivían para sustraerlos a las influencias de familia y amistad. Al paso que se les quería rodear de todo el prestigio, debido a los más altos representantes del soberano, dando a los oidores el lugar preferente en las concurrencias públicas, señalándoles un vestido especial, la garnacha o traje talar con mangas y sobrecuello a manera de esclavina y exigiendo a todos que les guardasen el más aparatoso respeto, a ellos mismos se les ordenaba vivir, en cierto modo, segregados de la sociedad en cuyo seno tenían que residir. La ley les prohibía expresamente, así como a los virreyes y gobernadores, casarse en el distrito de la Audiencia sin un permiso especial del rey, tener propiedades ni negocio de ningún género, recibir dádivas u obsequios, mantener amistades estrechas, ser padrinos de matrimonio o de bautizo y asistir a casamientos o entierros. Estas prohibiciones, que eran extensivas a las mujeres e hijos de los oidores, tenían por finalidad garantir la imparcialidad de la administración de justicia y revestir a los oidores del respeto que debía infundir ese alejamiento. Sin embargo, todas estas precauciones legales debían ser, en la práctica, ineficaces para conseguir esos fines. Los oidores destinados a estos países, eran en gran parte letrados de modestos antecedentes que debían su elevación al empeño y al favor, y que, hallándose tan lejos del ojo escrutador del soberano, y en poblaciones pequeñas en que por fuerza tenían que conocer y tratar a todos los hombres de algún valer, no podían dejar de ser influenciados de un modo u otro. Los abusos de este orden eran frecuentes y a veces escandalosos.

En efecto, la administración de justicia se resintió en su pureza desde los primeros tiempos de instalada la Real Audiencia. Como hemos visto, ésta había traído el encargo de abolir radicalmente el servicio personal de los indígenas; pero cediendo a las influencias de los encomenderos, celebró el acuerdo de

---

263 Carta del obispo Salcedo al rey, de 16 de agosto de 1633.

28 de septiembre de 1609, que anulaba en su fondo la reforma decretada por el rey.[264] Pero otros actos mucho más ofensivos para la justicia vinieron en breve a hacer dudar de la rectitud de esos jueces, y acarrearles las más tremendas acusaciones.[265] Crímenes horribles quedaron impunes o merecieron penas irrisorias cuando los culpables eran gentes de alta posición y de fortuna. Una señora principal, llamada doña Catalina Lisperguer, hija de aquella

---

264 Véase el capítulo 22 § 6 de la III parte de nuestra historia.
265 He aquí lo que escribía al rey el obispo de Santiago don Francisco de Salcedo: «Los oidores de esta Audiencia no ejecutan más que lo que les conviene y a sus deudos y amigos. En Chile no se cumplen más órdenes y cédulas de Vuestra Majestad que las que se conforman con sus afectos e intereses: y lo que más ocasión da a estos desconciertos que cada día sienten, y otros que no pueden remediar los vasallos de Vuestra Majestad en este reino, es la distancia y larga dilación para poder informar a vuestro real consejo, y falta de posible para procurar alcanzar justicia los que padecen agravios sin esperanza de enmienda, porque ven que con tantos años como han pasado desde la fundación de esta Audiencia no la ha tenido visita, y se persuaden así los que la temen como los que la desean a que no la verán jamás. Lo que se me ofrece para remedio de cosas tan perjudiciales y de mal ejemplo, es que Vuestra Majestad sea servido de enviar esta visita con persona de tanta satisfacción que, conociendo enteramente la verdad de lo que tengo avisado a Vuestra Majestad, ponga el remedio que conviniese. A lo que he podido entender, es excusado el gran gasto que con tan copiosos salarios se hace con esta Audiencia, con tan poco fruto y notables inconvenientes de su existencia como tengo escrito a Vuestra Majestad en otra, que se repararan con aliviar este pobre reino de tanto gravamen. Y estoy persuadido a que depende de esto el buen gobierno y administración de justicia, de que carecemos por las continuas discordias y competencias de oidores entre sí, y todos con el presidente con tanto escándalo como es notorio y he entendido en ellos, y el fiscal ha avisado a Vuestra Majestad; que, aunque el arzobispo del Nuevo Reino don Julián de Cortázar, yo y personas de autoridad hemos procurado pacíguar sus pendencias, han menospreciado nuestras diligencias porque cada cual quiere sustentar su opinión sin resistencia. En este reino, el Tucumán, Río de la Plata y Paraguay no conviene haya más Audiencia que gobierne estas provincias que la de Chuquisaca, y que este reino esté sujeto a la audiencia de Lima como solía». Carta del obispo Salcedo al rey de 2 de mayo de 1626.
Bajo el sistema administrativo creado por el rey de España para el gobierno de sus posesiones de América, los obispos ejercían cierta vigilancia sobre los otros poderes públicos y, como se ve, acostumbraban dirigirse al soberano para denunciarle los abusos del gobierno civil. Más adelante, el obispo Salcedo, indignado contra la Audiencia porque no castigaba rigurosamente una tentativa de asesinato contra la persona de un cura, repitió sus cartas al rey haciendo a ese tribunal y a sus protegidos las más tremendas acusaciones. Algunas de estas últimas cartas, han sido publicadas en otras ocasiones.
Don Julián de Cortázar, a quien se refiere la carta del obispo de Santiago que hemos extractado más arriba, había sido obispo de Tucumán, y fue promovido al rango de arzobispo de Nueva Granada. Habiendo pasado por Chile en viaje para Santa Fe de Bogotá, intervino como mediador en las competencias a que nos referimos.

Catalina de los Ríos, de quien se contaba que había intentado envenenar al gobernador Ribera, y que con la protección de algunos frailes burló la acción de la justicia,[266] hacía asesinar una noche de mayo de 1624 a un amante suyo, y después de un proceso en que se reveló toda la parcialidad de los jueces, y que duró diez largos meses, fue condenada a pagar 4.000 pesos. En enero de 1633, la misma doña Catalina Lisperguer preparaba el asesinato del cura de la Ligua; y este crimen, a pesar de la intervención del obispo, quedaba impune por el favor que algunos de los miembros de la Audiencia prestaban a aquella señora. Los otros crímenes perpetrados por esa familia, crímenes horribles y que dejan ver una espantosa depravación, fueron igualmente disimulados por la justicia, y la historia social que en nuestros días los ha sacado a luz, prueba con ellos la corrupción de las costumbres de esa época y hasta dónde había llegado la impureza de aquellos magistrados y el poder de las familias acaudaladas para vivir seguras de la más escandalosa impunidad.[267] Todo hace creer que aquellos hechos no fueron excepcionales, y que por esos años la fortuna y la posición social eran un amparo protector, franco y casi sin disimulo, contra la acción de la justicia.

---

266 Véase el capítulo 20, § 3, de la parte ni de esta historia.
267 No nos es posible entrar aquí en la relación detallada y minuciosa de estos hechos; pero debemos recordar las fuentes en que el lector puede estudiarlos, repitiendo y ampliando, al efecto, lo que hemos dicho en otra página de esta historia.
En 1877, don Benjamín Vicuña Mackenna, publicó su interesante libro titulado *Los Lisperguer y la Quintrala*, historia conmovedora de los crímenes de esa familia que la culpable complacencia de algunos malos jueces dejaba impunes. Tomando por punto de partida de sus investigaciones las cartas en que el obispo Salcedo denunciaba al rey los torcidos procedimientos de la Audiencia, en el proceso a que dio lugar la tentativa de asesinato del cura de la Ligua, el señor Vicuña Mackenna desentrañó muchos otros documentos y llegó a formar un cuadro lleno de vida y de noticias para apreciar aquella faz de la vida social de la Colonia. Cinco años más tarde, en 1882, don Miguel Luis Amunátegui hacía nuevos descubrimientos sobre el particular, y señalaba, con la publicación de los acuerdos de aquel tribunal, los tortuosos procedimientos por medio de los cuales se hacía el escarnio de la justicia. A esto sucesos ha destinado las págs. 38-104 de su importante libro *El terremoto del 13 de mayo de 1647*. A pesar de los sorprendentes resultados de estas investigaciones, es indudable que los expedientes cubiertos hasta ahora con el polvo de los archivos, tienen todavía que permitir muchas otras revelaciones.

4. Frecuentes controversias entre las autoridades eclesiástica y civil

La organización dada por el rey al poder eclesiástico en sus dominios de Indias, contribuía a aumentar el número de esas competencias y dificultades domésticas que dificultaban la marcha administrativa. Había querido constituir en los obispos y en el clero un elemento que afianzase y robusteciese la autoridad del soberano. Para ello se había reservado el derecho de proponer a los obispos y de nombrar para todos los beneficios eclesiásticos. El alto clero, expresamente elegido por el rey, debía secundar la acción de éste eficaz y resueltamente. Dependía del papa solo en los negocios espirituales, pero en la administración eclesiástica y, aun, en muchos accidentes del ceremonial del culto, estaba sometido a las prescripciones dictadas por el soberano. En este terreno, el clero tenía la obligación de sostener con su poder y su influencia aquel sistema administrativo, y debía por tanto proclamar y defender el pretendido derecho divino de los reyes.

Pero al mismo tiempo se le habían concedido por la ley y por la práctica atribuciones que no podían dejar de dar origen a dificultades. Si bien el rey depositaba la mayor suma de poder en manos de los virreyes y gobernadores, obedeciendo a un espíritu persistente de desconfianza, quería también que ese poder estuviera contrapesado, y su ejercicio vigilado por otros funcionarios para mantener la sumisión de todos, coartando la libertad de acción de cada uno de ellos. Hemos dicho que así como los virreyes y gobernadores debían vigilar la conducta de las audiencias, éstas tenían el derecho de inspeccionar la conducta de aquellos altos funcionarios e informar al rey acerca de sus actos.[268] De la misma manera, los obispos, encargados de morigerar las costumbres y de señalar los abusos, formaban en cierto modo un contrapeso a la autoridad de los gobernadores y de las audiencias. Ellos se dirigían al rey para darle cuenta de

---

[268] Estas dificultades y sus consecuencias no se han escapado a la sagacidad de un distinguido historiador de las colonias, H. Merivale, que caracterizando el régimen español se expresa así: «El sistema de gobierno por virreyes, capitanes generales, audiencias, ha sido representado con razón como una máquina complicada, destinada a hacer de cada miembro del gobierno un obstáculo a la acción de los otros miembros. Era imposible a los mejores gobernadores poner en práctica las medidas más incontestable mente útiles, mientras que algunos magistrados poco escrupulosos tenían plena facilidad para enriquecerse ellos y sus favoritos». Copio estas palabras del historiador inglés de una cita que de él hace M. Paul Leroy-Beaulieu en su importante libro *De la colonisation chez les peuples modernes*, París, 1884, capítulo I, pág. 21.

todo lo que pasaba en sus distritos respectivos. En su correspondencia hablaban de la paz y de guerra, del estado del gobierno y de la administración de justicia, acusaban o recomendaban a los funcionarios civiles, y pedían reformas en las instituciones o en los negocios más ajenos a los intereses eclesiásticos. Además de esto, en su simple carácter de obispos, y como encargados de velar por las buenas costumbres, comenzaron, en breve, a dictar providencias y decretos sobre asuntos que eran del exclusivo resorte de la autoridad civil, y que, sin embargo, fueron más tarde confirmados y promulgados en los sínodos de las diócesis.

Este orden de cosas, de que hemos señalado algunos ejemplos en las páginas anteriores, se había planteado poco a poco, y comenzaba a estar en pleno vigor a principios del siglo XVII. Las consecuencias de este sistema no debían ser otras que el entorpecimiento de la libertad de acción de cada uno de estos poderes y la necesidad de recurrir a cada paso al rey para que dirimiera las competencias. El clero, por otra parte, envanecido con el prestigio de que lo rodeaban las ideas religiosas de la época, se sentía inclinado a promover pendencias por cuestiones de etiqueta, y a pretexto de sostener lo que llamaba las prerrogativas de la Iglesia, no vacilaba en provocar verdaderos conflictos.

Aunque este espíritu fue común a casi todos los prelados del período colonial, ha quedado famoso en la historia el obispo de Santiago don fray Juan Pérez de Espinoza, de cuyas rencillas bajo el primer gobierno de Alonso de Ribera hemos tenido ocasión de hablar en otra parte.[269] Durante su episcopado, que

---

269 En los capítulos anteriores hemos referido algunos de estos ruidosos litigios provocados por el obispo Pérez de Espinoza; pero podríamos llenar muchas páginas consignando aquí los que hemos llegado a recoger en algunos de los documentos que tenemos a la vista. Después de muchos altercados con los canónigos de la catedral, a algunos de los cuales acusaba de los más graves delitos, la emprendió contra los prelados de las órdenes religiosas. Comenzaban éstas a adquirir extensas propiedades territoriales, que quedaban exentas de pagar el impuesto de diezmos. Al darlos en arrendamiento, los religiosos estipulaban que se les pagasen los diezmos a ellos mismos, en virtud de aquel privilegio, y no a los curas o al obispo, lo que excitaba a éste a entablar sus gestiones sobre el particular. A principios de 1609, el obispo Pérez de Espinoza había recibido una cédula por la cual el rey le encargaba que recogiese entre sus diocesanos erogaciones para fundar un hospital en Santiago de Galicia, en España. Conocido el estado de pobreza de Chile, se comprenderá la inconveniencia de esa medida. El obispo, sin embargo, preparó un bando en que citaba al pueblo a la iglesia catedral bajo pena de excomunión, para el domingo 22 de febrero a fin de darle lectura de la cédula real y de excitarlo a hacer las erogaciones que se le pedían. Quiso hacer publicar ese bando a son de tambores, como era costumbre; pero el

se extendió de 1601 a 1618, suscitó numerosas cuestiones a los gobernadores, a sus tenientes, a la Real Audiencia, a los prelados de las órdenes religiosas y a muchos particulares, todas las cuales debieron producir en la colonia la más viva agitación. Nacidas ordinariamente de causas frívolas y casi insignificantes, algunas de ellas tomaron, sin embargo, grandes proporciones y fueron un motivo de inquietudes y de alarmas. Sería largo e innecesario el referirlas aquí en todos sus complicados accidentes, pero debemos recordar la más grave de ellas.

Enemistado con todas las autoridades, y particularmente con la Real Audiencia, con la cual acababa de tener una ruidosa y acerva cuestión de competencia jurisdiccional, el obispo Pérez de Espinoza salía de una reyerta para entrar en otra. En 1612, un cambio de comunicaciones con la Real Audiencia, originada, según se dice, por una simple cuestión de etiqueta, tomó un carácter destemplado por la intemperancia del obispo, y exasperó de tal suerte al supremo tribunal que expidió contra aquél una orden de arresto. Pero el prelado tenía

---

licenciado Hernando Talaverano Gallegos se negó a prestarle los tambores si no quitaba del bando la conminación de pena de excomunión para los que no concurriesen a la citación. El obispo, que ya había tenido otros altercados con el teniente gobernador, se enfureció con esto, y en sus comunicaciones al rey hace a aquel funcionario las más apasionadas acusaciones.

Instalada la Audiencia en 1609, surgieron, luego, más ruidosas complicaciones con el obispo. A mediados de 1611, un capitán llamado Diego de Huerta, en calidad de albacea de un español fallecido en Putaendo, mandó decir por el alma de éste una cantidad considerable de misas a los padres de Santo Domingo. El obispo pretendió que era él quien debía mandar decir esas misas para que su producto fuera repartido entre los clérigos pobres, en lugar de darse a los religiosos dominicanos. Suscitóse de aquí una ardiente querella, en que el obispo, según su costumbre, lanzó la excomunión sobre el capitán Huerta. Habiendo éste entablado ante la Audiencia el recurso de fuerza, el tribunal mandó suspender la censura. Pero el obispo, declarando que obedecía la decisión del tribunal, puso tales condiciones que era lo mismo que hacerla ilusoria. La Audiencia, sin embargo, no se dejó burlar por la terquedad del obispo. Por nuevo auto, le mandó que sin dilación cumpliera la resolución del tribunal, y envió al alcalde don Álvaro de Quiroga a exigir al obispo que dictara la providencia que se le imponía. El 7 de noviembre tuvo lugar con este motivo una ruidosa escena en la casa episcopal. El alcalde Quiroga, con la ayuda de la fuerza pública, impuso al obispo y lo obligó a revocar sus autos. Los clérigos que formaban el séquito del prelado, intentaron acometer al alcalde, pero el obispo, previendo los resultados de esta lucha, los contuvo, y se limitó a elevar su querella ante la Audiencia, querella que fue desatendida. Enseguida dirigió al rey extensos y apasionados memoriales contra los gobernadores, la Real Audiencia y sus agentes que, sin duda, fueron neutralizados por los informes del tribunal.

en sus manos un poder suficiente en aquella época para imponer a la Audiencia y para obligarla a retroceder. Salió de Santiago, y fue a establecerse una legua al noreste, en un lugar que por largo tiempo conservó el nombre de «quebrada del obispo», y desde allí lanzó un tremendo decreto por el cual ponía en entredicho la ciudad. Según la jurisprudencia canónica, entonces en práctica, aquella censura privaba a los habitantes de la ciudad del uso de los sacramentos, del servicio divino y de la sepultura religiosa, y apenas era permitido administrar el bautismo a los recién nacidos y la comunión a los moribundos. Puede suponerse la consternación que aquel decreto debió producir en Santiago. La Audiencia se vio en la necesidad de revocar su auto, y de abatirse ante el orgulloso obispo para que éste consintiera en volver a la ciudad y en levantar el entredicho.

A pesar de su triunfo, el obispo Pérez de Espinoza se hallaba en Chile en una situación muy desagradable. Aquellas repetidas luchas en que se había atraído tantos enemigos, le hacían difícil residir en este país, al cual, por otra parte, no había tomado afecto. Desde tiempo atrás pedía empeñosamente al rey que aceptase la renuncia que hacía de su mitra, representando, al efecto, que su larga residencia en América lo hacía acreedor a una situación más tranquila. Después de sus últimas cuestiones con la Real Audiencia, repitió estas peticiones con mayor instancia, recordando sus servicios y acusando con mucha dureza a sus adversarios. «Tengo gran confianza, escribía con este motivo, en que Vuestra Majestad me ha de hacer merced de sacarme de Chile jubilándome para que me pueda ir a mi patria a acabar lo poco que me falta de vida con quietud. Esto suplico a Vuestra Majestad con el encarecimiento posible, pues bastan trece años de purgatorio de Chile con tantas persecuciones de los ministros de Vuestra Majestad coloreadas con título de patronazgo real.»[270] Sus peticiones fueron desatendidas por el rey. El obispo, obligado a permanecer en Chile, se vio todavía envuelto en nuevas y ruidosas reyertas con el provincial de los jesuitas por la secularización de un padre de la Compañía;[271] pero al fin no pudo tolerar aquella situación. En 1617, por muerte de Alonso de Ribera, tomó interinamente el gobierno de Chile el licenciado Hernando Talaverano Gallegos. El obispo Pérez de Espinoza, que había sostenido con éste las más ardientes controversias, abandonó su diócesis, y sin pedir permiso a nadie, ni al goberna-

---

270 Carta del obispo Pérez de Espinoza al rey, de 1 de enero de 1613.
271 Lozano, *Historia de la Compañía de Jesús*, etc. libro VII, capítulo 15.

dor ni al rey, trasmontó las cordilleras y se dirigió a España por la vía de Buenos Aires. Uno de sus sucesores, el obispo Villarroel, refiere que eligió este camino porque en él no hallaría audiencias ni oidores, que habían llegado a hacérsele tan odiosos.[272] En España, sin embargo, lo esperaba un nuevo litigio, más ruidoso que todos los anteriores, que había de costarle una ultrajante condenación y que debía amargar sus últimos días.[273]

Aunque el obispo Pérez de Espinoza fue el más batallador de todos aquellos prelados, este espíritu de controversia y de lucha se encuentra más o menos

---

[272] Villarroel, *Gobierno eclesiástico pacífico*, parte II, cuestión XI, artículo 2.

[273] La historia de los litigios suscitados por el obispo Pérez de Espinoza, daría lugar para un estudio especial; y, en efecto, no faltan documentos para ello, pero es tal el cúmulo de los accidentes y de complicaciones, que cuesta mucho trabajo formarse idea cabal de los hechos. Se comprende que no corresponde al plan de nuestro libro el entrar en todos esos pormenores.

La vuelta del obispo a España, sin licencia del rey ni del gobernador, y casi podría decirse en son de fuga, está referida en las antiguas relaciones sin designar la fecha exacta en que se verificó; pero ésta se puede fijar muy aproximadamente por un documento que tenemos a la vista. En 4 de diciembre de 1617 el cabildo de Concepción se dirige al rey para representarle los males causados por la guerra defensiva, y le dice que el obispo de Santiago, que estaba al cabo del asunto, partía a España y llevaba poderes de esa corporación para pedir el remedio de todo. Se sabe que el obispo estaba entonces muy reñido con los jesuitas, y era de esperarse que se empeñaría mucho en destruir la obra del padre Valdivia. La partida del obispo debió tener lugar en los primeros meses de 1618.

Acerca del litigio que el obispo Pérez de Espinoza sostuvo en España, no nos es posible entrar en muchos detalles. Existe un memorial firmado en 1628 por el obispo Salcedo y el cabildo eclesiástico de Santiago en que reclaman la devolución a la catedral de una parte de los bienes embargados a aquél; pero este documento y otras piezas no nos dan noticias cabales de todo este negocio. El maestro Gil González Dávila, cronista oficial de Indias, que escribía muy poco más tarde su Teatro eclesiástico de la primitiva iglesia de las Indias Occidentales, Madrid, 1649, contaba lo que sigue en la corta biografía de Pérez de Espinoza que pone en el tomo II en el catálogo de los obispos de Santiago de Chile: «Se volvió a España sin licencia de su santidad ni del rey, y dio la razón que tuvo para ello, que no fue tenida por suficiente, quedando quejosos aquella iglesia (la de Santiago) y sus pobres, porque trajo 60.000 pesos de oro sin registro, y llegando a España fundó en Toledo, en Alcalá de Henáres, en Sevilla, memorias que no tuvieron efecto porque eran de hacienda ajena y no suya. Mandáronle volver a su obispado, y murió en Sevilla en el convento de su orden (San Francisco), año de 1622. La riqueza que trajo por sentencia pública y jurídica, se declaró pertenecer a la Santa Iglesia de Chile como verdadera y legítima heredera de sus bienes».

El célebre jurisconsulto don Juan de Solórzano Pereira, en su *Política Indiana*, hace mención de este último litigio del obispo Pérez de Espinoza para apoyar la doctrina jurídica según la cual se declararon nulas las fundaciones hechas por ese obispo. Véase el libro IV, capítulo 11, n. 41.

en todos ellos y, aun, en las autoridades eclesiásticas subalternas. En 1618, el mismo año en que aquel prelado partía para España, surgía en Concepción otra grave controversia suscitada por el provisor que tenía a su cargo el gobierno de la diócesis. La audiencia de Santiago, por encargo del rey, y queriendo poner remedio a los abusos que cometían los eclesiásticos en la cobranza de derechos parroquiales, había establecido un arancel en que esos derechos estaban tasados en una cantidad muy superior a lo que se pagaba en España, pero que, en cambio, establecía una regla fija e invariable. El provisor de Concepción, cuyo nombre no aparece en los documentos que tenemos a la vista, se negó resueltamente a promulgar y hacer cumplir el nuevo arancel. Fue más lejos todavía: excomulgó al juez que le notificaba la resolución de la Audiencia; y algunos de los clérigos de su dependencia, dieron de golpes y estropearon a ese funcionario, rompiéndole la vara, símbolo de su autoridad. La Audiencia, formada por el oidor don Cristóbal de la Cerda y dos letrados de Santiago, acordó el extrañamiento del provisor en pena de ese desacato. Pero este fallo no llegó a ejecutarse. Estando embarcado en el buque que debía transportarlo al Perú, el provisor lanzó sobre la ciudad de Concepción el decreto de entredicho eclesiástico. Ante la alarma producida por esta censura, el gobernador don López de Ulloa y Lemos revocó el arancel sancionado por la Audiencia, y mandó suspender los efectos de las providencias dictadas por este alto tribunal. El provisor, que había atropellado los respetos debidos a la administración de justicia, quedó impune de su falta y pudo cantar por entonces una victoria completa.[274]

---

[274] El doctor don Cristóbal de la Cerda ha referido estos hechos con algunos accidentes en sus cartas al rey; pero se habla, además, de ellos en otros documentos de la época. En 27 de noviembre de 1619 el gobernador Ulloa y Lemos, según hemos referido, celebraba un acuerdo con el padre Luis de Valdivia, y en él se estipulaba que éste, que debía partir para España, pediría al rey una resolución acerca de lo que debería hacerse en los casos de entredicho para que la ciudad sobre la cual había caído la censura eclesiástica, no careciera de los sacramentos durante los seis meses que debía tardar el recurso de apelación ante el metropolitano de Lima. El mismo gobernador, dando cuenta al rey de estos acontecimientos en carta de 3 de abril de 1620, acusa a la Audiencia de demasiada tirantez en sus procedimientos y trata de justificar su propia conducta por haber suspendido los efectos del auto de ese tribunal. «Dejé al juez, dice, proseguir en la causa, hasta que poniendo en efecto lo que la Audiencia le ordenaba, le embarcó (al provisor), cosa que escandalizó notablemente a los naturales y causó suma tristeza y desconsuelo a los españoles, porque el provisor puso entredicho, y mandó cesar ad divini. Quiso Dios que no hubo tiempo (viento) para que el navío saliese, y el estado eclesiástico y secular vino a pedirme que, pues, estaba en nombre de Vuestra Majestad, remediase este escándalo.

Pero estas repetidas controversias entre las autoridades eclesiásticas y civiles tenían un carácter particular. Los obispos que las provocaban, sostenían que su resistencia era a los desmanes de los agentes del rey, y no a las órdenes y mandatos de este último, por el cual proclamaban la más absoluta y respetuosa deferencia. Más de una vez esos prelados se vieron en la grave dificultad de optar entre las órdenes emanadas del papa y los mandatos dictados por el soberano, y al fin se decidieron por respetar los de éste. Tal fue lo que sucedió respecto de la publicación de la famosa bula *In cœna Domini*.[275] Por ella

---

Movido de lo cual y de ver que todos quedábamos excomulgados, y que el remedio era forzoso tardase por lo menos más de seis meses, y que se habían ya comenzado a enterrar algunos cuerpos en el campo por el entredicho, mandé al juez suspendiese la embarcación y quitase los aranceles, hasta que dando aviso a Vuestra Merced se sirviese de mandarnos lo que se había de hacer en estos casos».

275 Esta célebre bula, objeto de tantas controversias, data de la Edad Media, pero se ignora su fecha precisa. El más antiguo texto de ella que se conoce, se encuentra en otra bula de Paulo III del año de 1536. Este papa, después de exponer en su preámbulo, que era una antigua costumbre de los soberanos pontífices el publicar solemnemente en Roma los jueves santos una excomunión general contra todos los herejes, los contumaces y los desobedientes a la Santa Sede, para conservar la pureza de la religión cristiana y para mantener la unión de los fieles, pronuncia en veinticuatro parágrafos excomuniones contra los heréticos, sus autores y sus lectores; contra los piratas y los corsarios que atacan a la Santa Sede; contra los que de cualquier manera impidan la ejecución de las letras apostólicas o las falsifiquen: contra los jueces laicos que se atrevan a juzgar a los eclesiásticos y citarlos ante su tribunal, ya sea que éste se llame audiencia, cancillería o consejo del parlamento; contra los que han hecho o hacen publicar edictos, reglamentos o pragmáticas por las cuales se lastime o restrinja expresa o tácitamente la libertad eclesiástica, los derechos del papa o los de la Santa Sede; contra todos los magistrados, de cualquier rango que fuesen, que se avocasen las causas eclesiásticas, o que pusiesen obstáculos a la ejecución de las letras apostólicas, aunque fuese a pretexto de impedir violencias. El papa se reserva, además, para sí solo el poder de absolver a los magistrados que hubiesen incurrido en la excomunión, y los cuales no podrían en ningún caso ser descargados de ella sino después de haber revocado públicamente sus fallos y arrancádolos de los registros. En fin, excomulga a cualquiera que tuviese la pretensión de absolver de las excomuniones referidas: y a fin de que no se pueda pretextar ignorancia, ordena que la bula sea publicada y fijada en la puerta de la basílica de San Pedro y de la de San Juan de Letrán; y que todos los patriarcas, primados, arzobispos y obispos la publiquen solemnemente a lo menos una vez cada año.

Se conocen, además, otras tres bulas llamadas *In cœna Domini*, que añaden a ésta algunas disposiciones nuevas o confirman las antiguas. La primera, fechada en 1567, es de Pío V, y pronuncia una nueva excomunión contra los príncipes que osasen aumentar los impuestos en sus estados sin la autorización de la Santa Sede. En 1610, Paulo V confirma las disposiciones de las dos bulas precedentes por una tercera bula. La cuarta y última de este nombre es del 1 de abril de 1637, firmada por Urbano VIII. Contiene una adición

los papas habían pretendido establecer la supremacía del poder eclesiástico sobre el poder civil; pero los reyes de España, cuyas prerrogativas se intentaba menoscabar, como las de los demás soberanos, se habían negado a darle publicidad y cumplimiento en sus dominios. En 1610, Paulo V volvía a reiterarla, y mandaba que todos los obispos del catolicismo la publicaran en sus iglesias catedrales el Jueves Santo de cada año. Los prelados de Chile se disponían a cumplir esta orden de su jefe espiritual; pero bastó que la Real Audiencia les comunicase que aquella bula no tenía la sanción real para que se abstuvieran de hacerlo. «Su Santidad tiene mandado, escribía en 1625 el gobernador eclesiástico de la diócesis de Santiago, que todos los jueves santos se lea y publique la bula de la cena del Señor, y vuestro presidente y oidores de esta Real Audiencia la prohíben por decir que no está pasada por vuestro Consejo de las Indias. Suplico a Vuestra Majestad se sirva mandar lo que en esto se ha de hacer, que por evitar escándalos he obedecido los autos que en esta razón se me han notificado.»[276] Tres años más tarde, el obispo don Francisco de Salcedo y el cabildo eclesiástico de Santiago, pedían al rey algunas concesiones para su iglesia. «Suplican, decían allí, se mande dar cédula para que la Audiencia no impida que se lea y publique los jueves santos a su hora la bula *In cœna Domini*, o lo que en esto se deba hacer.» El rey no dio al fin el permiso que se le pedía; y contra los repetidos mandatos del papa, los obispos de Chile se abstuvieron

---

importante, la excomunión lanzada contra los que apelen de resoluciones pontificias ante un nuevo concilio.

Tomo esta exposición sumaria de la bula de un escrito especial de Augusto Lemoine, jurisconsulto francés contemporáneo, por cuanto allí están resumidas en poco espacio sus principales disposiciones; pero para conocer éstas más completamente, así como las resistencias que ellas hallaron en el gobierno español, conviene examinar un libro titulado: *Historia de la bula llamada In cœna Domini, en que se refieren su origen, su aumento, su estado, las defensas que los reyes católicos han hecho en particular a sus capítulos, las súplicas que han interpuesto de ellos a la santa sede apostólica, y lo que acerca de ellos han sentido y escrito diferentes autores por espacio de cuatro siglos y medio, desde el año de 1254 hasta el presente de 1698*, por don Juan Luis López, tratado erudito e importante, publicado en Madrid solo en 1768.

276 Carta al rey, de 28 de marzo de 1625 del canónigo doctor don Juan de la Fuente Loarte, gobernador de la diócesis de Santiago por delegación del obispo Salcedo, que todavía no había llegado de Charcas.

de publicar aquella famosa bula o, para salvar las apariencias, la hacían leer en latín y cuando no se hallaban en la iglesia ni el presidente ni los oidores.[277]

5. Espíritu religioso de la colonia: número e influencia del clero

Esta repetición frecuente de escándalos y de pendencias que sin duda apasionaban a todo el reino, habrían debido menoscabar la fe o, a lo menos, la veneración con que eran mirados los eclesiásticos. Pero los españoles que poblaban Chile a principios del siglo XVII eran inconmovibles en sus ideas religiosas, y ni aquellos sucesos ni el espectáculo de la relajación de las costumbres del clero, ni la apasionada lucha que sostuvieron contra los jesuitas con motivo de la guerra defensiva y de la abolición del servicio personal, podían debilitar su fervorosa devoción.

Muy al contrario de eso, el espíritu religioso parecía haberse exaltado a principios de ese siglo. La influencia del acrecentamiento de la devoción en la corte de España bajo el reinado de Felipe III, se había hecho sentir en Chile; y el arribo de los jesuitas había venido a dar mayor vida a todas las manifestaciones exteriores del culto, ya que no a operar una saludable modificación en las costumbres. Los jesuitas, en efecto, organizaron hermandades y cofradías no

---

277 Felipe IV sometió la petición del obispo y del cabildo eclesiástico de Santiago a la deliberación del Consejo de Indias. El fiscal de esta corporación, en su vista, dada el 6 de enero de 1629, expuso que no tenía «por inconveniente que se permita leer y publicar (la bula) el Jueves Santo en la iglesia catedral de Chile, porque lo mismo se hace en la de Lima y Charcas y otras del Perú, aunque en Lima se excusa de ordinario el virrey y Audiencia de hallarse a la dicha publicación, y lo mismo se podrá hacer en Chile, y en esta conformidad el Consejo mandará proveer lo que más convenga, aunque lo más acertado le parece que es que no se trate de despachar cédula particular sobre esto». El rey, por auto de 8 de abril de 1629 se limitó a pedir informe a la audiencia de Chile acerca de lo que había ocurrido. La Audiencia no dio jamás ese informe. «Los oidores, como fue su intento que se embarazara el publicar la bula, refiere el obispo Villarroel, no respondieron a esta cédula. Murió el obispo (Salcedo), y sosegose el pleito. Hallé yo el negocio en este estado, y como soy poco amigo de litigios, he sobreseído esto en el publicar la bula, porque, como sucedió otra vez, no se levante otro escándalo», Villarroel, *Gobierno eclesiástico pacífico*, part. II, cuest. XVII, art. 7. Así, pues, aquella bula no se publicó en Chile, o cuando se leyó fue en la forma que decimos en el texto. En las iglesias americanas en que se publicaba, no asistían a la publicación las audiencias ni las otras justicias ordinarias, con lo que se creía desautorizarla.
El obispo Villarroel al referir en el lugar citado los antecedentes de este negocio, incurre en errores de hecho que demuestran cuán mal se sabían entonces en Chile los sucesos que habían ocurrido en este país cuarenta o cincuenta años antes. Así, supone que Pérez de Espinoza, obispo de Santiago de 1601 a 1618, regía esta diócesis en tiempo de la primera Audiencia, que fue suprimida en 1575.

solo para los españoles sino, también, para los indios y para los negros. Dieron, además, a las funciones de iglesia una ostentación y un aparato desconocidos hasta entonces, y consiguieron revestirlas por la música y los fuegos de artificio en verdaderas fiestas populares. Esas funciones eran de varias clases, unas plácidas y de júbilo como las de Pascua y de Corpus Christi, amenizadas por los cantos del pueblo, y otras terribles, como las de Cuaresma, en que los asistentes solían concurrir cargados con cruces y cadenas, en que la predicación tenía por finalidad provocar el arrepentimiento con la amenaza de las llamas del infierno, y en que se cantaba el *Miserere* a oscuras y en medio de los ayes lastimosos de los que se destrozaban sus carnes con crueles disciplinazos. Las procesiones por las calles de la ciudad, eran, además, frecuentes y dispuestas con esmero para producir impresión en el ánimo del vulgo ignorante. Empleábanse imágenes a las cuales se les daba movimiento por medio de cuerdas para hacerlas representar pasajes de la vida de Jesucristo o de los santos. Algunas de esas fiestas se celebraban por medio de tres procesiones distintas, que convergían a un solo punto de la ciudad, para representar con más viveza el suceso que se recordaba.[278]

Aparte de las fiestas y procesiones ordinarias, y que podríamos llamar de tabla, ya bastante numerosas, ocurrían las extraordinarias motivadas por algún accidente luctuoso o para celebrar algún suceso favorable. Los libros de acuerdos de los cabildos y los otros documentos de la época, están llenos de noticias de funciones religiosas de esta última clase, que imponían a las ciudades gastos onerosos. Desde que en los meses de otoño se hacía sentir una de las frecuentes epidemias de viruelas, comenzaban las rogativas y las procesiones y, aunque la experiencia de muchos años enseñaba que la intensidad de la epidemia no cedía sino con el cambio de estación, la superstición popular conservó su fe inquebrantable en la eficacia de los medios sobrenaturales.[279] Procedimientos análogos se empleaban contra la langosta que solía aparecer algunos veranos en los campos, y, aun, entonces se apelaba a una práctica más supersticiosa todavía: la de hacer conjurar por el obispo aquellos perjudiciales insectos.[280] Pero sucesos de otro orden daban lugar a fiestas religiosas más ostentosas

---
278 El padre Alonso de Ovalle ha hecho una prolija descripción de estas fiestas religiosas en los capítulos 6, 7 y 8 del libro V de su *Histórica relación del reino de Chile*.
279 Véase la nota 41 del capítulo 4 de esta parte de nuestra historia.
280 Véase el capítulo 20, § 10 de la III parte.

todavía. Los jesuitas hicieron en Santiago en 1612 una gran procesión para fascinar al pueblo celebrando las pretendidas ventajas alcanzadas por la guerra defensiva. El rey, por otra parte, disponía desde España que las iglesias de sus dominios de Indias celebrasen solemnemente los sucesos favorables a su corona o a su familia, ya fueran éstos la preñez de la Reina o el nacimiento de un príncipe o de una Infanta. Felipe IV mandó que a perpetuidad se celebrase en todos sus reinos el 29 de noviembre una solemnísima fiesta religiosa en honor del Santísimo Sacramento por haber salvado, se decía, a las flotas de Indias y de Nueva España de caer en manos de los ingleses que atacaron a Cádiz en 1625.[281] ¡Tales eran los triunfos que en esos tiempos de decadencia de la monarquía celebraban los vasallos del rey católico! Y aquí conviene recordar que Felipe IV se hacía dar el título de «grande», que no se había dado a sus abuelos Fernando el Católico, Carlos V y Felipe II.

Fue memorable entre todas esas fiestas religiosas una que se celebró en Chile en noviembre de 1618. Felipe III, en medio de las numerosas devociones que lo preocupaban a toda hora, tenía una muy especial por la Virgen, «deseando con todas sus fuerzas, dice un antiguo cronista, se determinase en Roma la materia tan incautamente disputable de su Purísima Concepción».[282] Por una real cédula mandó que en todos sus dominios se celebrase una gran fiesta, como si con ella hubiera querido acelerar la declaración del misterio que el piadoso monarca no alcanzó a ver proclamado. El cabildo de Santiago quiso que, con este motivo, se desplegase un lujo excepcional, que las casas se cubriesen de colgaduras, que acudiesen las milicias y que se hiciese una solemne procesión que saldría del templo de los jesuitas. El día que ésta tuvo lugar, fue declarado festivo, y se corrieron toros, cañas, sortijas y carreras. El pueblo acompañaba a la procesión entonando cánticos preparados por los jesuitas. «Las fiestas de regocijos exteriores duraron muchos días, dice un escritor contemporáneo. Tocó uno de ellos a la congregación de españoles, que está fundada en la Compañía de Jesús, la cual hizo una muy costosa y concertada mascarada en que concurrían todas las naciones del mundo con sus

---

[281] Real cédula dada en Barbastro el 1 de enero de 1625. Dos años más tarde, en 1627, los holandeses se apoderaron, cerca de los Azores, de las naves que conducían los tesoros de Nueva España.

[282] Novoa, *Historia de Felipe III*, en el tomo 71, pág. 330 de la *Colección de documentos inéditos para la historia de España*.

reyes y príncipes, todos vestidos a su usanza, con grandes acompañamientos y detrás de todos el papa, a quien llegaba cada nación con su rey a suplicarle favoreciese este misterio.»[283] Estas mascaradas de carácter religioso, repetidas en otra forma de los días subsiguientes, debieron procurar una gran diversión a los habitantes de Santiago, pero les proporcionaron también un gasto considerable en la confección de trajes, en las andas de los santos y en el pago de alumbrado, que entonces era muy caro.

La devoción de aquella sociedad se reflejaba por otros accidentes. Reinaba en ella una pasión decidida por todo lo maravilloso y sobrenatural. Los sermones que se predicaban en el púlpito, las historietas que se contaban cada día, los poquísimos libros que se leían, estaban llenos de milagros, de apariciones de santos y de demonios, de prodigios singulares que casi nadie osaba poner en duda. Los hechos más comunes y naturales se explicaban como milagros evidentes y fuera de toda cuestión. Cada iglesia tenía una o más imágenes milagrosas a las cuales se atribuían las virtudes más extraordinarias, y que recibían los valiosos presentes de los fieles. Las pocas relaciones que nos han quedado de esos tiempos, las cartas anuas de los jesuitas y las crónicas religiosas, contienen uno o muchos prodigios en cada página y nos dan una idea del extravío de la razón y del criterio bajo aquel régimen de ignorancia y de superstición.[284]

---

[283] El padre Alonso de Ovalle, *Histórica relación*, págs. 168 y 169, hace una larga y prolija descripción de estas fiestas características de la época. Habla allí de las coplas compuestas por los jesuitas, que se cantaron en esta fiesta, pero no reproduce desgraciadamente más que la glosa que no da una alta idea de esas poesías. Dice así:

«Todo el mundo en general
a voces, reina escogida,
diga que sois concebida
in pecado original».

El libro 9.º del cabildo de Santiago, a fojas 51 vuelta, registra el acuerdo de 16 de noviembre de 1618 que ordenó esta fiesta.

[284] El lector puede hallar la confirmación de lo que dejamos dicho recorriendo las cartas anuas de los provinciales de la Compañía de Jesús, y las crónicas de las órdenes religiosas, algunas de las cuales, como las de Ovalle, Lozano y Olivares, son muy conocidas. El primero de éstos refiere a cada paso centenares de prodigios, declarando, sin embargo, que no cuenta sino lo que no admite duda. «No soy, dice en la página 289, amigo de hacer milagro lo que no es, ni está aprobado por la Iglesia, o recibido por tal con los fundamentos que la fe humana pide para creer lo que refieren fidedignos.»

Esta fe en los milagros explica otra faz de aquel estado social. Las mandas de dinero para obtener la protección de los santos, la institución de censos y capellanías para fundar aniversarios piadosos, los donativos y los legados a los conventos, se hacían cada día más considerables, a pesar de la pobreza del país, y comenzaban a enriquecer extraordinariamente a las órdenes religiosas. «Los conventos de Santo Domingo, San Agustín, la Merced y la Compañía de Jesús, escribía con este motivo el obispo de Santiago, se van apoderando de muchas tierras que heredan y compran, y no solamente ellos no quieren pagar diezmos, mas defienden a los colonos a quien los alquilan, para que no los paguen, y ellos los cobran. A este paso, en poco tiempo más será toda la tierra de estas religiones si Vuestra Majestad no pone el remedio que conviene.»[285] Los temores expresados por el obispo no carecían de fundamento. Las órdenes religiosas se iban adueñando poco a poco de las más hermosas propiedades territoriales del país. Los jesuitas, sobre todo, a los pocos años de su arribo a Chile, tenían extensas y valiosas estancias, y seguían procurándose muchas otras hasta constituir un siglo más tarde una riqueza verdaderamente prodigiosa.

En tales condiciones y bajo tal espíritu, el clero no podía dejar de ser muy numeroso en Chile, como lo era entonces en la metrópoli y en las otras posesiones del rey de España. En algunas de éstas en que se vivía en medio de la abundancia y la riqueza, en que se gozaba de paz interior y de grandes comodidades, la afluencia de clérigos y frailes había tomado proporciones desmedidas. Se ha dicho que el Perú tenía a principios del siglo XVII, 6.000 eclesiásticos de misa.[286] Chile, mucho más pobre entonces, expuesto a todas las contingencias y peligros de la guerra, tenía solo unos 800 lo que, sin embargo, era enorme, si se toma en cuenta la escasez de su población. La sola ciudad de Santiago contaba en 1610 cinco conventos con 156 frailes y dos monasterios con 104

---

285 Carta del obispo Salcedo al rey, de 20 de enero de 1630. Los documentos de la época consignan las más curiosas noticias acerca del desarrollo de la riqueza de las órdenes religiosas, a tal punto que sería difícil hallar un testamento que no contenga un legado directo o indirecto a favor de ellos o de alguna iglesia.

286 Los holandeses de la expedición de L' Hermite recogieron en 1624 de boca de un prisionero español natural de Lima llamado Pedro de Madrigal, noticias muy curiosas y bastante exactas acerca del estado del Perú en aquella época, que publicaron junto con la relación de su viaje. Allí se dice que en Lima había 6.000 eclesiásticos de misa; pero indudablemente hay un error de pluma o de imprenta, y se ha querido decir en todo el Perú, puesto que allí mismo se da a Lima una población de poco más de 10.000 habitantes.

monjas, y existían, además, conventos de frailes en todas las ciudades, aunque cada uno con menos número de individuos. Veinte años más tarde era tal su abundancia, que el obispo de Santiago la calificaba de verdadera plaga.[287] Pero el clero secular no era menos numeroso. La carrera eclesiástica atraía muchas gentes no solo porque aseguraba una existencia cómoda y descansada, sustraída a las penurias de la pobreza y a las fatigas y peligros de la vida militar, sino porque bajo aquel estado social ella procuraba una gran consideración y un notable valimiento en las familias. Su influencia era decisiva en la mayor parte de los asuntos de gobierno o de administración de justicia, por su prestigio cerca de los más altos funcionarios; y en el seno de la vida doméstica, se les veía siempre ocupados en concertar matrimonios, disponer testamentos y entender en los negocios más privados como consejeros y directores de las familias. Según las ideas morales de esos tiempos, la respetuosa deferencia por el clero, el hacer regalos para el culto y donativos a los conventos, constituían la

---

[287] En 1632, el obispo Salcedo escribía al rey lo que sigue: «Los conventos que hay en esta ciudad son cuatro. Santo Domingo tiene ordinariamente 70 y más religiosos; San Francisco, 40; San Agustín; más de 30; la Merced, 35 o 40, sin el colegio de la Compañía de Jesús que tiene ordinariamente de 25 a 30. ¡Cómo podrán sin molestia llevar sobre sí estos pocos vecinos y moradores tanto peso! Y así conforme van adquiriendo los conventos heredades, censos y posesiones, no tardarán muchos años en hacerse dueños de lo que resta. Éste es grave inconveniente al estado y conservación de estas provincias. Ésta es plaga universal de las Indias... Diré a Vuestra Majestad lo que vi en la ciudad de La Serena cuando la visité, que siendo de tan pocos moradores tiene cuatro conventos, un cura y vicario, ermitas y hospital, y son más los frailes que los vecinos, que con gran sentimiento me dieron a entender la molestia que padecen con importunas limosnas que cada día les piden, y no pocos desconciertos que en conventos tan pequeños y de menos clausura acontecen... No es solo este daño el que causa la multitud de frailes que hay en Chile. Ellos vencen cuantos pleitos hay en esta Audiencia Real, por ser tan válidos de deudos y amigos y tanto el decoro que les guardan los oidores, no sé si diga de temor, que no hay cabildo, proveimientos de oficios, encomiendas de indios, casamientos, y en cuanto el gobernador y la Audiencia ejercitan su jurisdicción, en que no metan manos los frailes en perjuicio de otros que pueden menos, y es forzoso por ser tantos que busquen en qué entretenerse. Algunos tienen dinero y crédito para ir por negros a Buenos Aires y otras mercaderías con escándalo de los buenos y, aun, con dinero de algunos ministros que lo consienten. Y defraudan la Real Audiencia, pues se trae por esta vía todo lo que se compra en Buenos Aires o la mayor parte sin pagar derechos... Los conventos piden frailes para que en esta provincia hagan doctrina y prediquen a estos indios, siendo tan dificultoso aprender la lengua los hombres de España y casi los más poco aficionados a entender en eso... No queda razón de duda de que no conviene traer frailes de España, que los pueden sacar de este reino para otro sin hacer falta a las obligaciones de sus religiones». Carta del obispo Salcedo al rey de 10 de febrero de 1632.

primera de las virtudes que podían adornar a un individuo, y excusaban o hacían olvidar sus faltas. «No puedo ocultar una singular virtud del doctor don Cristóbal de la Cerda, escribía un cronista contemporáneo, por ser de tanta estimación en los que gobiernan y tan necesaria para el buen ejemplo de aquella nueva cristiandad, y es una particularísima reverencia y respeto al estado sacerdotal. Jamás vi que consintiese que ningún sacerdote, por mozo y menos autorizado que fuese, le permitiese ir a su lado izquierdo. Siempre daba a todos el derecho, y hacía otras cortesías que le hacían tanto mayor a los ojos de los hombres y de Dios cuanto honraba más a sus ministros.»[288] La famosa doña Catalina de los Ríos, de cuyos crímenes hemos hablado sumariamente, tenía asegurada su impunidad ante la ley por la protección que le dispensaban algunos miembros de la Real Audiencia; pero ella y su familia contaban, sobre todo, con el apoyo moral que se habían conquistado mediante sus larguezas en favor de los conventos y de las iglesias.

Debe, además, tomarse en cuenta que el clero, tanto regular como secular, se reclutaba exclusivamente en la población de puro origen español, ya fuera nativa de la metrópoli, ya de las nuevas colonias. Los mestizos, aunque habilitados por una real cédula dada por Felipe II en 28 de septiembre de 1588, para recibir las órdenes sacerdotales a condición de que hubiesen nacido de legítimo matrimonio, ocupaban en Chile una posición tan humilde que no podían aspirar a este honor. En cambio, no había una familia de origen español que no tuviese algunos de los suyos en los conventos o en el clero. En las ideas españolas de ese tiempo, éste era un título que recomendaba grandemente a una familia. Es frecuente hallar en las informaciones de méritos y servicios de algunos letrados o militares, que se hacía valer muy particularmente la circunstancia de tener varios hijos o hermanos que habían abrazado la carrera sacerdotal, o hijas que se habían hecho monjas profesas.[289]

---

288 Ovalle, *Histórica relación*, pág. 297.
289 El capitán don Diego Flores de León, haciendo en 1621 la probanza de sus servicios y de los méritos de su familia, para pedir al rey que le hiciera alguna gracia, recuerda que su suegro el capitán Jerónimo de Molina dejó catorce descendientes entre hijos e hijas, que ocho de éstas fueron monjas profesas y dos de aquéllos, religiosos regulares. El doctor don Cristóbal de la Cerda tuvo una larga familia. Uno de sus hijos fue clérigo, otro jesuita y dos frailes agustinos. Dos de sus hijas se hicieron monjas y su viuda, doña Sebastiana de Avendaño, se hizo también monja. Estos ejemplos eran frecuentes, de tal suerte, que habría

6. Nulidad de su acción para convertir a los indios y para mejorar las costumbres de los colonos

Se ha contado que la sociedad en que se hacía sentir la influencia de este orden de ideas era un modelo de orden y de regularidad en las costumbres. Los cronistas de las órdenes religiosas, y en especial los historiadores de la Compañía de Jesús, han pretendido presentarnos bajo esta luz la vida de esos tiempos. Dicen estos últimos que cuando ellos llegaron a Chile, la sociedad estaba dominada por todos los vicios, que el demonio imperaba sin contrapeso, pero que ellos trabaron una lucha resuelta contra «ese implacable enemigo del género humano», y que en poco tiempo consiguieron vencerlo. «Así se vio la ciudad de Santiago antes y después de la entrada de nuestros padres, escribe uno de ellos, que si antes estaba tan profana se vio una Nínive penitente.»[290] Es cierto, como hemos dicho, que a poco de haber entrado a Chile los jesuitas, se aumentaron las procesiones y las fiestas de iglesia, se hicieron éstas más ostentosas, se crearon cofradías y hermandades; pero la moral pública y las costumbres no ganaron nada con todas esas ceremonias.

Del mismo modo, se han referido los prodigios operados en la conversión de los indígenas. Según esas crónicas, y según las cartas anuas de los jesuitas, los misioneros habrían ganado al cristianismo y a la civilización millares de indios. Pero el estudio detenido de los documentos enseña que esas noticias no pasan de ser invenciones destituidas de toda verdad. Los indios se dejaban bautizar fácilmente, ya fuera para recobrar su libertad o para obtener algún obsequio; pero quedaban tan infieles como antes, se fugaban a sus tierras en la primera oportunidad, y volvían a la vida salvaje sin acordarse más de su pretendida conversión. El príncipe de Esquilache, virrey del Perú, había conocido este resultado negativo de la obra de los misioneros, e impulsado por sus sentimientos profundamente religiosos, creyó hallar el remedio a aquel estado de cosas en una medida que solo había de producir la prolongación de los sufrimientos de los españoles que se hallaban cautivos entre los indios. «Uno de los puntos más sustanciales que se ha ofrecido en la guerra de Chile, decía, es si convendrá trocar los indios de guerra recién convertidos con los españoles cautivos; y habiendo yo juzgado que no era justo hacerlo considerando que éstos son

---

sido difícil hallar una familia que no contase entre los suyos algunos o muchos clérigos, frailes y monjas.
290 Olivares, *Historia de la Compañía de Jesús en Chile*, pág. 42.

neófitos en quien la fe, así por su fatalidad como por estar nuevamente planteada en ellos, se exponía evidentemente el peligro de la apostasía. Y habiendo dado cuenta a Su Majestad y dudándose en el real Consejo de Indias, se me ordenó lo consultase con las personas doctas de Chile, y habiéndolo hecho así y juntándose para ello en la ciudad de Santiago y en la de la Concepción todas las personas doctas así juristas como teólogos, resolvieron lo mismo que yo consulté a Vuestra Majestad.»[291] Con esta medida, volvemos a repetirlo, solo se consiguió alargar el cautiverio de los españoles que eran retenidos en el territorio enemigo. Los indios, convertidos de esa manera, aun después de una larga residencia en las ciudades españolas, volvían a sus antiguos usos una vez que recobraban su libertad. En 1621, bajo el gobierno de don Lope de Ulloa, se hizo mucho ruido en Chile con un suceso que los padres misioneros presentaban como un espléndido triunfo. Dos hijos del formidable caudillo Pelantaro, cogidos prisioneros en la guerra, habían abrazado el cristianismo y recibido el bautismo teniendo por padrino al mismo gobernador, y se mostraban grandes amigos de los españoles.[292] Después de vivir mucho tiempo en la más aparente sumisión, se les sorprendió huyendo cautelosamente para el territorio de guerra donde se tramaba un nuevo levantamiento.

Los padres jesuitas, especialmente encargados de estas misiones, recibían del rey una subvención pecuniaria; pero, aunque ellos y sus superiores recordaban con particular insistencia los beneficios que se alcanzaban con sus trabajos, otros funcionarios así civiles como eclesiásticos no vacilaban en declarar que ése era un gasto inútil. «Entre los fuertes de la frontera, escribía el obispo de Concepción don fray Luis Jerónimo de Oré, hay unas reducciones de indios amigos, los más de ellos infieles y algunos bautizados, pero mal convertidos. En la reducción de San Cristóbal y de Talcamávida están dos religiosos de la Compañía que trabajan con poco fruto en la conversión de los indios infieles amigos, sino es el bautizar los niños pequeños. Tiran salario cada uno de 480 ducados de 11 reales. En las reducciones de Arauco están otros dos religiosos de la Compañía que tienen de salario otros 480 ducados. En la provincia de

---

291 *Relación* que el príncipe de Esquilache hace al marqués de Guadalcázar sobre el estado en que deja el virreinato del Perú, § 95.
292 El padre Valdivia recordaba este hecho en el memorial que publicó en Madrid en 1521, presentándolo como una prueba de los benéficos resultados de su sistema de conquista pacífica.

Chiloé hay otros dos religiosos de la Compañía que no sirven curato ni reducción alguna con el mismo salario, de manera que estos seis tiran más salarios que todos los demás curas y capellanes. Por lo cual don Pedro Osores de Ulloa, gobernador que fue de este reino, les quiso quitar este salario tan subido por decir que no se convertían los indios ni recibían el bautismo ni la fe. Y, si bien es verdad que el dicho don Pedro Osores siendo gobernador, les quitó este salario a los padres por decir que para el poco fruto que ellos mismos confiesan se hace, podían suplir otros sacerdotes clérigos y frailes de Santo Domingo, un año se les dejó de pagar esta cantidad que dejó entablada el padre Luis de Valdivia, de la Compañía; pero después que murió don Pedro se les dio lo que dejaron de cobrar y se les da todos los años esta cantidad a cada uno de los seis religiosos referidos. Vuestra Majestad mandará lo que fuere servido, que si bien lo merecen los padres por ser hombres doctos y de virtud y ejemplo, se quitan lo que llevan del socorro que habían de llevar los soldados que pasan gran necesidad de hambre y están desnudos.»[293]

No sería justo reprochar al clero la nulidad de sus trabajos en la conversión de los indígenas. Es indudable que entre los sacerdotes de esa época hubo muchos sinceramente interesados en favor de los indios, que quisieron atraer a éstos al cristianismo y mejorar su condición evitando los malos tratamientos de que los españoles los hacían víctimas por medio de la esclavitud y del servicio personal. El ardor que en esos trabajos ponían algunos de aquellos sacerdotes, podía ser, en parte, inspirado por propósitos mundanos, por la ambición de conquistar renombre para sí o para su orden, pero era también hijo de sentimientos más elevados, del deseo de hacer una obra propicia a Dios. Sin embargo, esos misioneros tenían una idea equivocada de la condición de los indios, ignoraban que éstos por su inferioridad moral e intelectual no estaban preparados para apreciar los beneficios de una civilización superior, y mucho menos para recibir ideas religiosas que no pueden entrar en la cabeza de un salvaje. Por eso, todas las tentativas que se hicieron debían fracasar ante la fuerza brutal de una resistencia inerte, pero invencible.

---

[293] Carta del obispo de Concepción don fray Luis Jerónimo de Oré al rey, de 4 de marzo de 1627. Los informes de los gobernadores, según ha podido verse, y como se verá más adelante, eran todavía menos favorables a las misiones, que según ellos no habían producido otra cosa que aumentar los gastos.

En cambio, la acción del clero habría podido ejercitarse con mejor éxito en suavizar las costumbres de la población de origen europeo, en reprimir las violencias y en exaltar los sentimientos de honradez moral y de confraternidad. Seguramente, no faltaron sacerdotes que hicieran tentativas en este sentido; pero es la verdad que el mayor número de ellos daba a sus trabajos una dirección particular encaminada a fomentar la devoción, que según las ideas más arraigadas, excusaba, como dijimos, las mayores faltas. Solo así se explica la repetición de crímenes horribles, de pendencias sangrientas, de rivalidades y de odios encarnizados y de escándalos de todo orden, entre individuos y familias que a la vez profesaban una piedad religiosa que rayaba en la superstición.

El clero estaba revestido del poder suficiente para corregir las costumbres no solo con las penas espirituales sino con castigos corporales. No hablamos aquí de las atribuciones de la Inquisición para castigar los delitos de herejía y otros de ese orden, porque, aunque el temible tribunal establecido en Lima tenía en Chile sus delegados, esos delitos eran excesivamente raros, y la acción de la justicia inquisitorial se ejercía solo sobre algunos infelices acusados de hechiceros.[294] Pero los obispos y el clero tenían el encargo de corregir los pecados públicos; y ejercían sus poderes de una manera que estaba en pugna con las nociones más vulgares de la correcta moral. Una constitución del tercer concilio celebrado en Lima en 1583 bajo la presidencia de santo Toribio de Mogrovejo, mandaba a los obispos que antes de comenzar la visita de su diócesis, publicaran un edicto cuya fórmula fue arreglada en el mismo concilio. «Os exhortamos, decía aquel edicto, aconsejamos y mandamos (a todos los diocesanos) en virtud de santa obediencia y bajo pena de excomunión mayor, previa la trina monición canónica, que cualquiera de vosotros que tuviere noticia de alguno de los vicios o pecados públicos abajo designados o de otros cualesquiera cuya corrección y castigo pertenezca a nos, comparezca a decirlo, denunciarlo y manifestarlo ante nos dentro de nueve días que fijamos en lugar de los tres términos, en conformidad con la regla de derecho, advirtiendo que transcurrido

---

294 La Inquisición habría tenido un abundante trabajo si hubiera extendido hasta a los indios su jurisdicción para castigar los delitos de herejía, impiedad, hechicería, etc. Pero Felipe II al establecer en América aquel tribunal en 1570 declaró a los indígenas exentos de su tremenda jurisdicción, y solo estaban sometidos a la inspección de sus obispos diocesanos. *Recopilación de las leyes de Indias*, libro VI, tít. I, ley 35.

dicho término, se procederá contra los contumaces con todo rigor.»[295] Después de detallar todos los vicios y pecados que debían denunciarse al obispo, el edicto terminaba conminando otra vez más con la pena de excomunión mayor a los que no hicieren dicho denuncio. Como estas visitas episcopales se hacían con intervalos más o menos largos, luego se simplificó este sistema de delaciones. Cada año la autoridad eclesiástica publicaba un edicto en que mandaba a todos los diocesanos que le denunciasen los pecados ajenos contra las buenas costumbres. Las delaciones eran recibidas bajo la promesa de la mayor reserva, y ellas habilitaban al obispo para imponer las penas discrecionales cuya aplicación entraba en sus facultades, sin más información y sin dar los fundamentos de su fallo. Fácil es comprender los abusos a que debía dar lugar este sistema de procedimientos. El denuncio garantido por la reserva que se ofrecía al delator, era un arma poderosa y pérfida que, manejada por espíritus aviesos, no podía dejar de servir para la satisfacción de innobles venganzas. Mientras tanto, esta intervención de la autoridad eclesiástica, que originaba escándalos mayores que los que se querían evitar, no tenía la menor eficacia para la corrección y pureza de las costumbres.

Es verdad que en buena parte del clero no podía predicar otra moral con el ejemplo de su vida. El ardor que ponía en sus riñas y competencias con la autoridad civil, demostraba que sus pasiones y sus odios no tenían freno. Pero faltas de otro orden revelaban una chocante desmoralización. En el curso de los capítulos anteriores hemos tenido que recordar algunos de esos hechos.[296] «En las religiones (conventos) de este reino, escribía el piadoso gobernador Fernández de Córdoba, se ofrecen de ordinario disgustos en que es fuerza entrar la mano el gobierno, y yo lo he hecho con mucho recato, consideración y celo del servicio de Vuestra Majestad, y he compuesto y conformado algunas discordias, y hoy tienen quietud.»[297] Pero esas discordias degeneraban a veces en riñas encarnizadas en que los frailes peleaban a mojicones y a puñaladas produciendo un gran escándalo en toda la ciudad. Es famosa, entre otras, una que tuvo lugar en el convento de San Agustín, y que después de cerca de dos

---

295 El texto original de este edicto se halla publicado con el tercer concilio de Lima, y puede verse en la *Collectio maxima conciliorum omnium Hispaniœ et Novi Orbis* del cardenal Aguirre, Roma, 1755, tomo VI, págs. 57-59.
296 Véase entre otros pasajes el capítulo 20, § 5, de la parte III.
297 Carta de Fernández de Córdoba al rey, de 10 enero de 1628.

años de escandalosas luchas, llamó en 1640 la atención de la Real Audiencia que, sin embargo, era impotente para ponerle término.[298]

Esos desórdenes frecuentes en el clero tanto regular como secular, eran en gran parte el resultado de su ignorancia. El clero de Chile era formado en parte de eclesiásticos salidos de España, que por su escaso mérito y por su rango más o menos humilde, no tenían allí nada que esperar. La colonia suministraba también no pocos sacerdotes; pero muchos de éstos eran jóvenes que querían sustraerse del servicio militar o antiguos soldados que buscaban en la carrera eclesiástica el descanso que les proporcionaba una vida exenta de cuidados. La falta de cultura intelectual de esos sacerdotes se revela por numerosos hechos. Un clérigo llamado Lope de Landa Buitrón, chileno de nacimiento, que se había señalado en el valle de Quillota por una escandalosa reyerta a mano armada contra la justicia civil, fue hecho por el rey canónigo maestrescuela de la catedral. Acerca de él daba el obispo el informe que sigue: «Lope de Landa Buitrón es sumamente idiota, que aun leer no sabe: también es muy soberbio e inquieto y vicioso, como consta de muchos procesos que se le han hecho».[299]

---

[298] Don Miguel Luis Amunátegui ha dado noticia de esta contienda publicando un importante documento que a ella se refiere, en la pág. 166 y siguientes de *El terremoto del 13 de mayo de 1647*.
Tendríamos que llenar muchas páginas si hubiéramos de contar, aunque fuera sumariamente, estas frecuentes y escandalosas reyertas de frailes. Los padres de San Juan de Dios, introducidos en Chile por empeño de Alonso de Ribera, no se sustrajeron a estos desórdenes. El obispo de Santiago, don Francisco Salcedo, escribía el 12 de abril de 1633 lo que sigue al fiscal del Consejo de Indias: «Recibí con la carta de vuestra merced la cédula de Su Majestad y forma que por ella manda se guarde en los hospitales que hay en este reino. Vino muy a tiempo porque trece o catorce hermanos que hay en el hospital de esta ciudad trataban de hacer provincial y prior y visitador y no sé qué otras dignidades; y sobre esto andaban para darse de palos unos a otros. Ella es gente sin letras ni obligación de coro, ni iglesia, ni calidad, sino la más soez que hay en este reino, que ni para guerra ni para paz no han podido ser de provecho. Véolos andar más bien vestidos que los de San Francisco, con buenas camisas, jubones y zapatos y con sombreros que no cuestan menos de 22 reales de a ocho, y cuando este hospital no tuviera más renta así de hacienda como de limosnas que para sustentarlos a ellos, no quedara con qué curar a los pobres. La forma muy buena estará para otros hospitales, pero no para Santiago de Chile, donde bastarían tres o cuatro que lo sirviesen con los negros que quisiesen, y no trece o catorce que se coman lo que es de los pobres».

[299] Carta del obispo Pérez de Espinoza al rey, de 1 de enero de 1609. El padre Diego de Rosales ha consignado la noticia siguiente que contribuye a dar a conocer la situación moral e intelectual del clero de Chile. «Este año (1631) llegó una cédula al gobernador don Francisco Lazo de Su Majestad, expedida el año antes de 1630, en que le manda que

Esto no impidió, sin embargo, para que poco más tarde se le elevara al rango de arcediano. Aunque el clero por su instituto gozaba de la tranquilidad y por sus riquezas de la independencia, condiciones ambas que debían estimularlo a los trabajos intelectuales, eran muy contados los eclesiásticos que se consagraban al estudio, y los pocos escritos que nos han dejado reflejan casi en su totalidad la más mediocre preparación.

7. Desorganización administrativa: sus causas

Hemos señalado en las páginas anteriores algunas de las causas que dificultaban e impedían la marcha regular y ordenada de la administración de la colonia. Pero sobre todas ellas es necesario recordar la enorme distancia que la separaba de la metrópoli, y la dificultad y lentitud de las comunicaciones. Bajo el régimen de la monarquía absoluta que imperaba en España, y bajo el poder eminentemente centralizador que el rey se había reservado para el gobierno de sus colonias, estaban éstas obligadas a esperarlo todo de la decisión del soberano, a dirigirse a él para los asuntos más nimios y de más fácil despacho, y a aguardar largo tiempo, dos años a lo menos desde Chile, para obtener la resolución. Pero ese estado de cosas no solo importaba la demora y el aplazamiento de negocios que habría sido útil resolver prontamente sino que relajaba todos los resortes de la máquina administrativa. No puede desconocerse que muchas de las disposiciones legales dictadas por el rey para el gobierno de sus colonias eran inspiradas por el propósito sincero de propender al bienestar y a la prosperidad de éstas; pero esas disposiciones aplicadas a millares de leguas, en países en que era difícil si no imposible la inspección del soberano, o que obligaban a éste a imponerse del resultado de su aplicación por informes interesados y con frecuencia contradictorios, debían dar lugar a abusos de toda

---

exhorte al obispo de la Concepción, don Jerónimo de Oré, para que se enmiende en la facilidad que tiene de ordenar sacerdotes a hombres incapaces, inícuos, sin letras, fascinerosos y de vil nacimiento. Y sobre lo mismo escribe también al virrey para que se ponga remedio porque el buen obispo, aunque era un santo y de loable vida, ya por la necesidad que tenía de sacerdotes, ya por la bondad de su natural, ordenaba sin distinción de personas, y ordenó a muchos indignos del sacerdocio, que movió a las personas celosas a dar cuenta a Su Majestad para que le fuese a la mano y reprimiese tanta facilidad con su exhortación, que es severo mandato. Pero llegó tarde, que ya había muerto cuando llegó esta cédula», *Historia general*, libro VII, capítulo 16.

naturaleza.**300** Así, el despotismo de la monarquía absoluta era mucho más duro y descarnado en las colonias que en la misma España, y la desorganización administrativa era también mucho mayor. En Chile, a pesar de la vigilancia recíproca que ejercían unas sobre otras las diversas autoridades, eran frecuentes los actos del más rudo despotismo, y el atropello de las leyes. Como hemos visto en otras partes, no solo algunos de los gobernadores sino, también, sus subalternos, hacían ahorcar o azotar en castigo, sin duda, de delitos verdaderos, pero casi sin forma de proceso y, a veces, por una simple orden. Según hemos contado, la administración de justicia daba lugar a numerosos abusos amparando a los que gozaban de una posición ventajosa. En el gobierno eclesiástico, los obispos cometían frecuentes abusos de autoridad que a veces quedaban sancionados, y otras daban origen a enojosas competencias.

Del mismo modo, la distancia que separaba a aquellos funcionarios de la vigilancia directa del rey y de sus inmediatos consejeros, había permitido que se desmoralizara considerablemente la administración. El empeño que pusieron algunos gobernadores por extirpar los abusos, fue siempre ineficaz. En la provisión de los cargos públicos, civiles o militares, en la concesión de encomiendas de indios o de repartimientos de tierras, no eran los más meritorios los que

---

300 Adam Smith señalaba en el siglo pasado (1776) estos inconvenientes del régimen colonial español. Después de exponer que el sistema implantado por Inglaterra en sus colonias de América del Norte, dejándolas gobernarse libremente en su organización interior, había creado las costumbres republicanas, agrega lo que sigue: «Al contrario, la forma absoluta del gobierno que domina en España, en Portugal y en Francia, se extiende a sus colonias, y los poderes arbitrarios que los gobiernos de esta clase delegan a todos sus agentes subalternos, se ejercen naturalmente con más violencia en los países que se encuentran colocados a una gran distancia. En todos los gobiernos absolutos, hay más libertad en la capital que en cualquiera otra parte del imperio. El soberano, personalmente, no puede tener jamás interés en invertir el orden de la justicia o en oprimir la masa del pueblo. En la capital, su presencia tiene más o menos en respeto a sus oficiales subalternos que en las provincias lejanas, de donde las quejas del pueblo no alcanzan a llegar a sus oídos, y pueden entregarse con mucha más seguridad a los excesos de su espíritu tiránico. Esto es lo que sucede en las colonias europeas de la América, situadas a una distancia mucho más grande de su capital que las provincias más remotas de los más vastos imperios que jamás hayan existido. El gobierno de las colonias inglesas es quizá el único, desde el origen de los siglos, que haya dado a provincias tan alejadas una seguridad perfecta. Sin embargo, la administración de las colonias francesas ha sido conducida con más moderación y suavidad que las de las colonias españolas y portuguesas. Pero también el gobierno de Francia, aunque en comparación del de la Gran Bretaña pueda pasar por violento y arbitrario, es, sin embargo, un gobierno legal y libre si se le compara con los de España y Portugal», Adam Smith, *Wealth of nations*, book IV, capítulo 7.

obtenían la preferencia. En la administración militar los escándalos eran todavía mayores. Los capitanes o los empleados civiles del ejército, explotaban miserablemente a los soldados vendiéndoles los víveres, el vino, la ropa y hasta las armas a precios subidísimos y mediante expedientes vituperables. Un visitador enviado del Perú, en 1619, el doctor Juan de Canseco y Quiñones, instruyó en pocos meses cuarenta y ocho procesos por delitos de ese orden, y en el mayor número de ellos creyó descubrir culpabilidad en aquellos funcionarios. Y, aunque se le acusó de haber torcido él mismo la justicia y de haber aprovechado su viaje a Chile para hacer negocios que le estaban prohibidos, esta misma acusación revela cuál era el grado de inmoralidad que se había introducido en la administración pública.

Este desorden producía sus efectos más visibles todavía en los rangos inferiores del ejército. Los soldados, pagados ordinariamente con retardo, y viéndose privados de sus sueldos por la explotación de que se les hacía víctimas, se resarcían cometiendo robos y depredaciones en las ciudades y en los campos, e infundiendo la alarma por donde pasaban. Las partidas de tropa que tenían que hacer alguna marcha, las que salían de Santiago para ir al teatro de la guerra, o las que volvían a invernar a la capital, tomaban los caballos, las vacas, las ropas y hasta los indios de servicio que hallaban a su paso, sin preocuparse de sus verdaderos dueños, lo que en el lenguaje de la soldadesca se llamaba pertrecharse. Estos delitos eran rara vez castigados, porque los mismos oficiales se aprovechaban de estas fechorías para proveerse de caballos y de otros objetos. «El principal de los daños que con la guerra reciben los vecinos de Chile, decía un testigo de vista, consiste en los hurtos que cada año les hacen los soldados, especialmente los de caballería, de los caballos, indios y indias de su servicio, que son el medio esencial del sustento de sus familias, y que quitárselos es desposeerlos de sus pies y manos; y hacen esto sin más duelo ni piedad que la que tienen de los moros los que de nuestras fortalezas de Berbería entran en sus tierras a saquear y robar sus aduares.»[301]

La circunstancia de no tener el gobernador una residencia estable, de hallarse obligado a dirigir personalmente las operaciones de la guerra dejando a otras manos el cuidado de la administración civil, era otra causa de desorden y de dificultades. Resultaba de aquí que los documentos gubernativos tenían

---

301 González de Nájera, *Desengaño y reparo de la guerra de Chile*, pág. 285.

que estar repartidos y que el mayor número de ellos se perdía. Hasta 1622 no había en Chile un archivo de gobierno en que se guardasen las providencias dictadas por los gobernadores ni las cédulas del rey que, sin embargo, constituían las leyes de la colonia. «Luego como llegué a este gobierno, escribía don Pedro Osores de Ulloa, di cuenta a Vuestra Majestad cuan desencuadernadas hallé las cosas de él, y la falta de instrucciones, cédulas y mandatos antiguos y modernos que había, porque los gobernadores letrados se habían apoderado de ellos, cada uno en su tiempo; y los escribanos de los demás, que por no ser propietarios no han dejado inventario ni razón.»[302] Fácil es inferir los males producidos por este desorden desde que los mismos gobernadores no podían conocer las leyes o reglamentos a que tenían que sujetar su conducta. Parece que Osores de Ulloa se empeñó en poner algún arreglo en esta materia; pero fue don Luis Fernández de Córdoba el que tuvo más interés en ello. Con diligencia y con algunos gastos, juntó muchos papeles y algunas relaciones históricas de los tiempos pasados, que si bien se mantuvieron sin uso durante largo tiempo, sirvieron más tarde como fuente de informaciones para una de las más prolijas crónicas.[303]

---

302 Carta de Osores de Ulloa al rey, de 20 de abril de 1622.
303 Rosales, *Historia general*, libro VII, capítulo 9. Entre esas relaciones se hallaba la del capitán Sotelo de Romai, perdida para nosotros, pero utilizada por el padre Rosales. Esa relación, así como los otros documentos conservados por el gobernador Fernández de Córdoba, permitieron a aquel cronista recoger las prolijas y exactas noticias que ha consignado en su libro acerca de los sucesos ocurridos en el primer cuarto del siglo XVII. Ya hemos dicho que desde esta parte la historia del padre Rosales, llena de los más graves errores en la relación de los sucesos anteriores, se hace digna de crédito y concuerda casi siempre con los documentos, dando, además, pormenores que no se encuentran en éstos.
Este desorden, producido por la falta de archivos, más o menos común en las otras provincias de América, subsistió casi sin reparo efectivo hasta el siglo XVIII, a pesar de las órdenes terminantes del soberano. La reina gobernadora doña Mariana de Austria, por cédula de 23 de mayo de 1674 mandó expresamente que los virreyes, presidentes y gobernadores de las provincias de Indias entregasen a sus sucesores todos los despachos reales que estuviesen en su poder, y a los oficiales reales los que se refiriesen a la administración de la hacienda real. Parece, sin embargo, que esta orden se cumplió con mucha flojedad. La publicación de la *Recopilación de las leyes de Indias* en 1680 permitió poner al alcance de todas las autoridades las disposiciones que interesaban a la administración.
El mismo desorden existía en los archivos de la secretaría de los obispados, donde faltaban de ordinario los documentos más indispensables para conocer los antecedentes de un gran número de negocios de administración eclesiástica.

8. Industria y comercio

A pesar de la guerra, la industria había tomado en Chile mayor desarrollo a principios del siglo XVII. La explotación de los lavaderos de oro, que había comenzado a dar muy pobres resultados por la escasez de trabajadores, cesó casi del todo desde que disminuyó más el número de los indios, y desde que las cédulas del rey sobre la abolición del servicio personal, se propusieron suprimir el trabajo obligatorio. «De quintos reales de oro, escribía en 1628 uno de los tesoreros de Santiago, no entra nada en esta real caja por no sacarse nada por la falta de gente y tenerlo mandado Vuestra Merced que no se saque.»[304] En cambio, la industria del cobre, que debía ser mucho más productiva, comenzaba a tomar algún desarrollo. Se trabajaban minas de este metal en la provincia de Coquimbo y, aunque la explotación estaba montada en muy pequeña escala, la producción era relativamente abundante. Aquellas minas suministraban el cobre que los virreyes del Perú convirtieron en cañones para fortificar la plaza del Callao contra los ataques de los holandeses. Poco más tarde, Felipe IV hacía comprar en Chile el cobre para renovar su artillería.[305] Aunque el precio a que entonces se pagaba ese metal era sumamente bajo (4 o 5 pesos el quintal), su abundancia y la facilidad de su extracción permitían explotarlo.

De todos modos, la industria minera tenía entonces muy pequeñas proporciones. La agricultura y la ganadería formaban la ocupación del mayor número de los habitantes de Chile, porque si ellas no satisfacían las ilusiones de riquezas enormes que en los primeros tiempos de la conquista habían creído hallar los españoles en la explotación de los lavaderos de oro, producían, en cambio, un resultado mucho más modesto, pero más seguro y positivo. Las propiedades

---

304 Carta del tesorero Jerónimo Hurtado de Mendoza al rey, de Santiago a 5 de febrero de 1628.

305 Parece increíble que siendo España uno de los países más productores de cobre, el rey hiciera llevar de Chile el que necesitaba para la fundición de cañones. Este hecho, resultado de la decadencia industrial de la metrópoli en aquella época, está consignado en muchos documentos. En una carta del gobernador Fernández de Córdoba al rey, de fecha de 10 de enero de 1628, hallamos el pasaje siguiente: «Cantidad de cobre que de Coquimbo, provincia de este reino, me ha pedido el virrey del Perú, le envié para remitir a Vuestra Majestad. Lo he hecho procurando sea el mejor y más barato que se ha podido hallar, encargándolo por estar lejos de esta asistencia a persona de mucha confianza y buenas partes. El virrey me ha agradecido el cuidado que en esto he puesto; y es grande aliento para cualquiera que sirve, ver se conoce lucir el trabajo que pone en el servicio de Vuestra Majestad».

rurales que en los principios no tenían valor alguno, o que solo se estimaban por el número mayor o menor de indios de encomienda que contenían, comenzaban a ser consideradas como una fuente de producción y de fortuna.

Conocida la pequeña población de Chile en aquellos años, se comprenderá que por extensas que fueran las propiedades, quedaban todavía grandes porciones territoriales que no habían sido pedidas ni ocupadas. Los campos que hasta entonces habían sido poblados, eran los que al primer aspecto parecían más favorables para el cultivo, y sobre todo los que no ofrecían grandes inconvenientes para su fácil comunicación con las ciudades. En ellos se habían propagado rápidamente las cabras, las ovejas y las vacas. Según contamos en otra parte, los estancieros descuidaron por algún tiempo la crianza de caballos porque, como las continuas derramas decretadas para la guerra solían arrebatarles los mejores animales que tenían en sus potreros, no les ofrecía este ramo de industria la compensación de sus afanes. Los otros ganados, que por su abundancia habían llegado a tener precios ínfimos, eran explotados casi exclusivamente por sus cueros y por su grasa, que se llevaban al Perú. «En general, queman toda su carne, dice un escritor contemporáneo, que parecerá notable perdición mirando a lo que se estima y vale en España, a lo que va cada año cada familia por diciembre, enero y febrero, meses que son allá de verano, a sus haciendas y alquerías, que comúnmente dicen que van a la quema. Y es tan grande este número que queman de ganados, que pasan cada año de 100.000 cabezas entre carneros y cabras, y de vacas serán más de 12.000.»[306] Los cueros de esos animales eran transformados en cordobanes, badanas y suelas para la exportación.

Los cultivos principales eran el maíz, el trigo y la cebada, pero todos estos artículos servían solo para el consumo interior. En cambio, el cáñamo, cultivado especialmente en el valle de Quillota, permitía hacer en escala relativamente pequeña la fabricación de jarcias para los buques de todas estas costas, de sogas y de cuerdas para dar fuego a los arcabuces. Las frutas de origen europeo, como hemos dicho en otra parte, habían prosperado admirablemente en el país; y la vid, sobre todo, era un objeto de considerable y provechoso cultivo. Hacíanse grandes cantidades de vino ordinario, que se consumía en el país y se exportaba al Perú en vasijas de barro, tan imperfectamente acondicionado

---

306 González de Nájera, *Desengaño y reparo*, etc. pág. 53.

que era de poca duración. Exportábanse, además, nueces, aceitunas, cocos, micrococus chilensis, frutas secas y algún aceite.

En esa época, las órdenes religiosas poseían ya extensas y valiosas propiedades. Entre éstas, eran las de los jesuitas las mejor cultivadas, las más abundantes en ganados y a la vez las más productivas. El mismo padre Luis de Valdivia, en medio de los cuidados que le imponía la planteación de su sistema de guerra defensiva, prestaba la más esmerada atención al progreso de una estancia que la Compañía tenía en las orillas del río Itata.

Desde el tiempo de Alonso de Ribera, los gobernadores habían mostrado particular interés por el adelanto de las denominadas estancias del rey. Eran grandes porciones de terreno destinadas al cultivo de los cereales y a la crianza de ganados, para proporcionar alimento barato y seguro para la manutención del ejército. Esas estancias, cuya administración no podía ser tan cuidada como las de los particulares, y que, en efecto, daba lugar a muchas observaciones, prosperaron, sin embargo; pero bajo el gobierno de Osores de Ulloa, viéndose angustiado de fondos por la reducción del situado que hacían los tesoreros reales de Lima, fue indispensable realizar una porción considerable de los ganados para satisfacer las necesidades del ejército.

A los mismos inconvenientes estaba sometido el obraje de paños planteado por Ribera en el valle de Melipilla. Había querido que allí se hiciesen tejidos de lana para el uso de los soldados, y, en efecto, había establecido su fabricación destinando a su servicio cierto número de indios. El obraje de Melipilla producía paños ordinarios o jergas y mantas o frazadas; pero a pesar del interés que en ello pusieron algunos de los gobernadores, ese ensayo de administración fiscal no dio los resultados que se esperaban, de tal suerte que, aunque dejaba alguna utilidad, los gastos de administración eran excesivos. Cuando comenzaron a desaparecer las ilusiones que en el principio se habían formado, se propuso un remedio que conviene recordar. «En otras cartas que tengo escritas a Vuestra Majestad decía en 1628 el tesorero fiscal de Santiago, le he dado razón del obraje de Melipilla; y por lo que conviene ponerle remedio para la conservación de la real hacienda digo, señor, que convendría procurar arrendar este obraje con los indios que tiene y no administrarse por cuenta de Vuestra Majestad como se administra, y si pareciere convenir el administrarse, bastará lo haga un hombre ordinario de confianza y que lo entienda, con salario de 200 pesos de a

8 reales, que se hallarán hartos que lo hagan, y que éste dé cuenta cada mes a los oficiales reales y entregue los géneros que se hagan, por querer los gobernadores poner un capitán con oficio de corregidor y con salario de 430 pesos pagados por su mano de lo mejor parado de dicho obraje, que no atienden a su buena administración por no entenderlo.»**307**

En esa época el sistema comercial creado por los reyes de España para sus colonias de América, estaba definitivamente establecido en la forma en que subsistió hasta mediados del siglo último. Mediante una serie de medidas que tenían por objetivo asegurar a la metrópoli el comercio exclusivo de sus posesiones ultramarinas, y resguardar las naves que se ocupaban en este tráfico de los ataques de las escuadras enemigas de España, se había llegado a constituir un régimen que debemos exponer aquí en sus rasgos principales.

Cada año, por los meses de marzo o abril, salían de Sevilla dos flotas destinadas la una a los puertos de la Nueva España, y la otra a los de Tierra Firme. Esta última, que era la que debía proveer a las colonias del Pacífico, tocaba primero en Cartagena de Indias, a donde acudían los mercaderes de Caracas, de Santa Marta y de todo el nuevo reino de Granada, y enseguida pasaba a Puertobello, que era el mercado del comercio del Perú y Chile. Nadie podía enviar de Europa mercadería alguna a todos estos países sino por esas flotas, cuyo carguío y cuyos viajes eran particularmente vigilados por la casa de contratación de Sevilla. Conviene advertir que, aunque el despacho de esas flotas estuviera regularizado por la ley, solían ocurrir a causa de las guerras, de las epidemias o de otras causas, además de los accidentes fortuitos de mar, sensibles retardos, y en algunas ocasiones suspensión absoluta del tráfico.

Semejante sistema no habría podido sostenerse en todo su vigor sino a condición de que la nación en cuyo beneficio se establecía el monopolio, hubiese poseído una industria tan rica y tan variada que bastase para satisfacer por sí sola las necesidades de su dilatado imperio colonial. Pero España, que en los primeros años del establecimiento de este régimen era una nación rica e industriosa, comenzó luego a decaer de su antigua prosperidad.

Sus fábricas y su producción se hicieron cada día menores, y antes de mediados del siglo XVII su postración industrial era verdaderamente desastrosa. En esta época precisamente sucedió que mientras el aumento de población

---
307 Carta citada del tesorero Jerónimo Hurtado de Mendoza.

en América exigía cada año un número mayor de mercaderías, la metrópoli no podía suministrar más que una porción reducida de las que se necesitaban. Las dos flotas que partían de Sevilla no cargaban cada año más que 27.500 toneladas y, aun, de esa cantidad de mercaderías, insuficiente para satisfacer las demandas de las colonias, solo una parte muy reducida era producción del suelo y de las fábricas españolas.[308] El resto, aunque introducido en América con el nombre de mercaderías españolas, era manufactura extranjera, de tal suerte que los tesoros de Indias de que la metrópoli había querido gozar sin competencia, servían en su mayor parte para pagar a los extraños el valor de las mercaderías que se les compraban. De este orden de cosas resultaban naturalmente consecuencias fatales para la metrópoli y para sus colonias. Al paso que aquélla no lograba enriquecerse con el comercio exclusivo de las Indias, éstas

---

308 El sistema comercial implantado en las colonias españolas, que nosotros no tenemos para qué exponer aquí en todos sus pormenores, se halla descrito con más o menos latitud en varios libros; pero merecería ser objeto de un estudio especial, para el que no faltan ciertamente los materiales reunidos y agrupados en obras de fácil consulta. Don Pedro Rodríguez, conde de Campomanes, publicó en Madrid en los años de 1775-77, como Apéndice a su obra titulada *Discurso sobre la educación popular*, en cuatro volúmenes en 8.º, diversas memorias de escritores españoles del siglo XVII en que señalando las causas de la decadencia del reino, dan cuenta de aquel sistema comercial con noticias tan prolijas como útiles. Don José de Veitía y Linaje en su *Norte de la contratación de las Indias Occidentales*, Sevilla, 1672; don Jerónimo de Ustariz en su *Teórica y práctica de comercio y de marina*, Madrid, 1724 y, por último, don Rafael Antúnez y Acevedo en sus *Memorias históricas sobre la legislación y gobierno del comercio de los españoles con sus colonias en las Indias Occidentales*, Madrid, 1797, han reunido un vasto caudal de materiales, y casi todas las leyes y reglamentos dictados por los reyes acerca del comercio colonial.
Todos esos libros, además, son de importancia capital para conocer el lento progreso de las ideas económicas. Sus autores que, sin duda, se contaban entre los hombres más ilustrados de España en la época en que escribían, señalaban perfectamente el atraso de la industria nacional y la decadencia del comercio; pero no aciertan a comprender que éste sea el fruto natural del régimen restrictivo, que en nuestros días se llama protector y, por tanto, en vez de proponer el único remedio radical y absoluto, que habría sido la libertad comercial francamente establecida, presentan diversos arbitrios inaceptables y casi siempre absurdos.
Entre los numerosos escritos españoles o extranjeros en que se hace la exposición más o menos exacta y más o menos completa del sistema comercial adoptado por la metrópoli en sus relaciones con las colonias americanas, merecen una particular mención las páginas que el insigne historiador inglés W. Robertson ha destinado a esta materia en el libro VII de su *Historia de América*. Como estudio detenido de los hechos en las mejores fuentes, como rectitud y sagacidad de juicio en la apreciación de ese sistema, y como claridad en su exposición, casi no deja que desear. Muchos de los escritores que más tarde han tratado este asunto en las historias generales, se han limitado a seguir al célebre historiador inglés.

estaban obligadas a pagar las mercaderías europeas a precios subidísimos por el recargo de valor que creaba ese sistema, y por los efectos naturales de un monopolio ejercido sin competencia. Los comerciantes privilegiados con el monopolio, elevaban sus precios mucho más allá de lo que habría permitido hacer el comercio libre.

El beneficio de esas negociaciones alentó el comercio de contrabando, a pesar de las penas terribles con que estaba condenado. En efecto, el contrabando no solo era un medio de comercio que aseguraba pingües ganancias sino que satisfacía una necesidad real y efectiva, desde que la metrópoli no bastaba para surtir a sus colonias. Entonces, como en todos los tiempos y países en que se ha abusado del sistema de restricciones y prohibiciones, el comercio ilícito tomó un gran desarrollo y llegó a ser una especulación condenada por la ley, pero que no tenía nada de deshonroso ante la opinión.[309] El contrabando se circunscribió en los primeros tiempos a los puertos que estaban más al alcance de los europeos, franceses, ingleses y holandeses, es decir, a las costas del Atlántico. Las colonias del Pacífico, esto es, las que formaban el virreinato del Perú, siguieron por largos años surtiéndose exclusivamente en la feria de Puertobello.

---

309 Ante estos efectos naturales de la restricción y de la prohibición, los economistas han ido hasta justificar el contrabando, sin desconocer, sin embargo, cuánto tiene de inmoral esta especulación. He aquí algunas de esas opiniones. «El contrabando ofrece pocos inconvenientes en cuanto a la riqueza nacional, puesto que siempre vale más que la prohibición», J. B. Say, *Cours d'économie politique*, part. IV, capítulo 16.

«El contrabando es el correctivo más eficaz de las malas leyes de aduana que traban todavía el comercio del mundo... Al contrabando debe el comercio no haber perecido bajo la influencia del régimen prohibitivo de las naciones modernas», Blanqui, art. «Contrebande», del *Dictionnaire du commerce*.

»Crear por medio de derechos elevados (en América era por medio de la prohibición absoluta) una tentación irresistible para cometer un delito, dice el economista inglés Mac Culloc, y después castigar a los hombres por haber cometido ese delito, es un acto subversivo de todo principio de justicia. Esto subleva el sentimiento natural del pueblo, y lo arrastra a demostrar simpatía a seres perversos como son en general los contrabandistas.» Más lejos todavía va otro célebre economista inglés, N. W. Senior: «El contrabandista, dice, es un reformador radical y juicioso. Desgraciadamente, no puede ejercer su industria más que sobre objetos de poco volumen; pero en el círculo en que está encerrado, elige siempre de preferencia aquéllos cuya privación es más sensible a la sociedad. En los países en que el sistema prohibitivo ha sido llevado a sus extremos (como sucedía en América), el contrabandista es indispensable al bienestar de la nación».

En el Pacífico se había organizado gradualmente un sistema análogo de transportes que completaba aquel régimen comercial. Los virreyes del Perú se empeñaron en regularizar este servicio desde que los corsarios ingleses y holandeses hicieron sus primeras apariciones en estos mares. Una flotilla de quince o veinte barcos mercantes escoltados por dos o tres buques armados en guerra, salía regularmente del Callao en mayo o junio de cada año. Transportaba a Panamá los caudales con que el tesoro del Perú contribuía a aumentar las rentas de la corona de España, y los productos americanos, en su mayor parte oro o plata en barra o en moneda, que debían negociarse en la feria de Puertobello. En esa flotilla iban también los mercaderes o sus agentes encargados de esta negociación.

Después de un viaje penosísimo hecho a lomo de mula, los comerciantes del Pacífico cruzaban la región del istmo y llegaban a su destino en agosto o septiembre a esperar el arribo de los galeones de España. La pequeña ciudad de Puertobello, situada, como se sabe, sobre el mar de las Antillas, poblada habitualmente solo por algunos centenares de negros y de mulatos y por una corta guarnición, era durante mes y medio, a pesar de la insalubridad de su clima, el centro de un importantísimo movimiento comercial, mientras se efectuaba el desembarco y la venta de las mercaderías de España, y la carga de los productos americanos. Terminadas estas compras, los comerciantes del Pacífico tomaban otra vez la flota en Panamá, y en noviembre o diciembre estaban de vuelta en el Callao con sus nuevas mercaderías.

En aquellos tiempos, los individuos que ejercían el comercio en Chile, eran pobres mercaderes de última mano que ni siquiera llegaban a surtirse a la feria de Puertobello. Compraban sus mercaderías en Lima, cuando ya estaban recargadas con todos los costos que exigía aquella organización comercial y con las utilidades que sacaba cada uno de los vendedores por cuyas manos habían pasado. Esos pequeños comerciantes, que estaban obligados a ir al Perú a hacer su surtido y que por falta de otros medios para trasladar sus valores, debían llevar consigo el dinero en barras metálicas o en plata amonedada, tenían que pagar fuertes fletes para transportar sus mercaderías a los puertos de Chile, y que pagar, además, en estos puertos nuevos derechos de aduana, o de almojarifazgo, como entonces se decía. Todas estas trabas recargaban de tal suerte el precio de las mercaderías, que en general los artículos europeos costaban en Chile a lo menos el doble de lo que costaban en el Perú, y el cuádruplo, a lo menos, de lo que habían costado en España. Bajo tales condiciones, el comercio no podía tomar un gran desarrollo. La pobreza de los pobladores de Chile no les permitía comprar por aquellos altos precios más que lo que les era estrictamente indispensable. Solo desde el segundo decenio del siglo XVII, cuando el situado real había repartido en el país algunos capitales, los consumos de artículos europeos comenzaron a ser un poco mayores, y mayores también las utilidades de los comerciantes. Pero entonces mismo tuvieron éstos que experimentar contrariedades de otro orden. Las correrías de los corsarios en nuestras costas les causaron no pocos daños; y el solo anuncio de su reaparición en el Pacífico era causa de alarma y de consternación.

Semejante estado de cosas debía naturalmente estimular el contrabando; y, sin duda, si en aquellos tiempos hubiera sido más conocida y practicable la navegación de estos mares, el comercio ilícito habría tomado gran desenvolvimiento, como lo tomó más tarde. Pero no por esto dejaba de hacerse en la escala que era posible. En efecto, se transportaban mercaderías de Buenos Aires y se importaban a Chile sin pagar los derechos de almojarifazgo. Los directores de estas especulaciones fraudulentas eran algunos religiosos que, sin duda, contaban para ello con la cooperación que podían prestarles los conventos de sus órdenes respectivas, diseminados, como se sabe, en todas las ciudades de América. Aunque este comercio no podía adquirir grandes proporciones, llamó la atención de las autoridades eclesiásticas y fue denunciado al rey.[310]

Aquel sistema comercial, que hemos expuesto en sus rasgos más característicos, había sido establecido, como dijimos, con la idea de crear un monopolio que enriqueciese a España, alejando de sus colonias la competencia de cualquier otra nación. El insigne economista escocés Adam Smith se sorprendía con razón en el siglo pasado de que en las metrópolis se impusieran tantos sacrificios «con el objeto de ejecutar un proyecto de pura malicia y de pura rivalidad, el de excluir cuanto es posible a todas las otras naciones de la participación del comercio de sus colonias». Pero más parte que la malicia y que la rivalidad, tenía en la organización de aquel estado de cosas el desconocimiento más o menos general en esa época de las verdaderas causas de la prosperidad de

---

310 Carta al rey del obispo Salcedo, de 10 de febrero de 1632, de que hemos reproducido algunos pasajes en la nota 39 de este mismo capítulo.

las naciones. Inglaterra, Holanda y Francia practicaban los mismos principios; pero España, poseedora de las colonias más vastas y más apartadas que jamás hubiera tenido imperio alguno, hizo más vigoroso ese sistema, lo desarrolló en una escala más vasta, implantándolo bajo un pie mucho más restrictivo, y al fin experimentó sus más funestas consecuencias.

Los monarcas españoles no entregaron el comercio de América a compañías privilegiadas, como en esa época solían hacerlo con sus colonias otras naciones. Pero la designación de Sevilla como puerto único para negociar con las colonias españolas, aunque hecha solo con el propósito de mantener la más estricta vigilancia en el despacho y descarga de las naves, estableció un monopolio, que equivalía a la constitución de un privilegio en favor de los comerciantes de esa ciudad. Pero ese régimen que, como el de las compañías privilegiadas, pudo ser útil para establecer en los principios el comercio con las nuevas colonias, cuando no se podía saber si él indemnizaría los sacrificios que iba a imponer, vino a ser más tarde causa de los más graves males.[311] Los comerciantes favorecidos con el monopolio, al paso que no alcanzaban a surtir a América de los artículos que ésta necesitaba, se creyeron autorizados para elevar los precios, seguros siempre de la venta, y para mantener en las colonias el encarecimiento de los objetos europeos y, por tanto, consiguieron limitar su consumo con perjuicio del mismo comercio y, más tarde, fomentar el contrabando como una necesidad indispensable e ineludible. Por otra parte, los productos americanos que no podían venderse más que a un número limitado de negociantes, sufrían los efectos desastrosos de aquel monopolio. Estos negociantes, libres de toda competencia legal, eran dueños de fijar el precio a los artículos americanos que compraban, y como únicos poseedores de esos artículos, les fijaban enseguida precios subidísimos en los mercados de España, limitando, por consecuencia, su consumo y, en último resultado, haciendo innecesario el

---

311 «El privilegio de una compañía es justificable, dice J. B. Say, cuando es el único medio de abrir un comercio nuevo con pueblos lejanos y bárbaros. Se hace entonces una especie de privilegio exclusivo cuya ventaja cubre los riesgos de una empresa aventurada y los costos de una primera tentativa; pero como los otros privilegios exclusivos, este privilegio no debe durar más que el tiempo necesario para indemnizar completamente a los empresarios de sus anticipos y de sus riesgos. Pasado ese término, no es más que un obsequio que hace el gobierno a ciertos individuos a expensas de sus conciudadanos que tienen por la naturaleza el derecho de procurarse los artículos de que tienen necesidad, donde pueden y al más bajo precio posible», J. B. Say, *Traité d'economie politique*, libro I, capítulo 17.

aumento de producción en las colonias.³¹² En efecto, al mismo tiempo que los productos americanos se vendían en Europa, y en la misma España a precios inaccesibles para el mayor número, América tenía una producción limitadísima de esos mismos artículos por falta de compradores.

El monopolio producía provechos maravillosos a los comerciantes favorecidos por aquel estado de cosas. Sus especulaciones, según los informes de escritores autorizados, eran consideradas vulgares y casi mezquinas cuando solo dejaban una utilidad de 1, 2, o 3.000 %.³¹³ Pero, como lo observa Adam Smith, esos enormes beneficios, que solo favorecían a unos cuantos individuos, no aumentaron los capitales de España. Los gastos de lujo insensato de los comerciantes se elevaban a tal altura que aquellos beneficios, lejos de engrosar el capital general del país, apenas parecían haber bastado para mantener el fondo de los capitales que los había producido. Por otra parte, el goce de un monopolio que alejaba toda competencia legal, no estimulaba a hacer innovaciones de ninguna clase, a mejorar los medios de transporte, a disminuir los gastos que recargaban el valor de las mercaderías, ni a simplificar las operaciones comerciales. Después de más de 200 años de práctica de este sistema, la marina mercante española se encontraba a mediados del siglo XVIII

---

312 Adam Smith, condenando este sistema de monopolio establecido para el comercio de las colonias, formulaba los principios siguientes que están confirmados por los hechos: «El comercio exclusivo de las metrópolis tiende a disminuir a la vez las comodidades y la industria de todos estos países en general y de la América en particular, o a lo menos tiende a mantenerlos más abajo del grado a que se elevarían por otros medios. Es un peso muerto que gravita sobre la acción de uno de los principales resortes de que recibe su impulso una gran parte de los negocios humanos. Haciendo los productos de las colonias más caros en todos los otros países, el comercio exclusivo hace menor el consumo, y por esto mismo debilita la industria de las colonias y disminuye a la vez las comodidades y la industria de todos los otros países, puesto que éstos se dan menos comodidades cuando es menester pagarlas más caro, y que al mismo tiempo producen menos cuando sus productos dan menos provecho. Haciendo los productos de los otros países más caros en las colonias, debilita de la misma manera la industria de todos estos países al mismo tiempo que priva a las colonias de sus comodidades y de su industria», Adam Smith, *Wealth of nations*, book IV, capítulo 7. Estas verdades que ahora nos parecen tan rudimentarias, eran una novedad en la época en que escribía el insigne economista, y envuelven una crítica profunda del sistema comercial de las colonias del rey de España.

313 Don Bernardo de Ulloa, *Restablecimiento de las manufacturas y del comercio español*, Madrid, 1740, parte II, pág. 191. Este libro, más conocido por una traducción anónima francesa, publicada en Amsterdam en 1753, es de gran utilidad para conocer las causas de la decadencia industrial y económica de España, y merece por tanto ser estudiado por los historiadores.

en el mismo estado que tenía en el siglo XVI, lo que era un evidente retroceso, y un debilitamiento del poder de la metrópoli, puesto que un régimen menos restrictivo había levantado la influencia comercial y el poder material de otras naciones.[314] Fue entonces cuando España, aleccionada por una dolorosa experiencia, acometió reformas trascendentales en el sistema económico de sus colonias; y ya que las ideas dominantes en ese tiempo no permitían establecer la absoluta libertad comercial, que habría sido el remedio salvador, hizo al menos desaparecer bajo el reinado de Carlos III el monopolio establecido en favor de un solo puerto de la metrópoli.

9. Entradas y gastos fiscales

El gobierno de la metrópoli habría debido conocer los inconvenientes de ese sistema por la renta relativamente escasa que le producían sus ricas y dilatadas colonias de América. El desorden económico, los gastos inmoderados de la Corte, las constantes guerras europeas, mantenían al tesoro español en el estado de la más lastimosa penuria. Los reyes se habían empeñado en que sus posesiones ultramarinas remediasen aquella situación. Para ello, implantaron en América todas las contribuciones que existían en España, crearon otras nuevas, pidieron, a título de donativos, frecuentes subsidios pecuniarios,

---

[314] Son notables las apreciaciones que a este respecto hace un distinguido economista de nuestros días en las palabras siguientes:
«El descubrimiento de América, habría podido, bajo el punto de vista político, producir a la metrópoli recursos importantes y duraderos por el desarrollo de la marina. Si el comercio con la América hubiese sido libre para todos los españoles, esta competencia feliz, disminuyendo los fletes, habría multiplicado el tráfico, los viajes y los retornos. Todos los puertos de la península habrían tomado parte en la prosperidad común: la vida habría penetrado por las costas en todas las provincias interiores vecinas, y una marina mercante numerosa, perfeccionada y progresiva no habría tardado en surcar los mares. Habría resultado para la España, además de un acrecentamiento de riqueza, un aumento de poder. Ella se habría hallado en condiciones mejores para explotar, para proteger, para desarrollar sus dominios de ultramar. Pero el régimen de los galeones y de la flota reducía a las proporciones más mínimas la marina mercante española. Treinta grandes naves, pesadas, lentas en su marcha, hacían una vez al año el viaje de España a América y de América a España. La falta de concurrencia condenaba esta marina a la inmovilidad: ésta no hacía ningún progreso, y era en el siglo XVIII lo que había sido en el siglo XVI. Cuando ella se vio enfrente de esas legiones de buques mercantes ingleses y holandeses, buques ligeros, de poco calado, de marcha rápida, experimentó cuánta fecundidad posee la competencia y cuánta esterilidad produce el monopolio», Paul Leroy-Beaulieu, *De la colonisation chez les peuples modernes*, libro I, capítulo I, pág. 41.

apelaron a otros expedientes como: al expendio de bulas, la venta de oficios y la composición de extranjeros, y establecieron el más riguroso fiscalismo para la recaudación de estos diversos recursos. Sin embargo, todas esas entradas, así ordinarias como extraordinarias, no correspondieron nunca a los deseos ni a las esperanzas de los soberanos. Un régimen menos restrictivo en las relaciones comerciales, y la supresión de algunas de las trabas que impedían el acrecentamiento de la población en las colonias y el arribo de extranjeros, habrían desarrollado rápidamente la industria en estos países, creado grandes emporios de riqueza y producido rentas inmensamente mayores y más seguras para la Corona.

De todas las fuentes de recursos que las colonias procuraban al rey, la más considerable era el impuesto que pesaba sobre la extracción de metales preciosos, esto es, el quinto real que se cobraba sobre los productos de las minas de plata y de los lavaderos de oro, además de que eran estas industrias las que atraían un número mayor de gente, y daban, por tanto, ocasión a consumos más considerables, y, por lo mismo, origen al incremento de las otras entradas. Bajo aquel régimen, eran los países mineros, el Perú y México, los que atraían más población, los que tenían más actividad industrial y los que producían mayores rentas al gobierno. No solo satisfacían todos los gastos de su administración sino que cada año enviaban a la metrópoli el excedente de sus entradas, que ascendían aproximadamente a cuatro millones de pesos.[315]

---

315 Se sabe que los monarcas españoles ponían entonces el más celoso empeño en mantener envuelto en secreto todo lo que se refería a las rentas y riquezas que producían sus colonias de América, creyendo alejar, así, las expediciones de extranjeros que pretendiesen apoderarse de esos recursos o hacerse dueños de algunas de estas posesiones. Así, los antiguos cronistas no hablan de esos recursos sino en términos generales, fundándose muy pocas veces en datos precisos y seguros, y refiriéndose casi siempre a lo que se contaba. De todas maneras, esta política produjo un efecto contrario al que se buscaba, y la fama de los inmensos tesoros que América producía a la Corona se extendió en toda Europa. El célebre historiador alemán Leopoldo Renke, después de comparar todas las indicaciones y noticias que ha podido hallar, sostiene que las rentas con que América socorría al tesoro español en el siglo XVI eran bien inferiores a lo que se ha creído generalmente, puesto que según sus cálculos no pasaban de medio millón de pesos por año. Véase *L'Espagne sous Charles V Philippe II et Philippe III*, trad. J. B. Haiber, capítulo 4.

Sin embargo, nosotros tenemos sólidos fundamentos para apartarnos de su opinión y para sostener la exactitud de la cifra aproximativa que damos en el texto. Sin querer apoyarnos en otros documentos, vamos a recordar uno solo, que es incontrovertible. En 1605, Simón Contarini, embajador de Venecia en Madrid, daba al Senado de esa república una *Relación*

Chile ocupaba, desde este punto de vista, el rango más modesto entre las colonias españolas de América. Sus lavaderos de oro habían producido en los primeros tiempos una entrada fiscal relativamente pequeña, de la cual solo una parte muy reducida había sido enviada a España. La extracción del codiciado metal, por limitada que fuese, rendía provechos considerables mientras los encomenderos pudieron contar con el trabajo gratuito y obligatorio de los indios; pero desde que éstos comenzaron a disminuir, y sobre todo desde que las ordenanzas reales acerca del servicio personal de los indígenas reglamentaron el trabajo de los lavaderos, fijando salario a los trabajadores, esta industria, según dijimos, sufrió una paralización casi completa. La renta fiscal que ella producía, disminuyó en la misma proporción, y acabó por desaparecer casi completamente. Aunque los documentos que nos han quedado de esa época no son bastante completos acerca de este orden de hechos, contienen noticias suficientes para demostrarnos cuán miserables eran las entradas fiscales del reino de Chile a principios del siglo XVII.

En 1620, Fernando de la Guerra, contador de la real hacienda del distrito del Obispado de Concepción, daba un informe acerca de las entradas que había tenido la tesorería fiscal de Chile en los últimos años, y después de enumerar las cantidades recibidas por cuenta del situado y el producto de las estancias del rey y del obraje de paños de Melipilla, agrega estas palabras: «Asimismo, parece por los libros de la real caja haber entrado en ella por cuenta de quintos reales, almojarifazgos, novenos de los diezmos y penas de cámara desde el año de 1609 hasta el año de 1618, 16.547 pesos; los 6.536 pesos de quintos, y 3.055 de almojarifazgo; y 4.550 de novenos de los diezmos, y 2.355 de penas

---

acerca del estado de España, que deja ver el estudio más prolijo, y que por su escrupulosa exactitud en los más menudos detalles, hace de ella un documento capital, como son ordinariamente los informes de los embajadores venecianos, tan justamente estimados por los historiadores. Al terminar esa *Relación*, Simón Contarini recapitula ordenadamente los gastos y entradas de la Corona; y coloca en primera línea entre estas últimas, lo que sigue: «Lo que viene de las Indias un año con otro, 3.000.000 de ducados»; que son cerca de 4.000.000 de pesos; fuera de otra suma menor producida por la aduana de Sevilla sobre el comercio de las colonias. El embajador veneciano tiene cuidado de advertir que el servicio de las flotas de Indias costaba al rey casi otro tanto. La importante *Relación* de Simón Contarini, ha sido publicada en castellano bajo el cuidado del célebre erudito español don Pascual de Gayangos como apéndice a las *Relaciones de las cosas sucedidas en la corte de España desde 1599 hasta 1614* por el cronista don Luis Cabrera de Córdoba, Madrid, 1857, que hemos citado en otras ocasiones.

de cámara, inclusos 2.068 pesos en que fue condenado el gobernador Alonso de Ribera en la residencia que le tomó el doctor Luis Merlo de la Fuente, y los 48 pesos de oficios vendidos, que todo monta la dicha cantidad, la que se ha distribuido en salarios de oficiales reales; y los 2.068 pesos de la condenación se remitieron al Consejo de Indias en virtud de una ejecutoria».[316]

Ocho años más tarde, otro alto funcionario de la real hacienda, Jerónimo Hurtado de Mendoza, escribía al rey desde la ciudad de Santiago lo que sigue: «En cumplimiento de lo mandado por Vuestra Majestad, y continuando siempre lo que he hecho, doy razón a Vuestra Majestad de la real hacienda que en la real caja de la ciudad de Santiago de Chile tiene Vuestra Majestad. El estanque de los naipes se arrienda por 1.000 pesos de a 8 reales en cada un año, que este arrendamiento no ha subido ni bajado en nada todo el tiempo que ha que sirvo a Vuestra Majestad. La razón es porque no hay quien sepa hacerlos en este reino sino el que los tiene arrendados, y así no tiene competidor.[317] Los dos novenos que Vuestra Majestad tiene en los diezmos de este obispado, montan 1.000 pesos de a 8 reales, algunos años poco más o poco menos, que nunca suben de 1.150 pesos; y éstos los goza Vuestra Majestad por haberse cumplido la merced que Vuestra Majestad tenía hecha de ellos a la catedral de esta ciudad, la cual iglesia está ya acabada, aunque la sacristía no es igual en la fábrica con la iglesia. Los almojarifazgos (rentas de aduana) suben y bajan todos los años conforme a los navíos que entran y salen, que lo ordinario suelen montar poco más o menos de 1.000 pesos de a 8 reales, aunque este año pasado han excedido de más de 2.500 pesos. Los oficios vendidos se van cobrando como van cayendo los plazos, y de los que se han vendido tengo ya avisado a Vuestra Majestad. Y lo procedido de los ramos referidos se distribuye en salarios de oficiales reales, oficial de la contaduría y del portero de la Real Audiencia y en las ayudas de costas que Vuestra Majestad manda pagar a los oidores que cada un año me toman las cuentas de la real hacienda, y si sobra se paga con ello las limosnas que Vuestra Majestad tiene hechas de merced a los conventos de religiosos y monjas fundados en este reino, y algunos años

---

316 Informe dado por el contador Fernando de la Guerra, en Concepción a 1 de abril de 1620.
317 El curioso documento que extractamos, demuestra que en 1628 se fabricaban en Chile los naipes que se expendían en número muy considerable. Esta fabricación se limitaba a la impresión de los cartones que se traían de España con moldes grabados o fundidos sobre metal, que también se traían de España.

se les ha pagado alguna cantidad a los oidores de la Real Audiencia de este reino a cuenta de sus salarios. De penas de cámara y estrados, es muy poco lo que entra en esta real caja, porque algunos años no llegan a 200 pesos, y así con mucho no se alcanza a pagar los salarios que están situados en los dichos ramos. De quintos reales del oro no entra nada en esta real caja por no sacarse oro por la falta de gente y tenerlo mandado Vuestra Majestad que no se saque. Del derecho de la mesada[318] que Vuestra Majestad ha mandado se pague, se ha puesto en ejecución en este reino, y no han procedido de él este año pasado más de 100 pesos y 7 reales de a ocho que se han enviado a los oficiales reales de Lima para que los remitan a la persona que Vuestra Majestad tiene ordenado y mandado. Ésta es brevemente la relación de la real hacienda de la caja de mi cargo y su distribución, que la que se hace más particular con distinción con las cuentas de cada un año, se envía a la ciudad de los Reyes, al tribunal mayor de cuentas, conforme a lo mandado por Vuestra Majestad».[319]

Una renta tan limitada era del todo insuficiente para atender las necesidades más premiosas de la administración pública, aun, sin contar con los gastos considerables que ocasionaba el mantenimiento del ejército, sostenido, como sabemos, con otro orden de recursos. Pero el fisco tenía, además, otras entradas que resultaban del obraje de paños de Melipilla, de un molino en Concepción y de las estancias del rey en Quillota y en el sur, en que se hacían grandes siembras y se criaban ganados. Los productos de estas diferentes industrias, eran vendidos a la administración militar, que corría por cuenta diferente, y después de deducidos los gastos, dejaban una utilidad más o menos considerable que se aplicaba a satisfacer los costos de la administración.[320] Aun contando con estas

---

318 Llamábase mesada el derecho que percibía el rey pagándose el sueldo de todo beneficio eclesiástico durante el primer mes después de cada nombramiento.
319 Carta al rey, del tesorero Jerónimo Hurtado de Mendoza, escrita en Santiago el 5 de febrero de 1628.
320 Según las cuentas de la tesorería de Chile que se enviaban al Consejo de Indias, estas diversas industrias administradas por el gobierno dieron como suma total de los doce años comprendidos entre 1607 y 1618, los beneficios líquidos siguientes: Obraje de paños de Melipilla, 13.970 pesos 6 reales; molino de Concepción, 3.781 pesos 4 reales; sementeras de Quillota, no había noticia fija, pero se decía que sus provechos eran pocos; estancia de Buena Esperanza, 53.192 pesos 1 real; crianza de vacas de Catentoa, 75.180 pesos. Estas sumas eran el resultado de las ventas que de dichos artículos se hacía a la administración militar para el sostenimiento del ejército, y se pagaban con el descuento que sobre sus sueldos se hacía a los soldados. Como la explotación de estas diversas industrias oca-

entradas, las rentas fiscales bastaban apenas para satisfacer las más premiosas necesidades públicas.

La administración militar era servida, como hemos dicho en otras ocasiones, por el situado que por cuenta del rey pagaba cada año el tesoro del Perú. Aunque esta subvención había sido elevada al fin a una suma considerable (212.000 ducados, equivalentes a 293.279 pesos), bastaba apenas para cubrir los costos de la guerra. Así, según las cuentas de abril de 1620, el ejército de Chile constaba solo de 1.587 plazas, incluyendo en éstas al gobernador del reino, los oficiales y soldados en servicio activo y retirados, los capellanes, cirujanos, pilotos y marineros de dos pequeños buques para el servicio del ejército, y consumía solo en el pago de sueldos 256.283 pesos 6 reales.[321] Con el resto de esa cantidad debía atenderse a la construcción y reparación de los fuertes, al pago de municiones y a todos los otros gastos, además de que se consideraba muy deficiente ese número de tropa. Por esto mismo, era frecuente el pedir al rey que elevase el situado, representándole las escaseces porque había que pasar para el pago del ejército.

---

sionaba gastos considerables, y se administraba con no poco desorden, algunos de los funcionarios de la Corona, como hemos visto, pedían, sobre todo tratándose del obraje de Melipilla, que se dieran en arrendamiento, como un medio de obtener beneficios más considerables y seguros.

321 El personal del ejército en esa época estaba distribuido de la manera siguiente: 6 capitanes de caballería, 20 de infantería, 6 tenientes, 20 alféreces, 20 sargentos, 6 trompetas, 20 abanderados, 21 tambores, 250 soldados de caballería, 803 infantes, 43 cabos de escuadra, 128 mosqueteros, 4 cabos de presidio, 2 pilotos, 5 marineros y 45 oficiales mayores, entre los cuales se contaban: 1 capitán general (el gobernador), 1 maestre de campo, 1 sargento mayor, 3 ayudantes de los anteriores, 3 intérpretes, 6 capellanes, 8 padres jesuitas, 2 cirujanos con 2 ayudantes, 1 preboste o jefe de policía, encargado de hacer ejecutar los castigos, 7 empleados de la tesorería militar, 1 boticario y 4 carpinteros o albañiles.

En aquella cifra del ejército se contaban también: 42 capitanes, 81 alféreces y tenientes y 56 sargentos reformados que recibían sueldo.

El sueldo más alto era, como debe suponerse, el del gobernador, que ascendía a 8.043 pesos al año. Los demás eran relativamente muy inferiores y, además, bastante desequilibrados. Así, para no citar más que una de estas desigualdades que había llamado la atención de los gobernadores, mientras se pagaban 2.210 pesos para los seis capellanes de ejército, los jesuitas recibían 6.032 pesos por cuenta de los ocho religiosos que vivían en las reducciones de la frontera, y que, sin embargo, no expedicionaban con las tropas. Ya hemos referido los abusos a que daba lugar el pago del sueldo de los soldados, los precios a que se les cargaban el vestuario y los alimentos, y las compras a vil precio que hacían algunos empleados de las libranzas o papeletas con que los soldados debían cobrar sus sueldos cuando llegase el situado.

10. Instrucción pública: escuelas de los jesuitas y de los dominicanos

El aumento de la población y el desarrollo de la riqueza pública de la colonia, aunque sumamente lentos y retardados por las causas que hemos tratado de dar a conocer en las páginas anteriores, habían permitido que apareciesen otros signos de progreso. Recordando lo que pasaba en Chile en los primeros años de la Conquista, cuando no había en todo el país una sola escuela, el estado a que alcanzó la instrucción pública en los principios del siglo XVII podría considerarse un notable adelanto.

En otra parte hemos referido los primeros esfuerzos intentados en este sentido.[322] Parece que la escuela de primeras letras, fundada en 1584 con la intervención del cabildo de Santiago, tuvo una existencia efímera. Ocurrieron, luego, los grandes desastres de la guerra del sur, que pusieron el reino al borde de su ruina, sobrevino una gran pobreza y, sin duda, la escuela se cerró porque no había muchas personas que pudiesen pagar la educación de sus hijos. Solo en 1618 vemos al Cabildo volver a ocuparse en estos asuntos, dando a dos individuos, llamados Juan de Oropesa y Melchor Torres Padilla, permiso para «que pongan escuelas de enseñar a leer y escribir», y fijándoles el arancel por el cual habían de cobrar sus honorarios ya fuesen en dinero o en frutos de la tierra, y el número de alumnos que podían admitir.[323] Los antiguos documentos no dan mucha luz acerca de la duración ni del desarrollo de esos establecimientos.

Mientras tanto, las escuelas de un rango superior se habían asentado de una manera más estable. Las noticias que acerca de las primeras de ellas dan los cronistas de las órdenes religiosas están recargadas de exageraciones sobre la importancia de sus estudios. Seguramente, por mucho tiempo, solo algunos frailes se ocuparon en preparar a los novicios de cada convento. Pero el 9 de diciembre de 1595, los padres dominicanos de Santiago abrieron solemnemente una escuela pública de gramática latina, que luego fue ensanchada con cursos de filosofía y de teología. El rey, por una cédula de 1591, que hemos recordado en otra parte, había acordado a ese convento una subvención de

---

[322] Véase capítulo 12, § 16 de la parte III.
[323] Acuerdos del cabildo de Santiago de 2 y de 7 de abril de 1618. La primera de estas escuelas no debió funcionar largo tiempo, porque en 1621 el Cabildo se ocupaba en buscar otro maestro; pero en ese mismo año Torres Padilla solicitaba que el Cabildo le proveyera de casa para su escuela.

450 pesos cada año para sostener aquellos estudios. Pero, aunque esa escuela siguió funcionando regularmente, la pobreza del tesoro del reino y, sin duda, también, influencias de otro orden, no permitieron que se le pagara sino durante algunos años la subvención real.

En esa época habían llegado a Chile los padres jesuitas. Comenzaron, como ya dijimos, por establecer numerosas cofradías, y entre otras una de niños a quienes enseñaban las oraciones y hacían salir en procesión por las calles de la ciudad cantando versos piadosos y recitando la doctrina cristiana. El 15 de agosto de 1696 abrieron, además, clases de gramática y de filosofía.[324] Antes de mucho tiempo tuvieron también cursos de estudios teológicos; pero durante algunos años éstos fueron trasladados a Córdoba de Tucumán, hasta que en 1625 fundaron definitivamente un convictorio como anexo a la casa central que tenían en Santiago.[325] Habiendo adquirido, diez años más tarde, un valioso solar al lado mismo de su iglesia, los jesuitas, en medio de una fiesta solemne a que concurrieron «el obispo, la Real Audiencia, los cabildos eclesiástico y seglar, las religiones y toda la gente noble de la ciudad», instalaron allí su casa de estudios con el nombre de convictorio de San Francisco Javier, que por cerca de más de siglo y medio fue el establecimiento de educación más considerable de todo

---

[324] La fecha exacta de la fundación de estos estudios ha sido omitida por los cronistas de la Compañía. El padre Ovalle, libro VIII, capítulo 5, dice que las clases se abrieron el 15 de agosto, pero no indica el año, aunque de su relación podría deducirse que fue el de 1593, a los pocos meses de haber llegado los jesuitas a Santiago, lo que no es exacto. Los padres Lozano y Olivares, que en esta parte han seguido a Ovalle, no han dado tampoco fechas más fijas. Parece que esta omisión de la fecha precisa de la fundación de los primeros estudios de los jesuitas, no es la obra de un descuido involuntario, y que a consecuencia de las disputas que los jesuitas sostuvieron con los dominicanos, no querían reconocer que éstos se les hubieran anticipado en la fundación de sus cursos. Los documentos de otra procedencia revelan que los jesuitas abrieron sus clases solo el 15 de agosto de 1596.

[325] Este convictorio fue colocado bajo la advocación del beato Edmundo Campián. Era éste un jesuita inglés, autor de muchas obras, ahorcado en Londres en 1581 por acusársele de ser agente de los enemigos exteriores de la reina Isabel, y de haber entrado en una conspiración. Los jesuitas lo consideraban mártir de la fe, y habiendo obtenido en Roma su beatificación, le levantaron altares en algunas de sus iglesias; pero como el papa Urbano prohibiera expresamente en 1625 el culto que se rendía a los beatos que no habían sido canonizados o que no lo tuvieran desde tiempo inmemorial, la imagen del beato Campián fue bajada del altar, y el convictorio de jesuitas de Santiago fue colocado bajo la advocación de san Francisco Javier.

el reino.³²⁶ Los jesuitas, además, tuvieron aulas de gramática en algunas otras casas de residencia que fundaron en el país, y establecieron estudios especiales para sus propios novicios.

Aunque los franciscanos, los agustinos y los mercenarios fundaron casi al mismo tiempo en sus conventos respectivos escuelas de gramática latina y de teología, éstas no eran concurridas más que por los jóvenes que querían incorporarse en esas órdenes religiosas; y fueron las de los jesuitas y de los dominicanos las más célebres y las que reunieron mayor número de estudiantes. Por concesión especial del papa, hecha a petición del rey, estas dos últimas escuelas tuvieron el título de universidades pontificias, de tal suerte que sus alumnos a los cinco años de estudios, podían recibir del obispo de Santiago, y después de las pruebas a que eran sometidos, los grados literarios de bachilleres, licenciados y doctores en teología.³²⁷ Las autoridades eclesiásticas solicitaron

---

326 El padre Miguel de Olivares ha referido con algunos pormenores, en el capítulo 5 de su *Historia de los jesuitas en Chile*, la solemne y aparatosa instalación del convictorio en su nueva casa, y ha dado un resumen de las reglas que dirigían su régimen religioso y moral; pero dice bien poco acerca del sistema y orden de estudios. Son curiosas algunas de las cláusulas de ese reglamento. «No se admitirán muy niños, dice, sino de doce años arriba, y personas que sean de gente noble y de buenas costumbres; y los que entrasen, serán generalmente hijos de legítimo matrimonio, si no es que sea hijo de algún caballero principal en caso raro, pero que no sea hijo de india ni de hombres que tengan alguna infamia.» Su régimen económico, acerca del cual hemos visto algunos documentos, puede dar alguna luz acerca del estado de la colonia en esa época. Todos los alumnos del convictorio eran internos y pensionistas; pero a causa de la pobreza general, muchos padres de familia pagaban las pensiones de sus hijos en ganado, en artículos alimenticios o en otros objetos. El padre Alonso de Ovalle fundó con sus bienes patrimoniales dos becas para que a perpetuidad se educasen gratuitamente otros tantos niños de su familia. El local que desde 1635 ocupó el convictorio de san Francisco Javier, es el mismo en que hoy se levanta el palacio de los tribunales de justicia de Santiago, y fue donado a los jesuitas por el capitán Francisco de Fuenzalida; pero esta donación dio lugar a un largo litigio promovido por los hijos de ese capitán, que sostenían que la casa era propiedad de ellos, por ser herencia de su madre. En la nota que pusimos en la pág. 232 del libro del padre Olivares, hemos dado cuenta de este curioso y característico litigio.

327 Por una bula dada en 1619, el papa Paulo V concedió a los jóvenes que hubieran estudiado cinco años en los colegios dominicanos de las Indias, distantes 200 millas por lo menos de las universidades públicas, el privilegio de optar a los grados de bachiller, licenciado, maestro y doctor, que deberían conferirles los obispos y arzobispos, o los capítulos en sede vacante. La escuela de los dominicanos de Santiago, esto es, los estudios de filosofía y teología, tomó la denominación y el carácter de universidad pontificia. Los jesuitas, por medio de su procurador, el padre Francisco Fuenzalida, y con apoyo de Felipe III, obtuvieron del papa Gregorio XV en 8 de agosto de 1621 la bula *In eminenti*, en que se sancionaba la

todavía del rey otras distinciones en favor de esas escuelas. El canónigo doctor don Juan de la Fuente Loarte, que en 1625 gobernaba la diócesis de Santiago por delegación del obispo Salcedo, escribía a este respecto al rey lo que sigue: «Por bula de Su Santidad, concedida a instancia de Vuestra Majestad, se han fundado en los conventos de Santo Domingo y de la Compañía de Jesús de esta ciudad estudios para que los que hubieren cursado en ellos artes y teología puedan recibir de mano del ordinario todos los grados, de que ha de resultar gran bien, porque mediante este premio se animan a estudiar, y habrá para los beneficios clérigos doctos de que hasta ahora ha habido notable falta por la dificultad e imposibles de ir a cursar a la universidad de la ciudad de los Reyes, donde los gastos son mayores y la salud menos segura por la oposición de los temples. Suplico humildemente a Vuestra Majestad se sirva mandar despachar una real cédula en favor de los dichos estudios para que los que aprovecharen en ellos entiendan que han de ser premiados, y con más cuidado y afecto los continúen».[328] El gobernador del obispado quería simplemente que el rey confiriese los beneficios eclesiásticos solo a los individuos que obtuvieran títulos en esas escuelas, en vez de concederlos como hasta entonces, sin consultar para nada los antecedentes ni la competencia de los agraciados.

Aquellas dos escuelas que parecían encaminadas a un mismo objetivo, el de formar sacerdotes doctos, como se decía entonces, fueron desde los primeros días establecimientos rivales. Los jesuitas, más activos y sagaces que los dominicanos, obtuvieron la preferencia ante la opinión de la mayoría de los

---

misma concesión por el término de diez años para ellos y los dominicanos. El papa Urbano VIII, en 7 de enero de 1627, confirmó este privilegio por otros diez años, y en 29 de mayo de 1634 la renovó sin limitación de tiempo para los mismos lugares y para las escuelas de la Compañía de Jesús en las provincias de Filipinas, Chile, Tucumán, Río de la Plata y Nuevo Reino de Granada. El lector puede hallar algunas de estas concesiones en el libro titulado *Fasti novi orbis et ordinationum apostolicarum ad Indias pertinentium cum annotationibus*, Venecia, 1776, colección anotada de las disposiciones de los papas y de los reyes sobre la administración espiritual de América desde su descubrimiento hasta 1771, dispuesta bajo el seudónimo de Ciriacus Morellus por el padre Domingo Muriel, jesuita español, misionero en el Paraguay, procurador de su orden en Roma y autor de una traducción latina, publicada en Venecia en 1779, de la historia de esa provincia por el padre Charlevoix. Las disposiciones a que nos referimos se hallan en las págs. 382 y 395 del libro citado.

Aunque según estas concesiones era muy fácil obtener los títulos referidos de bachiller o de doctor en filosofía y teología, eran pocos los eclesiásticos que hacían los escasos estudios que se exigían para alcanzarlos.

328 Carta al rey del gobernador del obispado de Santiago, de 28 de marzo de 1625.

colonos. No pudieron los últimos obtener siquiera que se les siguiese pagando la subvención acordada por el rey. Fue inútil que éste y el gobernador de Chile decretaran que se cumpliese aquella gracia. Los oficiales reales declararon que no había fondos con que hacerlo; pero en esta negativa entraba también por mucho su mala voluntad hacia la escuela de los dominicanos a causa de la preferencia que daban al convictorio de los jesuitas.[329]

Poco más tarde que aquellas escuelas, se fundó en Santiago el primer seminario conciliar de la diócesis. En 1608, el obispo Pérez de Espinoza, estando de vuelta de Lima, a donde había ido a sostener su litigio contra Alonso de Ribera, echó las bases de este establecimiento bajo la advocación del santo Ángel de la Guarda, y con el objetivo de formar sacerdotes idóneos para el servicio del culto. Aunque el Seminario pudo disponer desde los primeros días, de un local espacioso y, aunque tuvo siempre un rector titular, se le destinaron tan escasos recursos que por entonces llevó una existencia precaria y, aun, durante algunos años estuvo incorporado al colegio de los jesuitas.[330] Así, pues, este

---

[329] Esto es lo que se desprende de un curioso pasaje de la carta dirigida al rey por el tesorero Hurtado de Mendoza que hemos citado en otras ocasiones. Helo aquí: «El convento de Santo Domingo pretende que Vuestra Majestad le mande pagar 400 pesos en cada un año de la cátedra que dice siempre ha tenido leyendo la gramática en esta ciudad, que según los años que pretenden pasará de 20.000 pesos, y que para pagárseles me dijo el reverendo obispo de esta ciudad le había escrito Vuestra Majestad viese de donde se podían pagar, y por la obligación que tengo como fiel vasallo y ministro de Vuestra Majestad digo, señor, que si se considera y mira el trabajo que en esta enseñanza ha tenido, es muy poco y no digno de tan grande cantidad y estipendio como piden, porque aunque tienen probado de haber leído (enseñado) todo el dicho tiempo la gramática, no ha sido a sus religiosos, y si ha habido algunos estudiantes seculares no han excedido de cuatro o seis, y éstos por incorregibles, que temiendo el castigo, se han salido de las escuelas de los padres de la Compañía que después que se fundaron en esta ciudad que fue el año de 1596, han tenido dos y tres maestros ocupados en la enseñanza de la gramática con mucho concurso de estudiantes y colegiales de los colegios que hay fundados en esta ciudad, y está bien satisfecho el poco trabajo que ha tenido el dicho convento con la mucha limosna que Vuestra Majestad ha hecho y hace a los conventos de Santo Domingo que están fundados en este reino». Carta del tesorero Hurtado de Mendoza al rey, de 5 de febrero de 1628. Los dominicanos habían recibido la subvención real durante los primeros cuatro años que tuvieron planteados sus estudios y, aunque la siguieran cobrando empeñosamente, parece que no volvió a pagárseles más.

[330] El seminario del santo Ángel de la Guarda ocupó en Santiago la manzana comprendida entre las actuales calles Catedral, San Martín, Compañía y Peumo. El padre Ovalle, que publicaba en Roma en 1646 el plano de Santiago que acompaña a su *Histórica relación*, ha fijado allí el local que ocupaba el Seminario, pero ni siquiera menciona este establecimiento en el capítulo 5 del libro V en que da noticia «de los estudios generales de la ciudad de

último establecimiento y la titulada Universidad Pontificia que regentaban los dominicanos, fueron por largos años los grandes planteles de enseñanza con que contó el reino de Chile.

Desgraciadamente, aquellos colegios no podían ser de gran utilidad para propender al desarrollo de la ilustración y de la cultura de la colonia. Su objetivo exclusivo era crear sacerdotes formados en el molde del clero español de esa época. La instrucción que allí se daba estaba limitada al latín suficiente para entender los escritos de los teólogos y comentadores, a la filosofía escolástica, enseñada según los expositores de segunda y tercera mano, y a la teología, tal como comenzaban a tratarla los escritores de la Compañía. Esos estudios parecían destinados a ensanchar la memoria y a impedir el despertar de la razón, encaminando el espíritu de los estudiantes hacia la discusión casuística bajo el predominio de la autoridad magistral de ciertos libros. La educación iba encaminada no a formar ciudadanos preparados para la lucha de la vida, útiles a su familia y a su patria, sino hombres piadosos, destinados a aumentar la población de los claustros y conventos. Nada bosqueja mejor el espíritu de esa educación que las palabras con que el mismo fundador del convictorio de Santiago daba cuenta de este suceso al padre general de la Compañía. «A mi ver, decía, uno de los mayores frutos y más señalados servicios que han hecho los hijos de la Compañía a la majestad de Nuestro Señor es el que coge este colegio, pues de él depende el bien de toda la tierra, en criarles sus hijos con el recogimiento como si fueran religiosos, de que no es pequeña muestra el hablar en sus conversaciones de Dios con la facilidad que si lo fueran; hacer sus mortificaciones en el refectorio; pedir les oigan sus faltas; besar los pies; comer debajo de las mesas; oír la lección espiritual que se les lee mientras comen; frecuentar los sacramentos; no oírse entre ellos juramentos, murmuraciones ni palabra ofensiva; no salir sino raras veces, y eso solo a casa de sus padres; y otras cosas de mucha edificación y consuelo que, aunque he visto colegios seminarios en varias partes, ninguno hace ventaja a éste.»[331] Tal era el ideal

---

Santiago» al paso que habla de las escuelas dirigidas por los dominicanos y los jesuitas. Esta omisión deja ver la poca importancia que durante esos años debía tener el Seminario. El padre Miguel de Olivares en el libro y capítulos antes citados, dice que el obispo Salcedo puso este establecimiento bajo la dirección de los jesuitas reuniéndolo al colegio que éstos tenían, y que este estado de cosas se mantuvo hasta 1635.

331 Carta anual de la provincia de Chile correspondiente al año de 1610, y dirigida por el padre provincial Diego de Torres al padre general Claudio Aquaviva. El padre Torres agrega lleno

que aquellos educacionistas se habían formado acerca del fin y objetivo de los establecimientos de esa especie.

11. Progresos de la ciudad de Santiago: fiestas y lujo

Junto con los modestos progresos de otro orden, habían mejorado relativamente las condiciones generales de vida de los colonos de Chile. No debe creerse que esas agrupaciones de modestos edificios que los antiguos documentos denominan ciudades, merecieran propiamente el nombre de tales, ni siquiera que pudieran soportar la comparación con las verdaderas ciudades que entonces se levantaban ya en otras provincias de América, y sobre todo en México y el Perú. Eran pobres villorrios formados por casas mezquinas, en su mayor parte cubiertas con techos de paja. Pero Santiago había dejado de ser la aldea miserable habitada por unos cuantos centenares de individuos. En 1610 tenía 200 casas;[332] diez años después el Cabildo computaba en 250 el número de sus vecinos, es decir, individuos domiciliados con sus familias y gozando los fueros y derechos de vecindad.[333] Por fin, en 1630 su población, que había aumentado mucho más, no podía bajar de 3.000 habitantes de origen español.[334]

La ciudad se había incrementado y embellecido con nuevas construcciones. Las órdenes religiosas habían ensanchado o terminado sus templos con cierto lujo desconocido en los primeros tiempos. La catedral acababa de ser reconstruida de piedra de cantería con los fondos concedidos por el rey y con las erogaciones de los vecinos. Las casas reales, que ocupaban el costado norte de la

---

de júbilo que después de poco más de un año de instalado ese colegio, dieciséis de sus alumnos se incorporaron en la Compañía.
332 Informe citado del oidor Celada.
333 Acuerdo del cabildo de Santiago, de 10 de marzo de 1621.
334 El obispo Salcedo, en carta dirigida al rey en 10 de febrero de 1632, decía que Santiago tenía menos de 300 vecinos o familias; pero debe tenerse presente que se empeñaba en demostrar la despoblación de Chile y que seguramente la exageraba en sus cálculos. Por el contrario, don Lorenzo de Arbieto, secretario del gobernador Lazo de la Vega, escribía en Concepción en marzo de 1634 un extenso memorial o relación de los sucesos de su tiempo, y allí en el § 36 da a Santiago 500 vecinos. La verdad debe hallarse, según nos parece, entre esta apreciación y la del obispo Salcedo. El memorial de Arbieto está publicado en el tomo II de *Documentos* de Gay, págs. 353-409, pero contiene muchos errores de copia o de impresión, y el nombre mismo del autor está equivocado, sin duda, por no haberse entendido el original. Se le llama Lorenzo de Alnen.

plaza principal, habían sido también reconstruidas para la Audiencia, la tesorería real, el Cabildo, la cárcel pública y las habitaciones del gobernador, y formaban un edificio de ladrillo de dos cuerpos con portales a la plaza. Las habitaciones particulares eran mucho más modestas, sin elegancia ni grandeza arquitectural, construidas con adobes, y en su mayor parte de un solo piso, si bien no faltaban algunas de dos cuerpos, como las que caían a la plaza, cuyos balcones servían para presenciar las frecuentes procesiones y las corridas de toros. Los antiguos solares, que en los primeros tiempos formaban la cuarta parte de la manzana, se habían subdividido en su mayor parte, pero siempre formaban sitios espaciosos, de tal suerte que cada casa tenía en su interior un huerto de árboles frutales, en que se cultivaban, además, plantas útiles y de adorno, y tenía también locales para la crianza de aves domésticas.

    La modesta sencillez de la vida de los primeros días de la colonia comenzaba a desaparecer. Los habitantes de Chile, como los que poblaban las otras posesiones españolas, tenían una inclinación que puede llamarse hereditaria por el lujo y la ostentación; y desde que se formaron algunas fortunas más o menos considerables, sus poseedores dieron en la medida de sus fuerzas, rienda suelta a estos gustos. En las casas de los ricos se notaba en los adornos del edificio, en los muebles, en la vajilla y en las alhajas, ciertas aspiraciones al lujo, que formaban contraste con la pobreza general del país. Pero era en los trajes en lo que se gastaba más ostentación. El obispo de Santiago, testigo de esta transformación de las costumbres, hija como se comprende del desarrollo de la riqueza pública, lo atribuía al influjo de la Real Audiencia, cuyos miembros, pagados con un sueldo considerable, podían llevar una vida ostentosa e incitaban con su ejemplo a hacer gastos desordenados. «La Audiencia, decía, ha causado graves daños en este reino, que por poder deponer acerca de él de más de cuarenta años, lo digo con esta resolución. Entre ellos es que solían sus habitadores ser hombres llanos, el traje honesto, hechos a sufrir trabajos en la guerra y fuera de ella, a acompañar a los gobernadores, y a ayudarlos con lo que la tierra da: hoy ha entrado la locura de los trajes tan aprisa que trabajan solo para sustentar la vanidad, olvidados de sus obligaciones y solo acordados de que sus padres y abuelos sirvieron a Vuestra Majestad.»[335] Poco más tarde insistía nuevamente sobre el mismo punto. «Otro daño, decía, se ha seguido a

---

335 Carta del obispo Salcedo al rey, de 15 de febrero de 1633.

los vecinos y moradores de esta ciudad, que muchos no advierten (aunque lo padecen) que después que vino la Audiencia sus trajes y adornos de mujeres son tan costosos y cortesanos que para sustentarlos me consta que no visten a sus hijos, ni los traen a las escuelas muchos de ellos por parecer honrados en la plaza, y rompen sedas y telas, y siempre viven adeudados por sustentar el lustre que no era necesario ni se usaba cuando había en esta ciudad un teniente general o un corregidor, y se pasaban entonces los vecinos y moradores con vestirse de paño, y tenían más descanso, y la tierra sobrada de todo.»[336]

Si estos gastos de vestuario y de lujo imponían sacrificios considerables a los colonos, la satisfacción de las necesidades materiales de la vida no costaba casi nada. Los alimentos se obtenían con muy poco gasto. «Es toda aquella tierra tan fértil y abundante de mantenimientos en todas las partes que se cultivan y benefician, decía por esos años un inteligente observador, que casi todos los de las tierras de paz y pobladas, comen de balde, y por ninguna parte poblada se camina que sea menester llevar dinero para el gasto del mantenimiento de personas y caballos; por lo que, aunque hay gente pobre en aquella tierra, no hay ninguno mendigante.»[337] Esta misma abundancia de los artículos alimenticios ofrecía los más graves inconvenientes. Las clases inferiores, sobre todo,

---

336 Carta del mismo, de 16 de agosto de 1633. El padre Alonso de Ovalle, que escribía diez años más tarde su *Histórica relación del reino de Chile*, describe en los términos siguientes el lujo de la ciudad de Santiago: «Hay muy pocas ciudades en las Indias que la igualen en las galas y lustre de sus habitantes, particularmente a las mujeres (pluguiese a Dios no fuese tanto, que otro gallo les cantara, porque como todo esto va de Europa, vale allá carísimo, y así causa esto grandes empeños). Quien viere la plaza de Santiago y viere la de Madrid, no hará diferencia en cuanto a esto de la una a la otra, porque no salen más de corte los ciudadanos, mercaderes y caballeros a ésta que a aquélla, y si hablamos del aseo y riqueza de las mujeres en sus adornos y vestidos aun es mucho más y más universal, porque como las españolas no sirven allá de ordinario, todas quieren ser señoras y parecerlo según su posible, y la competencia de unas con otras sobre aventajarse en galas, joyas, perlas y preseas para su adorno y libreas de sus criados (que suelen ser muchos los que llevan detrás de sí) es tal que por ricos que sean los maridos, han menester todo lo que tienen, particularmente si es gente noble, para poder satisfacer a la obligación y decencia de su estado, según está ya recibido». Libro V, capítulo 5.
Este lujo desordenado llamó la atención de las autoridades, que se propusieron corregirlo. El cabildo de Santiago, después de los acuerdos de 17 y 23 de octubre de 1631, formó una ordenanza de catorce artículos que reglamentaba bajo penas el uso de los trajes; pero esta ordenanza, como ha sucedido casi siempre con las leyes suntuarias, quedó sin aplicación en la práctica.

337 González de Nájera, *Desengaño y reparo de la guerra de Chile*, pág. 54.

seguras de satisfacer sus más premiosas necesidades, no se sentían estimuladas al trabajo; y esta situación daba origen a la vagancia y a la ociosidad. La frecuencia de los días festivos contribuía a desarrollar la pasión por la ebriedad que los mestizos parecían haber heredado de los indios, y que daba origen a borrascosas orgías terminadas, de ordinario, por sangrientas pendencias. Los reglamentos dictados por la autoridad, los castigos severos que se aplicaban a los ebrios, ya fueran indios, mestizos o negros, no bastaban para corregirlos; como fueron también ineficaces las predicaciones de algunos religiosos para hacer desaparecer aquellas bárbaras costumbres, que solo podían morigerar una cultura superior y los hábitos de trabajo.

Por triste y monótona que debiera ser la vida en una ciudad pobre, de cerca de 3.000 habitantes, y situada a tan gran distancia de la metrópoli y de los grandes centros de población en las colonias, Santiago gozaba en Chile del prestigio y de la estimación de una especie de Corte. Era el asiento del gobierno civil, de la Audiencia, de la gente más acaudalada y del movimiento industrial y comercial. El lujo desordenado de sus habitantes y la frecuencia de fiestas públicas le daban cierta animación y realzaban su prestigio. Esas fiestas consistían en las lidias de toros y en las corridas de cañas y sortija que se jugaban en la plaza principal por los caballeros de más alto rango de la colonia. Pero las fiestas religiosas, las ostentosas procesiones, mucho más frecuentes todavía, daban más animación a la ciudad. Los jesuitas, que habían impreso a estas fiestas cierto carácter dramático por medio de la representación material de algunos pasajes de la historia sagrada, introdujeron también en ella la representación de diálogos de carácter místico por medio de jóvenes que aparecían vestidos con trajes adaptados a las circunstancias. Además de aquellas representaciones, los habitantes de Santiago conocieron por esos años verdaderas comedias, probablemente también sobre asuntos religiosos, como los autos sacramentales de los españoles. En enero de 1626, con motivo de las celebraciones que se hicieron por el restablecimiento de la guerra ofensiva, tuvieron lugar las primeras fiestas de esta clase de que se haga mención en las historias.[338]

---

338 Rosales, *Historia general*, libro VII, capítulo 1.

Capítulo VIII. Gobierno de don Francisco Lazo de la Vega; sus primeras campañas (1629-1632)

1. Don Francisco Lazo de la Vega nombrado gobernador de Chile. 2. Llega a Chile con un refuerzo de tropas organizado en el Perú. 3. Primeros sucesos militares de su gobierno. 4. En Santiago se teme un levantamiento general de los indios. 5. El gobernador saca de Santiago, con grandes resistencias, un pequeño contingente de tropas. 6. Victoria de los españoles en la Albarrada: sus escasos resultados. 7. Largo litigio entre la Audiencia y el gobernador por querer éste obligar a los vecinos de Santiago a salir a la guerra. 8. Nueva campaña de Lazo de la Vega contra los indios.

1. Don Francisco Lazo de la Vega nombrado gobernador de Chile

La noticia de la muerte del gobernador de Chile, don Pedro Osores de Ulloa, llegó a Madrid a fines de 1625. Comunicábala el virrey del Perú, anunciando, al mismo tiempo, que el gobierno interino quedaba en manos del general don Luis Fernández de Córdoba, cuyas cualidades para el mando recomendaba empeñosamente. Desentendiéndose de esas recomendaciones, Felipe IV determinó enviar a Chile un militar prestigioso que diese impulso a las operaciones de la guerra efectiva decretada pocos meses antes.[339] Su elección recayó en don Pedro Dávila, caballero principal, hijo segundo del marqués de las Navas, pero acerca de cuyos antecedentes militares no hallamos mención especial en los documentos de esa época. Por motivos que nos son también desconocidos, esa designación quedó sin efecto después de haber pasado este caballero largo tiempo haciendo sus preparativos. En esas circunstancias, el rey expidió en Madrid, el 16 de marzo de 1628, una real cédula por la cual nombraba a don

---

[339] Don Gonzalo de Céspedes y Meneses, en su *Historia de Felipe IV*, Barcelona, 1634, libro VI, capítulo 11, escribe lo siguiente: «También en Chile (en el presente) la guerra que estaba amortiguada, tomó como antes ofensiva. Habíase estado como en tregua catorce años, entendiendo que con el ocio templaríamos mejor la furia de los bárbaros; mas sucediendo esto al revés, pues multiplicados en la paz crecían de fuerzas y soberbia, y no menguaban de rencor, Su Majestad mandó avivarla y que don Luis de Córdoba (nombrado por su gobernador) fuese de Lima, como lo hizo para Arauco en ahuyentando a los rebeldes, etc., etc.». Sin duda el rey dio a Fernández de Córdoba órdenes de activar la guerra ofensiva, pero no es exacto que lo nombrara gobernador de Chile. Ese capitán gobernó en Chile solo interinamente por nombramiento de su tío, el marqués de Guadalcázar, virrey del Perú, como hemos contado.

Francisco Lazo de la Vega gobernador y capitán general de las provincias de Chile por un período de ocho años.

Era don Francisco Lazo de la Vega un noble caballero de Santander, que frisaba entonces en los cuarenta años de edad y que contaba más de veinte de buenos servicios militares. Desde la renovación de la guerra en Holanda, en 1621, se hallaba sirviendo en este país bajo las órdenes del famoso marqués de Spínola, y se ilustró por algunas atrevidas empresas que le granjearon la más alta fama de valiente. En 1622, en el sitio de la plaza de Bergen, y siendo capitán de infantería, se le encargó una noche el asalto de unas trincheras enemigas. «Era don Francisco de los que llamaban desbocados, dice un soldado que servía a sus órdenes, y así quiso conseguir lo que otros no pudieron.» El combate fue reñidísimo y duró toda la noche; pero por más prodigios de valor que hicieron los españoles, les fue imposible vencer la resistencia heroica de los holandeses, y al amanecer tuvieron que replegarse a su campamento con pérdidas considerables. «Salió don Francisco Lazo y todos tan otros de lo que entraron, continúa el mismo soldado, que parecían demonios, de la noche que habían pasado, negros y deslustrados del humo de granadas, pez y alquitrán que echaban (los holandeses) y de la arcabucería, todos mustios y tristes que apenas se atrevían a levantar ninguno la cabeza a mirar a otro. Venía mi capitán (Lazo de la Vega) pasados los calzones y las ligas de arcabuzazos y del fuego y cascos de granada. Díjele: "Parece que a vuestra merced le han picado grajos"; respondiome: "Es verdad, mas eran de plomo".»[340]

Pocos días después de este combate, los holandeses de Bergen hicieron una salida de la plaza, se apoderaron de algunos bastiones de los sitiadores y pretendieron, todavía, tomar otro que estaba al lado de aquéllos. «Este guarnecía mi capitán don Francisco Lazo con su compañía, dice el mismo soldado cronista; y

---

[340] *Relación de la vida del capitán Domingo de Toral y Valdés escrita por él mismo.* Esta relación que es un tejido de las más curiosas aventuras, contadas con la mayor naturalidad y sin pretensiones de ninguna clase, forma un cuadro muy interesante para conocer la vida militar de los soldados españoles del siglo XVII, no solo en Europa sino en la India y en otros países del oriente, que el autor recorrió. Forma un pequeño volumen que se conservaba manuscrito en la Biblioteca Nacional de Madrid, bajo el número H 55. Pero en 1879 ha sido insertado en las págs. 495-547 del tomo 71 de la Colección de documentos inéditos para la historia de España. Solo algunas páginas de esta relación tienen atingencia con nuestra historia, por cuanto Toral y Valdés hizo sus primeras armas en Flandes, sirviendo de soldado en la compañía de don Francisco Lazo de la Vega, y ha dado acerca de éste noticias biográficas que no se hallan en ninguna otra parte.

con notable valor caló la pica y dijo a los demás que le siguiesen, y dando voces "Santiago", cerramos con ellos arrojándolos del ramal que ocupábamos. El enemigo que oyó españoles, entendió que era mucha cantidad de ellos al socorro; retirose; y perdió lo que había ganado, y mi capitán las volvió a entregar (las trincheras) a quien las había perdido, de que le resultó los aumentos que hoy tiene.» En efecto, Lazo de la Vega fue hecho capitán de caballería, obtuvo el hábito de la orden de Santiago, y antes de mucho, nuevos ascensos militares por su valiente comportamiento en aquella campaña. En marzo de 1628 acababa de ser nombrado gobernador del distrito de Jerez de la Frontera, en Andalucía. El rey, cambiando entonces de determinación, le confió el gobierno de Chile por la cédula que hemos mencionado más arriba.

Lazo de la Vega no tenía hasta entonces la menor idea de las cosas de Chile. Su primer cuidado fue recoger todas las noticias que acerca de este país podían suministrarle las personas que habían militado en él, y la correspondencia de sus últimos gobernadores. Comprendió, luego, que para adelantar la guerra necesitaba armas y tropas. Con no poca diligencia consiguió apenas que se le dieran en los almacenes del rey 300 mosquetes, 200 arcabuces vizcaínos, 200 picas y 200 coseletes o armaduras más o menos completas, bajo la obligación de pagar su importe en Chile o el Perú con los dineros del situado real;[341] pero le fue imposible obtener un solo soldado. España estaba empeñada en grandes guerras en Europa, y no podía disponer de gente ni de dinero. Felipe IV se limitó por esto a recomendar empeñosamente al virrey del Perú que prestase todos los auxilios posibles al gobernador de Chile. Entonces, cabalmente, el rey acababa de confiar el primero de esos cargos a don Jerónimo Fernández de Cabrera y Bobadilla, conde de Chinchón; y éste recibió junto con las cédulas en que se le mandaba socorrer a Chile, las recomendaciones por las cuales pudo conocer los deseos del gobierno metropolitano de llevar a término la pacificación de este país.

2. Llega a Chile con un refuerzo de tropas organizado en el Perú

Las guerras en que estaba envuelta España hacían en esos momentos muy peligrosa la navegación del Atlántico, porque las escuadras enemigas acecha-

---

[341] En efecto, hallándose en Lima en 1629, remitió a los oficiales de la casa de contratación de Sevilla el valor de las armas que se le habían entregado en España por cuenta del rey. Así lo escribió a éste en carta fechada en Yumbel el 27 de abril de 1630.

ban las flotas de América con la esperanza de hacer una buena presa. Los galeones que partían anualmente para Puertobello, salieron ese año (1628) con algún retardo.**342** En ellos hicieron su viaje los dos nuevos mandatarios que venían a estos países, el conde de Chinchón, virrey del Perú, y don Francisco Lazo de la Vega, gobernador de Chile, y llegaron a las costas de América sin el menor contratiempo. En esos buques venían también muchos individuos que, burlando la vigilancia de las autoridades españolas, pasaban a establecerse o a negociar en las Indias sin el permiso real que exigía la ley. «Acordado de la diligencia que por mandado de Vuestra Majestad se puso en España para que no se embarcase gente sin licencia para que no se despoblase, escribía Lazo de la Vega, teniendo noticia que venía cantidad sin ella, que pues, la derrota que traían era para pasar a este reino (el Perú), pedí al virrey que en Panamá se hiciese lista de ellos y se les sentase plaza para Chile, pues de esto se seguían muchos efectos del servicio de Vuestra Majestad, como llevar gente donde tanta necesidad hay y donde de tan mala gana van, y que ésta estaba costeada por su cuenta hasta allí, y que de esta manera se estorbaba que los años siguientes se embarcasen contra el orden de Vuestra Majestad, pues las nuevas de llevarlos a aquel reino (Chile) los haría retroceder del intento a los que lo tuviesen, y que la que pasaba de esta manera no servía en este reino (Perú) sino de alborotarlo, como se experimenta cada día por ser sin obligaciones y esta tierra libre. Volvile a hacer este recuerdo en Panamá. Parecióle tiempo entonces; y pues, no lo llevó a cabo, convino otra cosa. Yo sentí perder tan buena ocasión, y ahora más, pues, ha salido cierta mi presunción de que aquí se hace mal gente para Chile, porque como éste es paraje donde descansan los que escapan de su guerra, y describen tan mal sus comodidades, se guardan otros de ir a padecerlas, y si se hace alguna (gente) es a poder de agasajo de quien la conduce.»**343**

---

342 Lazo de la Vega en sus cartas al rey en que da cuenta de su viaje, no señala la fecha de su partida de España. Don Dionisio de Alcedo en su Aviso histórico, § XVIII, dice que la flota de galeones salió ese año el 14 de agosto, pero esta fecha me parece equivocada, como muchas otras de ese libro, porque no se armoniza bien con otras que nos son perfectamente conocidas, como la del arribo de Lazo de la Vega a Paita a fines de octubre del mismo año.

343 Carta de don Francisco Lazo de la Vega al rey, Lima 31 de mayo de 1629. Don Lorenzo de Arbieto, secretario del gobernador, confirma estas noticias en la relación citada. Ambos documentos revelan cuán poco eficaces y cuán poco respetadas eran las ordenanzas que

La armada del Mar del Sur esperaba al nuevo virrey en el puerto de Panamá. En ella se hicieron a la vela para el Callao el conde de Chinchón y el gobernador de Chile. Este último, sin embargo, desembarcó en Paita el 28 de octubre y siguió su viaje por tierra para acelerar en Lima sus aprestos militares.[344] El marqués de Guadalcázar, que mandaba todavía en el Perú, ofendido, sin duda, del desaire que se le hacía, privando a su sobrino del gobierno de Chile, recibió con frialdad a Lazo de la Vega: pero cuando se recibió del mando el nuevo virrey (14 de enero de 1629), se impartieron órdenes premiosas para reclutar gente en Lima y en las provincias. Por más actividad que se desplegara en estos preparativos, pasaron algunos meses sin poder reunir el contingente de tropas que se creía indispensable, tantas eran las resistencias que las gentes oponían a tomar servicio en el ejército de Chile.

Mientras tanto, las noticias que llegaban de este país eran cada vez más alarmantes. Hallábase entonces en Lima el general don Diego González Montero, enviado allí a cobrar el situado y a pedir socorros. En un memorial que presentó al virrey con este motivo, consignaba al terminar las palabras siguientes: «Si el señor gobernador don Francisco Lazo de la Vega fuere sin la gente que forzosamente pide el reino y yo en su nombre, siento que no solo va a aventurar y perder su reputación sino a perder aquella tierra, alzándose las reducciones de los indios amigos».[345] Antes de mucho llegaron a Lima las noticias de los nuevos desastres que los españoles de Chile habían sufrido en Chillán y en las Cangrejeras, y de la situación peligrosa en que quedaba el reino. Contábanse, además, otras más inquietantes todavía, y que por increíbles que fuesen, debían

---

prohibían a los españoles y a los extranjeros el pasar a América sin permiso expreso del rey. Arbieto dice que en Panamá daban el sobrenombre de «llovidos» a los que llegaban de Europa de esa manera.

344 Don Francisco Lazo de la Vega, que ha referido su viaje en la carta citada, no fija la fecha de su salida de España, ni de su arribo a Puertobello, ni la de su partida de Panamá. Cuenta sí que por encargo del rey inspeccionó las fortificaciones de esas dos plazas, como había inspeccionado las de Cartagena de Indias a su paso por esta ciudad, y que dio su informe por escrito. Don Lorenzo de Arbieto dice que Lazo de la Vega desembarcó en Paita el 28 de diciembre, pero hay en esto un error probablemente de pluma, como se comprueba por la carta citada de Lazo de la Vega y por una representación que hizo al cabildo de Santiago en septiembre de 1630 para pedirle ciertos auxilios, y en que recuerda algunos accidentes de su viaje. En ambas piezas dice que desembarcó en Paita en 28 de octubre de 1628.

345 Memorial de don Diego González Montero sobre el estado del reino de Chile, presentado al virrey del Perú el 22 de marzo de 1629, y remitido a España para conocimiento de Felipe IV.

producir una gran alarma en el Perú y en España. «Parece, por las relaciones que remito, escribía Lazo de la Vega al rey, que el enemigo (los indios) tiene hecha confederación con el holandés de ayudarle cuando venga a poblar el puerto de Valdivia, que hoy es suyo, y sin que se lo estorben, puede hacerlo y evitar el socorro que pudiera ir de la Concepción y de Santiago; y si se cortase, como de esta manera se corta, la navegación, se perderá la provincia de Chiloé; y apoderado el enemigo de este puerto, hará gran mal a la contratación (comercio) del Perú, y para recobrarlo será necesario que la fuerza venga de España y ha de ser de gran costa de Vuestra Majestad.» Así, pues, el aspecto que presentaban todas las cosas de Chile no podía ser más sombrío.

Esto mismo obligó al virrey a redoblar su empeño para completar el socorro que debía traer don Francisco Lazo de la Vega. Pero después de cerca de diez meses de los más activos afanes, apenas se habían reunido cerca de 500 soldados. El gobernador de Chile, dispuesto a entrar en campaña con ese pequeño refuerzo, representaba al rey que si no se le enviaban socorros más abundantes de España, sería imposible terminar la guerra. Otro motivo de inquietudes más serias todavía era el temor de hallarse en poco tiempo completamente desprovisto de recursos pecuniarios. El situado real había sido concedido hasta el año de 1626, y prorrogado enseguida por tres años más. Lazo de la Vega, conocedor de las angustias por que pasaba el tesoro español, temía con fundamento que Felipe IV retirase esa subvención al reino de Chile, y que éste se hallara en 1630 en la más absoluta imposibilidad de pagar sus tropas y de hacer frente a las mil necesidades de la guerra. Lazo de la Vega, en sus cartas a Felipe IV, solicitaba la subsistencia del situado;[346] y sus representaciones, apoyadas también por el virrey del Perú, fueron debidamente atendidas en los consejos del soberano. Aquella subvención se mantuvo como un gasto indispensable de que no podía desentenderse la Corona.

Terminados sus aprestos, el gobernador de Chile se embarcaba en el Callao el 12 de noviembre (1629), en tres embarcaciones que estaban listas para transportarlo con toda su gente. Después de una navegación de cuarenta días, sin otro accidente que un temporal ocurrido al llegar a su destino, Lazo

---

[346] Lazo de la Vega escribió desde Lima dos cartas al rey, una el 31 de mayo, duplicada el 2 de junio, y otra el 29 de octubre del mismo año de 1629. En ellas le da cuenta de sus aprestos para partir a su destino y de las causas que lo retardaban en el Perú, le refiere los desastres ocurridos a las armas reales de Chile y hace las peticiones que mencionamos en el texto.

de la Vega bajaba a tierra en la ciudad de Concepción el 23 de diciembre, y pocas horas más tarde se recibía solemnemente del gobierno de la colonia. Obedeciendo a las sugestiones de los que pensaban todavía que era posible aplacar a los bárbaros por los medios de suavidad, el gobernador había traído del Perú algunos indios enviados de Chile como esclavos, e inició su administración poniéndolos en libertad para que volviesen al seno de sus familias.[347] Ya veremos el fruto que produjo este acto de clemencia.

3. Primeros sucesos militares de su gobierno

Lazo de la Vega, que venía precedido de la reputación de militar muy experimentado, y que traía un refuerzo de tropas y de armas, fue recibido con gran contento por todo el reino. El mismo Fernández de Córdoba, aunque privado del gobierno que, sin duda, creía merecer, se manifestó satisfecho de entregarlo a un sucesor que en esas circunstancias se condujo como un cumplido caballero. En efecto, el nuevo gobernador, en vez de acoger las acusaciones forjadas contra el jefe que lo había precedido en el mando, como solían hacerlo otros en idénticas circunstancias, guardó a éste todo orden de consideraciones, y en el juicio de residencia que estaba obligado a tomarle, lo declaró exento de toda culpa. Fernández de Córdoba regresaba poco más tarde al Perú (28 de abril de 1630) garantido por un fallo judicial por el cual constaba que había desempeñado el gobierno de Chile del mejor modo que le era posible, dadas las dificultades de la situación y la escasez de sus recursos.

Desde que Lazo de la Vega comenzó a imponerse del estado de la guerra, comprendió la magnitud de la empresa en que se hallaba comprometido. El enemigo, más poderoso y arrogante que nunca con la inacción de los españoles durante los catorce años de guerra defensiva y con los desastres que éstos habían sufrido al renovar las hostilidades, se mantenía en una actitud inquietante y amenazadora. Mientras tanto, el ejército español, muy reducido en su número, escaso de armas y más o menos desmoralizado, experimentaba, además, la falta de víveres y de municiones. Las estancias del rey, fundadas por Alonso de Ribera, estaban despobladas de ganado, y no se habían hechos

---

[347] Santiago de Tesillo, Guerra de Chile, causas de su duracion, advertencias para su fin, pág. 16. Aunque tenemos a la vista la primera edición de este libro publicada en Madrid en 1647, citaremos en estas notas la reimpresión que hicimos en el V tomo de la *Colección de historiadores de Chile* por ser aquélla excesivamente rara.

las grandes siembras de cereales que se acostumbraba hacer en los años anteriores. Impuesto desde Lima de este estado de cosas, el gobernador había encargado al cabildo de Santiago que le enviasen a Concepción una cantidad considerable de ganado y de otros artículos para el ejército; pero, aunque todo debía ser entregado en cambio de algunos objetos que necesitaba el Cabildo, esta corporación se halló en las mayores dificultades para hacer esa provisión.[348] Por otra parte, los dineros del situado estaban comprometidos con deudas considerables; pero Lazo de la Vega se dio trazas para comprar los artículos que le eran más necesarios para la subsistencia del ejército. A fin de estar prevenido contra las asechanzas del enemigo, reforzó las guarniciones de algunas plazas; y cuando creyó que era llegado el momento de recomenzar las operaciones militares, «despachó correos a las ciudades del reino con cartas a los prelados eclesiásticos y religiosos, encargándoles mucho tuviesen particular cuidado de encomendar a Nuestro Señor afectuosa o instantemente los buenos sucesos de paz y guerra», y recomendando a los corregidores que no se descuidasen en el castigo de los pecados públicos, como medio seguro de obtener

---

[348] Esta negociación merece ser explicada en esta nota porque da a conocer en cierta manera el estado del país en esa época. El cabildo de Santiago, al saber que don Francisco Lazo de la Vega había llegado a Lima, le escribió una carta de felicitación, en que también le daba cuenta de la situación del reino, y le pedía que comprase 200 armas de fuego para la defensa de la ciudad. Lazo de la Vega aceptó este encargo, y pidió al Cabildo que en pago de esas armas se le enviaran a Concepción 4.000 vacas. El cabildo de Santiago recibió la contestación del gobernador el 5 de diciembre de 1629, y recogiendo erogaciones de sesenta o setenta estancieros, reunió 2.634 cabezas de ganado que remitió a Concepción. Lazo de la Vega llegó a esta ciudad, como ya contamos, el 23 de diciembre de 1629. Desde allí comunicó su arribo al cabildo de Santiago y le avisó que le traía del Perú 200 arcabuces nuevos que a razón de 35 pesos cada uno, importaban 7.000 pesos; y 188 mosquetes a 40 pesos, que valían 7.520 pesos. El Cabildo recibió esa comunicación el 5 de enero de 1630. Ese mismo día se ocupó en hacer los preparativos para recibir al nuevo gobernador; pero el monto de la cuenta por la cual se le hacía deudor de 14.520 pesos produjo una desagradable impresión en la asamblea. Se recordó que en la carta escrita a Lazo de la Vega solo se le habían pedido 200 arcabuces, y que se esperaba que los hubiese comprado al precio corriente de 12 pesos cada uno, a que se habían obtenido en otras ocasiones. En consecuencia, se acordó contestar al gobernador que el Cabildo no tenía con qué pagar esas armas, y que las comprase para el ejército o que las enviase a Lima para venderlas otra vez. El Cabildo, sin embargo, no insistió largo tiempo en esta negativa, y al fin se avino a tomar las armas, comprometiéndose a pagarlas poco a poco y, en efecto, luego envió al gobernador otras 1.000 cabezas de ganado vacuno. Las armas llegaron a Santiago en febrero siguiente (1630), y el Cabildo dejó constancia en el acuerdo de 21 de ese mes de que eran de buena calidad. Ya veremos el servicio que ellas prestaron en esos mismos días.

la protección del cielo;[349] «prevención digna de alabanza», dice el historiador que ha consignado estos rasgos de la credulidad religiosa de aquella época.

A pesar de estas prevenciones, el gobierno de Lazo de la Vega se estrenó con un espantoso desastre. Los bárbaros del otro lado del Biobío, siempre dispuestos a renovar la lucha contra los españoles, fueron esta vez excitados por los mismos indios que el gobernador trajo del Perú y a quienes acababa de poner en libertad. Desde mediados de enero de 1630 se presentaron en número de más de 3.000 guerreros por el lado de Lebu, en la región de la costa. Bajo las órdenes de un caudillo llamado Butapichón, que tenía conquistado gran renombre entre los suyos, comenzaron a inquietar la plaza de Arauco, poniendo en dispersión a los indios amigos que habitaban los campos vecinos. El maestre de campo don Alonso de Figueroa, que mandaba en esa plaza, impuesto de la proximidad del enemigo, salió en su busca el 24 de enero a la cabeza de tres compañías de caballería y seis de infantería. Después de las primeras escaramuzas en que las ventajas parecían quedar por parte de los españoles, los indios, ocultando artificiosamente el grueso de sus tropas, fueron retirándose hacia el sur hasta situarse en un lugar que les ofrecía todas las condiciones posibles para la defensa. El maestre de campo Figueroa, cediendo a las instancias de sus capitanes, y despreciando los informes dados por un mestizo que acababa de desertar del campo enemigo, emprendió la persecución de los indios sin tomar las precauciones convenientes. Sus tropas atravesaron los campos de Millarapue, e internándose en las serranías vecinas por un camino estrecho conocido con el nombre de Paso de don García, comenzaron a bajar con poco orden al angosto valle de Picoloé o Picolhué, en que estaba acampado el enemigo. Allí se trabó un reñidísimo combate. Los españoles, sin poder hacer entrar en batalla todas sus fuerzas, fueron envueltos por los indios, y a pesar de la valentía con que se defendieron, quedaron derrotados con pérdidas de más de cuarenta oficiales y soldados entre muertos y prisioneros, y de muchos indios auxiliares. En esta desastrosa jornada perdieron seis capitanes, algunos de ellos de gran renombre, siete alféreces y otros individuos útiles e importantes del ejército; pero los indios, satisfechos con su victoria, no emprendieron la persecución de los fugitivos, de tal suerte que el maestre de campo pudo regresar

---

349 Tesillo, obra citada, pág. 18.

a Arauco ese mismo día con el grueso de sus tropas sin ser inquietado en la retirada, en que habría podido completarse su desastre.[350]

Rodeado de inquietudes y de alarmas de toda clase, y teniendo que oír los consejos contradictorios de sus capitanes, Lazo de la Vega, que por otra parte se sentía enfermo desde que llegó a Chile, vacilaba en tomar una determinación acerca de la manera de hacer la guerra a los indios. Al fin, a mediados de marzo, entraba resueltamente en campaña con un cuerpo considerable de tropas, y llegando hasta Purén sin hallar resistencia, penetró en la famosa ciénaga que siempre había sido el más formidable asilo del enemigo.[351] Los indios, según su vieja táctica, evitaron cuidadosamente el presentar una batalla que podía serles funesta, y dispersándose en todas direcciones, dejaron a los españoles sin tener contra quién combatir. El gobernador consiguió, sin embargo, apresar algunos dispersos, y no pudiendo hacer otra cosa, mandó ejecutar las destrucciones acostumbradas de ganados y de rancherías, antes de dar la vuelta hacia el norte. Aquella campaña, como debe suponerse, no tuvo consecuencia alguna en la suerte posterior de la guerra.

Lejos de eso, tan luego como los españoles se retiraron de Purén, los indios volvieron a reconcentrarse para renovar sus habituales correrías. El activo Butapichón formó un cuerpo de guerreros a cuya cabeza cruzó el Biobío en los primeros días de mayo, y burlando la vigilancia de los destacamentos españoles que guarnecían la línea de la frontera, penetró hasta el distrito de Coyanco, a corta distancia del río Itata. Allí comenzaron a ejercer los bárbaros sus acostumbradas depredaciones en las estancias de los españoles y en los campos poblados por los indios de paz.

El gobernador se encontraba en esos momentos acampado en el fuerte de Yumbel; pero sus enfermedades lo tenían postrado en cama. Sin embargo, el 13 de mayo, al tener la primera noticia de la entrada de los indios de guerra, mandó poner sobre las armas un cuerpo de 400 soldados españoles y de cien

---
350 La batalla de Picolhué, o del Paso de don García, como otros la llaman, a la que consagra solo unas cuantas líneas Lazo de la Vega en su carta al rey de 27 de abril de 1630, ha sido referida prolijamente por Tesillo en las páginas 18-20 del libro citado. El padre Rosales, que se halló en esta jornada, la cuenta también sumariamente, pero ha consignado circunstancias que completan el conocimiento de los hechos.
351 Los españoles comenzaban a dar a esta ciénaga el nombre de la Rochela de Purén, en recuerdo del puerto de Francia en que los protestantes se habían defendido durante trece meses (1627-1628) contra el ejército de Luis XIII.

indios auxiliares, se colocó él mismo a su cabeza, y emprendió aceleradamente la marcha, haciendo que la caballería llevase a los infantes a la grupa. Cerca de dos días caminó de esa manera sin darse más que algunas horas de descanso. En la tarde del 14 de mayo, casi desesperado de alcanzar al enemigo, mandó hacer alto en el sitio denominado los Robles, donde pensaba pasar la noche. Lazo de la Vega, extenuado de cansancio y de fatiga, se tendió sobre la yerba para darse algún reposo, mientras los soldados de la vanguardia desensillaban sus caballos y arrimaban sus armas creyéndose lejos de todo peligro.

Los indios de Butapichón, ocultos en los bosques vecinos, habían visto pasar a los españoles y espiaban cautelosamente todos sus movimientos. Creyendo que la ocasión era propicia para empeñar el combate, salieron del monte a carrera tendida por tres puntos diversos, y cargaron sobre sus enemigos con tanto ímpetu que no fueron sentidos sino cuando habían dado muerte a algunos de éstos, y atropellado las caballadas, que a su vez desorganizaron a la retaguardia española cuando iba llegando al campo. En medio de la confusión indescriptible producida por una sorpresa tan brusca e inesperada, la victoria de los bárbaros parecía segura e inevitable. Pero, aunque toda resistencia parecía inútil, el gobernador montó a caballo, desenvainó su espada, y dando voces a los suyos, comenzó a alentarlos con su ejemplo a la resistencia a todo trance. Los españoles trabaron la pelea con arma blanca, porque los infantes no podían usar sus arcabuces. «Esto duró más de una hora sin que conociese soldado a su capitán, ni capitán a soldado, dice un cronista contemporáneo. Todo era voces, y todo una confusión horrible. Peleábase desordenadamente, pero con maravilloso valor.» Al acercarse la noche, los indios, persuadidos de que no podían completar el destrozo de la división española, comenzaron a retirarse llevándose consigo los numerosos cautivos que habían tomado en los primeros momentos del asalto. El campo quedaba sembrado de cadáveres de indios y de españoles, y en medio de ellos pasó la noche el gobernador, esperando por momentos la renovación del combate. En la mañana siguiente pudo contar las pérdidas sufridas en esa jornada, veinte muertos, más de cuarenta heridos y un número harto mayor de cautivos, si bien muchos de ellos lograron fugarse de las manos de sus aprehensores cuando éstos volvían aceleradamente a sus tierras a celebrar la victoria y a repartirse el botín cogido en aquella campaña sin que nadie los persiguiera.

Los españoles también cantaron victoria. Por más dolorosas que fueran las pérdidas del combate y, aunque la dispersión y retirada del enemigo no podía considerarse un triunfo verdadero, la jornada de los Robles fue celebrada entonces como un gran acontecimiento, y recordada más tarde como un prodigio operado por el favor divino, y conseguido por la previsión militar, la experiencia y el valor de Lazo de la Vega.**352** Contábase que en la pelea, éste, ayudado por una compañía de oficiales reformados que mandaba personalmente, había decidido la victoria y dado muerte a 280 indios belicosos y escogidos. Creíase, además, que esa batalla no solo había libertado de la invasión enemiga los territorios del sur sino que había conjurado los más serios peligros que amenazaban a la capital del reino.

4. En Santiago se teme un levantamiento general de los indios

En efecto, los habitantes de Santiago vivían desde dos meses atrás en medio de la mayor alarma. A fines de febrero, el gobernador Lazo de la Vega, que se hallaba en Concepción, había comunicado a la Real Audiencia y al corregidor de Santiago que un cuerpo de 3.000 guerreros araucanos se dirigía por la cordillera de los Andes para caer de improviso sobre esta última ciudad. Contaba en sus cartas que había recibido esta noticia por medio de sus espías, y que el plan del enemigo era ocultar sus movimientos en las montañas y bajar al valle por el paso de Rancagua.**353** El gobernador recomendaba que se tomasen en la capital las más activas providencias militares para su defensa y que se juntasen tropas para cerrar ese camino a los indios invasores.

---

352 El cabildo de Santiago expresaba estos sentimientos en sus acuerdos de 14 de septiembre de 1630 y de 23 de septiembre de 1631, pero no consigna sino muy pocas noticias acerca del combate. En nuestra relación, nosotros seguimos la memoria escrita por don Lorenzo de Arbieto, que hemos mencionado antes, y las obras de Tesillo (págs. 25-28), y de Rosales en el lugar citado. Arbieto se halló en la jornada, y fue uno de los primeros heridos que hubo ese día. Su memoria, aunque desprovista de todo valor literario, según lo explicaremos más adelante, es muy útil como documento histórico, y en este sentido fue aprovechada por el padre Rosales.
El sitio en que tuvo lugar este combate, es denominado Los Robles en la mayor parte de los documentos; pero en el acuerdo celebrado por la audiencia de Santiago, presidida por el mismo gobernador, se le denomina Los Membrillares. Ocupa un punto de la ribera sur del río Itata, seguramente en el mismo sitio en que se verificó en marzo de 1814 el combate del Membrillar entre patriotas y realistas.

353 Carta de Lazo de la Vega al rey, escrita en Yumbel el 27 de abril de 1630.

Podría creerse que aquélla era una falsa alarma preparada por el gobernador y sus consejeros. Los vecinos de Santiago, apartados del teatro de la guerra, preocupados por intereses y por cuestiones de otro orden, parecían en cierto modo extraños a los sucesos que se desenvolvían en el sur. Desde tiempo atrás se excusaban de salir a campaña, y hasta habían obtenido del rey que se les eximiese del servicio militar, cuando se creó en Chile un ejército permanente. De la misma manera, el establecimiento del situado dio motivo a los pobladores de la capital para interesarse menos aún por aquellos acontecimientos, porque desde que el rey atendía largamente a los gastos de la guerra, se creyeron aquéllos desligados de toda obligación de contribuir con sus donativos, o lo hacían en mucho menor escala. Acusábaseles por esto de estar dominados por un egoísmo culpable que los incitaba a vivir en medio de las comodidades y de la abundancia, mientras sus hermanos de Concepción y de los distritos del sur llevaban una vida llena de fatigas y de miserias. Lazo de la Vega quiso tal vez hacerles entender con aquel aviso que el peligro era común para todos los habitantes del reino, que todo él estaba expuesto a las hostilidades de los bárbaros y que, por lo tanto, todas las ciudades debían concurrir a la guerra con sus hombres y sus recursos.

Sea de ello lo que se quiera, la noticia comunicada por el gobernador produjo en Santiago una alarma indescriptible. El capitán don Gaspar de Soto, que desempeñaba las funciones de corregidor y de teniente de gobernador, reunió toda la gente que se hallaba en estado de llevar las armas, y fue a situarse a las orillas del río Cachapoal para cerrar el camino a la anunciada invasión de los araucanos cuando éstos bajasen de la cordillera. Pero la inquietud no se calmó con esto: muy al contrario, la salida de la ciudad de los hombres que podían defenderla en caso de un ataque de los indios, dio origen a mayor perturbación. Cada día se anunciaba que los indígenas de tales o cuales lugares, de La Ligua, de Quillota, de Colina, preparaban una sublevación general y que los negros esclavos de los españoles estaban inclinados a secundar el movimiento. El miedo daba alas a estos rumores vagos y desautorizados, y aumentaba la consternación de las familias que habían quedado en la capital.

En esas circunstancias se reunió la Audiencia el 13 de marzo para buscar el remedio a aquella situación. Uno de los oidores, el licenciado don Hernando de Machado, sostuvo que esos temores eran infundados y que no había tales peligros de sublevación de los indios; pero sus otros tres colegas, y con ellos el fiscal, expusieron una opinión diametralmente opuesta, y acordaron que a falta de soldados con que defender la ciudad, se utilizasen los servicios de los frailes de los conventos, comenzando por averiguar cuántos de éstos se hallaban en estado de llevar las armas. Fue inútil que al día siguiente protestase de nuevo el oidor Machado contra tales medidas, expresando que no había razón ni fundamento para tomarlas y que, por el contrario, ellas iban a aumentar la alarma general, a desautorizar al gobierno y seguramente a dar ánimo a los indios y a los negros para sublevarse. La Audiencia, sin hacer caso de tales protestas, acordó que se repartieran arcabuces y municiones a los frailes de los conventos para la defensa de la ciudad, y que se hiciera volver las fuerzas que habían salido a las orillas del Cachapoal, dejando solo una corta partida con el encargo de vigilar al enemigo. Poco más tarde, el 30 de abril, la Audiencia, siempre contra el parecer del oidor Machado, acordaba que se prohibiese a los indios de encomienda andar a caballo sin el permiso expreso de sus amos.[354]

La alarma duró todo ese verano. El gobernador había mandado que los vecinos de la capital se armasen a su propia costa; pero se pasaron algunos meses y no se sintió el menor intento de sublevación de los indios de Santiago ni se tuvo noticia alguna de la anunciada expedición de los araucanos. Dando cuenta al rey de los sucesos de la guerra, Lazo de la Vega le decía que la expedición de los indios dirigida sobre Rancagua y Santiago «se había vuelto despeada por la aspereza y lo largo del camino que llevaba, y ser tiempo en que los campos estaban agotados».[355] Sin embargo, si estas noticias pudieron ser creídas en el principio y dar origen a las alarmas de que hemos hablado, parece que poco más tarde la opinión del oidor Machado había ganado muchos partidarios. Así, cuando algunos meses después el gobernador quiso explotar la impresión que habían producido aquellos anuncios, encontró, como vamos a verlo, la más tenaz resistencia a la ejecución de sus planes.

---

354 Don Miguel L. Amunátegui ha dado a conocer estos acuerdos de la Real Audiencia en el capítulo 5, § 4, del tomo II de *Los precursores de la Independencia*.

355 El padre Diego de Rosales confirma este hecho dando cuenta de la expedición de los indios de Purén contra Santiago por los caminos del otro lado de la cordillera. Refiere que el caudillo que los mandaba era un indio llamado Guillipangui, que había vivido antes como prisionero en los campos vecinos a la capital, y que habiendo acometido la empresa con toda resolución, se revolvió del camino por el mal estado de sus caballos. Véase el libro VII, capítulo 15 de su *Historia general*.

5. El gobernador saca de Santiago, con grandes resistencias, un pequeño contingente de tropas

La jornada de los Robles, que hemos contado, y más que todo, la entrada del invierno, pusieron término por entonces a las operaciones militares. El gobernador se trasladó a Concepción, y reuniendo al Cabildo y a los vecinos, instó a éstos a que diesen impulso a los trabajos agrícolas para abastecer a la ciudad y al ejército. Empeñado en imitar el ejemplo de «aquel memorable gobernador, grande capitán y soldado, Alonso de Ribera», dice el historiador de Lazo de la Vega,[356] dio éste nueva vida a la estancia del rey denominada de Catentoa, y al efecto aumentó sus ganados para la provisión de las tropas, hasta la cifra considerable de 30.000 vacas. Terminados estos trabajos, el 1 de julio se puso en viaje para la capital.

El Cabildo lo esperaba para hacerle el aparatoso recibimiento acostumbrado en esas circunstancias. Era aquélla una práctica que aquí como en las otras colonias, imponía al Cabildo de la ciudad y a sus habitantes gastos considerables en el adorno de las calles, en la construcción de arcos, en la compra de un dosel y del caballo ensillado que se acostumbraba regalar al gobernador. Pero la entrada de éste a la capital daba origen a una gran fiesta, y nadie podía excusarse de contribuir por su parte a realzar el brillo de esa ceremonia. Lazo de la Vega, previo el juramento de estilo, se recibió solemnemente del mando el 23 de julio, e inmediatamente comenzó a ocuparse en los asuntos administrativos.

Su atención estaba casi absolutamente contraída a los negocios militares. En los primeros meses de su gobierno, Lazo de la Vega había comprendido que con los elementos y recursos que tenía a su disposición, no solo le era imposible dar término a la guerra araucana sino que le sería muy difícil afianzar la paz en la parte del país ocupada por los españoles. Desde Yumbel había escrito al rey que de los 1600 hombres que componían el ejército de Chile, 600 eran viejos e inútiles para el servicio de las armas, y que se proponía reemplazarlos tan pronto como tuviese gente con que sustituirlos. «Será necesario, agregaba, que si Vuestra Majestad, hallando conveniencia en lo que le propongo (el envío de

---

356 El maestre de campo Santiago de Tesillo. Los grandes elogios que al referir estos sucesos tributa Tesillo en la página 30 de su libro a Alonso de Ribera, repetidos también en otros documentos de esa época, revelan que entonces se hacía espléndida justicia a los servicios y a la inteligencia militar y administrativa de ese gobernador.

un socorro de tropas), me lo enviaré y que sean 2.000 hombres, y que vengan con armas, y cantidad de otras 1.000 de repuesto, de mosquetes, arcabuces y hierros para picas, que acá hay madera para astas, por el embarazo de traerlas, que las que hacen en el Perú son malas y caras.» Por más fundamentos que el gobernador de Chile tuviera para justificar este pedido, no debía hallar en la Corte la acogida conveniente porque España no estaba entonces en situación de prestar auxilio a sus colonias.

Sin aguardar el arribo de estos refuerzos, que en ningún caso habrían podido llegar a Chile antes de dos años, Lazo de la Vega estaba resuelto a engrosar su ejército por cualquier medio para la campaña del verano siguiente. Apenas se hubo recibido del mando, hizo anunciar que los vecinos de Santiago que no tuvieran inconveniente formal para ello, debían apercibirse para salir a la guerra en pocos meses más. Esta determinación provocó, desde luego, las más ardientes resistencias. Muchas personas se preparaban para apelar ante la Real Audiencia; pero el gobernador, previendo este peligro, reunió ese tribunal el 7 de agosto, y después de exponerle la situación militar del reino y las medidas que había decretado, pidió que no se admitieran tales apelaciones. «Y los dichos señores (oidores) unánimes y conformes, dice el acuerdo, dijeron y fueron de parecer que el señor presidente, como tal, es cabeza y mirará por la autoridad de Su Majestad, y como gobernador de las cosas de la paz y de la corporación, y como capitán general, es cabeza de la guerra, y que como quien todo preside en lo referido, ordene y disponga su señoría con su gran prudencia y gobierno lo que más conviniere al servicio de Su Majestad y bien general de este reino, a que sus mercedes (los oidores) en particular y en general acudirán con todo cuidado a servir y a ayudar a su señoría en cuanto se ofreciere.»[357]

A pesar del apoyo que esa decisión prestaba a la autoridad del gobernador, tuvo éste que celebrar conferencias y que entrar en arreglos con el cabildo de Santiago cuando llegó el caso de designar a los vecinos que sin inconveniente podían salir a campaña. Lazo de la Vega mostraba las cartas que acababa de recibir de sus lugartenientes, por las cuales se le hacía saber que los indios quedaban preparándose para acometer grandes empresas ese verano; pero el Cabildo insistió en rebajar el número de los vecinos encomenderos que debían

---

[357] Acuerdo de la Real Audiencia de Santiago de 7 de agosto de 1630, publicado por don Miguel L. Amunátegui, en el libro y capítulos citados § 5.

acompañar al gobernador a la guerra, hasta reducirlo a poco más de treinta.[358] Aun hubo algunos de éstos que desobedecieron la orden que se les dio, y que prepararon así las complicaciones y conflictos de que hablaremos más adelante. En cambio, levantando en Santiago la bandera de enganche, y enrolando por la fuerza a muchos individuos de condición inferior que no tenían ocupación conocida, consiguió completar un refuerzo de 150 soldados que partieron para el sur a principios de noviembre.

Lazo de la Vega quedó todavía en Santiago haciendo sus últimos aprestos, y tratando siempre de llevar a la campaña el mayor número de gente que le fuera posible reunir. Proponíase hacer ese verano una entrada en el territorio enemigo y llegar hasta la Imperial para infligir a los indios un castigo tremendo. Esta resolución produjo en la capital una gran alarma. Creíase que el gobernador iba a acometer una empresa muy superior a las fuerzas y recursos con que contaba, y que se exponía inconsideradamente a sufrir un desastre que podía producir la ruina completa de la colonia. La Real Audiencia juzgó que debía hacer oír su voz en esas circunstancias. El 20 de noviembre, estando Lazo de la Vega de partida para Concepción, el supremo tribunal pasó en cuerpo a la residencia de aquel alto mandatario y allí le representó los peligros de la proyectada campaña al interior del territorio enemigo.

Después de una acalorada discusión, en que el gobernador sostuvo su dictamen con la más resuelta energía, la Audiencia, creyendo hacer uso de sus atribuciones, extendió por escrito una protesta que, aunque moderada en la forma, hacía a aquél responsable ante el rey de las calamidades que aquella campaña podía producir.[359] Las relaciones de esos dos poderes, del gobernador y de la Audiencia, siempre difíciles y expuestas a rompimientos, tomaron desde ese día el carácter de la más marcada hostilidad.

---

358 Estas dificultades, que ocuparon al gobernador los meses de agosto, septiembre y octubre de 1630, han sido referidas en conjunto por Tesillo, por Arbieto y por el padre Rosales en las obras citadas; pero en los documentos es fácil estudiar más prolijamente todos los accidentes en que no podemos entrar aquí. Deben verse, sobre todo, los acuerdos del cabildo de Santiago de 14 de septiembre y de 8 de octubre de ese año. El último de éstos ha sido publicado íntegro por don Miguel L. Amunátegui en *La cuestión de límites entre Chile y la República Argentina*, tomo III, págs. 471-475.
359 Acuerdo de la real audiencia de Santiago de 20 de noviembre de 1630.

6. Victoria de los españoles en la Albarrada: sus escasos resultados

Aquella expedición, sin embargo, tuvo que retardarse algunos meses. El gobernador se hallaba en Concepción a principios de diciembre, y comenzó por ocuparse en el despacho de los asuntos administrativos y en hacer reparar algunos de los fuertes de la frontera. Dio el cargo de maestre de campo general del reino a don Fernando de Cea, soldado de gran experiencia en aquellas guerras, que vivía entonces separado del servicio militar, y le ordenó que fuera a situarse a la plaza de Arauco, cuya defensa inspiraba los mayores recelos. En efecto, no solo se sabía que los indios de guerra se preparaban para renovar las hostilidades con mayor empuje sino que muchas de las tribus vecinas que se decían sometidas a los españoles, estaban dispuestas a tomar las armas. El maestre de campo dispuso diversas correrías en los campos inmediatos, tomó algunos prisioneros y adquirió la convicción de que el peligro de que se tenía noticia era real y efectivo. Los caudillos Lientur y Butapichón, ayudados por otro indio principal de Elicura, llamado Quempuante, reunían un ejército de 7.000 guerreros, y sus partidas exploradoras se adelantaban hasta las inmediaciones de la plaza de Arauco para recoger noticias y para inquietar a los españoles. Todo hacía presumir que aquellos lugares iban a ser teatro de graves y trascendentales sucesos.

Advertido de todo esto, el gobernador se trasladó también a la plaza de Arauco. Redoblando la vigilancia, adquirió más completas noticias acerca de los proyectos del enemigo. Convencido así de que en breve tendría que resistir un ataque formidable, se preparó activamente para resistirlo, reconcentrando, al efecto, en aquella plaza todas las fuerzas de que le era permitido disponer. Llamó a su lado las tropas de caballería de la división que estaba acantonada en Yumbel, y reunió de diversos puntos todos los indios auxiliares que podían inspirarle absoluta confianza. El 11 de enero de 1631, teniendo al enemigo casi a la vista, pasó revista a sus tropas y contó 800 soldados españoles y 700 indios amigos.[360] «El resto de aquel día, dice el historiador Tesillo, se gastó en otro ejercicio más loable, pues se confesaron todos con pía y santa devoción, ocupándose en esto ocho religiosos y clérigos que allí se hallaron, y la mañana

---

360 Quinientos amigos, dice Tesillo; pero Arbieto, que parece haber escrito bajo la inspección inmediata del mismo gobernador, dice 700. El padre Rosales, que además de sus propios recuerdos y de las noticias recogidas entre los contemporáneos, ha tenido a la vista esas dos relaciones, ha seguido en este punto la de Arbieto.

siguiente hubo comunión general, acción tan católica como tuvo el logro el que puso sus esperanzas en Dios y en la intercesión de la Virgen María, su soberana madre. Verdaderamente, exclama más adelante, que la causa de los españoles es la causa de Dios.» El gobernador, contra el parecer de algunos de sus capitanes, estaba resuelto a no dejarse sitiar en Arauco, y a presentar batalla en campo abierto en las inmediaciones de la plaza.

Los indios, entretanto, se acercaban a ella. Cuéntase que por desavenencias entre sus caudillos, Lientur, que por algunos augurios creía que la campaña iba a serle desastrosa, se separó de los suyos con 2.000 guerreros. Butapichón y Quempuante no desistieron por esto de sus propósitos: continuaron su marcha hacia Arauco, y en la noche del 12 de enero llegaron hasta la muralla de los cuarteles españoles. Pero en vez de empeñar un combate nocturno que probablemente les habría dado la victoria, prefirieron esperar hasta el día siguiente, tanta era la confianza que abrigaban en el número y en la calidad de sus tropas. Lazo de la Vega, que imprudentemente se atrevió a salir con una pequeña escolta a reconocer al enemigo, volvió luego a la plaza seguro de que la batalla sería inevitable al día siguiente. Los indios, por su parte, se limitaron aquella noche a poner fuego a las rancherías de todos los campos inmediatos, como si por estas destrucciones quisieran anunciar a los defensores de Arauco su presencia en esos lugares.

Antes de amanecer el siguiente día, 13 de enero, Lazo de la Vega sacaba sus tropas de los cuarteles, y con las primeras luces del alba, las tendía ordenadamente sobre una loma llana denominada de Petaco, desde donde se divisaban los espesos escuadrones del enemigo. Los indios auxiliares echaron pie a tierra para apoyar con sus picas a la infantería española. Al mismo tiempo que ésta rompía sus fuegos de arcabuz, la caballería, mandada personalmente por el maestre de campo, daba una vigorosa carga. «Ejecutose con resolución, dice un testigo ocular; pero fue tan grande la resistencia del enemigo, que sin poderlo romper, ni aun obligarlo a ningún movimiento, se halló forzada nuestra caballería a volver con desairados remolinos casi hasta nuestra retaguardia, y casi a espaldas vueltas, con que quedó todo a disposición de la fortuna.» El gobernador, que había quedado atrás para defender su ejército de un ataque por la retaguardia, temió que aquel primer fracaso pudiera convertirse en un desastre general, y poniéndose a la cabeza de los 150 hombres que formaban su reserva, compuesta en su mayor parte de oficiales reformados, embiste denodadamente sobre el enemigo. Su ejemplo y su palabra alentó a los suyos. La caballería española, un momento desordenada, vuelve a reunirse, y carga a los indios con nuevo ímpetu haciéndolos vacilar y luego retroceder. A espaldas de éstos se extendían unos pantanos a que los españoles daban el nombre de Albarrada. En ellos se atollaron los caballos de los primeros grupos de indios que iniciaban su retirada. Los otros pelotones que los seguían, obligados a dividirse para salvar ese obstáculo, comenzaron a dispersarse en todas direcciones. Mientras la infantería española mantenía sus fuegos, la caballería, repuesta de su primera perturbación y bien ordenada, emprende la implacable persecución de los bárbaros, acuchillándolos sin piedad, y apresando a los que no oponían resistencia. Se hace subir a 580 el número de los cautivos cogidos ese día y a 812 el de los indios muertos en la batalla y en la fuga.[361] Los españoles, además, tomaron un número muy considerable de caballos quitados al enemigo o abandonados por éste, al paso que la victoria les costaba solo pérdidas muy insignificantes, algunos soldados heridos y un indio auxiliar muerto en la pelea.

Esa victoria que, sin duda, era la más importante que jamás hubieran conseguido los españoles en Chile, debía naturalmente alentar su orgullo y sus esperanzas de llevar a término la guerra. En la misma mañana, Lazo de la Vega regresaba en triunfo a sus «cuarteles de Arauco a dar gracias a Dios de aquel suceso, y llegó a tiempo, dice el historiador Tesillo, que se pudo decir misa, hubo procesión general y cantose el *Te Deum laudamus* en hacimiento de gracias». No fueron menores las fiestas y regocijos en las otras ciudades del reino. El aviso del gobernador, traído por el capitán don Fernando de Bustamante en solo cuatro días de viaje, llegó a Santiago al amanecer del 17 de enero, y

---

361 Esta batalla, mencionada en las antiguas relaciones con los nombres de Petaco, Arauco, o la Albarrada, ha sido referida por Lazo de la Vega en su carta al cabildo de Santiago, y por Tesillo, Arbieto, y el padre Rosales en las obras citadas (véase Tesillo, págs. 39-41 y Rosales, libro VII, capítulo 14), con bastante conformidad, pero sin muchos accidentes, porque parece, en efecto, que la victoria de los españoles se pronunció en corto tiempo y sin otros movimientos que los que dejamos apuntados. En la cuenta de los muertos y prisioneros hay, sin embargo, notable divergencia entre esas relaciones. Así, Arbieto, dice que los muertos fueron 812 y los prisioneros, 173; Rosales da también esta última cifra; pero eleva el número de los muertos a 1.400. La carta de Lazo de la Vega, escrita inmediatamente después de la victoria, habla en general de 600 muertos y de 800 prisioneros. Nosotros seguimos en el texto la relación de Tesillo que nos parece la autoridad más digna de crédito.

dio lugar a las demostraciones del mayor contento. Terminadas las funciones religiosas con que se celebraba aquella victoria, se reunió el Cabildo el 24 de enero para tomar algunos acuerdos. En albricias de tan prósperas noticias, los capitulares obsequiaron de su propio peculio 250 pesos al capitán Bustamante, y otros 300 los oidores de la Real Audiencia. «Y siendo muy justo, dicen los cabildantes, se muestre esta ciudad agradecida a su señoría (el gobernador) y se le haga un pequeño servicio, acordaron se le compre un buen caballo y se le presente a nombre de esta ciudad y en agradecimiento de lo mucho que se le debe por su mucho cuidado, y que el caballo sea el de Jusepe León, que es el mejor que hay, y se concertó en 350 pesos, y que se lo envíe el procurador.»[362]

En el Perú se celebró también con gran aparato la victoria de la Albarrada. Lazo de la Vega había despachado un buque para llevar la noticia al virrey, enviándole, a la vez, sesenta indios prisioneros para que sirviesen en las galeras del Callao. «Llegó a Lima el aviso, dice el historiador Tesillo, y recibiole el virrey con el regocijo que merecía. Divulgose por aquella ciudad la novedad, y creció en ella la alegría general. Júntase en palacio la Real Audiencia para dar la enhorabuena al virrey; mas él, con santo y religioso celo, se fue con la misma Audiencia a la catedral a dar las gracias a quien tan piadosamente lo dispuso, y mandó escribir cartas a todas las ciudades del reino para que hiciesen en ellas los mismos rendimientos de gracias; y pareciendo conveniente que aquellos cautivos que había remitido el gobernador para las galeras del Callao viesen el concurso de la ciudad de Lima, se trajeron a ella y se metieron en la plaza mayor, donde el número de gente que acudió a la novedad era notable, y había también un escuadrón de gente de guerra que los recibió con salvas de arcabuces y mosquetes, no por hacerles esta honra sino porque se admirasen de ver en todas partes escuadrones de españoles.» La fama alcanzada por Lazo de la Vega después de aquella victoria se extendió por todas las colonias españolas, dando origen a que se celebrara ese suceso casi como el término de una guerra que costaba al rey tan grandes sacrificios.

Sin embargo, la batalla de la Albarrada, por más que hubiese sido una derrota desastrosa de los indios, no merecía por las consecuencias que tuvo, que se le tributasen tales honores. La guerra que sostenían aquellos bárbaros no podía

---

[362] Acuerdo del cabildo de Santiago de 24 de enero de 1631, a fojas 242 del libro II de la corporación.

terminarse con una ni con varias derrotas. Volvieron a sus tierras confundidos y descalabrados; pero una vez lejos del alcance de sus perseguidores, los abandonó el pánico y comenzaron a prepararse de nuevo para otras correrías. Lazo de la Vega parecía comprender la verdad acerca de su situación y, por eso después de su victoria, se abstuvo cuidadosamente de mandar perseguir a los fugitivos al interior de sus tierras, temeroso de las emboscadas en que podían caer sus tropas.

Pero el gobernador no quiso dejar pasar el verano sin acometer alguna otra empresa. El 20 de enero había reconcentrado una gran parte de su ejército en la ribera sur del Biobío, al pie del cerro de Negrete, donde los españoles habían tenido un fuerte, situado pocas leguas al oriente de la plaza de Nacimiento. Desde allí se adelantó con sus tropas por el valle central al interior del territorio enemigo, pasando más allá de Purén y de Lumaco, sin hallar por ninguna parte gentes armadas contra quienes combatir. Los indios de esta región, advertidos de los movimientos del gobernador, se habían dispersado en todas direcciones para evitar una batalla que podía serles funesta; pero todo dejaba comprender que ahora, como en las otras ocasiones en que habían empleado la misma táctica, su propósito era el de mantenerse en constante estado de guerra. Lazo de la Vega estableció su campo a orillas del río Coipu (o Colpi), uno de los afluentes del Cautín, y desde allí dispuso que el sargento mayor Fernández de Rebolledo, a la cabeza de toda la caballería y de los indios amigos, fuera a hacer una maloca en los campos vecinos a la destruida ciudad de la Imperial. En estas correrías tampoco hallaron resistencia los españoles; pero consiguieron apoderarse de unos 150 indios que apresaron como cautivos y, sin duda, habrían podido hacer una presa más considerable si no se hubieran hecho sentir en sus filas la discordia y la desorganización. Después de una campaña de cerca de dos meses completos, en que no se consiguió más que este mezquino resultado, el ejército daba la vuelta a sus acuartelamientos de la frontera del Biobío a mediados de marzo.

7. Largo litigio entre la Audiencia y el gobernador por querer éste obligar a los vecinos de Santiago a salir a la guerra

Esta campaña que, con pequeña diferencia de accidentes, era la repetición de las que habían hecho otros gobernadores, vino a fijar las ideas de Lazo de la Vega sobre los medios de llevar a cabo la conquista. Se convenció de que los indios de Chile no podían ser sometidos sino por un sistema de poblaciones sólidamente asentadas dentro de su territorio. Para ello necesitaba de más gente y de mayores recursos que aquéllos de que podía disponer. Creyendo que las cartas en que pedía al rey el envío de nuevos socorros, serían ineficaces en la Corte para obtenerlos, Lazo de la Vega tenía resuelto despachar un emisario encargado de estas gestiones. Su elección recayó en don Francisco de Avendaño, caballero principal de Concepción, al cual hizo proveer de los poderes convenientes de todas las ciudades del reino.[363] Su misión tenía por finalidad dar cuenta al rey del estado de la guerra y reclamar auxilios de armas y de tropas, para darle término en dos años más, y la regularización en el pago del situado, que sufría atrasos considerables, y de ordinario descuentos y reducciones. Don Francisco de Avendaño partió para España en los primeros días de abril de 1631.

Razonablemente no debía esperarse que aquella misión produjese los resultados que buscaba el gobernador de Chile. La situación de España en esos momentos era tal que el rey no podía prestar a sus colonias socorros de ninguna naturaleza. Las costosas guerras europeas y las dilapidaciones de la Corte, habían empobrecido el tesoro real de manera que el gobierno de la metrópoli vivía rodeado de angustias y de penurias. Haciendo valer sus servicios y los de sus mayores, don Francisco de Avendaño obtuvo para sí el gobierno de Tucumán; pero en sus diligencias en favor del reino de Chile, fue mucho menos afortunado, como lo veremos más adelante.[364]

Después de la partida de este emisario, el gobernador se contrajo durante dos meses a dictar diversas providencias militares para moralizar sus tropas,

---

363 Acuerdo del cabildo de Santiago de 29 de marzo de 1631.
364 Algunos de los antiguos cronistas han reprobado a Avendaño el no haber hecho nada por el reino de Chile en el desempeño de su misión, limitándose a pedir para sí el gobierno de Tucumán. Esta acusación es infundada, como lo veremos en el capítulo siguiente, y nacida de que esos escritores no conocieron los documentos relativos a los trabajos y gestiones de este emisario.
Don Francisco de Avendaño era natural de Concepción, e hijo del general don Miguel de Avendaño y Velasco, que, como se recordará, había figurado mucho en tiempo de Valdivia, de Hurtado de Mendoza y de sus sucesores. Don Francisco entró a desempeñar el gobierno de Tucumán en junio de 1637, y allí murió a principios de 1642. Durante este tiempo fue también gobernador interino de Buenos Aires. Véase sobre él lo que dice el padre Lozano, *Historia de la Conquista del Paraguay*, etc., libro IV, capítulo 17.

repartirles sus pagas y reparar los fuertes de la frontera. Aprovechando enseguida la benignidad del invierno, que fue ese año excepcionalmente templado, se puso en viaje para Santiago el 14 de junio, y entraba a esta ciudad quince días más tarde en medio del ostentoso recibimiento que le tenían preparado el Cabildo secular y el eclesiástico, aclamándolo «restaurador de la patria», en recuerdo de la gran victoria que había alcanzado sobre los indios. Pero Lazo de la Vega volvía a la capital no para gozar de este triunfo sino para preparar nuevos aprestos con que continuar la guerra en la primavera próxima. Resuelto a hacer cumplir las órdenes gubernativas, en lo concerniente al servicio militar que consideraba obligatorio, decretó la prisión de los vecinos de Santiago que contra su mandato se habían resistido a salir a campaña el año anterior. Sus órdenes, cumplidas con todo rigor y sin miramientos por la posición encumbrada de algunos individuos, produjeron en la ciudad una excitación fácil de comprenderse.

Esta cuestión, que había comenzado a arreglarse por la vía administrativa, se complicó extraordinariamente por la intervención del Poder Judicial. Uno de los presos, llamado don Antonio de Escobar, vecino de Santiago muy emparentado en la ciudad, recurrió a la Audiencia y obtuvo de ella que se le pusiera en libertad. Pero esta resolución, lejos de dar término al conflicto, no hizo más que enardecer las pasiones y suscitar mayores dificultades y competencias. El rey, al eximir a los vecinos encomenderos de la obligación de salir a la guerra, había declarado expresamente que no se les debiera compeler «sino en casos forzosos y que no se pudiesen excusar». La Audiencia sostenía que era ella quien debía calificar esta necesidad; el gobernador por su parte, defendiendo sus prerrogativas de director de la guerra, creía que estaba en sus atribuciones el señalar las circunstancias en que el servicio militar debía hacerse obligatorio, y que aquéllas por que atravesaba el reino en esos momentos, justificaban esta medida. El negocio se trató con gran calor por ambas partes. Se levantaron por uno y otro lado largas y prolijas informaciones, y tanto el gobernador como la Audiencia pidieron al virrey del Perú y al rey de España que decidiesen la contienda que tenía agitados todos los ánimos.[365]

---

365 Esta ruidosa competencia que no creemos necesario referir en todos sus complicados accidentes, fue largamente debatida, y fue motivo de extensos memoriales que hemos tenido a la vista al escribir estas páginas. Los promotores de la resistencia, que opuso el supremo tribunal, fueron: los oidores doctor don Cristóbal de la Cerda, doctor don Gaspar

de Narváez y Valdelomar y el licenciado don Rodrigo de Carvajal y Mendoza, el último de los cuales falleció ese mismo año de 1631 durante el curso de la competencia. El licenciado don Hernando Machado de Chávez había dejado de ser oidor de la audiencia de Chile y partido al Perú y, por lo tanto, no tomó parte en estos acuerdos. El fiscal don Jacoho de Adaro y San Martín, que en marzo de 1632 pasó a ser oidor de la audiencia, se mostró partidario del gobernador en aquella contienda, así como don Pedro Machado de Chávez, hijo del ex oidor don Hernando, que llegó en mayo de este último año a reemplazar a Adaro y San Martín en el cargo de fiscal. En cambio, el oidor Narváez y Valdelomar levantó informaciones secretas contra el gobernador, y alentó por todos los medios la resistencia de los vecinos. La muerte lo sorprendió en 1632, a poco de haber llegado la resolución del virrey. Don Francisco Lazo de la Vega dio cuenta al rey de todas estas ocurrencias con fecha 20 de marzo de 1632, y su carta forma un documento indispensable para entenderlas. Pero el obispo de Santiago, don Francisco de Salcedo, pronunciándose abiertamente en contra de la Audiencia, y en favor del gobernador, ha referido los mismos hechos en sus cartas al rey de 1631, 32 y 33, pidiendo empeñosamente la supresión de ese tribunal, al cual acusa de ser origen de todas estas dificultades y de muchos otros males.

A pesar de la decisión con que el obispo Salcedo estuvo en esas circunstancias de parte del gobernador, no vaciló en ponerse en contra de él cuando en uno de los incidentes de esta competencia creyó vulnerado el derecho de asilo que entonces se reconocía a las iglesias. Tal vez parecerá interesante el siguiente episodio de aquella reñidísima contienda. En octubre de 1631 llegó a Santiago la falsa noticia de haberse visto cerca de Chiloé cinco naves que parecían holandesas. «Con esta nueva, dice un antiguo documento, el gobernador hizo echar bandos mandando que se arbolasen las banderas y saliesen las compañías y se pusiesen en armas todos los vecinos y moradores, como se pusieron, y ordenó a cinco capitanes reformados a la costa de la mar con gente bastante cada uno de ellos a la parte y punto que se le señaló, a vigilar y estar de centinela, y a hacer retirar los ganados, y (que) le diesen aviso de lo que hubiese para dárselo al virrey. Y habiendo sabido de ello los cuatro capitanes en ejecución de la orden de su capitán general, el quinto que fue el capitán Francisco Fuenzalida (tío de don Antonio de Escobar), dejó de ir y se retrajo en la Compañía de Jesús, de donde fue sacado y puesto en el cuerpo de guardia preso. Y el obispo excomulgó por ello al capitán general; y por obviar mayores inconvenientes éste le volvió a la iglesia; y estando en ella fue procesado por el capitán general, llamándole por edictos, pregones y bandos, y puso la causa en estado de sentencia. Y el dicho capitán Fuenzalida, estando retraído, apeló a la Audiencia, donde fue oído y amparado contraviniendo a las cédulas reales que, aun, cuando la Audiencia tuviera conocimiento, que no le tienen por ser caso militar, no le debieron oír hasta presentarse en la cárcel de corte, y finalmente dieron por nulos los autos hechos contra él por el capitán general, y con esto salió de la iglesia y se anda paseando.» Carta al rey del fiscal de la audiencia de Chile doctor don Jacobo de Adaro y San Martín, escrita en Santiago el 1 de diciembre de 1631.

Cuatro años más tarde, en 1635, el capitán Fuenzalida pagó a los padres jesuitas el servicio que le prestaron en aquellas circunstancias, haciéndoles donación de una casa situada en el centro de la ciudad, en el sitio en que hoy se levanta el palacio de los tribunales. Pero esa casa pertenecía a los hijos del capitán Fuenzalida, y éstos, que no tenían otros bienes, reclamaron su devolución, y siguieron un largo y ruidoso litigio, acerca del cual el lector puede hallar noticias en una nota que pusimos a la pág. 132 de la *Historia de los jesuitas en Chile*, por el padre Miguel de Olivares.

III. Personajes notables (1600 a 1655)

1. Juan Jaraquemada. 2. Don Cristóbal de la Cerda Sotomayor. 3. Don Pedro Osores de Ulloa. 4. Don Lope de Ulloa. 5. Don Francisco de Borja, príncipe de Esquilache. 6. Licenciado Hernando talaverano. 7. Don Francisco de Alava y Nurueña.

Pero esa resolución debía tardar algunos meses, y mientras tanto la competencia suscitada por el supremo tribunal dio origen a serias dificultades cuando el gobernador quiso salir nuevamente a campaña. En septiembre de ese mismo año de 1631 se recibieron en Santiago noticias favorables de la frontera. El maestre de campo, don Fernando de Cea, había sabido por sus espías el paradero del caudillo Quempuante en el valle de Elicura, y preparando en la plaza de Arauco una columna de 400 hombres entre españoles e indios, salió apresuradamente en su busca en los primeros días de septiembre. Por más diligencia que se puso para sorprenderlo en las rancherías que ocupaba, Quempuante logró escaparse al bosque vecino; pero habiendo reunido unos cincuenta indios de su tribu, volvió sobre los enemigos y sostuvo durante media hora, y con un arrojo extraordinario, un desigual combate en que al fin fue vencido y muerto por los indios auxiliares que acompañaban al maestre de campo. Después de este desastre, los bárbaros designaron un nuevo jefe, y reunidos en una borrachera, se proponían continuar la guerra, cuando fueron sorprendidos por los españoles y dispersados con pérdida de muchos muertos y de algunos cautivos.[366] Pocas semanas más tarde se anunciaba igualmente en Santiago que había llegado a Concepción un refuerzo de 240 hombres enviados por el virrey del Perú con buena provisión de armas y municiones. Pero si estas noticias deja-

---

[366] Informe acerca de estos sucesos dado por Lazo de la Vega al cabildo de Santiago en 22 de septiembre de 1631. *Relación de los sucesos que ha tenido el gobernador desde abril de 1631 hasta abril de 1632*, documento importante que junto con otros análogos, publicamos como apéndice del libro de Tesillo en la reimpresión que hicimos en el V tomo de la *Colección de historiadores de Chile*. Tesillo, en las páginas 51 y 52 del libro citado, y Rosales, en el capítulo 16 del libro VII, han contado estos mismos sucesos con gran abundancia de detalles que no tenemos para que recordar. El último de estos cronistas refiere que Quempuante fue traicionado por una de sus mujeres, que ella fue la que enseñó a los españoles la manera de sorprenderlo, y que siguiendo sus indicaciones, lograron éstos el objetivo de aquella expedición.

ban ver que los negocios de la guerra no tenían por entonces mal aspecto, se supo también que el incansable Butapichón, haciendo un llamamiento general a las tribus del interior, había reunido un gran ejército y se preparaba para dar nuevo impulso a las hostilidades. Los jefes civiles y militares que mandaban en la frontera, hacían subir a 8.000 hombres las fuerzas del enemigo, y se mostraban alarmados e inquietos ante este peligro.

Lazo de la Vega creyó que aquella situación lo autorizaba para exigir nuevamente el apoyo de los vecinos de Santiago. En efecto, representó al Cabildo que el ejército de la frontera estaba muy aminorado en su número, que el refuerzo enviado por el virrey del Perú era compuesto de hombres poco aptos para la guerra, y que era indispensable que los habitantes de la capital acudiesen en esos momentos a la defensa del reino. En acuerdo de 18 de noviembre, el cabildo de Santiago, después de discutir este negocio con notable moderación, resolvió negar al gobernador los auxilios que pedía. Expúsole que en la ciudad no había entre vecinos y moradores más que escasamente unos 300 hombres que por su edad de quince a sesenta años pudiesen salir a campaña; y que después de lo resuelto por la Audiencia, no le era posible designar cuáles de ellos debían acompañar al gobernador a la guerra. La Audiencia, por otra parte, agregaba el Cabildo, tenía mandado que todos los vecinos estuviesen apercibidos para defender el reino contra los ataques de los corsarios holandeses, que podían aparecer un día u otro,[367] y la ciudad contra los 1.500 indios de servicio y los 2.000 negros que había en ella. Los capitulares, fundando su negativa en

---

[367] Los anuncios de la reaparición de los holandeses en nuestras costas eran incesantes en esa época, y mantenían el temor y la alarma en los puertos y en las ciudades. Los holandeses, rechazados un momento en el Brasil, habían vuelto otra vez a ese país, y en febrero de 1630 se apoderaron de Pernambuco. No pudiendo acometer otras empresas contra las colonias españolas, se habían limitado a acercarse a algunos puntos de la costa vecina a Buenos Aires y a arrojar en tierra impresos y proclamas escritas en español en que estimulaban a los habitantes de estas colonias a sublevarse contra el rey de España. En 1628 la audiencia de Santiago recibió de Buenos Aires una de esas publicaciones, un opúsculo escrito contra la religión católica y contra el monarca español. En acuerdo de 30 de octubre de ese año, resolvió que «sin que lo viese otra persona alguna se cerrase y sellase y guardase para llevarlo al tribunal de la Inquisición que reside en Lima». Esta providencia que, sin duda, habría hecho reír a los autores de aquel escrito, no podía calmar los temores que en estos países inspiraba la anunciada reaparición de los corsarios. En los últimos meses de 1631 se anunció en Santiago que en las islas de Chiloé se habían visto cinco naves sospechosas. Lazo de la Vega, dando crédito a esta noticia, despachó al capitán Pedro de Recalde con algunos buques a recoger noticias del enemigo en aquellos archipiélagos y

estas razones creían, además, que el peligro de que hablaba el gobernador, había sido muy exagerado; y que el refuerzo de tropas que había llegado del Perú bastaba para remontar el ejército de la frontera y ponerlo en situación de resistir con ventaja a los indios, sobre todo después de los repetidos desastres que éstos habían sufrido en los últimos meses.[368] El gobernador tuvo que resignarse por entonces a no poder contar con el contingente de tropas que esperaba sacar de Santiago.

Pero aquel estado de cosas no podía durar más largo tiempo. La resistencia que el supremo tribunal oponía a la acción del gobernador era una causa de perturbaciones y de discordias que minaban su autoridad y que debían inquietar al gobierno de la metrópoli. El virrey del Perú, después de consultar con la real audiencia de Lima el litigio que sostenían las autoridades de Chile, resolvió por auto de 8 de marzo de 1632 que era el gobernador a quien correspondía calificar las circunstancias en que era lícito compeler a los vecinos al servicio militar. El rey, por cédula de 30 de marzo de 1634, confirmó esta declaración. Así, después de algunos meses de altercados y competencias que habían agitado extraordinariamente la opinión, se halló Lazo de la Vega provisto de la suma de poderes necesarios para utilizar en la guerra todos los recursos del país. En honor suyo debe decirse que no usó de esta ampliación de sus atribuciones para vengarse de sus adversarios ni cometió aquellas violencias y atropellos que no fueron raros bajo la administración de otros gobernadores.

8. Nueva campaña de Lazo de la Vega contra los indios

Cuando llegó a Chile la resolución del virrey, estaba el gobernador de vuelta de una nueva expedición al territorio enemigo. Saliendo de Santiago el 20 de noviembre de 1631, Lazo de la Vega llegaba el 7 de diciembre al campamento de Yumbel donde sus capitanes tenían sobre las armas y listo para entrar en campaña un ejército de 1.800 hombres entre españoles e indios. A la cabeza de esas tropas se puso en marcha para el sur; y sin contrariedades de ningún género, ni hallar enemigos a quienes combatir, avanzó hasta Curalaba, lugar situado entre Lumaco y la Imperial, y teatro de la catástrofe en que había perecido el gobernador Óñez de Loyola treinta y cuatro años antes. Como militar

---

en las islas de Juan Fernández. Esta alarma, destituida de todo fundamento, había hecho renacer la inquietud en esos días.
368 Acuerdo del cabildo de Santiago de 18 de noviembre de 1631, a fojas 380-82 del libro II.

prudente y experimentado, Lazo de la Vega había introducido en las marchas y en los campamentos de sus tropas todo el orden y toda la regularidad para ponerlas a cubierto de las sorpresas y ardides del enemigo. Evitaba las correrías de pequeños destacamentos desprendidos de su ejército, prohibía severamente que los soldados se apartasen de las filas durante la marcha y tomaba las precauciones necesarias al llegar al campamento en que debía dar a sus soldados algunas horas de descanso o en que pensaba pasar la noche. En Curalaba se acuarteló convenientemente con su infantería y despachó al sargento mayor Fernández de Rebolledo con la caballería a perseguir al enemigo en los campos vecinos.

Esta comisión fue desempeñada con todo felicidad. Después de destruir muchos sembrados de los indios, de quemarles más de 150 ranchos y de causarles otros daños, Fernández de Rebolledo volvió a reunirse con el gobernador, trayéndole 6.000 cabezas de ganado y 250 cautivos de todas edades. Contra el parecer de algunos capitanes que querían dar la vuelta al norte después de estas primeras correrías, Lazo de la Vega pasó adelante con sus tropas, y el 24 de diciembre acampó a media legua del sitio en que se había levantado la ciudad de la Imperial. Desde allí se fueron quemando los sembrados y chozas de los indios, arrebatándoles sus ganados y esparciendo por todas partes el terror y la desolación. Como el enemigo no se presentara por ninguna parte, el gobernador le tendió celadas para atraerlo a combate y, aun, dispuso que su maestre de campo don Fernando de Cea pasase con 1.000 hombres el río Cautín a atacar una junta de indios que, según los avisos que se le daban, se reunían allí para organizar la resistencia. Tampoco se consiguió con esta expedición un resultado más decisivo. El maestre de campo no halló enemigos contra quienes combatir, y se limitó a ejecutar en esos lugares las destrucciones de chozas y sembrados con que se pretendía aterrorizar a los indios.

Habiendo rescatado a algunos de los españoles que vivían en aquellos lugares, el gobernador dio la vuelta al norte, y se hallaba en sus cuarteles en los primeros días de enero de 1632. Pero, aunque aquella campaña había sido dirigida con toda prudencia y ejecutada con acierto y sin que costara la vida de un solo hombre, ella no importaba otra ventaja que las destrucciones ejercidas en el territorio enemigo. Los indios, lejos de dejarse abatir por ellas, se mostraban rabiosos y siempre resueltos a mantenerse en el estado de guerra. Lazo de la

Vega pudo confirmarse en su convicción de que esas expediciones no lo harían dueño más que del territorio que ocupase con sus tropas, siempre que éstas fuesen bastante considerables para que los indios no se atreviesen a atacarlas. En efecto, apenas hubo llegado a sus cuarteles, supo que los indios volvían de nuevo a los mismos territorios que acababa de recorrer con su ejército, y que se mantenían en pie de guerra dispuestos a aprovechar cualquier ocasión favorable para repetir sus hostilidades. El gobernador se vio obligado a ocupar sus tropas todo ese verano en diversas expediciones a Elicura y a Purén, sin otros resultados positivos que la captura de algunos prisioneros y la repetición de otras devastaciones en el territorio enemigo.

Su atención fue, además, distraída por cuidados de otro orden. Se había anunciado con particular insistencia la próxima reaparición de los holandeses en nuestras costas; pero, aunque éstos, empeñados esos años en establecerse en el Brasil, no intentaron por entonces empresa alguna en el Pacífico, fue necesario dictar muchas medidas de vigilancia en todo el litoral. Hízose, además, sentir una epidemia desconocida que atacó a casi todo el ejército, sin causar muchas muertes, pero complicando las operaciones militares.[369] Mayores inquietudes procuraron al gobernador y a los habitantes de Chile las noticias que en esos meses de verano llegaron del otro lado de las cordilleras. Los indios calchaquíes, pobladores de la región de Tucumán, se habían sublevado y tenían en grandes aprietos a don Felipe de Albornoz, gobernador de esa provincia. El virrey del Perú, al paso que le hacía enviar auxilios desde Charcas, encargaba a Lazo de la Vega que le socorriese desde Chile. Informado éste, además, de que la insurrección de los indígenas comenzaba a cundir a la provincia de Cuyo, sometida a su jurisdicción, se vio en el caso de desprenderse de algunos de sus recursos para conjurar ese peligro. «He hecho, escribía al rey, las prevenciones a que este reino da lugar, enviando a los encomenderos de ella (la provincia de Cuyo) a servir sus vecindades y a los justamente impedidos obligándoles a

---

[369] Lazo de la Vega da cuenta de esta epidemia en los términos siguientes: «Me ha sido de grande embarazo en la prosecución de tan buenos efectos como se han conseguido este verano en la guerra, una peste general de un romadizo con dolor de costado de que ha enfermado casi toda la gente del ejército y del reino. Algunos se han muerto de repente, y a Dios gracias va cesando con mucha mejoría.» Carta de Lazo de la Vega al rey, escrita en Concepción el 20 de abril de 1632. Probablemente, esta enfermedad fue solo un catarro epidémico semejante al que conocemos con el nombre francés de *grippe*, y al cual achacaban los contemporáneos las muertes que ocurrieron esos días sin causa conocida.

tener escudero con pena a los que faltaren, de perdimento de sus feudos. He proveído de armas y municiones, y he enviado alguna gente suelta y dado orden que una compañía de infantería que se conducía para esta guerra, que tenía doce soldados hechos, los elevasen a cuarenta y fuesen a cargo de un capitán reformado, de experiencia que saqué para este efecto del ejército, de manera que desde aquí he proveído todo cuanto he podido. Y, aunque conozco que el aprieto es para mayor diligencia, aguardando el situado del año pasado, no me he puesto en camino a disponer el reparo de aquella provincia, porque dista del paraje en que me hallo más de 130 leguas.»[370] La insurrección de los indios calchaquíes, terrible y amenazadora en sus principios, fue reprimida antes de mucho tiempo, pero mantuvo inquietos y preocupados durante algunos meses a los gobernantes de Chile.

Aquellos acontecimientos, así como la necesidad de desarmar las maquinaciones y trabajos de la Real Audiencia para presentarlos ante el rey bajo una luz desfavorable, obligaron a Lazo de la Vega a anticipar su vuelta a la capital. «Después de haber escrito a Vuestra Majestad decía en carta de 25 de mayo de 1632, y dado cuenta de todo lo que se ofreció, la doy ahora de esta ciudad (Santiago) donde mi breve bajada fue importantísima al servicio de Vuestra Majestad así para la formación de socorros que he enviado para el remedio del intento de alzamiento de la provincia de Cuyo, jurisdicción de este gobierno, como por muchas otras cosas que forzosas requerían mi asistencia, a que también he dado forma, habiendo pedido mi venida por sus cartas con mucho aprieto los cabildos, religiones y personas de calidad.»[371] Pero en Santiago halló la resolución del virrey del Perú de que hemos hablado más atrás, que ponía término a las competencias con el supremo tribunal y que robustecía los poderes del gobernador para atender a las necesidades de la guerra.

---

370 Las palabras copiadas en el texto se hallan en otra carta de Lazo de la Vega que, aunque tiene la misma fecha de 20 de abril de 1632 que la que citamos en la nota anterior, se refiere toda ella a asuntos diferentes. El 1 de marzo de ese año el pueblo de Santiago se había reunido en cabildo abierto y acordado socorrer por un año con armas y municiones a la provincia de Cuyo, pues los vecinos de ésta pedían empeñosamente estos auxilios para combatir la insurrección de indios que los amenazaba.

371 Carta de Lazo de la Vega al rey, escrita en Santiago en 25 de mayo de 1632. El gobernador refiere allí que su viaje le permitió sorprender una información secreta que en contra suya hacía levantar el doctor Narváez y Valdelomar para acusarlo ante el rey y obtener la aprobación de la conducta de la Real Audiencia.

Capítulo IX. Gobierno de Lazo de la Vega: sus últimas campañas y su muerte (1632-1639)

1. Nuevas campañas de Lazo de la Vega en el territorio enemigo en 1633 y 1634. 2. El gobernador ofrece al rey llevar a cabo la pacificación de Chile. 3. La angustiada situación del tesoro real no permite acometer esta empresa. 4. Nuevas leyes para abolir el servicio personal de los indígenas: sus nulos resultados. 5. El gobernador hace otras entradas en el territorio enemigo sin ventajas efectivas. 6. Inútiles esfuerzos de Lazo de la Vega para procurarse refuerzos de tropas. 7. Se ve forzado a desistir del proyecto de repoblar a Valdivia. 8. Últimas campañas de Lazo de la Vega: repoblación de Angol. 9. Entrega el mando al marqués de Baides y se retira al Perú, donde muere. Historiadores del gobierno de Lazo de la Vega (nota).

1. Nuevas campañas de Lazo de la Vega en el territorio enemigo en 1633 y 1634

Victorioso en la guerra contra los araucanos, apoyado por el virrey del Perú en las ruidosas competencias que había tenido que sostener contra los oidores, don Francisco Lazo de la Vega había llegado en 1632 al apogeo de su poder y de su prestigio. Se le admiraba como militar y se le respetaba como administrador; pero no había logrado hacerse querer de sus gobernados, como lo habían sido algunos de sus predecesores. Uno de sus secretarios, que fue a la vez su historiador, ha consignado este hecho explicándolo como el resultado natural de la misma seriedad y rectitud de su carácter. «Asistía en la Audiencia como presidente de ella con celo de integridad, dice Tesillo. Mostrábase entero en la repartición de los premios y ejecución de la justicia. Era este año el tercero de su gobierno y conocía todos los sujetos, la naturaleza de los pueblos, el clima de ellos y los medios de prudencia que había de observar para gobernar con acierto a todo el reino. Conocía las utilidades de que iba gozando con su asistencia. Ninguno perdía por pobre los méritos que había adquirido o heredado. Iban todos gozando de lo que había en la tierra, particularmente los hijos de ella, a quien se inclinó mucho. Habían hasta este tiempo mostrado en Chile a don Francisco Lazo mayor veneración que amor. Nacía la veneración de su mucha severidad y entereza, y faltábales el amor por no haberse hecho tan comunicable como quisieran; y derechamente cuando la veneración no es envuelta con amor, la tendré siempre por mal segura. Acompañaba don Francisco Lazo su entereza con un alto pundonor que quiso siempre sustentar, cosa que no la aprobaban todos. Mas no es maravilla que entre la armonía de tantas y tan escogidas partes hubiese alguna disonancia de afectos humanos; pero no se puede negar que la gloria que había adquirido en la guerra le había dado tan grande autoridad que no se tenía memoria de que otro ningún gobernador la hubiese alcanzado mayor.»[372] Aunque este retrato es trazado por mano amiga y, aunque casi no toma en cuenta más que las buenas cualidades de Lazo de la Vega, encubriendo con el nombre de pundonor su orgullo y su arrogancia, él nos da una idea que debe ser verdadera del prestigio que se había conquistado en la colonia.

Pero, aunque esa arrogancia le hiciera exagerarse el valor de los triunfos alcanzados sobre los indios, el gobernador comprendía que ellos no debían conducir a la pacificación definitiva de esa parte del territorio. Convencido de que este resultado no podría conseguirse sino mediante la fundación de algunas ciudades y fuertes que impusiesen respeto a los indios, y que fuesen el asiento de guarniciones respetables, esperaba para acometer esta empresa, los refuerzos que había pedido a España, y limitaba por entonces sus aspiraciones y deseos a debilitar al enemigo poniéndolo en la imposibilidad de ejecutar las correrías con que hacía poco inquietaba las tierras que estaban sometidas a los españoles. En efecto, los indios, que bajo el gobierno de los inmediatos antecesores de Lazo de la Vega, pasaban frecuentemente el Biobío en número considerable y que obtuvieron señaladas victorias sobre los españoles, tenían ahora la guerra dentro de su propio territorio y habían sufrido en sus sembrados, en sus casas y en sus ganados dolorosas devastaciones y perdido entre muertos y cautivos muchos centenares de personas.

En la primavera emprendió el gobernador una nueva campaña. Partiendo de Santiago a fines de noviembre, llegó en pocos días al campamento de Yumbel, donde lo esperaba la mayor parte de su ejército. Demorose allí casi un mes entero en hacer sus aprestos militares, en equipar convenientemente sus tropas y en regularizar el servicio de los indios auxiliares para someterlos a una provechosa disciplina. El 1 de enero de 1633 se ponía en marcha para el sur a la cabeza de 1.800 hombres, y desde que hubo penetrado en el territorio enemigo, comenzó

---

372 Santiago de Tesillo, obra citada, págs. 61 y 62.

a destruir las sementeras y ganados de los indios para privarlos de víveres y de medios de mantener la guerra. Sin hallar en ninguna parte resistencia formal, Lazo de la Vega penetró esta vez hasta Coipu y desde allí despachó gruesos destacamentos a recorrer los campos vecinos. Estos destacamentos, mandados por capitanes activos y experimentados, continuaron las destrucciones con que se quería aterrorizar a los indios, sorprendieron y apresaron a algunos de éstos, y obligaron a otros a presentarse en son de amigos. El gobernador desplegó en toda esta campaña el más inflexible rigor, castigando con la pena de muerte a los prisioneros que se habían señalado como cabecillas en las correrías anteriores y a los que, presentándose como dispuestos a dar la paz, mantenían relaciones con el enemigo. Por lo demás, aprovechó las ventajas de su situación para sacar de su penoso cautiverio a algunas mujeres españolas que desde tiempo atrás vivían entre los indios.[373] Al regresar a sus cuarteles de Yumbel, habría podido creer que éstos no se atreverían por entonces a cometer nuevos actos de hostilidad. En efecto, aunque a fines del verano el infatigable Butapichón reunió un cuerpo numeroso de tropas para expedicionar al norte del Biobío, se vio forzado a dispersarlo cuando supo que la constante vigilancia que mantenían los españoles no permitía sorprenderlos en sus acantonamientos.

El invierno suspendió, como siempre, las operaciones militares. El gobernador pasó a Santiago en el mes de junio para atender los negocios administrativos de la colonia. Pero resuelto a no dar descanso al enemigo, a destruirle sus sementeras y ganados y a ponerlo, si era posible, en la imposibilidad de mantenerse en estado de guerra, partía de nuevo para el sur en el mes de noviembre a disponer otra expedición. Esta campaña fue, con cortos accidentes, la repetición de la anterior. Lazo de la Vega penetró en el territorio enemigo en enero de 1634 y, por sí y por medio de sus destacamentos, renovó durante dos meses la implacable guerra de persecución y de desolación que había hecho los años anteriores. Sus tropas, dirigidas con toda regularidad, y conservando en sus marchas y en los campamentos la más activa vigilancia, eran, además, bastante numerosas para resistir cualquier ataque de los indios, y cuidaban, sobre todo, de no fraccionarse en pequeñas partidas que pudiesen ser víctimas de las emboscadas del enemigo. Mediante estas precauciones, lograron sorprender

---

[373] Lazo de la Vega aseguraba entonces, y así debieron hacérselo creer los indios, que después de esta campaña no quedaba entre éstos un solo español cautivo. Sin embargo, no tardó en saberse que había muchos más.

algunos cuerpos de indios, dar muerte a varios de éstos, apresar a muchos otros y evitar felizmente todo contratiempo. Cuando los indios se vieron apretados por fuerzas a que no podían resistir y cuando se sintieron amenazados por el hambre que debía seguirse a la destrucción de sus cosechas, apelaron a sus antiguas trazas, y comenzaron a hacer proposiciones de paz. A pesar de que una larga y lastimosa experiencia había enseñado a los españoles la poca confianza que merecían tales proposiciones, Lazo de la Vega las oyó con buena voluntad; pero desde que descubría la doblez de esos tratos, castigaba con el mayor rigor a los que habían pretendido engañarlo.[374] Pero este mismo resultado debía confirmarlo en su convicción de que aquellas campañas, por felices que fueran desde el punto de vista militar, no podían conducir a ningún resultado para adelantar la conquista definitiva del territorio disputado. Al volver a Concepción a principios de marzo de 1634, tenía el firme propósito de hacer un esfuerzo decisivo para procurarse los medios de llevar a cabo el plan que tenía meditado.

2. El gobernador ofrece al rey llevar a cabo la pacificación de Chile

Tres años antes, don Francisco Lazo de la Vega había pedido al rey un socorro de 2.000 soldados españoles y el aumento temporal del situado para llevar a cabo en tres o cuatro años la conquista definitiva y completa del territorio chileno mediante la fundación de nuevas poblaciones. Don Francisco de Avendaño, enviado a la Corte a principios de 1631, había llevado el encargo de dar cuenta de la situación de este país y de reclamar empeñosamente esos auxilios. En efecto, a poco de llegar a Madrid, el 17 de septiembre de 1632, Avendaño presentaba al rey un extenso memorial en que exponía las necesidades del reino de Chile y la manera de remediarlas.

---

[374] Las operaciones militares de estas dos últimas campañas de Lazo de la Vega, referidas en los documentos que tenemos a la vista, carecen de verdadero interés, y por eso nos limitamos a contarlas en sus rasgos generales y omitiendo los pormenores. El lector puede hallarlos confundidos con algunas divagaciones inútiles en el libro citado de Tesillo, págs. 62-79, fielmente seguido por el padre Rosales en su *Historia general*. La confrontación que hemos hecho de la relación contenida en esas páginas con lo que aparece en los documentos contemporáneos, nos ha permitido reconocer la gran exactitud de Tesillo, en el cual solo hemos hallado uno que otro errorcillo casi insignificante. Así, por ejemplo, en la pág. 79 dice que el gobernador, de vuelta de la segunda de esas campañas, llegó a Concepción a fines de marzo de 1634, siendo que tenemos delante una carta del mismo Lazo de la Vega, escrita al rey en esa ciudad, el 12 del propio mes.

Pero la metrópoli no se hallaba en estado de dar a Chile los socorros que se le pedían. Envuelta en las más dispendiosas guerras europeas, tenía que mantener ejércitos considerables en Italia, en Alemania y en Flandes, al paso que el tesoro real tocaba las últimas extremidades de la pobreza. Por otra parte, comenzaba a creerse en la Corte que la guerra de Chile, por su misma naturaleza, era interminable. Así, el Consejo de Indias, llamado a dar su informe acerca de las peticiones de Lazo de la Vega, dio el parecer que sigue: «Ha parecido que tiene las conveniencias que están reconocidas el acabar aquella guerra; pero que no se innove por ahora, supuesto que la proposición del gobernador, aunque es conforme al celo que tiene de servir a Su Majestad, no se ajusta a la disposición y forma de aquella guerra, por no tener aquellos enemigos poblaciones ni fuerzas unidas, y que las que se baten son de juntas que se hacen de diferentes indios que habitan en las cordilleras, con que viendo que sus facciones no tienen el suceso que desean, se retiran y dividen de manera que todo su ejército por grande que sea, se deshace sin quedarle cuerpo a quien los nuestros podían seguir, con que es imposible tener de ellos la victoria que se pudiera si se gobernaran como soldados porque su habitación es en los campos y montes. Pero, sin embargo, por lo mucho que se desea y conviene tomar entera resolución sobre ello, que informe el virrey del Perú, reales audiencias de Lima y de Santiago y algunos prácticos, así para acabar la guerra como para sacar sustancia para su gasto». Felipe IV aprobó este parecer. Por cédula de 5 de julio de 1633 mandó que las corporaciones e individuos mencionados informasen acerca del proyecto remitido a la Corte por el gobernador de Chile. Queriendo, además, premiar la conducta de éste y las victorias que había alcanzado sobre los indios, mandó que se le diese un repartimiento de indios que le produjese una renta anual de 3.000 ducados. Esta concesión debía quedar sin efecto, porque en esa época estaban repartidos todos los indios de Chile, y los encomenderos habían arreglado las cosas, mediante las últimas resoluciones del soberano, de manera que sus encomiendas eran por dos vidas, es decir, por las de ellos y las de sus inmediatos sucesores.[375]

---

[375] Carta de Lazo de la Vega al rey, de 12 de marzo de 1634. «La voluntad de Vuestra Majestad, dice allí, fue de que para ayuda de mis necesidades gozase de esta renta por considerarme pobre, pues pasé de Flandes a servir oficio de guerra en tierra tan corta. Haré a Vuestra Majestad relación de su necesidad. Lo es tanto de la suerte que hoy está con la guerra,

La cédula en que el rey pedía informe sobre la manera de terminar la guerra llegó a Chile a mediados de marzo de 1634. La audiencia de Santiago, cuyo personal se había modificado, era adicta al gobernador, y su parecer, que no se hizo esperar, fue la más amplia aprobación de los planes que este alto funcionario había sometido al rey. La conquista de América, decían los oidores, había ofrecido en su principio grandes dificultades, que vencieron el valor, la constancia y la prudencia de ilustres y denodados capitanes. «Vuestra Majestad no se debe prometer menos de las grandes partes, prudencia y valor de don Francisco Lazo de la Vega, Presidente, gobernador y capitán general de este reino, de quien Vuestra Majestad debe fiar aun mayores cosas de las que tiene a su cargo... El estado que hoy tiene este reino es el mejor que ha tenido después de su rebelión de treinta años a esta parte... La fuerza principal del enemigo, que son los indios fronterizos, han ido en gran disminución por las continuas entradas y malocas que de ordinario les han hecho, y en particular después que vino a este reino don Francisco Lazo de la Vega, por haberles muerto los más belicosos y valientes soldados que tenían, en las dos batallas que les dio en el sitio de los Robles y estado de Arauco, y quitádoles muchas armas y caballos, y apretado de manera la provincia de Purén que con los grandes daños que este verano le ha hecho se le han venido muchos indios de dicha provincia de paz, y los demás que quedan, que son ya muy pocos, se tiene por cierto le darán, y que los de la provincia de la Imperial, que es la más poblada, le ruegan con ella, y le piden vaya a poblar a sus tierras... Según lo referido, se tiene por cierto, y es opinión común de todos los capitanes antiguos y de experiencia de esta guerra que siendo Vuestra Majestad servido de socorrer y enviar de una vez a este reino los 2.000 hombres que el gobernador pide, pertrechados y armados, y doblando el situado de los 212.000 ducados cada año, pondría este reino de paz, mediante Dios, dentro del término que ha ofrecido, no sucediendo nuevo accidente que lo impida, y sin que se atienda en ninguna manera a la dificultad que se ha puesto de que este enemigo no tiene cuerpo para deshacerle en campo formado, porque aunque es verdad que pocas veces se han atrevido a aguardarnos en campo, y que las que lo han hecho, han sido rotos y desbaratados, se debe considerar contra lo que se ha informado que estos indios

---

que si vacasen diez repartimientos no harían esta cantidad, y no es posible que vaquen en muchos años.»

tienen su habitación en valles muy fértiles y abundantes, en las provincias de Angol, Imperial, Osorno y la Villarrica; y que deshechas sus juntas, no tienen otro paradero sino el de sus tierras, a donde cada día vamos a buscarlos, y les hacemos grandes daños, y no por eso las desamparan ni se van a las cordilleras ni montes, porque no hay nación que más estime y quiera su patria, pues por ella y su defensa han peleado noventa años con el valor notorio.»[376] La Audiencia, aprobando en todas sus partes el plan propuesto por Lazo de la Vega, sostenía que era posible llevar a cabo la conquista definitiva del país, que para ello debían fundarse poblaciones en el centro del territorio enemigo y que todo podía esperarse «de la prudencia del gobernador, que como tan gran soldado habrá tanteado y mirado la disposición de las cosas del reino para cumplir con lo que ha prometido».

En esos mismos días, el gobernador daba conocimiento de la cédula del rey a los capitanes más caracterizados del ejército que se hallaban en Concepción. Llamados a informar individualmente, todos ellos dieron sus pareceres respectivos en términos diferentes, con mayor o menor amplitud de razones o de hechos, pero uniformes en el fondo. Todos aprobaban el plan de conquista propuesto por el gobernador, defendían su practicabilidad y, certificando que el estado de la guerra era el más favorable que jamás hubiera tenido, aseguraban que con los refuerzos de tropas que se pedían y con el aumento del situado, se conseguiría en poco tiempo la pacificación total del reino.[377]

---

376 El informe de la Real Audiencia, que a pesar de su interés no podemos insertar íntegro por ser bastante extenso, limitándonos a extractar sus puntos capitales, tiene la fecha de 25 de marzo de 1634 y lleva las firmas de los oidores don Pedro Machado de Chávez, doctor Jacobo de Adaro y San Martín y don Cristóbal de la Cerda y Sotomayor. Los dos primeros, incorporados hacía poco a la Audiencia, como dijimos en otra parte (véase la nota 365 del capítulo anterior), no habían tomado parte en las anteriores competencias con el gobernador y, aun, se pusieron luego de su parte. El tercero protestaba a Lazo de la Vega que nunca había aprobado la conducta de sus antiguos colegas en esos negocios.

377 Los informes dados en esa ocasión por los capitales más caracterizados del ejército en marzo y abril de ese año, y al parecer sin conocimiento alguno del que dio la Real Audiencia, forman un expediente que se conserva en el Archivo de Indias de Sevilla. Los informantes fueron: el maestre de campo don Alonso de Figueroa, corregidor y justicia mayor de la ciudad de Concepción; don Fernando de Cea, maestre de campo general del ejército; Alonso de Miranda Salón, maestre de campo, y don Lorenzo de Arbieto, antiguo secretario del gobernador, capitán y tesorero real del obispado de Concepción, los cuales estaban acordes en el fondo, dando cada uno las mismas o diversas razones para apoyar el sistema propuesto de conquista. Esos informes son curiosos como documentos históricos

Debiendo remitir al rey estos informes, el gobernador creyó necesario reforzarlos con su propio dictamen y exponer de nuevo y en una forma más concreta su plan de conquista. «No hay más tierra de guerra que 60 leguas de longitud y 25 de latitud en este reino, decía con este motivo. En ella tengo tanteado hacer seis poblaciones en las partes y lugares convenientes, que se den la mano unas a otras, y que ocupen 2.200 hombres, en que entrará la ciudad de Valdivia y puerto del Corral. He de reservar 1.800 hombres para dos tercios sueltos, con los cuales he de campear y sacar a luz los indios que se retiraren, porque la mayor guerra para este enemigo ha de ser el tener cerca de sí poblaciones; y cuando no lo hubiera ya facilitado tanto por el medio propuesto, era verosímil su conclusión mediante las dichas poblaciones. Tengo en mi abono el estar este enemigo tan quebrantado de castigos que le he hecho en personas, ganados y sementeras que se me han venido muchos de paz y me convidan a poblar en sus tierras; y esto lo venzo con menos de 2.000 plazas y con los tercios tan lejos solo a fuerza de disposición y cuidado. De manera que puedo juzgar que con muy poca oposición de este enemigo, en tres años de puesta la gente aquí, tengo de tener hechas las poblaciones que refiero, y tengo de tener muchos indios arrimados a ellas de los que hoy son de guerra, y tan gran fuerza con ellos que con los dos tercios sueltos pueda en los cinco años tenerlos a todos conquistados. El escarmiento pasado me advertirá y la buena razón que no he dejar armas ni caballos entre estos indios ya amigos por bien o mal, ya cimentados donde a mí me pareciere más conveniente, dándoles calor las poblaciones. Las cabezas sediciosas las cortaré, de los mal seguros llenaré las galeras del Callao, y a todo se pondrá la forma que de aquí se puede alcanzar y la más segura la que el tiempo enseñare.»[378] No era posible abrigar más arrogante confianza en el resultado que se esperaba de este plan de conquista. Lazo de la Vega estaba persuadido de que con un refuerzo de 2.000 hombres, y con el aumento del situado, en cinco años quedaría todo el reino de Chile en la más perfecta paz.

---

por los hechos que consignan. No nos es posible extendernos en más amplios pormenores sobre aquellos incidentes ni sobre los detalles del plan de conquista que están expuestos por los capitanes llamados a dar su parecer.

378 La carta de Lazo de la Vega, de que copiamos estas palabras, no tiene fecha, pero su contenido revela, a no caber duda, que fue escrita en los primeros días de abril de 1634, poco antes que su autor fuese atacado por una enfermedad que lo puso a las puertas de la muerte.

3. La angustiada situación del tesoro real no permite acometer esta empresa

Aquella proposición habría debido tentar al rey y a sus consejeros a poner en ejecución ese proyecto de conquista. Pero desde que él exigía mayores gastos, era forzoso considerarlo irrealizable. La pobreza del tesoro público había obligado al rey a apelar a expedientes verdaderamente bochornosos. Pedía a sus súbditos donativos casi de limosna, y vendía los títulos de nobleza y las ejecutorias de hidalguía a todo el que podía comprarlas, sin distinción de clases ni de antecedentes. Si bien es verdad que sus antecesores habían empleado estos mismos recursos, Felipe IV llevó el abuso más lejos que nadie, al paso que dilapidaba el dinero en ostentosas fiestas cuando no en misteriosos galanteos.[379] Chile mismo, que seguramente era entonces la más pobre de las colonias del rey de España, no había escapado a esos pedidos angustiados y vergonzosos de su soberano, dejando ver a los gobernantes de este país que no debían esperar los socorros que solicitaban de la metrópoli.

Según hemos contado, Felipe IV, al anunciar a los habitantes de Chile su exaltación al trono, había comenzado su gobierno por pedirles un donativo gracioso de dinero.[380] Entonces mismo había exigido imperiosamente en nombre de «las necesidades y aprietos» de la Corona, que se cobrase con toda energía el impuesto inmoral conocido con el nombre de composición de extranjeros.[381] Poco más tarde redobló las exigencias de esa naturaleza para sacar dinero. A fines de 1632 llegaron a Chile dos reales cédulas dictadas el 27 de mayo del año anterior. Por una de ellas mandaba el soberano que se vendiesen en este país ejecutorias de hidalguía, como se estaba haciendo en España: por la otra pedía un nuevo donativo gracioso. El primero de esos arbitrios no podía producir una entrada muy considerable a la Corona desde que en Chile había entonces muy pocas personas que tuviesen recursos desahogados para comprar la nobleza

---

379 Lafuente, *Historia general de España*, tomo XVI, págs. 515-521. Conviene advertir aquí que, aunque el distinguido historiador español ha trazado en ese tomo de su obra el cuadro más completo que se conozca del reinado de Felipe IV, dista mucho de dar toda la luz conveniente sobre el estado de postración y de miseria a que había llegado la monarquía en esos años, y, que es preciso estudiarlo en los escritos y documentos contemporáneos.
380 Véase el capítulo 5, § 9.
381 Véase el capítulo 7, § 2.

convencional y postiza que se adquiría por esos tratos.[382] El segundo produjo en donativos en dinero y en especies poco más de 10.000 pesos recogidos con no poco trabajo en un período de cinco años.[383]

Cuando todavía no se acababan de colectar estas cantidades, llegaban a Chile otras reales cédulas en que el soberano exigía nuevos donativos en dinero, y limosnas para la fundación de iglesias y de conventos en la metrópoli. Los vecinos y moradores de esta provincia que su mismo gobernador calificaba de «pobrísima», tuvieron que hacer nuevos sacrificios pecuniarios.[384] Todas las comunicaciones cambiadas con motivo de estos negocios revelan cuan angustiada era la situación del tesoro español en aquella época.

---

382 En 15 de abril 1633, Lazo de la Vega anunciaba al rey que había hecho publicar por bando la real cédula que decretaba la venta de las ejecutorias de hidalguía, asegurando que pondría toda diligencia en su cumplimiento, y que daría cuenta del resultado. No hemos hallado nada más a este respecto en su correspondencia posterior, lo que nos hace creer que este arbitrio no produjo entrada alguna.

383 En 15 de abril de 1636 escribía el gobernador al rey lo que sigue: «Señor. En conformidad de cédula de Vuestra Majestad de 27 de mayo de 1631, pedí el donativo gracioso a los vecinos de este reino, que generalmente son pobres. Pero habiéndoles ponderado los aprietos y necesidades de Vuestra Majestad y dándoles ejemplo en servir yo, con la mayor cantidad que pude de mi sueldo, junté en el distrito de la ciudad de Santiago y los de La Serena, Aconcagua, Quillota y Colchagua, 10.105 pesos de a 8 reales, los cuales remití a los jueces oficiales reales de Lima para que se los dirijan a Vuestra Majestad en la forma que lo dispone y manda en la dicha real cédula con carta para el virrey del Perú en que le advertí de este negocio para que lo mandase ejecutar, de lo cual me ha parecido avisar a Vuestra Majestad Y como falta de remitir lo que han ofrecido a Vuestra Majestad los vecinos de esta ciudad de Concepción y su contorno, lo cual se va recogiendo en géneros (especies) que se han de beneficiar por los jueces oficiales reales y reducirlos a dinero, los consignaré en los galeones primeros del año que viene de 37 con memoria autorizada de la cantidad con que cada persona ha servido a Vuestra Majestad cuya vida guarde Dios dichosamente como la cristiandad ha menester. Concepción de Chile y abril 15 de 1636. Don Francisco Laso de la Vega».

384 En carta de 20 de abril de 1638 Lazo de la Vega escribe al rey que ha recogido 3.200 pesos para ayudar a las obras piadosas para las cuales el rey pedía los donativos de los vecinos de Chile, y que esa cantidad sería remitida a España por el virrey del Perú.
En otra carta escrita el día siguiente, 21 de abril, dice el gobernador que a consecuencia de los pedidos de dinero que hace el rey por sus cédulas, la Real Audiencia ha recogido en el distrito de Santiago, 8.100 pesos «que con lo que yo, agrega, en estas fronteras (Concepción) he juntado y servido a Vuestra Majestad de mi sueldo, llegará todo a 11.000 pesos, que por ser lo más en géneros (especies) y haberse de administrar y vender por los oficiales reales a cuyo cargo están, es imposible ir en esta ocasión. Remitiranse el año que viene con mucha puntualidad. En otra ocasión he referido a Vuestra Majestad que esta tierra es pobrísima y que no he podido hacer más».

Se comprende que un gobierno que se encontraba en ese estado, que vivía envuelto en dispendiosas y complicadas guerras en Europa a las que consagraba toda su atención, y que para hacer frente a sus más premiosas necesidades tenía que apelar a los arbitrios que dejamos mencionados, no podía acometer en Chile empresas cuyo resultado no era en modo alguno seguro, y que exigían un aumento considerable de gastos. Así, pues, teniendo que dar una resolución acerca de las diversas gestiones que había promovido en la Corte don Francisco de Avendaño, Felipe IV, seguramente sin esperar los informes que había pedido a Chile y al Perú, firmó el 15 de noviembre de 1634 tres cédulas en que decretaba todo lo que a su juicio le era permitido hacer. Ordenaba por ellas que el virrey del Perú suministrase al gobernador de Chile los refuerzos de tropas que fuesen necesarios para completar el ejército que sostenía la guerra contra los indios; y que en adelante se pagase el situado a principio de cada año, sin demoras ni descuento. Acordaba, además, ciertas gracias para los oficiales y soldados que servían en Chile, estableciendo que treinta de ellos pudieran gozar, en calidad de reformados, los sueldos de su rango, aunque no estuviesen en servicio activo. Esto era todo lo que en medio de sus angustias y pobrezas podía conceder el rey de España en protección de esta apartada colonia.

4. Nuevas leyes para abolir el servicio personal de los indígenas: sus nulos resultados

En abril de 1634, cuando apenas acababa de despachar los informes que pedía el rey sobre la manera de dirigir la guerra, don Francisco Lazo de la Vega cayó gravemente enfermo en Concepción. Una terrible hidropesía, síntoma probablemente de una antigua afección al corazón, lo tuvo postrado durante cerca de tres meses, de manera que, según refiere su secretario Tesillo, «se trataba ya más de las exequias de su entierro que de remedio para su salud; pero obró Dios, con suma misericordia en el remedio de la salud de este capitán, y diole vida. Mirose patente el prodigio milagroso, añade el mismo escritor, según las causas y los efectos de la enfermedad». Por consejo de los médicos que lo asistían, y porque era urgente despachar algunos asuntos administrativos de la mayor gravedad, el gobernador determinó pasar a Santiago. Como el estado de su salud no le permitía hacer el viaje por los caminos de tierra, que le habría sido forzoso recorrer a caballo, se embarcó en Concepción y llegaba a Valparaíso el

5 de agosto, cuando los encomenderos de la capital y su distrito lo esperaban en medio de la mayor inquietud.[385]

Cinco meses antes había llegado a Chile una real cédula firmada por Felipe IV, el 14 de abril de 1633, que preocupaba seriamente a las autoridades y a los encomenderos. El soberano estaba informado de que todas las disposiciones dictadas anteriormente para abolir el servicio personal de los indígenas habían sido eludidas de una manera o de otra. En efecto, las ordenanzas de 1622, reduciendo a los indios a trabajar personalmente para pagar con el jornal que les correspondía el tributo a que estaban obligados, habían dado lugar a la conservación de todos los abusos, apoyados en apariencias por la misma ley. Para poner un remedio que creía eficaz contra tamaños males, el rey dictaba ahora esta nueva cédula. «He tenido por bien ordenar, decía al gobernador y a la audiencia de Chile, que luego que ésta recibáis, tratéis de alzar y quitar precisa e inviolablemente el dicho servicio personal en cualquiera parte y en cualquiera forma que estuviere y se hallare entablado en esa provincia, persuadiendo y dando a entender a los dichos indios y encomenderos que esto les está bien y es lo que más les conviene, y disponiéndolo con la mayor suavidad que fuere posible. Os juntaréis con el obispo, oficiales reales, prelados de las religiones y otras personas entendidas de esa provincia, y platicaréis y conferiréis en qué frutos, cosas y especies se pueden tasar y estimar cómodamente los tributos de los dichos indios que correspondan y equivalgan al interés que justa y legítimamente les pudiere importar el dicho servicio personal si no excediere del uso, exacción y cobranza de él. Y hecha esta conmutación, haréis que se reparta (fije) a cada indio lo que así ha de dar y pagar en los dichos frutos, dinero y otras especies, haciendo nuevo padrón de ellos y de la dicha tasa en la forma que se ha referido, y que tengan entendido los encomenderos que lo que esto montare y no más han de poder pedir, llevar y cobrar de los dichos indios; como se hace en el Perú y Nueva España. Y esta tasa la habéis de hacer dentro de seis meses como esta cédula recibiéredes y ponerla luego en ejecución.»[386]

---

385 El cabildo de Santiago, en acuerdo de 16 de agosto, despachó a Valparaíso una diputación de su seno y otra a Melipilla a saludar al gobernador y a acompañarlo en su viaje a la capital. Se quería, sin duda, con estos homenajes disponerlo en favor de los encomenderos en la grave cuestión que se iba a resolver en esos días.

386 La real cédula de 14 de abril de 1633 se halla insertada íntegra en la *Historia general* del padre Rosales, tomo III, pág. 114.

La real audiencia de Santiago, al tomar conocimiento de esta cédula en marzo del año siguiente (1634), había celebrado un acuerdo en que se trató de este negocio. Dos de los oidores, don Pedro Machado de Chávez y don Cristóbal de la Cerda, se pronunciaron abiertamente por que sin tardanza se le diera cumplimiento y se suprimiese el servicio personal. El tercero de ellos, don Jacobo de Adaro, representando los inconvenientes que podía suscitar la ejecución de esta medida, pidió que se informase de todo al rey para que en vista de nuevos pareceres resolviese lo que fuera mejor.[387] Pero la ausencia de Lazo de la Vega, que entonces se hallaba en Concepción, y enseguida la enfermedad que lo retuvo allí durante algunos meses, aplazaron las deliberaciones sobre este delicado asunto.

A fines de agosto se renovaron en Santiago con injerencia de las autoridades civiles y eclesiásticas. Hubo en ellas gran variedad de pareceres; pero después de muchos días de discusión, se resolvió dar cumplimiento a la cédula real. Dictose, con este motivo, una larga ordenanza que suprimía para siempre todo servicio personal de los indios, declarando a éstos en el goce «de la entera libertad que Su Majestad con su acostumbrada clemencia les ha concedido quitándoles el dicho servicio personal, y que sean tratados, habidos y tenidos y comúnmente reputados como los demás vasallos libres que Su Majestad tiene en este reino y en los de España, sin que sus encomenderos tengan contra ellos más derecho que para cobrar el dicho tributo (de 10 pesos por cabeza) en los frutos, géneros y especies que irán declarados».[388] Esta ordenanza, publicada por bando en todo el reino, reglamentaba en sus diecisiete artículos las relaciones entre los encomenderos y sus indios, y a no caber duda, parecía inspirada por el más serio y leal propósito de asegurar la libertad y el bienestar de éstos. Pero ella dio origen a las reclamaciones de los encomenderos que pedían se solicitase del rey la modificación de sus anteriores mandatos; y cuando llegó el caso de ponerla en práctica, fue igualmente eludida. «Todo ello fue de poco efecto, dice el historiador Tesillo, aludiendo a esa ordenanza, porque las cosas se quedaron en el mismo estado que antes, por haber criado aquel daño raíces tan hondas que nunca se le hallará remedio.» El servicio obligatorio de los indios

---

387 Acuerdo de la real audiencia de Santiago de 7 de marzo de 1634.
388 Esta ordenanza ha sido insertada por el padre Rosales en el libro VII, capítulo 20 de su *Historia general*, pero no ha fijado la fecha en que fue promulgada, que debió ser a fines de septiembre de 1634.

parecía ser una necesidad fatal de la situación social y económica del país, contra la cual debían ser impotentes todas las leyes y todas las ordenanzas.

5. El gobernador hace otras entradas en el territorio enemigo sin ventajas efectivas

Sea por el mal estado de su salud o por el recargo de ocupaciones que le procuraba la administración civil, o por ambas causas a la vez, don Francisco Lazo de la Vega no salió a campaña el verano siguiente, y permaneció en Santiago. Mientras tanto, los capitanes que habían quedado al mando del ejército de la frontera, repitieron las expediciones de los años anteriores, llegando también ahora más allá de Purén, dispersando a los indios que se atrevían a salirles al paso, y obligándolos a abandonar sus tierras con pérdidas de algunos de los suyos que cayeron prisioneros de los españoles. Aunque las relaciones contemporáneas hablan largamente de las ventajas alcanzadas en otras campañas de ese año, ellas revelan que no fueron más considerables que las anteriores, y que debieron confirmar el convencimiento del gobernador de que aquella guerra sería interminable mientras los españoles no tuvieran fuerzas suficientes para asentar su dominación en el territorio enemigo.

Esperando siempre recibir los refuerzos de tropas que había pedido a España, y con los cuales se proponía fundar las poblaciones que proyectaba, el gobernador persistía en su empeño de fatigar al enemigo con nuevas expediciones, no solo para impedirle hacer correrías fuera de sus tierras sino para destruirle sus sementeras y ganados, arrebatarle sus caballadas y ponerlo en el mayor aniquilamiento que le fuera posible. Como sus capitanes se mantenían en el sur en constante estado de guerra, Lazo de la Vega resolvió ponerse nuevamente en campaña a fines de 1635. El 24 de diciembre partía de Santiago; y habiendo llegado a Concepción a revistar su ejército, el 15 de enero siguiente (1636) salía a campaña por la región de la costa a la cabeza de 1.500 soldados entre españoles e indios.

En ésta, como en otras ocasiones, la disciplina y el orden que hacía guardar el gobernador, le permitieron dispersar al enemigo, deshacer sus emboscadas y conseguir ventajas parciales, pero sin ninguna victoria medianamente decisiva, porque los indios, sin dejar de molestar a sus agresores, evitaban cuidadosamente toda batalla que pudiera serles fatal. Acosados por los españoles, impotentes para resistirles en campo abierto, se retiraban a los campos vecinos a la Imperial, dejando así que el gobernador avanzara hasta Tirúa. Cuando en el mes de febrero llegó el caso de dar la vuelta a los cuarteles de Arauco, los indios comenzaban a rehacerse, y en algunos pasos difíciles los destacamentos españoles temieron verse envueltos y sufrir un desastre. «Aventurose mucha reputación en esta jornada, y se hizo poco efecto», dice el cronista Tesillo, testigo y actor de los sucesos que narra.

Para aprovechar el tiempo que quedaba de verano, el gobernador determinó hacer todavía otra entrada en el territorio enemigo con el objetivo de reconocer los sitios en que se proponía fundar las nuevas poblaciones. A principios de marzo, se hallaron reunidos en el fuerte de Nacimiento los dos grandes cuerpos del ejército español. Emprendiendo la marcha para el sur por el valle central, penetraron otra vez hasta Coipu sin hallar una resistencia seria en ningún punto; pero tampoco les fue dado alcanzar por esta parte ventajas más positivas de las que habían obtenido en la campaña anterior. La fuga de un indio auxiliar, había permitido a los enemigos conocer los movimientos de los españoles y evitar todo combate peligroso. Las tropas de Lazo de la Vega hallaban, por tanto, desiertos los lugares donde solían juntarse los indios, de tal suerte que, si bien pudieron practicar los reconocimientos que querían, a fines de abril regresaban a sus cuarteles sin haber sacado otra ventaja de aquella larga y penosa jornada.

No fue tampoco más provechosa otra campaña que ese mismo verano mandó hacer el gobernador por la frontera austral del territorio que ocupaban los indios enemigos. El corregidor de Chiloé, Pedro Sánchez Mejorada, reuniendo a los españoles y a los indios auxiliares que podían tomar las armas en esa provincia, desembarcó con ellos en el continente y avanzó hasta las inmediaciones de Osorno, sin intimidarse por las juntas de gente que hacía el enemigo. En su corta campaña, el corregidor de Chiloé asoló los campos por donde pasaba, y apresó algunos indios; pero al retirarse a su isla, se vio atacado dos veces por éstos, y si no sufrió pérdidas de consideración, pudo convencerse de que sus fuerzas eran insuficientes para dominar esa región. Allí, como en la frontera del Biobío, los españoles que expedicionaban al territorio enemigo, se enseñoreaban solo del suelo que pisaban.

El gobernador, al informar al rey sobre los sucesos de ese verano, tenía razón para decirle que el estado de la guerra de Chile era «conocidamente el mejor que jamás había tenido», por cuanto se habían evitado los desastres que ocurrieron frecuentemente en los años anteriores, y se había puesto término a las agresiones y correrías de los indios al norte del Biobío. Pero Lazo de la Vega no se hacía ilusiones sobre la importancia de las ventajas alcanzadas hasta entonces. Persuadido de que la pacificación definitiva del reino no podía darse por terminada mientras los españoles no poblasen establemente el territorio enemigo, reclamaba de nuevo en ese mismo informe el envío de los socorros de gente que tenía pedidos.**389** Al llegar a Concepción, de vuelta de esta última campaña, reunió a sus capitanes el 8 de mayo en Junta de Guerra para uniformar los pareceres acerca de las nuevas poblaciones; pero sin llegar a un acuerdo definitivo respecto de los lugares que debieran elegirse, resolvió volverse a Santiago, llamado por las atenciones administrativas y deseoso de hacer mayores aprestos para adelantar en la primavera próxima la gran empresa en que estaba empeñado.

6. Inútiles esfuerzos de Lazo de la Vega para procurarse refuerzos de tropas

El rey acababa de dictar numerosas providencias relativas al gobierno de Chile, destinadas unas a deslindar las competencias suscitadas entre las diversas autoridades, y otras a reglamentar algunos ramos de la administración. Se recordará que desde el tiempo de García Ramón, y a consecuencia de un permiso especial que el rey le había concedido, todos los gobernadores que murieron en el desempeño de sus funciones, se creyeron autorizados para designar a sus sucesores. Felipe IV, poniendo término a esta práctica que consideraba abusiva, dispuso, por cédula dada en Madrid el 7 de mayo de 1635, «que el virrey (del Perú) en pliego cerrado nombre dos personas de los maestres de campo que han sido en esta guerra, y que por muerte del gobernador de Chile suceda el uno en el gobierno, y si hubiere muerto el primero, entre el segundo, hasta tanto que el virrey nombre otro; y que el dicho pliego se guarde cerrado y con

---

389 Lazo de la Vega, además de las cartas en que daba cuenta al rey de la marcha administrativa, enviaba cada año una relación de los sucesos militares, escrita por alguno de los oficiales que lo acompañaban, y probablemente por Santiago de Tesillo que era, sin duda, el que poseía más aventajadas dotes literarias. En el Archivo de Indias encontramos cuatro de esas relaciones que publicamos íntegras en 1864 como apéndice a la reimpresión que hicimos del libro de Tesillo. En el texto nos referimos a las noticias consignadas en la relación relativa al año de 1635-1636, que es la tercera de las que dimos a luz.

secreto». Esta resolución iba a evitar, en adelante, la repetición de las intrigas que habían molestado a algunos gobernadores en las últimas horas de su vida.

Debemos también recordar aquí otra cédula de muy distinto carácter dada anteriormente por el mismo soberano. En 30 de diciembre de 1633, Felipe IV había pedido al gobernador de Chile una descripción completa de este país. «Os mando, le decía, que luego como recibáis ésta mi cédula deis las órdenes que convengan para que se hagan luego mapas distintos y separados de cada provincia, con relación particular de lo que se comprende en ellas, sus temples y frutos, minas, ganados, castillos y fortalezas; puertos, caletas y surgideros; materiales para fábrica de navíos, sus carenas y aderezos y qué naturales y españoles tienen, todo con mucha distinción, claridad y brevedad, de suerte que si fuera posible venga en la primera ocasión, que en ello me serviréis.» Si se hubiera cumplido esta real orden, y llenado el programa de Felipe IV, poseeríamos ahora un documento inapreciable para conocer la situación de Chile en aquella época, y para estimar mejor sus progresos subsiguientes. Pero, por desgracia, no se halló en el país quien pudiera encargarse de este trabajo, y la obra encomendada quedó sin ejecución.[390]

Afanes de otra naturaleza absorbían por completo la atención del gobernador. El rey, como se recordará, había resuelto a fines de 1634 que el tesoro del Perú pagara cada año, sin retardos ni reducciones, el situado real para subvenir a los gastos que originaba la guerra de Chile; pero con la misma fecha

---

[390] El padre Rosales, en el capítulo 18 del libro VII de su *Historia general*, ha insertado íntegra la real cédula de 30 de diciembre de 1633, y luego agrega: «Puso en ejecución el gobernador lo que en ello se le ordenaba, y envió las relaciones de todo como cosa tan conveniente; pero no con la plenitud que se hallará en esta historia ni con la diligencia y cuidado que yo he puesto en inquirir y saber todas las particularidades». El hecho de no encontrarse en el Archivo de Indias las relaciones y mapas de que se trata, haría dudar de la verdad de este pasaje de Rosales; pero contra él existe una prueba mucho más concluyente, y es la carta de Lazo de la Vega al rey que copiamos enseguida: «Señor. La real cédula de Vuestra Majestad inclusa al margen (la misma de que hablamos) recibí, y luego puse cuidado en que se buscase persona en este reino que supiese ejecutar y disponer lo que Vuestra Majestad por ella ordena y manda; y por ningún caso se ha hallado quien haga los dichos mapas con la perfección que se requiere. No cesaré de hacer en este caso el aprieto que conviene procurando el cumplimiento de la dicha real cédula, y luego que se acaben los remitiré a Vuestra Majestad cuya Católica Real Majestad guarde Dios como la cristiandad lo ha menester. Santiago de Chile y abril 15 de 1635. Don Francisco Laso de la Vega». No hemos hallado en su correspondencia posterior ninguna otra noticia sobre este particular, de donde inferimos que jamás se trabajaron los mapas y relaciones pedidos por el rey.

declaraba que el estado de su hacienda, comprometida por las complicaciones de la política europea, no le permitía aumentar esa asignación ni enviar a Chile los socorros de tropas que se le pedían. Por esta causa, se había limitado a recomendar al virrey del Perú que prestase al gobernador todos los auxilios de que pudiera disponer. Lazo de la Vega sabía entonces que en Lima se estaba reclutando gente para enviarle algún refuerzo, pero no tenía confianza alguna en los soldados que se recogían en ese país y en esas condiciones.

En estas circunstancias creyó que la ciudad de Santiago podría suministrarle un regular contingente de tropa para salir a campaña en la primavera próxima. Con este motivo reunió al Cabildo en su propia casa el 28 de agosto (1636), y le presentó un memorial escrito en que le exponía la situación del reino y le pedía ayuda. El gobernador comenzaba por representar las ventajas alcanzadas en la guerra, y la necesidad de llevarla a término mediante nuevas poblaciones para evitar los grandes gastos que ella ocasionaba. Recordando que los aprietos en que se hallaba la monarquía no permitían al rey enviar los socorros necesarios y que los que sacasen del Perú serían siempre insuficientes, exponía que, aunque estaba autorizado para hacer obligatorio el servicio militar, había preferido enganchar gente pagada con la esperanza de formar un cuerpo regular. «Y aunque en esta ciudad y sus contornos, agregaba, conocidamente hay grande número de hombres mozos vagabundos, sin ejercicios, antes facinerosos y delincuentes, todos se retiran en esta ocasión de las que les ofrece la guerra con la gloria militar.» En esta virtud pedía que el Cabildo, haciendo intervenir la fuerza de la ciudad, enrolase a esas gentes con toda decisión y energía. El Cabildo contestó por escrito y en los términos más respetuosos este requerimiento. Recordaba el deber de todos los vecinos del reino de servir a la causa común, y los esfuerzos y sacrificios que por ella había hecho la ciudad de Santiago; y sin negarse a cooperar en esta ocasión, pero sin hacer tampoco francos y generosos ofrecimientos, representaba que la ciudad, que solo contaba 400 vecinos, no podía contribuir con un contingente considerable.[391] En efecto, cuando en octubre siguiente volvió el gobernador a dirigir las ope-

---

[391] El memorial del gobernador y la contestación del Cabildo, se hallan publicados por Tesillo en las págs. 94-97 del libro citado; pero no señala expresamente sus fechas, que se ven en la transcripción de esos documentos en las fojas 660-663 del libro II de acuerdos del cabildo de Santiago.

raciones de la guerra, solo llevaba consigo un refuerzo de cincuenta hombres reunidos en Santiago con la mayor dificultad.

7. Se ve forzado a desistir del proyecto de repoblar a Valdivia

Antes de mucho sufrió el gobernador una decepción no menos dolorosa. Lazo de la Vega, como alguno de sus predecesores, había representado al rey con particular insistencia la necesidad de repoblar y fortificar el puerto de Valdivia. Temíase que los holandeses intentasen fundar allí un establecimiento del que fuera muy difícil expulsarlos. Durante mucho tiempo se creyó, como hemos visto, que estaban confederados con los indios de esa región, y que éstos consentían en que los holandeses fundasen allí una población. Los sucesos recientes del Brasil, los esfuerzos que Holanda hacía para apoderarse de alguna porción de este país, vinieron a robustecer esos temores. Felipe IV, en cédula de 18 de mayo de 1635 dirigida al virrey del Perú, le hablaba de ese peligro. «Y siendo así, agregaba, que uniformemente todos convienen en que se fortifique dicho puerto (Valdivia) y que hoy insta la necesidad más que nunca por la ocasión referida (las expediciones holandesas al Brasil), habiéndoseme consultado por los de mi Junta de Guerra de Indias, he resuelto que se haga la dicha fortificación, y así os encargo que con particular cuidado y desvelo, atendáis a lo que esto toca, mirando por la defensa de dicho puerto, y comenzando luego a disponer la dicha fortificación.»

El conde de Chinchón, virrey del Perú, como otros funcionarios españoles de América, tenían a este respecto muy distinta opinión. Estaban persuadidos de que en Holanda no se pensaba seriamente en fundar colonias en el sur de Chile, y si bien era verdad que algunos geógrafos y viajeros de ese país habían recomendado este proyecto, se creía que los costos y las dificultades de tal empresa habían de impedir su ejecución. Las noticias que estos funcionarios tenían del carácter de los indios chilenos, les hacían considerar con sobrada razón una quimera absurda los temores de alianza entre esos bárbaros y los holandeses. «No digo yo, decía uno de los que sustentaban esta opinión, que el enemigo de Europa no entrará en Valdivia, porque eso fuera error, supuesto que lo puede hacer siempre que entrare en este mar del sur. Empero sí, digo que no lo tengo por tan ruin soldado que resuelva fortificarse en Valdivia, habiendo tantas razones que contradigan su conservación y permanencia, porque no solo no es a propósito aquel puerto para el designio del enemigo sino inútil. Yo he deseado averiguar qué fundamento pueda haber tenido esto del enemigo y de Valdivia; pero no le he hallado más origen que haberlo dicho el vulgo, autor clásico, gran soldado. Y la más colorada razón del vulgo es que el enemigo rebelde de tierra se aunará con el de Europa, y que de esta unión resultarán todos los inconvenientes que se previenen. Asentemos, pues, esto por imposible; y que lo posible y lo seguro será que si hubiere esta unión, durará lo que tarde la ocasión de pasar a cuchillo el rebelde de Chile (los araucanos) al de Europa (los holandeses); y que si este último es soldado, ha de andar siempre la barba sobre el hombro y las armas en la mano, aun cuando más seguridad le parezca hay en su unión, porque es cosa ridícula pensar otra cosa ni que el enemigo de Chile se podrá conformar con otro, no teniendo cabeza ni constancia, palabra ni reputación.»[392] Los impugnadores del proyecto de repoblar Valdivia creían, pues, firmemente, que si los holandeses hubiesen llegado a establecerse allí, habrían tenido que soportar en breve la guerra implacable de los indios y corrido peor suerte que los españoles.

Pero había, además, otra razón para impugnar ese proyecto. El rey, al ordenar que se fortificase Valdivia, quería que esta obra se hiciese a expensas de Chile y del Perú, casi sin desembolso alguno de parte de la Corona. El virrey, conde de Chinchón, queriendo evitar gastos que consideraba de todo punto innecesarios, no vaciló en objetar la orden del soberano. En efecto, en abril de 1636 escribía a Felipe IV que juzgaba ese trabajo «de poca utilidad», al mismo tiempo que transmitía al gobernador de Chile la cédula real, haciéndole entender que la población y fortificación del puerto de Valdivia debían hacerse solo con los recursos de este país y con las erogaciones de sus vecinos, a quienes se podrían dar tierras y repartimientos de indios en aquellos lugares.

Lazo de la Vega, por su parte, deseaba vivamente llevar a cabo esa obra, quizá no tanto porque abrigara temores de que los holandeses intentasen establecerse en Valdivia, sino porque creía que la repoblación de esta ciudad debía contribuir a asentar la dominación española en el territorio araucano. Pero, careciendo de recursos, pensó interesar en la empresa al vecindario de Santiago. Al efecto, lo reunió en la catedral el 22 de septiembre (1636) en un solemne cabildo abierto para pedirle su cooperación. «Dio principio a la propuesta, dice

---

392 Santiago de Tesillo, *Guerra de Chile*, pág. 87.

uno de los altos funcionarios que concurrieron a esa asamblea, un capítulo de carta de Su Majestad, Dios le guarde, y una carta del virrey del Perú, conde de Chinchón, enderezándose uno y otro a la fortificación y población de Valdivia, puerto entre los de este reino el más capaz, el más apto para que el enemigo pirata lo ocupe, como ha días desea, haciéndole escala de sus navegaciones, asilo de sus miedos y defensa de sus robos. Y aunque esta fortificación es tan importante, no puede hacerse por su real hacienda por la fuerza de continuas y poderosas guerras con que esta monarquía está oprimida, y quisiera que sin el gasto de ella se consiguiera el efecto, para lo cual anima a los vasallos a que le den arbitrios, no en el modo de fortificación, gente y pertrechos, que ha menester, sino en la manera cómo se harán estos gastos sin que su hacienda real lo supla ni se enflaquezca en esto más de lo que está. Acudió a su fomento el licenciado don Pedro Gutiérrez de Lugo, oidor de esta Real Audiencia, mostrando con larga persuasión en la elocución discreta su retórica, en los fundamentos fortísimos su ciencia y experiencia larga y en los diversos efectos el celo del real servicio. Con tal ornato de razones encendió los ánimos y persuadió las voluntades que si así como ellas salieron dispuestas les ayudaran las fuerzas, no tenía Su Majestad, Dios le guarde, sino abrir los cimientos, delineando la planta y levantando los muros de la fábrica sin ninguna costa de su real hacienda.»**393**
Así, pues, a pesar de la buena disposición que mostraron todos los asistentes al cabildo abierto, la pobreza general del país no les permitió prestar a la proyectada repoblación de Valdivia el apoyo que solicitaba el gobernador.

8. Últimas campañas de Lazo de la Vega: repoblación de Angol

Este conjunto de contrariedades habría desalentado a otro hombre menos resuelto y animoso que don Francisco Lazo de la Vega. Cuando vio que no le era posible realizar todo el plan de operaciones que había meditado, y en que fundaba la esperanza de consumar la conquista completa y definitiva de todo el territorio disputado a los indios, pensó en ejecutar siquiera la parte que le permitían sus recursos. En efecto, habiendo reunido en Santiago con no pequeñas

---

393 Copio estas palabras de una curiosa solicitud presentada al gobernador en 1 de abril de 1637 por el tesorero Jerónimo Hurtado de Mendoza, que refiere prolijamente estos hechos de que no se encuentra constancia en otros documentos. En ella ofrece contribuir con 4.000 pesos a la repoblación de Valdivia a condición de que se le permita legar a su propio hijo el cargo de tesorero de la real hacienda. Parece que su proposición no fue aceptada.

dificultades unos cincuenta auxiliares, partió con ellos a principios de octubre y fue a esperar a Concepción el arribo de los refuerzos que debía enviarle el virrey del Perú.

Como tardaran estos socorros, y como los indios de guerra se mostraran siempre inquietos, acercándose en sus correrías hasta las inmediaciones del Biobío, dispuso el gobernador que salieran a perseguirlos algunos destacamentos. Uno de éstos, mandado por el capitán Domingo de la Parra, obtuvo una señalada victoria el 12 de diciembre (1636) en un sitio denominado la Angostura, sobre las márgenes de ese río. A la cabeza de cincuenta españoles y de 200 indios auxiliares, sorprendió un cuerpo enemigo mandado por Nancopillán, caudillo de mucho renombre en aquellas guerras, lo destrozó completamente, causándole la muerte de más de ochenta hombres, y tomando veintitrés cautivos, uno de los cuales era el mismo jefe. «Este suceso, dice el historiador Tesillo, fue de los más dichosos que tuvo don Francisco Lazo, y de ninguno, a mi juicio, tuvo mayor gloria por ser este Nancopillán el enemigo más soberbio y desvanecido que tenía la guerra, y que en sus juntas y parlamentos había hablado con desprecio de don Francisco y de nuestra nación.» Esperando utilizar el conocimiento que tenía ese indio del país y de la situación del enemigo, el gobernador le perdonó la vida.[394] Nancopillán murió año y medio más tarde sin haber recobrado su libertad.

En esos mismos días llegaba a Concepción el socorro que con tanta ansiedad se esperaba del Perú. Componíase solo de cien hombres, número del todo insuficiente para llevar a cabo los proyectos del gobernador. Sin embargo, en los primeros días de enero de 1637, salía éste de Concepción con todos los aperos necesarios para hacer las fundaciones que proyectaba; y habiendo reunido la mayor parte de sus tropas en Negrete, penetraba resueltamente en el territorio enemigo. En un detenido acuerdo que celebraron sus capitanes, se resolvió fundar una sola población, ya que la escasez de recursos no permitía otra cosa, y se designó para este efecto el sitio que había ocupado la antigua ciudad de Angol. Sin tardanza se dio principio a la construcción de los bastiones y cuarteles. El capitán Santiago de Tesillo fue encargado de trasladar allí las familias que durante los años anteriores se habían agrupado en los alrededores del campamento de Yumbel. A fines de enero la nueva población quedaba

---

[394] Tesillo, obra citada, págs. 98 y 99.

establecida con el nombre de San Francisco de la Vega de Angol, y pasó a ser el asiento de la división española encargada de defender toda la parte de la frontera que cerraba el valle central del territorio, así como la plaza de Arauco debía resguardar la región de la costa.[395] El gobernador no tuvo tiempo más que para nombrar las autoridades civiles y militares de la nueva ciudad. El mal estado de su salud le obligó a regresar a Concepción, dejando a cargo del sargento mayor Alfonso de Villanueva Soberal el adelantar los trabajos de construcción y defensa.

Las últimas campañas de don Francisco Lazo de la Vega fueron de escasa importancia por sus resultados. A pesar de su salud quebrantada por sus enfermedades, de la escasez de sus recursos militares, que no habían bastado para realizar los proyectos que meditaba, y de acercarse el término de los ocho años por que había sido nombrado gobernador de Chile, el activo capitán siguió desplegando el mismo celo para combatir a los indios y para adelantar la conquista. Esperando siempre socorros de tropas para hacer nuevas poblaciones, contrajo su empeño durante las campañas de 1638 a hostilizar a los indios de guerra por varios lados, para obligarlos a replegarse más allá de la Imperial. En esas campañas obtuvo solo ventajas relativas y la dispersión de algunos cuerpos enemigos, pero ningún triunfo que pudiera hacer presentir la proximidad de la terminación de la lucha. Por el contrario, algunos indios que eran tenidos por amigos, y que servían en el ejército español, desertaron de sus filas, dejando ver así cuan poco había que esperar de los tratos de paz que se hicieran con esos bárbaros. Éstos y otros contratiempos no hicieron más que estimular la actividad incansable del gobernador. En el otoño de 1638 un incendio casual redujo a cenizas la mayor parte de la naciente ciudad de Angol. Lazo de la Vega se trasladó allí, y desplegando una constancia extraordinaria en el trabajo, sin ahorrarse fatigas de ningún género, dejó muy adelantadas las construcciones antes de la entrada del invierno.

---

395 La cronología de estos sucesos está descuidada en los cronistas contemporáneos. Tesillo y Rosales (el primero quizá por un error de imprenta y el segundo por seguirlo fielmente) dicen que la nueva ciudad fue poblada en enero de 1538. Basta ver la última de las relaciones anuales de Lazo de la Vega, y sobre todo la carta de éste al rey, escrita en Concepción el 30 de marzo de 1637 para descubrir este error. Con esta carta, en que el gobernador da cuenta de la repoblación de la ciudad, envió un plano de ella, muy informe por cierto, que se conserva en el Archivo de Indias.

A mediados de julio, cuando pudo desprenderse de estos afanes, el gobernador se ponía en marcha para Santiago. Su salud, cada día más delicada, lo retuvo aquí sin permitirle volver a salir a campaña ese verano. Pero entonces supo que el rey acababa de nombrarle un sucesor, y que éste debía llegar en pocos meses más a Concepción. Sobreponiéndose a sus dolencias, Lazo de la Vega se trasladó a esa ciudad en febrero de 1639, para hacer la solemne entrega del gobierno. Desde allí escribía al rey su última carta.

Profundamente convencido de haber hecho en Chile todo lo que se podía esperar de los medios que tuvo a su disposición, trazaba en ella, con toda la arrogancia de su carácter, el cuadro de su administración en los términos siguientes: «Mediante la continuación de los progresos que he tenido con estas armas, las entregaré en la más lúcida reputación que jamás se han visto, porque, como a Vuestra Majestad tengo informado en otras ocasiones, cuando entré a gobernar este reino hallé al enemigo dueño de la campaña a las puertas de esta ciudad de la Concepción, plaza de armas del ejército, con gran temor de todos los vecinos y de todo el reino, que estaba perdido, y retirados de sus haciendas los dueños de ellas, y hoy le dejaré con muchos castigos, retirado en el río de la Imperial, 40 leguas de esta frontera, despobladas nueve provincias, las más rebeldes de toda la guerra y las en que fundaba su duración, adelantadas las armas de Vuestra Majestad con la nueva población que hice el año pasado de 1637, que fue el mayor freno para este bárbaro enemigo, con que hoy desea la paz, y que se pueblen sus tierras de españoles, que son los que a mí me han faltado para dar a Vuestra Majestad este glorioso fin. Quiera Dios lo consiga mi sucesor, y Vuestra Majestad, se halle victorioso y desembarazado de las atenciones de Europa, para asistirle con socorros de gente y dar fin a esta conquista, pues hoy se mira tan fácil. También, señor, entregaré con muy buena disposición las cosas de la paz y del gobierno político, bien administrada la justicia, y la hacienda de Vuestra Majestad tratada sin fraude y con entereza, que en todo he procedido con el celo que debo al servicio de Vuestra Majestad y a mis obligaciones».[396] Lazo de la Vega tenía razón para mostrarse satisfecho de su gobierno, puesto que sin recibir de España los socorros que había pedido con tanta insistencia, logró batir casi constantemente al enemigo, reducirlo a una situación tal que no le fue posible renovar sus correrías en el territorio que

---

[396] Carta de Lazo de la Vega al rey, Concepción, 2 de abril de 1637.

ocupaban los españoles; pero en realidad, la pacificación definitiva del territorio se hallaba ahora tan distante como diez años atrás.

9. Entrega el mando al marqués de Baides y se retira al Perú, donde muere. Historiadores del gobierno de Lazo de la Vega

El sucesor que por nombramiento del rey debía reemplazarlo en el gobierno de Chile, era don Francisco López de Zúñiga, marqués de Baides. Esperábasele desde fines de 1638, pero solo llegó a Concepción el domingo 1 de mayo del año siguiente, cuando las sombras de la noche acababan de cubrir la bahía y la ciudad. No queriendo demorar algunas horas su recibimiento en el gobierno, desembarcó en la misma noche a la luz de las antorchas y de las luminarias, pagó en el acto a los ministros del tesoro la mitad del impuesto de media anata que debía cubrir para ser admitido al ejercicio de sus funciones, y enseguida acudió al Cabildo acompañado por el gobernador cesante que iba a entregarle el mando. Los capitulares, los prelados de las órdenes religiosas y los PERSONAJES NOTABLES de la ciudad, convocados apresuradamente a la sala capitular, recibieron el solemne juramento del marqués de Baides, y lo declararon en posesión del cargo de gobernador de Chile en medio de las «bombas de fuego en las plazas, la luz de los mosquetes, la exhalación de la artillería, que hicieron de la noche día, acreditando todos sus deseos en el agasajo de tan superior huésped», refiere el maestre de campo Tesillo, que, como comandante militar de Concepción, tuvo que disponer aquellas fiestas.[397] En la misma noche se celebraron en la iglesia las ceremonias religiosas que se acostumbraban en tales casos.

Entre el nuevo gobernador y don Francisco Lazo de la Vega mediaban antiguas relaciones de amistad contraídas en los campamentos de Flandes. Guardáronse ambos en estas circunstancias las consideraciones debidas entre caballeros y entre antiguos camaradas; pero el primer deber del marqués de Baides era someter a su antecesor al juicio de residencia en que todos los altos funcionarios debían dar cuenta de sus actos. Por más que Lazo de la

---

397 El acta del recibimiento del marqués de Baides dice que tomó el mando como a las ocho de la noche: pero Tesillo, testigo presencial de todo, refiere que desembarcó a las diez, lo que deja ver que el recibimiento debió tener lugar en la medianoche. Esta circunstancia, así como la de ser aquél un día domingo (era domingo de Quasimodo), revelan en el nuevo gobernador una gran vehemencia por hacerse cargo del mando.

Vega hubiera demostrado en el gobierno un carácter recto y justiciero, y que no se le pudiera acusar de haber cometido injustificadas violencias ni grandes atropellos; por más que el estado de su salud debía hacer enmudecer las malas pasiones, no faltaron en esos momentos quienes formularan cargo en contra suya. El historiador Tesillo observa, con este motivo, que entre los acusadores de Lazo de la Vega figuraban algunos individuos que habían recibido favores de su parte, porque «es cierto, agrega, que hacer beneficios y hacer ingratos, no son dos cosas». A pesar de todo, el juicio de residencia fue la justificación de su conducta.

«Íbanle cada día, añade Tesillo, agravando sus achaques a don Francisco, y salió de la Concepción para la ciudad de Santiago, y en ella estuvo seis meses tratando del remedio de sus males; y viendo que no lo tenía, se embarcó para el Perú con esperanzas de hallarle en Lima; mas llegó a ella tan postrado que en breves días acabó su vida de una hidropesía confirmada que sacó de Chile. Murió como cristiano caballero, día del apóstol Santiago, su patrón y abogado, a los 25 de julio, año de 1640. Falleció finalmente este capitán esclarecido de bien florida edad, pues no pasaba de cincuenta años, y si los trabajos que tuvo en dilatadas guerras en Flandes y Chile no le hubieran debilitado su robusta complexión, pudiera llegar con entera salud a larga vejez. Pasó su carrera de caballero no inferior a ninguno de cuantos hoy celebra la fama, fue de ánimo grande, aspecto feroz y de condición severa, de gallardo espíritu, de gran constancia en los trabajos y de valiente resolución en los peligros; pronto y vigilante en sus acciones militares; dotado finalmente de excelentísimas cualidades y merecedor, sin duda, de llegar a la noticia de nuestros descendientes por uno de los mayores gobernadores y más digno de respeto que ha tenido aquel reino.» Aunque este retrato ha sido trazado por una mano amiga, que ciertamente no escaseaba el elogio, es preciso reconocer que Lazo de la Vega, por sus sólidas dotes de soldado y por sus prendas de administrador, merece ocupar un lugar muy distinguido entre los gobernadores de Chile, y que si no le fue dado llevar a cabo la conquista y pacificación completa del reino, para lo cual sus recursos eran del todo insuficientes, logró al menos poner a raya a los indios, refrenar su orgullo y salvar de sus incursiones y correrías la parte del territorio de que estaban en posesión los españoles.[398]

---

[398] Al narrar el gobierno de don Francisco Lazo de la Vega, hemos seguido, según nuestro propósito, como guía principal los documentos de la época. Pero existen sobre este período relaciones diversas, y más o menos completas en que el historiador puede tener confianza. Algunas de éstas, inspiradas por el mismo gobernador, tienen el carácter de verdaderos documentos. Son éstas las relaciones anuales que Laso de la Vega enviaba a España junto con su correspondencia, para dar cuenta de los sucesos de su gobierno, y particularmente de los hechos militares. En una nota anterior hemos dicho que en 1864 publicamos como apéndice del libro de Tesillo, las cuatro piezas de este género que encontramos en el Archivo de Indias.

Don Lorenzo de Arbieto, primer secretario de Lazo de la Vega, en cuya compañía vino de España, escribió una extensa relación de los sucesos del gobierno de éste, hasta marzo de 1634. Estaba destinada a poner estos hechos en conocimiento de un hermano de Lazo de la Vega; pero circularon entonces varias copias de ella, y una fue presentada al Consejo de Indias, y conservada hasta ahora en el Archivo. Difícil parece escribir con menos método en la exposición, con un lenguaje más oscuro y embrollado; pero la paciencia del investigador vence las dificultades que ofrece la lectura de esa relación, y puede utilizarla ventajosamente para confirmar y completar las noticias que se hallan en los documentos y en otras relaciones. Hemos dicho ya que esta pieza ha sido publicada por don Claudio Gay en el II tomo de la colección de *Documentos* que acompañan a su historia; pero los errores de copia y de impresión, la hacen todavía más oscura y confusa. El nombre del autor está convertido en Alnen; la relación aparece allí como dirigida al rey por haberse interpretado la abreviación v. md. (vuestra merced) por vuestra majestad.

Pero, el verdadero historiador del gobierno de don Francisco Lazo de la Vega es Santiago de Tesillo. Era éste un militar español nacido en Santander en los primeros años del siglo XVII, que habiendo comenzado su carrera militar en la guarnición del Callao, sirvió en Chile como capitán de una compañía, y como secretario de ese gobernador. En el curso de las páginas anteriores hemos tenido ocasión de recordar muchas veces su nombre; y tendremos todavía que recordarlo no solo como autor de otro escrito que dio a luz sobre una campaña militar del gobernador don Francisco Meneses en 1655, sino por su intervención más o menos directa en los negocios militares y administrativos. Tesillo sirvió diversos cargos hasta el gobierno de don Juan Henríquez; y entonces, después de una vida llena de accidentes de alta y baja fortuna, falleció cuando contaba cerca de ochenta años.

La obra de Tesillo lleva por título *Guerra de Chile, causas de su duración, advertencias para su fin, ejemplarizada en el gobierno de don Francisco Laso de la Vega*. Fue publicada en Madrid en 1647, en un pequeño volumen de 103 hojas en 8.º de feísima y mezquina impresión, salida, sin embargo, de la imprenta real, y seguramente en tan reducido número de ejemplares que llegó a ser más tarde uno de los libros más raros y desconocidos de cuantos existen acerca de la historia nacional. La reimpresión que de él hicimos en el tomo V de la *Colección de historiadores de Chile* con una corta noticia biográfica del autor, lo ha puesto al alcance de las personas estudiosas, y casi podría decirse que lo ha salvado de un injusto olvido.

La Guerra de Chile por Santiago de Tesillo, es simplemente la historia de la administración de don Francisco Lazo de la Vega contada por un militar inteligente, testigo de la mayor parte de esos acontecimientos, y que acerca de los que no presenció, pudo recoger los mejores y más seguros informes. Aunque el autor se contrae principalmente a referir los sucesos militares, no ha olvidado por completo los que son de un carácter civil, de manera que como conjunto de noticias, su libro es de una indisputable utilidad. Debe agregarse a esto, que esas noticias son casi siempre de la más rigurosa exactitud, a tal punto que en la prolija confrontación que hemos hecho del libro de Tesillo con los documentos de la época, apenas hemos podido sorprender uno que otro error casi siempre de escasa importancia, si bien es fácil percibir que el autor no ha puesto el mismo esmero en todo el curso de su libro; y que la segunda parte es más rápida y menos cuidada. Sin embargo, todo él contiene numerosos accidentes y pormenores prolijos, que no se hallan en los documentos, pero que por ser contados por un testigo y actor en esos sucesos, y por no ofrecer ningún motivo de desconfianza, merecen ser recogidos por la historia. El propósito confesado y sostenido de Tesillo es enaltecer a Lazo de la Vega, presentándolo como un gobernador modelo; pero haciendo abstracción de algunos elogios, indudablemente exagerados, no es difícil descubrir que su libro ha sido inspirado por una admiración sincera hacia ese personaje, y que se aparta poco de la verdad.

Como escritor, Tesillo es digno de aprecio, y si el asunto que trató hubiera sido más vasto y más brillante, ese libro podría soportar la comparación con algunas de las obras más acreditadas de la literatura histórica de la España de la primera mitad del siglo XVII. Tiene páginas que por el colorido, por la elegancia y la corrección, dejan poco que desear. Pero esta misma aspiración a las buenas formas literarias arrastran al autor, a veces, a cierto culteranismo que en ocasiones lo hace más o menos oscuro, que le impide dejar correr con más soltura la relación haciendo entrar un mayor caudal de noticias, y que por fin fatiga al lector. Forman un defecto de este orden las referencias y alusiones a los historiadores antiguos, que son casi siempre de mal efecto. Tesillo habría hecho mucho más ameno su libro si lo hubiera escrito con más sencillez y naturalidad.

El padre Diego de Rosales, contemporáneo igualmente de estos sucesos, ha contado también el gobierno de Lazo de la Vega con bastante extensión y con gran acopio de noticias en su *Historia general*; pero fuera de uno que otro hecho, todo lo demás es fielmente tomado del libro de Tesillo, de quien reproduce con frecuencia páginas enteras casi sin modificar más que una que otra palabra.

Capítulo X. Gobierno del marqués de Baides: las paces de Quillín (1639-1643)

1. El marqués de Baides toma posesión del gobierno de Chile. 2. Escasos recursos que le ofrecía el reino para continuar la guerra. 3. Primera entrada del marqués de Baides al territorio enemigo: su proyecto de hacer la paz con los indios. 4. Resistencias que encuentra este proyecto: el gobernador resuelve llevarlo a cabo. 5. Las paces de Quillín. 6. El rey les presta su aprobación. 7. Insubsistencia de las paces: el gobernador hace una nueva campaña en el territorio enemigo.

1. El marqués de Baides toma posesión del gobierno de Chile

Don Francisco López de Zúñiga, marqués de Baides y caballero del hábito de Santiago, que acababa de asumir el gobierno de Chile, era un capitán español que aún no había cumplido cuarenta años de edad, pero que había prestado a la Corona largos y buenos servicios militares. Hijo de un caballero de ilustre familia a quien Felipe IV dio en 1622 el título de marqués de Baides,[399] don Francisco se incorporó al ejército cuando solo contaba diecisiete años, y sirvió quince en las famosas campañas de Flandes, en la infantería primero y luego en la caballería, hasta alcanzar al rango de capitán. Habiendo vuelto a España por los años de 1636 con una licencia temporal, el rey le dio el puesto de gobernador de la provincia de Santa Cruz de la Sierra, en el Alto Perú, cuyo nombramiento lo obligó a pasar a América.

Por muerte de su padre, que lo dejaba en posesión del título de marqués y de un modesto mayorazgo, López de Zúñiga se disponía a fines de 1638 a volver a España, sin haberse recibido del gobierno de Santa Cruz de la Sierra; y, en efecto, se hallaba en camino para Lima cuando llegó a sus manos una cédula real de 30 de marzo de ese mismo año, en la cual se le nombraba gobernador

---

[399] Berni, *Creación de los títulos de Castilla*, Valencia, 1769, pág. 277. Baides es el nombre de una pequeña ciudad de la provincia de Guadalajara. Aunque don Francisco López de Zúñiga se firmaba también conde de Pedroso, el rey no le da este título en su nombramiento de gobernador de Chile, ni tampoco lo encuentro en las largas listas de señores titulados que registran los nobiliarios españoles, y que Felipe IV aumentó con tanta profusión para procurarse recursos pecuniarios con la venta de títulos de nobleza. Solo he hallado un marqués de Pedroso, título creado en 1590 por Felipe II en favor de un comerciante flamenco establecido en Cádiz.

de Chile por un período de ocho años.**400** Ese nombramiento tenía dos cláusulas que revelan la pobreza a que había llegado el tesoro español, y los expedientes a que recurría el rey para procurarse recursos. El marqués de Baides no debía comenzar a recibir su sueldo sino el día en que se recibiese del gobierno, y estaba, además, obligado a pagar adelantado a la Corona la mitad del sueldo correspondiente al primer año. Era éste el impuesto de media anata con que Felipe IV acababa de gravar a los funcionarios públicos.**401** Estos onerosos gravámenes debían hacer muy difícil la situación de los gobernadores en los primeros días de mando, teniendo que hacer gastos considerables en su viaje y en su instalación.

A pesar de todo, el marqués de Baides aceptó gustoso el puesto a que se le llamaba, se trasladó inmediatamente a Lima, y con toda actividad comenzó a hacer sus aprestos de viaje. Con los dineros del situado pudo reunir 326 hombres distribuidos en tres compañías, y comprar algunas armas; pero estos gastos, así como el pago de algunos compromisos anteriores, disminuyeron considerablemente sus recursos.**402** Al fin, venciendo todo género de inconve-

---

400 Estas escasas noticias sobre los antecedentes biográficos del marqués de Baides, son las que él mismo da en sus cartas al rey de 29 de marzo de 1640 y de 20 de marzo de 1643.

401 El nombramiento del marqués de Baides ha sido publicado íntegro por don Miguel L. Amunátegui en las págs. 481-484 del tomo II de *La cuestión de límites entre Chile y la República Argentina*.
El impuesto de media anata fue decretado para España por Felipe IV en 22 de mayo de 1631, y extendido al Perú por cédula de 27 del mismo mes y año. Debían pagarlo todos los empleados que no fuesen eclesiásticos, siempre que el sueldo anual pasara de cincuenta ducados. El pago debía hacerse en dos porciones, la mitad antes de entrar en posesión del cargo y el resto un año más tarde, dando para ello fianza a satisfacción del tesorero especial del impuesto. El marqués de Baides fue el primer gobernador de Chile que tuvo que pagar la media anata. En efecto, la misma noche en que desembarcó en Concepción, y antes de recibirse del mando, enteró en la caja real, según dice el certificado de los ministros del tesoro. «16.544 reales en plata doble por mano del capitán Juan de Lancón por la mitad de 33.088 reales y un cuartillo que monta el derecho de media anata de su título y merced.» Al partir de España en 1637 había tenido que pagar 13.000 reales por el derecho de media anata correspondiente al gobierno de Santa Cruz de la Sierra de que no alcanzó a tomar posesión.
Poco más tarde, el marqués de Baides, alegando los gastos que había hecho para trasladarse a Chile, pedía al rey que, como a los otros gobernadores, se le pagara el sueldo desde que se puso en viaje para desempeñar su destino; pero sus gestiones fueron desatendidas.

402 El marqués de Baides no trajo a Chile en dinero más que 183.000 pesos por cuenta del situado de ese año. Carta al rey de don Francisco de la Fuente Villalobos, veedor del ejér-

nientes, partía del Callao el 20 de marzo de 1639, llegaba a Concepción en la noche del 1 de mayo siguiente, y como ya dijimos, se recibía del gobierno pocas horas más tarde, a la luz de las antorchas y de las luminarias.

La estación de las lluvias había paralizado por entonces las operaciones militares. El nuevo gobernador se instaló en Concepción, y desde allí pudo enviar algunos socorros a los cuerpos españoles destacados en los fuertes de la frontera, y estudiar el estado de la guerra que le pareció poco satisfactorio y sembrado de peligros. «Las relaciones que Vuestra Majestad tenía de mis antecesores de los presidios, fuertes y de lo demás de que se compone este reino, escribía al soberano, son los que ha habido de veinte años a esta parte, excepto el fuerte de Angol que hizo don Francisco Lazo 4 leguas más adelante del de Nacimiento. Las guarniciones y fuerzas con que los hallé, son más de nombradía que de efecto, pues de 2.768 plazas de españoles que están consignadas en el situado, no hallo efectivas y de servicio 1.738, y tan desarmados que en rompiéndose un mosquete o arcabuz queda el soldado desarmado, por no haberlos a comprar; y sin bocas de fuego, ya ve Vuestra Majestad de qué servicio pueden ser los soldados, y más en esta guerra, y esperando cada día a los enemigos de Europa que con mucha facilidad pueden venir. Y así debe Vuestra Majestad mandar se traigan de España 600 arcabuces, 200 mosquetes y 400 hierros de picas al costo de allá, que en Lima se pagarán luego de los situados para este reino, porque la gente de milicia de él (es decir, los individuos que no estaban enrolados en el ejército permanente) está toda desarmada, y tan olvidada de este ejercicio como si no estuvieran en tierras de guerra... Si bien considero, añadía más adelante, los vivos aprietos en que Vuestra Majestad se halla, y que fuera mejor excusar el añadir este cuidado, el celo del servicio de Vuestra Majestad en lo que está a mi cargo, me obliga a significarlo.»[403] A pesar de todo, estas humildes peticiones del gobernador de Chile debían ser desatendidas en la Corte, no ya por la pobreza del erario, puesto que no iban a imponerle ningún gravamen, sino por serias complicaciones europeas que casi no dejaban tiempo a los consejeros del rey para pensar en los negocios administrativos de las colonias.

---

cito de Chile, escrita en Concepción el 4 de abril de 1640.

403 Carta del marqués de Baides al rey, Concepción, 29 de marzo de 1640. Como veremos más adelante, el gobernador recargaba el colorido del estado desastroso del reino para justificar ante el soberano el proyecto que entonces abrigaba de hacer la paz con los indios.

2. Escasos recursos que le ofrecía el reino para continuar la guerra

A principios de septiembre, cuando la primavera comenzaba a facilitar el tráfico de los caminos, el marqués de Baides se puso en viaje para Santiago. El Cabildo de la capital tenía hechos los aprestos para recibirlo con las solemnidades acostumbradas. Habiéndole tomado el juramento de estilo, lo puso en posesión del gobierno el 22 de septiembre (1639), en medio de las fiestas con que la ciudad celebraba la entrada de cada nuevo gobernador. Antes de muchos días, el contento había desaparecido, y suscitádose un inquietante descontento.

Hasta entonces el reino de Chile, a causa del estado de guerra y de su evidente pobreza, se había sustraído al pago de algunas de las numerosas contribuciones con que estaban gravados los súbditos del rey de España. Una de las más onerosas entre éstas era la de alcabala, conocida también con el nombre de «unión de las armas», por el destino militar que al principio se dio a su producido. Gravaba no solo las transferencias de las propiedades raíces sino las ventas de mercaderías, y no solo constituía una traba pesadísima a las operaciones comerciales sino que recargaba considerablemente el precio de los artículos más necesarios. Para la más fácil y expedita percepción del impuesto, el rey fijaba en cifras redondas la cantidad anual que debía pagar cada ciudad, dejando a cargo del Cabildo o de otras autoridades el cuidado de cobrar el derecho en la forma en que fuere más conveniente.[404] Pero este impuesto era tan odiado por las poblaciones, que su establecimiento daba lugar a las más serias dificultades. A fines del siglo XVI, cuando el virrey, don García Hurtado de Mendoza, lo planteó en el Perú, la ciudad de Quito se puso en abierta rebelión, y fue necesaria una campaña militar para someterla. Los desastres ocurridos en Chile después de la muerte de Óñez de Loyola, fueron causa de que este reino se eximiera por entonces del pago de aquella odiada y gravosa contribución.

Pero los apuros siempre crecientes del tesoro real no permitían que se perpetuase esta excepción. En tres diversas cédulas expedidas por Felipe IV en 1627, 1633 y 1636, había dispuesto que la contribución de alcabala se estableciese en todos estos países. El marqués de Baides llegaba a Santiago en

---

404 Véase sobre el origen, extensión y manera de percibir este impuesto, Escalona y Agüero, *Gazophilacium regium peruvicum*, Madrid, 1647, libro II, parte II, capítulo 9 y Canga Argüelles, *Diccionario de hacienda*, Madrid, 1838, tomo I, pág. 24 y siguientes.

septiembre de 1639 con la orden terminante de plantear en Chile ese impuesto, y de hacer pagar cada año 20.000 ducados para la Corona, como producto calculado por el virrey del Perú de lo que debía producir el derecho de 4 % sobre las ventas de bienes raíces y las transacciones comerciales. Prodújose inmediatamente en la ciudad una gran alarma. El vecindario, convocado al toque de campana, como solía hacerse en las grandes ocasiones, celebró un Cabildo abierto el 13 de octubre bajo la presidencia del general don Valeriano de Ahumada, corregidor de la ciudad. Allí se expuso la pobreza del reino, la escasez de su población, los sacrificios que le había impuesto el estado de guerra y la enormidad de un impuesto que se juzgaba superior a lo que el país podía pagar. Acordose enseguida solicitar respetuosamente del virrey del Perú que se eximiese a Chile de aquella gravosa contribución. Un mes más tarde el cabildo de Santiago nombraba los apoderados que debían entablar en Lima estas gestiones. El mismo gobernador, testigo de la angustiada situación de Chile, parecía ponerse de parte del vecindario al comunicar al rey estas ocurrencias.[405] Pero todas estas gestiones solo dieron por resultado una reducción del impuesto. La tasación de este país para el pago de alcabala fue fijada en 12.500 pesos, esto es, en la mitad de la suma que había pedido el virrey del Perú.

Otro negocio que por entonces preocupaba al marqués de Baides era la proyectada repoblación de la ciudad de Valdivia. Felipe IV, por despachos expedidos en abril de 1637, había reprobado duramente la conducta del virrey del Perú que, como contamos, se atrevió a objetar las órdenes supremas en que se disponía llevar a cabo esa repoblación. Pero al insistir nuevamente en ello, exigía que esta obra se ejecutase con los solos recursos de estos países y sin otro gasto de la real hacienda. Por más que la situación de Chile fuese muy poco favorable para acometer esa empresa sin auxilio extraño, el gobernador parecía resuelto a dar cumplimiento a las órdenes del soberano, y así lo anunció al cabildo de Santiago. Esta corporación, aprobando el proyecto, pero recordando

---

[405] Acuerdo del cabildo abierto de 13 de octubre de 1639, a fojas 143 vuelta y siguiente del libro 12 del Cabildo. Acuerdo del Cabildo de 18 de noviembre del mismo año, a fojas 156-159 del mismo libro. Carta citada del marqués de Baides, de 29 de marzo de 1640. Felipe IV, al ordenar al virrey que estableciese en todo el territorio comprendido bajo su gobierno el impuesto de alcabala, había elevado su tasa del 2 al 4 %, disponiendo que el virreinato del Perú, con sus dependencias de Nueva Granada y Chile, pagasen anualmente 350.000 ducados, y autorizando al virrey, conde de Chinchón, para hacer el reparto. Como debe comprenderse, fue imposible sacar esta suma de aquella contribución.

que sus recursos no le permitían hacer erogaciones más considerables, ofreció suministrar anualmente, y durante cuatro años, como donativo del vecindario, 2.000 quintales de charqui para el mantenimiento de la guarnición que se estableciese en Valdivia.**406** Este donativo, por considerable que fuese, no bastaba para emprender la repoblación y fortificación de esa plaza, y el gobernador se vio al fin forzado a desistir de su intento.

Por otra parte, las exigencias del marqués de Baides no se limitaban a esto solo. Como su predecesor, se creía autorizado para imponer a los habitantes de Chile el servicio militar obligatorio, cada vez que los peligros de la guerra hicieran necesario este sacrificio. Anunciábase, entonces, que los indios de Arauco preparaban una gran invasión a las tierras ocupadas por los españoles, y se avisaba de la frontera que éstos no tenían fuerzas suficientes para resistir al enemigo. El gobernador se persuadió de que semejante estado de cosas lo facultaba para obligar a los vecinos de Santiago a salir a campaña con sus armas y caballos; y, en efecto, lo dispuso así por bando que hizo publicar en la ciudad.

En estas circunstancias, el cabildo de Santiago recibió (el 11 de noviembre) diversas cédulas en que el soberano resolvía algunas cuestiones promovidas por esta corporación. Una de ellas, firmada en El Escorial el 2 de noviembre de 1638, reproducía las disposiciones anteriores por las cuales se eximía a los vecinos de Santiago de la obligación de salir a la guerra «sino en casos forzosos y que no se puedan excusar», y mandaba que en adelante se le diera el más puntual cumplimiento. Esta resolución en verdad, por más terminante que pareciera, dejaba las cosas en el mismo estado, desde que el gobernador estaba autorizado para declarar cuándo las circunstancias exigían este sacrificio de los vecinos; y ahora vino a renovar las competencias y dificultades a que estas mismas cuestiones habían dado lugar en los años anteriores. Requerido el gobernador por el Cabildo para que diese cumplimiento a aquella real cédula, el marqués de Baides, acatándola respetuosamente, sostuvo que los peligros que amenazaban la frontera por la anunciada invasión de los indios lo había puesto en la necesidad de llamar a los vecinos a la defensa del reino.**407** Sin

---

406 Acuerdo del cabildo de Santiago de 26 de octubre de 1639, a fojas 147 del libro 12.
407 Acuerdo del cabildo de Santiago, de 11 y 16 de noviembre de 1639, a fojas 151 a 156 del libro 12.

embargo, no queriendo emplear los medios coercitivos y violentos, solo pudo reunir algunos voluntarios y otros enganchados a sueldo para salir a campaña.

3. Primera entrada del marqués de Baides al territorio enemigo: su proyecto de hacer la paz con los indios

El nuevo gobernador no tenía, en realidad, el propósito de dar impulso a las operaciones militares. Sometido desde su arribo a Chile a los consejos de los padres jesuitas, cuyo poder y cuya influencia eran cada día mayores, se sentía inclinado a hacer revivir el proyecto de pacificación en que había fracasado el padre Luis de Valdivia. El marqués de Baides llegó a persuadirse de que la guerra de Chile era interminable, a menos de contar con recursos que era imposible conseguir. De acuerdo con la Real Audiencia, hizo levantar en Santiago una información «en que declararon diez personas de las más expertas, celosas y calificadas de esta ciudad», para probar al rey que, al paso que el poder español se había debilitado en Chile por las epidemias y las deserciones de los soldados, los indios estaban en una situación mejor para continuar la resistencia. Esa información fue remitida al rey con una carta que firmaron el gobernador y los oidores. «La guerra de este reino y pacificación de estos rebeldes, decía allí, en común sentir de soldados prácticos, se halla al presente no menos dificultosa y entera que antes, y tanto que al paso y en la forma que hasta aquí se ha tratado no se debe esperar prudentemente en largos años su conclusión y fin deseado, antes bien se reputa por perpetua, por considerarse al enemigo más soldado con el continuo ejercicio que ha tenido de las armas, y más incorporado con las muchas malocas que se le han hecho, pues, con haberse retirado los fronterizos de Purén y otras parcialidades, han conseguido entre sí conformidad y unión más grande para defenderse y guerreamos... En las causas más principales a que se atribuye la duración de esta guerra tan larga, una de ellas es no haberse tomado forma igual y conveniente de gobernarla, mudándose en cada gobierno. En uno se practican más los malones, en otros las campeadas, y en otros los fuertes y poblaciones, que es como los capitanes generales han sido diferentes, aunque el fin que se pretende sea uno, lo han sido también los medios y trazas que han tomado para disponerla, con que siempre se empieza y nunca se fenece y acaba, siendo común opinión de los más versados soldados que si no es con más cuerpo de ejército, mayor número de plazas, más cuantioso situado y haciendo poblaciones, es imposible se reduzca este indio rebelde, ni le traigan a sujeción solas las 2.000 (plazas), aun cuando estén llenas, que hoy militan en este reino.»**408** Sin proponer expresamente el restablecimiento del sistema de la guerra defensiva, el gobernador y los oidores dejaban ver que la sujeción de los indios por medio de las armas era absolutamente irrealizable con los recursos de que se disponía.

Al partir de Santiago, a fines de noviembre, el marqués de Baides estaba, sin embargo, perplejo sobre el plan de conducta que debía seguir en la dirección de las operaciones militares. «Para ver qué modo tendría de sujetar al enemigo, pidió a los dos obispos, don fray Gaspar de Villarroel (de Santiago) y don Diego Zambrano de Villalobos (de Concepción) y a todas las religiones encomendasen a Dios una causa tan del servicio de Dios y del rey, esperando en el favor de la santísima Virgen, cuyo devoto era, y en la intercesión de los santos, tener buenos sucesos y conseguir buenos fines de sus buenos intentos. Hizo bordar en su guión con primor la imagen de Nuestra Señora a un lado y al otro lado la del apóstol de oriente san Francisco Javier, a quien tomó por patrón de sus empresas y para que alcanzase de Dios la conversión de estos indios occidentales.»**409** El gobernador esperaba que el cielo lo iluminaría para salir airoso en aquella empresa.

Las tropas españolas, que debían expedicionar ese verano en el territorio enemigo, se reconcentraron en las inmediaciones de la plaza de Nacimiento. Formaban un total de cerca de 1.700 hombres, en su mayor parte soldados de experiencia en aquellas guerras. El marqués de Baides, poniéndose a su cabeza, emprendió la marcha al sur el 4 de enero de 1640, y sin hallar resistencia de ningún género, avanzó hasta las orillas del río Cautín. Los indios, escarmentados por sus desastres anteriores y sintiéndose incapaces de resistir a las fuerzas

---

408 Informe dirigido al rey por el gobernador y la audiencia de Chile en 14 de noviembre de 1639. Este documento ha sido publicado por don Claudio Gay en las págs. 410-416 del II tomo de *Documentos*. En este informe se dice «que el número de españoles que hay en todo este reino, incluyendo las provincias de Cuyo y de Chiloé, será de 700 u 800 hombres repartidos entre ocho ciudades, que algunas de ellas no tienen diez españoles, y el de los indios encomendados 4.500 poco más o menos, y el de los negros esclavos más de 200». Este cálculo se refiere solo a la población viril, con exclusión del ejército, que era compuesto de cerca de 2.000 hombres, y de los sacerdotes, de los vicios, los niños y las mujeres. La población de origen español no podía bajar entonces de 9 a 10.000 almas en todo el reino.

409 Rosales, *Historia general*, libro VIII, capítulo I.

numerosas y compactas de los invasores, habían abandonado, según su costumbre, sus chozas y sus campos, y refugiádose a las montañas y a los bosques. Sea que el gobernador enviara mensajeros a ofrecer la paz al enemigo, como refieren unos, sea que éste hiciere espontáneamente los ofrecimientos, como cuentan otros, antes de muchos días se entablaron negociaciones entre los contendientes.[410] Lincopichón, caudillo de las tribus que habitaban las faldas de la cordillera, después de haber cambiado algunas proposiciones, se presentó en el campamento español a conferenciar sobre la paz, y fue recibido afectuosamente por el gobernador.

Apenas iniciados estos primeros trabajos, se dejó sentir la división de pareceres entre los capitanes españoles. Los más experimentados en aquella guerra, no tenían confianza alguna en las proposiciones de paz que hacían los indios. Creían ellos que ahora, como siempre, las tribus que prometían deponer las armas y someterse a la dominación extranjera, pensaban solo en salvar sus sementeras y ganados de la destrucción que los amenazaba, para sublevarse de nuevo después de las cosechas. Sabían, además, que las negociaciones celebradas con uno o varios caudillos debían ser absolutamente estériles desde que los enemigos no formaban un cuerpo de nación sometido a una cabeza. Por el contrario, el marqués de Baides, mucho menos conocedor del carácter de los indios, y sometido también a los consejos de los padres jesuitas que iban en su compañía, y uno de los cuales era su propio confesor (el padre Francisco de Vargas), se inclinaba a dar oído alas proposiciones de Lincopichón y de los suyos, creyendo poder llegar, por este medio, a la pacificación definitiva del país. Movido por estos sentimientos, se abstuvo de ejecutar cualquier acto de hostilidad; y después de largas conferencias con los indios, y de hacerles los agasajos y obsequios que podían serles más agradables, se separó de ellos en

---

410 Los historiadores Ovalle y Rosales, ambos jesuitas, empeñados en justificar los procedimientos del marqués de Baides, refieren que éste entró en el territorio enemigo en son de guerra, talando los sembrados de los indios, y que éstos, amedrentados por esas hostilidades, ofrecieron la paz. Un antiguo cronista llamado Antonio García, cuya obra no ha llegado hasta nosotros, y que conocemos solo por las frecuentes referencias que a ella hace don José Pérez García en su historia inédita, cuenta las cosas de muy distinta manera. Refiere que el marqués llevaba propósitos pacíficos, y que desde Purén convidaba a los indios a entrar en tratos, enarbolando, al efecto, una bandera blanca, y enviando por fin un parlamento a ofrecer la paz al enemigo. Algunos de los cronistas posteriores han seguido esta versión.

términos amistosos. El gobernador volvía a la frontera a preparar las cosas para celebrar la paz, y Lincopichón y sus compañeros quedaban tranquilos en sus tierras, y resueltos, según decían, a inclinar a las otras tribus a someterse a los españoles.

A mediados de marzo regresaba a Concepción el marqués de Baides. Para nadie podía ser un misterio su propósito de celebrar la paz con los indios; pero no quería asumir la responsabilidad de una medida de tanta trascendencia, y guardaba sobre ella la más estudiada reserva. Proponíanse él y sus consejeros dirigir este negocio con toda cautela, para dar a los tratos que se hiciesen con el enemigo las apariencias de ser empeñosamente solicitados por éste, y aprobados por los capitanes españoles como el resultado más útil y ventajoso que se podía sacar de las circunstancias. En esos días debía despachar su correspondencia oficial para la Corte. En las cartas que entonces escribió, refiere sumariamente la entrada que acababa de hacer al territorio enemigo, y apenas hablaba de sus proyectos de celebrar las paces con los indios. Pero queriendo indudablemente preparar el ánimo del rey para que no llevase a mal la suspensión de las operaciones militares sin haber consumado la conquista definitiva del país, el marqués de Baides se empeñaba en demostrarle el estado desastroso que presentaba la guerra. Según sus comunicaciones, don Francisco Lazo de la Vega había engañado al soberano cuando le dio cuenta de las ventajas alcanzadas sobre el enemigo. El ejército, diezmado por la guerra, por las pestes y por las deserciones, tenía muchos soldados inútiles para el servicio. Los indios auxiliares se hallaban también muy reducidos por idénticas causas. La nueva ciudad de Angol, situada desventajosamente, en un lugar malsano, de difícil defensa y desprovisto de mantenimientos y de forrajes, construida con malos paredones y con débiles estacadas, lejos de ser de alguna utilidad, era un peligro porque estaba expuesta a ser presa del enemigo cuando éste quisiera tomarla. La situación de los indios de guerra, por el contrario, era más ventajosa que nunca. Lejos de haberse retirado de la frontera, como había escrito Lazo de la Vega, estaban más atrevidos y resueltos que nunca, podían poner en pie al norte del río Imperial un ejército de 6.000 hombres, y hacían frecuentes correrías en el territorio ocupado por los españoles. «La mayor conveniencia que yo hallo en el estado presente para esta conquista, decía al terminar ese tristísimo cuadro de la situación del reino, ha de ser agasajar estos rebeldes, procurando atraerlos por buenos medios a que se reduzcan en amistad, mostrándoles asimismo para ello el rigor de las armas, como lo he hecho en esta campeada.»**411**

4. Resistencias que encuentra este proyecto: el gobernador resuelve llevarlo a cabo

Estimulado por el propósito de hacer la paz con el enemigo, el marqués de Baides no se movió de Concepción en todo ese invierno. Lejos de disponer acto alguno de hostilidad, mandó que sus capitanes se abstuvieran de hacer cualquier expedición o correría, al mismo tiempo que sus agentes mantenían relaciones con los indios para ganarlos a la paz. Algunos de estos últimos, atraídos, sin duda, por los agasajos y obsequios que se les repartían, visitaron los fuertes españoles y, aun, se atrevieron a pasar a Concepción. El gobernador los recibió amistosamente, les distribuyó ropas vistosas, como las que usaban los españoles, bastones con casquillos de plata y otras bagatelas siempre codiciadas por esos bárbaros, y los dejó visitar libremente la ciudad. «El veedor general, Francisco de la Fuente Villalobos, imitador del marqués en agasajar los indios y en desear su conversión, los llevó a su casa, y con gran gasto de su hacienda y admirable liberalidad, los regaló y banqueteó todo el tiempo que estuvieron en la Concepción, y no solo a éstos, sino que sin cansarse ni enfadarse de sus importunidades, recibía a cuantos venían de la tierra adentro, regalándolos y sirviéndoseles en su casa, aunque fuesen muchos, como si fueran unos príncipes.»**412** Esos indios volvían a sus tierras esparciendo la fama de la liberalidad del gobernador, e incitando a otros a acudir a Concepción para gozar de favores semejantes.

Sin duda alguna, estos agasajos bastaban para inclinar a los indios a aceptar una paz de aparato, que en realidad no los obligaba a nada. Pero los escritores jesuitas que han contado con muchos pormenores la historia de estas negociaciones que dirigían algunos de los padres de esa orden, refieren que en esas circunstancias el cielo operó los más singulares prodigios para «ablandar los duros corazones de aquellos rebeldes araucanos y moverlos a rendir las armas y tratar de las paces. El primero fue haberse visto águilas reales (de dos cabezas) las cuales tienen por tradición que se vieron antes que entrasen los

---
411 Carta del marqués de Baides al rey de 29 de marzo de 1640.
412 Rosales, *Historia general*, libro VIII, capítulo 4.

españoles en aquel reino, y que después acá no se han visto más en él hasta el año de 40 que dio principio a estas paces. La segunda señal fue la que por el mes de febrero del mismo año de 40, se vio y sintió en todas sus tierras, de que dan fe todos los indios, y los cautivos españoles lo testifican con toda aseveración, y aún en nuestros presidios y tierras de paz resonó el eco, sin saber de dónde naciese, juzgando en el campo de San Felipe (Yumbel), cuando oyeron el estruendo, que disparaban mosquetes o piezas de artillería en los demás fuertes vecinos a él; y en éstos, juzgando lo mismo del de San Felipe, hasta que nuestros reconocedores lo fueron también del desengaño, averiguando el caso. Y fue así que en la tierra y jurisdicción del cacique Aliante reventó un volcán (el de Villarrica), y comenzó a arder con tanta fuerza que arrojaba de dentro peñascos y grandes montes encendidos, con tan formidable estruendo que del espanto y pavor, afirman, mal parieron todas las mujeres que en todo aquel contorno había preñadas. Viéronse en este tiempo en el aire formados dos ejércitos y escuadrones de gente armada, puestos en campo y orden de pelea, el uno a la banda de nuestras tierras, donde sobresalía y se señalaba un valiente capitán en un caballo blanco, armado con todas armas, y con espada ancha en la mano, desenvainada (el apóstol Santiago), mostrando tanto valor y gallardía que daba alientos y ánimo a todo su ejército y le quitaba al campo contrario; el cual se vio plantado a la parte de las tierras del enemigo; y acometiéndole el nuestro le dejó desbaratado en todos los encuentros que tuvieron, representación que les duró por tiempo de tres meses para que hubiese menos que dudar. Fue en tanta cantidad la piedra que arrojó el volcán y tan encendida, y tanta la magnitud de la ceniza ardiendo que cayó en el río de Alipen,[413] que ardían las aguas de manera que cocieron cuanto pescado había en él, y corriendo su raudal hasta juntarse con el río de Toltén, que es muy grande, le calentaron e hicieron hervir sus corrientes causando los mismos efectos desde que se juntaron los dos ríos hasta la mar; de suerte que por tiempo de cuatro meses ni se pudieron beber sus aguas ni probar el pescado que muerto dio en sus playas y marginó sus riberas, por el mal olor y sabor que el azufre le daba; y lo que no menos espanta, con la abundancia de ceniza y piedras que el volcán arrojaba, rebalsaron estos ríos, y rebosaron sus corrientes tanto que llegaron

---

413 Propiamente Aillipén, río de corto curso que se forma de las vertientes de las faldas del norte del volcán de Villarrica, y constituye uno de los afluentes del Toltén.

sus aguas espesas como argamasa a inundarles sus campos hasta entrárseles por las puertas de sus casas, con tenerlas sitiadas en lomas, laderas y sitios eminentes. Prosiguió el fuego del volcán con tal tesón y violencia, que partió por medio el cerro por donde abrió boca cuando reventó, dejándole dividido en dos pedazos, el uno que cayó a la parte del oriente y el otro a la del occidente, y la laguna de la Villarrica creció hasta derramarse por los campos, inundando las tierras y pueblos de los indios, que huyendo de la furia con que se les entraba por sus casas, no paraban hasta ganar las cumbres de los montes, donde aún se hallaban mal seguros de tanto peligro. Ni aumentó poco su pavor y miedo la espantosa vista de un árbol que vieron correr sobre las aguas tan cesgo y derecho que no lo estuviera más asido de sus raíces a la tierra que le produjo. Iba todo él ardiendo, y en su seguimiento una bestia fiera, llena de astas retorcidas la cabeza, dando espantosos bramidos y lamentables voces... Éstas son las señales, añade, que parece haber dado el cielo de que quiere Nuestro Señor rindan ya (los indios) su cuello al suave yugo de su cruz y ley evangélica por medio de la obediencia y sujeción a nuestro católico rey».[414] En todo este tejido de prodigios, en que no hay más verdad que la erupción del volcán de Villarrica, se descubre naturalmente el propósito de presentar aquellas negociaciones como un suceso providencial operado por el cielo en favor de los españoles.

Por más inclinado que se mostrase el marqués de Baides en favor de la paz, por más que en apoyo de ella hiciera valer la presencia de algunos indios enemigos en Concepción y las protestas que repetían de sus sentimientos pacíficos, había en el campamento español y en todo el reino muchas personas experimentadas en aquella guerra que manifestaban una viva desconfianza. Algunos de los más caracterizados capitanes no cesaban de manifestar con el recuerdo de los hechos pasados, que todos los tratos que se celebrasen con los indios habían de ser ilusorios; que no teniendo éstos un gobierno regular,

---

414 *Relación de las paces que capituló con el araucano rebelde el marques de Baides*, etc. El autor de este opúsculo, publicado en Madrid en 1642, en folio, fue el padre Alonso de Ovalle, que desempeñaba en Europa el cargo de procurador de la provincia de la Compañía de Jesús de Chile. Escribiolo sobre las relaciones que de este país le enviaban los jesuitas, y lo reimprimió en las págs. 301-312 de su *Histórica relación del reino de Chile*, poniendo una lámina en que están representados todos estos prodigios. El fragmento que reproducimos, al paso que nos da a conocer las apariencias sobrenaturales con que se quería revestir aquellas negociaciones de paz, contiene la descripción más prolija y noticiosa que hayamos visto de la erupción del volcán de Villarrica en febrero de 1640.

los compromisos contraídos por algunas tribus no obligaban en manera alguna a las demás y, por último, que las mismas que ofrecían la paz en una ocasión, apremiadas por el poder del enemigo, se apresuraban a violarla en el primer momento que creían favorable para volver a levantarse y para repetir sus depredaciones. No faltaron avisos de la estudiada falsía con que procedían los indios en tales circunstancias, negociando la paz sin el menor propósito de respetarla. Pero más que todas estas advertencias pudieron en el ánimo del gobernador los consejos de los padres jesuitas que lo habían tomado bajo su dirección. Representábanle éstos que las resistencias que hallaba en la ejecución de su proyecto, eran la obra del demonio, empeñado en impedir el triunfo de la causa del rey de España, que era también la causa de Dios. «Pero, como Dios parece que meneaba esta acción, agrega la relación citada, como fundamento de que depende la salvación de tantas almas, no pudo el demonio, ni sus ministros, prevalecer contra estas paces.» El marqués de Baides, persuadido, según se deja ver, de que era el instrumento de la voluntad divina, se dispuso resueltamente para la celebración de ese pacto.

De todas maneras, se creyó necesario rodearlo del aparato posible para darle prestigio dentro del reino y para hacerlo aceptable ante el soberano. El 6 de octubre, el gobernador expidió un auto que se pregonó en las diversas ciudades de Chile. Mandaba por él que todos los vecinos encomenderos y muchos de los moradores se hallasen reunidos en Concepción el 15 de diciembre para acompañarlo al solemne parlamento que iba a celebrar con los indios. En Santiago, donde había muy pocas personas que tuvieran confianza en aquellos tratos, el Cabildo, queriendo eximir a los habitantes de la ciudad de esta obligación, puso dificultades y dilaciones al mandato del gobernador.[415] Así, pues, si los pobladores del reino no podían oponer una resistencia formal a la ejecución de los proyectos del marqués de Baides, no disimulaban tampoco la desconfianza que les inspiraban las negociaciones con que éste pretendía poner término definitivo a la guerra.

5. Las paces de Quillín

Los jesuitas, por su parte, se empeñaron en dar a aquella expedición el carácter de una cruzada religiosa. «Eligiose por patrón de esta jornada, cuenta

---

[415] Acuerdos del cabildo de Santiago de 16 de octubre y de 5 de noviembre de 1640.

uno de ellos, el apóstol del oriente san Francisco Javier, por la singular devoción con que el marqués le venera, y así le dedicó la población que se hiciese, y lo llevó en su guión.» Las tropas comenzaron a salir de Concepción por destacamentos; y el gobernador, después de las fiestas religiosas destinadas a pedir una vez más la protección del cielo, se puso en marcha el 18 de diciembre, «acompañado de su capellán mayor y de los capitanes reformados y caballeros ofrecidos (voluntarios), y de algunos religiosos de la Compañía de Jesús que quiso llevar consigo por sus confesores y capellanes y para que hiciesen las partes de la conquista espiritual de las almas». En la plaza de Nacimiento, donde se reconcentraron todas las fuerzas expedicionarias, el marqués de Baides les pasó una revista general, y contó 1376 españoles y 940 indios auxiliares, número mucho menor del que había pensado llevar consigo para dar prestigio a las paces que soñaba celebrar. En su marcha al sur, tenían cada día distribuciones religiosas revestidas de la mayor solemnidad. Al pasar por Curalaba, sitio en que había sido sorprendido y muerto el gobernador Óñez de Loyola cuarenta y dos años antes, se celebraron unas exequias suntuosas por el descanso eterno de los españoles que perecieron en aquella noche funesta.

Por fin, el 6 de enero de 1641, se hallaron reunidos en los llanos de Quillín, a orillas del río del mismo nombre, uno de los afluentes del Cholchol, lugar ameno y pintoresco al cual habían sido citados los indios que querían dar la paz. «Habiendo lo primero prevenido a Dios este día, ofreciéndole los sacrificios de todas las misas que se pudieron decir por el buen suceso de estas paces», añade el historiador de esta jornada, formaron los españoles sus tropas en semicírculo para dar lugar a la asamblea, y el gobernador, yendo a ocupar el centro, esperó a los caciques o caudillos que aparecían como directores de la negociación. Comenzaron éstos por dar muerte a algunas ovejas de la tierra (guanacos); y arrancándoles el corazón, rociaron con la sangre una rama de canelo, *drymis chilensis*, como símbolo de paz, y enseguida se sentaron aparatosamente en torno de las ovejas muertas. Diose principio a la conferencia por un discurso del gobernador, transmitido a los indios por el capitán Miguel de Ibancos, intérprete general del reino, en el cual trató de convencerlos de que el poderoso rey de España no había buscado en esta guerra el dar mayor extensión a sus dilatados dominios, sino la conversión y la felicidad espiritual y temporal de los mismos indios. Algunos de éstos contestaron en largos y fatigosos discursos en que a su vez se mostraban grandes partidarios de la paz. Al terminarse la conferencia, los indios dieron muerte a otras ovejas, repartiéronse los corazones en pequeños pedazos, enterraron en el suelo algunas armas y ejecutaron otras ceremonias con que querían dar a entender que daban por terminada la guerra, y que pasaban a ser amigos firmes y decididos de los españoles. Los tratos se terminaron con el cambio de obsequios. Los indios daban aves, corderos y algunas frutas de la tierra, al paso que el gobernador les hacía repartir ropas, chaquiras, listones, añil para teñir sus telas y otros artículos muy apreciados por los bárbaros. Por lo demás, el marqués de Baides no omitió agasajo alguno para despedir contentos a sus nuevos amigos. Sentó a su propia mesa a los caciques principales y los colmó de atenciones.

Aquella negociación, que por las condiciones de uno de los contratantes no podía formularse en un tratado escrito ni tampoco había de ser largo tiempo respetada, no consta de ningún instrumento serio; y sus estipulaciones no nos son conocidas sino por lo que acerca de ellas escribieron los españoles. Las únicas bases que mencionaron, despojadas de todo artificio de palabras con que los historiadores de la negociación han pretendido revestirlas, podrían formularse en los términos siguientes: los indios conservarían su absoluta independencia y libertad sin que nadie pudiera inquietarlos en su territorio ni reducirlos a esclavitud. Debían devolver los cautivos españoles que retenían en sus tierras. Ofrecían dejar entrar los misioneros que en son de paz fueran a predicarles el cristianismo. Comprometiéronse, además, a tener por enemigos a los enemigos de los españoles, es decir, a no aliarse con los extranjeros que pudieran arribar a nuestras costas con propósitos hostiles. El marqués de Baides y sus consejeros parecían persuadidos de que esta paz les permitiría antes de mucho tiempo ganarse la voluntad de los indios y establecer poblaciones dentro del territorio de éstos.

Terminadas aquellas conferencias, el ejército español avanzó hasta la Imperial. Los españoles reconocieron las ruinas de la ciudad, celebraron una misa solemne «en conmemoración de tantos como habían muerto en ella», y recogieron las cenizas de don Agustín Cisneros, el único de sus obispos que estuviera sepultado allí, para trasladarlas a Concepción. Los indios de esta comarca, que en esa estación se preparaban para hacer sus cosechas, se presentaron como amigos y dispuestos a reconocer y afirmar las paces. El marqués de Baides celebró con ellos un nuevo parlamento, y cambió en él las protestas pacíficas con que por ambas partes se prometía poner término a la guerra secular que había ensangrentado aquellos campos.

Después de emplear un mes entero en estos afanes, el gobernador dio la vuelta al norte con todas sus tropas, y entraba a Concepción el 9 de febrero. Desde allí anunció a Santiago y a las otras ciudades del reino el resultado de su última expedición. Él y los suyos escribían que el territorio enemigo quedaba pacificado. Los padres jesuitas, que habían acompañado al gobernador, contaban que en todas partes los indios les pedían que se quedasen en sus tierras para predicarles el cristianismo, y que no era posible dudar de la sincera ternura con que ofrecían la paz. Sin embargo, tanto en Santiago como en Concepción, las gentes recibían con la más marcada desconfianza tales noticias. Se creía generalmente que aquellos tratos, como los que se habían celebrado en otras ocasiones, serían rotos antes de mucho tiempo por los indios, y que la guerra recomenzaría con la misma tenacidad. Aun los que pensaban que era posible tratar con los indios, sostenían que el pacto celebrado por el marqués de Baides era depresivo para los españoles.

En efecto, los indios quedaban dueños del territorio disputado, y su independencia quedaba reconocida. Habíase obtenido, es verdad, la libertad de algunos españoles que habían vivido cautivos entre los bárbaros; pero se sabía que muchos otros permanecían todavía en el cautiverio o que se negaban a volver al lado de los suyos porque tenían hijos numerosos y un pedazo de tierra que les procuraba el sustento de sus familias dentro del suelo enemigo. En cambio, el gobernador, para tranquilizar a los indios, dispuso la despoblación de Angol, y, por tanto, el retroceso de la frontera, lo que era, a la vez, la pérdida de territorio, una deshonra para las armas españolas. Un soldado contemporáneo, que pocos años más tarde refería sumariamente estos sucesos, juzgaba en los términos siguientes la paz celebrada por el marqués de Baides: «No es otra cosa que perdonar a los indios sus pasados desórdenes, dejarlos en posesión de la tierra y darles comodidad y facultad para correrías, muertes y robos».**416**

---

416 *Compendio histórico de los más principales sucesos de la conquista y guerra del reino de Chile*, sacado del manuscrito del maestre de campo don Jerónimo de Quiroga, publicado en Madrid en 1790, en el tomo XXIII del Semanario erudito, y reimpreso en el tomo XI de la *Colección de historiadores de Chile*. Véase la pág. 146.

6. El rey les presta su aprobación

Faltaba todavía que el rey diese su aprobación a las paces de Quillín. Felipe IV, impuesto por las comunicaciones de Lazo de la Vega de los triunfos alcanzados contra los indios de Chile, había creído que la pacificación definitiva de este país estaba a punto de terminarse. Escribiendo al marqués de Baides en 17 de diciembre de 1638, le hacía a este respecto las siguientes recomendaciones: «Porque, como sabéis, consiste la reducción de aquéllos a nuestra santa fe católica en su pacificación, cosa que tanto deseo por el bien de sus almas, os encargo que teniendo presentes vuestras obligaciones, apliquéis para ello todo vuestro celo, desvelo y cuidado y diligencia, sin perdonar ningún trabajo ni medios que os ofreciesen para conseguir cosa que tanto importa, así a los habitantes de aquella tierra como al beneficio espiritual de los indios, y es necesaria para evitar los excesivos gastos que se hacen de mi real hacienda con la continuación de aquella guerra».[417] Por más que el marqués de Baides, para preparar el ánimo del rey a la aceptación de las paces, había dado, como contamos, los informes más desfavorables sobre el estado de la guerra, era de temerse que la Corte desaprobase el pacto celebrado con los indios.

En sus nuevas comunicaciones (marzo de 1641), el gobernador de Chile daba cuenta al rey de haber celebrado la paz con los indios, le enviaba los documentos que se referían a estas negociaciones, y se empeñaba en presentarlas como el resultado más ventajoso que se podía esperar en aquella situación. Decía en ellas que todo el territorio quedaba pacificado, que los mismos indios solicitaban que se fundasen poblaciones españolas dentro de su territorio, pero que para esto se necesitaba de mayor número de gente que aquélla de que podía disponer. Pedíale con este motivo «que le enviase 1.000 hombres para ir poblando la tierra, porque éste y no otro es el medio eficaz para concluir con aquella conquista, porque con estos hombres y una buena cantidad de mujeres que se podían sacar de la ciudad de Santiago, sin que hiciesen falta, porque hay muchas de sobra, se podrían ir reedificando las ciudades antiguas, que ya vuelven los indios, para que libremente las volvamos a habitar, y yéndose poblando los españoles y aumentándose como lo han hecho en las otras ciudades que quedaron en pie, quedaría asegurada en poco tiempo toda la tierra

---

417   Real cédula de 17 de diciembre de 1638, dirigida al marqués de Baides. En ella el rey se manifiesta muy satisfecho de las ventajas alcanzadas en la guerra por Lazo de la Vega, y recomienda a su sucesor que la lleve prontamente a término.

y se aumentaría y crecería más a prisa que otras por el gran fundamento que tiene para ello».[418]

Creyendo, sin duda, que las cartas del gobernador no tuvieran en la Corte el crédito que se necesitaba para dar la sanción real a las llamadas paces de Quillín, los jesuitas de Chile pusieron en juego todas sus relaciones y todas sus influencias. Escribieron numerosas cartas a Madrid, en las cuales se empeñaban en demostrar las ventajas que resultaban de aquel pacto, refiriendo, al efecto, lo que había ocurrido en aquellas negociaciones, en la forma y con el colorido más aparente para hacerlas aceptables. Contaban que la paz obtenida en Chile era sólida, y que, por tanto, sería duradera, que los indios la habían pedido de buena fe, y que solicitaban que los españoles volviesen a poblar las ciudades destruidas, y que entrasen en el territorio de guerra los padres jesuitas a enseñarles la religión cristiana. Enviaron, además, una extensa relación de todo lo que había ocurrido en Chile, calculada para darse a la prensa.[419] El padre Alonso de Ovalle, que había ido a Europa con el título de procurador de los jesuitas de Chile cerca del padre general establecido en Roma, se hallaba a la sazón en Madrid, y utilizando esos informes, escribió una prolija relación de estos acontecimientos, que dio a la prensa a principios de 1642.[420] Todo en ella

---

418 Ovalle *Histórica relación del reino de Chile*, libro VII, capítulo 10. La carta en que el marqués de Baides daba cuenta al rey de haber celebrado las paces es de 18 de marzo de 1641.

419 En el departamento de manuscritos de la Biblioteca Nacional de Madrid, en un tomo marcado H 73, hallé un memorial titulado: «Relación de lo sucedido en la jornada que el señor marqués de Baides, gobernador y capitán general de este reino de Chile y presidente de la Real Audiencia de él hizo a tierra de los enemigos rebeldes campeando con su ejército por los fines del mes de diciembre de 1640, poniendo por principios los motivos que hubo y otras justas consideraciones para dejar se redujesen a la paz y obediencia de Su Majestad». Es una relación minuciosa y prolija de aquellos sucesos, escrita por el padre Juan Bautista Ferrufino, provincial de los jesuitas de Chile, y enviada a España para hacerla publicar, pero redactada con poco arte literario lo que, sin duda, indujo al padre Ovalle a escribir la que hemos citado. Sin embargo, aquella relación manuscrita es útil por algunos pormenores, y ha podido servirnos al referir estos sucesos.

420 La relación escrita por el padre Ovalle se publicó anónima con el título siguiente: «Relación verdadera de las paces que capituló con el araucano rebelado el marqués de Baides, conde de Pedroso y capitán general del reino de Chile y presidente de la Real Audiencia. Sacada de sus informes y cartas de los padres de la Compañía de Jesús que acompañaron al real ejército en la jornada que hizo con este efecto el año pasado de 1641. Contiene raros prodigios que precedieron a estas paces. Un volcán que reventando, con las encendidas cenizas y peñascos que arrojaba, calentó las aguas y coció el pescado de los ríos. Una monstruosa bestia que corría por uno de ellos en seguimiento de un crecido y empinado árbol que iba sobre las aguas. Dos ejércitos que se vieron en el aire y que peleando

estaba dispuesto para presentar las paces de Quillín como una obra providencial operada por medio de los milagros más evidentes y portentosos.

Sin embargo, los sucesos referidos en aquellos informes y en estas relaciones pasaron casi desapercibidos en la Corte, a tal punto que en las memorias y documentos de ese tiempo no hallamos la menor mención de ellos.[421] España se hallaba entonces envuelta en las más difíciles complicaciones que ocupaban por entero la atención de los gobernantes y de cuantos se interesaban por la cosa pública. A los problemas creados por las guerras de Flandes y de Alemania, se había añadido la ruptura con Francia, origen de nuevas guerras en el Rosellón y en Italia. En esas circunstancias se sublevaba Cataluña, llamaba en su auxilio a los franceses y obtenía señaladas victorias contra los ejércitos españoles, al paso que Portugal se levantaba con un gran vigor para recobrar su independencia. El erario público, reducido a la más angustiada situación, no podía hacer frente a las premiosas necesidades del Estado ni era posible sacar nuevos recursos del pueblo, que sufría las consecuencias de la espantosa deca-

---

el uno con el otro, vencía siempre el de nuestra banda, y le gobernaba un famoso capitán en un caballo blanco y espada ancha en la mano. Trátase de la libertad de los cautivos españoles y de las solemnidades y ceremonias con que los enemigos capitularon las paces y otras cosas de gusto y provecho». Este opúsculo, impreso en Madrid en 1642 en 12 páginas en folio, con la aprobación y licencia del Consejo de Indias, ha llegado a hacerse excesivamente raro; pero, como dijimos, el mismo padre Ovalle lo reprodujo íntegro en su *Histórica relación del reino de Chile*.

En esta obra publica, además, el padre Ovalle numerosos fragmentos de las cartas que acerca de estos sucesos le dirigían los jesuitas de Chile y el mismo marqués de Baides. Esas cartas revelan, junto con la mancomunidad de propósitos entre el gobernador y los jesuitas, el interés que tenían en hacer aceptables las paces de Quillín.

421 En los años 1861-1865 publicó don Pascual de Gayangos en los tomos XIII-XIX del Memorial histórico español una preciosa «Colección de cartas de algunos Padres de la Compañía de Jesús sobre los sucesos de la monarquía entre los años de 1634 y 1648». Estos siete gruesos volúmenes forman un arsenal valiosísimo de noticias del más alto interés para conocer los sucesos de Europa, la rebelión de Cataluña, la revolución e independencia del Portugal, las guerras de Flandes y de Alemania, y sobre todo las ocurrencias de la Corte y la decadencia y postración de España en un período acerca del cual no existen relaciones ordenadas y completas, y, aun, son bastante escasos los documentos. Se hallan en esas cartas algunas referencias a los sucesos de América que más de una vez nos han sido útiles, pero no hemos hallado nada acerca de las llamadas paces de Quillín.

En una carta escrita en Madrid el 20 de enero de 1637 por el padre Sebastián González al padre Rafael Pereira, hallamos la siguiente noticia que se refiere a uno de los más célebres obispos de Santiago: «Hicieron arzobispo de Chile estos días al padre Villarroel: estaba días há pretendiendo; y el día de los Reyes le cupo esta suerte» (tomo XIV, pág. 19).

dencia de la industria y del comercio. El gobierno, dirigido por manos inhábiles, y minado por la inmoralidad de sus administradores y de sus directores, no tenía poder ni energía para resistir a la tempestad que se desencadenaba por todas partes. En medio de semejante estado de cosas, el rey y sus consejeros no podían dar gran importancia a los negocios de Chile, la más pobre y la más apartada de sus colonias de ultramar, ni dedicar mucho tiempo al estudio de los sucesos que aquí se desenvolvían.

En efecto, aunque las cartas del marqués de Baides llegaron a Madrid en noviembre de 1641, pasaron cerca de dieciocho meses sin que el rey tomara una resolución cualquiera. Por fin, el 29 de abril de 1643, Felipe IV firmaba en Madrid una cédula en que aprobaba la conducta del gobernador de Chile. «Habiéndose visto (vuestra carta) por los de mi Junta de Guerra de Indias, decía el rey, y platicádose sobre ello con toda atención, y consultádoseme, me ha parecido daros las gracias, como lo hago, de lo bien y prudente que os vais gobernando en lo que a esto toca; y encárgoos continuéis por todos los medios posibles el efecto de la paz, reducción y población de los dichos indios, haciéndoles toda caricia, buen tratamiento y agasajo, de suerte que se persuadan cuan bien les estará ajustarse y prevalecer en la obediencia que me deben; y según lo que fuéredes reconociendo de su inclinación y afecto a nuestra santa fe católica, podréis ir introduciendo que algunos religiosos los vayan reduciendo y catequizando a su verdadero conocimiento, que es el fin principal con que siempre se ha tratado de esa pacificación; por cuya atención y la imposibilidad de enviar los 1.000 hombres que pedís, y órdenes para su paga, respecto del estado de las cosas de acá, ha parecido que se deben excusar por ahora las poblaciones en sus tierras, y también por no tenerlos en sospechas, recelos y cuidados de desconfianza y por librarlos de las vejaciones que suelen hacer los españoles y asegurarlos de todas maneras para que prevalezcan en el buen ánimo que muestran.» Recomendábale, además, el soberano que mantuviese la más estricta vigilancia para desarmar con tiempo cualquier complot de los indios, y que, si de acuerdo con el virrey del Perú creyese conveniente hacer una nueva población, lo pusiese por obra a condición de no imponer otros gastos al tesoro real. El rey, por otra parte, parecía persuadido de que la pacificación de Chile quedaría consumada en poco tiempo más, y de que la subvención real bastaría descansadamente para satisfacer todos los gastos que originasen las nuevas poblaciones.[422]

7. Insubsistencia de las paces: el gobernador hace una nueva campaña en el territorio enemigo

Todo hace creer que el marqués de Baides abrigó algún tiempo las mismas esperanzas. Sin embargo, no le faltaban motivos para conocer la verdad acerca de la situación. Habiéndose instalado en Concepción para vigilar personalmente el cumplimiento de las paces, el gobernador vivía en continua alarma por las frecuentes denuncias que se le daban de las inquietudes y preparativos bélicos de los indios. Algunos de éstos se presentaban en Concepción bajo apariencias amistosas, recibían los obsequios que allí se les daban y volvían libremente a sus tierras; pero su conducta cavilosa inspiraba las más serias sospechas a los capitanes españoles y daba lugar a averiguaciones y diligencias que mantenían la intranquilidad y la desconfianza.

En medio de estas alarmas, cuidados de otro orden vinieron a preocupar la atención del gobernador. La revolución de Portugal iniciada en Lisboa el 1 de diciembre de 1640, había repercutido en el Brasil. Los diversos funcionarios que gobernaban en este país en nombre del rey de España, que eran portugueses de nacimiento, se adhirieron a la revolución y se pusieron sobre las armas para defenderse contra cualquier tentativa de los españoles. Las autoridades de Buenos Aires, por su parte, temiendo verse atacadas por las tropas que se levantaban en el Brasil, dispusieron que los portugueses que residían en aquella ciudad fueran confinados a Chile, y pidieron con instancias refuerzos de tropas al gobernador de este reino. A pesar de la escasez de sus recursos, el marqués de Baides no vaciló en prestar a Buenos Aires todos los socorros que le fue posible reunir.

---

[422] Real cédula de 29 de abril de 1643. Las paces de Quillín merecieron un honor que no han alcanzado los otros pactos análogos celebrados con los indios de Chile. Fueron incluidas en la gran *Gran colección de tratados de paz, alianza, neutralidad, garantías*, etc. etc. hechos por los pueblos, reyes y príncipes de España con los pueblos, reyes y príncipes de Europa y otras partes del mundo (1598-1700), por don José A. Abreu y Bertodano, marqués de la Regalía, Madrid, 1740-1752. Véase el tomo III, pág. 116.

Con este objetivo, se trasladó apresuradamente a Santiago, y llegaba a esta ciudad en los primeros días de octubre.[423] Por más que se reconociera la necesidad de enviar esos auxilios, ni el Cabildo ni el tesoro real de la colonia podían contribuir a esta obra por el estado de pobreza permanente en que vivían. El marqués de Baides reunió entonces en su palacio al obispo, a la Audiencia y a los oficiales reales, y después de cuatro días de conferencias, obtuvo por vía de donativo gracioso de esos funcionarios y de los vecinos de la ciudad, el dinero indispensable para equipar y mantener 200 hombres que se alistaron a toda prisa. El obispo de Santiago don fray Gaspar de Villarroel, desplegó en esas circunstancias el más ardoroso empeño para servir al rey. No solo estimuló con su palabra a los vecinos de la capital a que contribuyesen con sus donativos sino que él mismo erogó una suma considerable de dinero, vendiendo al efecto sus ornamentos.[424] A principios de enero de 1642, cuando dejó en camino la columna que iba a socorrer a Buenos Aires, el gobernador regresó apresuradamente a Concepción para seguir vigilando la tranquilidad de la frontera.

Ese verano, sin embargo, se pasó sin graves alteraciones. Los indios, en posesión de su absoluta independencia, libres de toda hostilidad, y reponiéndose de los quebrantos que habían sufrido en las entradas que hizo en su territorio don Francisco Lazo de la Vega, no ejecutaron por entonces ningún acto de hostilidad manifiesta. Lejos de eso, dieron libertad a algunos de los cautivos españoles que retenían en su territorio. Aquella tranquilidad relativa, que duraba más de un año, hizo concebir mayores esperanzas en los resultados probables de las paces, y dio lugar a fiestas religiosas para dar gracias a Dios por tamaños beneficios. En abril de 1642 se celebraron en Santiago misas y procesiones con

---

[423] Según el libro del Cabildo, el marqués de Baides presidía el acuerdo de esta corporación, de 9 de octubre de 1641.

[424] Las conferencias celebradas con este motivo en la casa del gobernador, dieron lugar a una de las competencias tan frecuentes en la colonia, entre la Real Audiencia y el obispo, por cuanto éste se había sentado al lado izquierdo del gobernador, presidiendo con él la asamblea. Llevado el negocio ante el rey, éste por cédula de 30 de octubre de 1644 resolvió la competencia en favor del obispo, fijando, además, las reglas de etiquetas que en casos semejantes debían observarse en esa clase de asambleas. El obispo Villarroel, que en su Gobierno eclesiástico pacífico cuenta con la más candorosa vanidad todo lo que se refiere a su persona, ha referido lo ocurrido en aquella ocasión, el valioso donativo que hizo al rey y la competencia suscitada por los oidores y resuelta por el soberano, en la parte II, cuestión 16, art. 4, núm. 3 y 4. El marqués de Baides confirma la exposición del obispo en lo que se refiere a su donativo.

esta intención;**425** pero antes de mucho tiempo renacieron las inquietudes, y se reconoció la inconsistencia de los tratos que se hacían con los indios.

En efecto, cada día llegaban a Concepción nuevos avisos de los aprestos y trabajos del enemigo para recomenzar la guerra. Estos avisos, aunque contradictorios en sus detalles, no dejaban lugar a duda acerca de la inminencia de un rompimiento. El mismo marqués de Baides, que había tenido la confianza más absoluta en la estabilidad de las paces, no pudiendo resistirse a creer las frecuentes denuncias que se le daban, concibió sospechas de la conducta de los indios, y para descubrir sus tramas, ordenó la prisión de varios caciques que, aunque acusados de ser los que preparaban el levantamiento de los suyos, acudían a los fuertes españoles con las apariencias de amigos decididos de la paz. Entre los presos en esas circunstancias se hallaron Butapichón, el infatigable caudillo de las campañas anteriores, y Lincopichón, que había aparecido como el principal promotor del parlamento y de las paces de Quillín. Las investigaciones que se hicieron, sin llegar al descubrimiento cabal de la verdad, demostraron, sin embargo, la inconsistencia de la paz. En los consejos que con este motivo celebró el gobernador, algunos de los capitanes más caracterizados de su ejército opinaron porque se aplicara a esos indios la pena de muerte: los jesuitas, inconmovibles en su ilusión de poder reducir a los indígenas por los medios pacíficos, pidieron que se les retuviera presos, pero que al mismo tiempo se les tratara con benevolencia. El gobernador optó por este último partido.

Pero parecía indispensable tomar medidas más eficaces para contener la insurrección naciente en el interior del territorio enemigo. En las juntas celebradas por el gobernador con este motivo, se resolvió llevar la guerra a las tribus que se mostraban hostiles. El marqués de Baides, partiendo de los cuarteles de Yumbel en los primeros días de enero de 1643, reunió al sur del Biobío todas las tropas movibles de que podía disponer y penetró resueltamente hacia el sur. Los indios, cualesquiera que fuesen sus propósitos, no estaban preparados para la guerra o, a lo menos, no había unión entre ellos para organizar la resistencia. El gobernador llegó sin dificultad hasta las inmediaciones de la Imperial. Mientras las tribus de los llanos y de la costa, queriendo salvar sus sementeras de una destrucción inevitable, lo acogían haciéndole las más ardorosas protestas de amistad, los indios de las faldas de la cordillera se mostraban abiertamente

---

425 Acuerdo del cabildo de Santiago de 27 de abril de 1642, a fojas 269 del libro 12.

hostiles, y fue necesario enviar algunos destacamentos a perseguirlos y destruir sus campos, sus chozas y sus ganados. Toda aquella campaña, sin embargo, no produjo resultados de consideración. El gobernador consiguió rescatar algunos españoles cautivos, tomó al enemigo bastante ganado y un número considerable de prisioneros; pero el estado general del país dejaba ver cuán infundadas eran las esperanzas que se tenían en el resultado de las paces. El marqués de Baides, con todo, volvía a Concepción a fines de febrero, satisfecho, al parecer, de aquella campaña. Tanto él como sus consejeros anunciaban a todas partes que las turbulencias de las tribus de la cordillera eran de escasa importancia desde que la porción mayor y más vigorosa de los indios estaba decidida por la paz, y desde que los pocos rebeldes habían recibido un castigo que debía escarmentarlos.[426] En Concepción se hicieron ostentosas fiestas religiosas para dar gracias a Dios por las ventajas alcanzadas en la última campaña.

Sin embargo, el marqués de Baides no podía desconocer, después de los últimos sucesos, cuán poca confianza debía tenerse en la conservación de la paz. En esos mismos días escribía al virrey del Perú, y le trazaba el cuadro siguiente de la situación del reino. «Vanse continuando los sucesos de esta guerra, como Vuestra Señoría sabrá de la que en esta ocasión escribo a Su Majestad y real consejo, con que paso sucintamente a significar el riesgo tan grande en que me hallo (por falta) de gente y armas para las ocasiones que se pudieren ofrecer de invasión de enemigos de Europa, por no tener de do valerme, ni poder socorreme de los soldados del ejército ni sacarlos de los tercios, porque los indios, viéndose sin fuerzas sobre sí, con cualquier accidente harán un alzamiento general, que como sea contra nosotros, siempre están dispuestos, y más si hallan ocasión. A lo que se allega haber muchos portugueses en el reino, sin los que hay en el ejército, y los que cada día van viniendo de Buenos

---

[426] El gobernador escribió en esta ocasión una carta al cabildo de Santiago, que éste recibió el 3 de marzo. Como en ella se presentaba la última campaña bajo sus aspectos más favorables, el Cabildo recibió la noticia con gran contento, y acordó dar albricias al ayudante Juan Díaz, conductor de la carta del gobernador. En el propio sentido estaban concebidas las numerosas cartas que en esos mismos días escribieron a España los padres jesuitas para demostrar los beneficios alcanzados por las paces de Quillín. El padre Ovalle, que a la sazón se hallaba en Madrid, ha publicado muchos fragmentos de estas cartas en los capítulos 10 y 11 del libro VII de su *Histórica relación*. Esos fragmentos, sin embargo, revelan, contra lo que aseguran sus autores, cuán poco había que esperar de la estabilidad de la paz.

Aires por orden del virrey del Perú, e indios y mestizos, gente sin obligaciones, y que no se puede prometer de ellos cosa que nos esté bien. Y en tan grande riesgo, señor, nada puede minorar mi desvelo y cuidado, en lo que no faltaré a mi sangre ni a la defensa de lo que Su Majestad me ha encargado.»**427**

Previendo, al parecer, las nuevas dificultades y complicaciones que se le esperaban en el gobierno de Chile, el marqués de Baides expresaba en esa carta, así como en las que escribía al rey, el deseo de volver a España a continuar allí sus servicios. Vamos a ver que antes de obtener que se le relevase del mando, se iba a hallar en una situación llena de alarmas y de peligros.

---

427 Carta del marqués de Baides al virrey del Perú, escrita en Concepción el 20 de marzo de 1643. Esta carta, que forma contraste con las que entonces escribían los consejeros del gobernador, deja ver que a pesar del empeño que se ponía en infundir confianza dentro y fuera del reino en la consistencia de la paz celebrada con los indios, los gobernantes no desconocían en esos momentos el verdadero estado de las cosas.
Todos los sucesos relacionados con la celebración de las paces de Quillín y los esfuerzos hechos para darles consistencia y prestigio, han sido referidos con la mayor prolijidad por el padre Diego de Rosales en los capítulos 1 a 13 del libro VIII de su *Historia general*. Consejero íntimo del marqués de Baides, a quien acompañó en las tres entradas que en esos años hicieron los españoles al territorio enemigo, el padre Rosales estaba en la mejor situación para conocer esos sucesos en sus más minuciosos incidentes, y a primera vista podría creerse que su historia, como conjunto de noticias, no dejaría nada que desear en esta parte. Sin embargo, aquellos capítulos son del más escaso mérito. La abundancia de pormenores absolutamente innecesarios, y el poco orden en que están dispuestos, hacen de tal manera fatigosa y confusa su relación, que, aun, venciendo el cansancio que impone su lectura, es sumamente difícil el comprender bien el encadenamiento de los sucesos. Por otra parte, en el conjunto y en los detalles se descubre el propósito de defender el sistema a que obedecía el marqués de Baides; y para servir a este propósito, el autor no ha omitido exageración alguna, dando sobre esos hechos una luz completamente falsa. Si el historiador no puede eximirse de conocer y de estudiar la relación del padre Rosales, no debe darle más que un crédito relativo, y sobre todo está en la necesidad de compararla a cada paso con los documentos contemporáneos para llegar a descubrir la verdad y para recoger noticias sobre otra clase de hechos que aquél ha omitido por completo.

Capítulo XI. Gobierno del marqués de Baldes; los holandeses en Valdivia; los españoles ocupan este puerto (1643-1646)

1. Expedición holandesa de Enrique Brouwer contra las costas de Chile. 2. Los holandeses en Chiloé: incendio y destrucción de la ciudad de Castro. 3. Muerte de Brouwer: los holandeses se trasladan a Valdivia. 4. Se ven forzados a desistir de sus proyectos, y se vuelven al Brasil. Historiadores de esta expedición (nota). 5. Perturbación producida en Chile y el Perú por la expedición holandesa. 6. El virrey del Perú hace fortificar el puerto de Valdivia. 7. Fin del gobierno del marqués de Baides. Su muerte (nota).

1. Expedición holandesa de Enrique Brouwer contra las costas de Chile

Después del desastroso desenlace de la expedición de L'Hermite en 1624, los holandeses se habían abstenido de acometer empresa alguna contra las colonias españolas de las costas del Pacífico. Reconcentraron todo su poder y toda su acción en América, a la conquista de una parte del Brasil, pero concibieron el pensamiento de fomentar las sublevaciones de los indígenas y de los criollos de las otras provincias para crear, así, nuevos obstáculos al rey de España. Los buques holandeses que se acercaban a las costas americanas, tenían el encargo de arrojar a tierra proclamas impresas en lengua castellana, en las cuales se recomendaba a los indígenas y a los criollos que se levantasen contra el despotismo español para gozar de los beneficios que procura la libertad. Así como los colonos no estaban preparados para aceptar estos consejos, los indios no se hallaban en estado de entenderlos; pero aquellas proclamas sirvieron, al menos, para mantener a las autoridades de estos países en constante alarma.[428]

En 1641 la situación de España, como hemos visto, se hizo más difícil. A los problemas creados por las guerras exteriores vinieron a agregarse otros, producidos por las insurrecciones de Cataluña y de Portugal. En Holanda, donde se mantenía aún la guerra contra España, y donde los geógrafos y los marinos hablaban siempre de las ventajas que resultarían a la nación de fundar algunos establecimientos holandeses en las costas occidentales de América, se creyó que esas circunstancias se prestaban para hacer una nueva tentativa con este objetivo. El promotor de esta idea fue un viejo navegante y soldado que gozaba

---

428 Véase lo que hemos contado en la nota 29 del capítulo 8.

de gran reputación. Enrique (Hendrick) Brouwer, éste era su nombre, había servido largo tiempo en mar y en tierra en los archipiélagos de Asia, y de 1632 a 1635 desempeñó el alto cargo de gobernador general de las posesiones holandesas de la India Oriental, demostrando en todas ocasiones un carácter intrépido en los peligros, firme y prudente en el mando. «Era hombre de señalado valor, recto proceder y notable integridad, dice un distinguido historiador, pero odioso a sus subordinados, porque su disciplina era dura a fuerza de ser severa, lo que provenía tal vez más del genio que de falta de discernimiento, pues, como la mayor parte de sus compatriotas de aquel siglo, no conocía Brouwer la compasión ni la clemencia.»[429]

«Al regresar a su patria, dice una relación contemporánea, habría podido gozar de una vejez tranquila; pero su espíritu no le permitía vivir sino ocupado siempre en meditar en qué podía servir a su patria y en qué podía hacer daño a nuestros implacables enemigos (los españoles). Habiendo concebido el proyecto de expedicionar Chile, lo consultó con la Compañía Holandesa de las Indias Occidentales, de que él mismo era miembro, ofreciendo su propia persona para llevarlo a cabo.»[430] Aprobado este pensamiento, se le confió el mando de tres buques bien tripulados con el encargo de pasar a Pernambuco, de solicitar del príncipe Mauricio de Nassau, gobernador de las posesiones holandesas en el Brasil, la autorización para esta empresa, y de acordar los medios de ejecutarla.

La escuadrilla de Brouwer salió de Texel el 6 de noviembre de 1642, en compañía de otros buques que llevaban destinos diversos, y llegó a Pernambuco el 22 de diciembre. Aunque Mauricio de Nassau estaba empeñado en una guerra tenaz para mantener la conquista holandesa en el Brasil, aprobó el proyecto de Brouwer. Al lado de éste tomaron servicio algunos oficiales que conocían la lengua castellana, y que debían servir de intérpretes en sus relaciones con los españoles y con los indios. La flota, destinada a esta expedición, fue engrosada con otras dos naves, se elevó a poco más de 350 hombres el número de los

---

[429] R. Southey, *History of Brazil*, capítulo 19.
[430] Tomo estas palabras de la relación holandesa de esta expedición, publicada en Amsterdam en 1646. Esta importante relación anónima, pero escrita por uno de los expedicionarios, así como la historia latina de Gaspar van Baerle, de las cuales daremos noticias bibliográficas más adelante, nos sirven de guía para referir esta campaña. Pedro Martín Netscher, holandés que publica sus obras en francés, autor de un interesante libro histórico, *Les Hollandais au Bresil*, La Haya, 1853, ha dado una sucinta, pero noticiosa biografía de Enrique Brouwer en una galería de los gobernadores holandeses de las Indias Orientales.

soldados de desembarco, y se les dio una regular provisión de víveres. Con el rango de vicealmirante, o de segundo jefe de la empresa, se embarcó en Pernambuco un capitán llamado Elías Herckmans, hombre prestigioso como soldado y como poeta, que en el Brasil había desempeñado el cargo de gobernador de Parahiba.**431** Terminados estos arreglos, Brouwer y sus compañeros se alejaron de las costas del Brasil el 15 de enero de 1643.

Los expedicionarios debían someterse estrictamente a las instrucciones dadas por el príncipe Mauricio. Por ellas se les encargaba que de paso procurasen descubrir y reconocer las tierras australes, y al llegar a Chile, ofrecer su auxilio a los indios en la guerra que sostenían contra los españoles, haciéndoles entender que éstos eran también los enemigos de los holandeses. Con la esperanza de procurarse el oro que, según se decía entonces, era muy abundante en Chile, debían sonsacar a los indios el secreto de sus minas. Encargábaseles, además, explorar la isla de Santa María, con el propósito de fundar allí un puerto militar que fuese la base del poder holandés en el Pacífico, y establecerse si era posible en Valdivia con el apoyo de los indios. Por último los holandeses, para cubrir los gastos de la expedición, debían llevar de Chile vicuñas para propagar en Brasil salitre y diferentes sustancias tintóreas de que se creía productor a nuestro país, de una de las cuales se decía que era superior a la cochinilla. Todo esto revela que los holandeses se hacían grandes ilusiones sobre los beneficios que iba a reportarles esta empresa.

A principios de marzo se hallaban los expedicionarios a la altura del estrecho de Magallanes; pero buscando el derrotero seguido por Shouten y Le Maire en 1616, pasaron un poco más al sur, y dando la vuelta a la tierra de los Estados, reconocieron que ésta era una isla y no la porción de un continente austral como suponían los geógrafos.**432** Al penetrar en los mares vecinos al cabo de

---

431 Elías Herckmans había publicado en Amsterdam en 1634 un poema titulado *Der Zeevaert lof* (La navegación), en seis cantos, destinado a celebrar las navegaciones de los holandeses. Por su valor literario, este poema ha caído hace tiempo en completo olvido; pero el libro es buscado por los bibliófilos a causa de sus hermosas láminas grabadas al agua fuerte, dignas del renombre que alcanzaron los grabadores holandeses del siglo XVII. Una de esas estampas, que representa la fortuna contraria, es la obra del famoso pintor Rembrandt.

432 Los geógrafos holandeses llamaron por algún tiempo Brouwerszee (mar de Brouwer) la parte del océano vecina a la isla de los Estados, por donde este explorador encontró un paso hasta entonces desconocido. «Brouwerus posterorum memoria dignus, quod primus

Hornos, los expedicionarios se vieron asaltados por furiosas tormentas que dispersaban sus naves y que obligaron a una de ellas a volver atrás.**433** Arrastrados por los vientos del norte hasta la latitud de 61° 59', en un mar cubierto de témpanos de hielo, los holandeses sufrieron todo género de molestias, un frío penetrante y continuado, lluvia, granizo y nieve; pero conservaron la entereza de espíritu que los hizo tan famosos en sus expediciones en tierra y en mar. Por fin, el 7 de abril, un fuerte viento del sur les permitió seguir su viaje hacia las costas del Pacífico.

2. Los holandeses en Chiloé: incendio y destrucción de la ciudad de Castro

Las autoridades españolas de Chile y del Perú no tenían noticias seguras de la expedición de Brouwer; pero desde tiempo atrás temían cada verano ver llegar a los holandeses. En el archipiélago de Chiloé, sobre todo, se habían tomado muchas medidas para la defensa del territorio. El virrey del Perú envió algunos cañones para sus fuertes, arcabuces y mosquetes para armar la población, y las instrucciones necesarias para mantener la más empeñosa vigilancia. En febrero de ese mismo año (1643), el marqués de Baides había enviado treinta hombres para reforzar la guarnición de Chiloé. En el mes de abril, con la entrada del invierno, se creyó alejado todo peligro por ese año; pero no se descuidó completamente la vigilancia.

Mientras tanto, los holandeses se acercaban a ese archipiélago. El 30 de abril avistaron las costas occidentales de Chiloé, y el siguiente día 1 de mayo, habiéndose acercado más a tierra, distinguieron mediante un tiempo claro y despejado, las humaredas con que, sin duda, se daba aviso en la isla de la presencia de naves sospechosas. Percibieron algunos hombres de a pie o de a caballo, que corrían de un punto a otro a corta distancia del mar; pero no les fue posible entrar en comunicación con ellos, ni siquiera acercarse a la orilla por la

---

non per freta et angustias, sed apertum mare in Chilen et Pacificum æquor viam aperuerit», dice Barleus, *Res brasilicæ*, pág. 277.
433 La relación holandesa no da más noticias de este buque sino que llegó de vuelta a Pernambuco a principios de diciembre de 1643. Los españoles contaban que después que las otras naves partieron de Chiloé con rumbo a Valdivia, se acercó a la costa de esa isla un buque desconocido, cuyo capitán bajó a tierra, y que no hallando noticias de las otras naves, volvió a hacerse al mar con rumbo hacia el estrecho. No es posible afirmar este último hecho. La verdad es que la falta de ese buque contrarió mucho a los expedicionarios.

fuerte reventazón de las olas. Los pilotos de la escuadrilla tenían un conocimiento regular de la hidrografía de esta región por las cartas publicadas en Holanda, seguramente con las indicaciones dadas por los compañeros de Baltasar de Cordes,[434] y buscaban la entrada de los canales que separan la isla del continente. Después de practicar algunos reconocimientos, el 9 de mayo fondearon en un puerto que ya entonces nombraban Inglés, y al cual los holandeses llamaron Brouwerhaven (bahía de Brouwer) en honor de su general. En estos reconocimientos vieron en tierra algunos hombres a caballo, pero sin poder descubrir si eran españoles o indios, y mucho menos entrar en relaciones con ellos, por más invitaciones que les hiciesen. El 16 de mayo, uno de los oficiales holandeses, el mayor Blaeuwbeeck, habiéndose acercado a la playa vecina con una compañía de tropa, renovó las invitaciones amistosas a las gentes de tierra. «Pero éstas, agrega la relación holandesa, sin hacer caso de nuestras señales, empezaron a gritar muy fuerte en un idioma que los nuestros no podían entender, y después se expresaron en castellano del modo siguiente: "Avancen los arcabuceros y los caballeros"; añadiendo insultos y provocaciones, pero sin salir del bosque. Conociendo que no eran indios sino españoles, desarbolamos la bandera blanca, largamos la bandera de sangre (*bloet Vlagge*) por detrás, y la bandera del príncipe arriba, para dar a conocer que los tomábamos por enemigos, y rompimos el fuego con bala sobre el bosque.» Desembarcando sus tropas, Blaeuwbeeck ocupó dos casas que los españoles habían abandonado, se apoderó de dos canoas que estaban amarradas en la playa y de algunos víveres; pero si logró hacer retroceder a los españoles, uno de sus soldados llamado Joost Lambertsz, que se alejó de los suyos, quedó prisionero. En cambio, los holandeses solo pudieron apresar una india vieja con dos niños, que no hablaban castellano, y con quienes fue imposible entenderse.

En la costa opuesta del canal existía el fuerte español de Carelmapu, construido de palizadas, armado de dos cañones y defendido por unos sesenta hombres. El 20 de mayo, el mayor Blaeuwbeeck, apoyado por la artillería de uno de sus buques, desembarcó en esa costa y marchó resueltamente al ataque del fuerte. Como los españoles lo hubieran abandonado, siguió sin detenerse en persecución de éstos, y habiéndolos alcanzado en el bosque vecino, sostuvo

---

434 Esas cartas daban el nombre de bahía de Cordes a la que nosotros llamamos Huechucucui, y cerro de Cordes (Cordes Hoeck) a la punta que por el oeste cierra esa bahía.

un corto tiroteo, y los dispersó causándoles la muerte de seis hombres. Uno de ellos era el capitán Andrés Muñoz Herrera,[435] que mandaba en Chiloé con el título de corregidor, y que había llegado apresuradamente de Castro para reunir las tropas y rechazar la invasión extranjera. El fuerte de Carelmapu fue incendiado por los holandeses ese mismo día.

Después de esta fácil victoria, Brouwer proyectó apoderarse de otro fuerte que los españoles tenían en la isla de Calbuco. El peligro de perder algunas de sus naves en los escollos submarinos que reconocieron sus exploradores, lo obligaron a desistir de este propósito, y a dirigir sus operaciones sobre la ciudad de Castro, capital de toda la provincia. En efecto, en los últimos días de mayo, sin arredrarse por los temporales y neblinas tan frecuentes en esa estación, penetró con solo dos de sus buques en los canales del oeste, acercándose a las islas que encontraban en su camino para ver de tomar algunos prisioneros de quienes recoger los informes que necesitaba. En una de ellas hicieron los holandeses una abundante provisión de ovejas y guanacos para el mantenimiento de sus tropas. En otras, encontraron un buquecillo español, cargado de maderas, que sus tripulantes acababan de abandonar. Los expedicionarios recogieron su carga, pero quemaron la nave sin que nadie pretendiese defenderla. La misma desolación hallaron por todas partes hasta el 5 de junio, en que se acercaron a la ciudad de Castro.

Pero tampoco debían hallar allí una formal resistencia. Por muerte del corregidor Muñoz Herrera, había tomado el mando militar del archipiélago don Fernando de Alvarado, vecino pacífico, natural de la destruida ciudad de Osorno, y establecido en Chiloé como encomendero desde cuarenta años atrás. La invasión de los holandeses lo había hecho salir a campaña; y quizá sin pretenderlo, se había visto elevado al rango de jefe. A pesar de su edad avanzada, Alvarado desplegó en esas circunstancias una gran actividad. Distribuyó del mejor modo posible las tropas que quedaban en Carelmapu y en Calbuco para contener cualquier levantamiento de los indios y para hostilizar a los invasores y, enseguida, tomando los ásperos senderos de la costa del continente, se trasladó apresuradamente a Castro para intentar la defensa del archipiélago. Las fuerzas que pudo reunir no pasaban de cien hombres. Al saber que los

---

435 Andrea Munes Iserrera, dicen las relaciones holandesas. Los documentos españoles, a su vez, estropean de la manera más lastimosa los nombres holandeses.

holandeses se dirigían sobre esta ciudad, Alvarado mandó despoblarla apresuradamente, y que sus habitantes se retirasen a los bosques vecinos llevando consigo todos los objetos que pudieran excitar la codicia de los invasores. Se comprenderán los sufrimientos de los infelices pobladores de Castro cuando se recuerde que esto ocurría en el corazón del invierno, en medio de lluvias deshechas e incesantes que habían convertido los campos en fangales casi intransitables.

En esa situación se presentó Brouwer delante de Castro. «El 6 de junio, al amanecer, dice la relación holandesa, después de haber empezado a bombardear la ciudad, aparecieron fuerzas españolas de a pie y de a caballo, en la playa y en las alturas vecinas. De orden del general, bajó a tierra el mayor Blaeuwbeeck con todas las fuerzas militares y las colocó en la ribera en orden de batalla. El teniente Croeger subió a las alturas con la vanguardia, y seguido luego por todas las fuerzas, penetraron éstos en la ciudad sin resistencia alguna. La hallaron abandonada y destruida. Muchas de las casas estaban reducidas a cenizas: las demás, y entre ellas las iglesias y los edificios públicos, estaban sin techo y completamente desiertos. Los habitantes habían huido a los bosques llevándose todo lo que podían cargar. Algunos destacamentos holandeses despachados en su persecución para tomar prisioneros de quienes recoger informes, no pudieron conseguir ese objeto por el mayor conocimiento que los fugitivos tenían del terreno.» Los holandeses hicieron en los campos vecinos una abundante provisión de manzanas, acabaron la destrucción de la ciudad y fijaron un cartel escrito en latín en que hacían burla de los españoles. «Vuestra fama, decían, llegará a oídos de vuestro rey. No habéis hecho lo que hicieron los habitantes de Carelmapu, una parte de los cuales murió como mueren los soldados. Vosotros os habéis fugado como los cobardes.» Enseguida, regresaron a sus buques, y convencidos de que no tenían nada que hacer en esos lugares, dieron la vuelta al norte el 8 de junio.

En su retirada, los holandeses desembarcaron en las diversas islas que hallaban a su paso, recogieron ovejas, cerdos, gallinas y todo cuanto los habitantes habían abandonado para replegarse al interior. Solo en la de Quinchao hallaron un indio joven y una mujer española que, por su aspecto, parecía tener setenta y cinco años de edad. Llamábase Luisa Pizarro, era viuda de Jerónimo de Trujillo, antiguo encomendero de Osorno, y parecía ser persona de condición y de entendimiento claro. Conducida a bordo como prisionera, esa anciana contó al general holandés la historia lastimosa de la destrucción de aquella ciudad y de los sufrimientos infinitos de sus pobladores para llegar a Chiloé. Diole, además, noticias de la administración de esta provincia, de sus producciones, del sistema de encomiendas a que estaban sometidos los indios y de una epidemia de viruela que cuatro años antes había diezmado a éstos, causando grandes daños a los encomenderos por la falta de trabajadores. Los compañeros de Brouwer anotaban cuidadosamente estas noticias de que, sin duda, pensaban aprovecharse para establecer su dominación en aquellos lugares.

3. Muerte de Brouwer: los holandeses se trasladan a Valdivia

En toda esta campaña los holandeses habían demostrado una rara habilidad de marinos en la navegación de aquellos peligrosos canales. Cada noche buscaban un fondeadero seguro, y solo aprovechaban las pocas horas de luz de los más cortos y sombríos días de invierno. Por fin, el 20 de junio, toda la escuadrilla se encontró reunida en el puerto Inglés. La lluvia, acompañada de constantes vientos del norte, no daba a los expedicionarios un solo día de descanso, complicaba la maniobra de sus buques y hacía casi imposible toda tentativa de desembarco, porque los campos estaban convertidos en fangales intransitables. Apenas les fue posible bajar a tierra para renovar sus provisiones de agua y de leña. Brouwer, agobiado por las fatigas de una empresa que solo podían sobrellevar los hombres jóvenes y vigorosos, cayó gravemente enfermo. Sin embargo, su energía no lo abandonó un momento, y desde el lecho en que estaba postrado, impartía sus órdenes para seguir el viaje a Valdivia. Cuando se convenció de que los temporales incesantes hacían muy peligrosa si no imposible la salida de sus naves al océano, atravesó el canal y fue a establecerse de nuevo en el fuerte de Carelmapu (11 de julio). Un destacamento holandés que bajó a tierra a cargo del teniente Rembagh, apresó a corta distancia tres soldados españoles a quienes obligó a dar informes más extensos y completos sobre la situación militar y sobre los recursos de aquellas provincias.[436] Siguiendo las indicaciones de estos prisioneros, los holandeses desenterraron en el bosque

---

436 Uno de estos prisioneros era un sargento llamado Juan de Macaredhas Souza, natural de Quito, pero hijo de portugueses. Contaba como sesenta y ocho años de edad, y había servido cerca de cuarenta en Chile, siete de ellos en Concepción y Arauco y los treinta y tres restantes en Chiloé. Conocía, por tanto, esa provincia, y pudo dar toda clase de noticias

vecino una caja en que los fugitivos de Carelmapu habían ocultado sus tesoros. Esa caja no contenía más que 325 pesos de a 8 reales y 26 libras de plata labrada. Los miserables habitantes del archipiélago debían mirar ese depósito como una gran riqueza.

La retirada de los españoles hacia el interior dejaba a los holandeses dueños absolutos de la costa. Los indios, que al principio habían huido de los invasores, comenzaron a acercarse y a entrar en trato con ellos. Cuando supieron que éstos eran enemigos de los españoles, se mostraron todavía más afanosos en servirlos y en darles todas las noticias que podían interesarles. Descubrieron el lugar en que los fugitivos habían enterrado una pieza de artillería, y se mostraron resueltos a acompañar a los holandeses en sus empresas militares. Un cacique de las inmediaciones, conocido con el nombre de don Felipe, testificaba su odio hacia los españoles señalando la cabeza de uno de éstos que él mismo había asesinado hacía quince días. «Cada cual puede imaginarse, dice la relación holandesa, cuán agradable sería el olor que despedía esa cabeza.» Brouwer aceptó gustoso esos ofrecimientos, esperando hallar en los indios los auxiliares indispensables para consumar la empresa que lo había traído a Chile.

Pero el jefe holandés no se hallaba en estado de llevarla a cabo. Su salud era peor cada día. En el último tiempo había tenido que sustraerse a todo trabajo. «Por fin, el 7 de agosto, entre las diez y las once de la mañana, añade la relación citada, sucumbió nuestro general Hendrick Brouwer a consecuencia de su larga enfermedad, habiendo rogado antes a sus dos primeros consejeros E. Herckmans y E. Crispijnsen que cuando el Todopoderoso pusiere término a su vida, se conservara su cadáver y se le hicieran los honores fúnebres en Valdivia. Para cumplir este encargo, y para salvar el cadáver de una descomposición extraordinaria debida a la humedad del aire, se le abrió para sacarle las entrañas. Éstas fueron colocadas en una caja que sepultamos el 15 de agosto en la bahía Brouwer, y el tronco del cuerpo, después de embalsamado con óleos diversos, con yerbas y especias, fue depositado en el mismo buque.»

Por la enteraza de su carácter, y por la habilidad con que dirigió las operaciones militares, Brouwer había justificado la estimación con que lo distinguían sus subalternos y los aplausos que posteriormente le tributaron los historia-

---

sobre sus recursos, la condición de sus habitantes y las ocurrencias de la guerra que los indios de Chile sostenían contra los españoles.

dores holandeses. Su muerte, sin embargo, había sido prevista. A su partida de Pernambuco los oficiales superiores de la escuadra recibieron del conde Mauricio de Nassau un pliego sellado en que se designaba la persona que a falta de Brouwer debía tomar el mando. El 18 de agosto fue abierto ese pliego en junta de oficiales; y en virtud de lo que allí se disponía, Elías Herckmans fue aclamado jefe de la expedición, en medio de las salvas de artillería y de las muestras de adhesión de los oficiales, de los marineros y de los soldados. Todos se mostraban dispuestos para continuar la proyectada campaña a Valdivia.

El tiempo, por otra parte, comenzaba a mostrarse favorable para esta empresa. Las lluvias eran menos frecuentes y los primeros vientos de primavera invitaban a continuar el viaje. Muchos indios de Chiloé que habían auxiliado a los holandeses, temerosos, sin duda, de las venganzas de los españoles, y deseando libertarse de la esclavitud a que vivían sometidos bajo el régimen de las encomiendas, se mostraban dispuestos, como ya dijimos, a acompañar a los invasores, y habían obtenido que éstos transportaran en los buques a las mujeres y a los niños, ofreciéndose ellos a seguir su viaje a Valdivia por los caminos de tierra. «Cuando estuvieron prontos para partir, dice la relación holandesa, se les dio noticia de que los españoles les cerrarían con fuerzas considerables el camino de Osorno. Con este motivo pidieron se les permitiese hacer el viaje en los buques, lo que se les concedió, recibiendo en ello gran contento. Lo mismo que las mujeres y los niños que ya se habían embarcado, fueron estos indios distribuidos en los cuatro buques, formando entre todos un total de 470 personas. Llevaban consigo abundantes provisiones de cebada, arvejas, habas, papas, ovejas y cerdos para su sustento.» Terminados todos los preparativos, la escuadrilla holandesa partió de Chiloé el 21 de agosto con un tiempo favorable, y dos días después se hallaba en la embocadura del río de Valdivia.

4. Se ven forzados a desistir de sus proyectos, y se vuelven al Brasil. Historiadores de esta expedición

Por más diestros que fueran los pilotos holandeses, la entrada de ese río les presentó muy serias dificultades. Dos de sus naves, sin embargo, consiguieron remontarlo e ir a fondear enfrente de las ruinas de la ciudad, haciendo una salva de artillería para avisar su arribo. Los indios de la comarca, que desde la primera aparición de los extranjeros, habían comenzado a visitarlos en sus buques, se mostraban sus amigos resueltos y decididos: «pero eran muy inclinados a robar, agrega la relación holandesa, y codiciosos sobre todo de las cosas de hierro. Todo lo que veían excitaba su codicia, hasta la brújula que sacaron de su bitácora. Por este motivo, cada vez que esas gentes venían a bordo era necesario encerrar y poner a salvo cuanto pudieran llevarse». A pesar de esto, los holandeses conservaron sus ilusiones en la importancia de tales aliados, y siguieron tratándolos con las más amistosas consideraciones.

Al fin, el 29 de agosto tuvo lugar el primer parlamento. Herckmans, después de haber hecho desembarcar a todos los indios que traía de Chiloé, bajó a tierra donde lo esperaban unos 300 indígenas, a quienes explicó en un discurso el objetivo de su viaje. Venía, les dijo, enviado del Brasil por el poderoso príncipe Mauricio de Nassau, según se veía por una carta que les leyó, para ayudarlos a sostener la guerra contra los españoles, que eran a la vez los enemigos de Holanda. Sus palabras, vertidas al castellano, y traducidas después al idioma chileno, fueron favorablemente acogidas por los indios, sobre todo cuando vieron al general holandés obsequiar algunas armas al cacique principal. Habiendo acudido un número mucho más considerable de indios, se celebró un segundo y más aparatoso parlamento el 3 de septiembre en que, después de los largos discursos usados en esas ocasiones y de repartir a los caciques las cartas en que el príncipe Mauricio les ofrecía su amistad, se estipuló el pacto de alianza. Los holandeses auxiliarían a los indios en la guerra en que éstos se hallaban empeñados, pero necesitaban establecer un fuerte para su defensa, y pedían, además, que se les proporcionasen víveres que, por su parte, se comprometían a pagar en armas y otras mercaderías. Los indios aceptaron, al parecer, gustosos estas proposiciones, y ofrecieron suministrar a los holandeses más víveres de los que pudieran necesitar. Quedó convenido también el sitio en que debiera levantarse la fortaleza que proyectaban los extranjeros; y, en efecto, pronto comenzaron a limpiar el terreno para dar principio a su construcción.

Todo parecía asegurar a los holandeses un éxito feliz en su empresa. Recibieron mensajeros y luego la visita de un cacique poderoso de Mariquina, llamado Manqueante, que ofrecía su amistad, diciéndose más partidario de los extranjeros que todos los indios de Valdivia. Obtuvieron, además, algunas provisiones en cambio de hierro viejo y de algunas armas. Herckmans, alentado por estas manifestaciones, continuaba sus trabajos lleno de entusiasmo, comenzando a levantar los muros del fuerte. El 16 de septiembre hizo desembarcar el cadáver de Brouwer, y después de tributarle los más ostentosos honores fúnebres que permitían las circunstancias, le dio sepultura en el sitio mismo en que se había levantado la ciudad de Valdivia. Resolvió, al mismo tiempo, que el capitán A. Elbert Crispijsen partiese con una de sus naves para Pernambuco a dar cuenta del aspecto favorable que presentaba la marcha de la expedición, desde que la actitud de los indios hacía creer en la firmeza y en la valía de su alianza. Herckmans estaba profundamente convencido de que con diez o doce buques y con 800 hombres bien armados, y contando con la cooperación de los indios, podría no solo apoderarse de Chile sino sublevar la mayor parte del Perú. Al partir del río de Valdivia, el 25 de septiembre, el emisario Crispijsen llevaba el encargo de pedir el pronto envío de esos socorros para dar cima a esta empresa.

Pero antes de muchos días, los holandeses pudieron conocer mejor su verdadera situación. A pesar de sus repetidas protestas de amistad, los indios, cavilosos y desconfiados, miraban a los extranjeros con recelo, sobre todo desde que los vieron dispuestos a establecerse fijamente en el país. Los holandeses, por otra parte, cometieron una gran imprudencia. Habían oído tantas historias acerca de las grandes cantidades de oro que los españoles sacaban de Valdivia, que creyendo que los indios lo tenían en abundancia, les pidieron este metal en cambio de las armas y de los otros objetos que les ofrecían. «Los caciques, agrega la relación holandesa, se excusaron unánimemente diciendo que no sabían nada de minas de oro, puesto que desde muchos años no comerciaban con él ni lo usaban para la fabricación de cosa alguna; pero que recordaban perfectamente las insoportables crueldades que ejercían los españoles con los indios cuando éstos les llevaban un abundante tributo de oro. Añadieron que entonces les cortaban las orejas y las narices, de manera que ahora se horrorizaban al pensar en ello, que el solo hecho de oír nombrar el oro los haría retirarse al interior y que por lo mismo ni se buscaba ni se estimaba.» En efecto, solo en una ocasión entregó un indio dos onzas y media de oro. Los indios, además, comenzaron a disminuir la provisión de víveres que llevaban al campamento holandés, alegando que apenas los poseían para su sustento, puesto que no habían sido prevenidos con anticipación del arribo de los extranjeros. Si era posible dar crédito a estas excusas, un hecho posterior vino a desautorizarlas. Uno de los prisioneros españoles tomados en Carelmapu, llamado Antonio Sánchez Ginés, que por su conocimiento de la lengua del país servía de intérprete a los holandeses, refirió que algunos indios de Valdivia habían querido asesinarlo acusándolo de haber servido de guía a los holandeses, y de haberles hecho entender que abundaba el oro en esa región. Herckmans, a pesar de la confianza que había tenido en sus aliados, comenzó a sospechar de su lealtad. Así, cuando algunos indios le contaron que los españoles se estaban reuniendo en número considerable en las inmediaciones de la Imperial, y le aconsejaron que marchase a atacarlos con una parte de sus tropas, ofreciéndose ellos mismos a acompañarlo en esta empresa, el jefe holandés creyó que lo querían llevar traidoramente a una emboscada para acabar con él y con los suyos, y se abstuvo de moverse de Valdivia.

Por otra parte, la situación de los holandeses comenzaba a hacerse insostenible. Cada día era mayor la escasez de víveres, y las privaciones habían llegado a desmoralizar a sus soldados excitándolos a desertarse. Algunos de ellos abandonaron secretamente el campamento, dispuestos a afrontar todos los peligros para llegar hasta Concepción a entregarse a los españoles. Todo hacía temer que muchos otros trataran de seguir este ejemplo.[437] El 15 de octubre, cuando comprendió que los indios le negaban sistemáticamente los víveres por orden de sus caciques, reunió a sus oficiales y les hizo firmar un acta por la cual todos se hacían responsables de la determinación de abandonar la empresa de poblar Valdivia. Decían allí que «la escasez de provisiones, así como el insuficiente socorro que habían recibido de los chilenos, y la aversión de éstos a labrar las minas, hacían indispensable el dar la vuelta al Brasil con los víveres que quedaban, para acelerar el envío de nuevos refuerzos». Herckmans, sin embargo, se despidió amistosamente de los indios, haciéndoles entender que antes de mucho tiempo volvería a Valdivia con tropas más considerables y con mayores recursos. En los momentos de partir, los indios le suministraron algunas escasas provisiones en cambio de armas. «Se mostraban muy tristes por nuestra partida,

---

[437] Con fecha de 14 de octubre, Herckmans escribió una carta en español al cacique Manqueante, de Mariquina, en que le daba cuenta de la escasez de víveres que lo obligaba a abandonar Valdivia. Referíale, además, que algunos soldados holandeses habían tomado la fuga, y le pedía que no los dejara pasar a Concepción. Algunos de esos desertores fueron capturados por los mismos holandeses el 16 de octubre, y fusilados varios de ellos. La carta de Herckmans fue entregada más tarde a las autoridades españolas, y se halla inserta en la *Historia general* del padre Rosales, tomo III, pág. 228.

dice la relación holandesa. Cuando preguntaron al general por el motivo de su determinación, éste les contestó que ellos no habían cumplido sus promesas ni suministrádole los víveres ofrecidos. Entonces, sin replicar una palabra, dejaron el buque llevándose las dos espadas enmohecidas que se les habían regalado.»

Antes de su partida, los jefes holandeses practicaron un acto de rigurosa justicia militar. El 16 de octubre aprehendieron cuatro desertores, dos de los cuales fueron fusilados en tierra. Estando ya embarcados, «el 26 de octubre se reunió el consejo de guerra para juzgar a otros desertores y sus cómplices. Seis de ellos fueron condenados a muerte y otros seis a sufrir una corrida de baquetas (van de Ree loopen). En consecuencia, cinco de ellos fueron fusilados inmediatamente y sus cadáveres arrojados al agua. Al resto se les perdonó después de haber sido exhortados». El 28 de octubre, los tres buques holandeses, levaron anclas y se hicieron al mar.

La vuelta de aquellos atrevidos expedicionarios, fue relativamente feliz a pesar de la escasez de víveres y de las enfermedades que se declararon a bordo. En su marcha al sur, bajaron hasta la latitud de 57 grados, por tanto, a gran distancia del continente americano. Cambiando allí su rumbo el 16 de noviembre, llegaron sin dificultad al otro mar, y siguieron su navegación con menores inconvenientes. Por fin, el 28 de diciembre entraban al puerto de Pernambuco, «teniendo motivos, dice el historiador de la expedición, para dar gracias a Dios por su clemente protección». Aquella campaña había durado cerca de un año entero.

El arribo de Herckmans fue una verdadera decepción para los holandeses que mandaban en Pernambuco. Tres semanas antes había llegado Elbert Crispijsen con la noticia de la ocupación de Valdivia y de la posibilidad de establecer allí la dominación holandesa. El príncipe Mauricio, halagado con la idea de llevar a cabo esta conquista, recibió estas informaciones con la más viva satisfacción; y, al mismo tiempo, que pedía nuevos refuerzos a Holanda para apoyar aquella empresa, hizo equipar un buque para llevar socorros a Valdivia, y ese buque se hallaba listo para emprender su viaje. Al ver desvanecidas estas ilusiones, se suscitaron, no solo entre el vulgo sino en el mismo seno del gobierno, violentas acusaciones contra Herckmans. Para justificarse, éste podía invocar en su apoyo el acta que sus oficiales habían firmado en Valdivia, y hacer la relación verdadera de todos los sucesos de la campaña. Pero antes de que se pudiese proceder a la investigación, Herckmans murió, víctima, sin duda, de las amarguras que le produjeron esas acusaciones y el desastre de la empresa. Los holandeses, cuyos recursos en el Brasil eran muy limitados, y que, además, tenían que sostener una guerra tenaz con los portugueses para defender por algún tiempo sus posesiones, desistieron de renovar sus tentativas contra el reino de Chile.[438]

---

[438] Las páginas que hemos destinado a la relación de esta campaña de los holandeses en Chile, están basadas principalmente en los escritos y documentos emanados de ellos mismos. Vamos a dar una ligera noticia bibliográfica acerca de estos escritos.

En 1646 se publicó en Amsterdam un opúsculo de 95 páginas en cuarto con el título de *Journael ende historis Verhael van de Reyse gedaen by Oosteen de Straet le Maire naer de Custen van Chili* etc. (*Diario y narración histórica del viaje ejecutado por el este del estrecho de Le Maire hacia las costas de Chile* al mando del señor general Hendrick Brouwer en el año de 1643), del cual existe una reimpresión hecha en la misma ciudad en 1660. Aunque publicado sin nombre de autor, se advierte en la portada que ha sido formado sobre los diarios de algunos de los individuos que hicieron esta campaña, y basta leerlo para reconocer la verdad de esta indicación. Es, pues, la historia sencilla y prolija de todos los sucesos de esta expedición, tal como podrían contarla los testigos y actores. La narración de los hechos está acompañada de noticias acerca de la historia, de la geografía y de la industria de las provincias que visitaron los holandeses y de la condición de sus habitantes. Esas noticias son generalmente exactas, y están expuestas con toda claridad. Los mapas de Chiloé y de Valdivia que acompañan el texto, aunque muy defectuosos, facilitan la inteligencia de las operaciones militares.

Existe de este libro una traducción alemana publicada en 1649, otra inglesa en el primer volumen de la célebre colección de viajes conocida con el nombre del editor John Churchill, y una bastante abreviada en francés en la edición holandesa de la *Histoire générale des voyages*. Sin embargo, creyéndolas incompletas, me he servido de una traducción literal al castellano que a petición mía se ha servido hacer del libro original el distinguido profesor don José Roehner.

La historia de la expedición de Brouwer ha sido, además, contada en una obra notable de la cual ha dicho un juez muy competente que «por más que corran los siglos será siempre un libro importante y digno de consultarse» (Varnhagen de Porto Seguro, *Os holandezes no Brazil*, prefacio). Nos referimos a la obra titulada *Rerum per octenium in Brasilia et alibi gestarum sub prefectura Mauritii Nasovi comitis, historia* (*Historia de los hechos ocurridos durante ocho años en el Brasil y en otras partes, bajo el mando de Mauricio, conde de Nassau*), publicada con gran lujo tipográfico, con mapas y grabados primorosos, en Amsterdam, en 1647, en un volumen en folio. Su autor, Gaspar van Baerle, más conocido con el nombre latinizado de Barlæus, fue un insigne erudito holandés que después de haber escrito muchas obras, destinó los últimos años de su vida a contar las guerras de los holandeses en el Brasil utilizando los documentos y relaciones que puso a su disposición el príncipe Mauricio. Esta historia, escrita con mucha elegancia, aunque con recargo de adornos y de referencias a los antiguos griegos y romanos «que en lugar de amenizar la narración la hacen a veces un tanto pesada», consagra las páginas 258-290 a contar la

5. Perturbación producida en Chile y el Perú por la expedición holandesa

El gobernador de Chile, entretanto, pasó cuatro meses sin tener la menor noticia del desembarco de los holandeses en el mismo territorio que estaba encargado de defender. En aquellos años, los pobladores de Chiloé, cuyo comercio era limitadísimo, vivían en un aislamiento casi completo. Cada verano llegaban a sus puertos uno o dos buques con la correspondencia oficial y con algunas mercaderías; y después de la vuelta de esas naves, quedaba interrumpida toda comunicación. Por más urgencia que hubiera en hacer llegar a Chile el aviso de la presencia del enemigo en aquellos mares, no fue posible conseguirlo sino después de vencer las más serias dificultades.

Al llegar a Castro en los últimos días de mayo, el corregidor accidental de la provincia de Chiloé, don Fernando de Alvarado, mandó preparar una pequeña embarcación en una de las caletas del sur de la isla grande. Mediante las ero-

---

expedición de los holandeses a Chiloé y a Valdivia, formando un cuadro compendioso, pero exacto y animado de esos sucesos.

Los dos libros, citados son historias que podemos llamar de primera mano. Entre las relaciones posteriores de esta misma campaña que se hallan en algunos libros, debemos recomendar como la más notable, la que ha hecho el comandante Burney en su importante *Chronological history of the discoveries in the South Sea*, vol. III, págs. 95 y siguientes.

Los historiadores españoles que han referido esta misma expedición, han cometido los errores más inconcebibles. El padre Rosales, el más exacto de todos ellos, residía entonces en Chile y ha podido dar noticias muy curiosas; pero cree que Brouwer, a quien llama Brant, y sus compañeros eran ingleses, y cuenta que Herckmans, a quien llama Arquemans, y los que con él firmaron el abandono de Valdivia, volvieron a Inglaterra y fueron decapitados en castigo de ese acto. Véase su *Historia general*, tomo III, pág. 236.

Pero todavía son más inconcebibles los errores que ha agrupado don Dionisio de Alcedo y Herrera en el § XIX de su *Aviso histórico*, libro otras veces citado para señalar el ningún crédito que merece. Dice así: «Por el año de 1633, la escuadra holandesa del general Henrique Breaut, que salió de Pernambuco con el designio de tomar a Valdivia y fundar colonia en la mar del Sur, entró por el estrecho, y con este designio hizo desembarco para fortificarse y poblar en aquel paraje: no permitiéndolo el activo celo y fervoroso esfuerzo militar del gobernador de la plaza, que con una tropa de soldados del presidio de su mayor satisfacción y otro número de indios confederados, animados del ejemplo de los españoles y del valor del gobernador, los desalojaron a cuchilladas, obligándoles a abandonar la empresa». No es posible acumular mayores errores en tan pocas líneas.

Aun, el padre fray Miguel Aguirre, escritor contemporáneo de aquellos sucesos, y autor de un curioso libro sobre la repoblación de Valdivia, de que hablaremos más adelante, ha incurrido en algunas equivocaciones al referir la campaña de los holandeses.

gaciones de los vecinos y un trabajo incesante, el buque estuvo listo para salir al mar a principios de julio. Embarcáronse en él algunos soldados, bajo el mando del capitán Domingo Lorenzo, y saliendo del archipiélago, por los canales del sur para evitar todo encuentro con los holandeses que cerraban la salida de Ancud, se dirigieron a las costas de Chile. Fue en el barco para consuelo y ánimo de los soldados, agrega el cronista que ha consignado estas noticias, el padre Domingo Lázaro, de la Compañía de Jesús, mallorquín, gran misionero y que trabajó mucho en la conversión de los indios.**439** En la misma embarcación fue enviado a Chile un marinero holandés llamado Joost Lambertsz, que según contamos, había sido capturado por los españoles en la primera escaramuza que tuvieron con el enemigo.

Después de un viaje penosísimo y sembrado de peligros en aquella estación de riguroso invierno y de frecuentes temporales, ese buque llegaba a la plaza de Arauco en los últimos días de agosto. Fácil es imaginarse la alarma que debió producir la noticia del arribo de los holandeses a Chiloé, sobre todo cuando se supo el verdadero objetivo de su expedición. A los informes que pudieron dar los españoles que venían en la nave, se agregaron, luego, las revelaciones que hizo el marinero Lambertsz acerca de las fuerzas y de los proyectos de los enemigos, así como de los auxilios que éstos debían recibir del Brasil.**440** El gobernador de Chile se hallaba en la más absoluta imposibilidad de enviar al archipiélago una división capaz de hacer frente a los holandeses. Se limitó a reforzar las fortificaciones de Concepción, para ponerlas a cubierto de cualquier ataque; pero, equipando a toda prisa un buque, despachó al Perú al capitán

---

439 Rosales, libro VIII, capítulo 14. Este cronista no fija la fecha de la partida de esa nave; pero hemos podido señalarla en el texto, fundándonos en otros documentos. A instancias de la hija de uno de los prisioneros españoles capturados en Carelmapu por los holandeses, Herckmans escribió una carta al corregidor de Chiloé con la fecha de 29 de julio, en que le ofrecía el canje de ese prisionero por el marinero que los españoles habían tomado en el puerto Inglés el 16 de mayo. El corregidor Fernando de Alvarado contestó esa carta el 3 de agosto. En su respuesta dice que con la mejor voluntad habría hecho este canje, pero que el marinero holandés de que se trataba, no se hallaba ya en Chiloé. «Ha trascurrido como un mes, decía con este motivo, desde que lo he enviado en un barco que fue a llevar aviso al marqués de Baides, en la ciudad de Concepción; y espero que le irá bien en el viaje por la gracia de Dios, porque abrigo la confianza de que su Divina Majestad lo amparará».

440 Para tomar las declaraciones al marinero holandés, sirvió de intérprete el padre jesuita Francisco de Vargas, confesor y consejero del marqués de Baides. Este religioso, aunque español de origen, había nacido en Flandes, y hablaba corrientemente el idioma de este país. Habría sido quizá imposible hallar en Chile otro intérprete.

don Alonso de Mujica y Buitrón y al mismo padre Lázaro. Debían dar cuenta al virrey de tan graves acontecimientos, y pedirle el pronto envío de fuerzas de mar y tierra.

En Santiago, la noticia produjo la mayor consternación. La ciudad se hallaba sobrecogida de espanto por un violento temblor de tierra, ocurrido el 6 de septiembre, cuando al día siguiente llegaba la noticia del desembarco de los holandeses en Chiloé. En medio de la inquietud producida por estos dos sucesos, que la superstición debía relacionar como castigo del cielo, las autoridades civiles y eclesiásticas acordaron inmediatamente despachar también un aviso al virrey del Perú, a expensas del Cabildo.[441] El general don Tomás Calderón, que desempeñaba el cargo de corregidor, no limitó a esto solo su empeño. Como si la ciudad estuviese amenazada por los invasores, llamó al servicio militar a todos los hombres que podían cargar las armas, así españoles como mulatos e indios, los distribuyó en compañías y los tuvo en pie de guerra para acudir al punto de la costa vecina en que se dejase ver el enemigo.

Se sabe que en esos momentos los holandeses, después de abandonar el archipiélago, se habían trasladado a Valdivia; pero pasaron muchos días sin que el gobernador de Chile tuviera noticia de estas últimas ocurrencias. Por fin, a fines de septiembre, llegó a Concepción un segundo mensaje, enviado por el corregidor de Chiloé. Contaba éste que los holandeses se habían retirado de esa isla llevándose un número considerable de indios; que su objetivo era establecerse en Valdivia, y que el archipiélago quedaba amenazado de una insurrección general de los indígenas, excitados a la revuelta por los extranjeros. El corregidor pedía con instancias el pronto envío de socorros; pero como el marqués de Baides no podía suministrárselos, se limitó a enviar un nuevo mensaje al Perú.

Gobernaba este virreinato, desde cuatro años atrás, don Pedro de Toledo y Leiva, marqués de Mancera, funcionario empeñoso en el servicio del soberano. La primera noticia del arribo de los holandeses a Chiloé llegó a Lima el 19 de septiembre, produciendo la alarma que debe suponerse. Pero, aunque el Perú

---

441 Acuerdo del cabildo de Santiago de 7 de septiembre de 1643. La noticia del desembarco de los holandeses llegó a la capital transmitida por el marqués de Baides en carta fechada en Concepción el 2 de septiembre. Para hacer frente a los gastos que exigía la situación, el Cabildo erogó 2.400 pesos, suma muy crecida, si se toma en cuenta el estado de penuria de su tesoro.

poseía recursos mucho más abundantes que Chile, no se hallaba en situación de formar y de equipar en pocos días una escuadra capaz de abrir inmediatamente una campaña contra los holandeses. Así, pues, el virrey mandó hacer los aprestos para salir al mar pocos meses más tarde; y sabiendo que el enemigo había abandonado Chiloé, envió una nave a cargo del capitán don Alonso de Mujica a llevar algunos socorros a ese archipiélago. Poco más tarde despachó otro buque con idéntico objetivo.

Por lo demás, el virrey del Perú creía que habiendo desembarcado los holandeses en el continente y posesionádose del puerto de Valdivia, era posible atacarlos por tierra. En esta inteligencia, encargó al gobernador de Chile que reuniese todo el ejército de su mando, que alcanzaba por junto a 2.000 hombres, y marchase prontamente con él a combatir al enemigo. Estas órdenes dejan ver que el marqués de Mancera conocía muy imperfectamente la situación de Chile. Para llevar a cabo esa campaña habría sido necesario atravesar todo el territorio ocupado por los indios de guerra, y exponer a las tropas españolas a las contingencias de una lucha sumamente peligrosa antes de llegar al punto de su destino. Por otra parte, la concentración de todo el ejército español en un solo cuerpo de operaciones, habría ocasionado el abandono de los fuertes de la frontera y, por tanto, dejar a éstos y a las ciudades inmediatas a merced de los indios. Así, pues, cuando el gobernador de Chile reunió a sus capitanes para pedirles consejo, todos de común acuerdo declararon que la campaña dispuesta por el virrey del Perú era irrealizable. Uno de esos capitanes, el maestre de campo Alonso de Villanueva Soberal, fue encargado de pasar al Perú a demostrar al virrey las dificultades de esa empresa y a pedirle el envío de los socorros que se consideraban indispensables para expulsar a los holandeses de Valdivia.**442**

---

442 Esta resolución del marqués de Baides fue más tarde objeto de duras acusaciones por no haber acudido con su ejército a combatir a los holandeses que habían desembarcado en Valdivia. En una carta escrita por él a un padre jesuita de Lima en 20 de agosto de 1644 se defiende de esos cargos. Le refiere allí sumariamente lo que sabía entonces de la partida de los holandeses; y le cuenta que el 29 de junio de ese año sus tropas habían tenido un rudo combate contra los indios en Elicura, en que éstos salieron al fin derrotados después de tres horas de pelea. «Ahora, agrega, repárese si dentro de nuestras tierras hace esto el enemigo, y con poca gente, ¿qué haría si nos cogiese de esa otra banda del río de la Imperial? Él es buen soldado y sabe apretar y llevar su resolución por delante. Mucho me hubiera holgado que las personas que dicen que puede este ejército ir por tierra a Valdivia se hubieran hallado en la ocasión y conocido el enemigo, que cierto no lo conocen cuando

Mientras tanto el gobernador de Chile vivía en medio de las mayores inquietudes. Además de las zozobras que le causaba la permanencia de aquellos enemigos dentro del territorio que estaba encargado de defender, las agitaciones y turbulencias de los indios lo obligaban a mantener la más activa vigilancia militar. El marqués de Baides pasó todo ese verano sobre las armas para contener los síntomas de levantamiento de los indígenas, pero sin querer complicar la situación provocándolos a la guerra. Al mismo tiempo hacía entrar algunos emisarios al territorio enemigo para recoger noticias acerca de los holandeses, de quienes se decía que estaban fortificándose en Valdivia. Los informes recogidos por este medio eran vagos y contradictorios y, además, conocido el carácter artificioso y embustero de los indios, inspiraban muy poca confianza a los españoles. En esas circunstancias, llegó a manos de éstos un documento que había debido tranquilizarlos. Un soldado llamado Gaspar Álvarez, que era uno de los agentes que habían entrado a las tierras de los indios a recoger noticias de los holandeses, envió original la carta en que el general Elías Herckmans anunciaba al cacique Manqueante que la falta de víveres lo ponía en el caso de reembarcarse con su gente, y le pedía que aprehendiese y diera muerte a los soldados holandeses que habían desertado de sus filas. Aunque esa carta no contenía una sola palabra que no fuera la expresión de la verdad, el gobernador y sus consejeros sospecharon que envolviese una estratagema del enemigo, esto es, que hubiese sido escrita para hacer llegar a Concepción una falsa noticia que desarmase cualquier proyecto militar de los españoles. Estas sospechas se robustecieron en breve. El capitán Alonso de Mujica, que había ido a Chiloé con el buque que le dio el virrey del Perú, se acercó a la isla de la Mocha a recoger noticias de los holandeses, y ni allí ni en ninguna otra parte halló a nadie que hubiera visto la partida de las naves enemigas. Así, pues, a fines de abril de 1644, cuando ya hacía más de seis meses que Herckmans y sus tropas habían abandonado Valdivia, en Chile y en el Perú se ignoraban por completo estas últimas ocurrencias que habrían restablecido la tranquilidad.

Al fin, el marqués de Baides se decidió a hacer un nuevo esfuerzo para procurarse noticias más positivas. «Para salir de confusión, dice él mismo, me resolví a enviar desde esta ciudad de Concepción en un barco con infantería al capitán

lo facilitan tanto.» Este documento ha sido publicado por don Pascual de Gayangos en la colección citada de *Cartas de algunos padres de la Compañía de Jesús*, tomo VI, págs. 10-13.

Juan de Acevedo a reconocer el puerto de Valdivia para tomar nuevas ciertas del estado en que se hallaba el enemigo holandés, que se había apoderado de él.» Acevedo partió el 30 de abril, y no hallando noticia alguna del enemigo en ninguna parte de la costa, se resolvió a entrar a Valdivia con las mayores precauciones. Allí supo que los holandeses habían partido mucho tiempo antes, sin haber construido fortificaciones ni bajado artillería de sus buques, si bien al marcharse anunciaron que pronto volverían con mayores fuerzas. Los indios que suministraban estas noticias, invitaron al capitán Acevedo a bajar a tierra; pero como éste conocía por una larga experiencia la perfidia natural de esos bárbaros, no aceptó esa invitación, y al cabo de tres días, dio la vuelta al norte a comunicar al gobernador el resultado de su exploración. Esta noticia produjo un gran contento en el reino, fue comunicada inmediatamente al Perú y a España y fue celebrada en todas partes como si fuera una gran victoria.[443] Para recoger noticias más claras y completas acerca de los proyectos del enemigo, partió poco después para Valdivia el capitán don Alonso de Mujica. Como llevaba a sus órdenes una fragata y fuerzas más considerables, este capitán pudo bajar a tierra y reconocer prolijamente las obras que habían comenzado los holandeses. Desenterró el cadáver de Brouwer, «y por ser hereje lo quemó», dice un escritor contemporáneo. Entrando en relaciones con los indios de la comarca, obtuvo de éstos que le entregaran cuatro desertores del ejército enemigo que habían quedado en el país; y con ellos dio la vuelta a Chile y luego al Perú «para que enterado el virrey de los intentos del enemigo pirata, y sabiendo de cierto cómo había desamparado la población, se diese prisa a enviar gente y lo necesario para poblar a Valdivia, antes que el enemigo intentase volver a ella».[444]

6. El virrey del Perú hace fortificar el puerto de Valdivia

El virrey del Perú, por su parte, tenía resuelta la repoblación de esa ciudad; pero creyendo hacerla más estable y consistente, persistía en su pensamiento

---

[443] Carta del marqués de Baides al rey, escrita en Concepción el 28 de mayo de 1544. Felipe IV, contestando esa carta al gobernador de Chile, le decía en cédula de 12 de mayo de 1545, lo que sigue: «Ha parecido datos las gracias, como lo hago, por el cuidado y diligencia que pusisteis en saber si el enemigo que ocupaba a Valdivia le había desamparado; y por el gusto que se ha recibido con la buena nueva que me dais». Más tarde, en 1646, justificando el marqués de Baides su conducta en el gobierno de Chile, hacía valer este modestísimo servicio, al cual atribuía una gran importancia.

[444] Rosales, *Historia general*, Libro VIII, capítulo 16.

de dejar expedita su comunicación por tierra con las otras ciudades de Chile, esto es, en el proyecto quimérico de dominar a la vez el territorio ocupado por los indios de guerra. «Fundar y fortificar a Valdivia sin comunicarse el ejército de Chile con aquel puerto, decía con este motivo, sería lo mismo que entregarlo con las banderas, artillería y gente que allí estuviese a la primera escuadra de enemigos que intentase tomarlo.»[445] Invariable en esta idea, no cesaba de ordenar al gobernador de Chile que aprestase todo su ejército para llegar hasta Valdivia estableciendo esa comunicación.

Con el objetivo de reconcentrar más la población española del reino de Chile, y de procurarse gente con que llevar a cabo ese plan, el virrey había aceptado la idea de abandonar Chiloé, que a juicio de sus consejeros era un territorio miserable y sin provecho alguno, y de trasladar a Valdivia los habitantes del archipiélago. El capitán Dionisio de Rueda, que acababa de ser nombrado corregidor de esa provincia, se había trasladado a Lima, y consiguió demostrar al virrey «que el pasar la gente de Chiloé a Valdivia no era dar fuerzas a aquella fortificación, sino aumentar las del enemigo». En efecto, la despoblación del archipiélago por los españoles, habría dejado a los indios de las islas y de la región vecina en libertad para juntarse con los de Osorno y su comarca, y hacer más difícil la existencia de la ciudad que se quería repoblar.

Desde que hubo tomado su resolución, el marqués de Mancera mandó enganchar gente en todo el Perú y equipar en el Callao una numerosa escuadra. Desplegó en estos aprestos un ardor que no reconocía ningún obstáculo. Creía consumar una empresa que habría de darle mucha fama, y de atraer un gran prestigio a su familia. En efecto, eligió para jefe de la expedición a su hijo primogénito don Antonio Sebastián de Toledo y Leiva. Reunió cuidadosamente todas las noticias, informes y planos que podían dar a conocer el territorio en que se iba a operar, para facilitar con ellos el éxito de la expedición. Sin reparar en gastos, armó en guerra doce galeones con 188 piezas de artillería, cuarenta y cinco de las cuales estaban destinadas a los fuertes que debían construirse en Valdivia; proveyó esas naves de víveres abundantes, de armas y municiones de toda clase y de cuantos objetos y materiales podían necesitarse en la nueva

---

445 Carta del virrey del Perú, marqués de Mancera, al rey, escrita en Lima el 16 de junio de 1644.

población,**446** y formó un cuerpo de operarios, albañiles, carpinteros, herreros, armeros y demás artesanos útiles para ejecutar los trabajos de construcción. El número de gente enrolada para esta expedición ascendió a la cifra considerable de 1.800 hombres entre oficiales, soldados y marineros. El virrey embarcó, además, diez religiosos, cuatro de ellos jesuitas, que debían servir de consejeros a su hijo en la dirección de la campaña, y de capellanes del ejército y de la escuadra. Habíanse previsto todas las necesidades de la empresa hasta en sus más menudos detalles, y el marqués de Mancera se había empeñado en llenarlas ampliamente. A la mezquindad con que los altos funcionarios del Perú atendían los pedidos de socorros de los gobernadores de Chile, había sucedido una largueza que rayaba en la prodigalidad para formar el ejército y abastecer la escuadra que debía mandar el hijo del virrey. Jamás había navegado en el Pacífico una escuadra más formidable ni un ejército tan numeroso y tan bien equipado.

La expedición zarpó del Callao el 31 de diciembre. Después de treinta y siete días de navegación, llegaba a Valdivia el 6 de febrero de 1645. Aunque las fuerzas que traía a Chile don Antonio de Toledo eran con exceso más que suficientes para llevar a cabo la empresa que se le había encomendado, el virrey del Perú, queriendo asegurar su éxito por todos los medios, había repetido las órdenes más premiosas y terminantes al gobernador de Chile para que acudiese a Valdivia con las tropas de su mando y, aun, había reforzado su ejército con un socorro de 300 hombres. Avisábale con ese motivo que la flota del Perú estaría en este puerto del 15 al 20 de enero.**447** El marqués de Baides, que estaba obligado a atender con sus tropas los diversos puntos de la frontera, a hacer frecuentes entradas en el territorio enemigo para desarmar los proyectos bélicos de los indios y, aun, a sostener con éstos algunos combates, se apresuró a cumplir esas órdenes; y en los primeros días de enero se puso en marcha a la cabeza de una columna por los caminos de la costa. Venciendo no poca resistencia de los naturales, viéndose obligado a hacer correrías en los campos que atravesaba, llegó el 9 de febrero hasta las orillas del Toltén, que no pisaban los españoles desde cerca de medio siglo atrás. Todas las diligencias que hizo

---

446 Puede verse en la *Historia general* del padre Rosales, libro VIII, capítulo 25, el prolijo inventario del equipo de esta expedición.

447 Carta del virrey del Perú al gobernador de Chile, escrita en Lima el 18 de noviembre de 1644.

para procurarse noticias de lo que pasaba en Valdivia fueron absolutamente ineficaces. Se le había anunciado que don Antonio de Toledo, al desembarcar, trataría de darle aviso de su arribo, pero ese aviso no llegaba, y el tiempo transcurrido hacía temer que la anunciada expedición hubiese quedado sin efecto. Por otra parte, la resistencia tenaz, aunque encubierta de los indios, hacía comprender que sería imposible a las tropas españolas el llegar hasta Valdivia. Un destacamento de auxiliares, que custodiaban diez soldados españoles, fue sorprendido una noche por los enemigos, y destrozado completa y lastimosamente. El marqués de Baides, ante una situación que le parecía insostenible, se decidió a dar la vuelta a Concepción. Su conducta en esta campaña dio lugar a que el virrey formulase los más severos cargos contra el gobernador de Chile, y que éste se viera en la necesidad de justificarse ante el soberano.[448]

Mientras tanto, don Antonio de Toledo desembarcaba tranquilamente en una pequeña isla situada en la embocadura del río de Valdivia a que los españoles daban el nombre de Constantino. En ese río halló al capitán don Alonso de Mujica, que acababa de llegar de Chiloé con un cargamento de tablas para dar principio a las construcciones. Los primeros trabajos se limitaron a fortificar esa isla y a levantar otros fuertes en las tierras vecinas. El objetivo de estos trabajos no era propiamente repoblar la ciudad de Valdivia, sino poner el puerto en estado de rechazar cualquier ataque exterior de los enemigos que el rey tenía en Europa, y especialmente de los holandeses, de quienes se contaba que preparaban en el Brasil una expedición sobre las costas de Chile, más formidable que la anterior. Por otra parte, la actitud de los indios comarcanos inspiraba la más viva desconfianza. En los meses anteriores se habían mostrado dispuestos a vivir en paz con los españoles, manifestando a los diversos capitanes que se habían acercado a reconocer el puerto y que estaban determinados a favorecer la repoblación de la ciudad. Pero sea por su natural inclinación a faltar a todos sus compromisos o, porque, como ellos decían, uno de esos capitanes, el corregidor de Chiloé Dionisio de Rueda había apresado algunos indios al pasar por Valdivia y llevádoselos cautivos, se mostraban ahora retraídos y desconfiados. Don Antonio de Toledo, que mandó que uno de sus buques remontase el río, encargó a sus tripulantes que no bajaran a tierra; y como cuatro de ellos, engañados por los halagos de los indígenas, se atreviesen a desobedecer esta

---

[448] Carta del marqués de Baides al rey, escrita el 12 de mayo de 1646.

orden, fueron víctimas de una sorpresa en que perecieron tres de ellos, y quedó el cuarto prisionero.

Trazadas las fortificaciones, e iniciados los trabajos de fortificación de los fuertes en la isla de Constantino y en las dos orillas del río, don Antonio de Toledo se dispuso a dar la vuelta al Perú. Confió el cargo de gobernador de la plaza al maestre de campo Alonso de Villanueva Soberal, puso bajo sus órdenes 900 soldados, le dejó cuarenta y cinco cañones para la defensa de los fuertes y una abundante dotación de otras armas, de municiones y de víveres, y zarpó para el Callao el 1 de abril, para recibir en la corte del virrey los aplausos que se suelen tributar a los capitanes que han obtenido los más grandes triunfos. La historia de esta expedición fue contada en verso y en prosa con las alabanzas más enfáticas que podían discurrir los ingenios palaciegos de la colonia.[449]

---

[449] A poco de haber llegado a Lima don Antonio de Toledo, un clérigo llamado Diego Núñez Castaño publicó un opúsculo titulado *Breve compendium hostium harethicorum olandesium adventum in Valdiviam*, etc., formado por algunos cantos poéticos del más escaso mérito literario escritos en lengua latina, pero en la forma métrica de las estrofas castellanas, y hasta con la rima de éstas. Allí, tanto el autor como los censores que aprobaron su obra, prodigan al virrey y a su hijo las más estupendas y absurdas alabanzas por la campaña que acababa de hacer. Ese escrito, que era casi absolutamente desconocido, ha sido reimpreso como simple curiosidad bibliográfica, por don José Toribio Medina en el apéndice de su *Historia de la literatura colonial de Chile*. En él no halla el historiador un solo hecho que recoger; pero sí descubre la depravación del gusto literario de la época y el servilismo de los escritores palaciegos del tiempo de la Colonia.

Pero el virrey marqués de Mancera estaba muy convencido de la importancia de esta campaña en que había puesto en juego todos los recursos de que debía disponer y de que esperaba alcanzar una gran fama para sí y para su hijo; y no debía contentarse con las solas alabanzas que contenían esos malos versos latinos. Tuvo interés en que se escribiera la historia de aquella expedición, y halló en Lima un cronista que se encargara de este trabajo. Fue éste un fraile agustino, natural de Chuquisaca, llamado fray Miguel Aguirre, que se había distinguido en los conventos de su orden como profesor, como escritor y como prelado, y que en Lima desempeñaba el cargo de capellán del mismo virrey. En posesión de todas las noticias y documentos que éste pudo suministrarle, el padre Aguirre escribió un libro con el título de *Población de Valdivia. Motivos y medios para aquello expedicion. Defensas del reino del Perú para resistir a las invasiones enemigas en mar y tierra*, etc., que fue publicado en Lima en 1647. Aunque ha contado allí los sucesos subsiguientes a la expedición de don Antonio de Toledo, hasta abril de este año, esto es, las pretendidas paces que negoció con los indios el sucesor del marqués de Baides, el libro del padre Aguirre consta solo de 57 hojas útiles. Contiene noticias y documentos que el historiador puede aprovechar; pero por su disposición y por sus formas literarias es una muestra de la literatura colonial de esa época y un reflejo del mal gusto que entonces dominaba en la mayor parte de las producciones de la poesía y de la prosa en España. Complicada con frecuentes e inoportunas citas de los padres de la iglesia y de los escritores de la

Sin embargo, aquella empresa no merecía estas alabanzas, ni sus resultados inmediatos fueron de gran consideración. La plaza militar de Valdivia quedó colocada por entonces bajo la dependencia inmediata del virrey del Perú; pero el gobernador de Chile tuvo necesidad de prestarle sus socorros. A poco de haber partido de allí don Antonio de Toledo, se desarrolló una epidemia que diezmó su guarnición y que costó la vida del maestre de campo Villanueva Soberal.[450] Los víveres traídos del Perú, sobre no ser de buena calidad, sufrieron un gran deterioro por efecto de las lluvias que cayeron antes que estuviesen construidos los almacenes en que debían depositarse. El marqués de Baides hizo llegar hasta allá un refuerzo de 159 hombres, y numerosas provisiones despachadas de Chile. Aun con estos socorros, la repoblación de la ciudad de Valdivia no pudo llevarse a cabo sino dos años después.

7. Fin del gobierno del marqués de Baides. Su muerte

Desde los primeros días de su gobierno, el marqués de Baides había pedido al rey que lo relevase del mando de Chile. «Deseo, decía, proseguir el servir a Vuestra Majestad en diferente parte. Sírvase darme licencia para ir a servir a los ojos de Vuestra Majestad para que mi ejercicio, edad y deseo tengan mejor

---

Antigüedad, embrollada con reflexiones morales casi siempre vulgares, pero expuestas con frases oscuras y pretenciosas, y recargada con las más extravagantes alabanzas del virrey y de su familia, su narración es de tal manera laboriosa y poco natural que casi es imposible sostener la atención en su lectura. El padre Rosales, que indudablemente tuvo a la vista aquel escrito, ha consignado los mismos hechos en los capítulos 25, 26 y 27 del libro VIII de su *Historia general*, con un recargo también de accidentes innecesarios que dañan a la claridad de la exposición.

Existe, además, inédito otro libro histórico y descriptivo de la ciudad de Valdivia escrito en 1782 por el capitán Pedro Usauro Martínez de Bernavé con el título de *La verdad en campaña. Relación histórica de la plaza, puerto y presidio de Valdivia*, útil desde el punto de vista geográfico, pero que contiene los mayores errores que es posible imaginar en lo que se refiere a los sucesos que hemos contado en este capítulo. Lo mismo puede decirse de otra obra española escrita en esos años y publicada en Madrid en 1791 con el título de *Descripción historial de Chiloé* por el padre franciscano González Agüero.

450 Parece que la epidemia que causó estos estragos en la guarnición de Valdivia fue una recrudescencia de las viruelas que cada año hacían su aparición en los meses de otoño, y que en ése de 1645 se presentó con caracteres más alarmantes todavía. El padre Rosales, sin embargo, refiriendo que Villanueva Soberal sucumbió por efecto de la epidemia, dice que ésta «fue de unas secas que les salían en los muslos y una hinchazón de las encías tan penosa y molesta que no les dejaba comer sino cosas líquidas por modo de bebida; y todo el día estaban babeando, la boca hinchada y con un tormento grande». Libro VIII. capítulo 27.

logro que en estos destierros.»[451] Sin embargo, solo a fines de 1644 recibió la noticia de que el rey le había nombrado un sucesor, y de que en poco tiempo más podría salir de Chile. Siguió, por tanto, entendiendo en todos los negocios de la administración y de la guerra para entregar el gobierno en las mejores condiciones posibles; pero se apresuró a dar al rey las más expresivas gracias por haber accedido a su petición. «Vuestra Majestad viva muchos años, le decía, por la merced que me ha hecho de enviarme sucesor. Con su llegada trataré luego de mi viaje para ir a servir a Vuestra Majestad donde a sus ojos merezca las honras y mercedes que espero de su real mano, y acudir al amparo de mi casa que tan sin dueño está.»

Aparte de los afanes que le imponía la lucha contra los indios y los sucesos a que dio lugar la expedición contra los holandeses, el marqués de Baides tenía que consagrar su atención a dificultades de otro orden. Las frecuentes competencias de las diversas ramas del poder público, los altercados entre la Audiencia y el gobierno militar del reino por motivos de jurisdicción, tomaron un carácter peligroso de violencia, por cuanto algunos oficiales y soldados desobedecían a mano armada los mandatos del supremo tribunal y ultrajaban a los funcionarios encargados de hacerlos cumplir.[452] Sin duda, el gobernador no aprobaba estos escándalos y, aun, debió tratar de reprimirlos; pero existía una gran desmoralización en el ejército, y su acción no pudo ser eficaz para corregir abusos inveterados.

El marqués de Baides, por otra parte, estaba obligado por su situación a hacer ejecutar ciertas leyes que debían hallar una gran resistencia entre sus gobernados. Las más resistidas de éstas eran las que se referían al establecimiento y cobranza de los nuevos impuestos creados por el rey. La contribución de alcabalas, que había costado tanto trabajo introducir, quedó al fin planteada. El cabildo de Santiago, obligado, como ya dijimos, a pagar al tesoro real la cuota en que éste había tasado a la ciudad, redujo a todos los comerciantes de Santiago a firmar un auto en que se comprometían a entregar cada año la suma de 5.500 pesos en que se avaluaba el derecho fiscal sobre la venta de

---

451 Carta del marqués de Baides al rey, de 29 de marzo de 1640.
452 Oficio de la real audiencia de Santiago, representada por el oidor decano doctor don Nicolás Polanco de Santillán, al gobernador, de 21 de octubre de 1644.

mercaderías.**453** Esta contribución, que afectaba a todos los colonos, puesto que debía hacer subir el precio de las referidas mercaderías, halló, como debe suponerse, muchas más dificultades que la del papel sellado, que también le tocó establecer al marqués de Baides en 1641. Por pragmática de 17 de diciembre de 1636, Felipe IV dispuso que todos los títulos y despachos reales, escrituras públicas, contratos entre partes, actuaciones judiciales, representaciones y solicitudes al rey y a las autoridades, debían necesariamente escribirse en papel sellado, del cual habría cuatro clases de distintos valores, para usarlo con arreglo a la tarifa según la importancia de los contratos. Cuando el marqués de Baides quiso justificar ante el rey su conducta administrativa, señalaba como uno de los mejores timbres de su gobierno el haber planteado estas contribuciones sin provocar revueltas ni inquietudes que siempre debían temerse «en partes tan remotas».**454** Sin embargo, esos impuestos que solo rendían a la Corona un provecho muy limitado, dieron lugar poco más tarde a instancias y reclamaciones de parte de los pobladores de Chile, cuando nuevas desgracias afligieron a la colonia.

Mientras el gobernador estaba más preocupado en su campaña al interior del territorio enemigo para llegar hasta Valdivia, la colonia tuvo que sufrir los estragos de una cruel epidemia. La viruela que aparecía cada año en los meses de otoño con más o menos intensidad, tomó en 1645 la más alarmante proporción. Las autoridades, en vez de dictar las medidas higiénicas que habrían podido reducir, a lo menos para más tarde, las proporciones del mal, acudieron solo a los remedios que les aconsejaba su supersticiosa devoción. El 7 de marzo, el cabildo de Santiago acordaba que se hiciese una solemne rogativa, que del templo de la Merced se sacase en procesión la efigie de san Sebastián, protector de los apestados, y que se le llevara a la catedral para celebrar una novena.**455** Estas fiestas tuvieron lugar con todo el aparato posible y con concurrencia de la mayor parte del vecindario; pero, como debe suponerse, la epidemia no comenzó a decaer sino con la entrada del invierno.

Otro negocio, de carácter igualmente religioso, tuvo ese año muy agitados los ánimos de los vecinos de Santiago, y nos da la medida de las ideas de la

---

453 Auto firmado por el comercio de Santiago en el acuerdo del Cabildo de 1 de diciembre de 1645.
454 Carta del marqués de Baides al rey, de 12 de mayo de 1646.
455 Acuerdo del cabildo de Santiago de 7 de abril de 1645, a fojas 156 del libro 13.

época. Por cédula de 10 de mayo de 1643, Felipe IV había mandado que todas las ciudades de Indias tomaran por abogada y protectora a la Virgen María, bajo la advocación que fuere más de la devoción de la ciudad, y que cada año le celebraran una fiesta especial en el carácter de patrona. El rey de España, cuyos ejércitos estaban sufriendo casi diariamente en Europa los más repetidos y dolorosos desastres, quería asegurarse por este medio la protección del cielo «para los buenos sucesos, decía, contra los enemigos de nuestra santa fe católica y de la real corona». El cabildo de Santiago, congregado aparatosamente para tratar este grave asunto, acordó por siete votos contra tres, dados en favor de la Virgen de Mercedes, que la patrona de la ciudad fuese la Virgen del Socorro, cuya efigie se veneraba con gran acatamiento en el templo de San Francisco desde los primeros días de la conquista. A pesar de esta designación, los oidores de la Audiencia y el obispo de Santiago, proclamaron patrona de la ciudad a la Virgen de la Victoria, y el 23 de abril, domingo de cuasimodo, celebraron en su honor, en la catedral, una suntuosa fiesta con novenario de misas, sermones y vigilias, cuyo costo fue pagado con los propios recursos de la ciudad. Pero la Virgen del Socorro, gozaba entre los vecinos de Santiago de un prestigio tradicional, «por ser, decía el Cabildo, la de mayor devoción que hay en la ciudad, y ha habido desde su fundación y que este Cabildo la tomó en los principios por abogada y patrona de los buenos sucesos de la guerra de este reino, a quien los antiguos pobladores y conquistadores de él tenían en tanta veneración y devoción que se sabe de cierto que ninguno salía de la ciudad para fuera de ella o para la guerra que primero no la visitase, y lo mismo de vuelta antes de entrar en sus casas». El vecindario de Santiago experimentó un gran desconsuelo al ver menospreciada a la Virgen del Socorro, y el Cabildo, en acuerdo celebrado el 28 de abril, resolvió consultar este negocio al rey, y que mientras éste no dictara una providencia en contrario, se hiciera cada año a expensas de los capitulares, una fiesta a la referida imagen.**[456]** Esta cuestión que, según se desprende de los documentos, agitó mucho los ánimos, quedó resuelta de esta manera: en adelante siguieron celebrándose dos fiestas religiosas con gran satisfacción de los devotos pobladores de la ciudad.

---

[456] Acuerdos del cabildo de Santiago de 15 y 28 de abril de 1645, a fojas 165 y 167 del libro 13.

Mientras tanto, la guerra contra los indios se sostenía con más o menos actividad en diversos puntos de la frontera, obligando a las guarniciones españolas a vivir sobre las armas y a hacer frecuentes correrías en el territorio enemigo. En diciembre de 1644, un cuerpo de indios había penetrado por la cordillera hasta los campos vecinos a Chillán, cometiendo destrozos en las estancias de los españoles, y llevándose cierto número de cautivos, y entre éstos algunas señoras notables de esas localidades, sin que hubiera sido posible darles alcance.[457] El año siguiente, preparaban, según refiere el gobernador, operaciones más importantes; pero atacados en sus propias tierras por las tropas del tercio de Arauco, fueron dispersados el mes de noviembre con pérdida de algunos muertos y de más de cien prisioneros. Uno de éstos era un indio principal llamado Tinoquepo, soldado prestigioso entre los suyos, y uno de los caudillos que más empeño había puesto poco antes para celebrar las llamadas paces de Quillín. Aunque se le respetó la vida para obtener la libertad de algunos españoles que permanecían en el cautiverio, el gobernador debió ver en este hecho una prueba más de cuán infundadas eran las esperanzas de los que creían posible conseguir, por medio de tratados, la pacificación de aquellos bárbaros indomables. Sin embargo, en los últimos días de su gobierno, se manifestaba satisfecho del resultado de sus trabajos militares, invocando en su apoyo ante el rey el testimonio que acerca de su conducta daban los padres jesuitas, que en realidad habían sido sus consejeros. «Quisiera, agregaba, haber obrado mucho más y dejar a Vuestra Majestad todo el reino pacífico, como quedan en él muchas tierras ganadas y desocupadas, que ni el enemigo las aprovecha por estar metido y retirado en las montañas, ni nosotros no nos podemos valer de ellas, siendo de las mejores que hay en lo descubierto y al temple de España y con los mejores minerales de oro del reino, y esto por no haber gente con que se pueblen, que si la hubiera en muy pocos años estuviera todo llano, y gozara Vuestra Majestad de uno de los mejores reinos de su monarquía.»[458] Palabras análogas a éstas eran las que repetían casi todos los gobernadores de Chile

---

[457] Tuvo lugar este ataque el 25 de diciembre. Entre las señoras apresadas por los indios, se hallaban la mujer y la suegra del capitán Juan de Acevedo, de quien hemos hablado. Ambas fueron rescatadas el año siguiente.

[458] Carta del marqués de Baides al rey, de 12 de mayo de 1646. Esta carta escrita en los últimos días de su gobierno, fue firmada, como él mismo lo dice, después de haber entregado el mando a su sucesor.

al dejar el mando. Creían haber conseguido grandes ventajas sobre los indios; pero estaban forzados a declarar que la conquista del reino se hallaba en el mismo estado que tenía cuando se recibieron del gobierno.

Cuando el marqués de Baides escribía esas palabras, se hallaba en Concepción esperando al maestre de campo don Martín de Mujica, que venía de España a reemplazarlo en el gobierno de Chile. El arribo de éste el 8 de mayo de 1646 puso término a su administración. Sus contemporáneos elogiaban su celo por el servicio del rey, la pureza de sus costumbres privadas, su devoción y la generosidad con que socorría a los que se hallaban necesitados. El más ardoroso panegirista del marqués de Baides, termina el retrato de éste con los rasgos siguientes: «Gobernábase por sí y por buenos consejeros (los jesuitas), no por su mujer, que suele ser dañoso en los gobiernos el dejarse gobernar de las mujeres. Nadie tuvo que capitularle en materia de agravios ni intereses, porque aunque sacó buena plata del gobierno, trajo mucha, y con poner tienda en varias partes por medio de administradores, buscó muy bien, sin quitar nada a nadie, pues a cada uno le era libre el comprar de ellas o no sacar nada. De las piezas (indios prisioneros y esclavos) tuvo algún aprovechamiento; mas, la experiencia ha mostrado que es tan mal empleo que ninguno le ha logrado, quizá porque Dios no se agrada de él».[459] Teniendo que dar cuenta de sus actos en el juicio de residencia que se le siguió en Concepción y en Santiago, el marqués de Baides se vio forzado a permanecer en Chile algunos meses más. Absuelto de toda culpa, y obligado solo a pagar ciertos derechos que correspondían a la Corona, vivió en Santiago rodeado de consideraciones, y a mediados de octubre regresaba tranquilamente al Perú.

Diez años más tarde, en 1656, el marqués de Baides volvía a España con su familia; pero la flota que lo conducía, fue asaltada por los ingleses a la altura de

---

[459] Rosales, *Historia general*, libro VIII, capítulo 27. En el juicio de residencia del marqués, sin embargo, no se le hicieron cargos por estos capítulos que debían ser abusos frecuentes de los gobernantes de esos tiempos. Se le exigió solo que pagara al rey el derecho de quinto sobre el valor de los prisioneros tomados en la guerra y vendidos en su provecho como esclavos. Aun este punto fue sometido a la decisión del Consejo de Indias, por cuanto estaba pendiente la resolución real solicitada por el mismo motivo en la residencia de don Francisco Lazo de la Vega que tampoco había pagado este derecho.

Cádiz, y allí pereció en un combate desastroso para la marina y para el tesoro del rey de España.[460]

---

[460] Don Martín de Mujica, dando cuenta al rey, en carta de 26 de mayo de 1647, de la residencia del marqués de Baides, dice lo siguiente: «La publiqué en todo el distrito, a 2 de junio del año pasado, tomándola por mi persona en Concepción, que es la cabeza de lo militar, y cometiéndola en la ciudad de Santiago, donde reside la Audiencia, al doctor don Nicolás Polanco de Santillán, caballero del orden de Santiago, oidor de ella, para que la sustanciase y me la remitiese en estado de sentencia, y a los demás partidos, como fueron Coquimbo, Cuyo y otros, en las personas de más satisfacción que allí hubo, y con parecer de mi auditor general, la determiné en la forma que Vuestra Majestad mandará ver por los autos que remito, cumpliendo con el tenor de la orden que se me dio. No resultó culpa ni cargo contra el marqués ni su familia». El cabildo de Concepción, dirigiéndose al rey, en 15 de mayo de ese mismo año, para darle cuenta del arribo a Chile de don Martín de Mujica, le dice lo que sigue: «A 2 de junio siguiente publicó la residencia contra el marqués de Baides su antecesor. Y como en el discurso de su gobierno había procedido con la entereza, celo y limpieza que se pudo esperar de sus grandes obligaciones, salió de ella lucidamente, como constará de los autos que en esta ocasión se remiten. Y aunque obligados a la relación de sus buenos servicios, por embarazarse nuestro discurso en su ponderación, ha parecido dejarlos a mejor pluma, que es cierto lo merece y toda la merced y favor que Vuestra Merced fuese servido de hacerle por su valor, suficiencia y otras buenas partes, y lo que más es por su caridad y el cristiano celo con que ha procedido en satisfacción pública y de la confianza que Vuestra Majestad hizo de la persona».

A pesar de estas recomendaciones y de las instancias repetidas del marqués de Baides para dejar el gobierno de Chile con el objetivo de ir a servir más cerca del rey a fin de alcanzar las mercedes a que se creía merecedor, no hallo constancia en los documentos ni en las relaciones, de que Felipe IV le confiara otros cargos ni le concediera los premios que pedía. Ocho años más tarde, el marqués regresaba a España con una fortuna considerable en la flota que llevaba los tesoros del Perú. Salió del Callao el 18 de octubre de 1654, pero fueron tales las contrariedades que experimentó en su viaje, sobre todo por el peligro de hallarse naves enemigas en el mar de las Antillas, que solo cerca de dos años más tarde, el 24 de julio de 1656 continuaba su viaje en la flota que partía de La Habana para España. Componíase ésta de cuatro galeones, que cargaban las mercaderías, tres navíos de guerra que los escoltaban y un buque recién apresado a los portugueses. El 9 de septiembre, según el calendario de los ingleses, o el 19 según el de los españoles, se hallaba a la vista de Cádiz, creyéndose libre de todos los peligros, cuando se vio repentinamente atacada por fuerzas enemigas. Inglaterra, entonces en guerra con España, mantenía en esos mares una poderosa escuadra. En esos momentos, el jefe de ésta, el célebre almirante Blake, había pasado a Lisboa con el mayor número de sus naves a renovar sus provisiones, pero había dejado enfrente de Cádiz siete fragatas, bajo el mando del capitán Ricardo Stayner. Éste atacó sin vacilar a la flota española; y después de un combate de seis horas incendió o echó a pique cuatro de las naves enemigas, rindió tres y solo dejó escapar una que logró asilarse en Cádiz. El marqués de Baides pereció con su mujer, un hijo de ocho años y una hija de catorce; pero sus otros hijos, salvados del naufragio, fueron llevados prisioneros. «El marqués habría podido escapar, dice el célebre historiador Hume (*Historia de Inglaterra*, capítulo 63): pero viendo a esas mujeres infelices caer desmayadas a la vista del peligro, prefirió morir con lo que tenía de más querido antes que llevar una vida envenenada por el recuerdo de tan espantoso desastre. Estos acontecimientos, destinados a enternecer los corazones en que se respira la humanidad, no ofrecen más que un motivo de triunfo y de alegría en el bárbaro comercio de la guerra».

España perdió ese día, junto con esas naves, casi toda la remesa anual del tesoro de las Indias, así como la familia del marqués de Baides perdió casi toda la fortuna que éste había reunido en América. La parte del botín que recibió el gobierno inglés, compuesto casi todo de plata amonedada, en barra y labrada, fue estimada en cerca de 300.000 libras esterlinas. «Se dice que un solo capitán, escribía John Thurloe, el secretario de Estado de Inglaterra, en 4 de noviembre de 1656, ha tomado por su parte 60.000 libras esterlinas, y algunos simples marineros 10.000. Es éste un uso tan universal entre las gentes del mar, en el calor del combate, que después de él suele no encontrarse nada.» Esta victoria fue estrepitosamente aplaudida por el gobierno y por el pueblo inglés. «Cuando los tesoros de España desembarcaron en Portsmouth, dice Guizot, *Histoire de la république d'Angleterre*, libro VIII, fueron inmediatamente cargados en treinta y ocho carros y trasportados lentamente, bajo una brillante escolta al través de las ciudades y de los campos del suroeste de la Inglaterra para ser convertidos en moneda inglesa.» Se contó que el alto personaje muerto en el combate (el marqués de Baides) era un marqués de Badajoz, a quien se llamaba virrey de México, como dice Leliard, *Histoire naval d'Angleterre*, libro III, capítulo 35, o virrey del Perú, como se lee en Hume, *Historia de Inglaterra*, capítulo 63, y en algunos otros historiadores posteriores.

Existe un libro castellano muy poco conocido en que estos sucesos están contados con gran amplitud de detalles. Se titula *Relación del viaje y sucesos que tuvo desde que salió de la ciudad de Lima hasta que llegó a estos reinos de España el doctor don Diego Portichuelo de Rivadeneira, racionero de la santa iglesia Metropolitana de aquella ciudad, y su procurador general, oficial y abogado del tribunal de la Inquisicion, natural de la ciudad de Andújar*, Madrid, 1657, un vol. en 4.º El doctor Portichuelo, confesor de la marquesa de Baides, salió del Callao en 1654 con la familia de éste, y después de las más singulares peripecias en las Antillas y en las costas vecinas, siguió su viaje a España y fue testigo personal del desastroso combate de que hemos hablado más arriba. Su relación, escrita con la mayor sencillez y sin pretensiones literarias de ninguna clase, consta de 71 hojas de letra grande, pero cuenta, sin digresiones extrañas al asunto, la historia completa del viaje con pormenores sumamente curiosos e interesantes. La descripción del combate en que pereció el marqués de Baides, aunque trazada sin aparato y sin arte, forma un cuadro completo y lleno de colorido, que no se puede leer sin la más viva emoción. Refiere allí las angustias por que pasaron dos hijas del marqués, una de dieciocho y otra de ocho años, que salvaron del incendio de la nave con un hermanito menor de solo un año y cómo, después de muchas peripecias, fueron desembarcadas en el puerto de Lagos, en Portugal, desde donde pudieron pasar a España en compañía del mismo autor de la relación.

Habíanse salvado igualmente dos hijos del marqués, el mayor, don Francisco, mozo de diecinueve años, y don José que solo contaba once. Transportados por otro buque a Lisboa, fueron bien recibidos por el almirante inglés y enviados enseguida a Inglaterra, donde se les acogió con la más benévola y caballerosa hospitalidad. El protector Oliverio Cromwell los hizo colocar en un departamento de su propio palacio y bajo el cuidado del almirante Montague, mandó que se les hicieran trajes de luto, tales como correspondían a su rango y a su situación; y cuando se los hizo presentar, les habló en latín para expresarles cuánto se

IV. Personajes notables (1600 a 1655)

1. Doña Inés de Córdoba Aguilera. 2. Don Martín de Mujica. 3. Doctor don Nicolás Polanco de Santillana. 4. Juan García Tato. 5. Don Luis Fernández de Córdoba y Arce. 6. Don Francisco Lazo de la Vega. 7. El marqués de Baides.

condolía de su desgracia y su deseo de serles útil. Enseguida, les permitió visitar la ciudad de Londres y hacer un viaje al norte de Inglaterra y a Escocia. En marzo del año siguiente, como despachara otra escuadra a las costas de España, embarcó a esos dos jóvenes para que volvieran a su patria. Desembarcaron, en efecto, en Galicia, y luego pudieron reunirse a su familia. Don Francisco López de Zúñiga, el hijo mayor del marqués de Baides, ha contado todos estos incidentes en dos cartas que publica íntegras en su libro el doctor Portichuelo.

El hijo segundo del marqués de Baides, esto es, don José López de Zúñiga, testigo de aquel desastre cuando solo contaba once años de edad, tomó más tarde el hábito de jesuita, haciendo donación de sus bienes a la Compañía. Habiendo pasado a Chile, donde había nacido en 1645, se distinguió por sus servicios a la orden, fue su provincial y falleció en Concepción a la edad de ochenta y dos años. Su biografía ha sido escrita por el padre Olivares en las págs. 262-265 de la *Historia de los jesuitas en Chile*, tomo VII de la *Colección de historiadores*.

El deseo de dar a las noticias de nuestro libro toda la exactitud posible, nos obliga a hacer aquí una aclaración a lo que hemos dicho en la nota 1 del capítulo 10, pág. 257. El marqués de Baides no se daba el título de conde de Pedroso, sino de Pedrosa que, sin embargo, no se halla en el despacho real por el cual se le nombró gobernador de Chile. Ese título, por merced de los reyes católicos don Fernando y doña Isabel, pertenecía a la familia de Zúñiga, de donde provenía que, a pesar de estar el referido título en mucha decadencia, lo usara, aunque en segundo término, el marqués de Baides.

Capítulo XII. Gobierno de don Martín de Mujica (1646-1648). El terremoto del 13 de mayo

1. Don Martín de Mujica toma el gobierno de Chile: sus primeros actos gubernativos. 2. Entra en tratos pacíficos con los indios, y despacha un emisario a proponerles una paz general. 3. Pasa a Santiago y acomete diversas reformas administrativas. 4. Segundo parlamento de Quillín: ineficacia de las paces celebradas con los indios. 5. Terremoto del 13 de mayo de 1647 y ruina total de Santiago. 6. Daños causados por el terremoto: primeros trabajos para la reconstrucción de la ciudad. 7. Después de muchas peticiones, el rey exime de tributos a la ciudad de Santiago durante seis años. 8. Otros arbitrios propuestos para remediar la situación: reducción de censos, supresión de la Real Audiencia. 9. Las causas del terremoto según los teólogos de la época.

1. Don Martín de Mujica toma el gobierno de Chile: sus primeros actos gubernativos

El sucesor del marqués de Baides en el gobierno de Chile era un antiguo militar acreditado por la importancia de sus servicios y por la gravedad de su carácter. Nacido en la casa señorial de sus mayores, en la pequeña aldea de Villafranca de la provincia de Guipúzcoa, don Martín de Mujica servía en los ejércitos españoles desde los primeros años de su juventud. En 1638 militaba en el rango de sargento mayor contra los franceses en el Piamonte, y se distinguió particularmente en la noche del 15 de junio dirigiendo a la cabeza de un cuerpo de tropas el asalto de las murallas de la plaza fuerte de Vercelli.[461] Llamado poco después a España, se le destinó a servir en el ejército encargado de someter a Cataluña que estaba sublevada contra el rey, y que contaba con el apoyo de Francia. Don Martín de Mujica desempeñaba en 1642 el cargo de maestre de campo de una división mandada por el marqués de Povar; y obligado a obedecer las órdenes superiores del gobierno que ni él ni su jefe inmediato aprobaban, fue sorprendido por los franceses en Granata en abril de ese año, y cayó prisionero con toda su división.[462] Ignoramos por qué medios obtuvo su libertad; pero en 1644 servía de nuevo en el ejército español de Cataluña.

---

461 Matías Novoa, *Historia de Felipe IV rey de España*, tomo II, pág. 431 que forma el tomo 77 de la Colección de documentos inéditos para la historia de España.

462 Estos hechos se hallan referidos en el capítulo 7 de la importante continuación que un escritor de nuestro siglo, don Jaime Tió, ha puesto a la *Historia de los movimientos de*

En esas circunstancias, el rey buscaba para el gobierno de Chile un sucesor del marqués de Baides que pedía con instancias que se le relevara del mando. La elección de Felipe IV recayó en el maestre de campo Mujica, que gozaba de una buena reputación en el ejército, y que entre otras distinciones había merecido la del hábito de la orden de Santiago. En efecto, por real cédula firmada en Madrid el 30 de diciembre de 1644 fue nombrado gobernador y capitán general del reino de Chile por un período de ocho años.[463] Habiéndose embarcado en España a mediados del año siguiente, Mujica llegaba a Lima en febrero de 1646, y allí pudo imponerse del estado del reino de Chile que venía a gobernar.

Por entonces, toda su atención estaba fija en el peligro de una nueva expedición holandesa a las costas del Pacífico. En España y en América se hablaba de los grandes aprestos que los holandeses hacían en el Brasil para enviar a Chile una escuadra de dieciséis naves con un ejército de 3 o 4.000 hombres de desembarco, contra el cual era urgente prevenirse. En sus conferencias con el virrey del Perú, Mujica trató particularmente este punto; pero no siendo posible proporcionarle considerables refuerzos de tropas, obtuvo solo que se pusieran bajo sus órdenes algunos oficiales de más o menos importancia. Uno de éstos fue el maestre de campo Francisco de Gil Negrete, soldado de gran experiencia en la guerra de Chile, que debía volver a este país con el título de gobernador de la plaza de Valdivia. El virrey, además, movido por la confianza que le inspiraba la experiencia militar de don Martín de Mujica, dispuso que esta provincia volviera a quedar bajo la dependencia de los gobernadores de Chile, encargando a aquél que poblase la ciudad y consolidase allí la dominación española. Terminados estos arreglos, el nuevo gobernador partió del Callao el 9 de abril con un lucido acompañamiento de oficiales. El temor de encontrarse en su camino con las naves holandesas, que se creían próximas a llegar a estos mares, no lo detuvo en su resolución.

Cataluña en tiempo de Felipe IV de Melo, Barcelona, 1842.
463 El nombramiento de don Martín de Mujica ha sido publicado por don Miguel Luis Amunátegui en las págs. 511-514 del tomo II de *La cuestión de límites*. En ese nombramiento se le eximía del pago del derecho de media anata, por cuanto estaban exceptuados de pagarlo «los que estuvieren sirviendo en guerra viva», como era la de Cataluña. A diferencia de lo que se había hecho con el marqués de Baides, se le mandaba pagar el sueldo de gobernador desde que se embarcase en España. a condición de que en el camino no se detuviese más de ocho meses.

Don Martín de Mujica, como contamos, llegó a Concepción el 8 de mayo de 1646, y el mismo día se hizo cargo del gobierno. Allí recibió las felicitaciones del cabido de Santiago, y fue saludado por todos con el contento que inspiraba la fama de sus antecedentes y de su carácter. Esperando estar más al cabo de las necesidades de la guerra para dirigir su conducta en el verano próximo, y no siendo aquélla estación oportuna para emprender operaciones militares, el nuevo gobernador, se limitó a poner este ramo de la administración a cargo del maestre de campo Juan Fernández Rebolledo, y se contrajo con la más enérgica resolución a corregir los vicios y los abusos que se habían hecho un mal endémico en el ejército y en el pueblo. «Los soldados, sin temor de Dios, refiere un escritor contemporáneo, vivían de puertas adentro con sus mancebas y tenían por gala la picardía, por donaire la libertad y por bizarría el hurto; y el que más caballos, bueyes, mulas e indios hurtaba, era el más bizarro: el compuesto y contenido era el mayor mandria (apocado), el más despreciado. Considerando estos desórdenes tan introducidos y acreditados, convertidos en naturaleza y asentados en costumbre, y viendo que le decían que era imposible quitar los hurtos, los amancebamientos, los desórdenes, los desafíos y la libertad de la vida, puso tan grande eficacia en refrenarlos que si no los quitó del todo, les puso mucho freno, y del todo quitó los desafíos y la demasía en las pendencias entre soldados, sin que osase ninguno sacar la espada en los cuarteles, porque tuvo para degollar a dos personas principales por el caso, y esto bastó para que todos en adelante se contuviesen. Lo que quitó con más eficacia fue los hurtos, de suerte que no habiendo antes seguro en la campaña caballo, buey, mula, cordero ni ternera, y haciendo la libertad de los soldados comunes los bienes, con ofensión y agravio de los dueños, en pocos días reprimió de suerte esta libertad que no había quién se atreviese a tomar caballo ajeno ni a hurtar animal alguno.»

El riguroso celo del nuevo gobernador se contrajo a reprimir abusos más escandalosos todavía de aquella desenfrenada soldadesca. «Todos los inviernos pedían licencia ya los 200 ya los 300 soldados y partían en cuadrillas robando cuanto hallaban no solo en los caminos sino en la ciudad, y con capa de pertrecharse quitaban a los hombres las capas y a las mujeres las mantellinas (mantillas); hurtaban de ciento los caballos, derribando las paredes para sacar los caballos regalados de las caballerizas, hurtando los muchachos, indios e indias que servían en las ciudades, sin que hubiese cosa segura, ni aun lo sagrado y eclesiástico, pues aconteció, por quitarle entre dos a un clérigo la mula en que iba, echarle uno un lazo y derribarle de ella, y el otro, mientras se zafaba del lazo, subir en la mula y llevársela. Y así hacían otras picardías y hurtos que los celebraban entre los mismos soldados, los contaban por gracia y por bizarría, teniendo por hombre para poco al que era temeroso de Dios y no quería hurtar. Los oficiales, que iban a la parte en los hurtos, no enviaban a pertrecharse a éstos, sino a los más desgarrados y que se daban mejor maña para hurtar y capear.» Para poner término a estos crímenes, don Martín de Mujica prohibió de la manera más perentoria y formal que en adelante los jefes dieran permiso a sus soldados para salir a pertrecharse a Santiago; e hizo cumplir esta orden con firme e incontrastable energía, castigando severamente a los que intentaban desobedecerla, e impuso las más severas penas contra los pendencieros y los ladrones. Antes que él, muchos gobernadores, agrega el escritor citado, habían echado bandos amenazando con rigurosas penas a los soldados que hurtasen caballos; pero ninguno había hecho respetar tan escrupulosamente sus mandatos, a tal punto que nadie osaba tomar «caballo ni mula ajena, y donde quiera que uno la dejaba la volvía a hallar, cosa que agradecieron notablemente los indios y los estancieros. Y así cuando el gobernador bajó a Santiago, le salían a recibir a bandadas por los caminos y a agradecerle el bien que les había hecho».[464]

---

[464] Rosales, *Historia general*, libro IX, capítulo 1. Los vicios señalados aquí por este cronista eran, como se recordará, de antigua fecha, y a principios de ese siglo los había señalado con toda claridad el maestre de campo González de Nájera. Dando cuenta de estos hechos en carta dirigida al rey en 26 de mayo de 1647, don Martín de Mujica se expresa en los términos siguientes: «Porque el abuso y delito del hurto de caballos ha muchos años se acostumbra en esta milicia y el de sacar las espadas en los cuarteles y otras partes prohibidas, causando muchas muertes, mandé por bandos públicos que ninguno se atreviese a sacar espada ni otra arma para pelear, (so) pena de la vida, y que el que hurtase caballo sería condenado en cuatro tratos de cuerda siendo soldado, y no lo siendo a seis meses de trabajo forzado en las fábricas de Vuestra Majestad, lo cual se ha ejecutado inviolablemente para que el indio conozca que el rigor en las cosas de justicia no solo se ha de ejecutar con él sino con todos generalmente, y que habemos de vivir en paz sin que a ellos ni a otros les molesten ni agravien los licenciosos que hasta aquí lo han hecho. Y de haber tomado la resolución de estos bandos, castigando los que han incurrido en ellos irremisiblemente, han resultado tantas conveniencias, que desde su publicación no solo no hay pendencias en el ejército, pero tal quietud y conformidad no la ha habido en este reino, pues los caballos que de toda verdad aseguro a Vuestra Majestad me dicen generalmente no estaban

Pretendía el gobernador llegar a la extirpación de estos vicios y a la reforma de las costumbres, estimulando el espíritu religioso. En realidad, ni los soldados ni los colonos necesitaban en este punto de estímulos de ninguna clase. Unos y otros eran creyentes fanáticos y vivían en medio de prácticas devotas y de aparatosas fiestas de iglesia. Pero su moralidad no guardaba consonancia con su devoción, porque bajo aquel estado en que las creencias religiosas no estaban fortificadas por la razón, los sentimientos de ese orden se hallaban amalgamados con una ignorancia grosera que daba el nombre de piedad a la superstición y a los ejercicios exteriores del culto. El gobernador Mujica, que habría debido ver que el fanatismo religioso no había depurado las costumbres en España, estaba convencido de que un aumento de las prácticas piadosas operaría la corrección de sus gobernados. Mandó que en todos los cuarteles los soldados rezasen cada día el rosario, y que se hiciesen otros ejercicios de devoción. Él mismo daba el ejemplo de piedad socorriendo con generosidad la construcción de iglesias y las necesidades del culto, y mostrando una sumisión absoluta por los eclesiásticos y por las prerrogativas e inmunidades de que los habían revestido las ideas de la época. «Nunca hizo sacar preso ninguno ni delincuente que se acogiese a la Iglesia, añade el mismo escritor, por no privarla de su inmunidad; y oyendo excomunión temblaba, y por enojado que estuviese, se reprimía y obedecía humilde. Le sucedió en Concepción que leyéndose en la catedral unos edictos en que a él le lastimaban, sentido se levantó del asiento y se llevó tras sí al Cabildo y demás personas principales; y viendo desde su silla el obispo (don Diego Zambrano y Villalobos) la determinación, mandó desde el

---

seguros debajo de llave, ni los indios e indias en las recámaras, hoy lo asegura todo en la campaña el temor de incurrir en los bandos».
Parece que la medida de prohibir las licencias que se daban a los soldados, produjo también buenos resultados. En una carta dirigida al rey por el cabildo de Concepción en 28 de junio de 1648, hallamos las palabras siguientes: «Después que ha venido don Martín de Mujica, informado de los excesos que cometían los soldados cuando bajaban a Santiago todos los años a pertrecharse, las vedó y quitó (las licencias) de todo punto, no permitiendo bajasen más a la dicha ciudad, con que la alivió y libró de las vejaciones que recibía de ellos, y vino a quedar esta pensión en los vecinos de esta ciudad (Concepción) y la de San Bartolomé de Chillán, como fronteras, y si bien no usan los soldados en demasiarse como cuando iban a Santiago, temerosos del castigo que les representa la severidad y celo del gobernador, todavía quedan con la carga de ayudarles con lo que tienen, sin poderlo excusar, que si no fuera por la que hallan en los vecinos de estas ciudades, acudieran trabajosamente al servicio de Su Majestad, cuando el socorro que les da es tan corto».

coro que ninguno saliese de la Iglesia so pena de excomunión; y al punto que (el gobernador) lo oyó, con grande humildad y rendimiento obedeció, diciendo a todos: "volvamos, señores, y obedezcamos a nuestro prelado". Acabado de publicar el edicto, fue y se echó a los pies del obispo, mostrando cuan rendido estaba a la Iglesia y a sus mandatos, con que enseñó a todos el respeto y obediencia que se debe a los prelados.» Actos de esta naturaleza, reflejo de las ideas supersticiosas de la época, debían exaltar sobremanera la arrogancia y el orgullo de los obispos en las colonias del rey de España.

2. Entra en tratos pacíficos con los indios, y despacha un emisario a proponerles una paz general

Los últimos sucesos de la guerra araucana, las inquietudes y turbulencias de los indios después de las paces celebradas con el marqués de Baides, habían confirmado el convencimiento de los que creían que no era posible conseguir por medio de tratados la pacificación del reino. En Concepción permanecían retenidos como prisioneros algunos caciques a quienes se acusaba de haber promovido el levantamiento de los indios después de aquellas paces. Con el propósito de rescatarlos del cautiverio, habían llegado emisarios del interior a repetir sus protestas de amistad y de adhesión a los españoles; pero el gobernador cesante no había querido recibirlos. Don Martín de Mujica, por el contrario, entró en negociaciones con ellos, y halagado con la esperanza de poner término a la guerra, mandó que por el término de cincuenta días se suspendiese todo acto de hostilidad para dar tiempo a las tribus más lejanas de manifestar su decisión en favor o en contra del afianzamiento de la paz. Antes de cumplirse este plazo, llegaron a Concepción otros caciques que se decían animados de los mismos propósitos amistosos, y que ofrecían ratificar los tratados pacíficos. El gobernador, satisfecho con estas manifestaciones, mandó poner en libertad a los caciques prisioneros, y los despachó cargados de presentes para que sirviesen entre los suyos de mensajeros de paz.

Al tomar estas resoluciones, Mujica había consultado el parecer de los hombres que creía más experimentados. «Traté luego, dice él mismo, del estado de las cosas de esta guerra con las personas de más experimentado consejo, valiéndome de las noticias que me dio el marqués de Baides, deseando elegir el mejor medio para reducir estos bárbaros al gremio de la Iglesia y a la obediencia de Vuestra Majestad; y parece que el conocimiento de este enemigo, y el estado y orden de esta guerra, se divide en opiniones varias, haciendo más dificultosa la elección que solicité por los muchos fundamentos de que todos se valen, y razones con que cada cual ajusta su parecer.»[465] Para tomar una resolución definitiva en medio de tan encontradas opiniones, el gobernador convocó a fines de agosto una solemne y aparatosa asamblea en que debía fijarse el plan de operaciones futuras. Concurrieron a ella todos los militares de cierto rango que servían en la frontera, y entre ellos el marqués de Baides, que se hallaba todavía en Concepción, ocho eclesiásticos, clérigos o prelados de las órdenes religiosas, y algunos caciques e indios amigos, a quienes se quería dar esta prueba de consideración y de confianza.[466] «Divididos los caciques e indios amigos a una parte, y todos los nombrados a la otra, entraron a la pieza donde se hacía la junta, los indios que venían a ofrecer las paces, y hecha su propuesta se les mandó esperar fuera, y después de haber hablado los indios amigos, quedando solos los autorizados sujetos de la junta, y controvertidas las razones de pro y contra, se dio punto fijo en admitirles las paces; y en virtud de esta resolución, fueron llamados los indios, y su señoría les prometió que le tendrían en todos sus acaecimientos propicio porque conocía que las paces que ofrecían eran de buen corazón y ánimo, y fiaba tanto de su palabra que enviaría persona que en sus propias tierras les hiciese saber las calidades y condiciones con que estas paces se habían de celebrar. Asintieron los indios a la propuesta del señor gobernador, y siendo regalados por su señoría, algunos días después partieron gozosos a sus tierras a esperar la última resolución en lo tratado y oír las capitulaciones que deseaban para que las paces tuvieran buen efecto.»[467]

El emisario designado por el gobernador para ir a tratar de la paz con los indios fue el veedor de la tesorería militar Francisco de la Fuente Villalobos, funcionario de prestigio por su reconocida integridad, y generalmente estimado

---

465 Carta citada de 26 de mayo de 1647.
466 El padre Rosales, que ha contado estos sucesos con bastante extensión, da una lista incompleta de las personas que asistieron a esa asamblea, y no nombra más que algunos militares y no a los clérigos y religiosos que también asistieron a ella. Pero existe, además, una relación particular de todas estas negociaciones, escrita por el padre agustino fray Agustín Carrillo que es mucho más prolija, y que en este punto individualiza los nombres de los concurrentes, entre quienes había ocho sacerdotes, de los cuales dos eran jesuitas, uno dominicano, otro agustino, otro franciscano, otro mercedario y dos clérigos.
467 Carrillo, relación citada.

por los indios a causa de los obsequios que les hacía en su casa cada vez que iban a Concepción en negociaciones de paz. Servía en Chile desde más de cuarenta años, primero como soldado luego como capitán, y solo más tarde había obtenido el cargo de hacienda que desempeñaba; de manera que al crédito que le merecía la seriedad de su carácter unía el de su larga experiencia.[468] Convencido de que aquella guerra era interminable, a menos de contar con recursos que el rey no podía suministrar, se había hecho el sostenedor más ardoroso de la paz, persuadido también de que el buen trato que se diese a los indios había de aquietarlos. A pesar de su edad avanzada, y del peligro que envolvía el desempeño de esta comisión, el veedor De la Fuente Villalobos la aceptó gustoso. Debía recorrer el territorio enemigo demostrando a los indios las ventajas de vivir en paz y los buenos propósitos que a este respecto tenía el gobernador, y explicando las bases sobre las cuales había de llegarse a un avenimiento; pero no se le facultaba para estipular pactos de ninguna clase. Según las prolijas instrucciones que le dio el gobernador, este emisario se limitaría a citar a todos los jefes de las tribus enemigas que aceptasen esas condiciones, a un gran parlamento en que habrían de sancionarse los tratados. El 21 de septiembre partía de Concepción con la sola escolta de seis soldados y acompañado por cuatro religiosos y por siete oficiales, uno de los cuales, llamado Juan de Roa, debía servir de intérprete, todos ellos conocedores de las costumbres de los indios y de su territorio por haber sido cautivos de ellos en los años anteriores. Llevaban un pasaporte del gobernador para que se les amparase y protegiese en los fuertes españoles; pero ese documento no debía servirles de nada desde que pisasen el suelo enemigo. De la Fuente y sus compañeros, sin embargo, penetraron resueltamente en el territorio de guerra a desempeñar el peligroso encargo que se les había encomendado.

Todo hacía creer al nuevo gobernador que esta vez se alcanzaría la pacificación definitiva del reino. Creyendo que las circunstancias le permitían adelantar la línea de frontera por el lado de la costa, ordenó al maestre de campo Fernández de Rebolledo que mudase el tercio de Arauco con todas sus fuerzas

---

468 El veedor De la Fuente Villalobos ha consignado una noticia sumaria de sus servicios en una extensa carta dirigida al rey desde Concepción en 4 de abril de 1640 para darle cuenta del estado de la guerra y de la real hacienda. He cuidado de recordar aquí estos ligeros antecedentes biográficos por cuanto este personaje, que gozaba de gran prestigio, desempeñó más tarde, en 1655, un papel importante en circunstancias bien críticas y difíciles.

mucho más al sur, al sitio mismo donde había existido el fuerte de Tucapel, «donde el enemigo, dice la relación citada, reconociese sobre sí las armas de quien vela vigilante para reprimir su orgullo y resistir su violencia, y el amigo viviese seguro al amparo de quien pudiese defender sus personas y familias».

3. Pasa a Santiago y acomete diversas reformas administrativas

En los primeros días de septiembre, cuando hubo tomado estas disposiciones, don Martín de Mujica se puso en viaje para Santiago a recibirse del gobierno general del reino y a entender en varios negocios de administración interior.[469] Recibido con todo el ceremonial de estilo por los pobladores de la capital, hizo en ella su entrada solemne el 19 de septiembre, y habiendo prestado el juramento exigido en tales casos, comenzó a desempeñar sus funciones con el mismo celo y con la misma entereza que había desplegado en Concepción. El aspecto del país, el escaso número de sus habitantes, la pobreza en que vivían y lo limitado y precario de su industria, causaron en su ánimo una tristísima impresión. «Este reino, en toda su población, escribía al rey, no tiene 600 vecinos de familia y casa; y el todo de él es sumamente pobre, y el más descansado libra todos sus alimentos en unas tierras, un poco de ganado y algunos indios de encomienda con que las beneficia, de que se compone una estancia. Son más en número los pobres, y especialmente mujeres que desnudas y descalzas por su persona asisten en el campo, por no tener comodidad ni que vestirse en el lugar, hijas de muy honrados soldados a quien(es) la guerra reformó por su largo servir o mucha edad, y les pareció descanso salir a acabar la vida a tierra de paz con igual miseria que en la guerra.» Con este motivo, el gobernador Mujica recordaba al rey las alternativas que desde los primeros días había tenido la riqueza pública en Chile, la miseria presente y la prosperidad tradicional de los primeros tiempos, sin duda por la fama que quedaba de los lavaderos de oro. «Y con ser tanta la opulencia de aquellos primeros años, agrega, ninguno de aquellos dejó mayorazgo ni vínculo fundado, ni hay memoria en hijo alguno de todo este reino en quien aun reliquias de aquella primera

---

469 El padre Rosales, que ha publicado las instrucciones y el pasaporte dados al veedor De la Fuente Villalobos y firmados por el gobernador, pone a uno de esos documentos la fecha de 22 de septiembre de 1646, lo que haría creer que ese día se hallaba este último en Concepción. Pero hay en este punto un error de copia y debe leerse 2 de septiembre. El 22 de ese mes don Martín de Mujica se hallaba en Santiago.

riqueza haya quedado, que es cosa bien particular.» Al descubrir al rey la pobreza general del país, y lo reducido y precario de su industria, el gobernador se proponía alcanzar la supresión de los pesados impuestos con que acababa de ser gravado. «Esme fuerza, decía, representar a Vuestra Majestad esta relación verdadera y cierta que me consta, y que ha de ser imposible soportar esta carga el reino, y que se despoblará necesariamente, porque no pueden vivir con ella que es para ellos la última, y espero que Dios, Nuestro Señor, sacará a Vuestra Majestad victorioso de sus enemigos en premio de que relevó estos vasallos de esta carga, porque perecen miserablemente.»[470]

Con el mismo propósito de servir a los intereses de sus gobernados, dictó en Santiago diversos bandos que tenían el alcance de verdaderas leyes. Mujica, como casi todos los administradores de esos tiempos, atribuía una eficacia extraordinaria y casi maravillosa a los actos de gobierno para modificar las condiciones económicas de un país y creía, además, que esa acción debía ejercerse en negocios que solo pueden depender de la iniciativa individual. Así, al paso que tomaba las medidas más enérgicas para reprimir los robos, prohibía por otras disposiciones el uso de las mulas, para que los hacendados se dedicasen a la crianza de caballos, que creía más útil, y limitaba la facultad de los particulares de vender sus esclavos negros, porque sacándolos del país se disminuía el número de los trabajadores.[471] Tomó igualmente algunas medidas en favor

---

[470] Carta de don Martín de Mujica al rey, de 26 de mayo de 1647. Con esta fecha dirigió el gobernador dos cartas o relaciones distintas, una sobre los asuntos militares que hemos citado más atrás, y la presente, contraída a los asuntos civiles.

[471] En esos años se hacía en Chile un negocio más o menos considerable sacando por tierra recuas de mulas para llevar a venderlas a los minerales del Alto Perú. Según los cálculos del gobernador Mujica, dos terceras partes de esas mulas eran robadas; y para evitar este daño tomó las medidas más enérgicas y rigurosas. Pero, los beneficios de este negocio, así como las pocas seguridades que ofrecía la crianza de caballos, por la rapacidad de los soldados y por las prorratas de esos animales que el gobierno mandaba hacer para la guerra, habían inclinado a los hacendados a la crianza de mulas; y la abundancia de éstas, al mismo tiempo que la escasez de caballos fueron causa de que las mulas fuesen generalmente usadas como bestias de silla. Mujica tomó a este respecto la medida bien curiosa de que habla en el siguiente pasaje de su correspondencia: «Y para que en las ocasiones de enemigos haya provisión de caballos, y no cese la cría de ellos, ni los hombres olviden el ejercitarse en las armas con la ociosidad de andar a mula, publiqué bando para que todos anduviesen a caballo, y se ha puesto en ejecución, que se observará puntualmente por la manifiesta utilidad que de ello se sigue a la república».
Otra medida de un carácter análogo fue la que tomó para impedir la extracción de los esclavos africanos. Antes de esta época, eran los portugueses establecidos en el Brasil

de los indios de servicio para evitar el maltrato que se les daba, empeñándose, sobre todo, en que sus amos les permitieran asistir a las fiestas de iglesia y les proporcionaran la instrucción religiosa. Deseando facilitar las comunicaciones entre los diversos puntos del reino, mandó hacer puentes en algunos esteros, poner lanchas para el paso de ciertos ríos y pretendió reemplazar por un puente sólido de cal y piedra el de criznejas y cables que existía sobre el río Maipo. Aunque por vía de derramas se reunieron algunos fondos para esta obra, una gran catástrofe ocurrida el año siguiente, vino a hacer imposible su ejecución.

Pensaba, además, el gobernador Mujica fundar algunas otras poblaciones en la parte del territorio que estaba ocupada por los españoles. «En distrito de 80 leguas que hay de esta ciudad (Concepción) a la de Santiago, escribía al rey, y otras tantas de ella a la de Coquimbo, no hay ningún pueblo fundado de españoles, y están los que eran de indios arruinados y totalmente inhabitados. Y aunque lo más está poblado de estancias distantes a media legua, a 1, 2, 3 y 4 leguas, convendría mucho que la gente que vive en los partidos de Itata, Maule y Colchagua, que son los de más vecindad, haga cada uno una población en la parte más proporcionada y cómoda para vivir en forma, con urbanidad y policía, y que estén juntos en un cuerpo para cualquier acontecimiento de este enemigo, y no como están sin doctrina ni el pasto espiritual que se debe por habitar en el campo, sin poder los más por la distancia alcanzar a las partes donde se celebra el sacrificio de la misa, con grandísimo descuido en su primer obligación de confesarse y participar los santos sacramentos, de que se sigue morir muchos bárbaramente. Esto pide pronto remedio, por ser tan del servicio

---

los que surtían de esclavos a esta parte de América, introduciéndolos por Buenos Aires. La revolución de Portugal de 1640 interrumpió este comercio y privó a Chile y al Perú de nuevas remesas de esclavos. Los negros que hasta entonces se vendían en Chile a 250 pesos por cabeza, alcanzaron el precio de 600 y 700 pesos, y se exportaban en número considerable para el Perú donde eran más necesarios, con no poco beneficio de los comerciantes que hacían este tráfico. El gobernador, considerando que «con ellos los vecinos beneficiaban sus labores y eran la total conservación de este reino y de todas las Indias, porque si no son negros o indios otro género de gente no se inclina a ninguna labor servil del campo, y que con la extracción de esclavos quedarían despobladas las labranzas, cría y guarda de ganados, con que la guerra no tendría caballos, el Perú estaría sin sebo y cordobán, y cesarían los víveres de los dos ejércitos de Valdivia y éste (de Concepción), pues se mantienen de las labranzas de este reino, pareciome daño irreparable, digno de prevenirlo con tiempo en lo posible». En consecuencia, de acuerdo con el fiscal de la Audiencia y con el Cabildo, dictó diversas medidas dirigidas a impedir la venta de esclavos para sacarlos del reino.

de Dios.» A pesar de todo, el pensamiento de fundar nuevas poblaciones, no pudo realizarse entonces; y esta mejora quedó aplazada hasta cerca de un siglo más tarde.

Los desórdenes administrativos, y los escandalosos negocios que hacían casi todos los funcionarios públicos, incluso los mismos gobernadores, con la venta por esclavos de los indios cogidos en la guerra, con las tiendas que tenían en las ciudades en nombre de otras personas y con otros expedientes análogos, llamaron igualmente la atención del gobernador que, aunque debía conocer esta gangrena en los campamentos y en las ciudades de España, quizá no la habría visto desarrollada en tan vasta escala. El rey había creado desde tiempo atrás en Chile el cargo de protector de indígenas, a quien correspondía velar por el cumplimiento de las leyes que amparaban a éstos contra la codicia y el despotismo de los encomenderos y de los gobernantes; pero ese puesto se había convertido en una granjería explotada sin miramiento alguno por el titulado protector. Don Martín de Mujica encontró desempeñando estas funciones a un caballero llamado don Antonio Ramírez de Laguna. «El dicho protector, escribía don Martín, trataba y contrataba con la hacienda de los indios, remitiendo frutos y géneros de este reino al Perú, y de lo procedido trayendo gruesas memorias de ropa que se vendían por su cuenta en la ciudad de Santiago, en la de Coquimbo, provincias de Cuyo, Chiloé y otras partes de la jurisdicción de esta Audiencia. Desnaturalizaba y sacaba de sus pueblos muchos indios y los rancheaba y ponía contra su voluntad en partes cómodas para que le sembrasen cáñamo, labrasen jarcias, y le hiciesen sementeras de trigo, lentejas, ají, porotos, garbanzos, anís y todo género de legumbres que se navegan para el Perú, Chiloé y Valdivia, de que remitía muchas cantidades a todas partes, teniendo considerables ganancias en lo referido. A todos los indios, oficiales de zapatero, los recogía y juntaba por su cuenta para que le hiciesen gruesa cargazón de zapatos de que ha hecho envíos a Potosí y otras partes, obligando a dichos indios a este trabajo con violencia y rigor sin dejarles libertad para que pudiesen quejarse ni pedir su paga. En los pueblos comunidades de los indios, hacía que labrasen carretas para venderlas, y otras cosas de madera en que tenía particular aprovechamiento. En las dichas comunidades y tierras de los indios, ponía y apacentaba ganados en cantidad gruesa, comprados a trueque de ropa, o que recibía por pago de las deudas y corridos de censos de los indios, y en dichas tierras los engordaba, obligándoles que los guardasen e hiciesen las matanzas y beneficiasen el sebo y corambre sin que los dichos indios tuviesen libertad para quejarse de los agravios que les hacían. De las dichas comunidades sacaba los ganados de los indios y hacía ventas y matanzas, todo para sí, sin que los indios tuviesen utilidad alguna de lo que era suyo. Tenía curtidurías donde curtía el corambre de sus matanzas y las de otros particulares por paga, para lo cual sacaba los indios curtidores de los pueblos y estancias donde estaban acimentados.» A pesar de las precauciones que el protector de indígenas tomaba para ocultar sus procedimientos y de las medidas rigurosas con que evitaba los denuncios y quejas de los indios, el gobernador tuvo noticia de estos abusos, recogió informes prolijos y, sin hacer caso de los fueros y privilegios que en su favor alegaba aquel funcionario, lo suspendió de su cargo y dio cuenta al rey de su conducta pidiéndole su condenación.[472] Indudablemente, estos actos de severa rectitud, ineficaces para corregir una desmoralización que había llegado a hacerse general, y que estaba amparada por las otras autoridades y en cierta manera por la Corte, debían atraer al gobernador los más ardientes y apasionados enemigos.

4. Segundo parlamento de Quillín: ineficacia de las paces celebradas con los indios

Mientras tanto, el veedor general Francisco de la Fuente Villalobos desempeñaba su misión de paz en el territorio araucano. Servido por algunos indios a quienes había amparado en Concepción, visitó diversas tribus, entró en tratos con sus jefes; y, aunque más de una vez estuvieron expuestos él y sus compañeros a ser víctimas de las asechanzas y perfidias de los indios, se empeñó en hacerles comprender las pacíficas intenciones del gobernador, y las ventajas de poner término definitivo a la guerra. Ahora, como en otras ocasiones, el resultado de estos trabajos debía inspirar a los españoles los más serios recelos sobre la seriedad y consistencia de los tratos que se celebrasen con los indios.

Así, al paso que unas tribus celebraban parlamentos amistosos con los emisarios del gobernador, otras maquinaban la muerte de éstos. A pesar de todo, el veedor general llegó hasta el territorio de Valdivia, y desde allí despachó todavía agentes a ofrecer la paz a los indios de Villarrica y de Osorno.

---

[472] Carta de don Martín de Mujica al rey, de 17 de mayo de 1647.

Allí se reunió, a mediados de noviembre (1646), con el capitán Francisco de Gil Negrete, gobernador, como se recordará, de la plaza de Valdivia. Estaba éste encerrado con sus tropas en la isla de Constantino o de Mancera, reducido a las más molestas privaciones. Dos veces había intentado remontar el río con el propósito de procurarse algunos recursos y, aun, de repoblar la ciudad de Valdivia, como se le tenía encomendado; pero en ambas ocasiones las hostilidades de los indios lo obligaron a volver a aquella isla sin conseguir su intento. Las negociaciones de paz promovidas por el veedor De la Fuente Villalobos vinieron a modificar su situación. Los indios de la comarca vecina, sea porque quisieran ganar tiempo para hacer sus cosechas o por cualquier otra causa, se mostraban inclinados a favor de las negociaciones pacíficas, y a pesar de las resistencias de otras tribus, dejaron pasar algún ganado para socorrer a los soldados de Gil Negrete, y permitieron a éste salir de la isla y llevar a cabo la repoblación de la ciudad de Valdivia. En efecto, habiendo desembarcado allí con 300 hombres y cuatro piezas de artillería, tomó posesión el 6 de enero de 1647 del terreno que ocupaba la antigua ciudad, y después de una misa solemne en acción de gracias, dio principio a la reconstrucción de la iglesia aprovechando las antiguas paredes que quedaban en pie, y luego a la fundación de un fuerte y de cuarteles para la tropa, y de casa de residencia para los religiosos. Aunque Gil Negrete instituyó cabildo, el gobernador anuló esta medida, dejando por entonces a Valdivia en el carácter de simple plaza militar. A pesar de la actitud pacífica de los indios, no se descuidaron las precauciones de defensa, y luego se vio la oportunidad de estas medidas.

Los demás trabajos que el gobernador Mujica dejó encomendados a sus subalternos al partir para Santiago, se habían llevado a cabo con toda regularidad. El maestre de campo Fernández Rebolledo, que mandaba en la plaza de Arauco, dejando allí una compañía de tropas, había salido en octubre anterior (1646) con todas sus otras fuerzas, y avanzado hasta Tucapel; y allí en una loma sobre el río, en el mismo sitio en que había existido el antiguo fuerte de este nombre, echó los cimientos de una nueva población, construyendo un cercado de palizadas, iglesia, cuartel y residencia para los padres jesuitas que lo acompañaban. Para facilitar el arribo de los socorros que pudieran venir del norte, se construyó un fortín en la embocadura del río Lebu. Estas nuevas fundaciones, que por ese lado avanzaban algunas leguas sobre la línea de fronteras en el territorio enemigo, tenían por objetivo afianzar la sujeción de los indios de esa región, que estaban más o menos sometidos, e impedir las irrupciones de las tribus belicosas de más al interior.

En los primeros días de enero de 1647, cuando don Martín de Mujica estuvo de vuelta en Concepción, creyó que todos estos últimos sucesos facilitaban la ejecución de sus proyectos de pacificación. «Luego que se hizo tiempo de salir a campaña, dice él mismo, lo hice en 4 de febrero de este año con la mayor parte que pude sacar del ejército y 1.000 indios amigos, que aunque son muchos más, su desavío y el estar cogiendo sus sementeras, no dio lugar a que me siguiese mayor número. Llegado al sitio de Quillín (24 de febrero) concurrieron los caciques, caudillos y personas de más importancia del enemigo; y habiendo dicho una misa con la solemnidad que allí se pudo, pidiendo a Dios gobernase esta acción como tan suya, y después de haberles leído las capitulaciones que parecieron convenientes, con las ceremonias, juramentos y palabras que este gentío acostumbra, celebré la paz más universal y de mayor felicidad que al parecer han visto estas provincias, por haber venido de lo más remoto de ellas a darla con mucho gusto y regocijo sus menos comunicados habitantes, que agradecidos, no ayudaron poco los prisioneros a quienes di libertad, jurando todos ser fieles y católicos cristianos, pidiendo sacerdotes que les doctrinasen, y ser leales vasallos de Vuestra Majestad, como todo consta por el testimonio auténtico que remito.»[473]

---

[473] Carta de Mujica al rey de 26 de mayo de 1647. Todas las noticias relativas a este segundo parlamento de Quillín se hallan consignadas en un libro que se conserva inédito y que lleva el título de *Relación de las paces ofrecidas por los indios rebeldes del reino de Chile y aceptadas por el señor don Martín de Mujica*. Su autor, el padre maestro fray Agustín Carrillo de Ojeda, de la orden de San Agustín, autor también de otros escritos de carácter religioso que por entonces vieron la luz pública, compuso aquella relación en la ciudad de Concepción, donde la terminó en julio de 1648. A no caber duda, fue escrita bajo la inspiración del gobernador Mujica y destinada a la imprenta en honor de este funcionario, como el libro del padre Aguirre, de que hemos hablado anteriormente, había sido para honrar la memoria del virrey del Perú, marqués de Mancera. Probablemente, la muerte de Mujica dejó sin efecto el pensamiento de publicar este libro; pero el manuscrito enviado a España, se conserva en la Biblioteca Nacional de Madrid, de donde saqué la copia que conservo en mi poder y que he utilizado al escribir estas páginas. El libro del padre Carrillo, aunque escrito con un lenguaje más o menos corriente, y casi exento de la pedantería fatigosa de muchas de las obras de esa naturaleza de aquella época, es de pesada lectura por la abundancia de pormenores innecesarios y por la excesiva extensión con que cuenta sucesos de escasa importancia, y con que traslada discurso que en gran parte deben ser

El gobernador se hacía las más singulares ilusiones sobre la seriedad de aquellos tratados. El veedor De la Fuente Villalobos en las negociaciones preliminares, y él mismo en el parlamento de Quillín, habían fijado las bases de paz, y exigido de los indios que diesen paso expedito por sus tierras a los españoles para que se comunicaran entre Concepción y Valdivia; que admitiesen en cada tribu un capitán español que les hiciera justicia y que tomara su representación cerca del gobernador; que no celebrasen juntas ni borracheras sin permiso de esos capitanes; que favoreciesen la entrada de misioneros que fueran a predicar el cristianismo en su territorio y, por último, que permitieran la fundación de poblaciones o fuertes donde conviniera a los españoles comprometiéndose éstos a dejarlos en completa libertad y a no imponerles el servicio personal, y a pagarles en dinero el trabajo con que los mismos indios quisieran ayudarlos. Estas condiciones leídas en el parlamento, y estampadas en el acta que se levantó, se daban por aprobadas por los indios. «Confieso, decía el gobernador, que esto puede cada día recibir mudanza o porque destemple a los indios su propio natural o los enoje algún agravio que los españoles les hagan, que yo no puedo estar en todo, aunque constante en conservarlos en paz y justicia sin consentir por ningún modo se les haga vejación, y que ahora es menester más cuidado juzgando al enemigo dentro de casa y recelando juntamente su traición. No niego cuantos temores engendran los que conociendo lo belicoso e intrépido de este enemigo, le miran rendido hacer finezas tan poco acostumbradas en su natural, que si no son milagrosas, no parecen suyas, y que tanta seguridad sería posible la enderecen a alguna conspiración. Pero nunca, desde que conocieron esta guerra los más antiguos de ella, vieron tan general aplauso en este enemigo, aclamando todos a una voz querer recibir la fe y vivir en nuestra amistad.»

Sin embargo, los que en esos momentos manifestaban la desconfianza de que habla el gobernador, eran los que estaban en la razón. La paz negociada tan aparatosamente con los indios, era una simple ilusión que solo podía engañar a los que no tenían experiencia de aquella guerra. En los mismos días en

---

de pura imaginación. Sin embargo, aparte de la exposición prolija de los hechos, contiene algunos documentos de interés. El padre Rosales, que intervino en esos, negocios como consejero del gobernador, conoció, sin duda, el manuscrito del padre Carrillo, y ha contado los mismos hechos casi con igual prolijidad, y de una manera casi siempre conforme, en muchos capítulos del libro IX de su *Historia general*.

que se preparaban estos tratados, algunos indios principales que protestaban su amistad a los españoles, habían sido descubiertos tramando la muerte de éstos. El gobernador se creyó en el caso de aplicarles un tremendo castigo, en el propio sitio en que tuvo lugar el parlamento; y pocas horas después de proclamada la paz, hizo ahorcar a tres de ellos.[474] Creyendo que este castigo escarmentaría a los indios que querían violar el pacto, don Martín de Mujica dio la vuelta a Concepción, persuadido de que dejaba asegurada la tranquilidad y expeditos los caminos para comunicarse con la plaza de Valdivia.

Antes de mucho tiempo debió reconocer su engaño. Una partida de ganado que el gobernador enviaba a aquella plaza con una escolta de soldados españoles y de indios amigos, fue asaltada en el camino, y sus guardianes dispersados o muertos. Pocos días después, ocho soldados que salieron de Valdivia en una embarcación, fueron atraídos a una emboscada y muertos o aprisionados traidoramente por los mismos indios que fingían dar la paz. Por último, creyendo mal defendida la nueva ciudad, y que sería fácil arrojar de ella a sus pobladores, cayó una mañana de improviso un ejército de 3.000 indios y trabó el combate, amparándose en los bosques y paredones que la rodeaban. El capitán Gil Negrete defendió bien la plaza y, aun, consiguió dispersar al enemigo; pero aquel ataque había sido la señal de la renovación de la guerra, y de una serie de correrías y de hostilidades que ocuparon a los españoles hasta las entradas del invierno, y que habrían debido probar hasta a los más ilusos la ninguna fe que merecían los tratos celebrados con aquellos bárbaros. A pesar de todo, el gobernador y sus consejeros persistían en creer que si algunas tribus continuaban manteniendo el estado de guerra, la mayoría de ellas estaba dispuesta a cumplir lo pactado, y que era posible reducirlas a todas a un sometimiento definitivo.

---

[474] Estos indios fueron bautizados por los jesuitas que acompañaban al gobernador. «El día siguiente (25 de febrero), dice el padre Carrillo en la relación citada, mandó su señoría se dijesen todas las misas por los difuntos, y una cantada de cuerpo presente, a que asistió, y al entierro que se les hizo con mucho acompañamiento al pie de una cruz que se había levantado la víspera del parlamento.» El padre Rosales ha reproducido esta noticia con las mismas palabras en el capítulo 14 del libro IX.
Estos pormenores, que recuerdan los famosos funerales de Atahualpa mandados celebrar por sus mismos asesinos, nos permiten apreciar las ideas religiosas de los conquistadores y dominadores de América.

5. Terremoto del 13 de mayo de 1647 y ruina total de Santiago

En medio de las graves preocupaciones creadas por estos acontecimientos, un espantoso cataclismo vino a sumir a todo el reino en la mayor consternación. En el siglo completo que iba corrido, desde que los españoles estaban asentados en este país, se habían hecho sentir frecuentes temblores de tierra más o menos intensos, algunos de los cuales habían causado grandes estragos en Concepción (1570) y en Valdivia (1575);[475] pero la ciudad de Santiago no había experimentado daños de esa naturaleza, y sus vecinos debían creerse, en parte, a lo menos, libres de ellos.[476] Sin embargo, al amanecer del domingo 6 de septiembre de 1643, la ciudad experimentó una violenta sacudida de tierra, que sembró el terror entre sus pobladores y que pudo considerarse precursora de la catástrofe de 1647 de que vamos a hablar.

El lunes 13 de mayo de este último año, a las diez y media de la noche, sin que precediese ruido alguno, un repentino remezón, que se prolongó durante algunos minutos, sacudió la tierra con una violencia extraordinaria, conmovió todos los edificios, y en pocos instantes derribaba con un estruendo aterrador los templos y las casas, formando por todas partes montones de ruinas.

El derrumbe de las torres, la caída repentina de las paredes, el crujir de las enmaderaciones que se abrían, el estrépito causado por los grandes peñascos que, desprendiéndose del cerro de Santa Lucía, se precipitaban con una fuerza irresistible por las calles vecinas, acallaban las voces de los hombres y hacían más pavoroso aquel cuadro de horror y de desolación. Solo las personas que pudieron salir de sus habitaciones en los primeros momentos, habían hallado su salvación en las calles o en los huertos de las casas; pero entre las ruinas quedaban sepultados millares de individuos, muertos unos, heridos y estropeados los otros, lanzando estos últimos gritos desgarradores para pedir socorro o para implorar del cielo el perdón de sus culpas.

Calmado el primer momento de terror, y en medio de la angustia producida por tan espantosa catástrofe, cada cual pensó en sacar de los hacinamientos de

---

475 Véase lo que acerca de estos terremotos hemos dicho en las págs. 312 y siguientes, y 331 del tomo II.

476 Esta confianza había decidido algunos años atrás la construcción de muchas casas de dos pisos que cayeron en el terremoto de 1647. Después de éste, y durante largos años, los vecinos de Santiago casi no construyeron más que casas de un solo piso, y ordinariamente muy bajas.

escombros y de maderos a las personas que les eran queridas, y cuyas voces creían percibir en los lamentos desesperados que se oían por todas partes. Pero esta obra ofrecía las mayores dificultades. La tierra continuaba estremeciéndose de tiempo en tiempo; y estas sacudidas, aunque más cortas que la primera conmoción, eran no menos violentas y producían el derrumbe de las paredes desplomadas que habían quedado en pie. La oscuridad, por otra parte, era absoluta. La Luna, que apenas había pasado de su primera cuadratura, habría alumbrado esa noche hasta cerca de la una; pero su luz, amortiguada por espesos nubarrones que entoldaban la atmósfera, se hacía más imperceptible todavía por las nubes de polvo que se desprendían de los escombros.[477] Sin embargo, trabajando con un afán heroico, a la luz de linternas y de antorchas, fue posible salvar de una muerte inevitable a algunos centenares de individuos que permanecían sepultados vivos entre los montones de ruinas. De este número fue el obispo de Santiago don fray Gaspar de Villarroel, que salvado por su servidumbre, con tres pequeñas heridas en la cabeza,[478] pasó a desempeñar un papel muy importante en aquellos días de aflicción y de prueba para los desgraciados habitantes de la arruinada ciudad.

    La angustia de las gentes, causada por la destrucción de sus casas y por la muerte de tantas personas queridas, se aumentaba con la repetición de los temblores que hacían presumir una catástrofe todavía mayor que costaría la vida a todos los habitantes. La plaza se había llenado de gente que en medio

---

[477] El obispo Villarroel ha dado cuenta de estos accidentes en el siguiente pasaje de su relación del terremoto de mayo dirigida al presidente del Consejo de Indias. «Oscureciose el cielo, estando bien alta la Luna, con unas palpables tinieblas: ocasionáronlas el polvo y unas densas nubes, poniendo tan grande horror en los hombres, que, aun, los más cuerdos creían que veían los preámbulos del juicio.» En 1647 hubo Luna nueva el 5 de mayo, de manera que en el momento del terremoto la Luna tenía nueve días.

[478] En el mismo año de 1647 se publicó en Lima una noticiosa relación del terremoto de mayo, escrita por el padre Juan González Chaparro, de la Compañía de Jesús. Es una pieza casi enteramente desconocida, por no haberse reimpreso nunca, que contiene, sin embargo, pormenores que no se hallan en otras relaciones. Allí se cuenta que el oidor de la Real Audiencia don Antonio Hernández de Heredia, que desplegó esa noche una notable entereza y una gran actividad para evitar cualquier intento de desorden de parte de los indios y de los negros, fue también el que desenterró al obispo, salvándolo de la muerte.
El padre González Chaparro era chileno de nacimiento. Su relación fechada en Lima el 13 de julio, fue escrita, sin duda alguna, en vista de las cartas que allí llegaban de Chile, en forma de carta dirigida al padre Alonso de Ovalle, que entonces se hallaba en Roma como procurador de la Compañía de Jesús.

de la crisis del terror y de la devoción, llamaba a gritos a los sacerdotes para confesar sus culpas y prepararse a morir. El obispo colocó en la plaza cuarenta o cincuenta confesores entre clérigos y frailes, repartió otros en las calles para socorrer a los enfermos y heridos, y se contrajo él mismo al ejercicio de los más fervientes actos religiosos esperando calmar con ellos la fuerza de los temblores que seguían repitiéndose. Ayudado por los oidores de la Real Audiencia, levantó un altar en la plaza, hizo llevar allí en una caja de plata las hostias consagradas que pudieron extraerse del destruido templo de la Merced, y con la vista de ellas trató de confortar a los atribulados habitantes de la ciudad. Los frailes de los conventos, por su parte, apelaron a otros devotos ejercicios para aplacar las iras del cielo. Los de San Francisco, cuya iglesia fue el edificio mejor salvado de la capital, si bien perdió su torre derrumbada por el primer temblor, sacaron en procesión la imagen de la Virgen del Socorro, que desde el tiempo de Pedro de Valdivia era reconocida como patrona de la ciudad, y se dirigieron a la plaza. «Vinieron azotándose dos religiosos, dice el obispo Villarroel, y de ellos un lego haciendo actos de contrición con tanto espíritu y tan bien formado, que yo, como aprendiz en las escuelas de la devoción iba repitiendo lo que decía él.» Los padres de San Agustín hallaron entre las ruinas de su iglesia un crucifijo de pobre escultura que había quedado intacto, si bien la corona de espinas que tenía en la cabeza había caído a la garganta. Creyendo reconocer en estos accidentes un milagro incuestionable, ese crucifijo fue también sacado en procesión y llevado a la plaza, «viniendo descalzos el obispo y los religiosos, con grandes clamores, con muchas lágrimas y universales gemidos».

Estos actos de indiscreta devoción, con que se pretendía demostrar que aquel cataclismo era un justo castigo del cielo por los pecados de los habitantes de Santiago, no hacían más que aumentar la consternación y el terror. El pueblo aguardaba por momentos un nuevo y más terrible cataclismo que consumara el castigo inevitable de que se le hablaba, y permanecía entregado a todos los extremos de la más angustiosa desesperación. Otro orden de temores vino a aumentar la alarma y la confusión general. Esparciose el rumor de que los indios y los esclavos, aprovechándose de la situación creada por la catástrofe, «intentaban borrar el nombre español de Chile». «Ante este peligro, añade una relación contemporánea, el oidor don Antonio Hernández de Heredia recogió los soldados que pudo, y desenterrando las armas, puso cuerpo de guardia a las cajas reales, y mandó tapar las bocas de las acequias para que no se anegase la ciudad, cegadas como estaban por los promontorios de tierra. Al fin, amaneció a todos el día martes, y como si saliesen de la otra vida, se miraban unos a otros, sin tener qué comer, enterradas las comidas, los molinos por el suelo, y, sin poderse servir de las acequias, ciegas con tantas ruinas.»

El 14 de mayo fue un día del más incesante trabajo para los que habían salvado del terremoto. Mientras los sacerdotes decían una tras otras numerosas misas en el altar de la plaza, se contrajeron los demás habitantes sin distinción de rangos ni de sexos, a extraer de los escombros los numerosos cadáveres que yacían enterrados. Proponíanse con ello evitar las emanaciones pestilenciales que podían resultar de la descomposición de los muertos, y otros esperaban todavía hallar vivas a las personas queridas que no habían aparecido después de la catástrofe. Muchos de esos cadáveres estaban tan horriblemente estropeados que era imposible reconocerlos. Era preciso «detener, escribían los oidores, a los que furiosamente se arrojaban sobre los cadáveres inertes queriéndolos resucitar con bramidos como los leones sus cachorros; los huérfanos que simplemente preguntaban llorosos por sus padres, y los que peleando con los promontorios altos de tierra que cubrían sus hermanos, sus hijos, sus amigos, se les antojaba que los oían suspirar, presumían llegara tiempo de que no se les hubiese apartado el alma, y los hallaban hechos monstruos, destrozados, sin orden en sus miembros, palpitando las entrañas y las cabezas divididas. Entraban a carretadas, mal amortajados y terriblemente monstruosos los difuntos a buscar sepultura eclesiástica en los cementerios de los templos; y verlos arrojar a las sepulturas sin ceremonias, con un responso rezado, hacía otra circunstancia gravísima de pena».

La cárcel y el hospital habían caído al suelo; pero en ninguno de esos edificios había muerto uno solo de los detenidos, «siendo la miseria de estar presos y enfermos, dicen los oidores, privilegio que los salvó de la muerte que padecieran en sus casas propias». Unos y otros reclamaban los cuidados de la autoridad. «Fue tan grande la tribulación o pasmo que impuso en todos el accidente repentino, que quedando la cárcel sin guarda, rotas las paredes, los presos se contuvieron entre sus límites sin faltar uno por más de veinte horas, sin cuidar su libertad, hasta que por no tener donde guardarlos y temer que entre las mismas ruinas cayéndose muriesen, hicimos (los oidores) visita general en la plaza y debajo de las fianzas que hallamos les dimos carcelería, y a los destinados a pena capital pusimos presos, aprisionados en el cuerpo de guardia en cepos y cadenas.» Se ocuparon, además, los oidores en guardar el sello y el archivo de la Audiencia y en tomar las medidas del caso para asegurar el orden. En esos días de general consternación, se creyó necesario ahorcar a un negro esclavo a quien se acusaba de actos de violencia y de desacato contra sus amos.

Los regidores, por su parte, desplegaron igual actividad, trabajando hasta con sus propias manos. Mientras en una parte destruían las paredes ruinosas para evitar nuevas desgracias, en otra se limpiaban las acequias y canales, para surtir de agua a la ciudad. «Fuéronse desenterrándose los bustos de los santos de la devoción del pueblo, e hízose no pequeño reparo en que Santiago, patrón de esta ciudad, perdió la mano derecha, y san José salió sin ella, san Antonio, por voto protector de la peste, hendido y destrozado el pecho y cuerpo y san Francisco Javier.» Pero todos estos accidentes y muchos otros que sería largo referir, eran explicados por la superstición popular como milagros indisputables. El terror y la turbación reducían a los desgraciados habitantes de Santiago acreerse en un mundo de maravillas y de prodigios sobrenaturales.[479]

---

[479] Los oidores dicen a este respecto lo que sigue en su relación citada: «Divulgáronse diversos milagros atribuidos al santo crucifijo de la plaza (sacado de la iglesia de san Agustín) y otras visiones que se imputaron a personas de ejemplo en las religiones. Nada fue cierto». Y el obispo Villarroel, que ha contado candorosamente un buen número de milagros en que parece creer con toda seriedad, dice en otra parte de su relación: «Los más prodigios son mentidos, los otros imaginarios. Dijose que poco antes parió una india tres niños, y que el uno predijo el fracaso. Que a un mayordomo le habló con rigor un crucifijo. Que el Santo Cristo de San Agustín volvió tres veces el rostro. Que una india vio un globo de fuego que entrando por la Audiencia salió por las casas del Cabildo, y que comenzó a temblar habiéndose desvanecido. Que en la cordillera se oyeron voces de los demonios, cajas y trompetas, sonidos de arcabuces disparados, y como chocar dos ejércitos. Que tuve yo revelación de que Dios estaba desenojado, y que ya alzaba la mano del castigo... Menos fundamento tuvieron los prodigios que quedan referidos, porque los averigüé de uno en uno y hallé que todos eran falsos».

Se creería que esta invención de milagros era un signo del atraso en que vivía esta colonia, tan apartada de los grandes centros de civilización. Hechos análogos revelan que la superstición era la misma en todos los dominios españoles. El 2 de junio de 1648 ocurrió un temblor en Nápoles, cuya descripción ha hecho un distinguido caballero español, don Diego, duque de Estrada, que fue testigo del suceso, y que consigna los prodigios siguientes: «Han ocurrido tres milagros en la tierra de Viestri, a donde estaba una Nuestra Señora venida muchos años de Esclavonia, protectora ya de aquella tierra. En el tiempo del terremoto, sucedió que no se hallaba, y se presume se haya vuelto a su tierra, y dos protectores santos de dicha tierra no se sabe a dónde se hayan ido. En Torremayor una

Pero estos mismos prodigios y los pronósticos que se atribuían a algunos religiosos no hacían más que aumentar la alarma y el sobresalto. Al caer la noche del 14 de mayo se esparció en la ciudad el rumor de que un religioso de gran virtud había predicho que la tierra iba a abrirse y a tragarse toda la gente. La repetición de los temblores daba fuerza a aquel terrible vaticinio. La noche fue por esto mismo de angustiosa alarma. Muchas personas, extenuadas, además, por las fatigas del día, caían desmayadas sin conocimiento. Los hombres y las mujeres lloraban en medio de la más horrible desesperación. El obispo acudió a la plaza, y desde el altar que allí se había levantado, pronunció en medio de un silencio sepulcral un largo sermón para confortar al pueblo. Decía en él que el arrepentimiento general debía haber calmado la ira de Dios, y que seguramente no sobrevendría un nuevo cataclismo. A pesar de esto, la noche se pasó en confesiones y en otros actos de devoción, como si todos esperasen la muerte por instantes.

Los temblores siguieron repitiéndose los días subsiguientes, pero con menos intensidad, y con intervalos cada vez más largos. Entonces comenzó a conocerse la extensión del terremoto del 13 de mayo. Aunque seguramente el centro de la conmoción había sido el valle en que se levantaba la ciudad de Santiago, el sacudimiento había sido sentido en todo el territorio de Chile desde Valdivia, y fuera de él, en la provincia de Cuyo donde se habían oído espantosos ruidos subterráneos del lado de la cordillera, y en el Perú hasta la ciudad del Cuzco. Pero el territorio comprendido entre los ríos de Choapa por el norte, y de Maule por el sur, era el que había sufrido más desastrosos estragos, a punto de no quedar edificio entero. En muchas partes la tierra se había rasgado formando grandes grietas, algunas de las cuales arrojaban aguas turbias como barro diluido, impregnadas de gases mefíticos que despedían un olor insoportable. De algunos montes se «desprendieron peñascos de tal tamaño que sin encare-

---

estatua de san Antonio ha vuelto la espalda y se ha quedado así. En la tierra de san Juan, llamada Rotondo, en la iglesia parroquial, habiendo ido el Arzobispo con el clero para aplacar la justa ira de Dios, hallaron vueltas las espaldas al pueblo a un devoto crucifijo, y creyendo ser la fuerza del terremoto, queriendo volverlo, no fue posible y dándose a la confesión y penitencia el pueblo, fue visto por todos volverse por sí mismo». Duque de Estrada, *Comentarios*, Madrid, 1860, pág. 515.

Al recorrer estas líneas nos parece estar leyendo alguna de las antiguas relaciones del terremoto del 13 de mayo en Santiago, tanta es la semejanza de los prodigios inventados por la superstición popular.

cimiento pueden servir de cerros no pequeños donde pararon», escribía la Real Audiencia. En otras partes, se secaron los manantiales que siempre habían dado agua abundante. Computábase en más de 1.000 el número de los muertos en todo el reino, y entre ellos algunas personas de calidad, y un número considerable de niños que dormían tranquilos a la hora del primer sacudimiento. En toda la costa, hasta el puerto del Callao, el mar, sin ningún viento, se agitó furiosamente formándose olas colosales que azotaban la tierra, como se ha observado en otros cataclismos semejantes.[480] Seis días antes del terremoto un buque, despachado de los puertos chilenos con una valiosa carga de productos del país, fue arrojado contra unas rocas por un movimiento imprevisto de las olas en las inmediaciones del puerto de Arica, ocasionando la muerte de catorce personas que lo tripulaban y la pérdida de valores que se estimaban en más de 200.000 pesos.[481] Puede haber exageración en este cálculo; pero de todas maneras, esta pérdida venía a agravar las que habían sufrido los habitantes de Chile en el terremoto, y que la Real Audiencia apreciaba en 2 millones de pesos.

6. Daños causados por el terremoto: primeros trabajos para la reconstrucción de la ciudad

El gobernador don Martín de Mujica recibió en Concepción la primera noticia de la ruina de Santiago el 26 de mayo por una relación de la Real Audiencia.

---

480 «Y por todos los puertos de esta costa, dice la relación de la Real Audiencia, advirtieron los pescadores tanta inquietud y tan extraordinaria violencia en las olas del mar que se subían sobre las más altas sierras que las cercan.»

481 Este naufragio tuvo lugar el 7 de mayo, según se lee en la relación de la Audiencia y en la del padre González Chaparro, lo que ha hecho colocar aquella agitación del mar como un síntoma precursor del terremoto.
El gobernador Mujica habla del naufragio de dos naves que llevaban de Chile valiosos cargamentos para el Perú, pero parece indicar que este desastre que ocasionó grandes pérdidas, tuvo lugar después del terremoto. En su carta escrita en Concepción el 15 de julio de 1648, hallamos las palabras siguientes: «Y no contentándose la justicia de Dios con reducir a tan miserable estado aquella república (Santiago) por los pecados míos, permitió que dos naves que salieron de su puerto para el del Callao, cargadas de sebo, cordobanes y jarcia, que son los frutos de que se valen y da la tierra, y lo último que les había quedado para su socorro, ambas se perdieron con más de 250,000 ducados en que eran interesados algunos de los vecinos y todos los mercaderes, que son los que pudieran ayudar en algo a la reparación de esta república». No es imposible, sin embargo, que estas diversas relaciones se refieran a un mismo suceso, cuyas circunstancias comenzaban a confundirse un año más tarde.

Inmediatamente escribió al Cabildo de la capital una carta de condolencia, característica de los sentimientos del gobernador y de las ideas dominantes de la época. «No he podido echar de mí, decía, el horror en que me ha puesto ese estupendo y pocas veces visto castigo de la poderosa mano de Dios a que tanto ayudó la gravedad de mis culpas.» Recordando que la escasez de su fortuna particular no le permitía hacer todo lo que deseaba para remediar las innumerables necesidades de la ciudad arruinada, anunciaba el envío de 2.000 pesos de su peculio particular «para que en primer lugar, añadía, se mire por el sustento y habilitación de las monjas, como esposas de Dios, los pobres enfermos del hospital y demás partes que por sí no puedan ayudarse». Mujica hizo más que eso todavía: asumiendo personalmente una responsabilidad que podía serie muy gravosa bajo el régimen del fiscalismo español, puso mano en la caja del tesoro real para socorrer a los desgraciados habitantes de Santiago. «Considerando, escribía al rey para justificar su conducta, las incomodidades de los religiosos, pobreza y falta de habitación de las monjas, necesidades y suma miseria de los pobres enfermos del hospital, mendicantes y otros muchos, sin más recursos, después de la misericordia de Dios, que la piedad y amparo de Vuestra Majestad en desdicha tan común y tan digna de pronto remedio, hice acuerdo de la hacienda con los oficiales reales de esta ciudad en que resolvimos el sacar 6.000 pesos de oro que se hallaron en esta caja real para reparar las necesidades más precisas, cuyo socorro era tan inexcusable que de no prevenirlo con anticipación a la entrada del invierno que amenaza riguroso, resultarían infaliblemente de hambre muchísimos muertos y los demás inconvenientes que se dejan considerar. Y así se ha de servir la cristianísima piedad de Vuestra Majestad de tener a bien esta resolución, pues la obligaron forzosamente causas y atenciones justas como constará a Vuestra Majestad del testimonio incluso.»[482]

La noticia de aquella catástrofe llegó al Callao el 7 de julio en momentos en que el virrey, marqués de Mancera, tenía preparadas grandes fiestas para celebrar la terminación de las murallas y fortificaciones de ese puerto. En el acto

---

[482] Carta del gobernador Mujica al rey, Concepción, junio 6 de 1647. Según otra carta del mismo gobernador, de 15 de junio del año siguiente, solo tomó de la caja real de Concepción 3.000 pesos; pero con su donativo personal y los que pudo recoger entre los militares de la frontera y los vecinos de Concepción, alcanzó ajuntar otra suma que pasó de 8.000 pesos.

mandó suspender todos aquellos preparativos; y tan luego como hubo despachado la correspondencia en que daba cuenta al rey de aquellos desastrosos sucesos, volvió a Lima para preparar el socorro de los desgraciados habitantes de Chile. Habiendo juntado a los oidores de la Audiencia y a los altos funcionarios de hacienda, «y consultádoles lo que convendría hacer en la materia para algún remedio y consuelo de la aflicción en que se hallaban los vecinos y habitadores de la dicha ciudad, por entonces se resolvió que antes de todas cosas se hiciesen procesiones y rogativas públicas, y se encargase lo mismo a los conventos y religiones para aplacar la ira de Dios, Nuestro Señor».[483] Acordose enseguida que se pidieran erogaciones al vecindario, encabezando los donativos el virrey y los funcionarios que lo acompañaban en aquella junta. Según el documento que consigna estas noticias, en noviembre de aquel año se habían reunido 12.267 pesos para socorrer a Chile; y el arzobispo de Lima, con el Cabildo eclesiástico y el clero habían colectado otros 6.000 pesos que se disponían a enviar en ropa y otros objetos para socorrer a las monjas de Santiago.

Pero estos auxilios, aparte de ser exiguos para remediar tantas necesidades, tardaban mucho en llegar. Desde el día siguiente del terremoto, los vecinos de Santiago habían comenzado a construir ramadas provisorias, aprovechando para ellas los maderos que extraían de los montones de ruinas de sus casas, con el objetivo de albergarse contra el rigor de la estación que entraba. «Todos viven, dice una relación escrita en esos días, en las huertas y solares, libres de paredes, a la protección de pabellones, alfombras, esteras, o como se han podido reparar, y el que mejoren bohíos de paja, que acá llaman ranchos.» En esos primeros días se trató de trasladar la ciudad a otra parte. Los oidores de la Real Audiencia han dado cuenta de este proyecto en el siguiente pasaje de su relación citada: «Quiso la ciudad en cabildo abierto, movidos del horror de ver que sus mismas casas habían conspirado contra la vida de sus dueños, y eran ya sepulcros de ellos, y desmayada de poder remover tanto desmonte como ocupaban los sitios que fueron antes edificios de su vivienda, mudarse y salir como huyendo de su propia hacienda a buscar otro lugar donde poblarse, en que comenzaron a discurrir utilidades para su mudanza. Concurrimos (los oidores) en la plaza con el obispo, todos los ministros reales, prelados de reli-

---

[483] Exposición del virrey en la junta de corporaciones celebrada en Lima el 24 de noviembre de 1647.

giones, cabildo eclesiástico y secular, donde se confirió largamente el sí y el no, y se resolvió no convenir por entonces sino repararse contra el viento cada uno como mejor pudiese, y cuidar de reservar del hurto las alhajas, vestidos y los materiales desunidos, y buscar alivios de conservarse y no perderse, y amparar las monjas, las religiones, los pobres, los huérfanos, los desvalidos, y componer la república de modo que no se acabase totalmente». Esta resolución que se creería inspirada por el apego de los pobladores al suelo en que habían nacido y vivido, obedecía, sin embargo, a sentimientos de otro orden. Casi todos los solares de la ciudad estaban gravados con fuertes censos a favor de los conventos y de otras instituciones religiosas que procuraban a éstos una renta considerable. La traslación de la ciudad, dejando sin valor alguno esos solares, habría producido su abandono definitivo y privado a los conventos de una buena parte de sus entradas. La Audiencia, obedeciendo a las ideas religiosas de la época, apoyó decididamente al obispo y a los frailes en sus gestiones; y quedó resuelto que la ciudad se reconstruiría en el mismo sitio.[484]

A fin de alejar todo nuevo pensamiento de traslación, la Audiencia y el Cabildo desplegaron la mayor actividad para demoler las paredes ruinosas, remover los escombros, dejar corrientes las acequias de la ciudad y, por fin, para levantar edificios provisorios en que pudieran funcionar las autoridades civiles, trabajando, al efecto, los oidores y los regidores de día y de noche. Con el mismo empeño se dio principio a la reconstrucción, también provisoria, de las iglesias y de los conventos. En el sitio en que había existido la catedral, se levantó en menos de cinco meses un templo de 140 pies, y dotado de cuatro altares, todo construido con las tablas que pudieron extraerse de las ruinas de las casas reales. Esa iglesia fue abierta al culto el 1 de septiembre. Las casas de los vecinos, improvisadas aún más de carrera, no pasaban de humildes chozas que les sirvieron de abrigo en ese invierno. Durante muchos meses, la ciudad presentaba el aspecto de un campamento.

Las desgracias de los miserables pobladores de Santiago no cesaron con esto solo. «Con las lluvias que a 23 del mismo mes comenzaron, escribe la Real Audiencia, las alhajas (muebles) enterradas se pudrieron, las trojes se corrompieron, las bodegas de vino se perdieron y las semillas todas de nuestro alimento se estragaron, si bien se puso tanto cuidado en preservarlas por esta

---

[484] Carta del oidor don Nicolás Polanco de Santillán al rey, Santiago, junio 7 de 1647.

Audiencia que gracias a Dios no se padeció hambre ni sed, porque con toda presteza que se pudo se dio orden a despejar las acequias y poner corrientes los molinos y hornos, aquéllas para que soltándolas por medio de las calles se llevasen las inmundicias de animales muertos y corrupciones de otras especies despedidas de las casas caídas, y abriesen paso por donde penetrar y andar sin estorbo, y éstos para que se pudiese moler y amasar, y estuviese la ciudad abastecida de pan y carne, que si bien se pretendió subir el precio en la carne por falta, y se insistió en ello por los que se hallaron sin ganado para venderle atento a la carestía, esta Audiencia lo defendió con penas y particular desvelo porque no se engrosasen con la calamidad común y pereciesen los pobres añadiéndoles más costo a sus alimentos, y se consiguió de manera que estuvieron los puestos y carnicerías abastecidas suficientemente, para que a ninguno le faltase.» Estos afanes no fueron la obra exclusiva de la Audiencia; el Cabildo puso también el más celoso empeño en todo aquello que propendía a establecer el orden regular en la población, a apartar las ruinas que cubrían sus calles y a proveer a sus habitantes de los víveres indispensables.

Pero aquel invierno fue excesivamente riguroso. Cayeron lluvias torrenciales acompañadas de truenos y de relámpagos, y una nevada que duró tres días continuos. Los ríos se desbordaron en algunas partes causando grandes pérdidas de ganado, a punto de computar la Audiencia en 60.000 el número de cabezas arrastradas por las inundaciones que tuvieron lugar en el partido de Colchagua durante el mes de junio.[485] Los trastornos atmosféricos ocurridos en medio de los temblores ligeros o intensos que no dejaron de experimentarse en todo un año con intervalos más o menos cortos, y dos y tres veces al día, durante los primeros meses, contribuían a mantener el terror entre aquellas gentes afligidas por tantas desgracias que avivaban su natural superstición.

El exceso de trabajo, las angustias originadas por la catástrofe, la humedad y el desabrigo, que debían pesar particularmente sobre las clases inferiores, indios y negros, reducidas a un mayor desamparo, produjeron una terrible epidemia que causó más víctimas que el mismo terremoto. «Comenzó, dicen los oidores, el contagio de un mal que aquí llaman chavalongo los indios, que quiere decir fuego en la cabeza, en su lengua, y es tabardillo en sus efectos, con

---

[485] Según carta del gobernador Mujica al rey, de 15 de julio de 1648, las pérdidas de ganado causadas por las inundaciones pasaron de 100.000 cabezas.

tanto frenesí en los que lo padecieron que perdían el juicio furiosamente. Ésta ha sido otra herida mortal para esta provincia. Tiénese por cierto que se ha llevado otras 2.000 personas de la gente servil, trabajada y la más necesaria para el sustento de la república, crianzas y libranzas; y como ya no entran negros por Buenos Aires, con la rebelión de Portugal, además de lo sensible de la pérdida, se hace irrestaurable en lo de adelante.»

7. Después de muchas peticiones, el rey exime de tributos a la ciudad de Santiago durante seis años

Los auxilios de dinero dados por el gobernador de su propio peculio o del tesoro del rey, y los enviados del Perú para socorrer a los habitantes de Santiago, habían sido destinados casi en su totalidad a la construcción de templos y de conventos, o a favorecer a las monjas y a los religiosos. Solo una mínima parte había servido para satisfacer las más premiosas necesidades de las clases indigentes.[486] Pero desde los primeros días se había pensado en dispensar alguna protección de un alcance más lato y general. El gobernador Mujica, en la primera carta que escribió al Cabildo para expresarle el dolor que le había causado la catástrofe, le decía lo que sigue: «Con el despacho para

---

[486] La citada relación de la Audiencia contiene algunas noticias de la manera como se distribuyeron esos socorros; pero el gobernador Mujica consigna, además, otros datos en su carta al rey, de 15 de julio de 1648, inédita hasta ahora. «Este horror, esta calamidad y miseria, dice allí, tuvo algún consuelo y desahogo con las limosnas que de la real caja de esta ciudad hice, fiado en la piedad católica de Vuestra Majestad de que tengo dado cuenta, y que importan 3.000 pesos, que con más de 8.000 que entre mi corto caudal y del de este ejército se juntaron, y con 20.000 pesos que del Perú remitió el virrey y arzobispo de Lima, conmovidos de tanto mal, tuvo consuelo esta miseria. Repartiéronse estas cantidades con el mejor orden que se pudo entre la iglesia catedral, las religiones y monjas, así como para el sustento de que carecían como para que estuviese con la decencia debida el Santísimo Sacramento, a que atendí con particular cuidado. Socorriose también el hospital real, las ermitas, los pobres de solemnidad, que aunque entonces eran todos, a los más necesitados como viudas, huérfanos, imposibilitados se les dio lo que se pudo, con que se templó el clamor, se curaron los enfermos y se repararon los daños.»
Según los documentos que he podido consultar, de los 31.000 pesos que se reunieron en Chile y el Perú, cerca de 20 fueron destinados a las iglesias y conventos, en la forma siguiente: catedral, 5.200; los dos monasterios de monjas, 6.500; los cinco conventos, 5.500; las ermitas, 2.000 pesos. Estas instituciones tuvieron, además, otras entradas concedidas por el tesoro real o por la piedad de los fieles. Así, el gobernador envió de Concepción a las monjas de Santiago las tiendas de campaña que había traído de Europa para su uso particular, las cuales eran, según se dice, piezas valiosas, y capaces de albergar mucha gente.

España a Su Majestad he esforzado sobre lo que antes tenía representado y explicado, se sirva de quitar todo género de imposición a este reino que tantas causas tiene para ello, particularmente hoy con los imposibles que ofrece la ruina y asolación de la mayor parte de él, para tolerar tantas cargas en trabajos tantos. Y me queda la esperanza cierta de que la atención y gran cristiandad del celo de Su Majestad, que Dios guarde, ha de concedernos merced tan justa, en que yo seré tan interesado».

Se comprende fácilmente que en los primeros días que siguieron al terremoto, se suspendió naturalmente y por la sola fuerza de las cosas, la percepción de impuestos en el distrito de Santiago, como se suspendió casi todo comercio y casi todo litigio. Pero desde que comenzó a restablecerse la tranquilidad, y el Cabildo volvió a celebrar sus sesiones en el mes de junio, primero en la plaza y luego en una construcción provisoría de madera, principió a tratarse de nuevo de estos negocios; pero para tomar una resolución definitiva, se esperaba el arribo a Santiago del gobernador Mujica, a quien se había llamado con instancia. Retenido en Concepción por las lluvias incesantes de aquel riguroso invierno, don Martín de Mujica solo pudo llegar a la capital en los primeros días de octubre,[487] y fue instalado en las salas provisorías que el Cabildo acababa de construir para celebrar sus sesiones. Él mismo se ha encargado de dejarnos la dolorosa impresión que le causó el aspecto de la desolada ciudad. «No solo, dice, hallé ciertas las relaciones que me habían hecho, sino que con exceso era mayor la calamidad, faltando explicación de palabras a lo que reconocí por los ojos; y que además de no haber quedado templo, casa, ni edificio por suntuoso o por fuerte que no se hubiese arrasado, con muerte de tantas familias, esclavos y gente de servicio, y por haber sido la ruina a la entrada del invierno, que en estas provincias son rigurosos, cogiendo las aguas, las nieves y el hielo a los que habían escapado desnudos en campaña, sin tener chozas ni albergue en contorno de muchas leguas donde acogerse, sobrevino una pestilencia en ellos de que murió gran número de personas nobles y el resto de los esclavos y gente de servicio que les había quedado, con que los más esforzados hasta entonces perdieron la esperanza de su restauración.»

---

[487] La correspondencia del gobernador no fija el día en que llegó a Santiago. El padre Carrillo, en la relación citada en este capítulo (nota 473) dice solo que fue en los primeros días de octubre. De los libros del Cabildo aparece que el 5 de ese mes ya se hallaba en la capital.

Desde que el gobernador estuvo en Santiago, volvió el Cabildo a agitar con mayor empeño la discusión de los arbitrios propuestos para aliviar de alguna manera la miserable situación de sus habitantes. Reducíanse éstos principalmente a la supresión de los impuestos fiscales que en aquel estado de cosas no solo eran insoportables sino imposibles desde que el vecindario no podía pagarlos. El gobernador Mujica conocía perfectamente la justicia de esta petición y, aun, se había adelantado al Cabildo para representar al rey la necesidad de moderar unos impuestos y de suprimir otros; pero no se atrevía a tomar por sí solo una determinación que estaba en pugna con el espíritu desplegado por el rey en los últimos años para procurarse entradas a todo trance. «Consulté, dice él mismo, este pedimento con la Real Audiencia en acuerdo general de hacienda con vista del fiscal, y aunque se reconoció que las causas son justas, la desproporción notable y grande la imposibilidad, y que de verdad y en el hecho no se podrían cobrar de los vecinos aunque se quisiese estos derechos, como la necesidad lo persuadía, de manera que era justicia manifiesta concederlo y la misma imposibilidad lo tenía concedido, viendo que tenía dificultad el poderlo hacer este gobierno y Audiencia en que la regalía de quitar tributos no reside, se determinó que ocurriese la ciudad con estos fundamentos al virrey del Perú para que en virtud de la facultad que tiene de Vuestra Majestad proveyeselo que más se ajustase al real servicio de Vuestra Majestad y alivio de todos sus vasallos.»[488]

Llevado este negocio ante el virrey del Perú, celebró este alto funcionario una junta de hacienda con asistencia de los oidores de la audiencia de Lima y de los ministros del tesoro el 25 de noviembre de 1647. Impuestos de todos los antecedentes, de las cartas del gobernador de Chile y de las representaciones del cabildo de Santiago, «pareció a todos los dichos señores, dice el acta de aquella reunión, que atenta la imposibilidad en que se hallan los vecinos de la dicha ciudad y su distrito de pagar por ahora contribución ni imposición alguna por la última necesidad y miseria en que se hallan, y que en tal caso, conforme a

---

[488] Carta inédita del gobernador Mujica de 15 de julio de 1648. En ella recuerda y apoya todas las razones alegadas por el cabildo de Santiago para pedir la suspensión del pago de impuestos. Por lo demás, los libros del Cabildo y de la Real Audiencia contienen todos los acuerdos celebrados por estas corporaciones en octubre de 1647, y las empeñosas y enérgicas diligencias que se hicieron para obtener la referida suspensión. Esos acuerdos han sido publicados por don Miguel L. Amunátegui en *El terremoto del 13 de mayo de 1647*, capítulo 18.

derecho, deben cesar, y que a Su Excelencia (el virrey), como quien representa la persona de Su Majestad toca esta declaración, y que debe entenderse que, con su acostumbrada benignidad y piedad, se sirviera de ordenar lo mismo si fuere consultado, y que si se esperara hacerlo, demás de no poder cobrarse, se daría ocasión a que perecieren los dichos vasallos y desampararen aquellas provincias, puede y debe Su Excelencia relevarles por ahora, entretanto que Su Majestad, con noticia de todo, provea lo que más convenga, de la paga del derecho de alcabalas y unión de armas, almojarifazgo y asimismo del papel sellado, que, por estar en dicho estado la tierra, habrá muy poco en que ejercitarse». El virrey, marqués, de Mancera, sancionó este acuerdo.

Entretanto, el cabildo de Santiago, antes de conocer esta resolución, no se había dado por satisfecho con el resultado de sus gestiones. Creía que el gobernador Mujica debía por sí solo haber hecho más amplia concesión a sus reclamos. Esperando obtener del rey mayores gracias y favores, el Cabildo acordó en noviembre enviar a España dos apoderados que haciendo la relación cabal de las desgracias del reino, solicitasen la sanción de todo lo que había pedido. Pero entonces se tropezó con una dificultad insubsanable. El Cabildo no tenía ni podía procurarse los recursos indispensables para costear el viaje de sus apoderados. En tal situación, fue necesario enviar los poderes de la ciudad al padre jesuita Alonso de Ovalle, chileno de nacimiento, relacionado con las más altas familias de este país, que se hallaba en Europa representando los intereses de la Compañía de Jesús. Esta elección era muy acertada, porque la inteligencia y el celo del padre Ovalle eran una garantía de que desempeñaría su comisión del mejor modo posible, y sin imponer a la ciudad los gastos de viaje que habría ocasionado el envío de otros apoderados.

Pero los capitulares de Santiago se engañaban grandemente cuando creían que la relación de las desgracias de Chile iba a producir una gran impresión en la corte de Felipe IV. Atravesaba entonces España una situación que puede llamarse terrible. Envuelta en guerras costosísimas contra casi toda Europa, y exhausta de recursos para mantener sus ejércitos, sufría en esos momentos todas las consecuencias del mal gobierno que la llevaba a la más desastrosa decadencia y postración. Una descabellada conspiración descubierta poco antes, y la reciente insurrección del reino de Nápoles, junto con todas aquellas graves complicaciones interiores y exteriores, preocupaban de tal manera a la

Corte que las ocurrencias de las colonias del Nuevo Mundo casi no llamaban la atención de nadie. La noticia del tremendo terremoto que había destruido la ciudad de Santiago y arruinado el reino de Chile, pasó casi desapercibida.[489] Cuando el rey tuvo noticia de estos desastres, y vio las peticiones que se le hacían, manifestó muy fríamente su deseo de socorrer a los miserables habitantes de este reino. En una cédula dirigida al cabildo de Santiago, con fecha de 20 de agosto de 1648, se limitaba a decir estas palabras: «Envío a mandar a mi gobernador y capitán general de esa provincia y a mi Audiencia Real de ella, vean qué medios y arbitrios podrán beneficiarse en esa provincia para que, con lo que fructificasen, se pueda acceder en parte al remedio de necesidad tan urgente, porque no recaiga todo sobre mi real hacienda». Lo que el rey quería, ante todo, era evitar gastos a la Corona.

Pero antes de mucho llegaron a España nuevas y más premiosas peticiones del cabildo de Santiago. El apoderado de esta corporación, el padre Alonso de Ovalle, hacía también empeñosas diligencias para obtener la suspensión de todo impuesto fiscal en el reino de Chile. Su demanda estaba apoyada por el virrey del Perú que, como se recordará, había suspendido provisoriamente en noviembre de 1647 aquellas contribuciones. Al fin, el rey, previo el informe del Consejo de Indias, expidió en 1 de julio de 1649 una cédula con que creía dejar satisfechos a sus vasallos de esta desventurada colonia. «Por la presente, decía, hago merced a los vecinos y moradores de esa ciudad de Santiago de que, por tiempo de seis años, sean libres de la paga y contribución de los derechos de alcabala y unión de armas, y de todos los demás tributos y imposiciones que antes pagaban y me pertenecían por cualquier causa, y que, por el mismo tiempo, sean libres de los derechos de salida y entrada todos los frutos y mercaderías de esa tierra que se hubieren de consumir en la dicha ciudad, o se

---

[489] Son tan escasas las memorias y relaciones referentes a este período de la historia de España hasta principios del siglo siguiente, que nos ha sido imposible descubrir la impresión que causó en la Corte la noticia del terremoto del 13 de mayo. La parte publicada de las memorias de Matías Novoa, solo alcanza al año de 1638. Sin embargo, tenemos un dato para creer que esa noticia pasó casi desapercibida. Antes de ahora hemos citado la extensa colección de *Cartas de algunos padres de la Compañía de Jesús, de los años de 1634 a 1648*. Allí no hemos encontrado la menor referencia al terremoto que había arruinado a Santiago.

sacaren por los puertos de su jurisdicción para el Perú y otras partes.»**490** Esta concesión, que con justicia podría calificarse de mezquina, era, sin embargo, todo lo que permitía hacer la situación del tesoro. En su angustia de recursos, Felipe IV intentaba todavía, pocos meses más tarde, restringir aquella gracia que había acordado con tanta dificultad.

8. Otros arbitrios propuestos para remediar la situación: reducción de censos, supresión de la Real Audiencia

En Chile, los vecinos y el gobierno habían propuesto otros arbitrios para remediar la miseria general. Uno de ellos era la suspensión de los censos que gravaban las propiedades urbanas en favor de los conventos, y cuyo valor total se hacía ascender a cerca de un millón de pesos. Pretendían los poseedores de las propiedades acensuadas que, habiéndose disminuido el valor de éstas con la destrucción de la ciudad, esos censos debían suprimirse o, a lo menos, reducirse en relación de la baja del precio. Muchos vecinos se mostraban dispuestos a abandonar sus solares, cuyo valor estimaban en menos que el de los censos; y casi todos ellos se resistían a reedificar sus habitaciones mientras no se les declarase libres de aquella pesada obligación. Este asunto, a pesar de la intervención del Cabildo en favor de los vecinos, debía resolverse ante la justicia ordinaria. El gobernador don Martín de Mujica interpuso sus buenos oficios para llevar a las partes a un avenimiento. «Atendiendo, dice, a que esta materia diferida a litigio se haría inmortal, y serían más las costas que la victoria del suceso, y en el ínterin se empeorarían de raíz los pocos materiales que se

---

490 Real cédula de 1 de julio de 1649, publicada por don Miguel L. Amunátegui en las págs. 557-559 de El terremoto del 13 de mayo. A los pocos meses de expedida esta real cédula, el 4 de mayo de 1650, Felipe IV encargaba al virrey del Perú «que si el estado de la dicha ciudad de Santiago y su jurisdicción no estuviere con tan precisa necesidad que sea todavía necesario mantener esta resolución», restableciera el impuesto de papel sellado. En cumplimiento de esta orden, el virrey, que era entonces el conde de Salvatierra, mandó levantar en febrero de 1651 una información del estado lastimoso a que había quedado reducido el reino de Chile, y de la imposibilidad en que se hallaban los vecinos de Santiago de reconstruir sus habitaciones. En vista de estos hechos, la junta de hacienda de Lima opinó en 22 de junio que se dejara subsistente la suspensión de las contribuciones; y el rey tuvo al fin que desistir de su intento de restablecer la de papel sellado. En enero de 1652 resolvió el rey que los seis años durante los cuales debían permanecer suspendidas las contribuciones, se contarían desde el 13 de marzo de 1649, día en que se puso en ejecución el decreto expedido el año anterior por el virrey del Perú.

podían aprovechar, y la ciudad estaba entretanto sin forma de república política, procuré en junta general y cabildo abierto, presente la Audiencia, persuadirlos a que conviniesen entre sí en un compromiso o transacción en que asegurasen algo por no perderlo todo; medio que me pareció el más suave por su brevedad, y el menos costoso para sus caudales. Y de la junta resultó el convenirse en la manera que verá Vuestra Majestad.» El arreglo se reducía a constituir dos tribunales arbitrales, uno compuesto del obispo y del oidor jubilado don Pedro Machado para resolver acerca de las obligaciones espirituales que imponía la fundación de los censos, y otro de los oidores de la Audiencia para las temporales.[491] Ante ellos debían ventilar los censualistas y los censatarios sus respectivos derechos, y celebrar transacciones equitativas. Parece que la base de la mayoría de éstas fue el rebajar al 3 % el interés de 5 sobre que se habían fundado los censos, y que esta rebaja estimuló a los propietarios a reedificar sus habitaciones.

Notose entonces escasez de trabajadores para la reconstrucción de tantos edificios. Había en Santiago algunos indios originarios del Perú o de Tucumán que ejercían oficios de zapateros o de sastres; y se propuso que se les prohibiese trabajar en esos oficios y se les obligase a servir en las obras de construcción. Según la opinión de la Audiencia, «no es extraño de derecho compeler a las personas viles o serviles, ociosas y vagabundas a que sirvan a la república en cierto ministerio apto según su condición y necesidad pública para conservar el bien común»; pero se usó con mucha cautela de este pretendido derecho, por temor de que esos indios se fugaran de Chile. Empleáronse, en cambio, otros arbitrios, como sacar del ejército a los soldados que pudiesen servir en esos trabajos, conmutar las penas impuestas a ciertos criminales por la obligación de tomar parte en ellos, y traer a Santiago indios de los distritos vecinos. Pero estos arbitrios remediaron en pequeña escala la escasez de trabajadores.[492]

El gobernador Mujica, en los primeros días que siguieron a aquella catástrofe, había propuesto al rey otro arbitrio para remediar en parte la pobreza general que aquélla había producido. «Cuando fui a recibirme de presidente,

---

491 Carta citada del gobernador Mujica, de 15 de julio de 1648. Según un informe inédito de la Real Audiencia de 8 de julio de 1648, estos arreglos dieron lugar a un semillero de pleitos de la más laboriosa y difícil resolución.
492 La Real Audiencia ha dado cuenta de estas dificultades en el informe inédito que hemos citado en la nota anterior.

escribía con este motivo, reconocí muchas causas suficientes para excusar la Real Audiencia de este reino, pues cuantos pleitos ocurren de su jurisdicción, así los que tocan al real fisco como a pedimento de partes, todos son sobre amparo de indios, mensura de tierras y cosas de tan poco momento, que tuve mucho que admirar considerando el gasto grande que tiene la hacienda real de Vuestra Majestad en sus ministros, como los empeños que a los vecinos resultaban sobre tanta pobreza en el lucimiento que ocasiona la autoridad de la Audiencia, y los salarios que continuamente pagaban a letrados, formando pleitos eternos sobre materias de muy poca entidad, y lo que más de sentir es, obligando la asistencia personal del litigio a faltar a sus estancias y los gastos que de asistir en la Corte resultan. Y finalmente, cuando la Audiencia debía ser causa de evitar pleitos, reconocí que solo servía de que se siguiesen pleitos y ruidos, que a no haberla, sin duda se excusaran, y la justicia del pobre tuviera su lugar, porque como le falta caudal para derechos de abogacía y otros, y no tienen con qué comprar papel sellado, ni introducción para hablar con los oidores y representar su razón (no porque ellos se le nieguen sino porque su cortedad y miseria le embarazan), perece totalmente, y el rico consigue cuanto pretende porque para todo tiene diferentes comodidades. Hoy se acrecientan a las referidas causas las calamidades en que se ve esta miserable república, sin recurso humano a la reparación de ellas, y la Real Audiencia sin casas en que administrar justicia, sin cárceles, ni cajas reales. No se puede reedificar en muchos años por la suma pobreza de la ciudad, y sería de mayor importancia el costo de estos edificios que todos los derechos que a Vuestra Majestad puedan pertenecer en muchos años, cuanto más siendo universal la asolación y tan intolerable, como tengo representado a Vuestra Majestad, el servicio de unión de armas y papel sellado.»[493] El gobernador terminaba proponiendo que se encargase de nuevo la administración de justicia a los alcaldes ordinarios y a un teniente gobernador, como un medio de ahorrar grandes gastos a la Corona y de aliviar a los vecinos de las cargas impuestas por la costosa prosecución de juicios ante la Audiencia. Esta proposición no fue atendida, indudablemente por motivos de orden político.

---

[493] Carta del gobernador Mujica, de 6 de junio de 1647.

9. Las causas del terremoto según los teólogos de la época

La catástrofe de 13 de mayo de 1647 tuvo otras consecuencias económicas y sociales de menor importancia; pero produjo un aumento de devoción religiosa que dejó recuerdos duraderos en la tradición y en las prácticas de la vida colonial. La superstición popular veía un milagro evidente en cada uno de los accidentes del terremoto. Cada convento exhibió la imagen de uno o de algunos santos salvados de la ruina de las iglesias por algún prodigio portentoso. Nacieron de aquí fiestas y procesiones, que preocuparon a la ciudad durante mucho tiempo.

De todas esas imágenes, fue el crucifijo de san Agustín, llevado a la plaza la noche del terremoto, la que alcanzó más veneración y respeto. Fue en vano que los jesuitas sacaran de las ruinas de su iglesia otro crucifijo, del cual se contaban milagros más portentosos. Referíase que las piedras caídas de las paredes le rompieron los brazos y le infirieron en la cabeza una herida de que manó sangre verdadera que bañó su rostro, pero que, a pesar de todo, y por un prodigio sobrenatural, se mantuvo derecho en la cruz, sujeto solo por el clavo de los pies. El pueblo que no dudaba de este milagro, dio, sin embargo, la preferencia al crucifijo de san Agustín; y en su honor se instituyó que cada año, el día aniversario del terremoto, se le haría una solemne procesión, que hemos visto perpetuarse hasta nuestros días.

Habría sido curioso estudiar los efectos geológicos del terremoto del 13 de mayo de 1647. Todo hace creer que produjo un solevantamiento de la costa, más sensible quizá que los que han producido otros cataclismos de la misma naturaleza. Aunque los fenómenos de esta clase no exigen del observador ni una gran sagacidad ni mucha ciencia, parece que nadie fijó su atención en ellos, puesto que ninguna relación nos ha dado la menor noticia. En cambio, los contemporáneos de esa catástrofe se ocuparon mucho en discutir con el criterio de las ideas teológicas de la época, las causas que la habían producido. Para el mayor número de ellos, para el gobernador Mujica, para casi todos los predicadores que hicieron tronar los púlpitos improvisados en medio de las ruinas, el terremoto era una manifestación de la ira de Dios para imponer un justo castigo al pueblo de Santiago por sus grandes culpas. «Castigo justo de la mano de Dios, decían los ministros del tesoro en la relación que enviaron al rey, pero benigno y misericordioso según nuestros grandes pecados.» Otro contemporáneo célebre, el padre Rosales, sostenía que los temblores de tierra son de dos clases diferentes. «Unos, dice, suceden por particular voluntad de Dios y para castigo de culpas. Otros suceden por varias causas naturales, dejándolas Dios obrar para ostentación de su poder y aviso de su justicia, contando con ella su misericordia.» El terremoto del 13 de mayo pertenecía, según él, a este segundo género.[494] Esta opinión no ha sido seguida por los cronistas posteriores.

Pero quien ha discutido más prolijamente esta materia es el obispo Villarroel. Pasa en revista la devoción de los habitantes de Santiago, las prácticas religiosas a que vivían consagrados, la abundancia de cofradías, la frecuencia de confesiones, el celo piadoso del clero y de las monjas, y declara que «conforme a buena teología y a la ley de Dios, sería pecado mortal juzgar que sus delitos asolaron este pueblo». Sin embargo, en otros pasajes de su libro sostiene que es muy peligroso que los ministros legos pongan la mano en los negocios eclesiásticos, y que en muchas ocasiones tales avances han sido castigados por Dios con graves terremotos.[495] Según este criterio, si el temblor del 13 de

---

[494] Rosales, *Historia general*, libro IX, capítulo 17.

[495] Véase su *Gobierno eclesiástico pacífico*, cuestión XX, artículo 2, número 6 y siguientes; y la cuestión I, artículo 12, número 60 y siguientes.

Como habrá podido verse en las páginas anteriores, existen acerca del terremoto de mayo, aparte de los acuerdos del Cabildo y de otros documentos varios, diversas relaciones contemporáneas que contienen abundantes noticias acerca de esta catástrofe. Las más notables son los informes de la Real Audiencia, dados en 1647 y 1648, dos de los cuales se hallan publicados en las págs. 456-473 del 2.º tomo de *Documentos* de don Claudio Gay, junto con la carta citada de los ministros tesoreros de Santiago; la extensa relación escrita por el obispo Villarroel, que insertó en la cuestión XX, artículo 2 de su Gobierno eclesiástico, y que más tarde ha sido reimpresa: la relación citada del padre González Chaparro, y las cartas inéditas hasta ahora del gobernador Mujica, de donde hemos sacado muchas de nuestras noticias. Las descripciones que del terremoto han hecho los cronistas, son bastante deficientes.

Pero existe una obra especial que contiene las más latas noticias que pueden apetecerse sobre todos esos sucesos. Nos referimos al libro publicado por don Miguel Luis Amunátegui en 1882 con el título de *El terremoto del 13 de mayo de 1647*, que forma un volumen de 616 páginas en 4.º. Por el estudio prolijo de casi todas las antiguas piezas que se refieren a esa catástrofe, por la claridad en la exposición, por los abundantes y bien escogidos documentos o fragmentos de ellos que ha dado a luz, y por las noticias de todo orden que contiene, ese libro es de una importancia capital para conocer la historia de esa catástrofe y de sus consecuencias materiales y morales, y constituye, además, un rico arsenal de datos para la historia social de Chile durante el siglo XVII.

Obligados a encerrarnos en un cuadro mucho más reducido, nos ha sido forzoso desechar numerosos pormenores que no podrían hallar cabida en una historia general. Pero dispo-

mayo fue preparado por la cólera de Dios para castigar a los hombres, no fue por los pecados de éstos, sino por las competencias que el poder civil había tenido en los años anteriores con los obispos, y principalmente con el iracundo don fray Juan Pérez de Espinosa, muerto hacía más de veinte años, dejando la reputación de haber sido el prelado más pendenciero de esta diócesis. Las páginas del obispo Villarroel que recordamos, son un reflejo fiel de las ideas que acerca de prerrogativas eclesiásticas dominaban en el clero de esa época.

---

niendo de documentos inéditos y desconocidos hasta hoy, creemos haber dado más luz sobre algunos de los hechos relacionados con esa catástrofe.

Capítulo XIII. Gobierno de don Martín de Mujica. Su muerte. Interinato de don Alonso de Figueroa. Principio del gobierno de Acuña y Cabrera (1648-1653)

1. Nuevos trabajos del gobernador para adelantar la pacificación del territorio araucano. 2. Muerte de don Martín de Mujica. 3. Gobierno interino del maestre de campo don Alonso de Figueroa y Córdoba. 4. Llega a Chile el gobernador don Antonio de Acuña y Cabrera y celebra nuevas paces con los indios en Boroa. 5. Los indios cuncos asesinan a los náufragos de un buque que llevaba el situado a Valdivia. Medidas tomadas para su castigo. 6. Vacilaciones de Acuña ante los consejos encontrados; recibe el título de gobernador propietario.

1. Nuevos trabajos del gobernador para adelantar la pacificación del territorio araucano

Retenido en Santiago por las atenciones y trabajos de que hemos dado cuenta en el capítulo anterior, el gobernador don Martín de Mujica se ocupó todavía en disponer otras medidas con que creía dar movimiento y seguridades al comercio, y levantar la ciudad de la postración a que había sido reducida. Su espíritu religioso lo llevó también a dictar otras providencias para asegurar la conversión de los indios y destruir sus supersticiones y, al efecto, prohibió las fiestas y reuniones de los indígenas por cuanto «en ellas, decía, intervenían pactos implícitos con Satanás», y retardaban su conversión definitiva al cristianismo.[496] El gobernador, como el mayor número de sus contemporáneos, no

---

[496] Es curioso, como característico de la época, lo que a este respecto escribía el gobernador al rey en su citada carta de julio de 1648. «El natural de los indios es tan inclinado a la idolatría de sus padres y en la que se criaron, dice allí, que fácilmente se reducen a las primeras supersticiones, agüeros y engaños en que el demonio los tenía inducidos, y así no hay permisión que se les haga para su entretenimiento, sus juegos o fiestas, que no sea para memoria de sus ritos y ceremonias antiguas. El juego que llaman de la chueca, que es de los lícitos, que los labradores usan en Castilla la Vieja, se les concedía que los días de fiesta le jugasen, presente un alcalde ordinario u otro ministro de justicia por que no se embarazasen en pendencias, y como tienen en las manos instrumentos a propósito para herirse, que son del mismo entretenimiento, se dispuso hubiese luego allí quien pudiese apaciguarlos y dividirlos. De verlo, la gente ociosa de diferentes castas, como son mestizos, mulatos, zambos y otros, y aun muchos españoles y españolas, ha podido vencerlos la infamia, de modo que ya juegan con ellos; y mudando trajes, vistiéndose con pieles de animales y plumas, en que fundan la ventura del ganar, envuelven sacrificios a sus ídolos y aun intervienen pactos implícitos con Satanás, de que he sido advertido de los religiosos que los confiesan, y esta materia corre con escándalo y notoriedad en el reino.»

estaba preparado para comprender que la transformación moral e intelectual de los indios no podía ser la obra de un día ni de un año; y de allí el que atribuyesen a la intervención directa del demonio la persistencia pasiva, pero incontrastable con que aquellos guardaban sus hábitos y preocupaciones.

Los negocios de la frontera, que no daban un año de descanso a los gobernadores, llamaron a Mujica a Concepción en los últimos días de noviembre. Lleno de ilusiones en el resultado de los trabajos emprendidos para obtener la pacificación completa del territorio, esperaba consolidar la paz celebrada con los indios, reducir otras tribus y establecer en ese verano algunas poblaciones o fuertes. Así, pues, al llegar a Concepción, el 15 de diciembre, mandó activar los aprestos para hacer otra nueva campaña. Dejando solo las guarniciones indispensables en las plazas de la frontera, entraría en el territorio enemigo todo el ejército español dividido en dos cuerpos, uno por la región de Arauco y Tucapel, y otro por Nacimiento y Angol; y reuniéndose en un solo cuerpo en Lumaco, avanzaría hasta Valdivia y su comarca para dejar expedita la comunicación y afianzado el sometimiento de los indios. El gobernador, que pensaba mandar en persona la campaña, salió de Concepción el 1 de enero de 1648 a la cabeza de las tropas que debían expedicionar por el lado de la costa.

Sin embargo, don Martín de Mujica no pudo pasar del nuevo fuerte de Tucapel. Un violento ataque de gota lo postró de tal manera que fue necesario transportarlo a Concepción. No queriendo demorar la empresa un solo día, dio al maestre de campo Fernández de Rebolledo, junto con el mando de todo el ejército, las más prolijas instrucciones de cuanto debía hacer. El principal encargo que esas instrucciones contenían, era el de fundar un fuerte en la arruinada ciudad de la Imperial o en sus inmediaciones, levantar una iglesia, cuarteles, depósitos de municiones y viviendas para los religiosos que lo acompañaban. Ese fuerte, que debía ser el núcleo de una ciudad, serviría, según sus propósitos, para mantener expeditas las comunicaciones entre Concepción y Valdivia.

El maestre de campo ejecutó este encargo sin grandes dificultades. Los indios de esa comarca, impotentes para oponer resistencia a un ejército de

---

Por estas consideraciones, el gobernador Mujica, por bando de 7 de noviembre de 1647, prohibió bajo las penas más severas el juego de la chueca. No estará de más recordar que los indios de Chile, contra lo que dice este informe, no eran idólatras propiamente tales, ni tenían ídolos ni ceremonias religiosas; y que si los españoles hallaron algunas de estas costumbres en la región del norte, ellas eran del resultado de la dominación peruana.

cerca de 1.000 soldados españoles y de otros tantos indios auxiliares, se mostraban tranquilos y pacíficos. En Boroa, en el sitio mismo en que bajo el gobierno de García Ramón existió otro fuerte, estableció su campo Fernández Rebolledo, y desplegando una gran actividad, en menos de un mes levantó bastiones, abrió fosos, construyó cuarteles y graneros y lo dispuso todo para su defensa. Dejó allí ochenta y tres soldados de caballería con víveres para un año, y dos padres jesuitas,[497] y dio la vuelta al norte con su ejército. A su regreso, las tropas españolas se ocuparon ese verano en fortificar y dar ensanche a la plaza de Nacimiento, sobre las orillas del Biobío, para mantener las comunicaciones mediante algunas barcas que se pusieron en ese río.

Mientras tanto, el capitán Gil Negrete, gobernador de Valdivia, fundaba algunos fortines en los lugares inmediatos, sin encontrar por entonces resistencia formal de los indios. El gobernador recibía en Concepción con el más vivo contento estas noticias de los progresos de sus armas, que eran para él un signo evidente de que se acercaba el momento de la pacificación definitiva de todo el país. Los jesuitas, por su parte, le daban cuenta de los progresos que hacían en la conversión de los indios, del deseo que éstos mostraban por bautizarse y de la confianza que debía tenerse en el resultado de aquellos trabajos. «Cuando el gobernador don Martín de Mujica, escribe uno de los jesuitas, supo el fruto que con la comunicación de los indios por medio de estos fuertes hacían los padres en sus almas y cuan domésticos estaban y deseosos de recibir nuestra santa fe, holgose en extremo por ver que se iban cumpliendo sus deseos y los de Su Majestad de la conversión de la gentilidad, y dio muchas gracias a Dios, y escribió a los padres estimando las diligencias que hacían por salvar aquellas almas, animándoles a proseguirlo, y con su gran piedad les envió 2.000 rosarios para que repartiesen a los indios que se cristianasen, y lo mismo hizo con los padres de Boroa, que sabiendo la voluntad con que aquellos indios recibían la fe y los bautismos que se hacían, nos envió otra partida de rosarios y nos escribió una carta muy cristiana y pía, y como la pudiera escribir un obispo, exhortando a la predicación del evangelio y a la extensión del nombre de Cristo y dilatación de su fe santa, con un celo y fervor que prendían fuego.»[498] Esta distribución de rosarios a los indios bárbaros a quienes el gobernador quería reducir, es un

---

497 Uno de ellos era el padre Diego de Rosales, autor de la *Historia general del reino de Chile* que hemos citado con tanta frecuencia. El otro era el padre Francisco Astorga.
498 Rosales, libro IX, capítulo 23.

hecho que caracteriza a un hombre y a una época en que se creía vivir en un mundo sobrenatural.

A pesar de esta confianza del gobernador, y, aunque en algunos distritos los indios se mantuvieron en una quietud relativa, los españoles que se habían establecido en aquellos lugares estaban obligados a vivir con las armas en las manos y, aun, a sostener una guerra constante con las tribus de más al sur, hasta las orillas del río Bueno y la arruinada ciudad de Osorno. Algunos de sus capitanes, interesados en hacer cautivos, daban impulso a esas operaciones militares, expedicionando contra los indios de aquellos lugares y, aun, atacando con fútiles motivos a otras tribus que no habían ejecutado verdaderos actos de hostilidad. El gobernador había encargado en el principio que fuesen degollados todos los indios de más de quince años de edad que habiendo dado la paz volviesen a tomar las armas; pero cuando vio los horrores de esa lucha, dio el mando de la plaza de Boroa al general Ambrosio de Urra, con instrucciones mucho más humanas, hizo poner en libertad a muchos de los cautivos tomados en las correrías anteriores, y trató de regularizar el comercio que se hacía, vendiendo por esclavos los indios prisioneros, muchos de los cuales eran extraños a toda rebelión. «Su Majestad, como católico, decía el gobernador, quiere y es voluntad real que todas las piezas (cautivos) que se cojan, sean doctrinadas y bautizadas para reducirse al gremio de la Iglesia, a cuyo fin se permite esta guerra, siendo ésta la causa más esencial de cuantas se ofrecen para continuarla, lo cual no puede tener cumplido efecto volviendo a su gentilidad, y queda sin castigo el enemigo. Y así ordeno que todas las piezas y gandules que se maloquearen, sin ocultar ninguna, pena de perderla, en que desde luego condeno a quien lo hiciere, las manifiesten así los indios como los españoles, al general Ambrosio de Urra para que tome razón en un libro que para solo este efecto ha de tener.»[499] Los indios, después de examinados sus antecedentes, y de comprobada su edad, con consulta de los padres jesuitas, eran inscritos en aquel registro, y pasaban a ser esclavos; pero esta esclavitud, según las ideas del gobernador, debía redundar en beneficio de sus almas, porque sería ocasión de bautizarlos y de hacerlos cristianos.

---

499 *Instrucciones* dadas por el gobernador Mujica al general Ambrosio de Urra, Concepción, 28 de marzo de 1648.

Todo hace creer que la situación de los españoles que sostenían aquella guerra era verdaderamente lastimosa, y que las privaciones y miserias que sufrían conservaban en sus campamentos la desmoralización que los gobernadores habían pretendido combatir. «Por este tiempo, dice un cronista contemporáneo, se huyeron de Valdivia veintiséis soldados y un negro, en un barco, hombres todos pusilánimes y cansados de los trabajos de la milicia y de bajos pensamientos por lo que después hicieron.»[500] Habiendo ocurrido el incendio casual de un rancho en la isla de Mancera, en la misma noche en que se ponían en viaje, los fugitivos se creyeron descubiertos, y metiéndose por los canales del sur, fueron a asilarse entre los indios enemigos. Algunos de ellos fueron asesinados por los bárbaros en sus fiestas y borracheras, tres lograron escaparse al otro lado de las cordilleras y llegar después de peligros infinitos a Buenos Aires; pero hubo otros que consiguieron aplacar a sus aprehensores, y aliados a ellos pasaron a dirigirlos en las operaciones militares en contra de los defensores de Valdivia.

2. Muerte de don Martín de Mujica

El gobernador Mujica permaneció todo aquel año (1648) en Concepción ocupado en dirigir esas operaciones militares con que creía adelantar la pacificación definitiva del reino. Pero atenciones de otro orden lo llamaban a Santiago, donde se continuaban los trabajos de reconstrucción de la ciudad. A mediados de abril de 1649, después de asistir religiosamente en Concepción a las fiestas de Semana Santa, y de cumplir los deberes religiosos a que daba tan marcada importancia, se puso en camino para la capital. Cuéntase que durante su viaje hizo cuantiosas limosnas para la reedificación de algunas iglesias de campo destruidas por el terremoto. En Santiago fue recibido con gran satisfacción por el Cabildo y por el vecindario, y especialmente por las órdenes religiosas, a las cuales había socorrido tan generosamente después de aquella catástrofe.

«Estaba sano y bueno, dice el cronista que nos ha legado más amplias noticias sobre estos sucesos. Acabando de oír misa y sermón, vino a comer al tercer día que llegó a Santiago. La comida era de ostentación, los convidados muchos, y al primer plato que le pusieron de una ensalada, apenas la comenzó a comer cuando sintió la fuerza de un eficacísimo veneno, y echando con bascas y espuma, se le trabó la lengua, levantose de la mesa, fuese a la cama y

---

500 Rosales, libro IX, capítulo 23.

dentro de una hora murió enajenado de los sentidos. Quedaron todos atónitos y espantados de una muerte tan acelerada de un gobernador tan querido, de tan grandes prendas y de tan acertado gobierno, y mostraban el sentimiento en los ojos, no habiendo persona que no le llorase. Fueron varios los juicios que se echaron sobre su muerte. El día del juicio se sabrá quién la hizo, si es que fue veneno, como dijo el común; pero las justicias no se persuadieron a eso ni a que un caballero tan bien quisto y tan amado tuviese enemigo que le quitase la vida, y así no hicieron averiguación ni pesquisa sobre su muerte.»[501]

La historia carece de datos seguros para pronunciar si en verdad la muerte de don Martín de Mujica fue el efecto de un crimen. Es evidente, sin embargo, que ésta fue creencia general de sus contemporáneos. Otro de éstos, el maestre de campo don Jerónimo de Quiroga, escribía poco más tarde estas breves, pero maliciosas palabras: «Bajó a Santiago el gobernador, y a los tres días de su llegada murió con sentimiento de todos, menos de un togado que depuso de su empleo y lo confirmó el rey».[502] Sea de ello lo que se quiera, la verdad es que la muerte del gobernador produjo una dolorosa impresión en todo el reino, donde la seriedad de su carácter, su espíritu activo y laborioso, su alma caritativa y hasta su acendrada devoción, le habían ganado las simpatías casi universales.

---

[501] Rosales, *Historia general*, libro IX, capítulo 25. Es digno de notarse que este cronista, contemporáneo de este suceso y tan prolijo de ordinario, no haya señalado la fecha precisa de la muerte del gobernador don Martín de Mujica. El mismo silencio se observa en los otros cronistas contemporáneos y, por lo tanto, en los posteriores. En los minuciosos documentos de la época que he podido consultar, hay, como debe suponerse, muchas referencias a la muerte del gobernador, pero en ninguno le hallado indicada la fecha exacta. De los libros del cabildo de Santiago, aparece que este cuerpo no celebró sesión del 16 de abril al 23 de mayo de 1649; y como en este intervalo ocurrió el fallecimiento de Mujica, se comprende que en aquellos libros no se haga mención de ese suceso. De la comparación y de la aproximación de las fechas inmediatamente anteriores y posteriores, puede asentarse, sin temor de equivocarse mucho, que el gobernador ha debido morir en los primeros días del mes de mayo.

[502] Jerónimo de Quiroga, *Compendio histórico*, § 31, publicado en el tomo 23 del *Semanario erudito de Madrid*, y reimpreso en el tomo 12 de la *Colección de historiadores de Chile*. Aunque Quiroga no nombra a ese letrado, por los documentos de la época, se deja ver que se refiere al protector general de indígenas don Antonio Ramírez de Laguna, separado de su destino por Mujica en 1646, según contamos en el capítulo anterior, y repuesto por el rey. Otro cronista posterior, don Pedro de Córdoba y Figueroa, que también parece creer en el envenenamiento de don Martín de Mujica, dice que las sospechas recayeron en un individuo de la familia del gobernador, que había cometido ciertas falsificaciones y que temía ser descubierto. Carballo, *Descripcion histórico-geográfica del reino de Chile*, tomo II, capítulo 21, ha repetido esta versión.

Un tercer escritor contemporáneo, que casi siempre revela un criterio bastante seguro, nos ha dejado un retrato muy lisonjero de este gobernador en las líneas siguientes: «Con sus buenas disposiciones en lo militar, acompañadas de la justa distribución de los puestos, y con otras que en lo político acreditaban su buen celo, gran talento, liberalidad y justicia, (el gobernador Mujica) se hizo a un tiempo amar y temer. Socorría a los pobres de su mismo caudal; hacía observar sus bandos con entereza inviolable, asegurando los caballos, que en las fronteras son bienes comunes, por el uso que hay de hurtarlos unos a otros. Singularísimas fueron las prendas de este caballero, digno de mayores ocupaciones. Murió cuando más necesitaba aquel reino de tal cabeza, súbitamente, estando comiendo una ensalada en la ciudad de Santiago de Mapocho, por mayo de 1649. Fue su muerte tan bien llorada del común como sentida después, reconociéndose cada vez más la falta de tan gran sujeto».[503]

El cadáver del gobernador fue sepultado aparatosamente y en medio de las demostraciones del duelo público, en la iglesia de madera improvisada después del terremoto. «Reedificose la catedral, añade Jerónimo de Quiroga, y al pasar a ella los huesos del dicho gobernador, se halló incorrupta una mano; y el señor obispo Villarroel predicó que era por las limosnas que hacía.» La persistencia con que los cronistas posteriores han repetido este pretendido prodigio, y la explicación dada por el obispo, al paso que revelan el mantenimiento de la credulidad de aquellos días, hace ver que don Martín de Mujica había dejado un recuerdo duradero de sus virtudes.

3. Gobierno interino del maestre de campo don Alonso de Figueroa y Córdoba

Según hemos contado en otra parte,[504] Felipe IV, por una cédula de 7 de mayo de 1635, había conferido al virrey del Perú la facultad de proveer a las vacantes de gobernador de Chile por medio de un nombramiento anticipado que guardaría la Real Audiencia en pliego cerrado y secreto. Era ésta la primera vez que se iba a usar este sistema. La Real Audiencia abrió el último pliego que para este efecto había recibido del Perú, y halló en él una provisión de 5 de marzo de 1643, por la cual se nombraba gobernador interino de Chile al

---

503 Don José Basitio de Rojas y Fuentes, *Apuntes históricos*, etc. publicados en el tomo XI de *Colección de historiadores de Chile*. Véanse la, págs. 173 y 174.
504 Capítulo 9, § 6, pág. 248 de este tomo.

maestre de campo don Alonso de Figueroa y Córdoba.[505] Pero esa provisión estaba firmada por el marqués de Mancera, que el año anterior había dejado de ser virrey del Perú; y esta circunstancia dio origen a que se intentara dificultar su cumplimiento. Don Nicolás Polanco de Santillán, oidor más antiguo del supremo tribunal, sostenía que aquella provisión había caducado; y reclamaba para sí el gobierno interino del reino, según las prácticas usadas antes que el rey hubiera dado la cédula de 1635; pero la Audiencia, pronunciándose contra ese parecer, mandó que fuese reconocido gobernador interino el maestre de campo Figueroa y Córdoba. El rey, por su parte, al tener noticia de estas competencias, sancionó el acuerdo del supremo tribunal, y mandó que en adelante se cumpliera en la misma forma su anterior resolución.[506]

Era el nombrado un militar envejecido en el servicio de las armas. Soldado desde la edad de dieciséis años, llegó a Chile en 1605, en el refuerzo de tropas que trajo de España el general don Antonio de Mosquera; y había recorrido aquí todos los grados de la milicia, hasta llegar al de maestre de campo, que poseía hacía veinticuatro años. Parece que si Figueroa y Córdoba no podía recordar servicios tan brillantes como algunos otros capitanes de su tiempo, su carrera estaba limpia de toda mancha, y gozaba por esto mismo, así como por la rectitud de su carácter, del respeto y de la consideración de sus compañeros de armas. Sus escasos bienes de fortuna, casi insuficientes para el sostén de su familia, lo mantenían, sin embargo, en una posición modesta, lo que no había impedido que algunos de los gobernadores lo distinguieran con particular aprecio. Don Martín de Mujica lo había honrado con su confianza, hasta el punto de darle uno de los cargos más importantes del reino, el de gobernador de la plaza

---

505 Cuenta el padre Rosales, libro IX, capítulo 26, que la provisión del virrey del Perú nombraba en primer lugar a don Fernando de Cea, en segundo a Alonso de Villanueva y Soberal, y en tercero a don Alonso de Figueroa y Córdoba; y que habiendo muerto ya los dos primeros, cupo el gobierno al último de los nombrados. En una real cédula de 6 de mayo de 1651, concerniente a esta designación, se cuentan las cosas de muy distinta manera. «Habiéndose visto el postrer pliego, dice, en el cual se nombraba en primer lugar a don Alonso de Figueroa, y otros dos en segundo y tercero, que eran muertos y sobrevivía don Alonso, etc., etc.». De otros documentos aparece que la versión del rey es la verdadera.

506 La Real Audiencia dio cuenta al rey de estos altercados en carta de 29 de julio de 1649; y entonces dictó Felipe IV la cédula de 6 de mayo de 1651 a que nos hemos referido en la nota anterior. Después de hacer en ella la historia sumaria de toda la competencia, como era costumbre en esas piezas, el rey aprobaba la resolución de la Audiencia y mandaba expresa y terminantemente que en adelante se diera a su cédula la misma inteligencia.

de Valdivia, que en esos mismos días iba a quedar vacante por cuanto el capitán Gil Negrete debía pasar al gobierno de Tucumán por designación del rey.

Sin nuevos inconvenientes, Figueroa y Córdoba fue recibido en Concepción a mediados de mayo en el cargo de gobernador interino. Contrajo toda su atención a los negocios militares, preparándose para continuar en la primavera siguiente los trabajos de reducción de los indios. «Habiendo llegado el tiempo para ponerse en campaña con el ejército, escribe él mismo, queriendo ejecutar las disposiciones que había preparado, me embarazó a hacerlo el haber reconocido la mayor y más general falta de mantenimientos que de muchos años a esta parte ha experimentado este reino, originada de la esterilidad de la tierra, particularmente la de los indios amigos, con que forzosamente me hallé obligado a esperar las cortas cosechas y que se aseguren las mieses para proseguir la marcha hasta donde se pudiese, sin perdonar diligencia conveniente al servicio de Vuestra Majestad En tanto que esto se consigue, añade, por no tener la gente ociosa, y por hacer nuevas experiencias de los indios amigos nuevamente reducidos, empeñando su fidelidad en odio y castigo de los rebeldes, ordené se hiciese una entrada a las tierras enemigas con buen número de gente para que el destrozo junto con la necesidad que padecen, los obligase a reducirse al debido vasallaje de Vuestra Majestad y al gremio de la Iglesia.»[507] Estas correrías, enteramente ineficaces para obtener el sometimiento de los indios, y mucho más aún su conversión al cristianismo, no daban otro resultado que la captura de algunos prisioneros que luego eran negociados como esclavos.

Pero si el gobernador interino pensó en los primeros días de mando en acometer empresas militares de alguna trascendencia, su entusiasmo debió enfriarse antes de mucho tiempo. Su primer cuidado al recibirse del gobierno había sido comunicar su elevación al rey de España y al virrey del Perú, pidiendo a ambos que se sirvieran confirmarlo en este puesto; pero solo cosechó una bochornosa decepción. «Representé, dice él mismo, al nuevo virrey del Perú conde de Salvatierra, cuan conveniente era el servicio de Vuestra Majestad que gobernase estas armas persona experta en ellas, que tuviese conocimiento de la forma con que se hace la guerra a este enemigo y de su naturaleza y arte, todo muy distinto a lo de Europa, y necesario para la conservación de la paz que se goza y sujetar a los rebeldes, y que por faltar este conocimiento a los gober-

---

507 Carta de don Alonso de Figueroa y Córdoba al rey, Concepción, octubre 25 de 1649.

nadores que vienen de España y querer gobernarse con las mismas disposiciones de Flandes o de Italia, aunque han sido grandes soldados y de mucho nombre en aquellas partes, no se ha dado fin a esta guerra y se ha errado la forma siempre. Y que pues en este gobierno me había cabido la suerte a mí por estar nombrado en primer lugar, y era notoria la aprobación con que he gobernado las armas en cuarenta y cinco años que ha sirvo a Vuestra Majestad en este ejército, ocupando repetidamente el puesto de maestre de campo general de más de veinticuatro años a esta parte, con aciertos tan grandes y con triunfos tan gloriosos que no los experimentó mayores este reino desde su principio hasta el tiempo presente, y que no era menos notoria la calidad de mi sangre y las obligaciones con que me hallaba de mujer y siete hijos, nietos (por su madre) de los primeros pobladores y conquistadores de este reino y del Perú, sin más caudal que mis méritos por haber servido en los puestos que he ocupado desnudo de intereses, celoso del mayor servicio de Vuestra Majestad, me confirmase el nombramiento de mi antecesor, despachándome nuevos títulos de gobernador, capitán general y presidente de la Real Audiencia de este reino en tanto que Vuestra Majestad se sirviese de proveerlos, y premiar con esta merced u otra de su real mano mis méritos. Y sin atender a estas conveniencias tan del servicio de Vuestra Majestad ni a mi calidad, servicios, obligaciones y pobreza, ni a que actualmente me hallaba en ejercicio de estos puestos, los ha proveído en el maestre de campo don Antonio de Acuña y Cabrera, dejándome con mayores obligaciones para mi decente lucimiento y con más imposibles y menos caudal para acudir a ellas, cuando apenas puedo sustentar moderadamente mi pobre y desamparada familia.» El anciano militar, al recibir en octubre de ese año (1649) la repulsa del virrey a sus pretensiones, debió sentirse desanimado para emprender las campañas que había proyectado.

Sin embargo, su sucesor tardaba en llegar, y mientras tanto las hostilidades de los indios en la comarca de Valdivia se hacían más y más inquietantes. En la noche del 24 de diciembre, conducidos por uno de los soldados españoles que habían desertado poco antes de aquella plaza, asaltaron un fuerte que solo distaba una legua de ella, mataron a casi todos los soldados que lo defendían, apresaron a otros y prendieron fuego a las palizadas y habitaciones. Más al sur todavía, tomaron como prisioneros a un padre jesuita de mucho prestigio, llamado Agustín Villaza, y a los españoles que en su séquito habían entrado confiadamente en el territorio enemigo con el propósito quimérico de convertir a los indios. Figueroa y Córdoba, en vista de estos hechos, se vio forzado a renovar en aquellos lugares las operaciones militares. Mientras las tropas españolas que guarnecían Valdivia y Boroa hacían la guerra a los indios rebeldes de esa región, el capitán don Ignacio Carrera Iturgoyen, que acababa de recibir el nombramiento de gobernador de Chiloé, desembarcaba en Carelmapu al frente de una buena columna, y a entradas del invierno de 1650, ejecutaba una penosa campaña para escarmentar a las tribus indígenas de la comarca de Osorno. Ahora, como en otras ocasiones, los expedicionarios talaron los campos de los indios, mataron muchos de éstos, y apresaron otros; pero no obtuvieron ninguna ventaja que hiciera presentir el término más o menos remoto de aquella lucha interminable.

4. Llega a Chile el gobernador don Antonio de Acuña y Cabrera y celebra nuevas paces con los indios en Boroa

Aunque el virrey del Perú tenía resuelto desde julio de 1649 el enviar otro gobernador para el reino de Chile, éste no pudo ponerse en camino para recibirse del mando sino ocho meses más tarde. El favorecido por la designación del virrey fue, como queda dicho, don Antonio de Acuña y Cabrera, viejo militar que gozaba en el Perú de cierto prestigio, más que por sus propios méritos, por la influencia de algunos parientes que tenía en la Corte. Antiguo soldado de las guerras de Flandes, no había alcanzado en ellas el renombre que tuvieron otros capitanes que antes habían venido a Chile. Con la protección de un tío, don Hernando Ruiz de Contreras, que fue secretario de Estado de Felipe IV, e individuo de algunos consejos de gobierno, obtuvo, sin embargo, un corregimiento en el Perú, y luego el cargo de maestre de campo de la plaza del Callao y el hábito de la orden de Santiago. Habiendo aceptado el título de gobernador interino de Chile que le ofrecía el virrey del Perú, Acuña y Cabrera levantó una compañía de infantería española, e hizo todos los aprestos de viaje. Estando próximo a embarcarse, recibió su nombramiento el 9 de marzo de 1650, y diecisiete días más tarde zarpaba para Chile en las naves que traían el situado.

En este reino era esperado desde tiempo atrás. El 4 de mayo, al desembarcar en Concepción, Acuña y Cabrera fue saludado con salvas de artillería; y tres días después (el 7 de mayo), recibido solemnemente por el Cabildo en el cargo de gobernador. Su primer cuidado fue distribuir bastimentos y vestuarios a los cuerpos españoles que guarnecían los fuertes, e imponerse del estado de la guerra, que como casi todos sus antecesores, se proponía llevar a término definitivo. Los informes que recibió, aunque más o menos contradictorios, eran en general lisonjeros. Contábase que la gran mayoría de las tribus enemigas habían aceptado la paz, y que aquéllas que persistían en una actitud hostil, habían recibido severos escarmientos que las obligarían en breve a deponer las armas.

El nuevo gobernador se dejó persuadir fácilmente por estos informes, y creyó que los tratos pacíficos y el empleo de los medios de suavidad reducirían en breve a todos los indios a la más perfecta sumisión. Oyendo los consejos de algunos padres jesuitas, mandó que se suspendieran las malocas, o entradas en las tierras del enemigo, y que se pusiera en libertad algunos indios que estaban prisioneros. Las ilusiones de Acuña y Cabrera cobraron luego mayor cuerpo. El capitán don Diego González Montero, que acababa de ser nombrado gobernador de Valdivia, le anunciaba que habían llegado a esa plaza algunos mensajeros de los indios del interior, de Calla-Calla y Osorno, a ofrecer la paz en nombre de sus tribus respectivas. Reunidos en parlamento en la iglesia de los jesuitas con todos los religiosos que allí había, con los militares de mayor graduación y con los caciques de los indios amigos, se había acordado comunicar esas proposiciones al gobernador del reino como un signo de las felicidades que Dios le deparaba en el desempeño de su cargo.[508] Ofrecimientos análogos a éstos habían hecho también los indios al gobernador de Chiloé; y, si bien esas manifestaciones debían inspirar muy poca confianza a los militares más experimentados en aquellas guerras, fueron recibidas con gran contento por Acuña y Cabrera y por sus consejeros.

Sin vacilar dispuso que el veedor del ejército Francisco de la Fuente Villalobos partiera de Concepción a desempeñar una misión semejante a la que había desempeñado bajo el gobierno de don Martín de Mujica, esto es, a convocar a todos los indios a un gran parlamento que se celebraría en el siguiente mes de enero para dejar establecida y sancionada la paz. Todas las providencias del gobernador Acuña iban encaminadas a aquietar a los indios por los medios más humanos y conciliadores para llegar a ese resultado. A pesar de sus repe-

---

[508] Carta de González Montero al gobernador Acuña, Valdivia, julio 10 de 1650, insertada por el padre Rosales, en el libro X, capítulo 3 de su *Historia general*.

tidas órdenes para que no se hiciesen malocas o correrías en los territorios enemigos, algunos de sus capitanes habían atacado con diversos pretextos a los puelches, que habitaban al otro lado de las cordilleras. Uno de ellos, don Luis Ponce de León, hizo en noviembre de ese año (1650) una entrada en las tierras de esos indios, y volvió con cuarenta y cuatro cautivos que debían ser vendidos por esclavos. El gobernador, reprobando expresamente estas operaciones, dispuso que el padre Diego de Rosales partiese de Boroa a la tierra de los puelches para dar libertad a los cautivos y para demostrar a esos indios las ventajas de la paz que se les ofrecía. El padre Rosales desempeñó sin inconvenientes esta comisión, y volvió a Boroa en enero siguiente persuadido de que se acercaba el término de aquella larga y fatigosa guerra.[509]

A mediados de enero de 1651 todo estaba listo para el solemne parlamento que debía celebrarse en Boroa. Comenzaban a llegar los indios, y se esperaba al gobernador que debía presidir la asamblea. Acuña y Cabrera, sea por la confianza que le inspiraba el estado de las negociaciones, o porque quisiese dar a sus tropas una prueba de arrojo, ejecutó en esa ocasión un acto que los más experimentados de sus capitanes calificaron de insensata temeridad. Mientras los tercios o divisiones de su ejército se preparaban para concurrir al parlamento de Boroa, el gobernador, sin comunicar sus propósitos ni a los españoles ni a los indios amigos, partía de incógnito, acompañado solo por seis capitanes de su confianza, de la plaza de Nacimiento el 19 de enero, y penetraba resueltamente en el territorio araucano. Un emisario suyo tenía prestos los caballos de remuda en un punto del camino. Galopando sin descanso dos días enteros y sin encontrar en ninguna parte enemigos que quisieran disputarles el paso, el gobernador y su comitiva llegaron de improviso a Boroa, causando en los oficiales y soldados reunidos allí un sentimiento de sorpresa y de admiración por aquella aventura tan imprudente como audaz que pudo haber costado la muerte de los viajeros y nuevas complicaciones en todo el reino.

El parlamento tuvo lugar el 24 de enero. Los caciques allí reunidos hicieron de nuevo sus ofrecimientos de paz, y renovaron, como de costumbre, sus protestas de estar animados del más sincero deseo de respetarla siempre. El gobernador Acuña, por su parte, aceptando este ofrecimiento, propuso las

---

509 El padre Rosales ha contado prolijamente este viaje y todos sus accidentes en el libro X, capítulo 4 de su obra.

condiciones estipuladas en las asambleas anteriores, y las amplió, además, con otras más francas y explícitas, que importaban casi claramente el sometimiento absoluto de los indios a la dominación del rey de España. Debían renunciar definitivamente al uso de sus armas sino para auxiliar a los españoles, trabajar en las fortificaciones de éstos, dar paso por sus tierras a las tropas del rey, facilitar por todos los medios las diligencias de los misioneros que fuesen a predicarles la religión cristiana, y reducirse a vivir como gentes pacíficas, consagradas a los trabajos agrícolas para la manutención de sus familias y del ejército. Los indios, a quienes las promesas empeñadas en tales circunstancias no obligaban a nada, aceptaron estas condiciones, como habrían aceptado cualesquiera otras que les hubieran dejado algunos meses de suspensión de hostilidades para hacer sus cosechas y reponerse de los quebrantos anteriores. «Acabose con gran regocijo de todos el juramento de las paces, dice un testigo ocular, y fue este día el más festivo que se ha visto en Chile, por no haberse visto jamás, si no es hoy, todo Chile de paz, desde Copiapó a Chiloé, sin que hubiese en todo el reino indio ni provincia de guerra, que si bien muchas veces y en tiempo de otros gobernadores se han celebrado paces, siempre han quedado alguna y algunas provincias de guerra; pero ahora no quedó provincia que no se hallase en este parlamento y diese la paz a Dios y al rey.»[510] El tiempo se iba a encargar en breve de desvanecer estas ilusiones.

 Desligado de estas atenciones, Acuña y Cabrera se propuso visitar toda la región que estaban ocupando los españoles. Aunque al día siguiente de la celebración del parlamento llegaron a Boroa las tropas que habían salido de las fronteras del Biobío, el gobernador mostraba tanta confianza en el resultado de aquellas paces, que se puso en viaje para Valdivia acompañado solo por diez hombres, si bien tuvo cuidado de ocultar su partida a los indios. Recibido ostentosamente en aquella plaza, recorrió, además, los otros fuertes inmediatos, desplegando en todo el mayor celo por el servicio del rey, y una incansable actividad. Al fin, reuniéndose a sus tropas en Boroa, emprendió la vuelta a Concepción, persuadido de que el parlamento que acababa de celebrar marcaba la época de la pacificación completa del reino. Sin embargo, como es fácil suponer, apenas el gobernador había vuelto las espaldas, recomenzaron

---

510 Rosales, obra citada, libro X, capítulo 5. Allí ha reproducido extensamente las bases de esta negociación, que por el ningún resultado que dieron no vale la pena que las detallemos con mayor amplitud.

las inquietudes de los indios, las pendencias entre unas y otras tribus y las alteraciones de algunas de ellas contra los españoles, excitadas por el espíritu turbulento de varios cabecillas y por la maldad de un desertor de Valdivia. El gobernador de esta plaza tuvo no solo que mantenerse en la más activa vigilancia sino que acudir con sus soldados a desarmar los nuevos gérmenes de insurrección.

5. Los indios cuncos asesinan a los náufragos de un buque que llevaba el situado a Valdivia. Medidas tomadas para su castigo

La noticia de las paces de Boroa fue comunicada prontamente a Santiago. Aunque la experiencia de tantos años debía haber enseñado a los colonos la ineficacia de los tratos que se celebraban con los indios, parece que en aquella ocasión fueron pocos los que no creyeron en el feliz resultado del último parlamento. Los padres jesuitas decían que Dios, compadecido de las desgracias del reino después de las terribles pruebas a que acababa de someterlo, le deparaba mejores días. Hiciéronse con este motivo grandes fiestas religiosas para dar gracias al cielo por aquellos pretendidos beneficios. Al anunciarse que el gobernador pasaría en breve a la capital a recibirse oficialmente del mando civil, la Audiencia dispuso que se le preparara un hospedaje conveniente; y el Cabildo, a pesar de la pobreza de la ciudad, pero contribuyendo con sus donativos los mismos capitulares, se empeñó en hacer a ese mandatario un ostentoso recibimiento. Dos de sus miembros fueron a esperarlo a las orillas del río Maipo, se le compró un caballo y una silla, se hicieron los arcos y se tendieron las colgaduras, según los antiguos usos, en las calles que el gobernador debía recorrer al entrar en la ciudad.

El gobernador Acuña llegó a Santiago el 30 de marzo de 1651. Recibido aparatosamente por el Cabildo, por la Audiencia y el vecindario, prestó el juramento de estilo y fue llevado enseguida a la catedral para asistir al Te Deum que el obispo tenía preparado.[511] Fue aquél un día de gran fiesta para la ciudad después de los luctuosos meses que se habían sucedido al gran terremoto de mayo de 1647. Pero la satisfacción del gobernador y del vecindario no duró

---

511 Don Miguel Luis Amunátegui ha publicado en las págs. 425-428 de *La cuestión de límites*, el acta del recibimiento del gobernador Acuña. Como las casas reales habían sido destruidas por el terremoto, la Audiencia había preparado para hospedarlo convenientemente la casa de una señora principal llamada doña Antonia Aguilera y Estrada.

largo tiempo. Un suceso inesperado, que importaba una pérdida considerable para el tesoro del rey, vino a demostrar cuan infundadas eran las esperanzas que habían hecho concebir las paces de Boroa, y a producir de nuevo la consternación y la alarma.

Antes de salir de Concepción, el gobernador había despachado para la plaza de Valdivia el buque que llevaba cada año el situado para el pago de la guarnición. Arrastrado por un fuerte temporal de viento noreste, ese barco pasó más allá del puerto de su destino, y fue a estrellarse el 21 de marzo en los arrecifes de la costa del sur que poblaban los indios denominados cuncos.[512] Algunos de los tripulantes perecieron en el naufragio; pero el mayor número de ellos logró salir a tierra. Ocupábanse éstos en salvar la carga de la nave cuando se vieron rodeados por numerosos grupos de indios que se decían dispuestos a prestarles auxilio y a conducirlos a Valdivia por los caminos de tierra. Es posible que sus ofrecimientos fueran sinceros; pero estimulados por la codicia del botín, aquellos bárbaros cambiaron prontamente de propósito, y cayendo a traición sobre los náufragos, los asesinaron inhumanamente. Uno solo de ellos, que por hablar la lengua de los indios, fue perdonado en los primeros momentos, fue también asesinado pocos días después. Los salvajes se alejaron del sitio del

---

512 No es posible fijar con toda exactitud el sitio del naufragio de esta nave. Don José Basilio de Rojas y Fuentes, escritor contemporáneo y casi siempre exacto, dice, en sus Apuntes históricos antes citados, que tuvo lugar a la latitud de 41º 30'. Según el padre Rosales, libro X, capítulo 9, fue «20 leguas más abajo del puerto de Valdivia». Según Carballo, tomo II, capítulo 24, el naufragio ocurrió en el cabo denominado Punta Galera, a 39 kilómetros al sur de ese puerto; y esta designación, que creemos la más desautorizada, ha sido seguida por algunos historiadores posteriores. Lo que sabemos de positivo sobre el particular es que ese buque se destrozó en la costa vecina a la destruida ciudad de Osorno. Los indios cuncos habitaban al sur del río Bueno.

Es igualmente incierta la fecha exacta del naufragio, porque los españoles no tuvieron noticia de él sino muchos días después. El padre Rosales la fija en el 3 de marzo de 1651, y otros cronistas posteriores en el 26 del mismo mes. Según los documentos contemporáneos tuvo lugar el 21, que es la fecha que nosotros seguimos.

El buque se llamaba San José, y era mandado por el capitán Gabriel de Leguima. Según la carta de los oficiales reales de Concepción dirigida al rey el 19 de abril de ese año, el situado que llevaba aquel buque importaba 70.000 pesos, una parte en ropas y mercaderías, y lo demás en moneda acuñada para el pago de las tropas. Aunque un cronista contemporáneo, Jerónimo de Quiroga, refiere que con esa nave perecieron ochenta personas, de las mejores fuentes aparece que entre tripulación y pasajeros no llevaba más que treinta y dos individuos, distribuidos en la forma siguiente: 18 españoles, un clérigo llamado don Diego Clavero, que volvía del Perú, dos mujeres, cuatro negros y siete indios de servicio.

naufragio, creyendo ocultar el crimen que acababan de cometer; pero las ropas, las telas y los demás objetos que se habían repartido fueron indicios suficientes para despertar las sospechas de las tribus vecinas, y para que llegara a los establecimientos españoles la noticia de aquel desastre.

En todas partes produjo esta noticia una justa y general indignación. No solo se veían frustradas las esperanzas de paz y se lamentaban las pérdidas de vidas y de capitales, sino que se sabía que por falta de aquel socorro la plaza de Valdivia y los fuertes vecinos iban a hallarse en la mayor angustia, faltos de vestuarios y hasta de víveres. Careciendo de recursos para proveer a las nuevas necesidades que creaba aquella desgracia, el gobernador Acuña se apresuró a comunicarla al virrey del Perú, para pedirle el envío de algunos auxilios. Como creyera que los indios que habían cometido aquel crimen se habían limitado a saquear las mercaderías que llevaba esa nave, dispuso que el capitán Gaspar de Alvarado se trasladase a Chiloé, y que volviese con buzos al sitio del naufragio para extraer el dinero que, desatendido por los bárbaros según se suponía, debía hallarse en el casco del buque. Esta diligencia, aunque practicada con todo empeño, no produjo el resultado que se esperaba.

En el primer momento, no se habló más que de aplicar a los indios un castigo tremendo y ejemplar. El gobernador mismo, a pesar de sus propósitos pacíficos, ordenó al capitán Juan de Roa, que mandaba en la plaza de Boroa, que se preparara para expedicionar contra los cuncos. Pero antes de mucho tiempo cambió de dictamen. Dos jesuitas que residían en las provincias australes, ambos de mucho prestigio y de gran ascendiente en el ánimo del gobernador, los padres Diego de Rosales y Juan Moscoso, le escribieron para demostrarle que «el delito que como bárbaros habían cometido los cuncos se podía castigar con otro género de castigo sin mover guerra». Sostenían ellos que la paz se conservaba inalterable en aquellas provincias, que el crimen había sido cometido por unos pocos indios, pero que era reprobado por las otras tribus; y que una expedición militar iba a hacer desaparecer todos los beneficios alcanzados por las últimas paces. El gobernador Acuña se dejó persuadir por estas representaciones y, en consecuencia, ordenó al capitán Roa que en cuanto dispusiese se ajustase al parecer y dictamen del padre Moscoso. «Nunca he querido, escribía a este último, que el acuerdo de todas mis disposiciones tengan ejecución sin preceder el de vuestra paternidad, por la satisfacción con que me aseguro los aciertos.»[513] No podía aquel alto mandatario mostrarse más sumiso a la influencia y al poder que los jesuitas habían adquirido en la dirección de los negocios públicos.

En Santiago también el gobernador había consultado el parecer de otros consejeros más legalmente autorizados: los oidores de la Real Audiencia. Las malocas o correrías en territorio enemigo, el abuso de apresar indios de todas edades y muchas veces pacíficos y extraños a la rebelión, para venderlos como esclavos, con violación de las leyes vigentes, habían llamado la atención de aquel alto tribunal, que atribuía a esos procedimientos el ser causa de la perpetuación de la guerra. En esta ocasión, reconociendo la necesidad de castigar a los autores del asesinato de los náufragos, se pronunció por que se evitara la repetición de aquellos horrores, y por que se conservase del mejor modo posible el estado de paz.

En virtud de todas estas resoluciones, los gobernadores de Valdivia y de Chiloé recibieron orden de entrar cada uno por su lado al castigo de los cuncos, absteniéndose de cometer hostilidades contra las otras tribus. Debían ambos proceder de acuerdo en todo, y reunirse en las orillas del río Bueno para combinar su acción. El capitán don Ignacio Carrera Iturgoyen, en efecto, partió de Chiloé con un cuerpo de tropas españolas y de indios auxiliares, y desembarcando en Carelmapu, avanzó hasta Osorno en el mes de noviembre. Los indios de aquella comarca, ya que no podían oponerle resistencia, lo trataron como amigo y, aun, entregaron a tres caciques que habían tomado parte principal en el asesinato de los náufragos. Los tres fueron condenados a la pena de garrote, y sus miembros descuartizados fueron colocados en escarpias en los campos vecinos para muestra del castigo. Después de recomendar a los indios las ventajas de conservar la paz, y de oír las protestas de éstos en el mismo sentido, Carrera Iturgoyen dio la vuelta a Chiloé sin haber logrado reunirse con el gobernador de Valdivia, don Diego González Montero.

Éste, sin embargo, había salido a campaña con 200 soldados españoles; pero la mal encubierta hostilidad de los indios le había impedido llegar en tiempo oportuno a las orillas del río Bueno, y contribuir por su parte al resultado de aquella expedición. Las mismas tribus que en el parlamento de Boroa

---

513 Carta del gobernador al padre Moscoso, Santiago, septiembre 13 de 1651. Se encuentra inserta, junto con otra que escribió un mes antes al padre Rosales, en la obra de este último, libro X, capítulo 9.

habían ofrecido no tomar las armas sino para auxiliar a los españoles contra sus enemigos, se negaban con diversos pretextos a acompañarlos en esta ocasión. González Montero se resignó a no contar con esos auxiliares; pero en su marcha fue, además, engañado por los falsos informes de algunos caciques que se le presentaban en son de amigos; y después de una fatigosa correría en que comenzó a sufrir la escasez de víveres, se vio forzado a regresar a Valdivia sin haber conseguido ningún resultado. Durante su ausencia, doce españoles habían sido asesinados a traición por los indios de la costa vecina a aquella plaza. Sus cabezas fueron repartidas en los diversos distritos de la región del sur como si se quisiera estimular un levantamiento general. A pesar de todo, la paz aparente se mantuvo por algún tiempo más;[514] pero no se necesitaba de una gran sagacidad para comprender que no podía ser de larga duración.

6. Vacilaciones de Acuña ante los consejos encontrados; recibe el título de gobernador propietario

El gobernador Acuña, después de haber permanecido cerca de nueve meses en Santiago, se hallaba de vuelta en Concepción el 15 de enero de 1652, en los momentos en que comenzaban a llegar las noticias del poco o ningún fruto sacado por las últimas expediciones. El castigo aplicado a los indios cuncos después del crimen cometido en marzo anterior, parecía irrisorio a los militares del ejército. En su propia casa tenía Acuña y Cabrera consejeros más ardorosos y resueltos que no se alarmaban ante la idea de la renovación de la guerra, porque ésta podía ser beneficiosa para sus intereses. El gobernador, hombre entrado en años, se había casado en el Perú con una mujer joven llamada doña Juana de Salazar, que ejercía sobre él un predominio ilimitado y absoluto. Los parientes de ésta, desprovistos de fortuna, pero no de pretensiones de nobleza, habían visto en la elevación de don Antonio de Acuña, el medio de llegar a un rango más elevado y de enriquecerse. Así, pues, al lado del gobernador se fueron agrupando una hermana de su mujer, casada con un caballero que obtuvo

---

514 Rosales, *Historia general*, libro X, capítulo 10 y 11. Con estos sucesos se termina la parte que se conserva de la obra del padre Rosales, mutilada, al parecer, de los últimos capítulos en que el autor debía contar los graves sucesos en cuya narración vamos a entrar nosotros, y acerca de los cuales recogió, sin duda, como contemporáneo, noticias que habría sido útil conocer. Limitándonos a recordar aquí la falta de este guía en la relación de los hechos que siguen, dejamos para un capítulo especial sobre los escritores de esta época, la apreciación de la obra del padre Rosales y de los servicios que puede prestar al historiador.

un título de capitán; dos hermanos de ella, casados y pobres; otro hermano clérigo y algunos otros deudos. El gobernador había mostrado una condescendencia infinita para servir a tan larga parentela. A poco de haber llegado a Chile dio el mando de la importante plaza de Boroa a uno de sus cuñados, a don Juan de Salazar, y poco más tarde lo elevó al alto rango de sargento mayor de las tropas del reino. El otro cuñado, don José, que vino del Perú en el puesto de capitán de la compañía de infantes que el gobernador organizó en Lima, fue elevado al rango de maestre de campo general, con desaire de los militares que habían prestado largos servicios en la guerra de Chile. Parece que desde el principio ambos oficiales concibieron la esperanza de hacer fortuna, renovando las campañas contra los indios y sacando cautivos para venderlos por esclavos. No debe extrañarse que ellos y su hermana estimularan al gobernador a proceder con mayor eficacia contra los cuncos, desde que las nuevas expediciones podían ser un negocio lucrativo.

Pero don Antonio de Acuña estaba sometido a sugestiones de otro orden. Conocemos su respetuosa deferencia a los consejos de los padres jesuitas, y sabemos que éstos se oponían firmemente a la renovación de las operaciones bélicas, persuadidos, a pesar de las amargas experiencias de cada día, de que los tratos de paz celebrados con los indios iban a producir en poco tiempo más la conversión de éstos al cristianismo y el reconocimiento de la soberanía del rey de España. Así, aunque encomendó al capitán Juan de Roa la represión de los nuevos atentados que cometiesen los indios, le impuso la orden de no desviarse de las instrucciones que le diesen los padres jesuitas.

En estas vacilaciones del gobernador entraba por mucho la debilidad incuestionable de su carácter; pero debía también influir la inconsistencia de un poder. Acuña y Cabrera desempeñaba el mando interinamente, por un nombramiento del virrey del Perú, pero, aunque con la recomendación de éste había pedido al soberano la confirmación de ese título y, aunque contaba con poderosos protectores en la Corte, era de temerse que saliera desairado en sus pretensiones. En efecto, cuando en España se supo que la muerte repentina de don Martín de Mujica había dejado vacante el gobierno de Chile, el rey lo confió a don Pedro Carrillo Guzmán, militar prestigioso que en años anteriores había dirigido la guerra contra Portugal desde las fronteras de Galicia. Sea que éste no aceptara el puesto que se le ofrecía, o que por cualquiera otra causa no pudiera venir a

Chile, Felipe IV, por cédula expedida el 18 de mayo de 1652, confirmó al mismo don Antonio de Acuña y Cabrera en la posesión de ese puesto por un período de ocho años.

Este nombramiento llegaba a Chile a principios del año siguiente. El gobernador se apresuró a comunicarlo a las otras autoridades para dar más consistencia a su poder, y a expresar al rey sus sentimientos de gratitud y de lealtad. «Luego que llegó, decía con este motivo, la merced que Vuestra Majestad se sirvió hacerme de la presidencia y gobierno político de este reino en propiedad, ejecutando el tenor del título repetí el juramento en esta ciudad de la Concepción con la solemnidad ordinaria; y bajaré a la de Santiago a continuar la misma diligencia cuando el tiempo y las ocupaciones actuales lo permitan. A tanto favor y honra como recibo de la liberal mano de Vuestra Majestad no puede haber correspondencia más proporcionada de un vasallo fiel a su señor que el reconocimiento de la obligación en que se halla, que no faltará en mí continuando la de mis antepasados, y los empeños con que he procurado servir a Vuestra Majestad desde mis primeros años.»[515] El gobernador don Antonio de Acuña y Cabrera debió creerse desde ese día más consolidado en el poder; pero una larga serie de desaciertos a que lo arrastraba la debilidad de su carácter, iba a hacer de este nombramiento el origen de grandes desgracias para él y para el reino.

---

515 Carta del gobernador Acuña al rey, escrita en Concepción el 26 de mayo de 1653. A pesar de lo que se anuncia en esa carta, Acuña no pasó a Santiago a renovar el juramento, pero sí remitió su título al Cabildo para darle a conocer su carácter de gobernador propietario. Ese título, según creemos, no se ha publicado nunca, pero por su tenor no ofrece diferencia virtual con los de sus antecesores.

El cronista don Pedro Córdoba y Figueroa, nieto del gobernador interino don Alonso de Figueroa, refiere en el capítulo 15, libro V de su *Historia de Chile*, que el rey nombró a este último gobernador interino del distrito de Santa Fe de Bogotá y presidente de su Real Audiencia; pero que ya había muerto cuando llegó a Chile ese nombramiento. En efecto, don Alonso de Figueroa murió en Concepción antes del levantamiento de los indios de 1655, probablemente en 1652.

Capítulo XIV. Gobierno de Acuña y Cabrera. Alzamiento general de los indios. Deposición del gobernador (1654-1656)

1. Desastre de los españoles en el río Bueno. 2. Levantamiento general de los indígenas el 14 de febrero de 1655. 3. Los españoles abandonan la mayor parte de los establecimientos que tenían en el distrito de Concepción para replegarse a esta ciudad. Desastre sufrido por uno de sus destacamentos. 4. Deposición del gobernador Acuña y Cabrera, y elección del veedor Francisco de la Fuente Villalobos. 5. Alarma producida en Santiago por el levantamiento de los indios; la Real Audiencia manda reponer en el mando al gobernador Acuña. 6. Reasume el gobierno don Antonio de Acuña, y el maestre de campo Fernández Rebolledo toma el mando de las tropas para la defensa de Concepción. 7. Actitud resuelta de la Audiencia para restablecer la tranquilidad; el gobernador se traslada a Santiago. 8. El virrey del Perú llama a Lima al gobernador Acuña: niégase éste a obedecer esa orden. 9. Don Antonio de Acuña y Cabrera es enviado al Perú: su proceso.

1. Desastre de los españoles en el río Bueno

Desde que el gobernador Acuña y Cabrera recibió el nombramiento real que consolidaba su poder, se vio más empeñosamente apremiado por las exigencias de aquéllos de sus consejeros que le recomendaban el castigo eficaz de los indios cuncos. No fue difícil a sus parientes el inclinarlo a preparar una expedición militar en la primavera de 1653. «La codicia de las piezas (cautivos), y el deseo de hacer esclavos a los de esta nación, dice un escritor contemporáneo, fue lo que hizo poner el ejército en campaña y obligarle a recorrer 70 leguas.»[516] El gobernador, juzgando que aquella situación lo autorizaba para declarar obligatorio el servicio militar a los vecinos encomenderos, como se practicaba en años atrás, impartió sus órdenes para ello, pero no obtuvo los contingentes que esperaba. Reducido a no poder disponer más que del ejército permanente, cuidó de equiparlo del mejor modo posible. En octubre hizo comprar 400

---

[516] Don Francisco Núñez de Pineda y Bascuñán, *Cautiverio feliz*, disc. IV, capítulo 13, pág. 343. El virrey, conde de Salvatierra, tuvo informes de los procedimientos de los cuñados del gobernador de Chile, y en dos ocasiones escribió a éste que los enviara al Perú, ofreciéndose a acomodarlos ventajosamente en aquel país. Los hermanos Salazar prefirieron quedarse en Chile, donde esperaban enriquecerse en poco tiempo.

caballos en Santiago,**517** y a principios de diciembre estuvo todo listo para la campaña. Las fuerzas expedicionarias, perfectamente equipadas, constaban de 900 soldados españoles y de 1.500 indios auxiliares, bajo el mando del maestre de campo don Juan de Salazar, instigador principal de la empresa.

Partiendo del fuerte de Nacimiento, los expedicionarios penetraron en el territorio araucano, y recorrieron sin graves inconvenientes todo el valle central hasta encontrarse el 11 de enero de 1554 a orillas del caudaloso río Bueno, que los separaba del territorio poblado por los cuncos. Estos indios, prevenidos de la expedición que se dirigía contra ellos, estaban sobre las armas, y habían acudido con sus mujeres y sus hijos a la orilla austral de aquel río para impedir el paso a los españoles, dejándose ver solo los que estaban a caballo, y ocultándose los infantes en los bosques vecinos. No había allí vado posible. El maestre de campo que creía segura la victoria, y que esperaba recoger inmediatamente algunos centenares de cautivos, no se arredró por esta dificultad. Mandó hacer un puente de balsas de madera, amarradas entre sí por sogas y bejucos. Aquella construcción improvisada no tenía mucha solidez, y ofrecía, además, inconvenientes de otro orden que suscitaron las observaciones de los capitanes más experimentados del ejército. Manifestaron éstos que ese puente podía cortarse con el peso de la tropa; y que, por otra parte, siendo muy angosto, el paso del río no podía hacerse con la rapidez conveniente, de manera que las primeras compañías que llegasen a la orilla opuesta iban a perecer a manos de los indios sin que se les pudiera prestar socorro. Don Juan de Salazar no hizo caso de estas prudentes observaciones, y dio la orden de romper la marcha. Conociendo el peligro a que se les arrastraba, muchos soldados se confesaron para morir como cristianos.

Las previsiones de los que impugnaban esta operación se realizaron desgraciadamente. Los primeros soldados que pasaron el puente, en número de cerca de 200 hombres entre españoles e indios auxiliares, al tomar tierra en la orilla opuesta, se vieron atacados por fuerzas mucho más numerosas, y tuvieron que

---

517 Según el libro 14 del cabildo de Santiago, fojas 253, esos caballos fueron comprados a 3 pesos cada uno. En otro acuerdo anterior, de 25 de febrero de 1650, se ve que en la capital se habían comprado vacas para el consumo del ejército, a 14 reales de a ocho en peso. Tales eran los precios a que habían llegado los ganados en esa época a consecuencia de su extraordinaria abundancia, con relación al escaso número de pobladores y al limitado comercio exterior del reino.

sostener un combate desesperado sin poder recibir socorro de los suyos. Casi todos ellos perecieron a manos de los bárbaros, y los que se precipitaron al río esperando hallar su salvación, fueron arrastrados por la corriente o lanceados por los enemigos que los perseguían con el más encarnizado tesón.

A la vista de este fracaso, don Juan de Salazar mandó que los otros cuerpos de tropas acelerasen el paso del río; pero esta orden produjo una desgracia mayor. El puente, sea porque se dislocaran las balsas de madera que le servían de base o porque con el peso se cortaran las sogas o bejucos con que estaba ligado, se rompió repentinamente, precipitando al agua a casi todos los que lo iban atravesando en ese momento. Estas primeras operaciones militares importaban un verdadero desastre. El ejército expedicionario había perdido un sargento mayor, cuatro capitanes, varios oficiales inferiores, cien soldados españoles y cerca de 200 auxiliares. La tropa que veía los dolorosos resultados de la inexperiencia y de la indiscreción de su jefe, perdió toda confianza en su propio poder. El maestre de campo, por su parte, perturbado por aquellos contrates, sin crédito ni prestigio ante sus propios soldados, se vio en la necesidad de disponer la vuelta de su ejército a la frontera del Biobío.

Esta larga y penosa marcha pudo hacerse sin dificultades. En ninguna parte de su camino hallaron los expedicionarios resistencias de los indios; pero al llegar a la frontera se levantó entre los oficiales más experimentados del ejército una verdadera tempestad contra el jefe incapaz y atolondrado que había dirigido la campaña. Acusábasele de ser autor de todas las desgracias, y se pedía casi sin embozo su separación del mando. El mismo Acuña y Cabrera se creyó en el deber de mandar levantar una información acerca de la conducta de su cuñado; pero, por los empeños y diligencias de doña Juana de Salazar, la esposa del gobernador, los testigos llamados a prestar sus declaraciones, no solo disculparon la conducta del maestre de campo sino que la aplaudieron empeñosamente, «pidiendo que se le encomendase mayor ejército para ir a recuperar su honra y castigar a fuego y hierro a los cuncos que nos habían hecho tanto daño».[518] La información había sido una pura fórmula que sirvió solo para glorificar oficialmente al cuñado del gobernador.

---

518 El historiador don José Pérez García, de quien copiamos estas últimas palabras, *Historia de Chile* (inédita) libro XIX, capítulo 5, cita en su apoyo en este pasaje la historia manuscrita de don Antonio García, que no ha llegado hasta nosotros. A juzgar por las citaciones que allí hallamos, parece que este último estaba muy bien informado sobre esos sucesos. Por lo

2. Levantamiento general de los indígenas el 14 de febrero de 1655

Este resultado estimuló la ambición y la codicia de los hermanos Salazar. Resueltos a enriquecerse con la venta de esclavos tomados en la guerra, redujeron al débil gobernador Acuña a disponer otra expedición al territorio de los cuncos para el verano siguiente.[519] Desde que se comenzaron a disponer los aprestos militares, se hicieron sentir los más alarmantes síntomas de inquietud entre los indios que hasta entonces se mantenían en paz con los españoles. Decían ellos que esas fatigosas expediciones a que se les obligaba a salir, y en que muchos hallaban la muerte, como había sucedido en la última campaña a río Bueno, no tenían más objetivo que tomar cautivos para enriquecerse con su venta. De todas partes llegaban al gobernador avisos seguros de la inquietud y desconfianza en que vivían los indios. Don Francisco Núñez de Pineda y Bascuñán, el autor del Cautiverio feliz, comandante de la plaza de Boroa, comunicó en dos ocasiones que los indios de esa comarca estaban dispuestos a rebelarse si se renovaban las expediciones de esa naturaleza. Anuncios de la misma clase dieron otros capitanes que servían en otros fuertes; y hasta el gobernador de Chiloé avisó que los proyectos de rebelión se habían trascendido en aquellas islas. Hubo, aun, algunos indios amigos que informaron al gobernador acerca de este estado de cosas; pero don Antonio de Acuña, bajo

---

demás, el resultado de la información mandada levantar por el gobernador, ha sido referido por los otros cronistas.

519 Acerca de los productos pecuniarios de estas expediciones, hallamos las siguientes noticias en un curioso informe dado en Lima en octubre de 1656 por el capitán Diego de Vivanco. «Desde luego, dice, conviene mucho quitar los abusos que tiene establecido aquella guerra en la esclavitud de los indios en que mayormente ha consistido su duración por el gran interés que se les ha seguido y sigue a las cabezas que gobiernan, que son las del gobernador, maestre de campo general y sargento mayor, porque de las corredurías y malocas que se hacen al enemigo es mucha la codicia de las piezas (cautivos) que se cogen en ellas; y las que menos valor tienen, que son los indios, se venden por más de 100 pesos, y cada mujer y muchacho a más de 200, y los que no llegan a diez años, que llaman de servidumbre, también a más de cien; y mayormente acontece cogerlos nuestros indios amigos, porque van por guías y llevan la vanguardia, y así hacen más presto la presa que los españoles, y se les paga a 20 pesos cada una, sin poderlas vender a otras personas que las referidas; y del número de estas piezas le toca al maestre de campo y sargento mayor a 20 % de ellas y los demás restantes al gobernador, con que clara y advertidamente se verifica que estando este gran interés de por medio, no se ha de tener otro fin más que el pretender que dure la guerra.»

el predominio absoluto de sus parientes, se negaba a dar crédito a tales avisos. Doña Juana de Salazar y sus hermanos le habían hecho comprender que todo aquello era una simple intriga de algunos capitanes del ejército que querían impedir la proyectada expedición solamente porque debía mandarla el maestre de campo.[520]

Mientras tanto se reunían en la plaza de Nacimiento las tropas expedicionarias. Formaban un cuerpo de 2.400 hombres, de los cuales solo 400, según unos, y 700, según otros, eran soldados españoles, y el resto indios auxiliares. Bajo las órdenes del maestre de campo don Juan de Salazar, rompieron la marcha el 6 de febrero de 1655. Sin ningún accidente desfavorable llegaron cinco días más tarde a la plaza de Boroa, cuyo comandante Bascuñán tenía orden precisa de reunirse a la columna expedicionaria con la mayor parte de las fuerzas de su mando. Habían avanzado hasta cerca del fuerte de la Mariquina, cuando el 14 de febrero fueron sorprendidos por una noticia que venía a desbaratar todos los planes del gobernador y de sus parientes.

Los indios habían preparado artificiosamente un gran levantamiento de toda la población indígena de la vasta extensión de territorio que se dilata desde

---

[520] Los cronistas de la Compañía de Jesús, al contar estos sucesos, refieren que la gran insurrección de los indios en 1655, fue anunciada por fenómenos prodigiosos y sobrenaturales, pero que el gobernador y sus consejeros no se aprovecharon de estos avisos del cielo. El padre Miguel de Olivares enumera estos portentos en los términos que siguen: «Envidioso el demonio de la guerra que los ministros del Señor le hacían en las reducciones de Buena Esperanza (Rere), comenzó a sembrar la discordia trazando el que los indios se alzasen para estorbar el fruto que los indios iban cogiendo... No faltaron avisos del cielo con que parece quiso avisarnos guardásemos y previniésemos los daños y aplacásemos la justa indignación de Aquél a quien teníamos ofendido. Lo primero, se vio aquí un cometa que no dio poco que discurrir; pero no quisieron dar en el punto o no acertaron, porque eran muchos los pecados que Dios quería castigar. Viéronse en este partido tanta infinidad de papagayos que destruyeron las sementeras, cosa que nunca se había visto, que aunque siempre los hay, mas con tanta abundancia y multitud y con tanto daño de los panes bien se conoció que era plaga. Viose también venir de la tierra del enemigo un culebrón de notable grandeza y figura, que se encaminaba a las nuestras, que sin duda sería el demonio que mostraba que él había de capitanear a todos los indios contra los españoles, como contra las iglesias y cosas sagradas», Olivares, *Historia de los jesuitas en Chile*, pág. 103.
El cometa de que habla el padre Olivares había sido visto en noviembre de 1652. En este mismo año apareció en Santiago una extraordinaria plaga de ratas, contra la cual fueron impotentes los conjuros del obispo y de los clérigos y las rogativas hechas por medio de novenas y de aparatosas procesiones. Más tarde, se creyó también que las ratas habían sido enviadas por Dios para anunciar la próxima sublevación de los indígenas con que se proponía castigar los pecados de Chile.

Osorno hasta el río Maule. Ese levantamiento debía estallar en un día dado en todas partes a la vez, para tomar a los españoles de sorpresa y no darles tiempo de reconcentrar sus fuerzas y de oponer una resistencia eficaz. La inercia y la ceguera del gobernador, habían permitido la preparación de estos planes de los indios; y la salida a campaña de toda la parte móvil del ejército, iba a facilitar su ejecución. En efecto, en la madrugada del 14 de febrero estalló como una mina la formidable insurrección. Los indios de servicio, levantándose simultáneamente contra sus amos, atacaron de improviso las casas de las estancias, mataban a los hombres, apresaban a las mujeres y a los niños, robaban los ganados, incendiaban las habitaciones y corrían a reunirse con los otros grupos de sublevados para caer sobre los fuertes en que estaban acuarteladas las guarniciones españolas. Más de 400 estancias situadas entre los ríos Biobío y Maule fueron destruidas y asoladas en pocas horas. Las pérdidas sufridas por los encomenderos de esa región, fueron avaluadas más tarde en 8 millones de pesos.[521]

En el mismo día, los otros establecimientos españoles, las aldeas y los fuertes se vieron acometidos por los indios. La insurrección era general y formidable. Las tropas, además, se hallaban desprevenidas, y su distribución en los diferentes establecimientos, no era tal vez la más favorable para dominar aquella tempestad. Sin embargo, si esos diversos destacamentos hubiesen estado mandados por capitanes de experiencia y de resolución, y si la dirección general de la resistencia hubiese corrido a cargo de un militar de buen temple, como el que habían poseído algunos de los antiguos gobernadores de Chile, la insurrección habría sido vencida antes de mucho. Pero, como vamos a verlo, parecía que todo se había conjurado para hacer más terrible la situación y más inminente el desastre.

3. Los españoles abandonan la mayor parte de los establecimientos que tenían en el distrito de Concepción para

---

[521] Entre los documentos relativos a estos sucesos enviados a España por el virrey del Perú en 1658, encontré una exposición de los jesuitas de Chile en que asientan que el levantamiento de los indios en 1655, les irrogó una pérdida de 224.000 pesos, por la destrucción de los edificios, plantaciones y ganados que tenían en sus estancias de aquella parte del territorio de Chile. Es posible que en esta cifra haya alguna exageración; pero de todas maneras, ella nos da una idea de las inmensas riquezas que los jesuitas habían acumulado en los primeros sesenta años de su establecimiento en Chile.

replegarse a esta ciudad. Desastre sufrido por uno de sus destacamentos

Sea porque no pudiera resistirse a creer los repetidos denuncios que se le daban del próximo levantamiento de los indios o porque quisiese tranquilizar los ánimos de los españoles acudiendo a un lugar en que pudiese dominar la insurrección, el gobernador Acuña había salido de Concepción el 12 de febrero y había ido a establecerse a la plaza de Buena Esperanza, situada donde se levanta ahora el pueblo de Rere. Había allí un buen destacamento de tropas españolas, cuarteles regularmente defendidos, algunas casas y un extenso convento de jesuitas con su iglesia. El domingo 14 de febrero el gobernador acababa de oír misa, cuando comenzaron a llegar de todos lados los españoles fugitivos, hombres, mujeres y niños, que se habían salvado del saqueo y de la destrucción de las estancias vecinas. La tropa se puso sobre las armas, hizo varias salidas por los campos inmediatos, y si algunas partidas fueron rechazadas por los indígenas sublevados, otras tomaron prisioneros unos veinte indios yanaconas o de servicio. Todos ellos fueron inhumanamente asesinados a hachazos y estocadas como culpables del delito de traición, concediéndoles, sin embargo, la gracia de que los confesaran los padres jesuitas. En la noche se recibieron noticias más cabales del levantamiento de los indígenas. Un acreditado capitán español llamado Domingo de la Parra, había sido sorprendido en su estancia y tomado prisionero por los sublevados; pero logró escaparse de sus manos, y llegaba a Buena Esperanza comunicando que la insurrección parecía general. Esta plaza podía defenderse perfectamente contra los indios. Tenía una guarnición regular y abundantes municiones, y no le faltaban víveres para soportar un sitio que no podía ser largo. Pero el gobernador Acuña, sea que quisiera correr a la defensa de Concepción, como él mismo decía, o que pensara solo en poner en salvo su persona, como dijeron sus acusadores, resolvió en el acto evacuar aquella plaza.

Aquella operación fue un verdadero desastre. Al amanecer del día siguiente (15 de febrero) salieron de la plaza cerca de 3.000 personas que se habían reunido allí, soldados, religiosos, mujeres y niños, sin más bagajes que los que podían cargar en sus brazos. Unos iban a caballo; pero los más emprendían la marcha a pie. El padre jesuita Domingo Lázaro llevaba en sus manos el Santísimo, dando a aquella jornada el carácter de una procesión religiosa, y poniendo la suerte de los fugitivos bajo la protección del cielo. Por fortuna, no tuvieron que experimentar en el camino ninguna contrariedad. Cuando después de cerca de dos días de la más penosa marcha llegaron a las inmediaciones de Concepción, el pueblo, que se hallaba en la mayor alarma, salió a recibirlos con las muestras de la más respetuosa veneración. La plaza de Buena Esperanza, donde quedaban abandonadas abundantes municiones, las ropas y muebles de sus pobladores y la iglesia de los jesuitas con todos sus ornamentos e imágenes, fue ocupada por los indios pocos días después; y habiéndola saqueado completamente, le prendieron fuego destruyendo la iglesia, las casas y los cuarteles.[522]

Pero en otros puntos, los desastres de los españoles fueron mucho más trágicos y dolorosos. La importante plaza de Nacimiento, colocada en una situación favorable para su defensa en la confluencia de los ríos Vergara y Biobío, estaba bajo el mando inmediato del sargento mayor don José de Salazar, cuñado del gobernador. Su guarnición, compuesta de más de 200 hombres, rechazó felizmente los primeros ataques de los indios; pero el comandante Salazar creyó que prolongándose el sitio, podrían faltarle los víveres y las municiones; y para sustraerse a este peligro, determinó evacuar la plaza, esperando llegar con sus tropas y sus armas a reunirse con el destacamento establecido en Buena Esperanza. La retirada debía efectuarse por el Biobío en una balsa grande y dos barcas o lanchones, que allí servían para el paso de una ribera a otra. Fue inútil que algunos de los suyos le representasen los inconvenientes de este viaje. Era aquella la estación menos propicia para emprenderlo. Como sucede siempre en la segunda mitad del verano, cuando escasean las lluvias y cuando ha disminuido el derretimiento de las nieves de la cordillera, el río arrastraba muy poca agua, y las embarcaciones corrían riesgo inminente de encallarse a cada paso en los bancos de arena. El sargento mayor Salazar, sin querer oír estas razones,

---

[522] El padre Olivares que con más extensión y con mejores datos que los otros cronistas, ha contado todos estos hechos en el capítulo 2 de su *Historia de los jesuitas*, ha destinado el § 6 a referir el saqueo e incendio de la plaza de Buena Esperanza. Cuenta allí con un candor admirable los más sorprendentes prodigios. Un crucifijo de madera, herido en el costado por la lanza de un indio, arrojó un torrente de sangre. Una imagen de la Virgen dirigió palabras de suave reproche a un indio que quería derribarla del altar; y como otro indio diese una bofetada a aquella imagen, Dios le secó inmediatamente el brazo. El padre Olivares refiere que sobre todos estos prodigios se levantaron informaciones, por lo cual quedaron reconocidos como verdad incuestionable.

mandó embarcar toda la gente de la plaza, hombres, mujeres y niños, así como las armas y municiones, y emprendió su retirada siguiendo la corriente del río. Cerca de 4.000 indios lo siguieron por ambas orillas, esperando que se presentase el momento oportuno para caer sobre los fugitivos.

No tardó en realizarse la catástrofe prevista. Las embarcaciones encallaron algunas veces, pero pudieron seguir su viaje hasta el punto en que el Biobío recibe las aguas del Laja y donde se había levantado el pequeño fuerte de San Rosendo, entonces abandonado. Los fugitivos se proponían desembarcar en este sitio para reunirse a la guarnición de Buena Esperanza. Al saber que esta plaza había sido evacuada, les fue forzoso resignarse a seguir el viaje hasta Concepción por más dificultades que presentase esta empresa. Para aligerar las embarcaciones, a fin de salvarlas de que continuasen encallándose en los bandos del río, el sargento mayor mandó arrojar al agua una gran parte de los bagajes y de las armas, y ordenó o, a lo menos, toleró un acto de la más inaudita inhumanidad. Muchas de las mujeres y de los niños que habían salido de Nacimiento, fueron dejados en tierra, donde debían ser presa de los indios sublevados que seguían las embarcaciones. «Fue acerba la elección, terrible la ejecución y lacrimosa su inspección», dice el cronista Córdoba y Figueroa al referir este inhumano sacrificio, que, como vamos a verlo, fue absolutamente estéril.[523]

En efecto, las embarcaciones no alcanzaron a llegar a la mitad de su camino. Enfrente del fuerte abandonado de Santa Juana, encallaron en un banco, de donde fue imposible desprenderse. «Era tan poca el agua, dice otro cronista, que ni para navegar un corcho era suficiente.» «Viendo inmóviles a los españoles, refiere Córdoba y Figueroa, se vinieron los indios (que los seguían desde Nacimiento) al abordaje a caballo por su izquierda y derecha. Defendíanse aquéllos; y para recrecer su turbación, se pegó fuego una botija de pólvora. Por fin, de muertos y prisioneros no se exceptuó ninguno de 240 hombres que venían. El sargento mayor, mal herido, se echó al río, donde se ahogó con el capellán.»[524] Ya veremos la impresión que este desastre produjo en Concepción.

---

523 Según el padre Olivares, *Historia de los jesuitas*, pág. 105, las mujeres abandonadas de esa suerte, eran cerca de 400, cifra que nos parece algo exagerada.
524 Córdoba y Figueroa, *Historia de Chile*, libro V, capítulo 15.

Algunos de los otros establecimientos españoles del distrito de Concepción fueron igualmente abandonados por sus defensores, venciendo éstos dificultades más o menos considerables y, aun, con algunas desgracias, sobre todo el Talcamávida y el Colcura; pero sin experimentar en ninguna parte desastres semejantes al que acabamos de referir. Los más importantes de esos establecimientos eran la ciudad de Chillán y la plaza de Arauco, y ambos habían sido atacados en los primeros días de la insurrección. El capitán Tomás Ríos y Villalobos, corregidor de Chillán, puso sobre las armas la gente de que podía disponer, y resistió del mejor modo posible el primer asalto que dieron los indios una mañana al amanecer. Pero confiando más en la protección del cielo que en el poder de sus soldados, y viendo que los ataques del enemigo se repetían sin cesar, hizo colocar en la plazuela de San Francisco, y a corta distancia de sus trincheras, una imagen de la Virgen María, de la cual se esperaba que operaría un milagro. Mas, cuando vieron que los indios, más arrogantes a cada momento, dirigían sus flechas contra la sagrada imagen sin que se verificasen los prodigios que se aguardaban, los pobladores de Chillán se creyeron abandonados por el cielo, persuadiéndose de que eran impotentes para sobreponerse a los bárbaros que los atacaban.

La plaza de Arauco se halló en una situación más aflictiva todavía. El capitán don Pedro Bolea, que mandaba en ella, fue estrechamente sitiado por numerosos cuerpos de indios, contra los cuales apenas podía mantenerse a la defensiva. Sus víveres, además, eran escasos, y antes de mucho tiempo estaban a punto de agotarse. Su situación llegó a hacerse tanto más difícil y angustiada cuanto que solo un socorro venido de lejos podía salvarlo a él y a los suyos de un espantoso desastre.

4. Deposición del gobernador Acuña y Cabrera, y elección del veedor Francisco de la Fuente Villalobos

A Concepción llegaban hora a hora las noticias de estas desgracias llevadas por los mismos fugitivos que iban a buscar asilo contra la saña implacable de los indios. Esta misma ciudad se vio antes de muchos días seriamente amenazada por la general sublevación de toda la comarca. Partidas de indios tan insolentes como resueltos, practicaban sus correrías en las inmediaciones, y a veces penetraban por las calles hasta dos cuadras de la plaza, apresando como cautivas a las mujeres que encontraban a su paso, y ejerciendo otras depredaciones. Era tal el estado de alarma de sus pobladores, que abandonando todas las habitaciones que no estaban en el centro de la ciudad, se redujeron a vivir en la plaza y en los edificios de sus contornos, construyendo, además, chozas provisorias para albergarse.

En medio de las angustias de aquella situación, se oían por todas partes las quejas mal encubiertas contra el gobernador Acuña y contra los Salazar, a quienes el pueblo acusaba de ser los verdaderos autores de tantas desgracias. Se les atribuía el haber provocado por su codicia el levantamiento de los indígenas, y se les reprochaba el no haber tomado ninguna medida oportuna para evitarlo o para reprimirlo. El abandono de la plaza de Buena Esperanza, que había enorgullecido a los indios y dejádolos en estado de caer con mayores fuerzas sobre Concepción, era considerado un acto de culpable cobardía del gobernador. Pero el desastre de las fuerzas que se retiraban de la plaza de Nacimiento produjo una indignación mucho mayor. Con razón o sin ella, se forjaban los más terribles cargos contra el jefe de esas fuerzas. Contábase, dice el cronista Córdoba y Figueroa, «que don José de Salazar distribuyó porción de dinero entre varios soldados para que se lo trajesen, y que esto estorbó la ofensa y defensa por estar gravados de su peso». La excitación era más violenta cada hora no solo contra el gobernador y su familia sino contra sus parciales y consejeros, y en particular contra el doctor don Juan de la Huerta Gutiérrez, oidor de la audiencia de Santiago, que se hallaba en Concepción desempeñando una visita judicial. El sargento mayor don José Cerdán, que mandaba las tropas de la ciudad, conoció el peligro de una conmoción popular, y por medio de un religioso franciscano trató de dar aviso de todo al gobernador Acuña para que se pusiera en guardia.

Pero no había remedio posible contra la efervescencia general de los ánimos. El sábado 20 de febrero,[525] el Cabildo y el pueblo de Concepción acudían en tumultuoso tropel a la casa en que tenía su residencia el gobernador, llevando

---

525 Ninguno de los cronistas que han referido el levantamiento del pueblo de Concepción contra el gobernador Acuña y Cabrera ha fijado el día en que tuvo lugar. Aun, en los documentos contemporáneos concernientes a esos sucesos, se hace generalmente omisión de esta fecha, de tal manera que parecía difícil establecerla con seguridad. La que damos en el texto, nos merece fe porque se halla consignada en documentos de los dos y tres años subsiguientes que se refieren a esos sucesos, y porque, además, se encuadra rigurosamente con el orden de los acontecimientos.

casi todos las espadas desnudas, y lanzando los gritos alarmantes y amenazadores de: ¡viva el rey!, ¡muera el mal gobernador! Don Antonio de Acuña, favorecido en esos momentos por uno de los oficiales reales, don Miguel de Cárcamo y Lastra, apenas tuvo tiempo para retraerse al fondo de su casa; y saliendo por una puerta excusada, pasó a buscar un asilo en el vecino convento de jesuitas. Uno de los cuñados, el clérigo Salazar, llegó a reunírsele poco más tarde, saltando unas tapias y huyendo también del odio popular contra toda su familia. El doctor don Juan de la Huerta Gutiérrez, amenazado igualmente por la insurrección, había encontrado su salvación en el convento de San Juan de Dios. El pueblo habría querido arrancarlos de esos asilos; pero los fugitivos hallaron en ellos protectores decididos que supieron ocultarlos hábilmente en los momentos más críticos de la excitación revolucionaria.

Instalados en la casa del gobernador el Cabildo y los vecinos más caracterizados de Concepción, y habiendo enarbolado el estandarte real, para que se entendiese que obraban en servicio del rey, se trató de designar la persona que debiera tomar el mando. Aquella asamblea pudo resolver este negocio sin desorden y sin grandes dificultades. La intervención de algunos clérigos y frailes para evitar los excesos de la irritación popular, había tranquilizado un poco los ánimos. Los padres jesuitas, por su parte, redujeron al gobernador Acuña a hacer por escrito la renuncia del mando, como el único medio de salvar su vida. Simplificada así la situación, los capitulares y vecinos de Concepción, proclamaron gobernador al veedor general del ejército, Francisco de la Fuente Villalobos, uno de los vecinos más respetables y acaudalados de la ciudad, y muy conocedor de los negocios administrativos y militares de Chile por servir en este país desde 1605. Muchas personas deseaban que el elegido fuera el maestre de campo Juan Fernández de Rebolledo, militar de gran experiencia y de notorio prestigio, que, sin embargo, vivía en Concepción alejado del servicio; pero la mayoría prefirió a De la Fuente Villalobos por razones que explican el abatimiento de los ánimos y la poca confianza que los españoles tenían en su poder militar. «El gobernador designado era, dice el cronista Olivares, hombre tenido por todos por de gran celo del servicio de su rey, que había trabajado mucho en la pacificación y de quien esperaban que por el amor que todos le tenían, se aquietasen los indios, viendo que quien tanto los había agasajado, era gobernador, y dejarían el proseguir el alzamiento que todavía tenía mucho remedio.»

El veedor general aceptó el mando con repugnancia. Su edad avanzada, el quebrantamiento de su salud y, más que todo, el religioso respeto que profesaba a la autoridad del rey y de sus delegados, lo habían mantenido lejos de las maquinaciones que produjeron la deposición del gobernador; pero aclamado por el pueblo, y persuadido de que era un deber de leal vasallo del soberano el contribuir al restablecimiento del orden y a la recuperación del reino, aceptó el difícil puesto que se le ofrecía. Su primer acto fue el comunicar a la audiencia de Santiago los graves sucesos que acababan de tener lugar, y su elevación al mando. Sin descuidar las providencias militares para la defensa de la ciudad, se contrajo a entablar negociaciones con los indios sublevados, profundamente persuadido de que la bondad que siempre había demostrado por ellos les haría comprender ahora que debían tener confianza en el cumplimiento de las promesas que se les hiciesen. «Mas como estaban tan encarnizados y tan recelosos del perdón por los muchos daños y atrocidades que se habían cometido, agrega el cronista Olivares, no vino el remedio que se deseaba, y prosiguió la guerra.»[526] Las inútiles diligencias que hizo el veedor Villalobos para apaciguar a los indios, fueron censuradas por los militares más experimentados de Concepción, y más tarde dieron origen a serias acusaciones contra su conducta.

5. Alarma producida en Santiago por el levantamiento de los indios; la Real Audiencia manda reponer en el mando al gobernador Acuña

Las primeras noticias del levantamiento de los indios llegaron a Santiago el 20 de febrero; pero eran de tal manera vagas que no fue posible apreciar la importancia de esos sucesos. El día 23 se recibían informes más prolijos. El oidor De la Huerta Gutiérrez que, como sabemos, se hallaba en Concepción, escribía a la Real Audiencia una carta en que le pintaba el estado desastroso de la frontera en los primeros días de la sublevación, cuando, sin embargo, no habían ocurrido los sucesos más terribles que dejamos contados. Decía allí que el levantamiento de los indios era general, que el ejército que había partido para el sur con don Juan de Salazar, se hallaba cortado por los insurrectos y no podía

---

526 Olivares, *Historia de los jesuitas*, pág. 215.

prestar auxilio alguno a Concepción y su frontera, que esta ciudad, así como Chillán y Arauco, quedaban sitiadas, que el gobernador se encontraba encerrado en la plaza de Buena Esperanza sin que se le pudiera socorrer, y que casi todos los fuertes habían sido despoblados. En vista de este tristísimo cuadro, pedía que Santiago enviara los auxilios necesarios para dominar la insurrección.

El Cabildo de la capital se reunió el mismo día. El corregidor don Cristóbal Fernández Pizarro hizo la exposición de estos sucesos, y enseguida se pasó a tratar lo que convenía hacer. La primera resolución fue enviar al Perú un procurador general que diese cuenta al virrey de la deplorable situación en que se hallaba Chile, y que pidiese los socorros más prontos y más eficaces que pudieran enviársele. Para desempeñar este cargo, fue designado allí mismo don Juan Rodulfo de Lisperguer y Solórzano, uno de los vecinos más caracterizados de Santiago. Careciendo el Cabildo de fondos para costear el viaje de este procurador, y creyendo los capitulares que la imposición de una derrama extraordinaria sobre el vecindario no daría un resultado tan inmediato como convenía, ofrecieron enterar ellos mismos con sus haberes particulares la suma de 4.000 pesos. Lisperguer, por su parte, al prestar el juramento de desempeñar lealmente el encargo que se le confiaba, declaró que, aunque «no se hallaba sobrado por las mayores obligaciones de su familia», no aceptaba el ofrecimiento de los 4.000 pesos, por cuanto la situación iba a exigir de los capitulares muchos otros sacrificios, que haría el viaje a su costa, y que expondría «su persona, vida y hacienda para él servicio de Su Majestad y de esta república, como uno de los hijos principales de ella». El corregidor recibió allí mismo el encargo de levantar en Santiago las fuerzas que pudieran reunirse, designando entre los vecinos los capitanes que debieran mandarlas.[527] Esas tropas salieron pocos días más tarde bajo las órdenes del mismo corregidor a guarnecer las orillas del río Maule para impedir que los indios sublevados pasasen al distrito de la ciudad de Santiago.[528] Organizose, además, una junta de guerra compuesta de los militares más experimentados que había en la capital, la cual debía entender en todos los trabajos concernientes a la defensa del reino.

Según las antiguas leyes y prácticas españolas, en circunstancias como éstas el enarbolar el estandarte real equivalía a declarar a la ciudad en peligro,

---

527 Cabildo del 23 de febrero de 1655.
528 Cabildo del 27 de febrero de 1655.

y a llamar a las armas a todos sus habitantes. El Cabildo había pedido que se tomase esta medida; pero conocidas las resoluciones por las cuales el rey había eximido a los vecinos de Santiago del servicio militar, no era posible apelar a este arbitrio sin la aprobación de la Audiencia que, por otra parte, a falta del gobernador, tenía el mando civil. El supremo tribunal, en vista de las circunstancias extraordinarias por que pasaba el reino, mandó «enarbolar el real estandarte y hacer muchas otras prevenciones, que se han hecho y se van haciendo, y socorros de gentes y municiones. Y en su cumplimiento, agrega el acta de aquella ceremonia, el dicho día (lunes 1 de marzo) entre las cinco y las seis de la tarde, con acompañamiento de los vecinos, compañías de a caballo e infantería del batallón de esta ciudad, en una esquina de la plaza de ella, se enarboló el estandarte real con toda veneración».[529] Los miembros del Cabildo debían renovarse de dos en dos para hacer la guardia del estandarte real mientras estuviese enarbolado.

El siguiente día, 2 de marzo, llegaban a Santiago noticias mucho más alarmantes todavía. Un soldado partido de Concepción comunicaba los últimos desastres de la guerra, y traía, además, varias comunicaciones, dos de ellas dirigidas al doctor don Nicolás Polanco de Santillán, oidor más antiguo de la Real Audiencia. Una era del veedor Francisco de la Fuente Villalobos en que anunciaba que por dejación de don Antonio de Acuña y Cabrera el Cabildo y el pueblo de Concepción le habían confiado el cargo de gobernador y capitán general del reino de Chile. La otra había sido escrita por el gobernador depuesto. Contaba en ella el motín popular que lo había privado del mando, y el peligro que él y el oidor De la Huerta habían corrido de ser asesinados; y pedía que cuanto antes enviase la Audiencia una embarcación en que pudiera trasladarse a Santiago para verse libre de los riesgos que a cada hora amenazaban su vida.

La deposición de un gobernador nombrado por el rey era un hecho enteramente nuevo en los anales de Chile, un acto que bajo el régimen de las leyes y de las ideas de esa época, casi equivalía a un sacrilegio. Por esto mismo debía producir una alarma mucho mayor todavía que el mismo levantamiento de los indios. En Santiago como en Concepción, se creía que el mal gobierno de don Antonio de Acuña y la arrogante codicia de sus cuñados, habían producido

---

[529] Certificación de esta ceremonia dada por el escribano de Cabildo Manuel de Toro Mazote el mismo día 1 de marzo de 1655.

la deplorable catástrofe que tenía al reino al borde de su ruina; pero a nadie se le ocurría que, aun, en esas circunstancias era lícito quitar el mando al alto funcionario que lo desempeñaba en nombre del rey. Los dos oidores que en esos momentos formaban la real audiencia de Santiago, asesorados por el protector general de indios, que hacía las veces de fiscal,[530] se impusieron con la mayor sorpresa de aquellos graves sucesos, y condenándolos desde el primer momento como un punible desacato contra la autoridad real, acordaron comunicarlos al Cabildo y a la Junta de Guerra, «encargándoles el secreto de la materia, ponderándoles con toda cautela el delito en que han incurrido los del cabildo de Concepción, y exagerándoles gravemente el sentimiento que hará Su Majestad».

Estas precauciones eran innecesarias. Reunidos el mismo día el Cabildo y la Junta de Guerra, los miembros de uno y otro cuerpo estuvieron casi unánimes en condenar lo ocurrido en Concepción, y en pedir que se tomaran medidas enérgicas para reponer en su puesto al gobernador Acuña, por más que la asamblea parecía estar penetrada de que éste era el responsable de esas desgracias, y que no se levantase en ella una sola voz en defensa de su conducta. Solo uno de los regidores de Santiago, el capitán don Diego de Aguilar Maqueda, se permitió expresar una opinión contraria, y hasta favorable al movimiento revolucionario de Concepción, diciendo «que atento a que este reino está perdido por omisión del gobernador, y que consta haber hecho dejación (de mando), se le admita, y que estos señores de la Real Audiencia provean el gobierno a quien tocare». La resolución de la asamblea, salvo la divergencia de pareceres en los accidentes, fue que procediendo con toda prudencia para no ofender a la ciudad de Concepción, que estaba sosteniendo la guerra, y a la cual era necesario socorrer, se le encargase que restituyese al gobernador Acuña, «al uso y ejercicio de su oficio», si bien parecía conveniente que este funcionario se trasladase a Santiago.[531] La Audiencia, después de reconsiderar nuevamente el negocio al día siguiente, despachó sus provisiones en el mismo sentido a Concepción. En ellas, además, censuraban la conducta del veedor De la Fuente Villalobos no solo por haber aceptado el mando concedido por una

---

530 Era éste aquel don Antonio Ramírez de Laguna a quien don Martín de Mujica había separado de su cargo, según contamos (capítulo 12, § 3, pág. 309), pero que había sido repuesto por el rey.

531 Acuerdo celebrado por la Junta de Guerra y el Cabildo de Santiago, el 2 de marzo de 1655.

asamblea sediciosa sino por las diligencias que había comenzado a hacer para aquietar a los indios por medio de tratos y de negociaciones, cuando el crimen que habían cometido tomando las armas, merecía un castigo ejemplar, «porque no hay, decía, razón divina ni humana que justifique guerra, del vasallo a su rey por agravios personales». Los pobres indios declarados hacía tiempo vasallos del rey, no gozaban por este título de otra prerrogativa que la de ser tratados como rebeldes por sus duros opresores.

6. Reasume el gobierno don Antonio de Acuña, y el maestre de campo Fernández de Rebolledo toma el mando de las tropas para la defensa de Concepción

Cuando llegaron estas provisiones a Concepción, se había modificado notablemente el estado de los ánimos y de los negocios públicos, y comenzaba a operarse una reacción no en favor del gobernador Acuña, sino en contra del funcionario que lo había reemplazado en el mando. En efecto, la política adoptada por el veedor De la Fuente Villalobos había producido los más tristes resultados. Los agasajos hechos a los indios para atraerlos a la paz, habían sido del todo inútiles o, más propiamente, solo habían servido para ensoberbecerlos. Los desastres se habían sucedido en aquella comarca, y nada se veía que pudiera ponerles remedio. La plaza de Arauco se hallaba estrechamente sitiada por los indios rebeldes; y como no podía ser socorrida, era de temerse que se viera en la necesidad de rendirse o de ser tomada por asalto. Los defensores de Chillán se habían sostenido algún tiempo en la ciudad, en un fuerte de palizadas; pero creyéndose privados de todo socorro, en los primeros días de marzo abandonaron sus hogares, y cargando todo lo que podían llevar consigo, y enterrando cuidadosamente los santos de las iglesias para que no cayeran en manos de los indios, emprendieron su marcha hacia el Maule, en cuyos acantonamientos esperaban repararse.

Por otra parte, De la Fuente Villalobos había cometido un grave error en la designación de los jefes militares, buscando no los más acreditados y los más útiles, sino los que no contrariaban su proyecto quimérico de apaciguar y dominar la rebelión de los indios por medio de halagos y de transacciones. El antiguo maestre de campo Fernández de Rebolledo, el militar más experimentado y prestigioso del ejército, y a quien los revolucionarios habrían debido confiar el mando el 20 de febrero, se había pronunciado abiertamente contra el sistema de pacificación que se había intentado poner en planta. El mayor número de los militares que había en la ciudad, era de su mismo dictamen, de manera que el nuevo gobierno, a los muy pocos días de instalado, carecía de todo apoyo sólido en la opinión.

En esas circunstancias llegaron a Concepción, a mediados de marzo, los despachos de la real audiencia de Santiago. En ellos, como ya dijimos, reprobaba la deposición del gobernador Acuña como un punible desacato contra la autoridad del rey, y mandaba que se le repusiera en el mando. Estas órdenes, por más templadas que fueran en su forma para no irritar al Cabildo y a los vecinos de Concepción, hicieron comprender a éstos la enorme responsabilidad que pesaba sobre ellos por un acto que ese tribunal calificaba de sedición y de desobediencia al soberano. El gobernador Acuña, viéndose amparado por esa resolución, y apoyado, además, por los descontentos que había creado la política absurda de De la Fuente Villalobos, se consideró restituido de nuevo al poder y, en consecuencia, hizo diferentes nombramientos militares, y confió el mando de las tropas al maestre de campo Fernández de Rebolledo. Temiendo, sin embargo, que su autoridad no fuese convenientemente respetada, se apresuró a solicitar el apoyo más eficaz de la Audiencia, sobre todo para que se le permitiera salir de Concepción y trasladarse a Santiago. El oidor De la Huerta Gutiérrez se puso en viaje para la capital trayendo esas comunicaciones, para informar también detenidamente a la Real Audiencia sobre todos aquellos sucesos.

Pero De la Fuente Villalobos conservaba algunos amigos y parciales que reconocían su poder. Aunque había perdido toda autoridad sobre la tropa que mandaba Fernández de Rebolledo, el gobernador revolucionario estaba convencido de la legitimidad de su elección, y llegó a sostenerla en sus comunicaciones a la Real Audiencia. Por lo demás, aquella situación anómala por que pasaba la ciudad de Concepción no dio lugar, por el momento, a violencias de ningún género entre los dos bandos. Parece que el peligro común, esto es, la insurrección de los indios, había inspirado en todos la prudencia conveniente para no salir de la más templada moderación.

Los indios, sin embargo, no habían sabido aprovecharse de las ventajas de sus primeros triunfos. Habían muerto a muchos españoles, habían cautivado centenares de mujeres, asolado todas las estancias, robado los ganados, incendiado los fuertes que los españoles abandonaron y repartídose un copioso botín; pero en vez de reunirse en masas considerables para caer sobre los establecimientos que quedaban en pie, se dispersaron por los campos, y solo mantenían fuerzas relativamente débiles en frente de Concepción y de la plaza de Arauco. Así se comprenderá que a los pocos días del alzamiento pudieran pasar a Santiago los emisarios que traían noticias de los sucesos de la frontera. Por otra parte, antes de fines de marzo, la ciudad de Concepción se halló con fuerzas suficientes para su defensa contra todas las eventualidades de la guerra y para comenzar a dominar la formidable insurrección. Vamos a referir de dónde y cómo llegaron esos socorros.

Hemos contado[532] que el maestre de campo don Juan de Salazar se hallaba el 14 de febrero cerca del fuerte de la Mariquina, en la comarca de Valdivia, a la cabeza del ejército que había sacado de Concepción para expedicionar contra los cuncos. En la noche de ese día fue alcanzado por el comandante militar de otro fuerte que había en las márgenes del Toltén. Llegaba este oficial sin sombrero, en un caballo en pelo, agitado y despavorido, para comunicar al jefe expedicionario el levantamiento de los indios. El fuerte de su mando había sido tomado por asalto esa mañana, y la guarnición quedaba prisionera, sin que se hubiera escapado otro hombre que el mismo que traía esta noticia. Luego, llegaron otros españoles que comunicaban que la importante plaza de Boroa quedaba sitiada por los indios sublevados. Ante tan graves acontecimientos, el maestre de campo Salazar perdió toda entereza, y solo pensó en ponerse en salvo con sus tropas. El capitán don Francisco Núñez de Pineda y Bascuñán, que, como ya contamos, se había reunido al ejército en la plaza de Boroa, fue de distinto parecer. Con gran resolución aconsejó al maestre de campo que volviese atrás con sus tropas, que socorriese aquella plaza y que se empeñase con todo su poder en dominar la insurrección.[533] El honor militar dictaba al maestre de campo el deber de adoptar esta línea de conducta; pero sordo a todas las

---

532 § 2 del presente capítulo.
533 El mismo Bascuñán ha referido este hecho, que después han repetido los cronistas. Su consejo, sin embargo, no fue seguido, y tal vez Salazar creyó que era dictado por un cálculo en cierto modo egoísta. Bascuñán había dejado en Boroa a su hijo primogénito don Fernando, y como era natural deseaba socorrer esa plaza para que éste no cayera en poder de los indios.

representaciones, hizo destruir el fuerte de la Mariquina y otro denominado de las Cruces, que había más adelante, y siguió su marcha precipitada hacia la plaza de Valdivia. En su atolondramiento, mandó degollar 6.000 caballos de remuda que llevaba para el uso de su ejército, queriendo evitar con este costoso sacrificio el que cayesen en poder del enemigo.[534] En Valdivia no se demoró más que algunos días. Había en este puerto dos buques que desembarcaban el situado real. En ellos se embarcó don Juan de Salazar con 360 hombres de sus tropas; y dejando encendida la guerra en toda esa comarca y muy apremiadas a las guarniciones españolas que debían sostenerla, se hizo a la vela para Concepción.

El arribo de este refuerzo cambió por completo, como debe suponerse, la situación militar y política de esta ciudad. El maestre de campo Fernández de Rebolledo, que tenía el mando general de todas las tropas, consolidó la autoridad del gobernador Acuña. Dispuso, además, algunas operaciones militares contra los indios rebeldes, que si no fueron de gran trascendencia, sirvieron al menos para suspender la serie no interrumpida de desastres que desde febrero venían sufriendo los españoles. La plaza de Arauco se hallaba sitiada por los indios rebeldes, y su guarnición reducida a las mayores extremidades. En su socorro partió de Concepción a principios de abril un buque con 200 hombres mandados por el capitán don Antonio Buitrón. Habiendo desembarcado éste con no pocas dificultades, batió a los indios que sitiaban Arauco y salvó a sus defensores de una muerte inevitable. Pero, según sus instrucciones, Buitrón tuvo que desmantelar la plaza y dar la vuelta a Concepción con todas las tropas, dejando a los indios rebeldes dueños absolutos de esa comarca. En las mismas inmediaciones de Concepción obtuvieron los españoles pocos días después una ventaja más señalada todavía. Si bien la ciudad no tenía que sufrir un sitio regular de los indios, mantenían éstos una especie de bloqueo que hacía peligroso para los vecinos el salir a los campos inmediatos. Un destacamento de 200 hombres despachado bajo las órdenes del capitán don Francisco de

---

534 Este hecho consignado en casi todas las relaciones de estos sucesos, está contado también por don José Basilio Rojas y Fuentes en sus Apuntes citados, pero, sin duda, por un error de copia, en la edición que de este escrito se ha hecho en el tomo XI de la *Colección de historiadores de Chile*, se dice, pág. 176, sesenta caballos. En una copia antigua de esos *Apuntes*, escrita con mucho esmero, que tengo a la vista, se dice claramente 6.000, como se lee en los otros cronistas, Córdoba y Figueroa, etc.

Bascuñán, los dispersó tomándoles algunos prisioneros, y contribuyó a asentar la tranquilidad en toda la región inmediata.

7. Actitud resuelta de la Audiencia para restablecer la tranquilidad; el gobernador se traslada a Santiago

La audiencia de Santiago, entretanto, se afianzaba más y más en sus determinaciones desde que vio que sus primeras órdenes habían sido obedecidas en Concepción. A principios de abril mandaba en términos más imperativos que nadie pusiera obstáculos al gobernador y a su familia para trasladarse a la capital, y que en su ausencia tuviera el mando de las armas el maestre de campo Fernández de Rebolledo; y encargaba a éste que con «los resguardos, arte y maña de que debe usar, antes de llegar al último extremo de proceder con rigor último a la ejecución, despache a esta ciudad (Santiago) por mar o por tierra a don Francisco de la Fuente Villalobos para que comparezca en esta Audiencia; y si le pareciere lo envíe con guardias».[535]

En esos mismos días, la Audiencia estaba, además, ocupada por otras atenciones relacionadas también con el levantamiento de los indígenas. En medio de la confusión y de la alarma producidas por estos sucesos, habían circulado rumores de que los indios del distrito de Santiago estaban dispuestos a sublevarse. Fundados o infundados, estos rumores inquietaron seriamente a las autoridades y produjeron las medidas del más severo rigor para descubrir y para castigar a los presuntos culpables. En tales casos, el tormento era aplicado sin tardanza como el medio más expedito de investigación. Aplicose, en efecto, a muchos de esos infelices. Dos indios del partido de Melipilla, condenados como promotores de un alzamiento, fueron ahorcados en la plaza de Santiago, y sus cabezas, llevadas a aquellos lugares, quedaron colocadas en escarpias, «para escarmiento de todos». Es probable que estos procedimientos, inspirados por el miedo y por el desprecio con que era mirada la raza indígena, distaran mucho de ser la expresión de la justicia.

Mientras tanto, la mayor parte de las fuerzas levantadas en Santiago, se hallaba a las orillas del río Maule bajo las órdenes del corregidor don Cristóbal

---

[535] Estas resoluciones de la real audiencia de Santiago, tomadas en 1 y 5 de abril han sido publicadas casi íntegras por don Miguel Luis Amunátegui en un importante capítulo que ha destinado a la relación de estos sucesos en el tomo II de *Los precursores de la Independencia de Chile*.

Fernández Pizarro. Habíanse construido algunos fortines para resguardo de esa gente y para cerrar el paso a los insurrectos del sur. A fines de marzo llegaban allí los pobladores de Chillán, hombres, mujeres y niños, escoltados por los cincuenta hombres que formaban la guarnición de esa ciudad. A los sufrimientos causados a esos infelices por la guerra, por la pérdida de sus propiedades, y por aquella penosa retirada, se había añadido otro no menos alarmante: una epidemia de viruela. La Audiencia, condenando enérgicamente la despoblación de Chillán como un acto de cobardía, mandó que esas gentes fueran repartidas en las estancias más cercanas al Maule, con prohibición, bajo pena de la vida, de pasar adelante no solo para que no comunicasen el contagio sino para que estuviesen prontas para volver al sur cuando fuese posible repoblar esa ciudad. Todo hace creer que aquellas órdenes fueron ejecutadas con la más rigurosa exactitud. En Santiago se convocó un cabildo abierto para recoger erogaciones con que socorrer a aquellos infelices.[536]

Como hemos dicho, la imprevisión de los indios, su falta de cohesión y de concierto para ejecutar operaciones que exigían un plan regularmente combinado, les habían impedido aprovecharse de las grandes ventajas alcanzadas en los primeros días de la insurrección. Después de las matanzas y saqueos de aquellos días, parecían satisfechos con el botín recogido, y volvían a sus tierras a llevar la vida ociosa y libre a que aspiraban, como si no tuvieran nada que temer de sus antiguos opresores. A entradas del invierno, los españoles, a pesar de las dolorosas pérdidas de gente que habían sufrido, y de la destrucción de sus fuertes y de tantas y tan valiosas propiedades, pudieron contar con una temporada de quietud y de descanso que les permitió reponerse de las fatigas anteriores y prepararse para reconquistar todo lo perdido. El corregidor Fernández Pizarro, dejando los acantonamientos del Maule con las guarniciones que se creían indispensables, regresaba a Santiago en los últimos días de abril. El Cabildo acordó el 30 de ese mes darle las gracias por el celo que había desplegado en el cumplimiento de la comisión que se le confió.

En Concepción se hacía notar la misma tranquilidad. El gobernador Acuña delegó, según el encargo de la Audiencia, todo el poder militar en el maestre de campo Fernández de Rebolledo, y en los primeros días de mayo se embarcó para Valparaíso. Quería consolidar su poder con el apoyo de la Audiencia,

---

536 Cabildo de 30 de abril de 1655.

y combinar las medidas que fuesen necesarias para la restauración del reino después de la crisis tremenda porque acababa de pasar. El prestigio personal del gobernador estaba muy aminorado después de aquellos dolorosos sucesos; pero los leales y sumisos colonos veían en él al representante del rey, y creían, por tanto, que era un deber sagrado el demostrarle en esta ocasión la más respetuosa deferencia. Al saber su desembarco en Valparaíso, el cabildo de Santiago se reunió el 9 de mayo para tratar del recibimiento que debía hacérsele. Tomando en cuenta que ya antes había sido recibido ostentosamente por la ciudad, y que el rey por una cédula reciente había prohibido que se hicieran los gastos usados en esas ceremonias, acordó que solo dos miembros de la corporación fueran a saludarlo a Valparaíso y a acompañarlo en su viaje a Santiago. Don Antonio de Acuña debió creer desarmada para siempre la terrible tempestad que había amenazado su poder y su vida; pero se le esperaban todavía pruebas más duras como desenlace final de aquella situación.

8. El virrey del Perú llama a Lima al gobernador Acuña: niégase éste a obedecer esa orden

La primera noticia de las desastrosas ocurrencias de Chile que acabamos de referir, llegaron a Lima a mediados de abril, comunicadas por don Juan Rodulfo Lisperguer, el procurador enviado al Perú por el cabildo de Santiago. Hacía apenas mes y medio que había tomado el mando de este virreinato don Luis Enríquez de Guzmán, conde de Alba de Liste y marqués de Villaflor, hombre de carácter sólido y de experiencia en los negocios administrativos.

«Cuando llegué a esta ciudad (Lima), escribe él mismo, sin saber quién era don Antonio de Acuña ni sus cuñados, vino inmediatamente la nueva del alzamiento general de los indios de Chile; y a pedimento del procurador general de ese reino y de dos fiscales que fueron los licenciados don Bernardo de Iturrizarra y don Juan de Valdés y Llanos, se resolvió en diferentes juntas generales de oidores, alcaldes de corte, contadores del tribunal de cuentas y oficiales reales que hiciese comparecer a don Antonio y a sus cuñados, y remitiese al dicho reino persona independiente, de celo, letras y entereza, que averiguase la pérdida y motivo del alzamiento y sedición popular y juntamente enviase persona que gobernase las armas en el entretanto que Vuestra Majestad disponía lo que fuese de su mayor servicio.»**537** Pero como la designación y la partida de estos funcionarios debía tardar algunos meses, el virrey se apresuró a despachar un navío cargado de bastimentos y municiones para socorrer inmediatamente al reino de Chile, y con las órdenes premiosas con que esperaba poner algún remedio a las desgracias de este país.

Según los informes llegados a Lima, el alzamiento general de los indios de Chile había sido provocado por la debilidad del gobernador y por la codicia de sus cuñados; y, por tanto, era ante todo necesario sacar a éstos del país, para dar confianza y cohesión a los funcionarios encargados de su defensa. En esta virtud, el virrey mandó al gobernador Acuña que sin tardanza, y en la primera embarcación que se presentase, se dirigiese a Lima con su familia. Del mismo modo, encargó a la Audiencia que hiciera cumplir esta orden, y que asumiese el gobierno provisorio del reino mientras llegaba el funcionario que debía encargarse del mando. Estas órdenes, perentorias y ejecutivas, llegaron a Valparaíso a fines de mayo; pero venían revestidas de tales precauciones de reserva que solo los interesados, es decir, el gobernador y la Audiencia, debían tener conocimiento de ellas.

A pesar de estas precauciones, el cabildo de Santiago tuvo noticia de la resolución del virrey por las comunicaciones que de Lima le dirigía su representante. Recelando que el gobernador Acuña se negara a cumplir aquella orden, celebraba el Cabildo el 4 de junio el siguiente acuerdo: «Habiendo tratado la materia de la pérdida del reino y la provisión que Su Excelencia (el virrey del Perú) ha enviado para que el señor gobernador y presidente de la Real Audiencia de este reino don Antonio de Acuña y Cabrera, caballero de la orden de Santiago, y su familia y cuñados vayan en el primer navío a la ciudad de los Reyes, y por noticia que de ello ha tenido este Cabildo, y haberlo resuelto el virrey con consulta y acuerdo general a pedimento del procurador que envió esta ciudad como cabeza de gobernación, el general don Juan Rodulfo Lisperguer, y por las noticias, relaciones, cartas y autos remitidos por los señores de la Real Audiencia, y por haber sido notoriamente el dicho señor gobernador y sus cuñados la causa a la

---

537 Carta del conde de Alba de Liste al rey, Lima, 9 de noviembre de 1660. En la *Relación de su gobierno*, fechada en Lima en 9 de enero de 1662, el virrey ha referido estos mismos sucesos con bastante claridad, pero de una manera más sumaria y sin los accidentes y pormenores que hemos hallado en los documentos que vamos utilizando y que citamos en nuestras notas.

dicha pérdida del reino, y la poca esperanza de la mejora y conservación de lo que aquí queda que puede haber en su gobierno, acordaron se pida por este Cabildo el cumplimiento de la dicha provisión, y que se representen todas las conveniencias del servicio de Su Majestad y conservación de este reino que obligan a la dicha ejecución».[538]

Pero el gobernador no quiso hacer caso alguno de estas representaciones ni obedecer las órdenes del virrey. Provisto como se hallaba de un nombramiento real, creía que solo una orden firmada por el soberano podría despojarlo del mando. Por otra parte, estaba convencido de que las dificultades creadas por el levantamiento de los indios y por el motín de Concepción, estaban vencidas, y de que su poder quedaba definitivamente afianzado. Sin duda, también don Antonio de Acuña, por un sentimiento de amor propio, quería ser él mismo quien terminase la pacificación del reino. Al tomar conocimiento de la orden del virrey, contestó por escrito, en términos categóricos y hasta irrespetuosos, las razones que tenía para no obedecerla. Requerido enseguida por la Audiencia en acuerdo de 17 de junio, y con todas las formalidades de estilo, para que diera cumplimiento al mandato del virrey, Acuña repitió secamente su negativa, mandando que no se le hablara más de este negocio, y confiado, al parecer, en que el mismo virrey, mejor informado de los sucesos de Chile, cambiaría de determinación.[539]

Si estas ocurrencias hubieran sido conocidas por el público, habrían estimulado sin duda alguna las manifestaciones del descontento, y procurado quizá un segundo motín en contra del gobernador. En efecto, aunque la Audiencia, procediendo con la mayor cautela, había hecho venir a Santiago a los principales promotores del movimiento revolucionario de Concepción, quedaban en esta última ciudad algunos espíritus inquietos que censuraban duramente la conducta del gobernador y de sus parientes. En aquel tiempo, estas censuras, aunque no pasasen de ser simples conversaciones, eran consideradas un grave delito. El maestre de campo Fernández Rebolledo, dando cuenta de ellas a la Real

---

538 Cabildo del 4 de junio de 1655.
539 No hemos podido ver nunca la carta del gobernador Acuña al virrey del Perú, que tal vez fue sustraída de los archivos junto con muchos otros documentos concernientes a estos negocios; pero la efectividad de su formal desobediencia consta no solo del acuerdo celebrado por la Real Audiencia en 17 de junio sino de dos reales cédulas de que hablaremos más adelante, y de la *Relación* citada del virrey, conde de Alba de Liste.

Audiencia, pedía que se le concediese facultad para castigarlas ejemplarmente. En el mismo seno del supremo tribunal, el oidor decano don Nicolás Polanco de Santillán sostuvo que la suavidad usada hasta entonces había hecho más insolentes a los revoltosos, y que debía procederse «con celeridad a cortar las cabezas de los que parecieren más culpados», persuadido de que la ejecución de cuatro de éstos, cuya participación en los sucesos pasados era reconocida por el gobernador y por el oidor De la Huerta Gutiérrez, bastaría para aquietar los ánimos y hacer cesar las alarmas. Este parecer no fue aceptado por los otros oidores, que creían que dadas las circunstancias del reino, era conveniente no salir de la línea de templanza y de moderación que la Audiencia se había trazado.[540]

Estos recelos de nuevos trastornos debieron producir una gran inquietud en la ciudad de Santiago por aquellos días. El Cabildo, seriamente alarmado por los nuevos peligros que amenazaban al reino, propuso también un remedio que si podía no ser muy eficaz, tenía al menos la ventaja de no ocasionar el doloroso sacrificio de las ejecuciones capitales. En acuerdo de 31 de agosto, «el señor general don Martín Ruiz de Gamboa, procurador y regidor de este Cabildo, propuso como diferentes veces se ha tratado que para aplacar la divina misericordia por que se minoren y procure algún remedio a los trabajos de este reino (que por nuestros grandes pecados han venido al reino), se ofreciese un novenario de misas en la catedral de esta ciudad, confesando y comulgando las personas de este Cabildo y ciudad».[541] Este remedio fue aceptado sin vacilación, acordándose que el novenario se cerrase con una procesión general tan suntuosa como la de Corpus. Los costos de estas festividades debían ser pagados con los propios de la ciudad y con las erogaciones de los mismos regidores. El gobernador del obispado en sede vacante, por muerte del obispo Zambrano y Villalobos, ocurrida dos años antes, publicó un jubileo de cuarenta horas para dar más prestigio y eficacia al arbitrio propuesto por el Cabildo. La imperturbable devoción de los colonos, exaltada particularmente por tantas desgracias, esperaba el remedio de todo los males de la intervención milagrosa y sobrenatural del cielo que invocaban con la más ciega confianza.

---

540 Acuerdo celebrado por la audiencia de Santiago el 1 de septiembre de 1655; publicado por don Miguel L. Amunátegui en el capítulo citado de *Los precursores de la Independencia*.
541 Cabildo de 31 de agosto de 1655, publicado igualmente por don Miguel L. Amunátegui.

9. Don Antonio de Acuña y Cabrera es enviado al Perú: su proceso

A pesar de los temores y de los anuncios de nuevos trastornos, la tranquilidad interior se mantuvo inalterable todo el resto de ese año, sin tener que apelar a las medidas extremas que se habían propuesto. El gobernador Acuña, persuadido de que ya no tenía nada que temer, se trasladó a Concepción con el pensamiento de preparar las nuevas operaciones militares para obtener la restauración del reino. Contra sus previsiones y sus esperanzas, su gobierno llegaba a un término fatal, pero que no debía parecer imprevisto.

El conde de Alba de Liste, virrey del Perú, recibió en los primeros días de septiembre las comunicaciones de Chile en que se le hacía saber la negativa de gobernador Acuña para trasladarse a Lima. Considerando inoportunos los fundamentos en que éste apoyaba su determinación, y viendo en ella una desobediencia ultrajante para la autoridad del virrey, no solo se apresuró a dar cuenta de todo al soberano sino que dispuso las medidas convenientes para hacerse obedecer. Habiendo reunido nuevamente en consulta las corporaciones de quienes tomaba consejo, y citando a ella a don Martín Francisco Néstarez, presidente de la audiencia de Charcas, que se hallaba en Lima, resolvió enviar a Chile con el título de gobernador interino a un hombre de prestigio y de carácter que supiera cumplir sus órdenes con prudencia y resolución. Eligió para ello al almirante don Pedro Porter Casanate, que entonces se hallaba accidentalmente en el Perú, y puso bajo sus órdenes un cuerpo de 376 soldados que, aunque destinados a someter a los indios, debían servir también para hacer respetar las órdenes del nuevo gobernador en caso de hallar resistencia de parte de las autoridades existentes en Chile.[542] El virrey lo proveyó, además, de un subsidio

---

542 La *Relación* citada, escrita por el virrey cuatro años más tarde, dice que este cuerpo de tropas constaba de 600 hombres; pero como esa cifra no es la misma que aparece en los documentos de esos mismos días, infiero que el virrey contaba 600 hombres con los pequeños contingentes que envió enseguida.

En la referida *Relación* del virrey, conde de Alba de Liste, hallamos un dato curioso que copiamos con sus mismas palabras: «Por certificación de la contaduría mayor de cuentas de esta ciudad (Lima), que está en dichos autos (los que se formaron con motivo del levantamiento de los indios de Chile), consta que se ha gastado en aquella conquista, desde el año de 1601 hasta el de 1658, 16.109.663 pesos y 3 reales. Y por otra de la veeduría general del reino de Chile, (se han enviado) más de 9.000 soldados en el tiempo referido, en que también se incluyen los que después se han remitido».

Este curioso documento se halla publicado en las págs. 133-199 del tomo II de las *Relaciones de los virreyes y audiencias que han gobernado el Perú*, publicado en Madrid en

extraordinario de 10.000 pesos en dinero y de abundantes auxilios de víveres, armas y municiones, y puso a su lado al doctor don Álvaro de Ibarra, para que con el título de visitador judicial, levantara las informaciones conducentes al esclarecimiento de los hechos pasados y de la culpabilidad de todos aquellos a quienes se acusaba de haber contribuido de un modo u otro a las desgracias del reino. Ibarra, que había desempeñado el cargo de inquisidor apostólico, estaba nombrado oidor de la audiencia de Lima.

Habiendo partido del Callao a mediados de noviembre, Porter Casanate desembarcaba en Concepción el 1 de enero de 1656. Parece que en el primer momento no faltaron quienes aconsejasen al gobernador Acuña que se resistiera a entregar el mando; pero él no se atrevió a ponerse en rebelión abierta. «Estuvo el reino a pique de una guerra civil, escribía el oidor Polanco de Santillán, si don Antonio de Acuña no hubiera, por excusarla, cedido el puesto por más servir a Vuestra Majestad, porque si se pone en defensa, se parten los campos en efectos y desafectos y se hace batalla el recibimiento, porque como el virrey solo tenía poder especial para el caso de vacante y no para otro, y el de ausencia legítima no sea de esta regla, a no contenerse don Antonio de Acuña, sucedería mal.»[543] Reunidos solemnemente el cabildo de Concepción y algunos de los jefes militares de la Plaza, Porter Casanate se recibió del gobierno sin dificultades ni dilaciones de ninguna especie.

El nuevo gobernador desplegó una actitud tan prudente como resuelta. Guardando a don Antonio de Acuña y Cabrera los miramientos debidos a su rango, lo indujo a trasladarse al Perú con su familia para dar cuenta de sus actos y para justificarse de los cargos que se le hacían. El visitador Ibarra, por su parte, comenzó inmediatamente a levantar la información sobre los sucesos pasados, formando, al efecto, tres procesos diferentes: uno contra Acuña, otro contra los Salazar, y el tercero contra los que depusieron al gobernador;

1871. Esta compilación, que consta de tres volúmenes, es un complemento indispensable de la *Colección de memorias de los virreyes* que hemos citado en otras ocasiones.

543 Carta del oidor Polanco de Santillán al rey, escrita en Santiago en 21 de mayo de 1657. En esta carta pide al rey una resolución para evitar futuros conflictos si se repitieran casos análogos, por cuanto no reconocía en el virrey facultad para hacer esos nombramientos. Polanco de Santillán, que ambicionaba el gobierno de Chile, y que antes había suscitado dificultades para el reconocimiento del gobernador interino Figueroa y Córdoba (véase el capítulo anterior, § 3) sostenía que legalmente le habría correspondido el mando a él en esta nueva emergencia.

pero halló en el desempeño de su cargo inmensas resistencias. Habiéndose trasladado a Santiago para adelantar la investigación, se vio contrariado por las competencias que le suscitaba la Real Audiencia. Pretendía ésta que solo a ella correspondía llevar a término los procesos iniciados contra los autores del motín de Concepción; pero Ibarra, apoyado por el gobernador, consiguió imponer su resolución, y, en consecuencia, fueron también enviados a Lima los cuatro individuos a quienes se acusaba de mayor culpabilidad en aquellos sucesos.[544] Junto con los autos que se habían formado, el visitador envió una prolija exposición de los hechos que había podido conocer y comprobar.[545]

Iniciose entonces ante la real audiencia de Lima otra serie casi interminable de procesos, unos para investigar la conducta del gobernador Acuña y de sus cuñados, a quienes se acusaba de haber provocado el levantamiento de los indios, y de no haber tomado después las medidas convenientes para dominarlo; y otros para juzgar a los que depusieron al gobernador y nombraron al funcionario que debía reemplazarlo. Todo hace creer, sin embargo, que a estos últimos sucesos se les dio en Lima menos importancia de la que le había atribuido la audiencia de Santiago. Sin duda, se juzgó que aquellos hechos, por punibles que fueran, no importaban un verdadero desacato a la autoridad real, puesto que sus autores no se habían apartado un instante de la más respetuosa fidelidad al soberano, y que en la deposición del gobernador Acuña creían buscar el medio más eficaz de mantener la tranquilidad pública, y de conservar este reino como parte integrante de la monarquía española. Por otra parte, el carácter y los antecedentes de los mismos procesados eran una prueba de la rectitud de sus propósitos. El veedor De la Fuente Villalobos, hombre de edad muy avanzada y con más de cincuenta años de buenos servicios, habría podido

---

[544] Eran éstos, el veedor don Francisco de la Fuente Villalobos, gobernador designado por el pueblo de Concepción; don Francisco Gaete, corregidor de esa ciudad el día del motín; el regidor don Juan Barba y el maestre de campo don José Cerdán, que mandaba las tropas de Concepción cuando el pueblo depuso al gobernador.

[545] Aludiendo a este documento, el virrey del Perú, al enviarlo al soberano, le decía las palabras siguientes: «El dicho inquisidor hizo una relación ajustada para que con más facilidad se pudiera conocer la causa, y le tengo por tan puntual y escrupuloso en las materias de judicatura, que no faltaría en nada a la verdad». En efecto, esa exposición que lleva el título de «Relación que hace a Su Majestad el doctor don Álvaro de Ibarra ajustada a los autos que procesó y se remiten juntamente sobre el estado y alzamiento general de los indios del reino de Chile», es una pieza de alto valor histórico, sobre todo para conocer los antecedentes que prepararon la sublevación de 1655.

justificar su conducta; pero murió a los pocos días de haber llegado a Lima. Los otros tres procesados sufrieron una prisión de más de cuatro años, pero al fin fueron también indultados.**546** La opinión pública les había sido generalmente favorable. El virrey, por motivos de prudencia, mandó que no se siguiera el juicio contra los otros revolucionarios que habían quedado en Chile.

En cambio, la opinión y la justicia fueron mucho más severas con los individuos a quienes se acusaba de haber provocado el levantamiento de los indios. El gobernador don Antonio de Acuña, encontró, sin embargo, alguna indulgencia, porque casi no se le reprochaba otra falta que su debilidad para someterse a las sugestiones de sus cuñados, y se le permitió residir en su casa. Por el contrario, el maestre de campo don Juan de Salazar, instigador de las campañas contra los indios cuncos, responsable del desastre de Río Bueno en 1654, y cuya conducta en el alzamiento del año siguiente no admitía disculpa, fue retenido en estrecha prisión. El visitador don Álvaro de Ibarra había embargado en Concepción los bienes del gobernador y de sus cuñados para responder por las resultas del juicio, y había enviado a Lima, según contamos, tres voluminosos cuerpos de autos con cerca de 4.000 fojas de las informaciones

---

546 El proceso seguido contra esos individuos ofreció incidentes y peripecias que merecen recordarse. Aunque solo eran cuatro los procesados, puede decirse que el delito que se procesaba había sido cometido por toda la ciudad de Concepción. Cuando comenzó a instruirse ese proceso, nadie quería declarar. Algunos vecinos o moradores de esa ciudad se excusaron de hacer revelaciones acerca de aquéllos, por cuanto no querían exponerse a la venganza de los deudos y amigos de los culpados, los cuales, eran muy numerosos. Fue necesario prometerles que se guardaría en la mayor reserva lo que declarasen, y que aquella investigación no tenía más objetivo que el de informar al rey sobre esos hechos, para que algunos testigos se prestasen a revelar algo de lo que sabían.

En diciembre de 1658, con motivo del nacimiento del príncipe don Fernando Tomás, el rey publicó un indulto para los reos procesados por diversos delitos, como solía hacerse en tales ocasiones. Los tres vecinos de Concepción que se hallaban presos en Lima, pretendieron acogerse a él, pero «se resolvió, escribía el virrey en enero de 1662, que no debían gozar de él por las limitaciones que contiene la real cédula: suplicaron de esta sentencia, y quedó en este estado la causa, porque algunos han juzgado, vistas las circunstancias del hecho, y los inconvenientes que se siguen de proseguir en ella, que sería acertado tomar algún expediente con motivo del indulto. Pero yo no he querido tornar resolución, por esperar la orden de Su Majestad y asegurar con esto el acierto». No puedo precisar la fecha en que esos tres individuos fueron puestos en libertad, pero creo que esto ocurrió a mediados de 1662 con motivo del nuevo indulto que publicó el rey por el nacimiento del príncipe que fue después Carlos II.

que recogió.**547** Los cabildos de Santiago y de Concepción habían suministrado otros antecedentes para apreciar la conducta de esos funcionarios. En Lima mismo, a requisición de los fiscales, se habían adelantado las investigaciones, y se habían recibido las defensas y probanzas de los acusados para justificar su conducta. Después de cerca de dos años de prisión y de las más fastidiosas y hasta humillantes tramitaciones judiciales, don Juan de Salazar comprendió que aquel negocio llevaba un aspecto muy poco favorable para él, y que, aun, en el caso de absolución, su cautiverio debería prolongarse por mucho tiempo más, hasta que llegase el fallo definitivo pronunciado por el Consejo de Indias. Cohechando al alcaide de la cárcel, llamado Agustín de Miranda, se fugó con éste, y se sustrajo hábilmente a todas las persecuciones decretadas contra ambos. Fue inútil que el virrey despachara emisarios por todos lados, y que ofreciera premios considerables al que descubriese el paradero de don Juan de Salazar. Éste supo burlar la acción de la justicia, marchándose secretamente a España, donde la familia de su cuñado podía prestarle una protección eficaz. Pocos meses más tarde, en septiembre de 1658, el proceso estaba terminado, y el virrey enviaba a la Corte, en dos grandes cajones, los catorce cuerpos de autos formados en Chile y en el Perú, para que el Consejo de Indias pronunciase la sentencia definitiva.**548**

---

547 En Chile fueron embargados 45.000 pesos de don Antonio de Acuña y Castro, que tenía depositados en poder del contador don Pedro López de Gárate, y en Lima se embargaron algunos bienes de los hermanos Salazar. De estos bienes se sacaron las cantidades necesarias para pagar los gastos procesales, sueldos y viajes del juez pesquisador, y las copias de los voluminosos expedientes que se formaron. Se tomaron también de ellos algunas sumas para la manutención de Acuña y de don Juan de Salazar mientras estuvieron sometidos a juicio.

548 Los autos del proceso seguido al gobernador don Antonio de Acuña y Cabrera y al maestre de campo don Juan de Salazar, formaban catorce expedientes diversos, y constaban de 13.363 fojas. He visto los certificados de los escribanos de Lima en que se detallan los títulos de cada uno de esos expedientes y el número de fojas que lo formaban. Estos documentos que debían constituir un arsenal inmenso, aunque engorroso, de noticias para conocer esos sucesos hasta en sus más ínfimos detalles, parecen perdidos para la historia. Todo hace creer que una parte de ellos, ya que no la totalidad, fue sustraída por manos interesadas en ocultar la verdad.

A este propósito conviene conocer un pasaje de la *Relación* citada del virrey, conde de Alba de Liste. Dice así: «Por enero del año pasado de 1660, un hermano del dicho don Juan de Salazar (llamábase don Miguel) pidió en este gobierno se le diese testimonio de que todos los autos hechos en razón del alzamiento general del reino de Chile, y los culpados, se habían remitido al Consejo Real de las Indias; y preguntándole la causa del

El virrey del Perú debió creer que la resolución final de este negocio iba a ser la justificación completa de su conducta y la condenación del gobernador de Chile y de sus cuñados. En efecto, al recibir la primera noticia del levantamiento de los indios de este país, de la deposición del gobernador Acuña en Concepción, y de la desobediencia de éste negándose a trasladarse a Lima como se le mandaba, Felipe IV había despachado el 12 de noviembre de 1657 dos cédulas que revelaban claramente la impresión que esos sucesos habían producido en los consejos de gobierno. En una de ellas reconvenía con dureza al gobernador de Chile por no haber cumplido la orden del virrey. «Y aunque por esto solo, le decía, fuera justo hacer con vos tal demostración que sirviera de ejemplo y escarmiento para lo de adelante, por ahora he suspendido tomar otra resolución, esperando que no obstante lo que habíades respondido al virrey, habiéndolo considerado con más acuerdo y atención, ejecutoríades sus órdenes como os mando lo hagáis, cumpliendo la que os diere en todo y por todo, precisa y puntualmente, porque de lo contrario me daré por deservido.» Por la otra cédula dirigida al virrey, Felipe IV no solo aprobaba ampliamente la conducta de este funcionario sino que le recomendaba que se hiciera obedecer, enviándole al efecto un nombramiento de gobernador de Chile, firmado por la real mano, en que estaba en blanco el nombre del favorecido para que el virrey lo llenase con el de la persona que mereciera su confianza.

Esta resolución estaba en armonía con las prácticas y con el espíritu de la administración española, tendentes a fortificar la acción y el poder de los empleados superiores. Pero en 1659, cuando llegaron a Madrid los autos del proceso sobre el cual debía dar su fallo definitivo el Consejo de Indias, se había operado un cambio notable en la opinión de los consejeros reales. La familia de don Antonio de Acuña y Cabrera, no había dejado resorte por mover para interesar en favor de éste a todos los que tenían que entender en ese negocio. Las influencias puestas en juego parecían tan eficaces, que el mismo Acuña dirigía

pedimento no la dio, y según se entendió, fue de malicia, porque llegó (después) a mis manos un traslado simple de una cédula de Su Majestad dada a los principios del dicho año de 60, en que mandaba se remitiesen todos los autos tocantes al alzamiento del reino de Chile, y así presumí era posible se hubiese sustraído al Consejo parte de esos autos, y en prevención de ello, di cuenta a Su Majestad y le remití testimonio muy por menor de los que se enviaron en la armada que salió de este puerto (Callao) por septiembre del año de 58». El virrey insinuaba la misma sospecha en la carta dirigida al rey el 9 de noviembre de 1660, que nos suministra algunas de las noticias que estamos utilizando en esta relación.

desde Lima un extenso memorial en que no solo hacía la defensa de sus actos sino que pedía como una reparación de los vejámenes que se le habían hecho sufrir, que se le nombrase de nuevo gobernador de Chile por otro período de ocho años.

La confianza de don Antonio de Acuña y de sus parientes de Lima se fortificaba más y más cada día con los avisos que recibían de la Corte. Sus deudos les comunicaban desde Madrid el rumbo favorable que tomaban sus negocios, y esas noticias eran esparcidas en Lima, despertando, como era natural, la más viva curiosidad por saber el desenlace final del litigio. En noviembre de 1660, se anunciaba en esta ciudad que el rey desaprobaría enérgicamente la conducta del virrey por haber suspendido a Acuña del gobierno de Chile. El conde de Alba de Liste se sintió herido por la noticia de la ofensa inmerecida que se pretendía inferirle. «Me ha causado notable desconsuelo, escribía al rey, lo que en cada aviso publican las partes (Acuña y sus parciales) en descrédito del gobierno superior de este reino sobre el expediente que dicen se ha tomado en el Consejo, que es muy de advertir en reino tan separado del abrigo de Vuestra Majestad; y solo me parece digno de representar a Vuestra Majestad que la resolución ha de ser ley y forma para otros gobernadores, que viendo que en casos tan arduos no hay quien los pueda contener, procederán sin temor con manifiesto riesgo de la paz y conservación del reino.»[549] El virrey esperaba todavía que esta última representación llegaría a la Corte en tiempo oportuno para impedir que se diera un fallo ofensivo para su persona y, además, contrario a todos los principios que reglaban la administración española en esa época.

Sin embargo, cuando el conde de Alba de Liste escribía esa carta, hacía ya más de tres meses que estaba dada la resolución real. Las intrigas y las influencias de ciertos personajes, tan poderosas en la corte de Madrid en aquellos años de decadencia y de degradación, habían podido más que todas las consideraciones políticas y jurídicas. El 28 de julio de 1660, Felipe IV, después de oír el dictamen del Consejo de Indias, firmaba una real cédula con que ponía término final a aquel proceso. Evitando artificiosamente el aprobar o desaprobar la conducta observada por don Antonio de Acuña y Cabrera en el gobierno de Chile, el rey decía que por haberse cumplido el término por que éste fue nombrado, «y por otras consideraciones que se ofrecen» había resuelto

---

549 Carta del virrey, conde de Alba de Lista al rey, escrita en Lima el 9 de noviembre de 1660.

darle sucesor; pero al mismo tiempo resolvía, en contra de lo que había sancionado por sus dos cédulas de noviembre de 1656, que el virrey del Perú no tenía «facultad para quitar ni remover del gobierno de las provincias de Chile a quien con titulo real lo estuviera sirviendo, sin dar primero cuenta al rey de las causas y motivos que hubiere para ello. Y así, os mando, agregaba, que en lo de adelante, os abstengáis precisamente de quitar ni remover ninguna persona que con título mío lo estuviere ejerciendo, si no fuere en algún caso de todo punto inexcusable y que la calidad y gravedad de las causas sean de tanto peso que obliguen a usar de este medio; y entonces ha de ser precediendo el comunicarlo con todo el acuerdo de mi Audiencia de esa ciudad de los Reyes». La real cédula declaraba a Acuña hábil para ser consultado en los negocios de gobierno, y le reconocía el derecho de reclamar indemnización por los daños que había padecido. Este fallo, que dejaba, sin embargo, por resolver la mayor parte de las cuestiones sometidas a juicio, preparado por las intrigas de Corte y por las sugestiones de los favoritos, al paso que importaba una grave ofensa al virrey del Perú, que en todo este negocio se había conducido con tanta entereza como rectitud, era una pobre victoria del gobernador Acuña, cuya conducta administrativa condenada por los contemporáneos, no había merecido tampoco la expresa aprobación del rey. Pero ni, aun, alcanzó el malhadado gobernador a gozar largo tiempo este pobre triunfo. Don Antonio de Acuña y Cabrera falleció en Lima muy pocos meses más tarde. Seguramente las agitaciones, amarguras y contrariedades que experimentó en estos últimos años aceleraron el fin de sus días.

Todavía nos falta conocer las consecuencias que en Chile tuvo el terrible levantamiento de 1655, y el trabajo que costó restablecer la tranquilidad. Ésta será la materia del capítulo siguiente.**550**

---

550 Los sucesos referidos en este capítulo merecían por su importancia ser contados con extensión y prolijidad. Nosotros, sin embargo, hemos tenido que encerrarnos en los límites del cuadro general de nuestra historia que nos hemos trazado en este libro. Por lo demás, aunque el alzamiento general de los indios, la deposición de un gobernador por el pueblo, las trascendentales competencias de autoridades, sean hechos bastante singulares y, aunque, como hemos referido, dieron lugar a voluminosas informaciones, a relaciones y documentos de toda clase, es lo cierto que una gran parte de éstos ha desaparecido, y que esta desaparición no puede atribuirse a accidentes fortuitos sino a un plan meditado de destrucción, llevado a cabo por manos interesadas en no dejar huellas de aquellos sucesos, o de la responsabilidad que afectaba a muchas personas. A pesar de todo, siempre

han quedado los documentos necesarios para esclarecer suficientemente estas páginas de nuestra historia.

Los cronistas contemporáneos habrían podido suplir esta falta de documentos, completando la luz que arrojan los que nos quedan. Sin duda alguna, el padre Rosales contó esos hechos con toda extensión; pero su manuscrito, como se sabe, fue mutilado de su última parte, y quedó violentamente cortado en los primeros años del gobierno de Acuña. Don José Basilio de Rojas y Fuentes, que seguramente conoció estos hechos en todos sus pormenores, solo ha consignado acerca de ellos en sus apreciables Apuntes históricos un resumen exacto, pero tan rápido y breve que no alcanza a dar una idea regular. Don Jerónimo de Quiroga, de quien solo conocemos el *Compendio histórico*, cuenta también estos hechos muy sumariamente, e incurre, además, en algunos errores.

Más prolijos, pero no satisfactoriamente completos, fueron dos de los cronistas posteriores. Don Pedro Córdoba y Figueroa, que escribía más de medio siglo más tarde, conoció algunos documentos, trató a varios testigos de esos sucesos, y pudo consignar noticias que si no dan el cuadro cabal de ellos, arrojan no poca luz, y ayudan al historiador en el trabajo de investigación. Don Vicente Carvallo y Goyeneche, escritor del siglo pasado, es todavía más extenso y prolijo, y cita en su apoyo ciertos manuscritos del padre Rosales, que probablemente eran fragmentos de su historia que nosotros no hemos conocido. Pero la relación de Carvallo, además de ser poco ordenada, y de ser muy deficiente en muchos puntos, contiene no pocos errores, como es fácil comprobar con el auxilio de los documentos, todo lo cual hace que no se le pueda seguir sin reserva. Sin embargo, esa relación ha servido de base a todo lo que sobre el particular consignó el escritor español don Francisco Noriega, encargado de preparar esta parte de la historia que lleva el nombre de don Claudio Gay.

En realidad, todas esas relaciones solo presentaban un cuadro confuso y embrollado de esos acontecimientos. Pero en 1871, don Miguel Luis Amunátegui destinó a su estudio y a su exposición las 74 páginas que forman el capítulo 6 del tomo II de *Los precursores de la independencia de Chile*. Utilizando los libros de acuerdos del cabildo de Santiago y de la Real Audiencia, con conocimiento exacto de los documentos de nuestros archivos, y de lo que hay digno de confianza en los antiguos cronistas, formó un cuadro claro y comprensivo en que ha insertado los mismos documentos, íntegros o en extracto. Como nosotros hemos podido disponer de muchos otros documentos copiados en el Archivo de Indias depositado en Sevilla, nos ha sido posible agregar numerosos accidentes que ayudan, sin duda, al conocimiento más completo de los importantes sucesos contados en este capítulo.

Al terminar esta nota, advertiremos de paso que no es exacto lo que han referido algunos cronistas de que Acuña y Cabrera falleció en Lima antes de conocer la última resolución del rey. La cédula a que nos referimos llegó a esa ciudad en octubre de 1661, y el exgobernador de Chile vivía aún en enero de 1662, cuando el virrey, conde de Alba de Liste, entregaba el gobierno a su sucesor.

ADICIÓN. En las págs. 301 y 302 de este tomo hemos dado algunas noticias acerca de los antecedentes biográficos de don Martín de Mujica. Conviene agregar después del último período de la primera de esas páginas, las líneas que siguen:

«El año siguiente, sirviendo a las órdenes del príncipe Tomás de Savoya y del marqués de Leganes, se distinguió de nuevo Mujica en el asalto y toma de Turín (25 de julio de 1639).»

Libros a la carta

A la carta es un servicio especializado para
empresas,
librerías,
bibliotecas,
editoriales
y centros de enseñanza;
y permite confeccionar libros que, por su formato y concepción, sirven a los propósitos más específicos de estas instituciones.

Las empresas nos encargan ediciones personalizadas para marketing editorial o para regalos institucionales. Y los interesados solicitan, a título personal, ediciones antiguas, o no disponibles en el mercado; y las acompañan con notas y comentarios críticos.

Las ediciones tienen como apoyo un libro de estilo con todo tipo de referencias sobre los criterios de tratamiento tipográfico aplicados a nuestros libros que puede ser consultado en Linkgua-ediciones.com .

Linkgua edita por encargo diferentes versiones de una misma obra con distintos tratamientos ortotipográficos (actualizaciones de carácter divulgativo de un clásico, o versiones estrictamente fieles a la edición original de referencia).

Este servicio de ediciones a la carta le permitirá, si usted se dedica a la enseñanza, tener una forma de hacer pública su interpretación de un texto y, sobre una versión digitalizada «base», usted podrá introducir interpretaciones del texto fuente. Es un tópico que los profesores denuncien en clase los desmanes de una edición, o vayan comentando errores de interpretación de un texto y esta es una solución útil a esa necesidad del mundo académico.

Asimismo publicamos de manera sistemática, en un mismo catálogo, tesis doctorales y actas de congresos académicos, que son distribuidas a través de nuestra Web.

El servicio de «libros a la carta» funciona de dos formas.

1. Tenemos un fondo de libros digitalizados que usted puede personalizar en tiradas de al menos cinco ejemplares. Estas personalizaciones pueden ser de todo tipo: añadir notas de clase para uso de un grupo de estudiantes, introducir logos corporativos para uso con fines de marketing empresarial, etc. etc.

2. Buscamos libros descatalogados de otras editoriales y los reeditamos en tiradas cortas a petición de un cliente.

www.ingramcontent.com/pod-product-compliance
Lightning Source LLC
Chambersburg PA
CBHW021138160426
43194CB00007B/614